U0916576

2011

YEARBOOK OF CHINA AGRICULTURAL PRODUCTS PROCESSING INDUSTRIES

中国农产品加工业年鉴

科学技术部农村科技司
中国农业机械化科学研究院
中国包装和食品机械总公司
食品装备产业技术创新战略联盟
编

中国农业出版社
CHINA AGRICULTURE PRESS

内　容　简　介

本年鉴较系统地记述了我国有关农产品加工业发展的方针、政策、法律、法规和规划等贯彻执行情况；有关领导、专家对发展我国农产品加工业的论述；本领域内相关行业的发展综述；简介了相关行业经济运行情况及名、优、特、新产品；登载了农产品加工业的国内外统计资料；辑录了相关的国家标准、行业标准、专利以及本行业的大事记。本年鉴资料新颖、准确、科学、翔实，内容丰富，可供政府管理部门、协会、学会、中介组织、生产企业、科研教学单位的管理人员、策划人员、教育工作者和科技工作者参考。

《中国农产品加工业年鉴》编辑委员会

编　辑　部

编辑出版说明

一、为紧跟我国农产品加工业发展的时代步伐和大力宣传主旋律，在各级领导和行业专家的支持与帮助下，我们组织编辑出版的《中国农产品加工业年鉴》（2011）与广大读者见面了，其宗旨是为我国农产品加工业的发展起到桥梁和促进作用。

二、《中国农产品加工业年鉴》由科学技术部、农业部、国家发展和改革委员会、国家林业局、国家粮食局、中华全国供销合作总社、中国机械工业联合会、中国轻工业联合会的有关主管部门及农产品加工业相关协会、学会、科研院所、大专院校等，与中国农业机械化科学研究院、中国包装和食品机械总公司、食品装备产业技术创新战略联盟联合编辑出版。

三、《中国农产品加工业年鉴》（2011）安排了7个部分的框架内容，每个栏目名称基本未变，其中的内容和数据均以2010年的基本情况为主。但根据资料的获取难易程度也有部分2010年前后的情况，并保持每卷年鉴的连续性，其中的政策法规及重要文件、大事记和标准均以2011年的基本情况为主。

四、《中国农产品加工业年鉴》记述了相关方针、政策、法律、法规和规划等贯彻执行情况；记述了有关领导、专家对发展我国农产品加工业的论述；记述了本领域相关行业的发展综述；介绍了农产品加工业行业经济运行情况及名、优、特、新产品；登载了农产品加工业国内外统计资料；辑录了相关的国家标准、行业标准、专利以及本行业的大事记。年鉴既述事，也记人，每年编辑、出版一卷。若干年后，不但可以见证我国每年的农产品加工业发展情况，而且将是系统、全面、可靠、翔实的史册和工具书。由于年鉴的权威性和正式的连续出版发行，将有益于国内外各界了解和研究我国农产品加工业现状与发展等情况，促进相互交流与合作；有益于各部门借鉴历史经验，掌握全局，运筹帷幄，制定政策和发展规划，指导本行业健康发展；有益于社会各界沟通行业信息、产品信息，互相学习，取长补短，推动我国农产品加工业的发展和国民经济的腾飞。

五、本年鉴各部分所列数据，因来源渠道不同，不尽一致。全面的数据均以国家统计局提供的为准。本年鉴全国性统计数据均不包括香港、澳门两个特别行政区和我国台湾省。两区一省的相关数据，在年鉴的附录中列出。

六、为系统、准确、科学、翔实地反映我国农产品加工业现状，并力争办出本年鉴的特色，我们在编辑中继续突出了综述文章以当年国家重点抓的农产品加工业中的有关行业为主，全书内容以推动产业发展为主，国家标准、行业标准与专利以加工工艺、设备和相应的产品为主，统计数据以国家统计局经济行业分类为主，国外的统计数据以特点显著的部分发达国家和少数发展中国家为主等。

七、本年鉴的编辑、出版、发行等工作，得到了中央及各级相关部门、协会、学会、科研院所、高等院校、生产企业、社会团体的大力支持和帮助，谨此表示衷心的感谢。

目 录

第五部分　标准、专利

第六部分　大事记

第七部分　附　录

Contents

Part Ⅲ Policies, Regulations and Important Documents

Part Ⅳ Domestic Comprehensive Statistics Materials

Part Ⅴ Standards and Patents

Part Ⅵ Chronicle of Events

Part Ⅶ Appendix

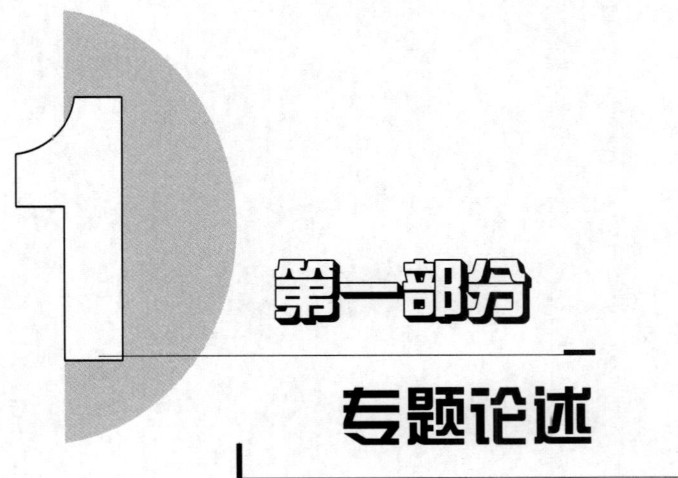

第一部分

专题论述

提高认识 加快体系转型 全面推动农产品加工业创新发展

农业部副部长 高鸿宾

2011年是“十二五”开局之年，农业部将正式印发《全国农产品加工业“十二五”发展规划》（简称《规划》）。《规划》的重点任务之一是要集中力量，整合资源，把农产品加工业的自主创新水平推向一个新高度。在这一过程中，农产品加工技术研发体系要发挥关键作用。今天召开这次座谈会，主要任务是以科学发展观为指导，研究新时期研发体系建设的新情况、新问题，理清思路，明确方向；要在如何定位、怎么建设等关键问题上，总结经验、广泛研讨，以形成共识，凝练目标，突出重点，努力开拓“十二五”国家农产品加工技术研发体系建设的新局面。下面，主要讲三点意见。

一、进一步提高对新时期加快农产品加工技术研发体系建设重要性的认识

农产品加工业是发展现代农业、促进农民就业增收的重要支柱产业。“十一五”期间，农业部组织实施了国家农产品加工技术研发体系建设，针对我国农业在新时期面临的新机遇和新挑战，进一步增强农产品加工业的自主研发能力和核心竞争力。农产品加工业局按照“边搭平台、边出成果”的建设思路，依托有实力的科研院所、高校和骨干企业，分四批择优认定了1个国家农产品加工技术研发中心和261个专业分中心。这项工作，在企业界、科研界产生了积极影响，也得到了基层和农民群众的初步认可。2007年以来，这一体系囊括了农产品加工领域80%以上的国家与省部级重点实验室，凝聚了农产品加工行业中大多数的领军企业，承担了全部农产品加工的行业科技项目和农业部组织的农产品加工重大技术推广项目，对全面提升我国农产品加工业的研发和技术水平发挥了重要的推动作用。

农业部高度重视农产品加工技术研发体系建设，有3个方面的考虑：

第一，自主创新是我国农产品加工业发展的根本动力。“科学技术是第一生产力”。抓好农产品加工工作，就必须做好科技创新这篇文章。进入21世纪以来，我国农产品加工业获得长足发展，但科技薄弱仍是一个突出的“短板”。在我国农产品加工业产值保持年均10%以上增速的同时，行业科技水平与国外的差距却没有明显缩小。我们往往对先进技术、先进装备采取“拿来主义”的办法，使得目前许多农产品加工企业的高端主体技术与装备，仍然主要依靠进口，关键零部件国产化程度仍然偏低。这种状况继续下去很危险。现代竞争的核心和焦点是科技竞争，只有增强科技自主创新能力，才能在发展上赢得主动，才能真正跻身于世界农产品加工业强国之列。产业科技发展，需要引进技术，但不能形成依赖；需要使用国外成果，但又不能受制于人。高新技术产品可以购买，但是核心技术买不来；技术装备可以引进，但是创新能力引不进来。因此，在现代竞争中，要想把发展的主动权和产业安全牢牢掌控在自己手中，就必须坚定地将自主创新作为产业发展的根本动力。这既是国内外普遍的规律认识和经验启示，也是我们面向“十二五”谋划农产品加工业科学发展的现实选择。对此我们要有充分认识。

第二，“产学研用结合”是农产品加工业发展的重要模式与机制。2009年，温家宝总理就强调：要加大改革力度，以企业为主体，促进产学研用紧密结合。“产学研用结合”与“产学研结合”，虽然只有一字之差，但从根本上明晰了产学研合作的本质，为破解科技与经济脱节这一长期存在的难题指明了方向。以往我们强调产学研相结合，更多的侧重于鼓励卖方主导的创新，但对于我国多数农产品加工企业而言，由于自身研发能力较弱，很难通过高新技术主导产品结构，更难主导消费结构。只有实现产学研用紧密结合，让买方参与进来，才更有利于实现以市场为导向的技术创新。我们建立的这个以企业为主体、以科研院所和高校为支撑的产学研相结合的农产品加工技术研发体系，其潜在的发展空间和巨大生命力，就在于坚持以“用”为导向、与“用”相结合。“十二五”时期研发体系的发展方向，一定要坚持“用”字当

头，只有通过产、学、研、用的紧密结合与通力合作，科技研发工作才能更加符合农产品加工业持续、健康发展的需要，科技成果才能及时、顺利地转化为现实生产力，才能构建一个完整、高效的创新体系。

第三，研发体系建设是农产品加工主管部门抓好农产品加工工作的切入点和重要支撑　市场经济中，政府要有所为、有所不为。所为之处，就在公共领域，要做产业发展所急需、同时利益驱动不足、单个企业想干又干不来的事情。政府要引领农产品加工业成为国民经济的重要增长极，要带动农业实现规模化、集约化、标准化，要在行业急需的领域完善公共服务，都需要一个切入点。研发体系建设就是一个有效的切入点，体现了政府部门立足市场抓定位、立足职能抓服务、立足体系抓重点的明确思路。今天，我们将为新认定的第四批60个专业分中心颁发牌匾和证书，标志着这个体系的力量更加壮大，代表性也更加全面。同时，农产品加工局第一次邀请地方主管部门的同志们参加研发体系的会议，就是要在全行业、全系统形成一种合力，大家心往一处想，劲往一处使，全力打造研发体系，形成全国一盘棋的工作格局。面对农产品加工业的发展实际、队伍状况和实践需求，我们应该充分认识到，做好“十二五”时期农产品加工业科技创新这篇文章，必须坚定地走自主创新的路子，走“产学研用”结合的路子。通过建设研发体系，推动我国农产品加工业的持续、快速、健康发展。

二、牢牢把握“十二五”时期农产品加工技术研发体系重“用”重“为”的建设主题

关于“十二五”的建设重点，以及如何使研发体系能够进一步“接地气”、“落实处”的问题，农产品加工局考虑得很早，组织力量开展了大量的调查研究，目前也形成了较为系统和可行的工作思路，值得肯定。建设一个体系要做大量的工作；用好一个体系，使之发挥作用，则需要付出更加艰巨的努力。“十一五”时期，研发体系建设虽然取得初步成效，但从发展的要求看，仍然面临巨大挑战，有不少难题需要破解。希望参加这次会议的各位同志，能够围绕这些难点问题展开深入的分析讨论，形成共识，提出促进研发体系更好运行的具体措施。

首先，要研究研发体系如何成为资源整合的大平台　体系聚集了高水平的科研院所、高校和骨干企业，有一批人才、仪器设备和研发场所，已经具备了协同作战、联合攻关的基础条件。但由于这些单位各自都属于不同的部门和层级，承担着不同的课题、教学以及研发项目，研发“硬件”有相对的权属，研发“任务”有相对的独立性，同时考核工作的压力也更多地来自所在系统的内部等。这些因素事实上都在阻碍着体系内智力资源的整合、硬件资源的整合以及研发重点的“技术共性化”。资源整合度不够的问题，既有体制因素，也有机制因素，解决起来有一定难度。要研究如何进一步解放思想，以“用”为方向，在不打破现有体制的情况下，通过机制创新，突破现有产、学、研各自为政的格局，实现我们大家都十分期盼的产学研用各种资源的有效整合，并不断地挖掘和发挥其潜能。

其次，要研究研发体系如何成为信息共享的大平台　体系掌握着大量国内外第一线的科研、生产、市场等信息，有获取、转化、应用信息等多方面的良好条件。但是，由于信息不对称以及实际存在的一些壁垒因素，使得真正需要和应该共享起来的信息，数量还不够多，档次也不够高。必须承认，我国农产品加工领域技术水平与发达国家仍然存在巨大差距，基层对于技术推广的渴求仍然没有得到很好满足，科研人员难以将成果转化为现实生产力的问题仍然大量存在，政府部门对加工行业底数不清、情况不准的现象仍然没有改变。解决信息共享的问题，应该在增强主观能动性方面下工夫。要结合实际的需求，多从体系的组织制度方面找原因、想办法，以网络化、功能化、程序化为方向，探索建立相应的机制，切实提高研发体系的信息共享能力。

第三，要研究研发体系如何成为联合攻关的大平台　联合攻关是一个老话题，各种联合起来的体系、技术联盟等，都把这一条摆到重中之重的位置，农产品加工技术研发体系也同样如此。一是希望国家中心和专业委员会，能够带头去组织分析重大共性技术问题，提出共同解决方案和技术路线；二是希望企业之间、企业与科研院所、高校之间要自觉地加强多种形式的合作，尤其是大项目、大的突破方面的联合与协作；三是希望领军企业的研发中心，能够在集成创新和引进消化吸收再创新等方面，走在主动开展联合攻关的前列。目前看，积极进展有一些，但总体上还存在办法不够多、手段不够硬、力量不够凝聚的突出问题。打造联合攻关大平台，不能停留在口号上，一定要落实在工作中、体现在成果上，尤其是重大的突破性成果。

第四，要研究研发体系如何成为专业化发展的大平台　研发体系的成员单位，大多是按农产品加工品种划分的专业分中心。既然是“专业”分中心，就要在研发工作中体现出自己的特色和优势，就要在特定

领域中具有较大的影响力。在这方面企业的问题不大，比如说到乳制品就是蒙牛、伊利、三元，说到肉制品就是雨润、双汇。科研单位和高校有所不同，许多院所的人才结构和研发能力往往是综合性的，涉及若干个学科方向和研究领域。进行多学科建设和提高综合研发实力是必要的，但要在研发体系中扮演好“专业分中心”的角色，在特定的领域起到技术研发“领头羊”的作用。各专业分中心要进一步明确功能定位和研发目标，根据自身的特色和基础，按照专业化发展的要求，进一步做大做强。

第五，要研究研发体系如何成为创新与应用的大平台 建设研发体系的初衷，是提高我国农产品加工业的自主创新能力与核心竞争力，提高农产品加工科技成果的转化应用能力，让农民得到更多实惠，让中小企业得到快速成长，让领军企业得到发展壮大，让科研人员能够大展宏图。而目前，研发体系在这些方面做得还很不够，缺乏自主创新意识，重复立项、重复研究的现象普遍存在，工程化技术成果不足，配套性差，转化率低；产业高端主体技术与装备基本依靠进口，关键零部件国产化程度低。因此，要仔细研究研发体系技术创新和成果转化的机制问题。一是希望科研院所、高校型的专业分中心，要加强关键共性技术研发和技术组装集成配套与工程化研究，发挥好支撑作用；二是希望企业型的专业分中心，要加强农产品加工技术中试熟化和示范推广等工作，真正成为技术应用、示范和推广的主体。按照技术归口的要求，通过发挥两类分中心各自的优势和特点，最终把研发体系建设成为集技术创新、中试熟化、示范推广于一体的完整的农产品加工技术创新链。

总之，我们在研发体系“建平台”方面付出的巨大努力，还没有在“用平台”方面体现出应有的效应，主观上讲，就是“用”的潜力巨大，“为”的潜力也很大。因此，建立有效的机制、采取切实的措施，充分地挖掘和发挥这些潜力，就成为我们的共同使命和重大责任。破解五大主要瓶颈，将国家农产品加工技术研发体系打造成资源整合、信息共享、联合攻关、专业化发展、创新应用的大平台，是我们牢牢把握“十二五”时期农产品加工技术研发体系重“用”重“为”建设主题的要义所在，对此必须坚定地予以贯彻执行。

三、突出重点，合力攻坚，努力开创研发体系建设工作新局面

“十二五”期间，进一步加强农产品加工技术研发体系建设，是重要的历史使命，是综合的系统工程，是紧迫的职责任务。我们的建设成果，不能只停留在初步的声誉和口碑上。说到贡献，要体现在科研人员、广大企业和农民的满意度上；说到任务，就是盯紧重大共性关键技术及装备的研发、储备、推广、产业化；说到创新，就是要解放思想，创新机制，激发活力，形成合力。今明两年的体系建设工作，关键在于组织领导，核心是机制创新，着眼点是体系的高效运转，目标是“有用、好用、愿意用”。各级农产品加工主管部门、国家中心、专业委员会以及各专业分中心，都负有重要责任，都要有新作为、新贡献。

第一，农产品加工主管部门要抓好顶层设计，重点从机制上确保方向、运转和效率 在方向上，要密切科技与产业的关系，使研发体系致力于服务产业、服务农民；在运转上，要加强机制创新，致力于解决多年累积的深层次问题。要把研发体系打造成联合、开放、流动、竞争的体系，以各种任务、项目的形式把各环节的力量凝聚在一起。目前，农产品加工局组织的行业科技项目、重大技术推广项目、监测预警项目和基本建设项目等，都在逐步向研发体系的建设和运转倾斜。今后还要结合《农产品加工业“十二五”发展规划》的实施，继续争取政策、资金和项目等方面的支持。同时，要创新管理模式，进一步理顺国家中心、专业委员会、专业分中心的关系，不断完善体系的运行管理和考核机制，根据考核评价结果，重点支持工作积极、作用明显的专业分中心。要及时做好宣传工作，不断扩大社会影响力，创造研发体系有“用”、有“为”的良好舆论环境。

第二，国家中心和专业委员会要强化主体意识，从运转上起到关键的枢纽作用 国家农产品加工技术研发中心是研发体系建设和运转的一个非常重要的环节。它不仅肩负着承上启下的作用，而且要成为研发体系有效运转的策划者、组织者。因此，在今后“用平台”过程中，国家中心要进一步强化主体意识，投入更多的力量、花费更多的精力，深入研究研发体系的工作内容、运转模式和管理办法，努力做到将工作目标化、目标任务化、任务方案化，依托各专业委员会认真组织实施。粮油、果蔬、畜产品、水产品、特色农产品、农产品加工装备等专业委员会，是体系内各领域的“掌门人”，要尽职尽责地做好本领域的组织协调工作，根据《农产品加工业“十二五”发展规划》的相关要求和国家中心的统筹安排，积极配合我部做好产地初加工惠民工程、农产品加工监测预警与国际标准跟踪平台建设、农产品加工子行业细分与领军企业培育、农产品加工重大关键技术筛选与成熟适用技术示范推广等工作；积极配合国家中心研究提出

体系的年度工作目标和实施方案，制定并落实相应的考核办法，做好日常管理和考核工作。

第三，各专业分中心要明确定位，专业化发展作为产业技术创新的中坚力量，各专业分中心要强化与体系同成长、共进步的意识。专业分中心是研发体系建设的基点，没有特色鲜明、专业化发展的专业分中心，就不能形成高效运转、开放联合的研发体系网络。因此，每个分中心除了认真完成体系分配的具体工作任务外，还应以主人翁的姿态，为体系的规范化建设和良性运转出谋划策。要根据各自的特色和优势，找准在研发体系中的位置，明确工作重点，发挥应有作用。研发体系建设工作是一项公益事业，各专业分中心尤其是建在企业的专业分中心，要在搞好自身科研和生产经营活动的同时，积极为行业的健康发展贡献力量。总之，要通过扎实有效的工作，使我们的分中心切实成为行业自主研发的排头兵、装备革新的发动机、成果转化的放大器。

总之，国家农产品加工技术研发体系已经站到新的历史起点上，前景十分广阔。希望大家以此次座谈会为契机，加快转型，强化协同，开拓创新，扎实工作，积极推进产学研用有机结合，促进重大关键共性技术的攻关、熟化和示范推广，提升我国农产品加工业的整体技术水平，积极发挥研发体系服务“三农”、服务产业的重要作用，为全面开创农产品加工业发展的新局面做出新的更大的贡献。

（本文为作者于 2011 年 6 月 20 日在“国家农产品加工技术研发体系建设工作座谈会”上的讲话，略有删改）

坚定信心 迎接挑战
做好食品安全综合协调与卫生监督工作

卫生部副部长 陈啸宏

2011 年全国卫生系统食品安全和卫生监督工作会议，是卫生部在“十二五”开局之年召开的一次重要会议。会议的主要任务是：深入贯彻党的十七大、十七届五中全会和 2010 年中央经济工作会议精神，认真落实 2011 年全国卫生工作会议要求，回顾“十一五”期间主要成就，总结 2010 年卫生系统食品安全和卫生监督工作，部署 2011 年主要工作，扎实做好食品安全和卫生监督工作。

一、充分肯定“十一五”期间全国卫生监督工作成效

全国卫生系统认真贯彻实施《食品安全法》及其《食品安全法实施条例》，履行食品安全综合协调职责，不断理顺机制，加强组织机构建设，创新工作机制，在重大活动保障工作中锻炼了队伍，在处置食品安全事故中经受了考验。圆满完成北京奥运会、上海世博会、广州亚运会等重大活动食品安全、饮用水卫生保障；为四川汶川特大地震、青海玉树地震、甘肃舟曲泥石流的救灾防病和灾后重建作出了贡献。

按照国务院统一部署，组织开展全国食品安全整顿工作，重点打击食品中添加非食用物质和滥用食品添加剂的违法行为；整顿解决食品生产经营各环节和畜禽屠宰、保健食品等方面的突出问题，妥善处置“三鹿牌婴幼儿奶粉”事件，进一步清查清缴问题乳粉；不断完善食品安全规章制度和标准体系，成立了食品安全国家标准审评委员会和国家食品安全风险评估专家委员会，新公布了多项食品安全国家标准；实施全国食品安全风险监测计划，建立了以 31 个省级和 312 个县级监测点为基础的全国食品安全风险监测网络。

卫生监督执法不断规范、强化，卫生行政许可、卫生监督监测、案件查处等能力都得到明显提高。“十一五”期间，中央财政投入卫生监督体系建设经费近 11.5 亿元，重点加强了中西部地区卫生监督机构硬件的建设和卫生监督队伍培训，对部分省、自治区、直辖市职业卫生、食品安全、饮用水安全等重点工作进行经费补助。约 30% 的省级、市级卫生监督机构的人员实现了参照公务员管理，从中央到省、市、县（区），并延伸覆盖农村地区的卫生监督网络初步形成。

过去的五年，在各级卫生行政部门、卫生监督机构、疾病预防控制机构、职业病防治机构的共同努力下，我们圆满完成了“十一五”规划的主要目标和任

务，食品安全综合协调与卫生监督各项工作取得显著成就，人民群众健康权益得到有力维护，并为“十二五”食品安全与卫生监督事业的发展奠定了坚实的工作基础。几年来，有多个卫生监督机构及技术支撑机构的集体与个人受到党中央、国务院表彰，为全国卫生系统广大干部职工树立了榜样。

二、以履职为重点，全面完成2010年各项重点工作

2010年，各地深入贯彻实施《食品安全法》、《职业病防治法》等法律法规，紧紧围绕食品安全、职业病防治、饮用水安全等重点领域，积极依法履行职责，突出制度建设、能力建设、体系队伍建设等关键环节，狠抓规范执法行为，加强执法稽查、大要案查处，认真落实行政执法责任制，继续深化卫生监督体制改革。

1. 加强食品安全综合协调，认真组织开展整顿工作　一是高度重视，清查问题乳粉。各地认真履行食品安全综合协调职责，按照国务院和各级政府要求，承担食品安全整顿的牵头工作，组织查处食品安全重大事故。在2010年春节前开展了“问题奶粉十日清查行动”，全国共清查问题乳粉2.51万t。各地认真落实国务院和全国整顿办工作部署，组织对乳品和含乳食品进行彻底检查，有16个省、自治区、直辖市明确了各级政府分管领导作为问题乳粉清缴工作的第一责任人，28个省、自治区、直辖市和新疆生产建设兵团层层签订了责任状。各地还采取了拉网排查、举报奖励和有偿回收问题乳粉等措施，深挖问题乳粉线索，彻底清缴问题乳粉。目前，各地正在继续深入开展问题乳粉清查清缴行动。二是积极组织协调，不断推进全国食品安全风险监测与评估工作。制定并实施2010年国家食品安全风险计划监测，在31个省、自治区、直辖市和新疆生产建设兵团全面开展食品安全风险监测工作，初步形成了由省、地（市）、县三级疾病预防控制机构和部分试点医院组成的食品安全风险监测技术体系，开展食品中化学污染物和有害因素、食源性致病菌及食源性疾病监测工作。组织专家开展食盐加碘、紫砂煲等应急风险评估工作，以及食品中甲醛、铝、镉、硼砂/硼酸的风险评估工作。开展食品安全突发事件应急监测与评估，协助有关部门和地方及时、妥善地处置了“圣元奶粉疑致性早熟”、“小龙虾致横纹肌溶解症”、“一滴香”、“霉变大米”、“霉变小麦”、“金浩茶油”、“反式脂肪酸”等社会广泛关注的食品安全事件和问题，适时发布权威信息，维护了社会稳定。与此同时，按照“边工作、边建设、边规范”的指导思想，不断加强食品安全风险监测与评估相关制度、技术、人才的建设，积极配合相关部门展开疾病预防控制机构食品安全检验能力相关调研，推动国家食品安全风险评估中心的组建工作。三是组织开展整顿违法添加非食用物质和滥用食品添加剂工作。牵头成立领导小组，会同有关部门印发了2010年加强整顿违法添加非食用物质和滥用食品添加剂工作实施方案。现已发布五批48种违法添加的非食用物质和22种易被滥用的食品添加剂“黑名单”，督促指导各地开展专项整治工作，严肃查处违法案件。

2. 不断完善有关卫生监督管理法规标准，建立健全各项工作机制　继续清理食品规章和规范性文件，废止42项食品部门规章，新出台了12项《食品安全法》配套规章制度，建立食品安全综合协调工作机制，配合有关部门进一步理顺食品安全监管职责，细化部门职责分工。会同有关部门制定《食品安全信息公布管理办法》，《食品安全事故调查处理办法》，制定印发《餐饮具集中消毒服务单位卫生监督规范》。审议通过246项食品安全国家标准草案，新公布实施了乳品安全标准等164项食品安全国家标准；会同有关部门继续清理整合食品安全标准，解决标准间重复、交叉和矛盾问题。宁夏回族自治区出台了《食品生产加工小作坊和食品摊贩管理办法》，北京、福建和甘肃等地明确了小作坊和食品摊贩监督管理的部门职责分工。

3. 加强卫生监督人才队伍建设，规范行政执法行为　一是梳理职责，促进依法全面落实监管责任。为适应不断变化的监管形势，及时掌握监管职责变化和履职情况，卫生部监督局组织对部本级的监管职责和卫生监督系统整体履职情况进行了梳理和分析，并提出了针对性的改进措施和建议。同时，要求各地切实落实食品安全与卫生监督监管责任，深化卫生监督体制改革，结合辖区实际梳理职责，理顺机制，统筹推进卫生监督能力建设，进一步强化卫生监督执法力量，推动卫生监督职责依法全面落实。二是规范卫生行政执法行为，加强法律法规清理和修订工作。组织对河北、安徽、福建、湖北等9个省开展食品安全与卫生监督综合督查。各地结合卫生监督工作实际和队伍惩防体系建设要求，组织对食品安全、涉及权力运行的行政审批和行政处罚等重点环节及公共场所量化分级等重点工作开展了专项稽查。组织编写《卫生监督稽查工作手册》，系统归纳整理卫生监督稽查基础知识和各地工作经验，规范指导地方卫生监督稽查工作。

4. 推进卫生监督体系建设，加快卫生监督信息

化进程　2010年卫生监督系统也涌现出一大批先进集体和个人，其中卫生部监督局政策信息处，北京市卫生监督所、上海市卫生局卫生监督所、黑龙江省牡丹江市和齐齐哈尔市卫生监督所、福建省厦门市卫生监督所等单位，受到省部级以上的表彰。卫生部监督局谢杨、上海市卫生局卫生监督所周艳琴、北京市东城区卫生监督所王刚、北京市朝阳区卫生监督所索宗喜、吉林省卫生厅周振元、吉林省卫生厅卫生监督所江森林和李凯、青海省卫生厅索江（藏族）、云南省卫生厅胡耀中、福建省漳平市卫生监督所华卫平等同志在卫生监督岗位上不断创先争优，立足本职岗位，努力推动各项卫生监督工作的落实，提升卫生监督服务能力，树立卫生监督良好的社会形象。食品安全与卫生监督各项工作取得了显著的成效，为维护人民群众的健康、推动经济发展、促进社会和谐发挥了重要作用。这些成绩的取得是党中央、国务院正确领导、地方各级党委、政府高度重视和中央各部委大力支持，以及社会各界关心帮助的结果，更是全国卫生监督机构、疾病预防控制机构、职业病防治机构广大干部职工恪尽职守、团结奋斗的结果。在此，我代表卫生部向重视、支持食品安全和卫生监督工作的各有关部门和社会各界表示衷心的感谢！向勤奋敬业，不畏艰难，全心维护人民群众健康权益的广大食品安全与卫生监督、疾病控制和职业病防治工作的同志们表示诚挚的问候！

在总结成绩的同时，我们也必须清醒地看到，当前食品安全和卫生监督面临的形势十分严峻、复杂。随着我国快速工业化、城市化、人口老龄化和生产生活方式转变，食品安全、职业病防治和饮用水卫生安全等方面存在的问题已经成为公众普遍关注、社会影响广泛的严重公共卫生问题，甚至影响社会稳定和经济可持续发展。卫生监督系统的同志们一定要进一步认清职责、抓好各项工作的落实，要主动争取各方面的支持，解决工作经费不足、执法条件差、能力不足的问题。尤其是面对近期国家对食品安全和职业卫生等职责调整，一定要积极行动，树立信心，在争取各方面支持的同时，还要想方设法克服目前机构、队伍和人才严重不足的困难，认真依法履行职责。

三、努力推进食品安全和卫生监督各项工作，实现“十二五”良好开局

2011年是“十二五”开局之年，也是完成深化医药卫生体制改革近期重点工作的攻坚之年，做好各项食品安全与卫生监督工作意义重大。监督局近期对食品安全与卫生监督工作职责进行了全面梳理，梳理出16大类76项具体职责，这个工作做得非常好，也非常重要，近期卫生部要把这个文件下发到各地。梳理职责是我们进一步依法履职的基础性工作，各地也要按照要求，根据卫生法律法规和地方政府确定的“三定”规定，结合各地政府要求和辖区实际，进一步梳理职责，明确任务，细化责任，形成履职的机制和制度，切实落实各项工作任务的要求。各地要切实落实监管职责，增强履职意识，理顺工作机制，进一步深化体制改革，加强机构和队伍能力建设，不断提高食品安全综合协调能力，推进卫生监督体制改革，以高度的责任感、不断健全的制度规范和坚实的专业技术支撑，为人民健康提供切实保障。根据深化医改工作部署和卫生工作会议要求，2011年的工作要求是：以食品安全、职业病防治和饮用水卫生安全工作为重点，以基层卫生监督体系建设为基础，以能力建设和人才队伍建设为核心，加大部门协调与合作，依法履职，努力推进食品安全和卫生监督各项工作。

1. 继续完善食品安全综合协调机制　进一步总结和研究问题乳粉清查过程中综合协调工作的经验与不足，要分清职责，在注重协调的同时，要加大主动协调督查督办力度，以期履行《食品安全法》赋予我们的法律职责。加强食品安全信息工作。落实《食品安全信息公布管理办法》精神，建设食品安全综合信息网络，健全食品安全信息统一公布制度，建立部门间信息沟通平台，各地要做好年度食品安全状况报告编写工作。抓住深化医药卫生体制改革契机，加强食品安全政策调查研究，推动地方深化食品安全综合协调与卫生监督执法体制改革，更好地履行食品安全综合协调、组织查处食品安全重大事故等职责。

2. 加强食品安全整顿和事故督查工作　在前期工作基础上，找差距、找问题，狠抓落实，继续组织问题乳粉清查清缴工作，加快案件查办进度，认真落实国务院办公厅加强乳品质量安全工作任务。会同有关部门进一步落实食品安全整顿工作任务，完成整顿工作目标，做好总结评估工作。建立长效监管机制，巩固打击违法添加非食用物质成果。进一步开展打击违法添加非食用物质的工作，继续完善发布非食用物质“黑名单”制度，建立先发制人的食品安全监管机制。尽快出台“食品安全事故调查处理办法”，各地要按照要求进一步加强事故信息报告、现场卫生处理和流行病调查等食品安全事故调查处理制度建设以及事故应急处理队伍建设。

3. 完善食品安全标准工作　贯彻实施《食品安全国家标准管理办法》，完善食品安全地方标准等相关法规和规定。继续开展食品安全国家标准清理完善工作，公布新的食品安全基础标准，进一步整合现有食品标准，补充完善食品添加剂、食品检测方法和食

品相关产品标准，重点是做好急需标准的制修订工作，不断完善食品安全标准体系。加强食品安全地方标准制订和企业标准备案管理，对备案后的标准进行跟踪评估，对不符合要求的坚决不予备案或撤销备案。加强食品安全标准宣贯、培训和跟踪评价工作，提高监管部门、行业协会和企业实施食品安全国家标准的能力，进一步提高我国制修订食品安全标准的水平。

4. 加快食品安全风险监测预警体系建设　要积极配合中央编办加快国家食品安全风险评估中心的组建工作，各地要根据2011年国家食品安全风险监测计划，认真组织制定实施本地区的食品安全风险监测方案，全面完成食品安全风险监测工作。各级卫生行政部门要加强对食品安全风险监测数据的收集和利用，要及时向地方政府和相关监管部门通报监测结果，充分利用监测结果开展预警工作。要加快建立国家和省级食品污染监测、食源性疾病监测数据与食品安全信息的多部门共享平台及其数据库，开展食品安全风险交流，引导媒体科学宣传和报道食品安全信息。各地要加强疾病预防控制机构食品安全风险监测能力建设，进一步加强技术交流，注重与国内外相关科研领域的合作，不断研究和应用食品安全风险监测、评估、预警的新技术、新方法，着力提高工作水平。

站在"十二五"的起点上，我们深感食品安全与卫生监督工作任重道远。要深入贯彻落实科学发展观，紧紧围绕服务深化医药卫生体制改革大局，把食品安全与卫生监督作为保障和改善民生的重要工作方面，放在卫生全局工作中更加重要的位置。要坚定信念，以改革创新的精神和求真务实的作风，坚持不懈，扎实工作，始终牢记维护人民身体健康和生命安全的神圣使命，恪尽职守，团结奋进，坚定信念，开拓创新，努力为推动卫生事业改革与发展、促进人民群众健康，做出新的更大贡献！

（本文为作者于2011年1月11日在"2011年全国卫生系统食品安全与卫生监督工作会议"上的讲话，摘录）

总结工作经验　部署工作安排
全面推进肉菜流通追溯体系建设深入开展

商务部副部长　姜增伟

这次会议的主要任务，是总结前段试点工作情况，交流工作经验和体会，部署下一步工作。下面我讲四点意见。

一、要充分认识肉菜流通追溯体系建设的重要性和紧迫性

肉类和蔬菜是城乡居民最基本的副食品，保障肉菜的供应和质量安全，是人民最关心的事情，也是维护群众利益最直接、最现实的体现。作为最重要的两类农产品，肉菜流通方式逐步走向现代化，必然带动农产品流通现代化和流通发展方式转变。因此，我们同财政部一道，在相关部门的支持下，依托试点城市和省级商务主管部门，建设肉菜流通追溯体系，促进肉菜流通的高效、安全，就是要着力解决人民最关心、最直接、最现实的利益问题，是一项以人为本的"民心工程"，具有十分重要的意义。

（一）建设追溯体系是发挥商务主管部门职能，加强流通行业管理的迫切需要

1. 实行索证索票和台账管理，是《食品安全法》规定的硬性措施　鼓励和支持食品经营者采用先进技术手段，记录食品的来源、流向及相关信息，是《食品安全法》的重要原则。《食品安全法实施条例》还规定了商务主管部门在行业管理方面的职责。但我国食品安全管理中，一直存在着重事后处理、轻事前管理的倾向。当前，我国食品生产经营组织化程度低，要解决食品质量安全问题，必须更加重视行业管理，实现由他律为主向他律与自律并重的转变，形成行业管理与执法监管相互补充的综合治理局面。我们建设肉菜流通追溯体系，就是要在政府指导下，帮助企业优化内部管理流程，严格执行各项食品安全管理制度，提高自我管理能力。同时，以追溯体系的建立推动行业诚信建设，引导企业诚信经营。

2. 建设肉菜流通追溯体系，也是商务部支持和保障城市"菜篮子"工程建设的一项重要措施　近年来，大中城市肉菜本地供应比重持续下降，外地菜比

重不断上升，部分地方达到80%以上，要保障城市肉菜的足量供应，除了要稳定和提高各个城市自给能力外，还要重视跨区域调运。建设肉菜流通追溯体系，就是为了顺应全国农产品大流通的趋势，利用信息技术实现产、运、批、零全程的链式管理，增强市场监测及运行调控的准确性和及时性，在保障肉菜数量和质量上为市长们提供支撑和条件。

（二）建设追溯体系是推进农产品流通现代化，转变流通发展方式的迫切需要

近年来，我国农产品现代流通有一定程度的发展，但批发市场、集贸市场等传统渠道仍承载着80%以上的生鲜农产品流通量。总体上看，由于小生产、大市场的矛盾，农产品流通组织化、信息化程度低，设施简陋，流通方式粗放；流通链条长、环节多，流通成本高、损耗大、效率低，质量安全难以保障。建设肉菜流通追溯体系，有利于推动流通企业业务流程再造，优化肉菜流通交易和管理方式，加快信息化建设步伐，促进连锁经营、现代物流和电子商务等现代流通方式发展，提高流通组织化程度。建设肉菜流通追溯体系，也有利于创建放心肉菜品牌，扩大品牌化、包装化、标准化肉菜的市场占有率，也有利于生产者提高卫生安全标准。一句话，从肉菜到农产品，从试点到覆盖全国，以点带面，流通信息化、现代化的步伐就会加快，流通发展方式的转变就会加快。

（三）建设追溯体系是提高肉菜质量安全水平，服务小康社会建设的迫切需要

保障食品安全，是全面建设小康社会的应有之义。食品安全问题解决不好，小康社会就是低水平、不全面的小康。党中央、国务院一向高度重视食品安全，近年来出台了一系列措施，部署开展了持续深入的整治行动，查处了一批大案要案，全国食品安全形势总体平稳，一些重点领域出现了向好的趋势。但是，食品安全形势依然不容乐观，一些领域恶性食品安全事件时有发生，一些深层次矛盾还没有得到解决。仅2011年上半年，国内就相继发生“健美猪”、染色馒头、塑化剂等问题，打击了消费信心，损害了政府公信力，造成了不良的国际影响。如果不从源头和根本上解决这一问题，人民群众不满意，以人为本与社会和谐更是无从谈起。我们建设肉菜流通追溯体系，目的是利用信息技术手段，把索证索票、购销台账制度电子化，并使得各流通节点信息互联互通，主体信息与客体信息有效关联，从而让肉菜流通过程变得透明，让主体责任链条变得清晰。这样，出了问题可以很快查到责任主体，使不法分子不敢肆意妄为，守法的经营者出于市场信用和企业信用等自身利益考虑，也会在食品安全上更严格地把关。做好这项工作，能够增强商务主管部门为食品安全监管部门提供支持的能力，以此促进监管部门间信息共享、执法协作，提高执法效率。

二、一年来试点工作的回顾与总结

2010年上海会议以来，在试点城市政府和有关部门的大力支持下，大家认真贯彻落实商务部、财政部的决策部署，努力克服各种困难和挑战，创造性地开展工作，取得了积极进展。目前，中央平台顺利开通，首批城市中上海、青岛、成都、杭州、无锡等地肉类流通追溯体系已初步建成运行，蔬菜流通追溯体系建设即将陆续进入安装调试。总体看，在以下几方面进展比较顺利，为下一步工作打下了较好的基础，他们的经验值得大家重视、研究和学习。

1. *建立了比较有力的组织领导机构* 各试点城市从市里到下属区县，成立了由政府领导牵头、相关部门参加的领导小组，市政府领导出面统筹推进试点工作，形成了各部门协同配合的工作格局。无锡等3个城市由“一把手”市长挂帅，昆明等7个城市市政府专门下发文件，部署试点工作。各城市都建立了专门的目标责任考核机制，市政府与各区县政府、商务主管部门与流通节点企业层层签订责任书，明确各自职责分工。

2. *制定了基本的制度标准体系* 商务部、财政部联合下发了试点工作指导意见，印发了《全国肉类蔬菜流通追溯体系建设规范》，制定了《编码规则》、《平台技术要求》、《感知技术要求》、《传输技术要求》等8个技术规范，初步实现了追溯体系建设有制度、有标准，为全国肉菜流通追溯体系的规范性、整体性奠定了基础。上海市政府配合追溯体系建设，下发了《生猪产品质量安全监督管理办法》、《标准化菜市场管理办法》等地方规章。

3. *落实了必要的配套支持政策* 《国民经济和社会发展第十二个五年规划纲要》中，将建立食品质量追溯制度，形成来源可追溯、去向可查证、责任可追究的安全责任链，作为公共安全体系建设的重要内容。各试点城市政府将肉菜流通追溯体系建设作为为民办实事项目，落实了必要的配套资金。据不完全统计，首批试点城市已落实3.1亿元配套资金。其中，宁波市计划3年内市本级财政配套4 000万元，各区县分别按30%～50%的标准再予以配套。杭州市计划配套超过6 000万元，列入政府年度财政预算。

4. *确定了合理的试点目标与任务* 各城市按照

总体设计、分步实施的原则，制定了两到三年的推进计划，确定了各个阶段的目标与任务。据统计，首批城市共确定了170多个屠宰企业、100多个大型批发市场、3 000多个标准化菜市场、1 400多个大中型连锁超市、4 400多个团体消费单位开展试点；预计覆盖15万多经营户，受益人口将超过4 000万人。上海、无锡市还将水产品纳入试点。

5. 探索开发了比较适用的追溯技术　商务部开通了中央追溯管理平台，初步具备了信息存储、过程监控、问题发现、在线查询、统计分析等功能；会同农业部开展了全过程追溯体系前期研究。各地经过反复调研论证，制定了完善的技术方案，确定了既符合统一要求又切合地方实际的追溯解决方案。绝大部分试点城市已完成项目招标，正陆续进入软硬件研发和安装调试阶段。通过公开、公平、公正的招标竞争过程，吸引了一批知名的物联网、软件及通信企业投入追溯技术研发，初步攻克了追溯技术难点，研制出了比较成熟的追溯专用设备。

6. 形成了良好的社会舆论氛围　商务部组织了网上征集、公开评选活动，评选出专用标识和宣传口号，统一了肉菜流通追溯体系形象。开办了肉菜流通追溯体系网站主页，制作了宣传片，编写了《百题问答》，搭建起了常规的宣传平台，统一了宣传口径。我们还组织中央电视台、新华社、人民日报等媒体单位，先后赴南京、无锡、杭州、上海等地采访报道。各地也通过举办座谈会、培训班、政策宣讲会、新闻发布会等多种方式，进行了广泛的动员和宣传。

前一阶段的工作取得了一些成绩，但总体上进度还比较慢。客观看，由于这是一项全新的工作，点多、面广、线长，技术性强，又没有现成的经验可以借鉴，推进的难度很大。还有工作中存在的一些问题，不容忽视，在很大程度上影响体系的功能作用和工作进度。一是部分地方商务主管部门对当地肉菜流通体系现状缺乏深入、广泛的了解，不了解不同企业的实际情况，也不想办法去调动企业和经营者积极性。二是部分地方主动性不够，人员投入不足，对承担体系建设的主体企业指导不够，反而过分依赖技术公司。三是部分地方招标不规范，不执行统一的资质要求，来自各方面的干扰太多。四是追溯平台、技术支撑方面还需要进一步完善，对如何加强流通与生产的衔接、保证源头信息的真实有效，目前无论从制度建设，还是技术支撑上都没有形成有效的办法。五是工作体制和机制有待完善，特别是要加强检查和指导。首批城市要切实纠正以上问题，第二批城市要引起足够的重视，避免发生类似问题。

三、要狠抓关键环节，创造性完成试点任务

我们推进肉菜流通追溯体系的基本思路是，深入落实科学发展观，以信息技术为手段，以法律法规标准为依据，以发展现代流通方式为基础，实现索证索票、购销台账的电子化，切实提高肉菜质量安全保障能力，加快流通现代化进程和发展方式转变。总体目标是，分期分批支持有条件的城市开展试点，争取“十二五”末建成覆盖全国的肉菜流通追溯网络，并逐步扩大到水果、水产品等其他农产品。下一步，要重点抓好以下几个环节。

1. 要建立有力的组织领导和责任体制　从前期试点经验看，凡是市长重视的地方，资金等各方面保障就有力，工作开展得也顺利。希望首批城市的政府高度重视，持续给力。第二批城市的政府要抓紧列入为民办实事项目，成立以市长、常务副市长或主管商务的副市长为组长的强有力的组织领导机构和管理机制，从市政府层面统筹调动资源，建立目标责任考核制度，明确政府、部门、企业的目标任务，层层落实责任。各城市商务主管部门要在政府领导下，切实发挥主导作用，“一把手”要亲自抓，做试点工作的“总操盘手”，靠前指挥；要遴选得力的分管领导和处长，确定精干的处室，承担起统筹规划、组织协调、实施推进等各项任务。企业是追溯体系建设、运行的主体，要承担起主体责任和社会责任，自觉遵守各项标准制度，积极主动建设好本企业的追溯体系，保证长效运行。我还要强调一点，尽管试点的主体是城市，但省级商务主管部门的工作丝毫不能放松。要加强工作统筹，谋划好本省肉菜追溯工作。要加大协调力度，为试点城市在资金、人才、制度设计等方面创造条件、提供支持。要加强对试点城市的督促和指导，当好商务部的帮手。2010年，四川省安排1 000万元，支持成都市开展试点；江苏省安排3 300万元，自行在苏州开展试点，这些做法都值得学习。

2. 要高标准建好用好追溯管理平台　追溯管理平台在整个追溯体系中处于核心和枢纽地位，是有效管理追溯体系的载体。中央和省两级平台重点在于追溯信息的整合应用，解决跨区域流通问题；城市平台汇集各流通节点的基础数据，形成追溯信息链，并向中央和省级平台上传数据。这三级平台是一个有机整体，需要上下贯通、相互依托、相互补充，才能发挥整体效用。平台建设和运行过程中，要把握好3个方面。首先，要紧紧围绕追溯工作，提高智能化水平。要通过建立科学的指标体系、统计分析工具和模型

库，加强对追溯信息的智能化处理和综合开发利用，深入开发追溯功能，提高对追溯体系运行情况的监管能力，对突发食品安全事件的快速反应及应急处置能力，要做到科学高效，在软件、硬件、应用3个方面都体现最新的科技水平。其次，要服务于流通行业管理，扩大应用范围。平台汇集了肉菜品种、重量、价格、金额、来源、流向等大量信息，直接来源于经营者，来源于实际的交易过程，数据真实性、时效性强。我们要充分挖掘这些数据资源，为“菜篮子”产品市场运行监测、预警及应急保供服务。最后，要加强与部门信息共享，推动跨部门监管协作；要坚持开放的心态，与相关部门共建共享，开放信息资源，服务食品安全监管，促进行业管理与执法监管顺畅对接，形成管理合力。

3. 要因地制宜探索适用的追溯技术　追溯体系是应用现代信息技术解决食品安全问题的一个创新。当前，无线射频识别（RFID）、集成电路（IC）卡、条形码以及物联网等技术和方式相对成熟，但具体运用到肉类、蔬菜等生鲜食品的追溯上，则还需要加强应用性研究。上海、青岛、杭州等地采用比较成熟、成本较低的集成电路技术，通过追主体的方式来实现客体追溯。成都、无锡等地则采用无线射频识别技术，通过主客体结合方式来解决追溯问题。在技术的使用上，要增强针对性、确保统一性、注重实用性。所谓增强针对性，就是要因地制宜、因企制宜，采用有针对性的追溯解决方案。我们国家地域辽阔，每个城市的市场发育程度、流通方式、管理和技术基础、运行成本接受程度不同；在城市范围内，不同的环节、不同的企业，其交易流程、管理基础、信息化水平也千差万别。这就要求各城市结合自身实际，选择不同的技术模式，尽快把追溯体系建立和运行起来。青岛市深入各个批发市场和商超配送中心，了解其交易流程、现场管理和结算系统情况，与企业共同敲定个性化解决方案，这种做法就很好。所谓确保统一性，就是在全国范围内要做到信息采集指标、编码规则、传输格式、接口规范、追溯规程“五统一”，以满足互联互通要求。我国肉菜是一种典型的大市场、大流通的格局，要实现全国范围内可追溯，必须统一建设标准，确保不同区域互联互通。对于我们制定的规范、标准和制度，各地一定要坚决执行，绝不允许以创新为借口，破坏全国的统一性。所谓注重实用性，就是要按照“少花钱、多办事”的方针，尽量采用其他地方已经使用、性能可靠的简单、成熟技术，防止盲目追求高技术、追求多功能，避免重复研发、重复投入，切实降低追溯体系建设和运行维护成本。当前，通货膨胀问题日益严重，尤其要加强成本控制，防止因追溯体系建设推高肉菜价格，加剧通胀预期。

4. 要标本兼治建立健全法规标准　追溯体系是制度设计与技术应用的统一体，需要完善的法律法规和标准作支撑。立法的关键和难点是解决建立追溯体系的直接法律依据问题，在法律尚未做出明确规定的情况下，要坚持多层次立法。目前，商务部正会同有关部门，研究制定部门规章。各地也要充分发挥主观能动性，通过地方立法、制定规范性文件等方式，建立健全配套制度，为追溯体系的长效运行提供保障。上海、青岛等地的经验表明，结合城市流通管理实际出台地方性法规，是周期短、见效快的好办法。标准化是农产品现代流通的重要基础和抓手，也是追溯体系建设和运行的基本前提。没有标准，追溯很难实现。“十二五”期间，我们将重点加强重要食用农产品流通追溯标准的制定。通过制定完善的标准体系，分企业、分产品统一追溯要求，督促市场主办者、经营者严格按照标准执行进货查验制度，强化市场准入管理，逐步做到无法追溯来源的产品不允许上市，上市的都可以追溯。

5. 要多管齐下深入推进产销衔接　追溯体系从流通环节入手，但解决的是从生产到消费的全过程追溯问题。产销衔接是否顺畅，源头信息是否准确，直接制约着追溯目标的实现。为此，一方面要切实强化市场准入管理。要在流通环节大力推行索证索票制度，严格查验生猪产地检疫检验合格证和蔬菜产地证明。在这方面，行业管理部门要与监管部门联起手来，政策引导与执法监督相结合，加大对企业的推动力度。青岛、无锡对入市肉菜实行集中备案管理；昆明市对不建立追溯体系的流通企业，不予纳入商业网点规划，这些办法都很好。另一方面要深入推进产销衔接。要依托新一轮“菜篮子”工程建设，推动本地蔬菜基地、规模化畜禽养殖场（小区）建立并执行严格的准出管理制度，还要引导与本地有产销关系的优势产区强化准出管理，解决好外地肉菜的源头追溯问题。上海市积极推动本地流通企业与外地种养基地建立稳定的产销关系，通过产销衔接实现产地准出与销地市场准入的对接，很有成效。

6. 要政企联手大力完善流通基础设施　追溯体系的建设与流通发展水平密切相关。流通基础设施越完善、现代化程度越高，追溯体系建设就越容易。从蔬菜来看，关键要抓好批发市场电子结算。管住批发市场，就管住了城市蔬菜流通的主渠道。一方面，应统一政策要求，将全部大型批发市场尤其是一级批发市场纳入试点，否则，市场开办者和经营者就会有顾虑，担心因不公平竞争而遭受损失。另一方面，要积极推动批发市场实行电子结算，利用技术手段改造交易模式，将追溯信息采集过程与结算过程融为一体，确保信息采集的真实性和有效性。在推进电子结算过程中，要协调有关部门，解决好电子结算后企业税负核定和商业秘密保护问题，消除企业后顾之忧。

从肉类来看，要进一步提高屠宰行业集中度。屠宰是肉类追溯的源头控制点。目前，一些城市定点屠宰企业数量多，条件参差不齐，低水平恶性竞争严重。这个问题不解决，追溯体系很难建立起来，即使建起来也很难真正发挥作用。希望各地结合追溯体系建设需要，坚决关闭不达标企业，引导产能进一步向规模化、机械化、规范化企业集中。据了解，大部分城市配合追溯体系建设，制订了屠宰企业压缩计划。我觉得很好，要尽快落到实处。

四、要切实强化工作保障，确保试点成效

下一步，试点将进入攻坚阶段，任务更加艰巨。大家一定要按照商务部、财政部有关文件精神，按照签署的试点协议，切实强化工作保障，把试点工作抓紧、抓实、抓出成效，为下一步向全国推广，进而实现追溯体系的网络化和全覆盖打下基础，积累经验。

1. *要加强经费保障，严格资金使用管理* 近两年，中央财政拿出资金支持试点城市，这充分表明了党中央、国务院对这项工作的高度重视，也充分表明财政部对这项工作的大力支持。但追溯体系是长期性、公益性的基础设施，是利国、利民的好事，需要作为一项长期的事业来经营，仅靠中央财政资金是不够的，也不能指望中央财政长期投入。希望各城市结合当地经济情况，落实必要的配套建设资金，同时，要建立长期稳定的经费投入机制，在运行费用上给予制度性保障，确保追溯体系能够建起来、转起来、可持续。要强调的是，财政资金一定要专款专用，保证用好、用出成效。试点城市商务主管部门要配合财政部门，制定完善的资金管理办法，切实管好资金，最大限度地发挥资金使用效益，坚决从制度上防范违法违规行为。各级商务、财政部门要加强资金使用情况的监督和检查。

2. *要加强部门协作配合，形成工作合力* 追溯体系是一个开放共用的体系，建成后为各部门共享共用，其建设和运行也要各部门参与配合。各地要在政府领导下，建立由商务主管部门牵头，农业、卫生、工商、质检、食品药品监管等部门参加的协调机制。要以市政府文件的形式，将各部门在追溯体系建设、运行中的职责明确下来，强化目标责任管理。有关部门分工问题，既要考虑部门职能，也要考虑追溯体系的整体性。对于方案制定、项目招标、设备采购、安装调试等主体工作，应由商务主管部门统一承担；对于种养源头管理，对企业、经营者的监管等工作，则应按职能由相关部门承担。另外，商务主管部门既要有担当意识，也要有大局观念，要有协作意识，凡事多与部门商量，凡事多替部门着想，主动争取理解和支持。

3. *要加强考核管理，保证项目质量* 加强考核管理是确保项目质量的重要抓手。目前看，要重点抓好三方面考核：一是要加强对承办企业的考核管理。要严格遵守法定程序和要求，把好招标关口，选准、选好承办企业。还没有完成招标的地方，务必于2011年8月底结束，否则就取消试点资格。要建立详细的考评指标，细化承办企业责任，拿出有效的约束手段和措施，加强项目质量控制。要加强对承办企业的监督管理，对工作不力、达不到质量要求的，要限期整改；拒不改正的，要取消承办资格，并纳入“黑名单”。二是要抓好验收考核管理。近期，商务部将下发考核评估办法，设定详细的指标，对各地试点工作进行考核。各地要对照考核办法，逐项落实好试点任务。三是要加强运行考核管理。要建立完善的运行考核制度，细化考核评价指标，落实运行维护责任。

4. *要把握进度安排，突破重点难点* 按照统一的进度要求，首批城市2011年下半年要初步建成并投入运行，第二批试点城市要完成项目招标及研发。对于首批城市而言，要重点抓好安装调试工作。短时期内要完成几百个企业、上万个摊位的软硬件安装任务，工作量不小，难度也很大。因此，要制定预案，精心组织，周密筹划，确保一次性运行成功。对于第二批城市来说，要重点抓好技术方案制定和项目招标。制订方案时，要深入企业调研，摸清每个企业的实际情况，认真听取企业意见，研究确定合适的技术路线。招标时，要提前研究有关法律法规和政策，加强与有关部门沟通，争取支持，避免因不必要的失误而耽误工作进度。

总之，肉菜流通追溯体系建设是一件利国利民的大事，社会关注，人民期盼，我们一定要以胡锦涛总书记在建党九十周年大会上重要讲话精神为指导，牢固树立执政为民理念，深入贯彻落实科学发展观，大胆探索，开拓进取，把这项工作认真抓好，为改善民生和促进流通现代化做出应有的贡献。

（本文为作者于2011年7月29日在“全国肉菜流通追溯体系建设试点工作会议”上的讲话，略有删改）

严格制度　落实责任
切实做好粮食安全生产工作

国家粮食局副局长　吴子丹

这次会议的主要任务是：通报近期发生的几起典型安全生产事故案例，传达国务院有关会议和文件要求，落实振邦同志的批示精神，分析当前粮食行业安全生产形势，部署2011年的安全生产工作。下面，我讲几点意见：

一、牢固树立安全发展理念，充分认识做好安全生产工作的重要性

党中央、国务院高度重视安全生产工作。2007年中央政治局专门安排了关于安全生产工作的第三十次集体学习，胡锦涛总书记在会上指出："高度重视和切实抓好安全生产工作，是坚持立党为公、执政为民的必然要求，是贯彻落实科学发展观的必然要求，是实现好、维护好、发展好最广大人民根本利益的必然要求，也是构建社会主义和谐社会的必然要求。"近年来，国务院连续发出通知，发布安全发展战略，拟订安全生产目标，完善安全生产政策措施，落实企业安全生产主体责任，强化安全生产的监督管理，提出了"要把经济发展建立在安全生产有可靠保障"的基本要求。

国家粮食局历来十分重视安全生产工作。2005年12月在西安召开了全国粮食安全生产会议。2006年印发了《国家粮食局关于加强粮食行业安全生产工作的指导意见》，在政府网和相关媒体上开办了"安全生产专栏"等。2007年组织编写了《粮食行业安全生产教程》，开展安全生产培训工作。每到汛期和冬季收购与烘干季节都下发指导性文件，对突发的安全生产典型事故案例及时进行通报。各地区、各单位也高度重视安全生产并做了大量富有成效的工作，取得了较好的成绩。2011年是"十二五"开局之年，要全面完成"十二五"规划提出的各项目标，必须提高对安全生产工作重要性的认识，牢固树立安全发展的理念，为粮食行业科学发展创造一个安全的环境。

1. 安全生产事关广大粮食干部职工的生命安全　目前，粮食行业共有从业人员99.0万人，其中粮食企业职工90.7万人，占总从业人数的91.6%。这些人员是落实粮食收购政策、提高粮食流通效率、壮大粮食流通产业的坚实基础，是创造社会财富、确保国家粮食安全的中坚力量。我们有责任做好安全生产工作，为他们创造一个安全的工作环境，保障广大干部职工的身体健康，生命安全。

2. 安全生产事关企业的健康发展　近年来，粮食企业生产经营状况有所好转，从2007年开始实现全行业扭亏为盈。设施条件持续改善。截至2010年底，全国共有粮油仓储企业18 326个，仓容3.9亿t。加工企业16 457个，小麦年处理能力1.6亿t、稻谷年处理能力2.4亿t、油料年处理能力1.3亿t。这些财富既是确保国家粮食安全的物质基础，也是广大粮食干部职工多年心血的积累。一旦发生了人员伤亡事故，企业将背上沉重的负担，甚至导致企业无法正常经营，后果十分严重。我们应该珍惜这一来之不易的成果，做好安全生产工作，为企业健康发展保驾护航。

3. 安全生产事关粮食的供应安全　粮食企业承担着保障社会粮食供给的重要任务，企业一旦发生大的安全生产事故，就不仅仅是人身财产损失，很可能影响粮食的正常供应，甚至影响政府应对灾害和突发事件的能力。近年来，粮食行业在抗震救灾、应对雨雪冰冻灾害、保供稳价、清仓查库、托市收购等工作中取得了良好成绩，得到了各级政府的认可，也得到了社会的广泛认同。我们要继续扎实工作，保障企业安全生产，确保粮食的稳定供应，让政府放心，让百姓满意。

二、深入研究安全生产客观规律，正确把握当前粮食安全生产工作形势

1. 近年来粮食企业安全生产事故的特点　2006—2010年，全行业共发生37起安全生产事故，导致60人死亡。年均发生事故7.4起，死亡12人。事故发生频率最高年份为2009年，当年发生事故15

起，死亡 34 人。事故发生频率最低年份为 2010 年，当年只发生 1 起事故，没有人员伤亡。分析过去 5 年的事故情况，有以下几个特点：一是行业安全生产总体形势严峻。特别是 2011 年以来事故起数和死亡人数又出现反弹。二是大事故频繁发生。2006 年死亡 14 人，其中山东滕州 1 起事故死亡 10 人。2009 年死亡 34 人，其中贵州仁怀 1 起事故死亡 10 人。三是均为责任事故。山东滕州事故的主要原因是钢板仓未按规范设计施工；贵州仁怀事故的主要原因是企业把粮食收购现场设在狭窄的仓房操作层上，且疏于管理。四是发生事故的企业在部分省份和单位比较集中。这一时期发生的 37 起事故共涉及 21 个地区和单位。在过去 5 年，没有发生安全生产事故的省份和单位有：北京、天津、河北、浙江、湖南、广西、海南、云南、西藏、青海、新疆、中粮集团有限公司。与“十五”时期相比，辽宁、吉林、黑龙江等省的安全生产事故有较大幅度的下降。

2. 正确把握安全生产客观规律 安全生产有规律可循，掌握了安全生产规律，就找到了做好安全生产工作的钥匙。一是有生产作业就有发生安全生产事故的可能，不能存在任何侥幸心理。2010 年墨西哥湾石油泄漏事故、2011 日本福岛核泄漏事故证明，即使是自认防控严密的企业，也存在疏漏环节，可能酿成大祸。二是安全生产事故是可防可控的。控制安全生产事故的主要措施是，改善生产技术条件，提高防范意识，加强生产管理，严格按照相关规程作业，提高应急管理能力。近日江苏南通发生的筒仓出粮伤亡事故、河南安阳发生的仓房隔墙倒塌事故都是过去多次发生的典型事故，只要严格按照规定的程序操作，这些事故本来都是可以避免的，教训深刻。三是安全生产与经济发展阶段密切相关。国外有专家研究表明，人均 GDP 处于 1 000～3 000 美元期间是安全生产事故的高发期，随后发生事故的概率将下降。2010 年我国人均 GDP 刚刚越过 3 000 美元的事故高发峰值，现阶段仍然处于生产事故高发期，需认真防范。

3. 客观分析粮食行业安全生产发展趋势 总体上看，粮食行业属于安全生产事故低发行业，随着技术的进步、条件的改善和管理的加强，安全生产形势将趋于好转，但也有一些不容忽视的新情况：一是粮食企业生产经营量提高，增加了发生安全生产事故的可能性。近年来，粮油仓储企业库存量和出入库量明显增加，加工企业开工率进一步提高，有的企业甚至在超负荷状态下运转，对企业的安全生产形成了不小压力。二是非国有企业的快速进入增加了安全生产监管的难度。初步统计，截至 2010 年底，入统的非国有粮油仓储企业户数达到 5 290 个，占全国总数的 28.9%；仓容 6 359.3 万 t，占全国总数的 17.5%。非国有加工企业 15 086 个，占全国总数的 91.5%。从我们调研的情况看，相当一部分非国有企业生产规模较小，仓储和加工条件简陋，安全生产管理机构不健全，安全生产投入明显不足，管理水平和能力相对较差，安全生产隐患较多。三是部分仓储设施存在较为严重的安全生产隐患。其一大量临时性仓储设施仍未退出市场。初步统计，截至 2010 年，全国在用简易仓共有 3 421.5 万 t，这些仓房中绝大部分未按照有关仓房设计规范设计、施工和验收，存在安全隐患。其二全国仍有大量存在安全隐患的仓房尚在使用。初步统计，截至 2010 年底，全国共有 626 万 t 待报废仓房、3 720.4 万 t 需大修仓房还在存粮。这些仓房存在比较严重的安全隐患。其三部分企业的仓储设施管理存在隐患。有的企业未经设计随意在仓房内加设隔墙，一些企业无视规定超设计标高和设计容量装粮。四是部分地区和企业的安全生产管理还比较薄弱。主要是少数省份尚未出台地区性行业安全生产应急预案，未建立安全生产绩效考核和责任追究制度，未按规定要求报告事故情况。部分企业未设立安全生产管理机构，未配备必要的安全生产设施设备，重经营、轻管理的情况比较明显。五是自然灾害频发影响企业安全生产。近年来，地震、雨雪冰冻、洪涝、台风、泥石流等自然灾害频繁发生，对粮食企业安全生产带来不利影响，有的甚至导致严重后果。

三、正确履行部门督导职责，完善粮食行业安全生产监管体系

各地区要切实履行行业安全生产监管职能，做好以下 3 个方面的工作。

1. 强化安全生产管理职责，建立并完善安全生产考核机制 各省、自治区、直辖市粮食局务必将安全生产工作列入重要议事日程，全面落实“一岗双责”制度。要将安全生产管理职能落实到具体处室、具体岗位，加强对安全生产管理岗位工作绩效的考核。要建立对下级管理部门和直属企业安全生产目标考核制度，严格考核标准，严格责任追究。同时，也要将社会粮食企业的安全检查纳入工作日程，正确地履行政府的社会管理职责，按属地原则切实做好整个粮食行业安全生产的协调监管工作。

2. 强化突发事故应急管理能力，建立并完善本地区安全生产应急预案 按规定，各地区、各单位应出台综合应急预案。根据本地区本单位的实际情况，还应制订相关专项预案。比如东北地区容易发生火

灾，应编制防火专项预案。中转库较多的沿海地区、大型粮食物流企业、粮食产业园区应编制防止粉尘爆炸专项预案等。同时，要指导下级管理部门和重点粮食企业做好相关预案的制订修订工作，进而建立一套能够满足行业安全生产管理需要的应急预案体系。

3. 强化生产安全制度建设，夯实企业安全生产管理基础　各地区、各单位要按照《国家粮食局关于加强粮食行业安全生产工作的指导意见》的要求，认真落实安全生产检查制度、安全生产事故报告制度以及安全生产事故责任追究制度。针对本地区、本单位容易出现问题的环节和领域，抓紧出台一些地方性管理制度或技术规程。另外，要督导企业完善各项管理制度和操作规程，为企业安全生产创造一个完善的制度环境。

四、突出重点狠抓落实，认真做好当前的几项工作

1. 深入学习领会，全面贯彻落实国务院有关通知精神　各地区、各单位要认真学习领会《国务院关于进一步加强企业安全生产工作的通知》（国发［2010］23号）和《国务院办公厅关于继续深化“安全生产年”活动的通知》（国办发［2011］11号）精神，切实搞好“安全生产年”活动，全面落实企业的安全生产主体责任。粮食行业2011年安全生产年活动的总体要求是：深入贯彻落实科学发展观，坚持“安全第一、预防为主、综合治理”的方针，牢固树立以人为本、安全发展理念，立足服务粮食流通产业发展大局，强化企业的安全生产主体责任，提升粮食企业规范化管理水平，严格安全生产责任目标考核，有效防范安全生产事故发生。落实企业安全生产主体责任的重点是：建立健全企业规章制度，完善企业技术标准体系；建立领导带班制度，监督职工照章作业；加大安全生产监督检查力度，切实做好隐患排查和治理工作；加大安全生产资金投入，改善生产作业条件和职工劳动保护措施，切实保护职工的合法权益。

2. 严格制度，落实责任，切实消除事故隐患　违规作业是导致事故发生的主要原因。各地区、各单位要认真学习领会振邦局长的批示精神，严格管理、严格防范、严格措施、严格操作，同时要落实责任，确保安全生产。企业要进一步梳理现有管理制度和标准规范，切实做到各项工作有法可依、有规可循。凡是还没有相关管理制度和操作规程的，要立即建立。凡是有关管理制度和操作规程不完善、不合理的，要立即修改完善。有了制度，必须严格执行。要建立领导带班制度，带班作业领导的主要责任是监督职工按规定要求作业。要加强职工安全生产教育，提高职工的安全生产意识，让职工能够全面了解企业安全生产规定，熟练掌握安全生产操作技能。另外，要加大考核力度，把职工照章作业情况与职工收入挂钩，提高职工执行制度的积极性、主动性，从根本上杜绝事故隐患。

3. 突出重点，抓好重点时期和关键环节的安全生产工作　一是加强预警，切实做好防汛工作。目前，汛期已经到来。今年旱涝急转、汛情来势猛、发展快、分布广、损失大，各地区各单位要采取有效措施，切实做好今年的防汛和防范极端天气灾害工作，避免出现重大安全生产事故和储粮安全事故。二是强化管理，确保夏粮收购安全。夏粮收购现场人多、车多、设备多，极易出现安全生产事故。要合理安排粮食收购作业流程，加强收购现场管理，确保收购工作生产安全。三是要做好仓储设施隐患排查治理工作。2006—2010年，仓房坍塌事故共导致35人死亡，占同期事故死亡人数的54.7%，仓储设施安全已经成为影响当前粮食行业安全生产最突出的问题之一。请各地区、各单位高度关注仓储设施的使用安全，完善制度，加强管理，排查隐患，确保仓储设施的使用安全。有条件的地区，可开展一次仓储设施安全状况普查工作，及时发现并排除隐患，防止出现仓房坍塌事故。另外，要督查企业严格执行粉尘环境下电气设备配备及操作规定和储粮药剂熏蒸作业管理规定。对一些重点作业环节，如类似江苏南通筒仓事故暴露出的有章不循、违规操作问题，必须加强检查防范，严格管理，发现问题必须及时整改，坚决遏制住人为责任事故频发的势头。

总之，安全生产关系人民群众生命安全和企业财产安全，关系改革发展稳定大局，关系粮食流通产业科学发展，责任重于泰山。做好安全生产工作，关键是落实责任、加强管理、规范操作、严格考核。各地区、各单位要认真贯彻落实国务院有关通知精神，科学把握安全生产的规律和特点，全面落实企业安全生产主体责任，深入开展“安全生产年”活动，抓紧解决粮食安全生产工作中的突出矛盾和问题，为粮食产业科学发展营造良好氛围，为确保国家粮食安全作出更大的贡献。

（本文为作者于2011年7月7日在“部分省、自治区粮食安全生产工作座谈会”上的讲话，略有删改）

深化认识 明确任务 全面推进农垦农产品质量追溯体系建设

农业部农垦局局长 李伟国

这次会议的主要任务是贯彻落实中央农村工作会议、全国农业工作会议和全国农产品质量安全监管工作会议精神，按照农垦专业会议精神的要求，总结2010年和“十一五”农垦农产品质量追溯项目建设工作情况，深入分析追溯工作面临的新形势和存在的问题，研究部署“十二五”及2011年的工作。下面我就农垦农产品质量追溯工作谈三点意见。

一、勇于开拓创新，农垦农产品质量追溯体系建设成效显著

2010年是农产品质量安全整治年，也是谋划农产品质量追溯“十二五”规划的关键年。农垦农产品质量安全工作紧紧围绕农业部“两个千方百计、两个努力确保”工作目标，以农产品质量追溯体系建设为抓手，进一步健全制度、完善机制、提高能力、扩大范围、强化监管、开展宣传，全面推进各项工作，取得了显著成效。

1. 扩大追溯规模 按照“建设一批、培育一批、储备一批”的要求，2010年进一步扩大了追溯项目建设规模和覆盖范围，新增项目建设单位28个，共有22个省的100个企业开展了农垦农产品质量追溯项目建设工作。首次组织159个企业开展了以农产品生产信息网上填报为重点的创建活动。目前，农垦可追溯农产品种类已扩展到大米、面粉、蔬菜、水果、茶叶、畜肉、禽肉等7大类；种植业产品可追溯规模达20多万 hm^2，较2009年增加3倍；养殖业产品追溯规模达1 500多万头（只），较2009年增长2倍。

2. 加强队伍建设 2010年，通过组织全国性专业培训和研讨活动，直接培训800多人次；各省级主管部门、部级质检中心、项目建设单位共组织培训人数达8万多人次。聘请了51名国内农产品质量安全专家组建了项目专家库，在政策、技术、生产、质量、项目管理等方面组成了5个专家组，共同参与追溯项目的评审、建设与监管，有效增强了追溯工作的科学性。同时，注重发挥项目建设单位技术骨干的作用，充分利用他们的专业特长和实践经验，为追溯项目建设提供人才支撑。

3. 强化标识管理 在总结经验的基础上，进一步强化追溯标识管理：一是简化了标识使用权受理审批程序，缩短标识发放周期；二是对项目建设单位提出的标识使用权申请及时组织评审，目前共有36个项目单位获得了追溯标识许可使用权；三是加大对获标产品的网络监督和日常监管，完善监管模式，积极探索追溯项目可持续发展的长效机制。

4. 创新监管模式 为充分利用农垦农产品质量追溯成果创新质量监管模式，在原有监管系统的基础上，整合资源、突出重点、优化设计，开发设计了一套集信息采集、网络监管、产品认证、项目管理等功能于一体的交互式农产品质量安全综合监管平台。目前，100个项目建设单位和159个创建单位已全部纳入到该平台的监督管理之中。创建单位通过监管平台可随时填报投入品使用信息，实现了企业生产档案记录电子化、网络化；相关行政主管部门、部级质检中心和项目建设单位通过该平台实时监控农产品生产过程中的质量安全信息，及时预警质量安全风险，便捷有效地开展指导和交流。到2010年末，省级行政主管部门、部级质检中心通过以追溯为基础的质量安全综合监管平台，共向项目单位反馈质量安全监控整改信息上万条。黑龙江垦区以分局为单位，整建制地全面建设以追溯为基础的农产品质量安全综合监管平台，牡丹江、北安等分局已实现全覆盖，建三江分局正在全面推进。

5. 增强示范作用 随着农垦农产品质量追溯系统建设项目的不断推进，农垦农产品质量追溯模式已逐渐被地方农业主管部门和农业生产经营主体所认可，其示范带动效应在地方农业系统中得到了进一步体现。2010年，中国农垦经济发展中心与海南省农业厅、黑龙江省绿色食品办公室、安徽省绿色食品办公室分别签订了《共同推进农产品质量追溯体系建设合作协议》，指导地方各类农业生产经营主体开展农产品质量追溯体系建设，探索在我国全面建立农产品质量追溯制度的经验。目前，按照“生产有记录、信息可查询、流向可追踪、质量可追溯”的基本要求，

已指导25个地方单位开展了农产品质量追溯系统建设工作。一年来，农垦农产品质量追溯项目单位共接待参观学习人数达2.1万多人次，带动周边加入农垦农产品质量追溯系统的农户数达11万。山西省及厦门、沈阳等地方农业主管部门和相关企业目前也正与中国农垦经济发展中心协商合作建设农产品质量追溯系统有关事宜。

6. 推广追溯理念　为宣传展示农垦农产品质量追溯工作成果，提升社会各界对农产品质量追溯理念的认知度，2010年6月在工业和信息化部、农业部共同举办的“信息化服务‘三农’推进大会”活动上有专题发言。10月，成功举办了第七届中国—东盟博览会农垦农产品质量追溯专题展示、展销活动，共有27个垦区、热区和地方企业的159种可追溯农产品参加了主展区的产品展示，41个企业的225种名特优新产品进行了现场销售。11月，在农业部、工业和信息化部联合举办的“2010信息化与现代农业博览会”上，通过系统展示、影像宣传、实物查询等形式，宣传了农垦农产品质量追溯体系建设成果。依托“上海第一食品连锁发展有限公司”设立首家农垦农产品质量追溯示范店，试点开展可追溯产品农超对接工作，共引进新疆、江苏、上海、福建等垦（热）区可追溯农产品76个。据不完全统计，2010年，农垦系统可追溯农产品全年实现销售收入达25亿元，比上年增加11亿元，农垦农产品质量追溯系统建设项目的社会影响力和经济效益十分显著。

2010年追溯工作取得的显著成效，为全面完成追溯工作“十一五”目标任务画上了圆满的句号。回顾“十一五”追溯工作历程，完全可以说“十一五”是农垦农产品质量追溯体系建设由试点探索到全面推进的重要阶段，是追溯信息系统不断完善、制度体系不断健全、工作机制全面建立的关键时期，也是推广追溯理念、显示追溯综合效益、发挥示范带动作用的重要时期。“十一五”农垦农产品质量追溯取得的成效和经验，为“十二五”全面推进追溯工作奠定了坚实的基础。一是开放实用的信息系统已经建成。经过探索创新，逐步建立起了以“四个系统”、“一个中心”为核心的农产品质量追溯信息系统，即集定制、采集、汇总功能于一体的信息采集系统和农产品质量安全信息网上填报系统；以短信、语音、网络为载体的消费者查询系统；可满足监管部门实施监控需要的质量安全综合监管系统；组建了全国农垦农产品质量追溯数据中心。二是较为完整的制度体系已经形成。以追溯项目管理办法、验收办法、信息管理办法、标识管理办法及实施细则为主的制度体系基本健全；以农产品质量追溯通则为基础，覆盖谷物、蔬菜、茶叶、面粉、水果、畜肉等产品的农产品质量安全追溯标准体系逐步完善。三是协调统一的工作机制已经建立。明确了部、省级主管部门、部级质检中心、项目建设单位的职责与分工，建立起了农业部农垦局和中国农垦经济发展中心统一规划、省级主管部门协调配合、质检中心服务支持、项目建设单位规范实施的“四位一体”工作制度和机制。四是质量安全保障能力明显提升。可追溯农产品质量检测合格率始终保持在较高水平，企业质量安全管理能力和责任意识不断加强，省级主管部门和质检中心的管理指导能力逐步提升。2008—2010年，我们组织8个部级质检中心采用现场抽样、市场抽检等方式，对259个企业的500多批次可追溯产品进行了抽样检测，产品合格率达到98%。五是示范带动作用逐步增强。农垦追溯理念得以宣传推广，并逐步被相关主管部门、广大消费者和市场所认可；可追溯产品品牌知名度和企业产品质量、效益明显提升；以点带面地带动地方开展农产品质量追溯体系建设，带动效应逐步增强。

在看到成绩、总结经验的同时，我们也要看到农垦农产品质量追溯项目建设仍然存在着追溯系统功能定位和适用范围仍需进一步明确和扩大、软件应用程序仍需进一步优化、人才队伍建设仍需进一步加强和追溯产品市场仍需进一步开拓等需要不断探索解决的问题，需要我们在今后的工作中加大力度，逐步解决。

二、明确目标任务，努力开创“十二五”农垦农产品质量追溯工作新局面

“十二五”将是我国重要农产品和“菜篮子”产品追溯体系建设全面推进的重要时期，也是农垦农产品质量追溯体系建设深入推进、充分发挥示范带动作用的重要机遇期。农垦系统作为我国农产品质量追溯系统建设的先行者，要在认真总结“十一五”追溯工作经验的基础上，充分认识到“十二五”农垦农产品质量追溯工作面临的新形势、新任务和新要求，进一步增强工作的使命感和责任感，努力开创农垦农产品质量追溯工作新局面。

（一）明确“十二五”农垦农产品质量追溯工作总体思路和目标任务

“十二五”农垦农产品质量追溯工作的总体思路是：全面贯彻落实科学发展观，以全面提升农垦农产品质量追溯体系建设水平、示范推动全国农产品质量追溯制度建设为目标，按照生产有记录、信息可查询、流向可跟踪、质量可追溯的基本要求，以农业标准化生产为依托，以现代信息技术为支撑，进一步优

化系统功能、健全相关制度、完善工作机制、拓展追溯范围，努力建设既符合国际基本标准又适合我国国情的农产品质量追溯系统和高素质的追溯人才队伍，为推进我国现代农业建设和全面提高农产品质量安全水平做出应有的贡献。

“十二五”农垦农产品质量追溯工作的主要目标任务：一是质量追溯系统建设水平全面提升。优化现有追溯系统，全面提高系统的稳定性、实用性和可操作性，努力建成与国际接轨并适应我国国情的追溯信息体系。完善追溯标准体系和制度体系，努力形成良好技术和工作保障机制。加强人才队伍建设，努力构建一支懂技术、会管理的专业化人才队伍。二是可追溯规模进一步扩大。到2015年，建成300个高标准全程可追溯企业和500个创建单位，形成一批能体现农垦系统管理优势、在国内外市场具有一定竞争力的农产品质量追溯企业群体，可追溯农产品市场占有率明显提升。三是示范带动作用明显增强。不断创新完善“窗口”示范、技术和服务输出、场县（乡）共建、产业整合等示范带动的方式和途径，由点到面地带动一批地方农产品生产企业和农民专业合作社建立农产品质量追溯系统，为推动我国农产品质量追溯制度建设发挥应有的示范带动作用。四是农垦农产品质量安全监管水平全面提高。充分利用追溯体系建设成果，进一步创新和加强农垦农产品质量安全监管工作，强化质量安全责任落实，加强生产档案管理，提高农业标准化生产水平，建立完善保障农产品质量安全自我约束机制，加强网络动态监管，及时把质量安全隐患消除在萌芽状态，进一步提高农垦农产品质量安全监管水平。同时，充分发挥追溯系统在推动技术进步、促进管理创新、加强产销衔接、提升消费信心等多方面的作用，把追溯系统建设与农业生产管理、现代农业物流管理、市场营销等各项工作紧密地结合起来，促进产销对接，增强优势产业竞争力。

（二）准确把握“十二五”农垦农产品质量追溯的工作重点

“十二五”期间要重点围绕以下几个方面，全面推进农垦农产品质量追溯系统建设的各项工作，确保“十二五”追溯工作目标的全面实现。

1. *优化信息体系，提高技术支撑能力* 信息化是农产品质量追溯制度建设的基础。要围绕追溯工作发展要求，加大研究开发力度，充分运用现代信息技术，不断提高信息化装备水平。结合我国农业生产主体多样化、运销流通市场化、监管控制分段化的特点，开发建设以责任可追溯为重点的追溯系统，有效满足各类企业、农户、农民专业合作组织建设农产品质量追溯系统的需要。通过技术引进、合作开发、集成创新等形式，大力运用无线通讯、物联网、智能传感、自动控制、自动标识等先进技术和装备，提高农产品质量追溯系统自动化、无纸化操作水平。适应现代农业生产管理需要，以追溯系统为依托，深度开发应用集企业生产经营管理、质量安全管理、土地资源管理等多种功能为一体的综合管理平台，提高农业现代化管理水平。

2. *完善标准体系，提升科学发展能力* 标准是推动农产品质量追溯科学发展、规范发展的基础。要加强对国内外食品、农产品质量安全法规、溯源标准的研究，结合我国实际，重点加强三方面的标准制定工作：一是研究制定追溯编码标准，形成与国内外市场相衔接、相互认可的溯源体系；二是制定乳品、水产品、农产加工品等质量追溯操作规程，扩大标准覆盖面；三是研究制定质量追溯信息交换规范，为实现可追溯农产品互联通查奠定基础。省级主管部门要指导企业制定符合当地生产实际的技术规范和操作规程，突出实用性，提高建设质量。

3. *培育建设主体，提高自主发展能力* 农产品生产企业是追溯系统建设的主体，各级主管部门要加强对企业的培训指导，引导更多企业开展追溯系统建设。创建单位要按照信息有记录的基本要求，积极推进标准化生产，在此基础上完善档案记录，优化生产流程，细化物流管理，打好质量管理各项工作基础。项目建设单位要加强组织领导，明确职责任务，强化工作落实，结合企业生产实际，不断优化追溯系统，完善技术装备，严格管理、规范操作，确保上市可追溯产品能查询、可监管。

4. *开展宣传推广，发挥示范带动作用* 要采取多种形式宣传推广农垦农产品质量追溯工作成果。要把追溯标识作为可追溯农产品的特性标记，充分发挥其直观、生动、易记的特点，开展追溯标识推广工作，提高可追溯农产品认知度、公信力。省级主管部门要根据本地区追溯工作开展情况，通过集中举办专题展会、产品推介、新闻发布活动等，展示可追溯管理理念，树立可追溯品牌形象。农产品生产企业要以连锁店、专卖店、网上订单、网络营销等方式，拓展可追溯农产品的营销渠道，加强可追溯农产品市场建设。中国农垦经济发展中心要通过技术指导和服务，更好地推动地方农产品质量追溯系统建设。省级主管部门和农垦企业要积极探索有效示范带动周边地方建设农产品质量追溯系统的方式和机制。

5. *构建网络平台，提高监督管理水平* 充分发挥追溯系统网络化管理优势，按照各司其职、发挥所长、分级管理、授权监管的要求，建立完善农垦农产品质量安全网络监管体系，保障可追溯农产品信息可查、责任可追、质量可控。省级主管部门重点加强追溯产品生产、追溯系统运行、追溯标识使用等方面监管，指导企业规范运行追溯系统和及时报送信息。质检机构重点加强企业投入品使用、用药安全期管理、环境检测、质量检测等方面监管，指导企业及时消除安全隐患，提高质量安全水平；充分利用全国农垦农产品质量追溯数据中心信息资源，加强质量安全监管问题研究，提高农垦系统质量安全预警防范能力。

（三）采取有力措施，确保“十二五”规划目标顺利实现

1. *加强组织领导* 各级主管部门、企业要站在发展现代农业、保障质量安全的高度，把追溯工作摆到应有的位置上，强化组织领导。垦区分管领导要从全局的高度，统筹各方面资源，集中力量解决追溯工作的重大问题。要对追溯项目建设单位给予相关政策支持和资金扶持。主管部门要有专人抓，安排得力人员深入企业，加强调研、掌握实情，切实增强监督指导、协调把关的针对性、有效性，把各项工作落到实处。企业作为追溯系统建设的主体要在人力、物力、财力等方面为追溯工作开展提供良好的条件，组织各方面力量，及时解决追溯系统建设中的问题。

2. *加强规划指导* 各垦区要按照农垦农产品质量追溯“十二五”规划的部署，结合垦区实际，从有条件的企业抓起，从重要的农产品入手，研究制订发展规划，有组织有计划地推动追溯工作可持续发展。国有农场、集团公司要根据农产品在产业规模、品种结构、产业链条以及市场需求等方面的变化与调整，提前谋划、积极应对，确保追溯系统能够与企业经营管理保持同步发展。中国农垦经济发展中心要重点围绕制度建设、质量关键点控制、信息技术应用等专业领域，确定中长期发展方向，跟踪研究最新技术发展成果，推动制度建设、标准制定及相关立法工作，提出相关政策建议。

3. *健全工作机制* 重点围绕追溯系统建设，进一步明确相关部门、技术支撑单位和企业在追溯工作中的定位、职责和任务要求，完善“四位一体”工作机制。省级主管部门和检测中心要根据每年工作任务，建立绩效评价考核机制。追溯项目建设单位要根据项目合同要求和信息上报情况，建立动态监管机制，及时掌握追溯系统运行情况。对长期无法履行追溯项目合同的企业，要建立退出机制。

4. *加强队伍建设* 追溯体系作为一项系统性工程，需要多方面人才支撑。技术支撑单位要注重培养既能把握追溯体系发展要求又能提供专业化服务的领军人才和技术带头人；省级主管部门要着重培养熟悉企业生产又能掌握追溯系统建设要求的管理人才；企业要大力培养既熟悉企业生产又具有实际操作能力的实用性专业人才。针对一些企业追溯专业工作人员不稳定、岗位变化频繁的问题，要采取措施保持队伍稳定。确实需要调整工作岗位的，要做好交接工作，确保岗位不缺人、工作不间断。

三、精心组织实施，扎实做好“十二五”开局之年的各项工作

1. *以标准化建设为基础推动追溯体系建设* 各垦区、热区要以标准化生产作为推进农业生产方式转变、加快现代农业建设的一项重要措施和抓手，加强对标准化示范县（场、区）建设的指导，切实将农业标准化、产品质量认证、产品质量监测、企业质量管理与追溯制度建设有机融合，强化对农产品生产全过程的质量控制，切实提升农产品质量安全水平。

2. *完善信息系统和项目管理* 进一步优化现有追溯信息系统，扩展功能、简化操作，完善信息采集、查询、网上监管等环节的软件系统，提高系统的适用性、可操作性和信息设备装备水平。寓追溯于企业生产管理之中，推动追溯工作可持续发展。同时，要以完善制度为重点，规范项目管理，推行制度化、电子化管理模式。积极探索建立后项目期可追溯企业运行和监管模式，切实巩固可追溯项目建设成果。研究制定农产品质量追溯信息交换规范，编制通用农产品追溯体系信息交换规范，为搭建全国统一的农产品质量追溯信息平台和数据中心奠定基础。

3. *加强项目建设和创建工作* 2011年共新增50个开展全程可追溯项目建设单位和143个实施生产有记录的创建单位，各单位都派代表参加了此次会议和项目培训活动。希望这些单位在主管部门、质检中心的指导下高质量地完成制度建设、设备配置、网络搭建、系统运行等项工作。要按照实施方案要求，建立起适应本企业特点的追溯信息系统和质量保障体系，确保系统正常运行，不断扩大追溯产品规模。所有项目建设单位和创建单位都应该按照标准和制度要求，及时上报生产信息，确保信息系统的通畅和追溯信息的真实有效。在这里，我要特别强调一下创建工作。开展创建活动的主要目的是在尚未建立全程可追溯的企业探索建立生产有记录制度，这是一种更符合我国农产品生产实际的尝试与探索，是进一步做好农产品全程可追溯的基础，意义十分重大。目前我们没有经费支持各单位开展创建工作，只是提供了技术支持和服务，希望各企业能从增强主体责任意识、加强质量管理能力的高度重视这项工作，按照这次培训的要求，切实组织做好农产品生产相关信息的记录和上报工作。

4. 加强网上监管与质量监测　省级主管部门和质检中心要充分利用追溯系统网上监管平台，强化监管职能的落实。对被监管企业农产品生产过程中可能出现的质量问题，做到早发现、早反馈、早处置。要通过监管平台，重点加强对本辖区内追溯信息系统运行、各项目建设单位生产记录信息报送、追溯标识使用、“三品一标”产品认证等情况的定期监管，不定期进行实地核查，按时上报监管报告，履行监管职责，提高监管能力。追溯项目建设单位达3个以上的垦区、热区，应明确工作责任部门，设立专门人员负责省级质量安全监管平台的建设和管理，请各垦区认真落实。质检中心要重点做好对指定项目单位追溯产品的检测及质量监管、指导等工作，及时向主管部门、牵头单位反馈检测结果，编制、报送质量控制分析报告并提出工作建议，充分发挥质检机构技术支撑作用。

5. 加强示范带动和宣传推广　2011年要重点做好海南热带水果（瓜菜）追溯系统的开发建设工作，探索建立以农户为生产主体、以运销商为流通主体的质量追溯新模式。同时，要根据我国产地准出、市场准入政策，加强与地方农业部门的沟通协调，积极推进垦地合作，共同探索建立符合我国国情的多元化农产品质量追溯模式。各级主管部门和项目单位要充分发挥自身优势，积极开展对追溯项目建设成果的宣传报道。要加强农垦农产品质量安全信息网站建设，增加栏目，扩大信息发布数量，提高信息发布质量，增强消费者参与程度。继续加大力度开展市场对接试点工作，探索建立网上订购、产品定点展销等营销模式，为追溯企业搭建市场对接平台，推动追溯产品品牌建设。

（本文为作者于2011年4月12日在“全国农垦农产品质量追溯工作会议”上的讲话，略有删改）

加强机制建设　确保高效运转
推动研发体系建设工作再上新台阶

农业部农产品加工局局长　张天佐

这次会议的主要任务是：落实农产品加工业“十二五”发展规划，积极推进国家农产品加工技术研发体系建设工作。刚才，高鸿宾副部长的重要讲话，倍感亲切，备受启发，深受鼓舞。高鸿宾副部长的重要讲话给我们指明了方向、明确了任务、提出了要求，我们一定要认真学习，深刻领会，统一认识，并将研发体系建设的思路、任务、重点等具体化、方案化，确保各项工作落到实处，取得实效。下面，我讲3个方面的意见。

一、“十一五”研发体系建设工作取得初步成效

建立国家农产品加工技术研发体系，是适应我国农产品加工业科学发展需要的重要举措。大家知道，进入21世纪以来，我国农产品加工业一直保持高速发展的态势，“十一五”期间年均增幅接近20%。农产品加工业的快速发展，大大延长了农业的产业链、就业链和价值链，在引导农村产业结构调整、促进农民就业增收、满足城乡居民消费需求以及开拓国际市场等方面发挥了十分重要的作用。农产品加工业已成为近年来国民经济中发展速度最快、与“三农”关联度最高、对“三农”带动作用最大的支柱产业之一。但是，由于我国农产品加工业起步晚，客观上存在基础差、底子薄、发展不平衡问题，从整体上看，与发达国家相比差距还比较明显，而且这种差距体现在许多方面。比如农产品加工业产值与农业产值的比值偏低、产业集中度不高、产业链不完整、标准体系不健全、质量控制体系不完善、加工装备水平参差不齐、加工专用原料缺乏、能源消耗高、资源利用率低、企业管理落后等等。存在这些问题和差距，说到底，还是我们的创新能力有待进一步提高，我们的相关政策有待进一步完善，我们的基础建设有待进一步加强。

“十五”以来，伴随着产业的快速发展，农产品加工科研领域的力量日益壮大，支撑了农产品加工行业创新能力和技术水平的提升。目前全国已有235所高校设有食品类专业，大部分省级和相当一部分地市级农业科研单位也建有农产品加工研究所（室），再加上轻工、商业、粮食等系统的科研院所，以及农产品加工骨干企业设立的技术研发机构，研发力量已经

达到相当规模。但不可否认的是，由于体制和利益等原因，这些分属于不同部门、不同层面的科研机构，在研发工作中往往是单打独斗、各自为战，信息互不相通，课题重复研究，对于一些制约行业发展的重大共性技术问题，如节能减排技术、副产物综合利用技术、质量安全控制技术等，则没有兴趣或没有能力去研究。我们不少科研成果大多是节点式的，缺乏与前后环节技术、设备、工艺的集成配套，无法实现在较大范围的推广应用。为加速提升农产品加工业的整体创新能力和技术水平，除了依靠各级政府的政策引导和扶持外，还需要有效整合国内农产品加工领域的科研力量，通过一定的组织形式和运作方式，进行目标清晰、任务明确、分工合理的协同作战。这就是我们提出并组织实施农产品加工技术研发体系建设的出发点。

为落实《农产品加工业“十一五”发展规划》，在“十一五”期间，我们依托中国农业科学院农产品加工研究所建立了国家农产品加工技术研发中心，依托科研院所、高等院校建立了一批技术研发专业分中心；同时在一些农产品加工骨干企业开展试点，鼓励科研院所、高校与企业以产学研结合的方式，共同组建研发机构，开展联合攻关，开发具有自主知识产权的科技成果。通过这两条主线，逐步推进“搭建研发体系”的工作。我们将全国的研发机构分为粮油、果蔬、畜产品、水产品、特色农产品、农产品加工装备等6个大类，从2007年起分4批认定了一个国家中心和261个专业分中心（包括今天将要授牌和颁发证书的60个单位），并相应建立了6个专业委员会，具体负责各领域分中心的组织协调工作。在过去几年里，我们依托逐步健全的研发体系开展了一些工作，如筛选重大关键共性技术、组织申报和实施行业科技项目、开展成熟适用技术示范推广、制修订部分农产品加工行业标准等，取得了一定成效。正是由于我们搭建了这么一个平台，聚集了国内农产品加工领域有实力、有影响的科研院所、高校和企业，明显起到了交流信息、取长补短、凝聚目标、共谋发展的积极作用，体系内产学研结合的程度大幅提高。这一点，得到了有关各方的一致赞同。但是客观地讲，截至目前研发体系建设的主要工作还是在“建平台”或者叫“搭架子”的层面，也就是把分散在各个层级、不同单位的科研力量整合在了一个体系框架下，产学研合作的力度和深度还很不够，目前的合作还主要以项目合作为主，合作形式松散，很难适应农产品加工技术重大创新的需要。而如何使这个体系真正发挥整体优势，通过有组织的协同行动实实在在地解决各行业发展中存在的重大共性技术问题，仍是摆在我们面前的一个没有完全破解的重大课题。“建平台”不是最终的目的，而是起点，最终的目的是“用平台”，让这个平台真正发挥作用。因此，我们今天会议的主要议题是研究如何从“建平台”向“用平台”转型，可以将这次座谈会的任务理解为统一“转型”思想、明确“转型”目标、部署“转型”工作的会议，在“十二五”开局之年，努力开启一个农产品加工技术研发体系建设的新阶段。

二、进一步明确“十二五”研发体系建设的思路和途径

（一）明确指导思想，把握工作定位

从“十二五”我国农产品加工业发展的现实情况看，研发体系的作用要体现在为“三个主体”服务上。一是要让农民得实惠。目前，我国农产品产后贮藏、保鲜、干燥等初加工环节基本是农民承担，由于这些初加工环节方法落后、设施简陋，损失浪费十分严重，每年仅粮食、蔬菜、水果、马铃薯等作物的产后损失折合近2 000亿元。按目前单产水平计算，相当于全国年浪费0.093亿 hm^2 耕地的投入和产出。同时农产品产后腐烂变质，不仅污染环境，而且严重影响产品品质。尽快提高产后初加工的能力和水平，已经成为农民最现实、最迫切的要求。我们要通过这个平台，引导部分科研力量研究、开发、集成一批适合一家一户农民需要的投资小、易操作、先进适用的技术和设备，推荐给广大农民选用，以此减少损失，增加收入。二是要促进领军企业迅速壮大，中小企业快速成长。比如高鸿宾副部长重点提到的农产品加工装备研发落后、国产率低的问题，就必须在研发体系建设中直接去面对，抓住行业重大关键共性技术这条主线，一个一个产业地梳理技术需求，一个一个环节地解决技术、工艺、装备上的难题。三是要借助农产品加工技术研发体系这个平台，让广大科研人员发挥优势，人尽其才，大展宏图。

根据这个思路，我们提出“十二五”体系建设工作的指导思想是：以科学发展观为指导，按照中央的决策和农业部的部署，围绕各领域的重大科技需求，全面提升体系功能，以重大共性技术的攻关、集成和试验，提高自主创新能力；以集成化、集约化、模式化技术装备的示范推广，服务中小企业和广大农民；以技术、标准、信息等的创新、普及和应用，带动整个行业升级转型；以体系内各类科技资源和企业力量的有效整合，以及国内外的广泛合作与交流，形成大联合、大开放、大协作的新格局。

（二）建设五大平台，发挥整体功能

高鸿宾副部长对研发体系建设需要破解的主要瓶

颈问题进行了深刻分析，明确了建设“五大平台”的具体要求。这既是实践的呼声、大家的愿望，也是研发体系的生命力所在，我们必须采取坚决的措施，努力建设好“五大平台”。

1. 关于资源整合的问题　重点要解决智力资源的整合、硬件资源的整合和重点任务的整合问题。一是整合智力资源，凝聚研发力量。一方面通过横向整合，把相同领域的专家组合起来，建立各个领域的农产品加工专家团队，提升体系的技术创新能力；另一方面通过纵向整合，把技术研发、中试转化、示范应用三个环节的专家、技术人员组合起来，促进科研与生产的结合，加快成果转化。二是整合硬件资源，建立开放性服务平台。近年来，我局投资配置的研发设备累计已达5 000万元，2011年还计划启动中试基地建设项目，并配合农业部重点学科群建设，加大对农产品加工重点实验室的硬件投入。这些资产都属国有公益性质，要整合利用起来，为产业的发展搞好开放式服务。三是整合重点任务，组织协同行动。要立足农产品加工各领域的发展实际，统一开展行业技术需求调研、重大关键技术筛选、共性技术的联合攻关、成熟适用技术的示范推广，以及公共培训等方面的工作。而且每一项工作都要有统一的策划方案、明确的进度要求、合理的分工协作和严格的监督检查。总之，体系运转和管理的各个方面，都要明显体现出资源整合的特点。

2. 关于信息共享的问题　重点解决体系内信息封闭、不对称和交流不畅的问题，建设网络化、功能化的信息共享平台。一是建设好国家农产品加工技术研发体系信息网站，提升体系的社会影响力。对网站的内容和形式进行总体设计，分层、分级授权，创新工作机制，实现与体系内各单位的信息资源共建共享。通过不断地改进完善，使网站真正成为政府发布农产品加工产业权威信息的平台，成为专家咨询服务、公众查询和科企交流互动的平台。二是立足体系开展形式多样的活动，促进信息的广泛交流。比如，可以通过组织技术创新论坛、技术咨询与推介会等活动，实现体系内各分中心之间的相互借鉴和取长补短；也可以通过举办研发体系成果展览等活动，将体系内科研院所、高等院校、领军企业研发、集成的新技术、新工艺和新产品向社会展示，不断扩大体系的影响力和服务范围；还可以组织体系内的优势单位和专家开展有关技术、标准等方面的国际交流活动。三是利用好我部已经正式启动的农产品加工行业监测预警体系。按照设计，这个体系的目标是争取用三到五年时间，基本实现分区域、分品种对农产品加工行业的原料及产品、质量安全、技术装备、进出口、产业集中度等方面的情况进行动态跟踪监测，并在需要时进行预警。目前这项工作也主要由一些研发分中心承担。这是一件合作双赢的大事，既有利于农业部掌握情况、摸清底数、把握趋势，也是提升研发体系在行业中地位和权威形象的好载体。这项工作要和研发体系的信息工作很好的结合起来。

3. 关于联合攻关的问题　组织开展联合攻关是我们建立研发体系的基本目标之一。我们要非常注重联合攻关的实践性、应用性和转化性。通过组织关键领域、关键技术的联合攻关，最终物化为重大共性技术的突破性成果。在实施方式上，要组织好两种形式的联合攻关，一类是以解决公共的、共性的技术问题为目标的联合攻关，在充分把握行业公共需求的基础上，以政府公共项目为载体，通过科研资源的有效组织和财政项目支持予以推动。我们将把行业科技项目、研发体系中试基地建设项目、农产品加工重大共性技术推广项目、产地初加工惠民工程示范项目、农产品加工行业监测预警体系建设项目等，与研发体系的建设和公共技术问题的联合攻关紧密结合起来，使之成为促进行业科技进步的重要动力源。另一类是以解决企业生产中的重大技术问题为目标的联合攻关，基本方法是由企业提出需求并提供主要的研发资金，我们帮助组织研发体系优质科研力量实施联合攻关。甚至可以推动企业项目的公共化，也就是通过政府部门的引导，将多家企业的共性需求集中起来组织联合攻关，研发资金由各个企业共担，成果也由各家共享。政府项目、公共经费、平台资源等，都可以参与到其中。这样做的最大好处，就是使平台的各种资源实现有条件的、有偿的为生产经营第一线所用。这是在市场化前提下积极推进行业科技进步的一种新机制，我们要积极探索开展好这方面的工作。

4. 关于专业化发展的问题　实现专业化发展的要求，对于以企业为主体的分中心来说问题不大，因为其产品结构及相应的设备工艺条件决定它必须走专业化的道路。但对于科研院所和高校来说有一定难度，因为他们的学科建设和人才结构大都是多方向的，研究的内容和承担的课题也涉及多个领域。比如，中国农业大学食品学院是我们认定的果蔬加工分中心，说明在果蔬加工领域的技术研发能力比较突出。而食品学院作为一个整体，所拥有的专家队伍和研究内容还涉及粮食、肉类、乳品加工等领域，有些研究成果也居国内领先水平。对此，我们显然不能简单地要求它改变现有格局，只搞果蔬加工技术研发而放弃其他。我们提出专业化发展的本意，是希望各个分中心都能充分意识到自己在研发体系中的地位和作用，突出特色、突出重点，逐步从以往可能存在的

"小而全"向"专而精"方向转变，在特定的领域做大做强、做出成效。用一个形象的比喻，就是变"一片丛林"为"参天大树"。为了加强引导，今后我局在安排分中心的扶持项目时，将把专业化发展程度作为重要的条件之一。也就是说，如果分中心不能在研发体系中高举专业化发展的大旗，只是把国家的投资简单当成本单位科研设施的一种补充，这样的项目是很难得到支持的。

5. *关于创新应用的问题* 高鸿宾副部长在讲话中明确指出，我们建设这个体系的出发点和落脚点就是要提高农产品加工业的自主创新能力和科技成果转化能力，解决农产品加工自主研发能力弱、科技与产业脱节的问题。我理解，"创新"应该体现在机制创新和技术创新两个方面。机制创新主要是指管理与运行机制的创新。在管理上，要充分发挥体系建设三个行为主体，即农业部农产品加工局和地方农产品加工主管部门、国家中心和专业委员会、各专业分中心的作用，要实行目标制、责任制、项目制及动态管理与奖惩等机制。在运行上，要针对院所型、企业型两类分中心的不同特点，采取不同的运行机制与模式，最大限度地开发体系的潜能。技术创新在形式上主要是指原始创新、集成创新和引进消化吸收再创新，突出强调集成创新；在内容上要紧紧围绕产业发展的重大共性技术需求，合理设计、安排研发体系的各项工作，重点强调理论与方法的创新、产业链各环节的创新、技术与设备的创新。"应用"主要指科研成果的转化、示范与推广。要在细分行业、调整优化专业分中心结构与布局的基础上，系统开展行业重大关键共性技术的筛选工作，建立"成熟适用技术项目储备库"，为技术对接与推广奠定基础。同时要多方争取，支持研发体系开展科技成果转化和技术推广活动，努力把研发体系建设成集农产品加工技术研发、熟化、集成、示范、推广为一体的转化应用平台。

（三）建立基本制度，确保高效运转

我们在认真总结近年来工作中的好经验、好做法的基础上，为探索建立长效工作机制，进一步明确各层面的目标任务、分工责任和监督考核内容，将推行三项基本制度。

1. *实行国家中心总责制* 国家中心的总责，从宏观方面讲，要有战略导向责任。要综合考虑科技与产业、生产与市场、国内与国外，以及科研与服务、研究与推广等各方面的因素，强化服务行业的目标导向，抓住一些全局性、根本性的问题，如重大政策调整问题、重大共性关键技术问题、领军企业发展与中小企业成长问题等，对体系的各项工作进行全盘考虑，做出统筹安排。从主观方面讲，要在建立研发体系良性运转的机制和具体模式方面下工夫，尤其要注意发挥好专业委员会的作用，将其打造成为农产品加工各行业中最重要的智力资源集中地，实现国家中心与专业委员会、专业委员会与各分中心之间的良性互动。从微观方面讲，确定体系的研发方向、阶段重点、年度计划，提出行业监测报告、应急和临时性事件解决方案，以及组织专题调查、研究政策建议等工作，国家中心都应认真研究，统筹作出安排。从这个意义上讲，国家中心不仅是我局最直接的技术依托单位，而且要成为整个体系运转的枢纽。

2. *实行专业委员会制度* 专业委员会是研发体系发现和凝练行业重大科技问题，促进创新活动和成果产出的重要组织基础。它的运行机制建设，要做到"三个立足"。即立足于人才集聚，把本专业的专家有效地凝聚起来，为行业发展服务；立足于信息交流，加强对行业发展情况的监测分析和资源共享，发挥信息的引导作用；立足于掌握行业高端话语权，切实承担行业科技规划及项目、标准制修订、国外技术引进和消化等战略性、基础性、前瞻性工作。与此同时，必须强调专业委员会的权威性、开放性、公益性和竞争性，在权威性上，要看历史的口碑，更要看在体系内的作为；在组织建设上，要以流动性促进开放性，以服务性确保公益性，以绩效考核机制来实现竞争性。

3. *实行研发分中心扶优扶强制度* 专业分中心的基本定位是专业化发展。专业化发展有利于实现资源的合理利用和要素的最佳组合。因此，各专业分中心，尤其是以科研院所和大专院校为主的分中心，要根据自身的基础条件和专业特长，进一步明确在研发体系内的功能定位，在自己最熟悉、最擅长的领域或环节做大做强，做出特色，形成优势。只有实现分中心的专业化发展，才能做到在合作中优势互补。作为政府部门，我们将尽力争取措施，为各个专业分中心开展工作创造有利条件。在具体操作上，将按照差异化的原则，采取扶优扶强的支持方式，加强对专业分中心的引导，促进一批专业分中心走"专精尖"的路子。

凡事预则立，不预则废。我们将这么多单位集合在一个大平台上进行整体运转，就必须明确各方面的定位，建立一套切实可行的机制和方法保证它的有效运转。我们还要建立一套科学、完整的体系结构优化和绩效考核机制，优胜劣汰、有进有出的动态管理。对于长期不能发挥作用的专业分中心，要采取退出机制，取消分中心资格。

三、今明两年研发体系建设的重点任务

经过反复的沟通和商讨，我们认为研发体系在

"十二五"期间，尤其是今明两年应主要做好以下几个方面的工作：

（一）开展农产品加工业技术需求调研

农产品加工技术的研发、集成和示范推广，必须建立在满足现实生产发展需要的基础之上。现代农产品加工业作为集物理、化学、生物、信息等技术为一体的产业，任何一个企业都难免会遇到有关节能减排、副产物综合利用、质量安全控制等方面技术的制约，有些还可能成为决定企业生存的重大瓶颈问题。如前几年有关部门责令关停了许多马铃薯淀粉加工企业，主要理由是排放的废水不达标，在浪费水资源的同时污染了环境。类似的例子还有不少。因此我们认为，深入调研和认真梳理农产品加工企业在生产经营中经常遇到的、依靠自身力量难以解决的、对产业健康发展有较大影响的共性技术难题，就应该成为研发体系工作的首要任务。在具体操作上，可以将调研范围界定在体系内企业全覆盖和体系外部分有代表性的企业，调研工作由国家中心统一组织、协调，制定调研方案，各专业委员会具体落实，根据需要和可能，可分别采取实地调研、座谈、发放调查问卷、网站查询等多种方式，广泛征集技术需求，经过汇总、分析、凝练和专家论证，形成农产品加工业技术需求调研报告，作为确立技术研发、引进、集成和推广工作的重要依据。

（二）筛选农产品加工重大关键技术

前面已经讲到，经过十几年的发展，我国农产品加工领域的科研力量不断壮大。尽管在研发过程中还存在一些这样那样的问题，但还是产出了不少科研成果。然而据专家测算，目前我国农产品加工领域的科技成果转化率只有40%左右，明显低于发达国家70%的水平。那么，如此大比重的科技成果得不到转化应用的原因是什么？是适用性差，还是集成度低，还是政策扶持不够，还是缺乏技术供需之间合理的利益协调机制？这些都需要进行认真的分析。大家知道，每一项科技成果的取得，都会耗费大量的人力物力财力，如果得不到有效利用是非常可惜的。因此，我们的研发体系有责任、有义务去努力消除这种现象。在具体操作上，要将"十五"以来不同部门、不同层级组织研发的相关科技成果尽可能齐全地收集起来，并与技术需求调研的结果进行比对，根据技术本身的成熟度、与现实生产需要的适应性等，筛选出对农产品加工产业升级有重要影响的技术项目，按照攻关（包括集成）技术、引进技术、推广技术分类，编制筛选研究报告及其技术目录，以便对我们今后申报行业科技项目、"948"项目和组织成熟适用技术推广等方面的工作发挥重要的指导作用。

（三）推广农产品加工成熟适用技术

这里讲的成熟适用技术，主要指有利于提高节能减排、综合利用和农产品质量安全水平的共性技术，既包括通过研发、集成、熟化以及中试检验和专家论证，可以应用于现实生产的新技术、新设备和新工艺，也包括一些早已被部分企业实践证明行之有效、但应用面有待提高的"老技术"。推广工作的对象则是数量众多、自身没有研发能力、信息相对闭塞的中小型加工企业，以及从事农产品产地储藏和初级加工的广大农户和农村专业合作组织。根据我局近几年来的工作经验，在政府部门安排专项资金支持某类农产品加工聚集区中小企业或农村大户建设加工示范点、储藏示范库（窖）的基础上，举办示范推广培训班的做法，能够获得比较好的效果。在这方面，需要我们研发体系做的工作，主要是挖掘、甄别、筛选出值得在较大范围推广的成熟适用技术、工艺和设施设备，并选派相关专家积极参与各级政府部门组织的示范推广活动。当然，我们也鼓励和支持拥有这类技术的科研机构，在体系内外自主地开展推广工作。

（四）遴选农产品加工各领域领军企业

"农产品加工领军企业"，是我们经过认真思考后提出的一个概念。在《农产品加工业"十二五"发展规划》中，我们把"做大做强农产品加工领军企业"确定为一项战略任务，主要是针对近年来国际资本大举进入我国重要农产品生产和加工领域、对我国相关产业的安全造成现实或潜在威胁的实际情况提出来的。我们希望各级政府能够采取必要的政策措施，引导龙头企业和成长型企业通过兼并、重组、参股、联合等形式，整合资源要素，实现优势互补，逐步发展成为规模化、集团化、整体竞争力强的行业领军企业；通过提升技术研发能力和装备水平，大力发展农产品精深加工，带动专业化、标准化原料基地建设；通过建立和完善紧密型利益联结机制，实现与专业合作组织和农民的有效对接，增强辐射带动农户的能力。总之，要通过做大做强农产品加工各领域的领军企业，遏制外资大量进入的势头，保护和巩固民族产业基础。在这方面，需要我们研发体系做的工作，主要是在研究确定农产品加工各领域子行业细化方案和领军企业认定标准的基础上，分领域编制出《农产品加工子行业领军企业目录》。同时，有针对性地提出扶持领军企业发展的相关政策建议。

（五）争取农产品加工行业科技项目立项并组织实施

行业科技项目，是研发体系开展农产品加工重大共性技术研发、集成和推广工作的主要项目依托，也是凝聚体系力量的重要手段。自从2007年财政部设立行业科技项目以来，农业部已经在种植业、养殖业、农业机械化等多个领域争取到189个项目立项，安排项目资金35亿元。由于农产品加工领域进入较晚（2009年），目前只安排了3个，但是发展趋势较好。2010年我局按照科教司的要求，组织相关专家研究起草了《“十二五”农产品加工公益性行业科研专项规划》，围绕农产品加工节能减排、综合利用、质量安全等方面的需要，提出了60个建议项目。最近又按照科教司的总体设计，优选出了20多个项目，计划在“十二五”期间分步争取并组织实施。目前2012年的5个推荐项目已基本确定，参与单位涉及几十家科研院所、高校和骨干企业，其中大部分是我们的研发分中心。今后几年，将有更多的分中心有机会参与到行业科技项目中来。“十二五”时期，我国农产品加工业仍将保持快速发展的势头，而且必然存在影响产业健康发展的共性技术问题。因此，根据不断变化的实际情况，及时修正行业科技的主攻方向和项目内容，也是研发体系的重要工作。希望国家中心、各专业委员会、各分中心都把这项工作摆上重要议事日程，认真梳理，深入研究，积极献计献策，使我们申报、实施的行业科技项目真正起到凝聚体系力量、攻克技术难题、服务行业发展的作用。

为了使上述主要任务落到实处，我局将与国家中心签订一个包含今明两年主要工作内容、进度和完成时间的目标任务书。国家中心与各专业委员会、专业委员会与各分中心之间，也要在细化任务分工的基础上，建立约束机制，确保各项工作任务的完成。此外，我局在“十二五”期间还要着力组织实施“农产品产地初加工惠民工程”、“农产品加工监测预警与国际标准跟踪平台建设工程”等，也需要研发体系的有力支撑。希望国家中心、专业委员会、各分中心给予积极的支持和配合。总之，经过一段时间的努力，今后凡是涉及农产品加工领域科技方面的情况和问题，研发体系应该最了解、最能说清楚；提出的相关政策建议和确定的研发、集成、推广项目，应该最符合实际需要。为了实现这个目标，就要付出更多艰辛的劳动。

最后，我还想就地方部门的相关工作提一些要求和建议。近年来，省级主管部门在推进本区域农产品加工业科技进步方面做了不少工作，取得了很好的成绩。但到目前，对全国研发体系建设工作的参与度还比较低，有些省、自治区、直辖市可能只在审核申报单位的申报材料时才有所接触和了解。这里既有行政体制方面的原因，也有我局工作不到位的问题。今后我们将不断加强与各省、自治区、直辖市农产品加工主管部门的联系，共同推进包括研发体系建设在内的农产品加工工作。经过近两年新一轮的机构调整，现在省级农产品加工主管部门中，黑龙江、山东、重庆、四川4省、直辖市是在工（经）信口，其他27个省、自治区、直辖市都在农口。其实无论工口还是农口，我们促进农产品加工业健康发展的目标和职责是一致的。这次邀请各省、自治区、直辖市主管部门的领导和有关负责同志来参加座谈会，主要就是想表达这个意思，同时也把我们组织研发体系建设的基本思路、主要做法以及下一步开展工作的打算与大家沟通一下，以便今后更好地协调配合。希望各省、自治区、直辖市积极创造条件，努力争取手段，支持国家农产品加工技术研发体系建设，并做好指导和服务工作。

农产品加工技术研发体系的建立，只是完成了初步的基础性工作，用毛主席的话讲就是“万里长征走完了第一步”，今后的道路还很漫长、很艰巨。但是应该有理由相信，只要我们理清思路、认准目标、振奋精神、齐心协力、真抓实干，就一定能够开辟出一片新天地。希望大家以本次“转型”会议为契机，真正实现思想认识的转型、目标任务的转型、方法机制的转型、行动成效的转型，努力推进研发体系建设工作再上一个新台阶。

（本文为作者于2011年6月20日在“国家农产品加工技术研发体系建设工作座谈会”上的讲话，略有删改）

加快推进诚信体系建设 建立食品安全长效机制

工业和信息化部消费品司副巡视员　高　伏

这次食品工业企业诚信体系建设试点工作交流暨培训会的主要任务，是阶段性总结食品工业企业诚信体系建设试点工作，交流试点工作经验，培训企业诚信管理体系师资队伍。按照会议安排，我代表消费品工业司就食品工业企业诚信体系建设工作情况作大会发言，分三个方面：一是诚信建设工作开展情况及初步成效；二是工作中的几点体会；三是下一步工作考虑。

一、诚信建设工作开展情况及初步成效

2008年“婴幼儿奶粉事件”后，国务院领导作出重要批示，要求从立法、监管、诚信等各个环节入手，落实企业主体责任，建立长效机制，系统而有序地解决食品安全问题。2009年颁布的《食品安全法》和《食品安全法实施条例》及近年来国务院印发的有关加强食品安全文件中明确要求工业和信息化部牵头，会同相关部门加快建立食品企业诚信体系。对这项工作，工业和信息化部党组高度重视，部长办公会多次听取汇报并做专题研究，要求把推进食品企业诚信体系建设作为我部贯彻落实党中央决策和国务院部署的重点工作，作为我部履行政府职能，管政策、管规划、管标准和在新时期加强食品行业管理的切入点和重要抓手，作为建设责任政府、服务政府、法治政府的应尽职责和重要内容，认真抓好落实。

为加快推进食品工业企业诚信体系建设，在借鉴国务院有关部门开展社会信用体系建设工作基础上，我部会同有关部门、专家及地方进行了反复研究，明确了诚信体系建设的工作定位。具体体现在以下6个方面：一是推动要依法。贯彻实施食品安全法及其实施条例和国务院关于加强食品安全工作的要求，依法履行行业管理职能，依法规范企业食品安全责任，依法实施专项整治，依法推动食品工业企业诚信体系建设。二是质量为核心。针对食品安全中的突出问题，明确在全面加强社会信用体系建设的大环境下，食品企业诚信体系建设要突出以加强质量安全诚信为核心，以保障食品质量安全和促进行业健康发展为目标，并紧密结合行业管理职能的落实。三是企业是关键。诚信体系建设关键在企业，要突出落实企业主体责任。重点是企业要建立诚信管理体系，提升企业自身的食品安全诚信管理能力，加强企业诚信自律，充分调动企业积极性，推动诚信实践活动。四是制度是重点。管理要有标准，工作要有制度，诚信体系建设要制度先行，明确建立企业诚信管理体系、诚信信息征集披露体系、诚信评价体系等一系列制度，逐步形成企业诚信建设的长效机制。五是分工要明确。要明确政府、行业协会和企业的分工责任。政府主要是通过诚信立法、制定标准、出台政策、搭建信息平台等工作实施指导和推动；行业协会主要是组织开展诚信培训，指导企业实施国家标准、建立诚信制度，组织企业参与诚信评价活动，加强行业诚信宣传；企业关键是要增强诚信意识，建立诚信管理制度，完善管理体系，开展诚信自查自纠。六是推动靠合力。食品诚信体系建设涉及方方面面，是一项系统工程，必须合力推动。按照“立足民生，守土有责，主动合作”的思路，积极联合有关部门指导地方政府部门、行业组织、食品企业共同落实企业诚信体系建设工作。根据以上定位，形成了“以保障食品质量安全和促进行业健康发展为目标，通过政府指导推动，协会加强行业自律，企业履行主体责任，社会各界参与并监督，用3年左右时间逐步建立起以企业责任为基础、社会监督为约束、诚信效果可评价、诚信惩奖有制度”的食品工业企业诚信体系建设工作思路。

2009年以来，在国务院食品安全办公室指导和国务院各相关部门、地方政府、行业协会的支持、协作下，我部以健全法规规章和标准体系、建立企业内部诚信管理体系、建立诚信信息管理系统为切入点，大力推进食品企业诚信建设。重点推动开展了6个方面的工作。

1. 建立工作机制，加强组织领导 2009年12月，会同国务院10部门联合印发了《食品工业企业诚信体系建设工作指导意见》，明确了指导思想、主要目标、基本原则，提出了主要工作任务和保障措施。2010年10月，与发展和改革委员会、科技部、财政部等15个部门（单位）建立了联席会议制度，初步形成了政府部门协同指导和推动诚信体系建设落实的工作机制。会同联席会议成员单位印发了《食品工业企业诚信体系建设工作实施方案（2010—2012年）》，确立了6项主要任务、48项具体工作。农业部、卫生部、人民银行、工商总局、食品药品监管局、认监委、中国轻工联合会、中国食品工业协会等有关部门（单位）结合各自工作职责开展了相关工作，国家质量监督检验检疫总局牵头推动婴幼儿配方乳粉电子信息追溯系统建设，商务部组织开展了“诚信宣传月”活动等。各地积极贯彻指导意见，落实实施方案。如黑龙江省建立了“部门联动、责任分工、督导推动、诚信评价、失信惩戒和诚信激励”五位一体的工作机制；河南省成立了食品工业企业诚信体系建设工作领导小组，确定了“示范带重点、重点带一般，先行先试、先易后难、梯度推进”的工作思路；江苏省印发了《关于做好全省食品工业企业诚信体系建设工作的通知》、《2011年江苏省食品工业企业诚信体系建设工作实施方案》，全面动员部署全省食品

行业深入开展诚信体系建设。

2. 制定标准规则，规范诚信管理　经过近1年的调研、研讨，2010年8月，制定并发布了《食品工业企业诚信管理体系（CMS）建立及实施通用要求》和《食品工业企业诚信评价准则》两个诚信建设行业标准。配合标准宣贯，组织编写了乳制品、肉类食品、葡萄酒、调味品、饮料和罐头等6个行业的标准实施指南。为有序开展企业诚信管理体系评价工作，2011年9月，制定印发了《食品工业企业诚信管理体系评价机构工作规则（试行）》，规范了评价机构工作、评价工作程序，统一了评价证书和有关文本格式，并确定公布了首批5家评价机构名单。各地也出台了诚信建设配套制度标准，如黑龙江省制定了《乳制品企业诚信管理制度样本》，并在全省乳制品企业推广，出台了《典型失信案件曝光规则》、《黑龙江省企业信用信息征集发布使用办法》。

3. 推动试点工作，加强工作指导　2010年起，在黑龙江、河南两省开展了企业诚信建设试点工作，按照“全面铺开、选择重点、稳步推进”的原则，2011年以来，在北京市调味品、河北省葡萄酒、福建省罐头、广东省饮料行业开展了企业诚信建设扩大试点工作，迄今全国已有24个省、自治区、直辖市启动开展这项工作。为指导各地开展工作，我部组建了专家队伍，正式聘任了第一批15名企业诚信管理体系专家。在试点推动过程中，我部委派专家解读指导意见，宣传工作方案，宣贯行业标准，宣讲企业示范，深入企业指导建立诚信管理体系、指导部分试点地区开展诚信管理体系试评价工作。截至目前，共举办了15期诚信管理体系标准的宣贯培训班，对31个省、自治区、直辖市2 100个食品企业、3 400人次进行了专题培训，本次会议期间还安排了对各地推荐的诚信管理体系建设师资进行培训。经过食品工业企业诚信管理体系评价机构的评价认定，第一批有9个乳制品企业通过了诚信管理体系评价。按照工作总体安排，2011年将组织指导4 000个食品企业建立诚信管理体系，组织部分企业开展诚信管理体系评价试点，在所有婴幼儿配方乳粉生产企业全面建立诚信管理体系。

4. 搭建信息平台，提供公共服务　为加快建立诚信信息征集和披露体系，积极组织开展了食品工业企业诚信信息公共服务平台建设工作。结合食品工业行业特点，围绕建立信息支撑、提供管理手段、增强服务能力的目标，委托部软件与集成电路促进中心，在较短时间内完成了平台的筹建工作，并于2011年9月19日在北京举行了隆重的开通仪式。平台设立诚信建设、法律法规、政策标准、社会监督和工作动态等栏目。在推动诚信信息平台网络建设中，安排中小企业专项资金先后支持黑龙江、河北和福建等省诚信信息服务平台建设。目前，湖南、吉林、上海、江苏等20个省、直辖市已经相继开通诚信信息公共服务平台或诚信信息网站，诚信信息平台网络的建设，为共享信息资源，进一步发挥诚信激励、失信惩戒机制和社会监督作用提供了条件。

5. 支持企业技改，提升安全保障　在督促企业抓管理制度建设的同时，针对食品企业生产工艺装备和检测条件等方面存在的薄弱环节，在粮油加工、肉制品加工、乳制品加工等12个重点行业安排企业技术改造项目，重点支持企业设备更新、产品质量检测、质量可追溯体系建设等配套硬件条件的改善，提高企业自身质量安全保障能力。初步统计，2009年以来在食品行业安排了6批、1 100多个企业技术改造项目，总投资400余亿元，其中中央财政安排资金36亿元。各地也加大了资金和政策扶持力度，如黑龙江省给予飞鹤等15个企业技术改造项目支持；河南省把落实产业政策、安排企业技术改造专项、淘汰落后产能与企业诚信体系建设相结合，对积极推进诚信管理体系建设、注重质量安全、经营效益显著的企业给予优先支持。

6. 加强宣传引导，营造诚信氛围　我部会同相关部门积极开展食品诚信建设宣传教育工作，印发了《工业和信息化部关于在食品药品行业开展“讲诚信、保质量、树新风”活动的通知》，全面部署在全国食品药品行业开展“以讲诚信为荣，不讲诚信为耻”和以企业诚实守信，产品质量第一，生产者对消费者负责为主要内容的“讲诚信、保质量、树新风”活动；重点宣传了黑龙江和河南省食品工业企业诚信体系建设试点启动会以及两省阶段总结会、青岛婴幼儿配方乳粉生产企业诚信管理体系建设启动会、国家食品工业企业诚信信息公共服务平台开通仪式等活动。2011年食品安全宣传周（6月13—20日）期间，组织中国工业报、中国食品报和中国食品安全报等媒体，开设食品安全宣传专栏，普及食品科技和科学消费知识。各地也高度重视宣传引导工作，如黑龙江省在开展食品工业企业诚信文化建设活动中，通过征集诚信理念、诚信警语，研讨和征文等活动进行诚信文化建设和诚信宣传教育，一些大型企业建设了“百米诚信文化长廊”。河南省提出努力构建“求质量、保安全、讲信誉、守信义”为核心的诚信文化体系，引导试点企业的诚信建设工作不断向纵深发展。江苏省通过媒体、网络等多种形式，加强食品工业企业的诚信文化宣传教育，弘扬诚信美德，增强企业法制意识、责任意识和质量诚信意识。

目前，各地工作正在深入展开，通过推进诚信建设，试点企业诚信意识明显增强，企业诚信管理制度正在加快建立，企业诚信管理体系逐步完善，诚信建设取得了初步成效。一是食品诚信建设社会认知度提高。2009年以来，我部会同相关部门组织地方及企业，通过开展诚信建设宣传月、诚信知识竞赛、诚信标准培训、食品企业诚信承诺等多种形式的活动，食品诚信工作已产生较大的影响，社会关注度很高。在百度网站上搜索“食品工业企业诚信”关键词，出现信息达374万条，这从一个侧面说明了食品企业诚信建设已经深入人心，开展食品企业诚信建设是民心所向，社会共识，促进了良好社会氛围的形成。二是地方诚信建设主动性增强。除我部组织开展的6个省（直辖市）诚信建设试点工作外，还有10多个省、自治区、直辖市积极落实国务院的部署，主动启动了食品工业企业诚信体系建设工作，并通过开展宣传培训，增强企业诚信意识，塑造企业诚信文化，建立企业诚信制度，培育企业诚信环境，有力促进了食品质量安全水平的提高。三是试点工作取得一些好经验。试点地区、试点企业在推进食品企业诚信体系建设工作中，归纳出了一些好的做法和经验。如黑龙江省按照“建立以质量诚信和制度建设为根本，以平台和档案建设为载体，以人才建设为保障，以诚信文化建设为基础，以运行机制建设为动力”的“五位一体”工作思路，形成了各方联动、各负其责、整体推进的工作格局；河南省总结出“以诚信立企，抓制度建设，按标准办事，以数据说话，用结果评价，有奖惩机制”的做法，在企业推行取得实效，正在加快向全省推广。企业方面，完达山乳业总结出“以人为本立诚信，从源头做起抓诚信，从生产过程保诚信，从产品质量上守诚信，从销售环节重诚信，在企业文化铸诚信”；龙丹乳业将诚信文化与诚信理念的传播同企业管理的完善和改进有机结合，做到文化理念落地、管理有效提升；雨润集团恪守“食品工业是道德工业”的经营理念，将其贯穿到企业各项工作中，努力构筑食品生产安全长堤，打造诚信企业；“瘦肉精”事件后，双汇集团制定并出台《双汇集团诚信管理规定》，强化诚信意识，健全质量安全管理体系，落实企业主体责任，加强内部稽查监督，严格依法经营。四是食品质量安全水平向好发展。在各地区、各有关部门和全社会的共同努力下，我国食品安全工作力度不断加大，通过深入开展食品专项整治和推进企业诚信体系建设，严厉打击违法犯罪活动，强化食品安全监督，推进企业诚信文化和诚信制度建设，食品安全各项工作取得了明显成效，全国食品安全形势总体稳定并保持向好趋势，各类食用农产品、食品安全水平稳中有升。

虽然我们共同做了不少工作，但也深深感到，在全国范围内开展食品工业诚信体系建设是一项复杂、艰巨而长期的任务，是一项探索和创新性的工作，在实施中还存在着要不断提高认识，要积极主动克服困难，要狠抓目标落实，要合力指导推动，要重在加快机制建立等问题，这些都需要在今后工作中不断加以改进。

二、诚信建设工作中的几点体会

通过两年的工作实践，我们对做好企业诚信体系建设工作有几点体会：

1. *领导重视是关键* 党中央、国务院高度重视食品企业诚信体系建设工作，国务院食品安全办公室多次部署指导，工业和信息化部会同联席会议各成员单位，组织地方有关部门、行业协会及食品企业认真落实，积极推动，确保工作取得实效。

2. *体制机制是基础* 工业和信息化部会同15部门（单位）建立了联席会议制度，印发了工作指导意见和3年实施方案，成立了食品诚信建设办公室，定期召开部门协调会。各地也建立了相关工作机制，明确责任，落实任务，为诚信建设工作的顺利开展提供了体制机制保障。

3. *协调配合是保证* 部门联席会议作用得到充分发挥，各相关部门、行业协会和企业积极配合，主动开展或参与诚信建设各项工作，采取有效措施，共同推进工作落实。各方联动是推动诚信建设工作取得实效的保证。

4. *激励惩戒是动力* 目前，部分企业参与积极性不高，主要是守信激励和失信惩戒措施滞后，没有很好地通过发挥市场机制作用，调动企业参与的积极性。必须加快研究制定相关政策措施，用好政府资源和社会资源，完善市场退出机制，激励企业加快诚信体系建设，提高质量安全水平。

同时，我们还深深体会到，在工作过程中应努力处理好以下几个关系：一是部门职能分工与协同配合的关系。工业和信息化主管部门作为食品工业企业行业管理部门，不仅要结合部门职能，紧紧围绕“质量安全诚信”这一核心，强化指导，重点推动。同时作为食品工业企业诚信体系建设牵头部门，要与执法监管部门、金融机构等部门加强工作沟通、密切协作配合，形成合力，共同推进食品工业企业诚信体系建设工作。二是政府主导与企业主体的关系。要进一步明确食品生产企业是诚信体系建设实施主体，政府部门要加快完善相关政策法规，营造良好的诚信外部环境，促进企业积极参与、责任有效落实的诚信体系运行机制的形成。三是试点探索和总结推广的关系。推广试点省、试点行业和试点企业的宝贵经验，深入调查研究，加大工作指导，注重点面结合，推动机制形成，加强宣传引导。要精心组织、大胆探索试点工作，认真研究和及时解决试点中遇到的问题；要加强地区之间、企业之间的学习与交流，要注意总结推广好的做法和经验，全面推进食品企业诚信体系建设。

三、下一步诚信建设工作考虑

工业和信息化部将继续按照国务院工作部署，在国务院食品安全委员会办公室指导下，认真落实《食品工业企业诚信体系建设工作实施方案（2010—2012年）》明确的各项任务，加大工作力度，全面推进食品工业企业诚信体系建设，重点抓好几个方面的工作。

1. 狠抓目标落实　按照2011年诚信建设工作实施方案要求，2011年在全国重点指导4 000个食品企业建立诚信管理体系，请各省、自治区、直辖市加快工作进度，努力完成工业和信息化部下达的指导计划，尤其要在婴幼儿配方乳粉生产企业100%建立诚信管理体系；组织食品企业开展诚信管理体系评价，在确保评价工作质量前提下加快进度；同时推动各地加快地方诚信信息公共服务平台建设。

2. 加强工作指导　继续充分发挥部门联席会议制度作用，发挥专家队伍作用，加强对各地政府部门、有关行业组织和食品企业工作的指导。各地工业和信息化主管部门要加强与地方相关部门的协同和配合，建立健全地方部门间协调工作机制，指导企业建立诚信管理体系，组织企业参与诚信评价活动。充分发挥行业协会的行业规范与自律作用，形成全方位、多层面合力推动、协同推进的工作格局。

3. 完善制度建设　研究制订《食品工业企业诚信信息征集与披露管理办法》、《诚信信息平台建设规范》、《诚信信息平台互联互通标准》等规章制度和标准；研究建立守信奖励失信惩戒机制和食品生产企业“黑名单”公布制度；继续组织编写重点行业诚信管理标准实施指南；组织制订乳制品、肉类加工品、调味品、葡萄酒、罐头、饮料等行业诚信评价实施细则等。各省、自治区、直辖市工业和信息化主管部门要加快完善地方配套制度，优化诚信建设环境。

4. 加快平台建设　创造条件，加快建立健全诚信信息公共服务平台网络，促进国家、地方、行业及企业平台互联互通，实现信息和管理资源共享；充分发挥公共平台在企业自律、政府管理和社会监督中的作用，为各级部门对食品质量安全协同监管提供信息化管理手段，为社会公众参与诚信管理提供信息化沟通渠道。

5. 加大诚信宣传　继续大力营造诚信建设的舆论氛围，在食品行业深入开展“讲诚信、保质量、树新风”活动，推动企业学法、遵法、守法，引导企业树立安全发展、诚信经营的理念，在全行业牢固树立企业诚实守信、产品质量第一、生产者对消费者负责的行业新风，通过树品牌、树形象、树信心，及时宣传和推广诚信体系建设好的做法和经验，注重发挥好典型的示范引领作用。加强诚信标准宣贯和人员培训；充分发挥诚信信息公共服务平台作用，继续组织开展“以讲诚信为荣，不讲诚信为耻”的宣传活动，巩固社会舆论监督的成果。

（本文为作者于2011年10月16日在“食品工业企业诚信体系建设试点工作交流暨培训会”上的讲话，略有删改）

总结经验　认清形势
努力做好生猪屠宰行业工作

商务部市场秩序司副巡视员　李振中

我们在武汉举办生猪屠宰行业管理人员和规模以上生猪定点屠宰企业负责人培训班，主要目的是通过集中培训，分析当前屠宰行业面临的新形势和新任务，交流各地行业管理的先进经验，介绍相关法律法规与国家标准，进一步提高行业管理人员的业务能力和屠宰企业负责人的管理水平，为生猪屠宰行业的科学、有序、健康发展奠定坚实的基础。下面，我讲四点意见。

一、一年来，我们的行业有进步

2011年和过去的几年中，党中央、国务院特别重视的一件大事就是保证食品安全。围绕这件大事，我们在贯彻《生猪屠宰管理条例》和《全国生猪屠宰行业发展规划纲要（2010—2015）》的基础上，做了几项重点工作，使我们的行业有了进步。

1. 加快生猪定点屠宰资格审核清理工作，严格行业准入管理 按照商务部的统一部署，各地人民政府及商务主管部门严格按照《生猪屠宰管理条例》和有关国家标准，对一批不符合定点屠宰厂（场）设置规划、达不到法律规定设立条件的屠宰企业责令限期整改，或者取消定点屠宰资格，取得积极的阶段性成果。截至目前，全国已淘汰2 556个屠宰企业，责令3 441个不达标企业限期整改。在审核清理工作中，涌现出一批典型地区，积累了一些经验做法，探索出合并重组、异地升级迁建、转型转产等多种模式。例如，昆明市按照“有保、有压、有新建”的原则，关闭主城区12个屠宰企业，在郊区县选址新建4个大型现代化屠宰加工企业，做到了压点工作一步到位，平稳完成，落实了地方政府责任，确保审核清理工作取得实效，工作做出表率，值得肯定和学习。

2. 推进“放心肉”服务体系建设，努力提升肉品质量安全保障水平 2011年，我们利用中央财政专项资金1.1亿元，支持云南、陕西等西部8个试点省、自治区的59个屠宰企业，对屠宰生产线，检验、无害化、污水处理设备、设施及企业内部信息化管理系统进行标准化改造；确定河北省商务厅、山西省商务厅等10个单位为“2011年屠宰监管技术系统项目重点推进单位”，对屠宰企业生猪进场、生产线、无害化处理等重点环节安装视频监控设备，对企业生产进行实时远程监控。同时，督促以往“放心肉”服务体系建设试点地区对项目的建设情况、资金情况进行审核验收。总体上，“放心肉”服务体系建设取得了积极的成效。

3. 开展肉品安全日常监管与专项整治，始终保持对私屠滥宰等违法行为的高压态势 各地商务主管部门会同公安、畜牧、工商、质监、食品药品监管等部门开展联合执法行动，通过排查、巡查、突击检查、循环检查等多种方式，加大对私屠滥宰、制售注水肉和病害肉的惩处力度。2011年“3·15”媒体曝光河南双汇“瘦肉精”事件以来，商务部紧急下发了《商务部办公厅关于全面检查生猪定点屠宰企业 落实质量安全管理制度情况的紧急通知》和《关于切实加强屠宰行业管理 配合做好“瘦肉精”查处工作的紧急通知》，部署各地商务主管部门进一步规范生猪屠宰企业经营行为，协同配合有关部门做好“瘦肉精”治理工作，督促当地屠宰企业严格落实各项肉品质量安全管理制度，如实记录生猪来源与生猪产品流向，不得收购、屠宰含“瘦肉精”生猪，不得出厂未经检验合格的肉品。10月11日，商务部联合公安部、农业部、国家工商总局、国家质量监督检验检疫总局、国家食品药品监管局等五部门下发了《关于深入开展打击私屠滥宰强化肉品卫生安全专项治理行动的通知》，决定自2011年10月起，在全国开展为期9个月的打击私屠滥宰强化肉品卫生安全专项治理行动。同时，商务部协同财政部将屠宰环节病害猪无害化损失补贴标准由500元提高到800元，加大力度防止病害生猪产品流入市场，消除肉品质量安全隐患和风险。

4. 修订完善法律法规和行业标准，提高屠宰行业法治化水平 2011年，商务部启动了对《生猪屠宰管理条例实施办法》“后评估”工作，通过对《办法》的实施效果、存在的问题进行调查、分析和评估，提出修改完善的建议。同时，2011年计划出台30项屠宰行业标准，目前已发布8项，报批3项，征求完意见、准备送审15项，正在起草4项。商务部还委托了商务部流通产业促进中心实验室工作人员分赴10个省、直辖市的37个屠宰企业进行现场跟踪检测，为修订《畜禽肉水分限量值》及研究分析生猪注水或注入不明物质检测方法做好前期准备。2011年，安徽、湖南、山东和广东四省对生猪屠宰管理地方性法规进行修订，进一步完善了当地小型屠宰场（点）的设置规划、审批程序和日常管理，进一步细化了生猪屠宰操作规程。四川省商务厅制定了《四川省生猪定点屠宰厂（场）和小型屠宰场点设置规划（2010—2015年）》，截至目前，全国已有30个省、自治区、直辖市制定了地方性定点屠宰厂（场）设置规划。

5. 加强管理和重点企业人员培训，进一步夯实行业发展基础 各地商务主管部门按照商务部《全国生猪屠宰行业培训方案》要求，加大对屠宰企业肉品品质检验人员和屠宰技术工人的培训力度。其中，山东省已举办11期培训班，对济南、烟台、潍坊等11市、90个县（市、区）商务主管部门主管负责同志和管理人员、883个生猪屠宰企业负责人和肉品品质检验人员，共1 046人进行了集中培训。云南省已培训各州市生猪屠宰企业人员138人。覆盖了目前全省60%的县以上屠宰企业。商务部领导也很重视全国行业管理人员重点企业负责人员培训工作。我们按部领导要求，抽出力量和时间组织培训，时间紧也要办，两期合一期也要办，今后要把培训工作抓紧抓好。

二、当前面临的严峻形势

我们做了很多工作，都是应该做的。在看到成绩的同时，我们也要清醒地认识到，生猪屠宰行业发展与管理工作依然面临着严峻的形势，我们的工作与不断发展变化的客观形势相比，与党中央、国务院对我们的要求相比，与人民群众的殷切期盼相比，还存在不小的差距。表现为：一是从行业结构看，生猪屠宰行业发展形势总体趋好，但影响肉品安全的深层次问题依然存在；二是从经营主体看，屠宰企业的法治意识、诚信意识和社会责任意识较为薄弱，市场信用环境亟待改善；三是从违法行为看，违法手段逐渐向技术性、隐秘性发展，对监管检测能力提出更高要求；四是从社会环境看，社会公众和新闻媒体对食品安全高度关注，商务主管部门解疑释惑、应急处理和引导舆论的能力有待加强；五是从监管能力看，基层监管机关在人员编制、经费保障和管理手段方面，存在不适应食品安全形势之处。

三、近期的重点工作

1. *进一步加强生猪定点屠宰资格审核清理工作* 生猪定点屠宰资格审核清理是提高屠宰行业整体素质，保障肉品质量安全的重要抓手和突破点，也是部领导近期最为关注的一项重要工作。近期，商务部将准备召开审核清理工作现场会，进一步部署这项工作。2012年，商务部将会同有关部门组成联合检查组，对审核清理工作进行专项检查，对审核清理工作不力、进展缓慢、成效不明显的地方，要通报、要批评、要限期改正。

2. *加大对注水肉，特别是向生猪注入不明药品的打击力度* 各地商务主管部门要加强对生猪定点屠宰企业的日常监督检查，严厉打击场内注水行为；要联合公安等部门，加强对向生猪注入不明药品的检查力度，要对整个利益链条进行打击，使其无条件再犯，只有查找禁用药品的源头，摸清非法利益链条，严厉追究违法分子的法律责任，才能有效杜绝此类违法行为；要加强行政执法与刑事司法的衔接。目前，食品安全形式发生较大变化，法律法规进一步健全，《食品安全法》的出台，刑法修订案（八）等进一步加大了对食品安全违法犯罪行为和监管责任的追究力度。各地人民法院正在根据新司法解释，对生猪屠宰违法行为追究刑事责任，2011年广州市白云区人民法院召开打击私屠滥宰暨危害食品药品安全犯罪宣判大会，对从事私屠滥宰的犯罪嫌疑人，以构成“非法经营罪”判处有期徒刑。武汉市人民法院也以非法经营罪分别判处无证私宰的夫妻有期徒刑8个月、6个月，并处罚金。从“3·15”到现在，司法机关已抓捕判刑包括死缓多名“瘦肉精”制售人员。各地商务主管部门在日常检查中，发现犯罪线索的，要及时移送公安机关，要运用刑事司法手段加大打击力度和震慑力度。

3. *进一步完善生猪屠宰法律法规和行业标准* 2011年，商务部启动了《生猪屠宰管理条例实施办法》“后评估”工作，希望各地商务主管部门积极配合，认真填写调查问卷，及时反映《办法》在实际工作中存在的问题，为下一步修订完善《办法》提供充分的事实依据。2008年《生猪屠宰管理条例》修订后，尚未对本地生猪屠宰管理办法进行修订的地区，商务主管部门要积极推动地方性法规的修订工作，加强与《食品安全法》和《生猪屠宰管理条例》的衔接。近期，商务部将加强行业标准的修订工作，对现有标准及时梳理，制定行业标准发展规划，抓紧出台或修订《禽畜屠宰检验规程》、《禽畜肉水分限量》等一些实践中迫切需要的标准，逐步修订其他标准，将部分涉及肉品质量安全的推荐性标准升级为强制性国家标准。

4. *加强宣传培训和消费者教育* 各地商务主管部门要按照商务部《全国生猪屠宰行业培训方案》的要求，到2013年争取使全国生猪屠宰行业管理人员、生猪定点屠宰企业负责人、肉品品质检验人员、屠宰技术工人全部接受一次培训，实现肉品品质检验人员、屠宰技术工人考核合格，持证上岗。要加强培训内容的实用性和可操作性，加强实际操作技能的培训。同时，加强与媒体的沟通合作，提高宣传的针对性，充分发挥媒体的舆论监督作用。近期，商务部将加强对“冷鲜肉”的宣传，引导消费者建立科学的消费理念。西方发达国家在20世纪60年代就开始推广冷鲜肉，目前冷鲜肉占据其市场份额的98%以上。而目前我国的冷鲜肉市场份额低，其所具有的抑制微生物生长和酶的活动、延长肉品保质期等优点不为群众所了解，“半夜杀猪，早市卖肉”的消费习惯依然根深蒂固。通过集中宣传，转变消费者的消费理念和习惯，改变肉类市场的产品结构，进而改变生猪屠宰行业结构，推动具有冷链运输条件的大型屠宰企业快速发展，切实发挥市场倒逼作用。

四、几点要求

1. *进一步增强责任感、使命感和急迫感，全力推进生猪屠宰管理工作* 生猪屠宰管理关系到人民群众的生命健康，关系到党和政府的形象和公信力，关系到经济发展和社会稳定，各级商务主管部门一定要站在政治的高度，本着对党和人民高度负责的精神，来认识和从事这项事业。我们应当树立一种理念，严格地监督管理是对屠宰企业最大的支持。从历史上看，美国最初在推行HACCP（危害分析和关键控制点）体系时，肉品屠宰加工企业不愿执行，但在强力推行之后，严格的行业标准逐渐转化成为美国屠宰企业核心竞争力。美国之所以成为当今世界最主要的猪肉出口国，得益于严格的生猪屠宰行业管理。

2. 善于抓住重点工作和关键环节，在全面推进行业管理工作的基础上实现重点突破　当前，我们的目标任务涉及方方面面，工作千头万绪，还将面临一些可以预见和难以预料的复杂情况。这要求我们在统筹兼顾的情况下，紧紧抓住一些重点工作和重要领域，以重点突破带动整体工作向前推进。目前，随着行业集中度的逐步提高，知名企业、大型企业在肉品安全保障中的作用日渐重要。这些企业如果出现问题，轻则遍及数省，重则波及全国，不仅给人民健康带来重大损害，而且其产生的连锁效应，会给整合行业造成“致命伤害”。因此，各级商务主管部门一方面要加大力度，支持遵纪守法的知名企业做大做强；另一方面要加大对定点企业的监督管理，使其承担起社会公众对其品牌的信任和期望。

3. 因地制宜、大胆探索，以开拓创新的精神开创行业管理的新局面　生猪屠宰行业管理是一项具体、实际而具有开创性的工作，需要同志们善于实践、善于总结、善于借鉴，在实践探索中推动创新，在吸收其他领域先进做法中推动创新，在借鉴国内外有益经验中推动创新。例如，2011年修订实施的《安徽省生猪屠宰管理办法》规定，县级以上商务主管部门在日常检查中，对生猪定点屠宰企业遵守强制性标准和法定要求的情况予以记录。监督检查记录经监督检查人员签字后归档。同时，建立生猪定点屠宰企业生猪产品质量安全信用档案，记录日常监督检查结果、违法行为查处等情况，并根据信用档案的记录，对有不良信用记录的企业加强监督检查。这项立法内容就是很好的创新，英国等国家生猪屠宰监管机关也有类似做法。

4. 加强与商务部的工作沟通，多反映问题，多上报经验，多提供建议　这一点陕西省商务厅做得比较好，今年就牲畜注入不明药物，行政执法与刑事司法衔接等许多问题，及时向商务部市场秩序司反映情况，积极推动相关工作的开展。

总之，在食品安全形势依然严峻的形势下，做好生猪屠宰行业管理工作刻不容缓。我们必须始终保持忧患意识，生于忧患，死于安乐，食品安全大意不得。要戒骄戒躁，永不懈怠，以昂扬向上、开拓进取的精神状态，以脚踏实地、求真务实的工作作风，集中精力、锲而不舍，把我们的事业不断推向前进，向党中央、国务院和广大人民群众交上一份满意答卷！

（本文为作者于2011年11月2日在“生猪屠宰行业管理人员和规模以上定点企业负责人培训班”上的讲话，略有删改）

总结“十一五”　谋划“十二五”　扎实做好我国绿色食品和有机食品工作

中国绿色食品发展中心主任　王运浩

这次会议的主要任务，是贯彻落实全国农业工作会议和全国农产品质量安全监管工作会议精神，总结2010年和“十一五”绿色食品和有机食品工作，谋划“十二五”工作，安排部署2011年重点任务。下面，我讲三点意见。

一、2010年和“十一五”绿色食品和有机食品的工作成效

2010年是“十一五”收官之年，也是绿色食品发展20周年。在部党组的领导下，在农产品质量安全监管局等有关司局的指导下，在各地政府和农业行政主管部门的支持下，整个工作系统深入贯彻落实科学发展观，紧紧围绕农业部确立的“两个千方百计”、“两个努力确保”的中心任务，以提升品牌的公信度和认知度、竞争力和影响力为目标，开拓创新，锐意进取，真抓实干，取得了明显成效。主要表现在以下6个方面：

第一，产品规模稳步发展　继续坚持“从严从紧、积极稳妥”的指导思想，进一步完善认证制度，

防范认证风险，强化现场检查，加强续展认证，推动产品规模稳步发展。2010年，新认证绿色食品企业2 526个，产品6 437个，分别比2009年同期增长6.4%和3.9%。全国有效使用绿色食品标志的企业总数为6 391个，产品总数为16 748个，分别比2009年同期增长5.1%和4.4%。新认证有机食品企业372个，比2009年增长7.9%。全国有效使用有机产品标志企业1 202个，产品5 598个，分别比2009年增长19.8%和13.0%。在发展的同时，整个工作系统强化了产品认证现场检查工作，中心先后3次组织检查员对8省、直辖市22个企业的55个产品进行了现场监督核查；山东、河北、江苏、湖南、湖北、广西等省、自治区加大检查员培训力度，现场检查质量明显提高。黑龙江、广东、福建、内蒙古等省、自治区加大绿色食品续展和有机食品保持认证工作力度，企业续展率和保持认证率大幅提升。为积极探索事业发展新的增长点，中心与部经管站联合开展了农民专业合作社发展绿色食品调研工作，取得了阶段性成果。

第二，基地建设稳步推进 继续按照“严格管理、规范程序、成熟一个、发展一个”的原则，稳步推进基地建设。至2010年底，全国有340个单位创建了479个绿色食品原料标准化生产基地，种植面积0.07亿hm^2，带动农户1 686万个，对接龙头企业1 256个，每年直接增加农民收入在8.4亿元以上。有58个基地批准进入为期一年的创建期。启动了有机农业示范基地创建工作。安排了40个基地抽检任务，质量抽检合格率达到100%。各地积极采取措施，加大基地建设和管理力度。黑龙江、江西在强化基地标准化生产的同时，积极引导龙头企业与基地对接，推进产业化经营；安徽省组织制定了基地标准化生产4项地方标准，强化基地生产技术指导；湖北省依托恩施土家族苗族自治州良好的资源和环境优势，积极开展有机农业示范基地创建工作。

第三，证后监管切实加强 全面加大了证后监管工作力度，绿色食品和有机食品产品抽检合格率达到98.9%以上。为加大力度推进年检工作，中心2010年成立6个督导组，对12个绿色食品办公室及所辖的34个企业进行了现场检查，加大了产品抽检比例。2010年，绿色食品发展中心和地方绿色食品办公室全年共抽检5 142个产品，占2009年底有效用标产品总数的32.7%。深化了市场监察工作。各地共检查86个城市、241个各类市场，抽取标称为绿色食品的样品6 182个，对发现的不规范用标的产品，已分别由绿办和工商部门进行了处置。强化了质量安全风险预警，对稻米、花生丁酰肼等6类产品进行了风险处置。启动了企业内检员制度，目前已为3 256个企业培训3 364名绿色食品内检员。按照农业部统一部署，集中组织开展了上海世博会、广州亚运会绿色食品产品质量专项抽检，为上海世博会、广州亚运会成功召开作出了积极贡献。江苏、黑龙江、广东、天津、湖南、四川、甘肃等省、直辖市自行安排资金，加大产品抽检力度。湖北、山东、内蒙古、福建等省、自治区充分发挥市县绿办作用，年检工作全面扎实开展。

第四，宣传与市场工作加快推进 为进一步提升绿色食品品牌的知名度和影响力，2010年中心成功地举办了绿色食品二十年周年系列庆祝活动，全面总结了绿色食品20年的光辉历程和宝贵经验，充分展示绿色食品事业20年取得的成就，扩大了绿色食品影响。黑龙江、浙江、广东等省围绕庆祝绿色食品20年活动主题，举行了丰富多彩的宣传活动。同时，编印了《中国绿色食品20年》纪念册，制作了绿色食品宣传歌曲和《绿色食品知识讲座》光盘。为加快培育和推进市场建设，成功举办了“中国绿色食品2010上海博览会”和“第四届中国国际有机食品博览会”。绿博会首次由农业部主办，全面提升了档次。在部农产品促销项目的支持下，组织国内企业参加在日本、德国、美国等地举办的国际展会。湖南、四川、新疆、辽宁大连、黑龙江、齐齐哈尔、内蒙古扎兰屯等地区，也举办了颇具地方特色的绿色食品博览会。北京、上海等大中城市，加快专业营销市场建设步伐，为企业搭建贸易流通平台。

第五，事业发展的基础逐步夯实 配合部监管局启动了《绿色食品标志管理办法》修订工作。完成了10项行业标准的制修订工作，同时安排自有资金，启动了3项产品标准以及2项规程的制订工作。截至目前，部颁绿色食品标准已达164项。进一步完善了生资管理制度和技术规范，目前共发展绿色生资企业50个，产品182个。进一步加强国际交流，完成了绿色食品标志商标在澳大利亚、新加坡的注册工作。加快“金农工程”绿色食品认证监管信息网络系统建设。

第六，体系队伍建设不断加强 各地在机构改革中，进一步加强机构建设，强化职能职责，充实人员力量，并加快向地市县延伸。黑龙江、江苏、山东、湖南、湖北等省建立了比较完善的基层工作体系，有效推动了事业发展。加强绿色食品检查员、监管员和有机食品检查员的培训和注册工作，目前经中心注册的绿色食品检查员1 648人，监管员1 573人，经国家认监委注册的有机食品检查员165人。加快绿色食品监测机构的布点，强化规范管理。新增监测机构9个，对3个监测机构的不规范检测行为进行了处理。

目前，共有54个产品定点检测机构和73个环境监测机构。成功组织召开了中国绿色食品协会第三次会员代表大会，加强了协会领导力量，强化了协会对绿色食品产业的服务功能。

2010年的工作成效，为“十一五”目标任务完成，画上了一个圆满的句号。回顾“十一五”，发生了许多显著变化：产品认证加快发展，总量规模不断扩大；基地建设创新发展，标准化水平不断提升；监管制度日趋完善，产品质量稳定可靠；品牌效应不断放大，综合效益不断显现。“十一五”成效巨大，经验丰富，启示深刻。概括起来，有“四个必须坚持”：一是必须坚持把绿色食品和有机食品放在“三农”工作全局去谋划。把促进农民增收作为工作的立足点，把提升农产品质量安全水平作为工作的出发点，不断深化和强化与农业标准化、产业化和品牌化工作的联系。二是必须坚持把维护品牌公信力作为持续发展的核心。不断建立和健全标准体系，规范产品认证，强化证后监管，着力打造安全优质的农产品精品品牌。三是必须坚持把政府推动、市场拉动作为发展的强大动力。坚持绿色食品事业的公益性质，积极争取各级政府支持，为事业持续健康发展创造良好的社会环境和政策条件；坚持遵循市场经济规律，通过不断提升品牌的影响力和竞争力，促进优质优价市场机制形成，调动企业和农民生产的积极性。四是必须坚持把工作体系和队伍建设作为推动发展的根本保障。坚持科学发展理念，创新工作机制，紧紧依靠工作队伍，形成推动发展的强大合力。

回眸过去，绿色食品和有机食品取得了重大发展，成绩来之不易。这主要得益于农业部党组和地方各级党委政府对绿色食品和有机食品的高度重视、关心和支持，得益于部农产品质量安全监管局等司局的有力指导，得益于全体绿色食品工作者辛勤劳动和努力拼搏。

二、“十二五”绿色食品和有机食品的目标任务

“十一五”为今后工作打下了坚实基础。“十二五”对绿色食品和有机食品发展来说，既面临着新的机遇，也面临着压力和挑战。总的来说，机遇大于挑战。

1. 加快转变农业发展方式和建设现代农业，是“十二五”农业农村经济发展的主题 大力发展高产、优质、高效、生态、安全农业是建设现代农业的基本要求。绿色食品和有机食品追求安全、优质、生态、环保、可持续的理念，注重生产经营专业化、标准化、规模化、集约化、产业化和品牌化，符合现代农业发展方向，必将在现代农业建设中发挥更为重要的作用。

2. 未来5年，是农产品质量安全寻求发展和突破的重要时期 大力推进标准化示范基地建设，强化生产过程质量控制，不断提升农产品质量安全水平，是“十二五”农产品质量安全工作主要任务。绿色食品和有机食品是推进农业标准化的重要抓手，是提高农产品质量安全水平的有效途径。新时期绿色食品和有机食品要在推进农业标准化生产和提高农产品质量安全水平上率先实现突破。

3. 随着我国经济社会发展和城乡居民收入水平的不断提高，消费结构升级加快，人们更加注重农产品的质量和品牌 绿色食品和有机食品是政府主导的安全优质的公共品牌，其所推行的生产方式、倡导的消费观念、树立的品牌形象，得到了人们的普遍认可和积极响应。绿色食品和有机食品必须适应消费升级的需要，适应农产品国际市场竞争日趋激烈的需要，不断扩大总量规模，着力打造精品品牌。

4. 党中央、国务院高度重视绿色食品和有机食品的发展 党的十七届三中全会明确提出：支持发展绿色食品和有机食品。各地政府加大推进力度，出台了一系列扶持政策。黑龙江省把绿色食品作为全省重点发展的十大支柱产业之一；江西省把绿色食品纳入“十二五”发展的十大战略性新兴产业，并出台了绿色食品发展配套政策；山西省政府出台了加快发展“三品一标”的意见。

但是，我们也要看到，绿色食品和有机食品的发展还面临着不少的压力和挑战。由于我国农业生产经营分散，农民的标准化生产意识淡薄，农产品质量安全隐患依然存在。与此同时，公众对农产品质量安全问题的关注度越来越高，容忍度越来越低，对绿色食品和有机食品的期望值越来越大，要求越来越严。少数绿色食品和有机食品企业的自律意识和责任意识淡薄，全程质量控制体系落实不到位，产品质量安全隐患和不规范用标现象依然存在。各地工作进展不平衡，一些地方认识和监管措施还没有完全到位，难以适应新形势下对绿色食品和有机食品工作的需要。

“十二五”是绿色食品和有机食品发展重要机遇期。我们要深入贯彻落实科学发展观，立足现代农业建设大局，围绕加快农业发展方式转变，把提升农产品质量安全水平和促进农业增效、农民增收作为中心目标，着力提高绿色食品和有机食品质量保障能力、抗风险能力和市场竞争力，推进农业标准化生产、产业化经营和品牌化发展，强化政策、资金、科技、市

场和体系支撑，推动各项工作取得新的进展。

今后5年发展的主要目标任务是：

1. 提升产业发展规模和质量　稳步推进产品发展和基地建设，不断扩大总量规模。力争“十二五”末，绿色食品企业总数达到7 500个，产品20 000个，产地监测面积达到0.2亿hm^2，有机农产品企业2 000个，产品总数11 000个，原料标准化基地总数达到680个，有机农业示范基地100个。企业结构、产品结构和区域结构进一步优化，发展质量明显提升。

2. 提升品牌的公信力和竞争力　强化证后监管，不断提高产品质量，力争产品质量抽检合格率保持在98%以上。加快市场流通体系建设，促进优质优价市场机制形成，提高品牌价值。

3. 提升在“三农”工作中的地位和作用　进一步发挥在推进农业标准化生产中引领作用，在促进农业增效、农民增收中的带动作用。

要实现上述目标，必须抓住“十二五”有利时机，着力完善六大体系：一要完善标准体系。标准是基础。要立足精品定位，瞄准国际先进水平，结合我国国情，按照“安全与优质并重，先进性与实用性统一”的原则，进一步完善绿色食品标准体系；推进生产操作规程的规范化和普及化，大力推进生产操作规程的应用和实施。二要完善生产体系。生产是关键。要进一步完善产地环境、生产过程、产品质量、包装储运等环节的管理措施，建立健全全程质量控制体系。加快基地建设与现代农业示范区、标准化示范园（场）创建的有机结合，构建“以标志品牌为纽带、龙头企业为主体、基地建设为依托、农户参与为基础的”产业发展模式，提高生产的组织化程度。加强生产技术培训，进一步提高农民的标准化生产水平。三要完善认证体系。认证是手段。要进一步完善认证制度，优化认证程序，强化现场检查，不断提高认证工作的质量和效率。要继续加强重点地区、重点企业和重点产品的认证工作，稳步扩大总量规模，促进形成绿色食品和有机食品优势产区和优势产业集群。四要完善监管体系。监管是保障。要紧紧围绕“保证产品质量，规范企业用标”两大中心任务，建立健全“以行政执法为先导，行业自律为基础，属地管理为保障”的监管机制。坚持“源头入手，标本兼治”的原则，全面落实企业年检、产品抽检、市场监察等监管措施。强化质量安全预警管理，建立健全“上下互动，省际联动”的质量安全预警机制，增强风险防范和突发事件应急处置能力。五要完善市场体系。市场是载体。要组织推动各地加大宣传力度，提高品牌的认知度，大力培育消费市场。要按照“以品牌引领消费，以消费拉动生产”的思路，面向国际、国内两个市场，全方位加大市场服务力度，指导和支持建设专业营销渠道，举办好全国性、区域性专业展会，建立可持续运营的专业营销体系。六要完善队伍体系。队伍是依靠。要根据新时期农产品质量安全管理工作的要求，探索建立新的体制机制。要加快将工作机构向地县两级延伸，尽快把机构队伍培养成一支“体系健全、职能充实、业务精通、运转高效”的农产品质量安全工作生力军。加强监测体系建设，强化对监测机构的考核管理，着力提高监测机构的服务能力和水平；加强检查员、监管员队伍建设；加强工作机构的绩效考核，建立行之有效的激励机制和约束机制。

三、扎实做好2011年绿色食品和有机食品工作

做好2011年工作，对开好局、起好步，全面完成“十二五”目标任务具有重要意义。2011年，绿色食品和有机食品工作的总体要求是深入贯彻落实科学发展观，围绕农业部党组确立的中心任务，按照农产品质量安全工作的总体部署，进一步深化改革和创新，发挥绿色食品和有机食品在推动农业标准化生产、提高农产品质量安全水平、促进农民增收和建设现代农业中的引领示范带动作用，推动事业持续健康发展。重点抓好6个方面的工作：

1. 进一步提高产品认证规范化水平　核心是提高产品认证工作的质量和效率。2011年，绿色食品和有机食品的工作目标是，全年新认证绿色食品企业1 500个，产品3 500个；有机食品企业400个，产品2 500个。完成这个目标，要继续坚持“从严从紧、积极稳妥”的指导思想，保持认证工作平稳发展。要调整和完善认证制度，优化工作流程，改进专家评审，着力提高认证工作效率。要继续加强现场督查核查工作，着力提高现场检查的规范性和有效性。要组织研究提出进一步提高续展认证工作质量和效率的工作措施，尝试推动建立适应当地实际的续展认证工作机制，力争企业续展率稳步提高。要改进和调整颁证工作，提高颁证工作的效率。

2. 进一步提高基地建设和管理的水平　按照“规范管理、产销结合、突出重点、稳步推进”的原则，进一步加强原料标准化生产基地建设与管理。要以优势农产品产业带、特色农产品规划区域和农业大县为依托，组织完成50个绿色食品基地和8个有机农业示范基地的创建任务。要进一步强化基地与企业的产销对接，积极探索产品发展和基地建设相结合

的有效途径。要积极争取基地建设的政策支持，促进基地与现代农业示范区建设、农业标准化示范县（标准园、示范场）结合。要严格落实基地创建制度，创新验收方式，强化年度监督检查和产品抽检工作，提高基地建设的质量和水平。要组织好 57 个创建基地的验收、479 个基地年度检查和 40 个基地的抽检工作。

3. 进一步加大证后监管力度　各地要进一步强化责任意识和风险意识，紧紧围绕“保证产品质量、规范企业用标”中心任务，贯彻落实企业年检、产品抽检和市场监察等监管措施。要继续开展企业年检督导检查工作。2011 年计划组成 5 个组，对部分省、自治区绿色食品工作机构年检工作进行督导检查，并选择 30 个重点企业进行年检工作有效性督查。要进一步强化产品质量抽检工作，加强对重点区域、重点行业、重点时节的重点产品的抽检，提高对蔬菜、茶叶、肉类、水产品、面粉及制品、葡萄酒、稻米、调味品、大豆制品等高风险产品的抽检比例。要配合部监管局做好农产品质量安全专项监管工作。要集中开展标志市场监察工作，推进市场监察范围向地市县城市延伸，2011 年拟在全国设 200 个多种类型固定网点和 100 个流动网点。要完善质量安全预警运行机制，加强信息监测和收集，提高风险预警和突发事件应急处理能力。要继续做好企业内检员培训工作。

4. 进一步加大宣传与市场建设步伐　要继续围绕“普及绿色食品知识、促进绿色食品消费”主题活动，发动和组织各地加大宣传力度，进一步提升绿色食品和有机食品品牌的认知度。要加大产品促销力度，促进厂商合作、产销衔接。要组织好“中国绿色食品 2011 广州博览会”和“第五届中国国际有机食品博览会”，继续落实好农业部境外促销项目。支持各地开展区域性专业展销会、博览会。要加快信息化建设，加快完善绿色食品监管子系统。要加强国际交流与合作，组织好亚太地区农业可持续发展国际研讨会。

5. 进一步夯实事业发展的基础　要根据《绿色食品标志管理办法》修订颁布情况，修改完善有关制度，探索建立新的管理体制和运行机制。要继续推动与“三农”工作的结合，争取以部名义下发引导农民专业合作社发展“三品一标”的意见。要进一步完善标准体系，完成 21 项绿色食品标准、3 项有机农业标准制修订工作以及操作规程简读本的编写工作。要加强基础理论与技术的研究工作。要加快绿色食品生产资料许可和推广工作，探索建立绿色食品生产资料推广应用示范点。要切实采取措施，加大绿色食品防伪技术产品推广应用力度。

6. 进一步加强体系队伍建设　要研究制定工作体系绩效考核办法，加强绩效管理，建立行之有效的激励机制和约束机制。要加大基层调研力度，切实转变工作作风，提高对企业和农户的服务水平。要加强绿色食品定点监测机构管理。加强检查员、监管员和生资管理员培训和管理，举办一期全国业务培训班，引导和支持各地开展区域性培训班；要探索建立检查员、监管员考核、激励机制。要加强工作经费规范管理，做到专款专用；要积极争取地方财政支持，形成推动事业发展的长效机制。要重视协会工作，有条件的地方要加快成立协会组织；各地要在扩大协会会员队伍、建立诚信体系、提供技术服务和加强理论研究等方面支持协会工作。

总之，实现 2011 年绿色食品和有机食品持续健康发展，加快推进现代农业建设，任务艰巨。我们要在农业部党组的坚强领导下，在部监管局的指导下，在地方各级政府和农业行政主管部门的支持下，锐意进取，创先争优，改进作风，狠抓落实，全力做好各项工作，以优异的成绩迎接建党 90 周年，为农业农村经济发展作出更大贡献。

（本文为作者于 2011 年 3 月 21 日在“全国绿色食品工作座谈会”上的讲话，略有删改）

深入落实“十二五”发展纲要 积极推进茧丝绸行业持续健康发展

国家茧丝绸协调办公室主任　郎建凯

召开这次会议，主要任务是全面总结近年来茧丝绸行业发展情况，探讨交流各地工作经验，贯彻落实茧丝绸行业“十二五”发展纲要，部署下一阶段重点工作。下面，我讲三方面意见。

一、近年来我国茧丝绸行业发展取得显著成效

“十一五”是我国茧丝绸发展的重要时期，虽然受到国际金融危机的严重影响，但在国家政策支持和全行业共同努力下，行业发展取得显著成效，成为茧丝绸产业历史上增长速度较快、结构调整力度较大、社会经济效益较好的时期。

（一）茧丝绸生产稳步增长，带动农民增收和社会就业

近年来，在国内消费和出口带动下，茧丝绸生产实现平稳较快增长。2010 年全国桑园面积达到 80.2 万 hm^2，蚕茧产量 64.9 万 t，比 2005 年分别增长 3.7%和 5.4%；全国蚕茧总收入达到 191.1 亿元，同比增长 59%，蚕农收益明显提高。2011 年全国春茧产量达到 26.8 万 t，同比增长 6.4%。同时，工业生产平稳增长，2010 年全国丝绸工业总产值达到 1 959.2亿元，丝产量 16.2 万 t，比 2005 年分别增长 47.3%和 30.5%，规模以上丝绸企业实现利润 76.4 亿元，比 2008 年提高 71.6%，有效促进了社会就业和稳定。

（二）出口市场得到拓展，国际地位显著提升

中国丝绸具有悠久的文化历史，是国际贸易的重要商品之一，对传承东方文明、促进国际交流做出举世公认的贡献。近年来，我国丝绸出口在巩固美国、日本等传统国际市场基础上，加大对巴基斯坦、土耳其、俄罗斯、罗马尼亚等新型出口市场的开拓，出口保持稳定增长。2010 年丝绸出口 32.6 亿美元，增长 12.9%，其中，丝绸制成品出口 16.0 亿美元，增长 1.6%。

（三）结构调整力度加大，产业竞争力增强

为不断提升行业竞争力，近年来茧丝绸业不断加大结构调整力度，特别是 2006 以来，根据国家西部大开发和促进中部地区崛起的战略方针，组织实施了“东桑西移”工程，有效实施资源整合，实现了东部地区加工、技术、管理及资本优势与中西部地区土地、人力及资源优势的有机结合，通过区域产能的调整，推进了技术装备水平的提升，带动了资本结构的优化，促进了产业链、价值链的形成，构建了东、中、西部茧丝绸业“各具优势、良性互动、协调发展”的新格局。同时，产品开发步伐加快，衣着类制品不断创新，丝绸家纺方兴未艾，成为产业发展的重要支撑。

（四）技术进步作用突显，品牌建设步伐加快

近年来，茧丝绸行业技术进步得到推进，促进了信息技术、生物技术、材料技术等高新技术在传统茧丝绸业的运用，为行业升级注入新的活力。优良蚕桑品种得到大面积推广，蚕茧单产水平和资源综合利用水平不断提高，工业装备改造加快，生丝品位平均提高 1.5 个等级。同时，丝绸品牌的培育和发展得到提升，作为中国唯一的行业性公共品牌，“高档丝绸标志”的影响力不断增强，目前，已有 27 个企业授权使用高档丝绸标志，标志产品销售额达 25 亿元左右。各地结合自身实际，从市场需求出发，加强了品牌的培育工作，涌现出一批市场份额高、质量信誉好、研发能力强、知名度较高的丝绸骨干企业和丝绸品牌，成为扩大国内丝绸消费的新生力量，为弘扬和传承丝绸文化作出了贡献。

（五）行业管理力度加强，保障市场稳定运行。

2003 年随机构改革，国家茧丝绸协调办公室划入商务部后，部党组高度重视，茧丝绸行业管理工作得到明显加强。为稳定蚕桑生产，在充分调研分析基础上，定期发布指导性生产计划，做好蚕茧收购价格的预测；为保障蚕茧收购秩序和防止低水平产能盲目扩张，加强了鲜茧收购资格认定和缫丝、绢纺等工业加工生产准产证制度管理；为保障市场稳定运行，建立和完善丝绸市场监测系统，实施监测预警，编制发布中国蚕丝价格指数，加强信息服务和引导。同时，根据茧丝市场运行行情，科学实施国家厂丝储备调控，特别是今年针对茧丝市场波动加大的状况，及时实施了 972t 的国家厂丝收储，有力地稳定了市场价格，增强了市场信心。为促进行业发展和产业升级，积极争取政策扶持，推进贸工农一体化改革，目前，行业中约 40%的基地实现了“公司＋基地＋农户”的新型发展模式。开展了《生丝电子检测试验方法》等一批标准的制定工作，促进了行业规范发展。

总体看，近年来我国茧丝绸行业发展成绩显著，为推进区域经济发展、促进农民增收、改善生态环境、丰富人民生活做出了积极贡献。但还存在一些制约行业健康发展的矛盾和问题，主要是蚕茧农业基础仍不牢固，丝绸工业生产关键技术和装备研发有待提升，丝绸品牌发展相对滞后，市场运行调控的能力有待提高等，需要在“十二五”加以解决。

二、认清形势，深入贯彻实施茧丝绸行业“十二五”发展纲要

“十二五”是我国茧丝绸行业发展的关键时期。编制和实施《茧丝绸行业“十二五”发展纲要》（简称《纲要》），不仅是行业发展的需要，也是茧丝绸行业管理的一项重要工作。在部领导的关心指导和各地

蚕丝绸行业主管部门的共同努力下，《纲要》编制历时近1年，应当说，《纲要》的形成过程，是凝聚行业共识的过程，是集体智慧的结晶。加强《纲要》的贯彻实施，对做好“十二五”重点工作、促进蚕丝绸行业持续健康发展具有重要的指导意义。

（一）“十二五”蚕丝绸业发展面临的环境

“十二五”时期既是我国社会经济发展的重要战略机遇期，也是各种矛盾和问题的凸显期。从国内外市场环境综合分析看，“十二五”时期，我国蚕丝绸行业发展虽然面临诸多不确定性因素，但仍存在巨大的潜力和机遇。

从国际看，宏观环境发生深刻变化。当前，国际金融危机的深层次影响明显，世界经济的恢复受到美国主权信用降级、欧债危机、中东局势动荡等突发因素的制约和影响，不确定性增加。9月20日，国际货币基金组织调低了全球经济增长预期，预测今明两年全球经济增长均为4.0%，比6月份的预测分别下降0.3百分点和0.5个百分点。未来5年，全球经济进入增长减缓、模式转型、竞争加剧期，部分国家主权债务危机影响加剧，围绕市场、资源、人才、技术、标准等竞争将更加激烈。同时，各种贸易保护主义抬头，国际丝绸市场竞争日益加剧。但也应看到，国际经济结构性变化趋势增强，国际丝绸市场需求逐步趋稳，包括丝绸制品在内的纺织品服装市场继续增长的趋势不会改变。

从国内看，保持蚕丝绸行业稳定发展的基础扎实。根据国民经济和社会发展规划，“十二五”期间，我国国民经济将保持7%的平稳较快发展趋势，工业化、信息化、城镇化、市场化深入发展，经济结构转型加快，居民收入水平稳步增长，都将为蚕丝绸产业发展提供坚实的基础和巨大的市场空间。同时，国家扶持“三农”、改善民生和搞活流通、扩大消费等政策措施的进一步实施，将继续为行业发展增添动力。随着人们生活水平的提高和环保意识的增强，传统丝绸产业将焕发出新的生机与活力。与此同时，也面临一些制约因素，市场竞争和企业经营面临新的挑战。因此，我们必须科学判断形势，准确把握趋势，充分利用各种有利条件，促进蚕丝绸行业持续健康发展。

（二）“十二五”蚕丝绸行业发展的主要目标

蚕丝绸业作为具有民族特色的农工贸于一体的传统产业，“十二五”期间的发展，必须在国家大的社会经济环境下进行谋划布局。一要立足国家。要充分考虑到蚕丝绸业是一头连着农民、农村和农业，一头连着国内消费和国际市场的关系农民增收和生产生活的民生产业，是承载着悠久丝绸文化的民族产业，正确定位蚕丝绸业在国民经济中的行业地位，积极营造良好的发展环境。二要立足行业。要以科学务实的精神，深入研究行业问题，提出切实可行的发展目标，实施规范有效的行业管理，勇于开拓创新，形成有利于行业健康发展的长效机制。三要立足企业。要为全面促进企业技术创新和市场开拓创造条件，建立有利于企业良性循环发展的体制和机制，不断提高企业的核心竞争力。

根据国内外市场环境和行业发展现状，在发展目标的设定中，改变以往扩规模、求速度的发展思路，而是注重调结构、提质量、求效益的发展方向，确定了行业发展的经济总量、结构调整、科技进步、品牌培育和节能减排等五大目标：

1. 保持行业经济总量稳步提升　“十二五”期间，年均蚕茧产量稳定在65万t左右，丝及丝绵类产品总产量达12万t以上，蚕桑经济收入超过200亿元，蚕农人均收入不断提高，丝绸工业总产值达2 000亿元以上，真丝绸商品出口保持在35亿美元以上。

2. 推进产业结构调整　提升东部产业优势，培育一批具有国际影响力的企业和企业集团，打造东部丝绸先进制造聚集地；继续引导和推进蚕丝绸产业向中西部地区转移，创新产业发展模式，在中西部地区建设一批优质蚕丝生产基地、丝绸生态园区和新型产业集群。

3. 突破一批关键技术及装备　初步建立“产、学、研、用”相结合的行业技术创新和服务体系，行业生产效率明显提升；到2015年，数字化智能自动缫丝技术得到广泛应用，新增真丝绸织造设备中无梭织机比重达到90%以上，优势企业基本实现信息化管理。

4. 强化自主品牌发展　积极推动企业终端产品开发和自主品牌建设，重点打造10个具有民族特色和国际影响力的自主知名品牌。

5. 促进行业节能减排　加快节能、降耗、减排新技术、新装备在蚕丝绸行业的推广应用。到2015年，烘茧和丝绸印染领域单位增加值能耗比“十一五”末降低20%以上，丝绸工业单位增加值用水量降低30%，缫丝企业实现污水零排放，蚕丝绸固体废弃物综合利用率提高到80%以上。

（三）“十二五”蚕丝绸业发展的主要任务

为实现以上发展目标，“十二五”期间，蚕丝绸行业要紧紧围绕“调结构、创品牌、促升级”的主线，以技术进步和品牌培育为重点，以政策扶持为手段，以改善农业生产、提升工业水平、优化贸易结构、推进管理和机制创新等为主要内容，重点完成七项任务。

1. 优化产业区域布局，促进东中西部协调发展　要进一步调整和优化产业区域结构，加快推进区域协作和专业化分工，努力实现优势互补、良性互动、协调发展的新格局。中西部要继续提高蚕桑生产集中度，加快形成和优化加工产业链；东部地区要发挥人才、技术、管理、资本、信息、市场等方面的优势，建设形成中高档丝绸品牌设计研发中心和生产贸易基地，不断提升市场竞争力。

2. 提高蚕桑生产水平，夯实行业发展基础　要通过加强桑蚕优良品种的研发和推广，以及“公司+基地+农户”产业化经营模式的推进，巩固优质蚕桑基地，建立和完善提高蚕桑生产的有效机制，不断夯实产业基础。

3. 提升行业技术装备水平，增强产业核心竞争力　要通过新型技术装备的研发和关键共性技术的攻关，大力提升丝绸加工整体水平，加快淘汰落后技术装备，促进丝绸产品结构的改善和提高。加快丝绸行业节能减排技术的推广应用，积极提升我国丝绸技术标准的国际化水平。

4. 完善公共服务平台，提升行业运行质量　要通过公共服务平台的建设，整合行业资源，不断提升信息咨询、技术创新、成果转化、人才交流等公共服务水平，加强茧丝绸行业统计、监测、分析、预警和调控，综合运用市场准入、信息服务、储备调控等手段，提升行业运行质量。

5. 加快综合利用技术研发，提高资源利用效率　要通过建立综合利用示范基地、培育龙头企业等措施，加快茧丝绸资源循环、综合利用和绿色加工等技术的研究与推广，提高茧丝绸产业资源综合利用的效率和效益。

6. 统筹国内外市场，拓宽贸易渠道　要通过巩固传统市场、开拓新兴市场多元化战略和优势企业“走出去”的实施，进一步扩大丝绸品牌产品国际市场占有率；要优化和创新商业营销模式，发展电子商务，建设专业营销网络和现代物流体系，大力拓展国内丝绸消费市场。

7. 弘扬民族特色，打造中国丝绸品牌　要通过建立和完善品牌公共服务体系、实施自主品牌培育重点工程等措施，尽快培育形成一批国内知名、国际影响力强的丝绸自主品牌；要通过特色丝绸小镇、古典商贸街区和文化创意园等建设，提升和保护丝绸文化，扩大丝绸自主品牌影响力，树立中国丝绸整体形象。

要确保重点任务的完成，既需要政策的扶持和资金的投入，也需要各地行业主管部门、科研单位、商协会组织以及企业的共同努力，为行业发展营造良好的环境。

三、做好下一步工作的几点要求

（一）认真落实《纲要》精神，加大宣贯力度

《茧丝绸行业“十二五”发展纲要》是今后一个时期行业发展的指导性文件，各地茧丝绸行业主管部门要认真贯彻落实，加大宣贯力度，提高对行业发展的引导性和指导性。同时，要加强调查研究，结合本地区行业发展情况和趋势特点，制定发展方向和目标，不断提高行业发展的质量和水平。

（二）发挥政策支持作用，做好项目管理

各地要以《纲要》为指导，以政策扶持为契机，以项目管理为手段，统筹考虑本地区行业发展方向，突出支持重点，强化项目监管，做好项目验收，保障资金安全，确保财政资金发挥最大效能。

（三）加强协调配合，共同促进茧丝绸行业健康发展

落实好《纲要》政策措施，需要各地茧丝绸主管部门做好协调工作，积极配合部里做好政策的推进和落实工作；同时，要加强与当地发展和改革、财政、科技、工信以及农业等各部门的协调沟通，做好与有关部门配合，形成工作和政策合力，共同促进行业发展。

（四）提升行业管理，促进茧丝绸市场稳定运行

各地要创新工作思路，改进工作方法，不断提升行业管理的规范化、科学化水平。要加强对行业运行的监测分析，做好预测预警和信息服务；要将缫丝绢纺准产证和鲜茧收购资格证管理作为调节产能和优化布局的重要手段抓实、抓好；要积极探索地方储备调控方式方法，促进市场平稳发展。

茧丝绸业是关系千家万户蚕农和百万产业工人的民生产业，是涉及国内消费和出口市场的重要产业，茧丝绸协调管理工作任务艰巨，责任重大。我们要深入贯彻落实科学发展观，以“十二五”发展纲要的宣贯为契机，求真务实、开拓创新，为开创“十二五”工作新局面、推动茧丝绸产业又好又快发展做出新的更大的贡献！

（本文为作者于2011年10月26日在“全国茧丝绸行业发展座谈会暨现场会”上的讲话，略有删改）

深入贯彻科学发展观 全面落实纺织工业“十二五”发展规划

中国纺织工业联合会会长 杜钰洲

本次会议的主要任务是，高举邓小平理论、“三个代表”重要思想伟大旗帜，深入贯彻落实科学发展观，全面回顾过去5年的工作，总结“十一五”规划期行业的发展和提升工作，总结经验。认真学习，深刻领会，切实贯彻十七届五中、六中全会精神，把思想统一到中央决策部署上来，结合国际国内新形势，抢抓机遇，应对挑战，全面落实“十二五”发展规划，加快建设现代产业体系，努力开创纺织工业由大变强的新局面，同时努力开创联合会自身品牌建设的新局面。

一、纺织工业持续快速健康发展

2000年以来，特别是“十一五”期间，纺织工业不断推进结构调整和产业升级步伐，市场活力得到充分发挥，国际竞争力和可持续发展能力进一步增强，成为历史上发展速度最快、结构调整最明显、技术和质量效益提升幅度最大的时期，为实现纺织强国目标奠定了坚实的基础。

（一）行业又好又快发展

1. 规模以上企业从2001年到2010年的发展变化　从业人数从738.04万人增长到1 156万人，增长56.54%，其中前5年增长53.9%，后5年增长16.21%；工业总产值从8 894.5亿元增长到47 612亿元，按可比价增长422.36%，翻了2.39番。其中前5年增长1.31倍，后5年增长1.26倍；利润总额从295亿元增长到2 978亿元，按可比价增长了近9倍，翻了3.3番，其中前5年增长1.4倍，后5年增长3.2倍。

2. 全行业的发展变化　全行业出口额从2000年的530.44亿美元增长到2010年的2 120.01亿美元，增长3倍（按可比价增长1.78倍），翻了2番（按可比价翻了1.48番）。其中前5年增长1.22倍，后5年在全球金融海啸影响下仍增长80%（按可比价增长35%）。全行业纤维加工总量从2000年的1 360万t，增加到2010年的4 130万t，增长了2倍，其中前5年年均增长14.6%，后5年年均增长8.9%。从2000年到2009年，世界纤维加工总量增长72.37%，扣除中国纤维加工总量的增长后，世界纤维加工量则下降17.89%。其中，化学纤维产量从694.2万t增长到3 089.6万t，增长3.45倍，翻了2.15番。棉及化纤纱产量从660万t增长到2 717.0万t，增长了3.12倍，十年翻了2.04番。我国加入世贸组织的10年来，纺织品服装贸易顺差从391.53亿美元增长到1 916.81亿美元，增长389.57%，10年累计贸易顺差11 381.42亿美元，占全国同期货物贸易顺差13 265.73亿美元的85.8%。2011年1～9月，纺织服装贸易顺差是全国贸易顺差的1.64倍。产业用纺织品成为纺织工业新的增长点，总加工量从173.8万t（占纺织全行业总加工量的12.8%）到821.8万t（占全行业总加工量的19.9%），10年增长了3.73倍，翻了2.24番。

（二）过去10年是纺织产业技术提升最快的时期

1. 大力促进技术攻关和产品创新，使产业技术含量大幅提高　过去10年，规模以上企业人均支配总资产提高1倍，人均总产出增长2.4倍，人均利润增长5.4倍。产业综合销售利润在2010年达到6.45%，比2005年提高1倍，总资产贡献率提高1.21倍（从5.97%上升到13.20%），全员劳动生产率达到11.0万元/（人·年），比2000年增加2.7倍。2010年规模以上企业产品产销率97.8%，比2000年提高0.7个百分点；资产负债率56.38%，比2000年下降9.11个百分点；企业亏损面由20.15%下降至13.70%；人均总资产增长1倍。

2. 淘汰落后产能力度加大，新技术装备比重大幅提高　“十五”期间，投资国产先进装备为1 549.64亿元，“十一五”期间为3 080.77亿元；“十五”期间，投资进口先进装备为187.16亿美元，“十一五”期间为199.30亿元；“十五”期间，使用先进装备国产化率为50.06%，“十一五”期间为73.48%。

3. 科技攻关取得一系列重大突破　新兴高功能、

高性能纤维材料取得重大突破，常规化学纤维产业高起点、大规模、差别化取得大幅进步，国产化技术在10年的发展过程中已经占主体地位，单位产量建设投资比“十五”期间进口装置下降近90%。自主开发10项成套设备对行业技术改造发挥了支撑作用，清洁印染工艺的装备大量涌现，新兴纱线、面料、制成品达到国际水准。

4. 单位增加值的耗能、耗水、废水排放量下降幅度均已达到国家约束性标准　纺织企业积极采取缩短生产流程，余热再利用，使用节能设备、加强管理降耗措施，提前4年完成了国家约束性指标。据环保部统计，“十一五”期间，纺织工业加大改造力度，废水回用率达到60%以上，有的企业还实现了废水“零排放”。近年来，纺织企业采用原液染色、各种清洁生产工艺、开发仿真纤维，采用可降解浆料等措施，从源头上减少化学需氧量的排放。一批节能减排的新技术实现突破性进步，并在行业中推广。棉纺行业色纺纱技术，推广少用或不用PVA上浆，推广筒子染纱和经轴染已达到80%。化纤行业共淘汰落后产能300多万t，聚酯涤纶行业国际先进水平的装备比重达到75%，与2005年相比，化纤吨纤维综合能耗下降30.4%，聚酯聚合、粘胶短纤、锦纶聚合、锦纶长丝能耗都达到国际先进水平；吨纤维取水量下降25.7%，废水排放量下降25%。印染清洁生产技术和高效短流程前处理技术推广面目前达到行业的20%；生物酶在退浆、酶洗、抛光和羊毛的防毡缩处理技术，推广比例达10%；少水节能的冷轧堆染整可实现节能约40%、固着率提高约30%，已在中厚型织物上应用，推广比例已达20%。国产新型节能环保纺织专用装备制造能力明显提高，研发了高效印染前处理设备、连续和间歇式染色机、精密印花机、印染在线资源回收及环保等设备，为纺织行业加快推进节能减排提供条件。

5. 资源循环利用水平明显提高　废水余热回收、中水回用、丝光淡碱回收等资源利用技术在行业中推广应用比例已达到50%。纤维再利用技术不断升级，再利用纤维规模突破400万t，以可再生、可降解的竹浆粕、麻秆浆粕为原料的黏胶纤维实现产业化生产。

（三）满足扩大内需的需要，对改善民生发挥了巨大的历史作用

1. 规模以上企业销售产值中内销的比重从2000年的66.75%上升到2010年的81.54%。出口交货值前5年增长1.04倍，后5年增长46.84%。内销产值按可比价10年增长5.64倍。过去10年，全国居民消费价格指数上升了25.53%，而衣着消费价格总指数却下降了9.21%。

2. 过去10年，全国人口增长了7 409万人，其中城市人口增长21 027万人，乡村人口减少13 724万人，按可比价城市居民人均衣着支出增长2.45倍，乡村人均衣着支出增长1.99倍。10年城市化率从36.22%上升到49.95%，由于城镇居民的衣着支出是乡村居民的5.47倍，只要城市化率增加1个百分点，城乡居民衣着支出就增长1.32个百分点，这使过去10年全国城乡居民衣着支出年均增长14.64%。其中，“十一五”期间年均增长16.04%，5年翻了一番多。

3. 过去10年，城乡居民衣着消费结构的提升，不仅在于科技含量和物质使用功能的大幅提高，而且体现在衣着产业所承载的文化创造力大幅提升。人们日常生活审美要求和对品牌价值的认同促进了纺织工业科技贡献率和品牌贡献率持续提升。

4. 过去10年，全行业从业人员由2000年的1 300万人左右增长到2010年的2 200万人左右，其中80%是农民。同时拉动第三产业的就业。纺织工业加工天然纤维产业链最长、容纳就业最多、发展提升最稳定的产业，为城镇化、农民工就业和农业现代化作出了重要贡献。

5. 过去10年，纺织工业企业组织结构和区域结构布局的调整加快，既增强纺织产业链的国际竞争力，又对缩小城乡差别、区域差别发挥了积极作用。特别是“十一五”期间产业转移加速，中西部地区投资年均增长27.2%，占全行业的比重从2005年的23%提高到2010年的48%。优势企业通过兼并重组和改革改制、上市融资、走出去、跨国配置资源等发挥了带头作用；产业集群迅速发展，促进了纺织行业社会生产力的进步和现代生产方式的发展。

（四）出口竞争力不断提高，出口增长方式发生根本性改变

2010年，我国纺织品服装出口额实现2 120亿美元，比2000年增长了3倍，年均增长14.86%，占全球纺织品服装贸易额的比例从2000年的15%上升到超过1/3。从贸易方式看，一般贸易比重由2000年的55.7%，提高到2010年的74.4%，其中纺织品一般贸易比重达77.0%，服装一般贸易达78.3%。企业投资、自主品牌走出去及跨国配置资源取得重大突破。“十一五”期间虽然遭受国际金融危机重大冲击，人民币升值，国际市场萎缩，贸易保护主义抬头等影响，但纺织服装出口仍增长80%（表1），而出口增长方式转为价值提升为主。

表1 纺织服装出口增长情况

单位:%

名　称	"十五"期间	"十一五"期间
纺织品服装出口总额增长	121.58	80.37
数量增长对出口总增长的贡献率	87.50	43.16
价值提升对出口总增长的贡献率	12.50	56.84
美国从世界进口总额增长率	24.63	30.11
美国从中国进口总额增长率	243.42	589.35

(五)自主品牌建设取得明显进步

1. *品牌生态环境得到明显改善* 企业创建自主品牌的外部环境明显改善，最重要的是自主品牌逐步得到国内市场的认可，国内品牌的消费越来越成为内需热点。政府部门支持品牌的侧重点逐步从政府评价选拔转向依靠市场竞争，加强市场监督，促进市场公平，提供公共服务，出台公共政策。

2. *纺织工业企业创建自主品牌的内生动力明确增强* 纺织行业提倡的提高科技贡献率和品牌贡献率，逐步成为企业的自觉行动，着力点逐步从营造外部形象寻求政府态度，转向重点致力于"质量、创新、快速反应、社会责任"四位一体价值体系的创造和培育先进品牌文化。

3. *品牌贡献率提升* 在2010年规模以上5.5万户企业中，有8%的企业从业人员只占全行业9.41%，主营销售额占全行业12.21%，而利润占全行业37.82%。这些企业采用了先进技术，有较强的创新能力和品牌价值是显而易见的，但这些企业的平均人数只有240人。可以看出，一个品牌供应链所链接的众多配套企业，加工型中小企业，共同承担着品牌价值创造体系。按照市场化检验，服装行业已经连续7年在731个知名国产品牌中，通过大量的、正规的市场调查，分别奖励了43个品牌作为年度大奖，对行业品牌培育发挥了积极的引导作用。中国国际时装周已成为世界有较大影响的品牌活动。

二、承担起促进纺织工业由大变强的历史责任

(一)不断增强科学技术对产业升级的支撑作用

纺织工业协会从走上社会管理岗位第一天起，就以代表先进生产力推动纺织强国建设为已任，全力推动技术改造、技术攻关、产品创新开发。

1. *发布了行业科技进步纲要* 2010年10月，发布了纺织工业从2011年到2020年以"十二五"为重点的"科技进步纲要"，提出50项重点攻关和产业化目标、110项重点推广的先进适用技术。涉及产业基础研究课题，高新技术纤维材料、新型纺纱织造印染工艺技术、信息化技术、高性能产业用纺织品技术、节能减排环保技术、先进标准、各行业技术改造方向等。落实纲要正在成为全行业在"十二五"时期转变发展方式的重要支撑。

2. *大力推进全行业技术改造，淘汰落后生产能力* 技术改造对纺织工业由大变强具有十分重要的基础性作用，到2010年总锭子达到1.2亿锭，21世纪新增8 557万锭，基本上是国际国内先进技术。棉纱产量从660万t增加到2010年的2 717万t，扩大4.12倍。其中精梳纱产量扩大5.73倍，比重达28.1%；无结头纱产量扩大7.14倍，比重达69.35%。布产量从277亿m增加到2010年的655.5亿m，扩大了2.37倍。其中无梭布产量扩大8.16倍，比重达73.75%；紧密纺装备从无到720万锭，淘汰了大量有梭织机，10年间有梭织布从217.7亿m下降到172.1亿m。印染设备新增大量高效、节水、节能工艺装备，淘汰了74型为代表的陈旧装备，印染布从158.7亿m发展到601.6亿m，扩大了3.79倍。

3. *大力推动全行业产品创新* 纺织产品开发中心在"十五"期间，在国内外注册了"中国流行面料"商标，同时加大创新服务，以流行趋势研究引导行业，培育开发基地，创建服务平台，在推广先进工艺技术、人才培训、国际交流、质量检测与控制、创建面料馆数据库等全方位进行服务，过去10年陆续发展了112户产品开发基地企业，表彰了产品开发优势企业114户。2011年这些企业研发投入强度达到3.54%，新产品产销率达到43.82%，平均销售利润率达10.12%。纺织工业协会科技部组织标准体系调整与完善，各专业协会都针对行业特点开展了不同形式的为产品开发服务的技术交流、人才推介及展示示范活动。市场部把大规模展会办成面向世界的产品创新的窗口。在过去的10年，规模以上企业工业总产值增长4.22倍，新产品产值增长6.77倍。

(二)加快纺织行业信息化建设

中国纺织工业联合会始终把信息化作为产业提升的推动力。重点发展四大信息服务：一是发展网络信息服务，成立中纺网络公司，建设联合会官方网站——中国纺织经济信息网，建立起链接试点产业集群的纺织产业网联盟；以中纺网络公司所属中纺达软件开发实体，开发具有知识产权的ERP系统，在行业内推动"e"百工程和"e"千工程、培育ERP示范工程，组织行业交流、制定推广规范；完成纺织行业知识库软件系统公关，建立了中国纺织工业协会局域网。二是发展统计信息服务，建立行业统计暨运行分

析预警制度。按照月度组织全行业运行分析会，判断行业走势、质量效益、资源、进出口形势、预警、研究行业对策，引导全行业稳定生产和结构调整，按年度出版《中国纺织工业发展报告》（已出版10期），在行业内外发挥了重要的作用。组织行业论坛，引导行业健康发展。三是注重行业舆论导向，成立新闻中心和传媒中心。把握正确舆论导向，完善《纺织服装周刊》、《中国纺织》两个会刊的出版社建制，扩大会刊和中国纺织经济信息网的影响力。发挥中国纺织出版社对行业全要素生产力的积极影响，发挥各专业协会和部门出版物的行业影响力。四是创办上海办事处，加强对长三角调查和以中纺企协为主对企业抽样调查分析为主要内容的企业服务。

（三）全面实施名牌战略，着力提升中国纺织产业的品牌附加值

纺织工业把提升品牌附加值作为产业提升的重要内容。围绕名牌战略，考察国内外纺织服装名牌发展历史和中国纺织服装自主名牌发展的内在因素。确立纺织工业自主品牌建设的三大措施：一是倡导提高科技与品牌对纺织行业转变发展方式的两个贡献率；二是倡导建立“质量、创新、快速反应和社会责任”四位一体品牌价值体系；三是在全行业营建良好的“品牌生态”环境。

关于“两个贡献率”，科技贡献率是产业提升的基础，而品牌价值是商品生产者和消费者交换关系的产物。品牌作为价值交换关系的产物，是生产与消费互动的产物。

关于“质量、创新、快速反应和社会责任”四位一体的品牌价值体系。质量是品牌的生命，它是以市场公平标准来衡量、通过消费过程来检验的品牌生命力所在；创新是品牌的灵魂，品牌商品既通过知识创新、技术创新完成物质生活资料的创造，又是以人的价值为中心，以生活方式为主导的人文价值创造；快速反应是品牌的经营活力，它是以信息化时代为背景，是品牌产品经营管理在创意策划、生产流程、营销网络、管理机制、对市场细分和快速变化的适应能力；社会责任是品牌的社会品格，品牌传递着生产的目的和生产过程对劳动者、消费者、对利益相关方以及对社会公共事业所承担的责任，由法制和社会公德来评判。

关于“品牌生态”，这是着眼于创建一个产业的品牌文化，提升整个产业的品牌附加值的产业目标而提出的概念。在生产高度社会化的当今社会，品牌产品生产是高度社会化的生产方式下才能完成，形成于现代生产方式、交换方式和消费方式的全过程，一个品牌的产生不是孤立的存在，而是一个系统的生成物，如同要在戈壁上长出参天大树，如果没有绿洲生态环境，是无论如何也长不起来的。小平同志说过：“我们要有自己的拳头产品，我们要有自己的名牌，否则要受人欺侮”，这是把名牌创建与爱国主义的价值观联系起来，使创建名牌成为全行业、无论大企业还是小企业、无论上游还是下游生产企业、无论是主体企业还是配套企业的共同理想和行动。

三、抢抓关键机遇期，努力完成“十二五”发展任务

中国纺织工业联合会第二届理事会第四次会议之后就着手研究“十二五”规划目标和在2020年实现纺织强国目标的10年发展纲要，经过各专业协会和职能部门的酝酿，在第二届理事会第五次会议时，统一了大家的认识，明确了达到纺织强国的核心战略目标，即中国纺织工业要全面贯彻落实科学发展观，以转变发展方式为主线，坚持走新型工业化道路，以“十二五”为关键阶段，在“十三五”实现纺织科技强国、纺织品牌强国、纺织可持续强国、纺织人才强国这四大战略目标。认真分析判断世情、国情、行情，研究了综合目标和各行业目标的有机结构，研究“十二五”时期对“十一五”和“十三五”承上启下的内在联系。四大战略目标引出四大战略任务。

1. 建设纺织科技强国战略　大量国际经验表明，一个国家的现代化关键是科学技术的现代化，只有把科学技术真正置于优先发展的战略地位，真抓实干，奋起直追，才能把握先机，赢得发展的主动权。我们只有着力实现科技第一生产力的跨越式发展，才能有希望在世界产业争夺制高点的竞技场上实现后来居上，否则充其量也只能跟在别人后面跑。我国航天事业的成就进一步证明了这一真理。早在2003年，纺织工业就抓住时机用约一年时间研究2004年到2015年的中长期科技发展纲要，为行业内统一思想行动，为国家综合部门支持纺织行业发挥了重要作用。虽尽管取得历史性进步，我们仍不能忽视全行业科技的整体水平同世界先进水平相比仍有较大差距这一事实，同强国目标要求还有许多不相适应的地方。产业技术的一些关键领域仍存在许多对外依赖，科技研发还缺少基础研究的支撑，优秀拔尖人才仍比较匮乏，科技投入不足，体制机制存在不少弊端，造成科技创新体系不健全。总之，纺织行业的科技发展状况和创新能力与完成调整产业结构，转变发展方式的迫切要求还不相适应。

2. 建设纺织品牌强国战略　纺织工业联合会根据党的十六届五中全会精神，在“十一五”时期提出突出科技贡献率和品牌贡献率作为纺织行业转变发展

方式的结合点。现在，进一步把品牌强国作为建设纺织强国的第二大战略任务。我国纺织自主品牌在“十一五”有突飞猛进的发展，但与世界品牌强国比仍有很大差距。品牌贡献成为我国纺织工业发展的主要驱动力之一，有利于品牌健康成长的品牌生态环境要不断优化，在行业内广泛建立质量、创新、快速反应和社会责任四位一体的品牌价值体系。拥有一批综合实力强、具有国际影响力和控制力、社会责任意识高的支柱性品牌，在产业链各环节上形成良好的品牌生态。如果说科技生产力作为基石是建设纺织强国的硬实力，那么品牌就是建立在基石之上又渗透于基石之中的软实力，品牌价值更多反映的是生产者与消费者通过市场建立起的物质性与非物质性相互依存的信赖关系，这种信赖关系直接影响着交换价值。所谓相互依存关系，从一般意义上就是指生产为消费生产出消费的对象和消费的方式（生活方式），而消费为生产提出生产目的。生产创造着消费，消费也创造着生产。所谓非物质性相互依存，就是文化创造力。生产一种产品，就是生产一种文化；接受一种技术，就是接受一种生活方式。同样生产要服务一种生活方式，就要从一种生活方式中吸收文化营养，创造一种满足文化个性要求的产品。

3. 实施可持续发展强国战略　党的十六届五中全会针对“十一五”规划明确提出必须把建设资源节约型、环境友好型社会放在工业化、现代化发展战略的突出位置，落实到每个单位、每个家庭。党的十七届五中全会针对“十二五”规划再次提出“加快建设资源节约型、环境友好型社会，提高生态文明水平。”面对日趋强化的资源环境约束，必须增强危机意识，树立绿色、低碳发展理念，以节能减排为重点，健全激励和约束机制，加快构建资源节约、环境友好的生产方式和消费模式，增强可持续发展能力。同时，大力发展循环经济，加快循环利用产业的发展，完善再生资源回收体系，推进资源再生利用产业化。纺织工业强国建设过程中需要应对能源问题、资源问题、水源问题和环境问题等，更日益突显其事关行业可持续发展的重大战略。虽然在“十一五”期间，联合会和各成员单位，特别是印染协会、科技部和产业部做了大量卓有成效的努力，也完成了国家的约束性任务，但限于行业的内在特性和中国国情，加速可持续内涵建设已经刻不容缓。因此，纺织工业联合会将发展“低碳、绿色和循环经济”作为纺织工业转变发展方式、实现可持续发展的战略性重点任务。

4. 纺织人才强国战略　与科学技术是第一生产力相对应的是人才是第一资源。创造良好环境，培养造就富有创新精神的人才队伍，是实现纺织强国目标的决定性因素。人才竞争正成为国际竞争的一个焦点。无论发达国家还是发展中大国，都把创造性人力资源视为战略资源和提升国家竞争力的核心因素。全面实施人才强国战略，培养大批具有创新精神的优秀人才，造就有利于人才辈出的良好环境，充分发挥科技人才、文化创意与设计人才、经营管理人才、高技能人才的积极性、主动性、创造性是建设纺织强国具有根本性的战略举措。人才环境涉及教育功能、实践环境、宏观和微观政策，十分复杂。纺织教育协会和骨干高校、纺织工程学会都做了大量调研分析，但要弄清行业人才队伍现状，找到队伍提升规律和可行措施并不容易。人才资源很多，但现实的杰出人才却很匮乏。这也正是确立纺织人才强国战略的意义所在。

研究透这四大战略任务，是推进强国建设的关键。实施四大战略，还要与结构调整进程、深化改革开放进程紧密结合，相互促进，是转变发展方式的核心内容，又受发展方式转变进程的制约。因此，对这四大战略的认识和实施是一个不断深化的过程，不断创新前进的过程。

（本文为作者于 2011 年 11 月 11 日在“中国纺织工业联合会第二届理事会”上的工作报告，摘录）

我国食品工业经济运行状况与展望

中国食品工业协会副会长兼秘书长　熊必琳

2011 年以来，食品工业在中央各项宏观调控政策引导下，生产稳定增长，效益有效提高，市场供应充足，出口形势好转。按国家统计局最新统计，全国规模以上食品工业企业有 3.1 万个，第一季度实现现价销售产值 1.6 万亿元，比上年同期增长 30.4%；按可比价格计算，食品工业增加值比上年同期增长 14.2%。现就全国食品工业经济运行情况主要谈三方面内容：一是“十一五”期间食品工业发展成就；二是2010年食品工业经济运行特点；三是2011年第一季度食品工业经济运行情况及全年走势的展望。

一、“十一五”期间全国食品工业发展成就综述

“十一五”期间，我国国民经济和社会发展取得了巨大成就，食品工业作为国民经济的重要组成部分，同样令人瞩目，令人振奋。5年来食品工业总量快速增长，经济效益有效提升，产业结构得到改善，技术进步取得突出进展，全面、超额完成了《全国食品工业“十一五”发展纲要》（以下简称《“十一五”纲要》）规定的各项指标。

（一）工业生产总量快速增长

“十一五”末期，2010年全国食品工业完成现价工业总产值6.31万亿元，比2005年增长208.1%，年均增长25.2%，圆满完成《“十一五”纲要》提出的“食品工业总产值2010年达到40 900亿元，年均增长15%”的目标。2010年前三季度食品工业总产值与全国农、林、牧、渔业总产值之比为1.02∶1，大大超过《“十一五”纲要》提出的0.8∶1的发展目标。

（二）利润总体水平大幅提高

2010年食品工业上缴税金5 315.75亿元，比2005年增长145.9%，年均增长19.7%。2010年食品工业实现利润3 885.09亿元，比2005年增长215.1%，年均增长25.8%。2010年食品工业销售利润率6.44%，比2005年提高0.26个百分点，工业效益有效提高。

（三）食品企业数量明显增加

按原统计，2010年全国食品工业规模以上企业达到41 867个，比2005年增加17 828个，增长74.2%，年均增长11.7%。2010年全国食品工业从业人员654万人，比2005年增加190万人，增长40.9%，年均增长7.1%。食品工业已成为解决就业、改善民生的一支重要力量。

（四）企业组织结构不断优化

5年来，食品工业企业不断发展壮大，生产集中度快速提升。根据中国食品工业协会统计，2005年超过百亿元的食品工业企业有12个，截至2010年11月底，全国达到和超过这一规模的食品工业企业有27个，其中中粮集团、华润集团等企业规模超过千亿元。超额完成了《“十一五”纲要》中提出的百亿元食品工业企业超过20个的发展目标。

（五）固定资产投资高速增长

5年来，全国食品工业固定资产投资高速增长，产能大幅增加，产品结构得到调整，工业自动化水平进一步提高，食品企业更加重视节能环保低碳经济，促进了循环经济和可持续发展。5年累计完成固定资产投资额23 047.5亿元，比“十五”期间增加18 005.6亿元，增长357.1%。2010年全国食品工业完成固定资产投资7 141.5亿元，比2005年增长279.54%，年均增长30.6%。2010年全国食品工业总资产3.95万亿元，比2005年增长150.0%，年均增长20.2%。食品工业是最早开放的竞争性行业之一，经过多年发展，食品工业企业已经适应了按市场经济方式解决企业发展资金问题。目前，食品工业固定资产投资额的85%是由企业自筹资金解决的，国家预算内资金、利用外资等其他资金来源只占到全部投资的15%。

（六）区域经济均衡协调发展

“十一五”期间，在中央一系列区域发展政策指导下，食品工业区域经济逐渐趋向均衡协调发展。东部地区继续保持了领先和优势的地位，2010年东部地区实现了现价食品工业总产值3.26万亿元，比2005年的1.19万亿元增长173.9%；东部地区的山东省2010年食品工业总产值1.15万亿元，一直以来稳居各地区首位。中部地区借助农业资源优势，努力将其转化为产业优势，有望实现崛起。2010年中部地区实现食品工业总产值1.85万亿元，比2005年的0.47万亿元增长293.6%。河南、湖北、湖南三省食品工业总产值比2009年分别增长28.8%、43.2%、31.6%，其中河南2010年实现食品工业总产值5 020.66亿元，自2007年起连续4年居各地区第二位。西部地区借助政策优势加速发展步伐，2010年西部地区实现食品工业总产值1.20万亿元，比2005年的0.38万亿元增长215.8%。四川省2010年完成食品工业总产值3 970.73亿元，跃居各地区的第三位。从增长速度上看，“十一五”期间，中部最快，西部次之。如果以西部食品工业总产值为1，2005年，则东、中、西的比例为3.13∶1.24∶1；2010年时变化为2.70∶1.53∶1。2005年，食品工业总产值排在靠前的10个省份中，东、中、西比例为7∶1∶2；2010年时，这一比例变化为6∶3∶1。

（七）对外贸易总体水平发展较快

“十一五”期间，累计实现食品进出口贸易总额3 810.7亿美元，占全国货物进出口总额比重3.26%；比“十五”期间累计增长125.9%，年均增长17.7%。食品出口5年累计1 750.4亿美元，比“十五”期间的950.3亿美元增长84.2%；进口累计2 060.3亿美元，比“十五”期间的736.3亿美元增长179.8%。2008年前食品进出口贸易基本上是出口

额略大于进口额，有小额贸易顺差。2006 年顺差 46.8亿美元，2007 年顺差 16.7 亿美元。从 2008 年起，食品进口量、值快速增长，食品进出口贸易由小额顺差转变成大额逆差，主要原因是 2008 年底国际大豆价格大幅度波动，中国进口大豆量、值创出新高。加之 2008 年国内发生乳品安全事件，增加了食品出口的困难，同时洋奶粉开始涌入国内市场。上述情况在“十一五”后 3 年一直延续，2008 年、2009 年、2010 年贸易逆差分别为 131.6 亿美元、94.7 亿美元、147.2 亿美元。2010 年食品进口金额 598.6 亿美元，比 2005 年增长 190.8%，年均增长 23.8%；2010 年食品出口金额 451.4 亿美元，比 2005 年增长 85.3%，年均增长 13.1%。

（八）食品安全问题受到高度重视

民以食为天，食以安为先。食品安全事关人民群众身体健康和生命安全，事关国家形象和企业信誉，是行业生存发展的根本。“十一五”期间，由于乳品安全事件等重大食品安全事故的发生，食品安全问题受到全社会空前的、高度的重视。2008 年 4 月，“食品安全法草案”成为新一届全国人大常委会向社会全文发布广泛征求意见的第一部法律草案。2009 年 6 月 1 日《食品安全法》正式实施。2010 年 2 月 9 日，国务院成立了包括有三名副总理在内的国务院食品安全委员会，并设置了专门办公机构。全社会的高度关注，使得绝大多数食品企业对食品安全问题更加不敢掉以轻心，促使食品企业提高认识，加强行业自律，促进食品安全领域科技进步，为食品工业的健康发展注入更大的动力。

（九）食品工业重点行业发展情况

1. 粮食加工业　粮食加工业转化农产品数量大，产业关联度高，这 5 年中实现了大幅度增长，生产总量迈上新台阶。2010 年全国规模以上粮食加工企业有 6 475 个，实现现价工业总产值 6 335.09 亿元，比 2005 年增长 368.4%，年均增长 36.2%。2010 年全国规模以上粮食加工企业生产大米 8 244.4 万 t，比 2005 年增长 366.8%，年均增长 36.2%；生产小麦粉 10 118.5 万 t，比 2005 年增长 153.4%，年均增长 20.4%。

2. 食用油加工业　我国是食用植物油生产和消费大国。“十一五”期间，通过引进和消化吸收生产技术和成套设备，推进装备国产化，我国食用油加工技术水平已达到国际先进水平。2010 年全国食用植物油产量 3 916.09 万 t，比 2005 年增长 142.9%，年均增长 19.4%；实现现价工业总产值 6 076.80 亿元，比 2005 年增长 185.1%，年均增长 23.3%。2010 年全球人均年消费食用油 16kg，美国 32kg，欧盟 27kg，我国是 18kg。

3. 液体乳及乳制品制造业　“十一五”初期，液体乳及乳制品制造业延续了“十五”期间强劲增长的走势，2008 年出现的乳业安全事件给行业造成重创。“十一五”后两年，全行业在整顿和调整中实现恢复性增长。2010 年全国液体乳及乳制品行业完成现价工业总产值 1 965.72 亿元，比 2005 年增长 120.6%，年均增长 17.1%；乳制品产量 2 159.39 万 t，比 2005 年增长 64.8%，年均增长 10.1%。乳业安全事件之后，国务院相继发布了《乳制品加工行业准入条件》、《奶业整顿和振兴规划纲要》、《关于在乳品行业开展项目企业审核清理工作的通知》等多项管理办法和文件。根据国家质量监督检验检疫总局的消息，截至 2011 年 3 月底全国有 643 家企业通过了生产许可重新审核，通过率不到 55%；107 个企业停产整改，426 个企业未通过审核。

4. 酿酒工业　酿酒工业是我国历史最悠久的传统工业之一，我国也是世界酒类品种较全、产业规模最大的国家。“十一五”期间酿酒行业产业结构、生产规模和科技水平发生显著变化，葡萄酒、果酒、黄酒工业优先发展，总量快速提高。2010 年全国葡萄酒制造业完成工业总产值 309.5 亿元，比 2005 年增长 206.2%，年均增长 25.1%；葡萄酒产量 108.9 万 kL，比 2005 年增长 150.6%，年均增长 20.6%。2010 年全国黄酒制造业实现工业总产值 116.8 亿元，比 2005 年增长 116.2%，年均增长 21.6%；啤酒制造业稳定发展，啤酒产量 5 年年均增长 7.9%，产值年均增长 11.7%。2010 年啤酒产量 4 483 万 kL，同比增长 6.3%，比 2005 年 3 185 万 kL 增长了 40.7%，主要品牌雪花、青岛、英博、燕京产量 2 596万 kL，其中雪花 933 万 kL、青岛 640 万 kL、英博 518 万 kL、燕京 503 万 kL，占全国产量的 57.9%。白酒制造业积极开展科技创新、节粮降耗，行业取得长足发展，白酒制造业产值 5 年平均增长 29.4%，产量年均增长达到 20.6%，成为拉动地方经济建设和发展的重要产业。

5. 屠宰及肉类加工业　2010 年全国规模以上屠宰及肉类加工企业 4 060 个，实现现价工业总产值 7 456.92亿元，比 2005 年增长 232.3%，年平均增长 27.1%。2010 年大中型屠宰及肉类加工企业 371 个，实现工业总产值 3 644.74 亿元，占全行业比重 48.9%；占全行业九成以上的小型企业，实现产值占比 51.1%。生产集中度比 2005 年提高 14.9 个百分点。2010 年畜禽屠宰业生产鲜冻肉 2 116.8 万 t，实现现价工业总产值 4 485.3 亿元，比 2005 年增长 257.0%，年平均增长 25.2%。2010 年肉制品加工业实现工业总产值 2 971.6 亿元，比 2005 年增长 180.0%，年均增长 22.9%。

6. 制糖业　我国食糖供应多年来一直是国产为主、进口为辅。“十一五”期间国内食糖产量增速较慢，尚不能满足居民消费和食品工业发展对食糖需求的增长。2010 年制糖业实现现价工业总产值 810.7 亿元，比 2005 年增长 124.5%，年均增长 17.5%。2010 年全国食糖产量 1 105 万 t，比 2005 年增长 15.4%，年平均增长 2.9%。2010 全国进口食糖 176.6 万 t，同比增长 65.9%；5 年中进口食糖 615.2 万 t，相当于同期市场供应总量的 13.8%。

7. 方便食品制造业　方便食品制造业经过“九五”、“十五”的高速成长，“十一五”期间仍保持高速增长，已成为生产规模较大、产品类别齐全、科技水平较高的行业。2010 年全国方便食品制造业完成现价工业总产值 1 919.9 亿元，比 2005 年增长 239.4%，年均增长 27.7%。方便面产量 688.1 万 t，年均增长 16.0%；速冻主食品产量 297.9 万 t，比 2006 年增长 111.3%，4 年年均增长 20.6%。

“十一五”期间，除上述列举的行业外，食品工业中的其他类行业也都取得了令人瞩目的发展成就。例如，烘焙制造业、软饮料制造业和精制茶制造业等，现价工业总产值及主要产品产量年均增长都在 20%以上。

二、2010 年食品工业经济运行特点

2010 年是“十一五”规划的收官之年，这一年食品工业经济运行既保持了平稳较快发展，也出现一些新的情况和变化。

（一）全年运行平稳，增速较快

从年初 2 月份食品工业增加值同比增长 15.7%，到年底 12 月份工业增加值同比增长 14.3%，增长速度波动不大，运行平稳。从全年数据看，工业增加值增长 14.2%。

（二）食品工业规模快速提升

2010 年全国食品工业规模快速提升，现价食品工业总产值由 2009 年的 4.9 万亿元，增长到 2010 年的 6.31 万亿元，增幅 27.5%，占同口径全国工业比重 8.9%；按工业增加值计算，食品工业占全国工业的 10.4%。

（三）经济效益明显提高

2010 年受输入型通胀影响，农产品价格、能源、用工成本上升幅度较大。食品工业是劳动密集型为主的产业，能源价格也不可能降低，产品的原材料基本上来自上游农产品，而食品工业的产品又与居民生活密切相关，不能随意通过涨价转移不断上升的成本，从这些情况看，食品工业承受了比其他工业行业更大更多的来自通胀的影响。2010 年 1～11 月食品工业企业实现利润 3 561.3 亿元，同比增长 27.3%，上缴税金 4 872.8 亿元，同比增长 24.6%。全年食品工业利润率 6.44%，比 2009 年下降 0.03 个百分点。

（四）关注食品安全形势

2010 年度食品安全事件时有发生。甘肃、青海、吉林等地相继发现“三聚氰胺”奶粉，问题奶粉重现市场，严重打击了消费者的信心，对乳品行业生产和食品工业发展产生了非常不利的影响。应对食品添加有毒、有害物质进行大力打击，农药残留问题应受到关注。

（五）产业安全问题不容忽视

植物油加工中的大豆油加工，从原料进口、生产加工、市场价格等环节对外依存度高。2009 年全国进口大豆 4 255 万 t，进口额 188 亿美元；2010 年进口大豆 5 480 万 t，一年之间净增 1 225 万 t，增长 28.8%，进口额 251 亿美元，增长 33.5%。大豆油在各类油品中约占到五至六成，豆油产品对外依存度高，对我国食用油产业安全构成潜在威胁。

2008 年发生的乳业安全事件为洋奶粉进入国内市场大开方便之门，2010 年乳粉进口创出新高，达到 41.73 万 t，比 2009 年增长 67.9%，进口量相当于全国乳粉产量的三成；进口额 13.95 亿美元，比 2009 年增长 138.8%。

（六）食品贸易逆差加大

随着我国经济的迅速发展和经济全球化进程的加快，我国巨大的消费市场，已成为当今世界最具吸引力的市场。2010 年食品进口 598.6 亿美元，同比增长 29.4%，增幅高出食品出口增长幅度 10.9 个百分点，贸易逆差 147.2 亿美元。预计今后食品进口强劲的势头仍将维持相当长一段时间。

（七）食品价格维持高位运行

受输入型通胀、自然灾害等因素影响，2010 年国内农产品价格、食品价格前低后高，一路上行。根据国家统计局提供数据，2010 年全国农产品生产价格同比上涨 10.9%，居民消费价格同比上涨 3.3%，其中食品价格上升 7.2%。各类农产品价格指数第四季度与第一季度相比，薯类提高 23.6 个百分点，稻谷提高 7.53 个百分点，油料提高 8.86 个百分点，糖料提高 11.98 个百分点，农产品价格的大幅上升加大了向下游的传导作用。2010 年食品价格持续高位运行，7 月份以后加速上行，11 月达到峰值 11.7%，12 月回落至 9.6%。全年食品价格同比上涨 7.2%，为 CPI 增长贡献率近七成。

三、2011年食品工业发展运行趋势展望和预测

（一）一季度食品工业延续上年走势持续良好发展

2011年以来，食品工业生产稳定增长。根据国家统计局提供数据，按可比口径计算，今年一季度食品工业增加值同比增长14.2%，2010年三季度是13.9%，四季度是14.2%，基本上保持在14%左右运行，食品工业生产增长持续稳定。2011年第一季度全国食品工业规模以上企业（主营业务年收入2 000万元以上）31 269个，从业人数588.6万人，新增就业人口接近55万人。全行业实现现价工业总产值1.63万亿元，同比增长29.5%；食品市场销售良好，产品供需两旺，销售增速超过工业生产增速，产品销售率达到97.5%。食品工业效益持续快速增长，1～3月食品工业实现利润1 167.58亿元，同比增长36.5%；上缴税金1 772.2亿元，同比增长28.3%，利润率7.36%，比2010年增加0.27个百分点。食品工业增长的质量和效益水平不断提高。食品工业固定资产投资继续增长，1～3月完成固定资产投资额1 078.5亿元，同比增长24.5%。

（二）全年运行趋势展望

1. 宏观经济政策为食品工业平稳发展提供了保障　年初党中央下发了1号文件，宏观经济政策大力倾斜支持农业生产，促进农业生产稳定发展，确保国家粮食安全。3月份召开的“两会”，批准执行“十二五”国民经济和社会发展规划，确定了今后经济发展目标，把保障、改善民生作为今后工作的出发点和落脚点。国内外食品消费市场需求有效扩大，在此拉动下，食品工业有望持续平稳发展。扣除物价因素影响，预计全年食品工业发展速度仍保持在14%～15%，食品工业生产规模继续提高，按原口径计算，预计全年将突破8万亿元，按新口径计算，预计将达到6.5万亿元。

2. 食品工业利润率有可能出现下降走势　食品工业经济效益的增长越来越多地依赖于规模的扩张，行业利润率出现缓慢下降的趋势，有可能波及全行业的平稳运行。“十一五”期间，从2006年至2010年，食品工业年平均利润率分别为6.6%、7.4%、7.2%、7.4%、6.4%，2010年是5年中最低的。从2011年起，由于执行新的统计口径，统计对象中年销售额500万～2 000万元的中小型食品工业企业减少，行业数据可能更加令人满意，实现利润的水平和能力比原口径水平提高，按新口径，预计全年食品工业经济效益继续稳定提高，利润增长速度将超过20%。但食品工业企业主要还是中小企业，因为不列入统计对象，其运行情况得不到反映，这是我们在分析全行业情况时需要注意的。

3. 食品价格上行压力依然较大　受全球流动性充裕、世界粮食价格居高不下、油价高位运行、国际局势动荡等影响，全球大宗商品价格总体上持续上升，输入性通胀有可能继续加剧，向下游传导的压力加大。预计全年食品价格面对成本上升压力，呈现走高趋势。在国家稳市场、预期的宏观政策指导下，食品工业如何坚持社会责任感，稳定价格，保障供应，将是食品工业企业要面对的一个重要问题。

4. 食品安全仍将是一个热点　2011年以来，食品安全事件时有发生，食品安全仍将是一个热点。但客观地看，我国食品安全状况总体稳定向好，问题仍然不少。一方面，党中央、国务院高度重视食品安全，各级政府不断加强食品安全工作；另一方面，我们也要清醒地认识到，和中央的要求相比、和群众的期待相比、和发达国家的水平相比，我国食品安全状况和水平还存在着差距。这就要求我们，把食品安全作为食品工业生产的头等大事，重中之重。2011年，我们将在食品工业企业中进一步推广诚信体系建设，为食品安全再构建一道屏障。相信通过我们的不懈努力，将提振全社会对食品安全的信心，促进食品工业健康发展。

通过对中国食品工业经济运行情况的综合分析，我们看到，食品工业的发展是健康的，既保持了较快的发展速度，又相对平稳，没有大的起伏。同时，我们还应看到，在世界经济一体化的今天，中国食品工业将进一步参与国际市场竞争，食品进出口贸易额的攀升，预示着在进一步融入世界市场的同时，将更多的受到世界经济动荡带来的影响，机遇与挑战并存。让我们在党中央、国务院的正确领导下，认真贯彻十七届五中全会精神，坚持科学发展，保民生、促增长，保食品安全，促和谐稳定，推动食品工业更好更优发展，再上新台阶。

（本文为作者于2011年5月18日在“全国食品工业发布会”上的讲话，略有删改）

整改后的中国乳制品工业

中国乳制品工业协会理事长　宋昆冈

2010年，是我国乳制品工业发生巨大变革的一年。在国务院及政府有关部门的领导和大力支持下，在行业全体员工的共同努力下，行业的整顿改革、升级改造、奶源基地建设、乳制品生产与消费、产品质量安全、行业发展环境等方面都取得了巨大成就。市场与消费者信心得到了进一步恢复，产品销售形势有了进一步好转。尽管各企业普遍面临着生产成本上升的压力，但由于新产品和高附加值产品的快速发展，行业经济效益水平与2009年相比总体有所好转。但是我们必须看到，乳制品市场和消费者信心尚未完全恢复，国内消费者对产品质量安全尚有疑虑，企业的经济效益增长与生产发展不同步，乳制品行业仍然面临着一些突出的矛盾，要用科学发展观统领行业的发展，转变发展模式，提升发展质量，保障产品质量安全，扩大乳制品消费，引导行业走上持续、健康、稳定的发展之路。

一、2011年度行业发展概况及所取得成就

（一）行业整顿改革顺利完成，成效显著

2010年第四季度和2011年上半年，根据国务院办公厅《关于进一步加强乳品质量安全工作的通知》要求，工信部、国家发展和改革委员会对乳制品行业开展审核清理工作。按照《乳制品工业产业政策（2009年修订）》相关准入要求，对已建项目（企业）重新进行审核清理，对在建、拟建项目重新进行准入审核；国家质量监督检验检疫总局，发布了2010年版《企业生产婴幼儿配方乳粉许可条件审查细则》和《企业生产乳制品许可条件审查细则》，对全国乳制品生产企业、婴幼儿配方乳粉生产企业根据新的许可条件重新核发生产许可证。本次提出生产许可证申请的企业计1 176个，截至2011年7月底已经获得生产许可证的企业计688个，其中婴幼儿配方乳粉生产企业117个，占申请企业数的58.5%，有432个企业被注销生产许可证，占申请企业数的36.7%，有56个企业尚在停产整顿之中。本次共发生产许可证803个，其中，乳粉生产资格的企业370个，巴氏杀菌乳280个，灭菌乳285个，调制乳248个，发酵乳361个，炼乳13个，干酪40个，奶油34个，婴幼儿配方乳粉117个（其中湿法工艺71个，干法工艺48个，干湿复合工艺7个）。

本次清理整顿工作，是我国乳制品行业一次脱胎换骨的“改造”，也可以说是一次历史大变革，乳制品行业新的历史时期由此开始。据2008年的工业普查数据，2008年全国乳制品行业有乳制品生产工厂1 506个，其中规模以上（年销售收入500万元以上）企业803个，规模以下企业703个。从这组数据看，自2008年“三聚氰胺事件”以来，已关闭和本次审核清理中自动放弃申请的企业共计有330个，占2008年全行业企业总数的21.9%。如果本次56个尚在停产整改企业，经过整改后全部获得生产许可证，获得生产许可证的企业总数将为744个，是2008年企业总数的49.4%。

清理整顿，淘汰了技术落后、规模小的企业，使得行业在整体技术装备水平、生产条件、管理水平等方面有了明显提升。可以说，整改后的中国乳业，“技术落后、设备陈旧、产品质量差、管理水平低”已成为历史，展现在我们面前的是，技术装备先进、管理水平高、现代化的乳制品加工业。变化最显著的方面如乳粉包装全部实现全自动机械包装；具备对产品所有指标进行检验的能力与设备，实现原料进厂、产品出厂批批检验；灌装（包装）车间的洁净度达到制药厂水平；原位清洗系统达到全自动程序控制；企业管理实施先进的质量管理体系；产品质量安全可追溯等。

清理整顿，使大型骨干企业、知名品牌产品的市场占有率、行业集中度进一步提高。与2008年底相比，工厂总数减少近一半，资源配置得到了优化，原料、市场向大型骨干企业、知名品牌集中，降低了设备能力的闲置率，有利于提高企业的经济效益。现在尚无法精确计算出关闭企业的生产能力、乳制品产量与市场份额，但据业内专家的估计，关闭企业退出的市场份额约在15%。退出的企业应全是中小企业，产品多为工业原料的大包装全脂乳粉、巴氏乳、发酵乳、含乳饮料等产品，基本是三、四级市场。退出的市场份额会迅速被大型骨干企业所补充，不会造成市场供应的缺口。市场上的产品将主要是大型骨干企业、知

名品牌唱主角，乳制品的质量安全水平会大大提升。

清理整顿，使行业的竞争格局发生变化，竞争态势趋于缓和，行业的发展环境将会得到进一步改善。这包括奶源基地建设、原料乳收购秩序、原料乳价格、市场竞争等。争抢奶源的现象将会减少，原奶质量会有明显提升，市场上的价格大战、广告大战等行业内耗、恶性竞争现象会大大减少，重复建设、盲目发展的行业“顽疾”将得到有效遏制，将会为行业发展、企业发展创造一个比较良好的环境。中国乳业将开始一个新的历史篇章。

（二）乳制品生产和消费已经基本得到恢复，与上年相比总体经济效益向好

根据国家统计局发布的2011年1～6月份规模以上企业生产经营情况，乳制品生产和销售仍取得较好的业绩。6月底，全国共有规模以上乳制品企业638个（销售收入2 000万元以上），累计工业总产值1 085.1亿元，同比增长22.63%。乳制品工业总产值占食品制造业总产值的17.0%，但增长速度，在食品制造业的7个行业中尚处于最末位，比食品制造业平均增长速度低10个百分点。1～6月，规模以上企业乳制品总产量达1 082.1万t，同比增长13.93%。其中，液体乳生产企业368个，产量927.1万t，同比增长12.97%；乳粉生产企业187个，产量66.5万t，同比增长19.17%。在这组数据中，可以看出产值的增长高出产量增长近10个百分点，原因应是价格因素所造成的，主要是新的高附加值产品、高端产品增加所带来的。在全行业面临生产成本上升的情况下，经济效益与2010年同期相比，总体向好。根据国家统计局的数据，1～5月份，规模以上企业利税总额同比增长28.06%。其中利润总额同比增长45.06%，销售收入的平均利润率为5.67%，与2010年同期的4.62%相比提升1个百分点，但仍低于食品制造业的平均销售收入利润率的6.83%。亏损企业数141个，占统计企业数的22.03%，同比基本持平，但亏损企业亏损总额同比下降5.44%。

（三）企业自有奶源基地建设取得巨大成就，对保障产品质量安全发挥了重要作用

近两年来，企业升级改造的主要内容就是自有奶源基地的建设。许多大型骨干企业投入巨资发展自有奶牛养殖场，自有奶源从无到有迅速扩大。根据协会了解，大型骨干企业自有奶源的比例，包括合作制、股份制、托管奶牛养殖场，一般都达到了15%以上，先行的企业有些已达到40%以上。这是中国乳业升级改造最具特色的亮点，对于保障产品质量安全发挥了重要作用。还有的企业，对婴幼儿配方乳粉生产实施全产业链模式管理。即从饲料种植、饲料加工、奶牛饲养、生乳收集储运、生产加工、产品出厂全产业链管理。这种全产业链管理模式，对其他企业起到了很好的示范作用。目前，企业自有奶源基地建设工作正在各地快速有序的开展。

（四）乳制品质量安全水平提升显著

乳制品行业经过近两年的整改，产品的质量安全状况得到了根本改变，特别是婴幼儿配方乳粉。应该说，目前市场上乳制品的质量是最好的时期，消费者的信心也逐步得到了恢复。从2011年2月份开始的婴幼儿配方乳粉质量抽检情况，证明了这一总体判断。2011年2、3月份，协会委托第三方检验机构——国家食品质量安全监督检验中心，对北京、河北、天津市场上销售的婴幼儿配方乳粉进行质量调查抽检，包括国内生产和国外进口，有国内品牌也有国外品牌。两次抽检了25个品牌、43个样品，检验指标26项。其中维生素4项，矿物质10项，污染物3项，微生物6项，强化营养素1项；非食用物质，如三聚氰胺、革皮水解物等2项。检验结果表明：

1. 全部抽样产品的检验指标均符合强制性国家标准的要求，而且实测数据的曲线分布表明，产品质量是很好的。

2. 没有发现有添加违禁物质三聚氰胺、革皮水解物现象。

3. 国内品牌与外国品牌（包括国内生产与原装进口）相比，质量没有差异。

4. 二、三线城市销售的产品与北京、天津等一线城市的产品，质量没有差异。

5. 普通袋装产品质量同样很好。

为了强化广大消费者对婴幼儿配方乳粉的消费信心，从2011年5月份开始，协会实施月月抽检计划。由企业自愿报名参加，协会委托的第三方检验机构在市场上随机抽取样品，进行检验。截至7月份，对17个主流品牌的婴幼儿配方乳粉已抽检3次，检验指标17项。其中理化指标6项，污染物、真菌毒素限量4项，微生物5项；违禁物质三聚氰胺、皮革水解物2项。检验结果，所有抽检样品均符合标准要求，市场上主流品牌产品质量安全水平稳定可靠。

（五）新产品、高端产品的快速发展，是行业的又一大亮点

2010年，新产品、高端产品的发展取得了显著成绩，许多企业都推出了自己的新产品。如高端纯（鲜）奶、高品质的凝固型酸奶、保健功能的益生菌发酵乳、多种风味的鲜奶酪、含乳甜点等。这些产品受到市场的欢迎，附加值也较高，企业也因之获得了较好的经济效益。所以，当企业普遍受到生产成本、销售成本快速提升的压力下，仍能维持经济效益不下降的经营业绩，新产品、高端产品的发展是一个重要因素。目前，在获得生产许可证的企业中，干酪生产企业已有40个，奶油生产企业34个。我国乳制品产品结构调整已迈出了可喜的一步。

（六）企业家的心态和经营理念正在发生着变化，行业发展环境开始有了改善

经过三聚氰胺的沉痛教训和反思，乳制品行业逐步调整了自己的发展理念，企业家们正在逐步调整自己的发展心态。改变着重速度轻质量、重市场轻技术、重宣传轻实际等“浮躁”心态，开始变得务实，重视基础设施条件建设，重视企业“软件”建设，重视企业文化、职业道德建设，重视人才队伍建设。力求发展速度与市场培育相适应，企业壮大与企业实际能力相适应，市场发展与经济效益相适应。2011年以来，市场上的价格战、广告战的现象减少了，资助慈善事业、公益事业的多了，销售费用更多地用在了渠道建设和销售模式转变，用到了销售服务，通过产品差异化来拓展市场，通过升级服务、拓展销售渠道来增加销售量。行业的发展环境得到了改善。

二、目前行业发展所面临的形势

尽管上年度在行业发展上和市场恢复上取得了巨大成就，但在新的年度里行业仍面临着很多挑战和困难。主要是各种原辅材料价格上涨所带来的生产成本上升、市场消费信心不足所带来的种种困难。

（一）主辅原材料涨价，企业面临成本增加的巨大压力

自2010年下半年以来，原料乳以及食糖、包材、能源、工资、物流等价格的提升，企业的生产成本增幅较大。据农业部对畜产品定点监测结果显示，2011年6月份全国10个奶源主产省、自治区生乳价格同比上涨11.89%，以原料乳占成本主要部分的纯奶系列、全脂乳粉，都面临着价格上升的巨大压力。企业为了防止市场的波动，一般采取了降低销售费用、减少广告费投入、开发新产品等内部消化措施，尽力避免或减少价格提升。特别是婴幼儿配方乳粉，其成本的上升还受到输入性涨价因素的影响，因为生产配料的大部分是由国外进口的。2011年1～6月份与上年同期相比，婴幼儿配方乳粉主要配料的进口价格上涨幅度同样很大，乳清粉上涨16.96%、乳糖上涨8.9%、乳清浓缩蛋白上涨41.37%、乳粉上涨13.1%。某些企业的产品价格上调，也引起了社会、媒体和政府有关部门的关注。我们希望，生产企业能够尽量地自行消化成本上涨的因素，不要轻易地提升价格增加消费者的负担，同时也希望社会对乳制品价格浮动保持一个平常心态，因为国际市场上的价格有时会波动很大。

（二）消费者的信心尚未完全恢复，仍需继续努力

根据国家统计局的数字，2011年1～6月份，规模以上企业的库存产成品与上年同期相比增加17.64%，产品销售率97.67%，与上年同期的97.16%相比，基本相当。但与正常年度相比，仍低1个百分点。特别是货款回笼情况不理想，规模以上企业应收账款同比增长31.96%。从消费群体分析，消费者对液体乳、发酵乳的消费基本上已经恢复常态，这是政府和企业共同努力的结果。但是婴幼儿配方乳粉，由于其消费群体的特殊性，消费信心尚未完全建立起来，部分消费者对国内产品仍心有疑虑。今年春节期间，一些消费者到香港、澳门及周边国家市场购买婴幼儿配方乳粉，造成当地市场货源紧张，一时间成为媒体报道的焦点。2011年上半年，零售包装的婴幼儿配方乳粉进口量居高不下，达3.42万t，同比增长2.91%。这对于每一个乳业工作者来说都是一个极大的震撼和鞭策。这与自去年以来，“问题乳粉”再次出笼事件有很大关系，特别是有关乳制品安全事件的不实报道，以及有关生乳标准的争论，再次给广大消费者的心理蒙上了挥之不去的阴影。我们必须采取措施，尽快让消费者的信心树立起来。

（三）乳制品进口仍大幅度增长，出口仍然受阻

据海关统计数据，2011年1～6月份，全国共进口各种乳制品56.3万t，金额19.84亿美元，同比分别增长26.23%和39.38%。其中，液体乳进口1.6万t，增长111.21%；乳粉进口29.65万t，增长32.11%；乳清粉进口13.83万t，增长14.23%；乳糖进口2.82万t，增长24.33%；零售包装的婴幼儿配方乳粉3.42万t，增长2.91%。进口货值已占国内乳制品工业总产值的12.5%。预计全年乳粉（含零售包装的婴幼儿配方乳粉）进口量将突破60万t，将是国内乳粉产量的50%左右。上半年，乳制品出口已开始有恢复的迹象。乳制品出口2.29万t，金额4 942.5万美元，同比分别增长22.92%和64.72%。其中，液体乳出口1.20万t，增长13.24%；乳粉出口4 167t，增长99.41%；奶油出口1 738t，增长0.63%；炼乳出口1 574t，增长－16.78%；干酪素出口1 640t，增长35.86%。进出口货值金额逆差19.3亿美元。

三、2011年行业工作的重点

2011年度，乳制品行业的工作重点仍是围绕着保障产品质量安全，规范行业发展秩序，优化行业发展环境，提升企业经营管理水平，提振市场信心等方面。

（一）继续实施“行业升级改造计划”

2010年各企业在设备、工艺、检验能力、企业管理等方面的升级改造已基本完成，2011年“行业升级改造计划”的主要内容是奶源基地建设。

1. 加快自办牧场、股份牧场、合作牧场的建设，大力发展自有奶源，争取用3年时间，生产所用生乳中，自有奶源比例达到30%以上，彻底消除“自由奶源”。

2. 婴幼儿配方乳粉生产企业，所用生鲜乳全部实施全产业链模式，即湿法工艺生产所用原料乳全部来自企业自有奶源，使用最好的原料乳，保障产品质量的绝对安全。

在自有奶源基地建设工作上，特别要提醒各企业，奶牛养殖场建设一定要科学、合理、符合国情，要考虑到适合的规模、饲草饲料的供给、科学的距离等情况，以减少盲目性所带来的不必要损失。

（二）坚持不懈地抓好产品质量安全

1. 把好原料质量关。生乳安全标准的争论，再次使乳业蒙受信誉伤害，使消费者对乳制品质量产生怀疑。生乳安全标准，它只是一个必须达到的最低指标，并没有限制高于这些指标的生乳。高品质的原料，才能生产出高品质的产品，这是一个简单的道理，没有任何一个企业愿意收购质量差的原料。标准低，并不意味着企业收的生乳都是低标准，更不意味着所有产品都是用低标准生乳生产的。因为，已经有不少的企业，其高品质的自有奶源已经达到了相当的比例。另外，收购合同奶源，各企业都有自己的内控标准，不同质量等级的奶其价格也是不同的，好奶好价钱。所以，有些人认为国家标准低，企业生产的产品就是“垃圾产品”，这样的推理是不成立的。在目前的情况下，建议各企业制定自己的生乳分级收购标准，以质论价，好奶好价钱，确保原料乳质量。

2. 按照全国食品安全工作整顿办公室公布的名单，加强对原料乳中非法添加物的检验，打击掺杂使假等犯罪行为。

3. 认真贯彻执行新颁布的《食品添加剂使用标准》、《营养强化剂使用标准》，坚决杜绝违规、滥用食品添加剂的行为。

4. 认真执行原料进厂、产品出厂批批检验制度，确保产品出厂符合国家标准。

（三）2011年所有企业都要完成诚信管理体系建设工作

各企业要认真学习工信部发布的《食品工业企业诚信管理体系（CMS）建立及实施要求》、《食品工业企业诚信评价准则》等标准及实施指南，全面铺开诚信管理本系建设工作。2011年，不仅所有的婴幼儿配方乳粉生产企业要全面建设和实施诚信管理体系，其他乳制品企业也要积极推广，争取年内大部分企业能够建成实施。

（四）继续落实好保障产品质量安全的各项措施和制度

1. 建立产品质量安全追溯体系；

2. 建立产品质量安全风险监测预警制度；

3. 建立并实施乳制品企业良好生产规范、危害分析与关键控制点管理体系。

（五）认真贯彻执行《乳制品工业产业政策》，巩固和发展行业清理整顿所取得的成果

严格按照行业准入条件新建和改扩建乳制品工业项目，坚决制止盲目投资和重复建设现象，继续优化行业发展环境。

（六）继续加强企业文化建设，培训提升职工队伍素质

1. 对企业员工开展培训教育。内容包括：企业文化教育、行业职业道德教育、食品法律法规政策的学习教育。

2. 对技工进行专业技术知识培训及技能鉴定工作，重要岗位的技术工人要持证上岗；从事理化质量检验与感官评鉴的人员持证上岗率100%。

总之，经过清理整顿后的中国乳业，奠定了健康发展的基础条件，进入了一个良性发展的好环境，愿各企业认真贯彻执行各项方针政策，抓好以奶源基地建设为重点的企业升级改造工作，保障产品质量安全，开拓消费市场，谱写中国乳业发展的新篇章！

（本文为作者于2011年8月20日在“中国乳品工业协会第十七次年会”上的讲话，略有删改）

开展流通环节食品安全监管工作情况

国家工商总局办公厅

现将全国工商系统2010年开展流通环节食品安全专项整顿工作情况、存在的问题及2011年工作意见介绍如下：

一、2010年工作基本情况

国家工商总局和全国工商机关认真贯彻党中央、国务院的部署，高度重视食品安全监管工作，继续把流通环节食品安全专项整顿工作放在突出位置，坚持治理整顿与振兴食品产业相结合、集中整治与长效机制建设相结合、企业自律与监管执法相结合，坚持标本兼治，注重治本，突出重点，强化监管，扎实有力有序有效开展整顿工作，积极支持服务，切实促进食品产业健康持续发展，切实保障食品市场消费安全，取得了阶段性成效。据统计，2010年全国工商机关共出动执法人员1 070.8万人次，检查食品经营户2 618.3万户次，检查批发市场、集贸市场等各类市场51.8万个次，取缔无照食品经营户7.2万户，吊销营业执照2 853户，查处食品违法案件7.69万件，移送司法机关258件，抽检食品12.8万组，核发流通许可证216.9万个。

（一）深入开展流通环节食品安全专项整顿，切实保障上海世博会和广州亚运会食品市场消费安全

1. *切实做好上海世博会和广州亚运会流通环节食品安全保障工作*　按照国务院的总体部署，2010年初，国家工商总局对流通环节食品安全整顿工作进行了全面安排，专门制定下发了《2010年流通环节食品安全整顿工作方案》并及时召开全国工商系统食品安全监管工作会议，明确了整顿工作的任务、重点和要求。各地工商机关按照总局的部署和要求，认真组织开展食品经营主体资格专项执法检查、重点食品和重点区域、重点场所食品经营以及季节性、节日性食品市场的专项执法检查、食品经营者履行法定责任义务等6项专项执法检查，有针对性地开展专项治理，着力解决存在的突出问题。在开展专项整治中，坚持围绕中心、服务大局，始终把保障上海世博会、广州亚运会流通环节食品安全和保障食品市场消费安全作为重中之重，工商总局先后分别制定下发了《关于加强世博会流通环节食品安全监管工作的通知》、《关于进一步加强流通环节亚运会食品安全监管工作的通知》，多次研究部署，分别在上海和广州召开专题会议，并由总局领导和相关司局负责同志带队组成督查组，先后多次对上海、广州以及周边省流通环节食品安全等相关工作进行专项督查检查。全国工商系统上下联动，采取了一系列有力的监管措施，特别是上海市和广东省广州市及周边省、自治区、直辖市工商机关集中力量全力以赴，有效强化食品市场监管，切实保障上海世博会和广州亚运会食品市场消费安全。据统计，全国工商部门出动执法人员468.09万人次，检查食品经营户1 118.63万户次，检查批发市场、集贸市场等各类市场23.9万个次，取缔无照食品经营户3.6万户，查处食品违法案件2.69万件，移送司法机关案件176件，为上海世博会和广州亚运会的成功举办发挥了积极作用。其中，上海市工商机关累计监管供博食品3 488车次、4 200个品种4 030.06t，对4 483组样品进行了抽样检验，合格率达99.7%。有6个批次的981千克供博食品被禁止进入世博园。广东省工商机关出动执法人员9.4万人次，检查食品经营户21.3万户次，检查批发市场、集贸市场等各类市场9 570个次，查获不符合安全标准的食品1.5万千克；查处不符合食品安全标准的食品案件571件，案值411.68万元。

2. *深入开展农村食品市场专项整治工作*　国家工商总局及时下发了《关于认真开展农村食品市场专项整治行动工作方案》，对流通环节农村食品市场专项整治工作进行了全面部署。各地工商机关加大对农村城镇、集镇、城乡结合部、乡村举办的食品交易会、庙会等食品经营点的监管力度，突出与农民群众日常生活消费关系密切的重点品种，切实强化农村食品市场监管，并对农村“山寨食品”进行了集中整治。据统计，全国工商机关共检查农村食品经营户1 062.7万户次，查获假冒伪劣食品1 400t，查处农村食品违法案件2.4万件。

3. *扎实有效开展流通环节打击违法添加非食用物质和滥用食品添加剂专项整治工作*　据统计，全国工商机关检查食品添加剂经营户32.6万余户，查处流通环节涉及违法添加非食用物质和滥用食品添加剂的案件1 724件，查扣违法添加非食用物质和滥用食

品添加剂的食品 61.3t；检查香精经营者 9.68 万户次，查扣食品用香精 9.6t，查处违法经营食品用香精案件 34 件。

4. 严厉打击非法经营"地沟油"和非正规来源食用油经营行为 据统计，全国工商机关检查食用油经营户 117 万余户，查扣地沟油和非正规来源食用油 155.65t，查处地沟油和非正规来源食用油案件 133 件。

5. 依法查处违法食品广告 国家工商总局对媒体发布的保健食品广告进行了 4 次集中监测，向社会曝光 58 条严重违法食品广告。2010 年前三季度，全国工商系统共查处违法食品广告案件 2 759 件，责令公开更正 225 件，责令停止发布 989 件。

（二）认真开展问题乳粉市场清查、清缴和销毁工作，切实维护乳制品市场秩序

1. 高度重视，及时安排部署流通环节问题乳粉彻底清查工作 国务院办公厅、全国食品安全整顿工作办公室下发紧急通知后，国家工商总局党组高度重视，先后分别下发了 7 个紧急通知，对流通环节问题乳粉市场清查工作作出具体部署和提出严格要求。同时，结合流通环节乳制品市场监管实际，制定下发了《关于贯彻落实〈国务院办公厅关于进一步加强乳品质量安全工作的通知〉的意见》和《国家工商总局关于加强流通环节乳制品质量安全监管工作任务分工的通知》，对强化乳制品市场监管，进一步明确分工和突出工作重点，研究采取了一系列有力措施。各地工商部门在当地政府统一领导下，结合各地实际，全力以赴组织开展流通环节问题乳粉市场彻底清查和市场监管工作。

2. 强化措施，认真组织实施流通环节问题乳粉市场清查、清缴和销毁工作 各地工商部门在监督乳粉经营者开展对问题乳粉的自查自清和自报工作的基础上，始终坚持一级抓一级、层层抓落实，突出重点场所、重点区域、重点销售者，对乳制品的入市、交易、退市等进行认真检查。坚持层层签订责任书，片片实行承包制，户户明确责任人，层层建立严格的责任制度，上下联动认真开展乳制品市场拉网式排查，务求清查到位，干净彻底。

3. 加大执法力度，认真查办案件 国家工商总局和各地工商机关切实加大案件查办力度。据统计，全国工商系统共出动执法人员 222.9 万人次，检查流通环节乳粉经营户 517.49 万户次，检查批发市场、集贸市场等各类市场 15.28 万个次，查处问题乳粉和含乳食品案件 400 多件。

4. 加强协作，狠抓流通环节乳粉市场清查工作的督查和落实 国家工商总局周伯华局长、王东峰副局长等总局领导及相关司局主要负责同志分别带队，先后 4 次对各地工商部门乳粉清查工作落实情况进行专项督查。各地工商机关层层加大督查检查力度，清查工作有力有序开展，并在地方政府的统一领导下，积极配合质检等部门，切实做好监督销毁问题乳粉等有关工作。

（三）强化食品市场日常规范管理，切实提高监管执法效能

1. 加大食品经营主体经济户口和信用分类管理力度，严把市场主体准入关 各地工商机关严格规范食品经营主体资格，依法核发食品流通许可证和进行主体登记，并加强监督管理。全系统核发食品流通许可证 216.9 万个。

2. 加大流通环节食品质量监管力度，强化食品抽样检验工作 各地工商机关依法监督食品经营者建立并执行进货查验和记录制度，严格食品入市、交易、退市各环节的监管，强化对流通环节食品的抽样检验工作。全国工商机关共抽检食品 12.8 万组。

3. 加大食品经营行为监管力度，切实提高监管执法效能 各地工商机关切实把市场巡查与经济户口管理、食品抽样检验与食品市场分类监管等结合起来，对商场、超市、批发市场及食品批发企业，重点监督其落实进货查验和记录制度等法定责任和义务，完善协议准入、质量自检、质量承诺和不合格食品退市等自律制度；对农村集贸市场，重点推广"一户多档"、"实名登记"、"证明登记"、"标牌公示"等 4 项制度；对农村食品店，积极引导其开展创建食品安全示范店活动，全国共有食品安全示范店 23.4 万个，其中农村食品安全示范店 15.8 万个。

（四）切实加强食品安全预警防范，有效保障灾区食品市场消费安全

1. 认真制定和实施食品安全预警和应急处置方案 各地工商机关根据国家工商总局《工商行政管理系统流通环节重大食品安全事故应急预案》、《工商行政管理系统市场监管应急预案》，制定和完善本地区工商系统流通环节食品安全事故预警和应急方案，并结合实际，有计划、有重点地对食品安全应急方案进行演练和应急系统检查，确保一旦发生重大食品安全事故，能够及时有效妥善处置。

2. 及时妥善处置突发事件 各地工商机关先后会同有关部门，对"北京雪碧汞中毒"、"江苏企业向面粉增白剂中添加石灰粉"、"半夜发光猪肉和鱼肉"、"山东企业生产勾兑花生油"、上海"鱼专家"、江苏南通"烤鱼含河豚毒素"、"西安生姜"、"泰国大米"以及"圣元乳粉性早熟"、"小龙虾疑致横纹肌溶解症"、"一滴香"等突发事件及时有针对性地开展市场清查和有效进行妥善应对处置，切实保护广大消费者合法权益。

3. 切实保障灾区食品市场消费安全　各地采取有力措施，强化青海玉树地震灾区和甘肃舟曲泥石流灾害地区及吉林等洪涝灾区食品市场监管工作。国家工商总局及时部署和指导灾区工商机关开展抗震救灾、抗击泥石流和抗洪救灾工作，各相关灾区工商机关按照总局的要求，以灾区群众日常生活必需的粮食、肉类、乳制品、水产品、蔬菜等为重点，集中开展专项执法检查，想方设法为灾区人民群众解决实际困难，切实维护灾区食品市场秩序。

（五）深入贯彻食品安全法，努力构建食品安全长效监管机制

各级工商机关建立健全流通环节食品安全监管制度，努力构建长效监管机制，认真落实国家工商总局制定下发的流通环节食品安全监管八项制度，切实用制度规范行政执法行为，并加大食品安全监管手段的创新力度，不断提高食品安全监管的制度化、规范化、程序化、法治化水平和监管执法效能。继续深入开展食品安全法的宣传、学习和培训。中央和地方主要新闻媒体多次报道了各地流通环节食品安全监管工作成效及典型做法，并对山东、湖北等地农村食品市场专项整治成果进行了专项报道。同时，各地工商机关加大对基层执法人员的教育和培训力度，不断提升广大干部的业务素质和监管执法水平。

（六）加强督促检查和协调配合，狠抓整顿工作落实

国家工商总局和各地工商机关按照《食品安全法》的要求，全面落实属地监管领导责任制、职能机构指导监督责任制和基层监管岗位责任制，分片划段，任务和责任落实到岗到人。国家工商总局于2010年11月中下旬组成15个督查组，分别由刘凡、王东峰、钟攸平等总局领导和相关司局负责同志带队，集中对各省、自治区、直辖市开展流通环节食品安全整顿、乳制品市场清查等工作情况进行专项督查。各地工商机关也采取重点督查、专项督查、交叉检查、明察暗访等多种方式，有力地促进了流通环节食品安全整顿工作的落实。同时，各级工商机关在食品安全专项整顿和食品市场监管执法中，切实加强与卫生、质检、农业、食品药品、公安、工业、商务主管部门等密切配合与协作，有效地发挥了监管部门的整体优势，切实维护食品市场秩序。

二、存在的问题

通过全国工商机关的积极努力，流通环节食品安全工作取得了阶段性成果，但是仍然还存在一些问题：一是一些地方流通环节食品安全整顿工作力度和深度不够，有些地方的城乡结合部、农村市场等还存在薄弱环节，有的地区食品安全问题仍时有发生；二是一些地方落实履行法定责任和义务不够到位，经营者自律体系和诚信体系建设还需进一步加强；三是随着食品市场主体的大量增加和经营业态的多样化，食品质量监管难度进一步加大，特别是流通环节食品快速检测设施、设备和能力不够，人员力量和经费严重不足；四是流通环节食品监管长效机制建设力度还需要进一步加大。

三、2011年工作意见

2011年流通环节食品安全监管工作，将认真贯彻党的十七大和十七届五中全会精神，以邓小平理论和“三个代表”重要思想为指导，全面落实科学发展观，认真贯彻全国工商行政管理工作会议的部署，按照“五个更加”的要求，以保障流通环节食品安全为目标，坚持标本兼治、重在治本的原则，深入开展专项整治执法行动，强化日常规范监管，推进完善经营者自律体系，健全和落实食品安全监管各项制度，积极构建长效监管机制，切实维护食品市场秩序，切实为服务科学发展和推进加快转变经济发展方式及促进社会和谐稳定作出新贡献。

（一）进一步深化流通环节食品安全专项整治工作，切实保障食品市场消费安全

1. 深入开展农村食品市场专项整治执法行动　结合农村食品市场特点，继续以农村地区、城乡结合部、乡（村）镇、农村旅游景区景点为重点区域，以农村批发市场、集贸市场等市场为重点场所，以农村商场、超市和食品（杂）店为重点单位，以节日性、季节性食品和农村地方特色食品为重点品种，集中整治销售假冒、仿冒和“山寨”食品等违法行为。规范连锁配送和送货下乡经营食品行为，严格规范农村食品经营秩序。切实规范农村市场食品经营者的经营行为，建立健全经营者自律机制，监督落实市场开办者的责任，切实保障农村食品市场消费安全。要继续按照国家工商总局下发的《流通环节食品安全示范店规范指导意见》，扩大示范店范围，强化规范管理，充分发挥示范店的示范带动作用。

2. 深入开展乳制品市场专项整治执法行动　认真贯彻《乳品质量安全监督管理条例》、《奶业整顿和振兴规划纲要》，按照《国务院办公厅关于进一步加强乳品质量安全工作的通知》和国家工商总局《关于贯彻落实〈国务院办公厅关于进一步加强乳品质量安全工作的通知〉的意见》及《关于进一步加强流通环节乳制品抽样检验工作的通知》的要求，结合地方实际研究制定具体工作方案，层层落实监管任务和责任，强化监管执法和检查落实工作，要在严格乳制品特别是婴幼儿乳制品市场主体准入、严格质量监管与抽样检验及严格规范经营行为等方面下工夫，尤其对问题乳粉的彻底清查、清缴、销毁、案件查办和责任追究要落实到位，务求干净彻底，切实保障流通环节乳制品市场消费安全。

3. 深入开展打击流通环节违法添加非食用物质和滥用食品添加剂以及“地沟油”等专项整治执法行动　按照全国食品安全整顿工作办公室公布的非食用物质和添加剂的品种名单，对重点食品、重点区域和重点食品经营者，深入开展集中专项整治执法检查行动，依法规范食品添加剂经营者主体资格，依照有关法律法规的规定强化对食品添加剂质量的监管。狠抓案件查办工作，依法严厉查处流通环节食品经营者在食品中添加非食用物质和滥用食品添加剂的行为以及违法销售食品添加剂的行为，严厉查处和取缔无照经营食品添加剂的行为。以集贸市场、批发市场等经营场所为重点，严厉打击非法经营“地沟油”和非正规来源食用油的行为，切实维护流通环节食用油市场秩序。

4. 深入开展对重点食品品种和重点区域、重点场所食品经营以及季节性、节日性食品市场的专项整治执法行动　继续突出市场消费量大、消费者申诉举报多以及群众日常生活必需的食品和季节性、节日性食品，突出粮食制品、肉制品、食用油、豆制品、葡萄酒、白酒、饮料、膨化及油炸食品、酱腌菜、罐头、速冻食品、酱油、食醋、月饼、糕点、老年人食品、儿童食品等品种和元旦、春节、五一国际劳动节、中秋节等节日性食品，有针对性地集中开展专项整治执法检查，尤其要加强对商场、超市、批发市场、集贸市场和食品店的监督检查，严厉打击销售不合格食品和扰乱食品市场秩序的违法行为。当前，按照总局《关于加强元旦、春节期间食品市场监管工作的通知》要求，突出重点，集中开展春节食品市场和葡萄酒与白酒等酒类专项整治执法检查，切实维护节日食品市场秩序。

（二）进一步加大食品市场日常规范监管力度，切实维护食品市场秩序

1. 加强市场主体准入管理，切实规范证照核发行为　严把食品市场主体准入关，坚持先证后照，依法规范食品流通许可证和营业执照的核发行为。建立健全流通环节食品经济户口管理制度，严格实行注册登记中对食品的特别标注，对乳制品等经营者分类列项管理，并分级分层对本地区食品经营各类市场主体及市场开办者及其相关内容以列表等方式纳入经济户口管理，进行动态分类监管。积极创造条件，将流通环节食品证照核发和经济户口管理形成计算机网络化体系，建立健全食品经济户口信息库，并与食品的质量监管、案件查办和信用分类监管及相关部门互联互通，对非涉密的内容通过信息化网络向社会公开，既方便生产经营者和消费者查询，又有利于社会监督，确保食品经营主体资格合法有效。同时，建立健全证照核发规范管理机制，强化监督，依法规范证照核发行为。

2. 加强食品质量监管，切实规范食品抽样检验行为　强化对食品质量的监督检查，努力实现从食品的入市、交易到退市的全程监管。严格监督食品经营者建立和落实食品进货查验和记录制度，严把食品进货关，督促食品经营者依法查验核实食品生产者提供的证照和食品质量检测的批次报告或证明文件。切实加强对食品包装、标识、生产日期、保质期和有关食品储存条件等的监督检查。强化食品抽样检验工作，突出重点，制定具体工作方案，增加抽检频次，严格按照法律法规及国家工商总局制定下发的《食品抽样检验工作制度》规定的程序开展食品抽样检验工作，切实做到程序合法、行为规范。对经过抽样检验依法确认的不合格食品和市场检查发现的不合格食品或过期食品及有问题的食品，依法查处，监督经营者及时下架退市，对不主动退市的，依法责令退市或强制退市。对退市后的食品，按照有关规定依法监督，应该销毁的要坚决销毁，防止再次销售。同时，加强食品抽样检验结果的综合运用，结合食品质量监管和食品抽样检验工作，建立健全食品质量管理信息库，进行综合研究和比较分析，有针对性地开展食品安全监管执法，并及时将有关情况通报相关职能部门和行业组织，促进源头治理和行业自律。把快速检测作为监管执法现场发现食品质量问题的重要技术手段。对快速检测发现有食品质量问题的，按照法定程序和经法定的质量检验机构依法检测认定方能作为执法依据。积极争取当地政府和财政部门的支持，增加和改善快速检测设施和设备，特别是努力争取解决好经费保障问题。

3. 加强食品市场巡查，切实规范食品市场监督检查行为　强化食品市场巡查和检查，将监管重心下移，严格落实基层工商所食品安全日常巡查和属地监管责任制，划分责任区，分片分段逐户落实到岗、到人。建立健全制度规范、责任明晰、执法严格、反应迅速、措施有力的巡查机制。将日常巡查监管的内容以列表的形式进行细化，建立健全基层工商所食品市场巡查规范和信用分类监管制度。针对超市、批发市场、集贸市场和各类企业及个体工商户等不同业态和组织形式，采取不同的监管方式，切实提高监管效能和服务水平。进一步将食品市场巡查与经济户口管理、食品质量监管、食品分类监管等结合起来，加强对食品经营者食品安全违法行为记录与信用体系建设，将巡查记录纳入经营者食品安全监管档案和信用分类管理体系，并加强对监管数据的统计和综合分析，切实提高监管执法和市场巡查的针对性和有效性。加大违法案件查办力度，依法严厉查处销售假冒伪劣食品违法行为。同时，严格规范案件查办和市场巡查行为，强化监督和考核，确保具体行政行为合法有效。

（三）进一步加大监督食品经营者落实法定责任和义务工作力度，切实提升食品经营者自律水平

强化企业自律意识，依法规范经营者行为。通过加强对食品经营者履行法定责任义务的培训，切实让经营者知法、守法，严格履行法律规定的责任和义务。将《食品安全法》规定的食品经营者必须履行的法定责任和义务以列表的形式具体化，采取不同方式向社会公开，既有利于食品经营者落实，又有利于广大消费者和社会监督。严格监督食品经营者落实主体责任，建立健全食品进货查验和记录制度、食品安全管理责任制度、食品进货把关、销售和退市等自律机制，切实监督食品经营者做到不进、不存、不销假冒伪劣和不合格食品，切实对消费者负责。积极探索和建立对食品经营者落实主体责任的监督与考核机制，通过研究明确的项目和量化指标来考核食品经营者是否履行了法定责任义务、履行的情况如何，依法监督其落实到位。实行食品经营企业诚信评价及失信曝光制度，运用市场机制，发挥社会监督作用，激励企业加快诚信体系建设。加大企业信用分类监管和市场信用分类监管力度，对守信企业、失信企业和严重失信企业采取不同监管方式，不断提高监管执法的针对性、操作性和实效性。

（四）进一步加大长效机制建设力度和创新监管手段，切实提升流通环节食品安全监管现代化水平

把长效监管机制建设作为根本性、长期性的重要工作，建立健全以保障食品经营者主体合法、质量合格、行为规范为重点的流通环节食品安全监管执法体系；以严把食品进货关、质量管理关、退市关为重点的经营者自律体系和食品安全可追溯体系；以重点突出、程序合法、行为规范、技术可靠为重点的检验检测体系；以信用分类监管、食品经营者自律和社会监督为重点的信用管理体系；以形成部门之间监管无缝衔接为目标的协调协作体系；以信息化网络和电子监管及质量检测为主要内容的食品安全现代技术支撑体系等，并结合监管工作的重点环节和部位建立和完善工作机制和制度，不断创新监管方式方法和手段。

认真落实国家工商总局下发的《关于积极推进流通环节商品质量和食品安全信息化网络建设工作的意见》要求，强化网络信息技术在流通环节食品市场主体许可、准入、食品质量监管、市场巡查和执法办案等方面的综合应用，努力形成从国家工商总局到工商所五级纵向贯通以及横向连接的信息化网络体系，逐步实现食品安全“网上查询、网上咨询、网上受理、网上查办、网上调度指挥、网上应急处置、网上动态监管、网上发布信息”的目标。要运用无线网络执法平台、移动查询终端等现代科技手段，开展市场巡查和日常监管，有效开展网上预警防范和应急处置。

积极引导和指导商场、超市推进“两项制度”电子化管理，积极引导和督促食品经营者建立健全食品采购、贮存、运输、交易、退市和食品质量管理等环节的电子监控体系，积极推动有条件的大中型商业企业、超市和批发市场、集贸市场逐步实行计算机网络化管理，并加快与基层工商所信息化网络体系的对接，努力实现“两项制度”监管的信息化网络体系，提高监管执法效能，并为实现流通环节食品安全网上监管奠定良好的基础。

（五）加强组织领导和队伍建设，切实为流通环节食品安全工作提供组织保障和人才支撑

不断提高对食品安全监管工作的极端重要性的认识，不断增强大局意识、责任意识和忧患意识。切实加强组织领导，一把手亲自抓，主管领导具体抓，各职能机构分工负责抓。建立健全工商部门食品安全属地监管领导责任制、职能机构指导和监督责任制及基层监管岗位责任制，并研究和采取有效措施，切实把责任制落到实处。各地结合实际及时制定年度工作计划，明确目标任务和工作责任，认真谋划，层层分解，精心组织。加大对广大执法人员政治理论、业务知识、法规政策、管理技能的学习和培训力度，重点加强对基层工商所长和基层监管执法人员的培训，努力建设一支政治上、业务上、作风上过硬的监管执法队伍。

（六）加强基层和基础建设，切实为流通环节食品安全工作提供物质保障

大力推进食品安全监管工作基础建设，注重严格工作标准、工作程序和规范管理，切实提高工作质量、工作效率和工作水平，切实做到目标明、思路清、情况实、数字准、要求严、效果好。进一步强化基层，夯实基础，充实基层执法队伍，加强基层执法力量，切实抓好基层执法装备、设备和经费保障工作，尤其是运用高科技手段监管所需的设施、设备及技术手段，为提高监管执法水平提供坚实的人力、财力和物力保障，不断提升基层监管执法能力和水平。

（七）加强信息管理和制度建设，切实为流通环节食品安全工作提供纪律保障和长效机制

严格各项工作制度，严肃工作纪律，严格按照法律法规的规定和程序发布相关信息，严格信息管理。对涉及其他省（自治区、直辖市）的，要在发布前与所在地省（自治区、直辖市）工商局协商一致，及时报告省级政府研究协调按照程序和规定报批。对涉密或者需要上报才能发布的，及时报告省级政府和省食品安全委员会办公室，有些信息还应提前24h报经全国食品安全整顿工作办公室同意。严格市场清查、监管执法、质量检测、案件查办等文件资料、档案和信息管理，防止因泄露信息造成不必要的恐慌。切实增强政治敏锐性和大局意识，严格工作措施，严格工作纪律，严格执行保密工作规定，加大监管和宣传工作力度，防止不必要的炒作，切实维护好社会稳定。

（八）加强部门协作和责任落实，切实为流通环节食品安全工作提供措施保障

高度重视和充分发挥工商部门内部食品安全监管、消费者权益保护、市场管理、竞争执法、注册登记、商标、广告等内设机构的职能作用，各负其责，分工协作，实现信息互通共享；加强协作配合，建立健全协调协作机制，切实形成监管合力。建立健全抓落实的工作机制，一级抓一级，层层抓落实，确保各项工作组织领导、工作任务、工作措施、工作责任、人员力量等落实到位。各地对检查和督查中发现的突出问题和存在的薄弱环节，有针对性地采取有效措施，及时加以改进和解决，确保流通环节食品安全监管各项工作任务落到实处，取得新的实效。

我国肉类工业经济运行状况及特点

中国肉类协会

一、发展概况

2010年全国肉类工业取得了新进展。主要表现在：

1. 规模企业持续增长　2010年屠宰及肉类加工规模以上企业总数达到4 054个，比2009年的3 696个增加了358个，同比增长9.69%。

2. 投资规模显著扩大　2010年屠宰及肉类加工资产总额达到2 940亿元，比2009年的2 256亿元增加了684亿元，同比增长30.33%。

3. 销售收入明显增加　2010年屠宰及肉类加工销售收入总额达到6 770亿元，比2009年的5 167亿元增加了1 603亿元，同比增长31.02%。

4. 利税增幅更加突出　2010年屠宰及肉类加工利润总额达到304亿元，比2009年的205亿元增加了98亿元，同比增长47.74%；税金及附加总额达到28亿元，比2009年的20.8亿元增加了7亿元以上，同比增长34.11%。

5. 亏损企业有所减少　2010年屠宰及肉类加工亏损企业382个，比2009年的412个减少了30个，同比减幅7.28%。

存在的主要问题是，亏损企业的亏损总额有所增加。2010年亏损企业亏损总额达13.9亿元，比2009年增亏1.1亿元，同比增幅8.9%。

二、产业结构调整

2010年肉类工业产业结构调整的基本特点是，规模化屠宰增长加快，肉制品加工增效减亏，肉禽类罐头制造稳步发展。与2009年相比，畜禽屠宰规模以上企业数量虽然有所增加，但其资产总额、利润总额在行业内所占比重均有所下降；肉制品加工规模以上企业数量、资产总额、利润总额在行业内所占比重均有所上升。畜禽屠宰业和肉制品加工业销售收入在行业内所占比重基本稳定。

（一）规模化屠宰增长加快，行业内占比下降

2010年畜禽屠宰规模以上企业2 237个，比上年的2 076个增加了161个，同比增长7.76%；资产总额1 499亿元，比上年的1 154亿元增加了345亿元，同比增长29.91%；销售收入3 883亿元，比上年的2 924亿元增加了959亿元，同比增长32.81%；利润总额153.9亿元，比上年的103.7亿元增加50亿元，同比增长48.43%；税金及附加16.5亿元，比上年的

11.7亿元增加了4.78亿元，同比增长40.63%。2010年畜禽屠宰规模以上亏损企业210个，比上年的225个减少了15个，降幅6.67%；亏损总额9.59亿元，比上年的8.26亿元增加了1.32亿元，同比增幅16.5%。2010年畜禽屠宰规模以上企业数量在行业内所占比重为55.2%，比上年的58.1%下降了2.9个百分点；资产总额和利润总额在行业内所占比重分别为51%和50.6%，分别比上年下降了1.98个百分点和1.7个百分点；销售收入在行业内所占比重为57.36%，比上年上升了0.24个百分点。

（二）肉制品加工增效减亏，行业内占比上升

2010年肉制品加工及副产品加工规模以上企业1 817个，比上年的1 620个增加了197个，同比增长12.16%；资产总额1 440亿元，比上年的1 101亿元增加了338亿元，同比增长30.77%；销售收入2 886亿元，比上年的2 243亿元增加了643亿元，同比增长28.7%；利润总额150.2亿元，比上年的102.1亿元增加48亿元，同比增长47.04%：税金及附加11.4亿元，比上年的9.1亿元增加了2.34亿元，同比增长25.68%。2010年肉制品加工及副产品加工规模以上亏损企业172个，比上年的187个减少了15个，同比降幅8%；亏损总额4.37亿元，比上年的4.55亿元减亏1 835.8万元，同比降幅4%。2010年肉制品加工及副产品规模以上企业数量在行业内所占比重为44.82%，比上年的41.89%上升了2.93个百分点；资产总额和利润总额在行业内所占比重分别为48.99%和49.4%，分别比上年上升了1.97个百分点和1.7个百分点；销售收入在行业内所占比重为42.64%，比上年下降了0.24个百分点。

（三）肉禽类罐头制造稳步发展

2010年肉禽类罐头制造规模以上企业99个，比上年的91个增加了8个，同比增长8.79%；资产总额65.2亿元，比上年的51.7亿元增加了13.45亿元，同比增长26%；销售收入118亿元，比上年的94亿元增加了24亿元，同比增长25.28%；利润总额4.21亿元，比上年的4.23亿元减少187万元，同比降幅0.44%；税金及附加0.93亿元，比上年的0.92亿元增加了119万元，同比增长1.29%。2010年肉禽类罐头制造规模以上亏损企业12个，比上年的11个增加了1个，同比增幅9.1%；亏损总额2 302万元，比上年的997万元增加了1 304万元，同比增幅130.72%。

三、规模结构调整

2010年肉类工业规模结构调整的基本特点是，中小企业发展较快，大型企业在行业内所占比重全面下降。大型企业中肉制品加工所占比重较大；中小型企业则以畜禽屠宰为主。

（一）大型企业总量增长，占比全面下降

与2009年相比，大型企业数量由24个增加到30个，在行业内所占比重由0.78%下降到0.74%；资产总额由525.77亿元增加到817.49亿元，比重由28.99%下降到27.8%；销售收入由1 010.14亿元增加到1 555.87亿元，比重由23.81%下降到22.98%；利润总额由41.81亿元增加到71.86亿元，比重由27.19%下降到23.62%。在2010年的30个大型企业中，畜禽屠宰业有17个，占56.7%。其资产总计333.3亿元、销售收入561.4亿元、利润总额21.7亿元，分别占40.8%、36.1%和30.2%。肉制品加工业有13个，占43.3%。其资产总计484.1亿元、销售收入994.4亿元、利润总额50.1亿元，分别占59.2%、63.9%和69.8%。

（二）中型企业稳中有升，投资效益较好

与2009年相比，中型企业数量由257个增加到337个，在行业内所占比重基本持平；资产总额由554.53亿元增加到937.39亿元，比重由30.58%上升到31.88%；销售收入由1 254.9亿元增加到1 922.57亿元，比重由29.58%下降到28.4%；利润总额由38.8亿元增加到83.03亿元，比重由25.24%上升到27.3%。在2010年的337个中型企业中，畜禽屠宰业有191个，占56.7%。其资产总计490.2亿元、销售收入1 146.4亿元、利润总额40.3亿元，分别占52.3%、59.6%和48.5%。肉制品加工业有146个，占43.3%。其资产总计447.1亿元、销售收入776亿元、利润总额42.6亿元，分别占47.7%、40.4%和30.2%。

（三）小型企业发展加快，市场销售扩大

与2009年相比，小型企业数量由2 815个增加到3 687个，在行业内所占比重由90.1%上升到90.95%；资产总额由733.37亿元增加到1 185.34亿元，比重由40.43%下降到40.31%；销售收入由1 977.24亿元增加到3 292.11亿元，比重由46.61%上升到48.62%；利润总额由73.13亿元增加到149.3亿元，比重由47.57%上升到49.08%。在2010年的3 687个小型企业中，畜禽屠宰业有2 029个，占55%。其资产总计676.1亿元、销售收入2 175.7亿元、利润总额91.8亿元，分别占57%、66%和61.5%。肉制品加工业有1 658个，占45%。其资产总计509.1亿元、销售收入1 116.4亿元、利润总额57.4亿元，分别占43%、34%和38.5%。

四、经济结构调整

2010年肉类工业经济结构调整的基本特点是，国有、集体、股份制和外商比重下降，私有和其他企业比重上升。（注：原“股份合作企业”数据并入“股份制企业”中）

（一）国有企业数量和资产减少，销售利润上升

2010年国有企业165个，比2009年的182个减少17个。其资产总额61.48亿元，比上年的66.97亿元减少5.49亿元；销售收入153.84亿元、利润3.18亿元，分别比上年的108.35亿元和0.64亿元增加了45.49亿元和2.54亿元，同比增幅分别为41.9%和3.96倍。2010年国有企业数量、资产总额、销售收入在行业内的比重分别下降了1.81个百分点、1.6个百分点、0.29个百分点；利润总额在行业内的比重上升了0.63个百分点。

（二）集体企业多数指标下降，占比全面降低

2010年集体企业67个，比2009年的78个减少11个。其资产总额12.32亿元，比上年的12.44亿元减少0.12亿元；销售收入60.12亿元，比上年的67.09亿元减少6.97亿元；利润总额3.63亿元，比上年的2.77亿元增加0.86亿元。2010年集体企业数量、资产总额、销售收入、利润总额在行业内的比重分别下降了0.88个百分点、0.26个百分点、0.69个百分点和0.61个百分点。

（三）股份制企业各项指标全面增长，占比普遍下降

2010年股份制企业151个，比2009年的138个增加13个。其资产总额219.31亿元，比上年的163.01亿元增加56.3亿元；销售收入408.35亿元，比上年的326.69亿元增加81.66亿元；利润总额13.41亿元，比上年的8.18亿元增加5.23亿元。2010年股份制企业数量、资产总额、销售收入、利润总额在行业内的比重分别下降了0.77个百分点、1.52个百分点、1.67个百分点和0.89个百分点。

（四）私有企业快速增长，占比全面上升

2010年私有企业2 619个，比2009年的1 844个增加775个。其资产总额1 040.71亿元，比上年的503.71亿元增加537亿元；销售收入2 928.09亿元，比上年的1 517.62亿元增加1 410.47亿元；利润总额136.08亿元，比上年的64.39亿元增加71.69亿元。2010年私有企业数量、资产总额、销售收入、利润总额在行业内的比重分别上升了5.04个百分点、7.63个百分点、7.47个百分点和2.84个百分点。

（五）外商企业数量减少、投资扩大、销售利润增加、占比下降

2010年外商企业258个，比2009年的269个减少11个。其资产总额811.21亿元，比上年的564.38亿元增加246.83亿元；销售收入1 517.25亿元，比上年的1 181.25亿元增加336亿元；利润总额71.32亿元，比上年的39.86亿元增加31.46亿元。2010年外商企业数量、资产总额、销售收入、利润总额在行业内的比重分别下降了2.29个百分点、3.53个百分点、5.43个百分点和2.45个百分点。

（六）其他企业发展加速，占比多有增升

2010年其他企业794个，比2009年的585个增加209个。其资产总额795.19亿元，比上年的503.16亿元增加292.03亿元；销售收入1 702.89亿元，比上年的1 041.26亿元增加661.63亿元；利润总额76.57亿元，比上年的37.89亿元增加38.68亿元。2010年其他企业除资产总额在行业内占比下降了0.69个百分点之外，企业数量、销售收入和利润总额在行业内占比分别上升了0.53个百分点、0.61个百分点和0.53个百分点。

五、区域结构调整

2010年肉类工业区域结构调整的主要特点，一是加大了向西部地区和少数民族地区的投资。例如，广西壮族自治区投资增幅130.6%，云南省增幅155.6%，宁夏回族自治区增幅55%，贵州省增幅49.1%。二是加大了向畜禽主产区的投资。例如，江苏省投资增幅49.7%，四川省增幅46.3%，浙江省增幅44.5%，河南省增幅41.2%，陕西省增幅38.9%，湖北省增幅36.8%，江西省增幅32.4%。三是加大了对重点城市和区域的投资。例如，天津市投资增幅60.9%，海南省增幅47.6%，重庆市增幅33.8%。

（一）肉类工业资产总量前10位的调整情况

与2009年相比，肉类工业资产总量前10位的情况变化不大（表1），仍然保持在占全国肉类工业资产的77%左右。从肉类工业投资总量的排序看，江苏省由2009年的第6位升至第5位；相应地，吉林省由第5位降至第6位。其他省份排序未变。

（二）肉类工业资产总量中间10位的调整情况

与2009年相比，肉类工业资产总量中间10位的情况变化较大（表2）。虽然总体看仍然保持在占全国肉类工业资产的17%以上，只下降了0.37个百分点，但是其间的区域投资变化相当明显：一是浙江省投资同比增幅44.5%，从2009年的第15位跃升到第12位；北京市则由原来的第12位降至第14位；

表1　全国肉类工业资产区域分布前10位

单位：万元

序号	地　区	2009年	2010年	增幅（%）
	全国总计	**22 560 209.5**	**29 402 225.5**	**30.3**
1	山　东	5 852 313.6	7 373 992.3	26.0
2	河　南	2 747 312.9	3 880 412.8	41.2
3	四　川	1 650 109.3	2 415 879.7	46.3
4	辽　宁	1 513 160.8	1 987 349.3	31.3
5	江　苏	1 157 536.2	1 733 036.5	49.7
6	吉　林	1 359 582.7	1 398 207.1	2.8
7	安　徽	854 167.0	1 103 561.8	29.1
8	内蒙古	830 237.3	1 032 272.2	24.3
9	黑龙江	730 703.1	868 933.8	19.0
10	河　北	715 669.1	844 138.8	18.0
前10位合计		17 410 792.0	22 637 784.3	30.0
占全国百分比		77.17%	76.99%	−0.18%

表2　全国肉类工业资产区域分布中间10位

单位：万元

序号	地　区	2009年	2010年	增幅（%）
	全国总计	**22 560 209.5**	**29 402 225.5**	**30.3**
11	福　建	649 104.0	742 334.9	14.3
12	浙　江	438 731.9	633 012.8	44.5
13	湖　北	462 713.1	631 999.6	36.8
14	北　京	536 298.0	579 329.9	8.0
15	湖　南	445 363.4	497 571.8	11.7
16	广　东	395 513.2	440 216.3	11.4
17	上　海	364 217.8	426 764.3	17.0
18	山　西	309 440.8	404 068.3	30.7
19	天　津	248 737.2	399 873.6	60.9
20	广　西	160 283.9	369 386.1	130.6
中间10位合计		4 010 403.3	5 124 557.6	27.8
占全国百分比		17.8%	17.43%	−0.37%

湖南降至第15位。二是广西壮族自治区投资同比增幅130.6%，从去年的第23位跃升到第20位；重庆市则由原来的第19位退居第21位；天津市因资产增幅60.9%而升至第19位。其他省份排序未变。从肉类工业投资同比增幅的排序看，第一位是广西壮族自治区，同比增幅130.6%；第二位是天津市，同比增幅60.9%；第三位是浙江省，同比增幅为44.5%。

（三）肉类工业资产总量后11位的调整情况

与2009年相比，肉类工业资产总量后11位的情况变化最大（表3）。主要表现在资产总量的同比增幅达到43.9%，高于全国平均水平13.6个百分点；高于前10位平均水平13.9个百分点；更高于中间10位平均水平16.1个百分点。这说明，2010年对西部地区肉类工业投资的力度明显加大了。与此相适应，后11位在全国肉类工业资产总量中所占的比重也增加了0.53个百分点。从省、直辖市、自治区的排序看，云南省投资同比增幅155.6%，从2009年的第24位跃升到第22位；江西省则由原来的第21位降至第23位；陕西省由原来的第22位降至第24位。其他省份排序未变。从肉类工业投资同比增幅的排序看，第一位是云南省，同比增幅155.6%；第二位是宁夏回族自治区，同比增幅55%；第三位是贵州省，同比增幅为49.1%。

表3　全国肉类工业资产区域分布后11位

单位：万元

序号	地　区	2009年	2010年	增幅（%）
	全国总计	**22 560 209.5**	**29 402 225.5**	**30.3**
21	重　庆	272 602.4	364 565.6	33.8
22	云　南	123 945.0	317 592.2	155.6
23	江　西	194 190.9	257 787.1	32.4
24	陕　西	185 534.9	257 751.4	38.9
25	新　疆	118 190.8	127 586.2	7.6
26	甘　肃	97 742.3	110 737.8	13.4
27	贵　州	55 451.4	82 236.0	49.1
28	青　海	48 397.9	58 032.4	19.9
29	宁　夏	34 638.6	53 698.0	55.0
30	西　藏	5 496.7	5 729.1	4.2
31	海　南	2 823.3	4 167.8	47.6
后11位合计		1 139 014.2	1 640 644.1	43.9
占全国百分比		5.05%	5.58%	0.53%

我国造纸工业经济运行状况

中国造纸协会

2010年是我国实施“十一五”规划的最后一年。造纸行业认真贯彻执行了国务院《关于进一步加强淘汰落后产能工作的通知》和环境保护部发布的《制浆造纸工业水污染物排放标准（GB 3544—2008)》等一系列相关政策与法规，企业重组力度加大，落后产能淘汰目标顺利完成，节能减排效果显著。2010 年全行业克服了金融、外贸政策调整等因素对造纸行业产生的影响，以及纤维原料、水、煤、油、运费价格上涨和对外贸易摩擦增多等重重困难，在市场需求的拉动下，造纸行业在延续 2009 年恢复性增长的基础上，全年的生产量和消费量保持了平稳增长，产业结构趋于优化，经济效益有所提高，环境治理效果显著，推进了我国造纸工业进一步向资源节约型、环境友好型、可持续的绿色纸业方向发展。

一、全国纸及纸板生产及消费情况

（一）2010 年我国造纸工业主要产品生产及消费情况

据中国造纸协会调查资料，2010 年全国纸及纸板生产企业有 3 700 多个，纸及纸板生产量 9 270 万 t，较上年 8 640 万 t 增长 7.29%；消费量 9 173 万 t，较上年 8 569 万 t 增长 7.05%，人均年消费量为 68kg，比上年增长 4kg。2010 年比 2000 年生产量增长 203.93%，消费量增长 156.59%。2000—2010 年，纸及纸板生产量年均增长 11.76%，消费量年均增长 9.88%（表 1）。

表 1　2010 年我国造纸工业主要产品生产及消费情况

单位：万 t

品　种	生产量			消费量		
	2009 年	2010 年	同比（%）	2009 年	2010 年	同比（%）
总　量	**8 640**	**9 270**	**7.29**	**8 569**	**9 173**	**7.05**
1. 新闻纸	480	430	−10.42	461	423	−8.24
2. 未涂布印刷书写纸	1 510	1 620	7.28	1 497	1 590	6.21
3. 涂布印刷纸	590	640	8.47	463	549	18.57
其中：铜版纸	500	555	11.00	399	480	20.30
4. 生活用纸	580	620	6.90	529	567	7.18
5. 包装用纸	575	600	4.35	587	612	4.26
6. 白纸板	1 150	1 250	8.70	1 160	1 254	8.10
其中：涂布白纸板	1 100	1 200	9.09	1 110	1 204	8.47
7. 箱纸板	1 730	1 880	8.67	1 809	1 946	7.57
8. 瓦楞原纸	1 715	1 870	9.04	1 758	1 889	7.45
9. 特种纸及纸板	150	180	20.00	144	164	13.89
10. 其他纸及纸板	160	180	12.50	161	179	11.18

从 2010 年的生产和消费形势分析来看，全年生产和消费均呈平稳增长态势，增速分别比上年回落 0.98 个百分点和 0.94 个百分点。

（二）主要产品 2000—2010 年生产及消费情况

1. 新闻纸　2010 年新闻纸生产量 430 万 t，较上年增长−10.42%，增幅回落 14.77 个百分点；消费量 423 万 t，较上年增长−8.24%，增幅回落 16.46 个百分点。2000—2010 年生产量年均增长率 11.48%，消费量年均增长率 9.87%。

2. 未涂布印刷书写纸　2010 年未涂布印刷书写纸生产量 1 620 万 t，较上年增长 7.28%，增幅回落 0.58 个百分点；消费量 1 590 万 t，较上年增长 6.21%，增幅回落 1.88 个百分点。2000—2010 年生产量年均增长率 9.39%，消费量年均增长率 9.36%。

3. 涂布印刷纸　2010 年涂布印刷纸生产量 640 万 t，较上年增长 8.47%，增幅增加 1.20 个百分点；消费量 549 万 t，较上年增长 18.57%，增幅增加 19.43 个百分点。2000—2010 年生产量年均增长率 19.26%，消费量年均增长率 10.19%。其中铜版纸 2010 年铜版纸生产量 555 万 t，较上年增长 11.00%，增幅增加 2.30 个百分点；消费量 480 万 t，较上年增长 20.30%，增幅增加 20.80 个百分点。2000—2010 年生产量年均增长率 20.22%，消费量年均增长率 9.94%。

4. 生活用纸　2010 年生活用纸生产量 620 万 t，较上年增长 6.90%，增幅增加 1.45 个百分点；消费量 567 万 t，较上年增长 7.18%，增幅增加 2.01 个百分点。2000—2010 年生产量年均增长率 9.51%，消费量年均增长率 8.80%。

5. 包装用纸　2010 年包装用纸生产量 600 万 t，较上年增长 4.35%，增幅增加 1.67 个百分点；消费量 612 万 t，较上年增长 4.26%，增幅增加 1.10 个百分点。2000—2010 年生产量年均增长率 4.14%，消费量年均增长率 2.65%。

6. 白纸板　2010 年白纸板生产量 1 250 万 t，较上年增长 8.70%，增幅增加 6.02 个百分点；消费量 1 254 万 t，较上年增长 8.10%，增幅增加 5.54 个百分点。2000—2010 年生产量年均增长率 16.14%，消费量年均增长率 12.56%。其中涂布白纸板 2010 年生产量 1 200 万 t，较上年增长 9.09%，增幅增加 6.29 个百分点；消费量 1 204 万 t，较上年增长 8.47%，增幅增加 5.79 个百分点。2000—2010 年生产量年均增长率 19.62%，消费量年均增长率 15.46%。

7. 箱纸板　2010 年箱纸板生产量 1 880 万 t，较上年增长 8.67%，增幅回落 4.40 个百分点；消费量 1 946 万 t，较上年增长 7.57%，增幅回落 5.14 个百分点。2000—2010 年生产量年均增长率 16.74%，消费量年均增长率 14.31%。

8. 瓦楞原纸　2010 年瓦楞原纸生产量 1 870 万 t，较上年增长 9.04%，增幅回落 3.79 个百分点；消费量 1 889 万 t，较上年增长 7.45%，增幅回落 5.82 个百分点。2000—2010 年生产量年均增长率 12.62%，消费量年均增长率 10.94%。

9. 特种纸及纸板　2010 年特种纸及纸板生产量 180 万 t，较上年增长 20.00%，增幅增加 12.86 个百分点；消费量 164 万 t，较上年增长 13.89%，增幅增加 13.89 个百分点。2000—2010 年生产量年均增长率 11.61%，消费量年均增长率 7.44%。

二、主要生产经济指标完成情况

据国家统计局统计，2010 年 1～11 月规模以上造纸生产企业 3 724 个；从业人员 73.73 万人；工业总产值（当年价）5 287 亿元，较上年 4 162 亿元增长 27.03%；工业销售产值（当年价）5 190 亿元，较上年 4 077 亿元增长 27.30%；主营业务收入 5 162 亿元，较上年 3 998 亿元增长 29.11%；产销率 98.20%，较上年 98.00%增长 0.20 个百分点；产成品存货 245.4 亿元，较上年 235.8 亿元增长 4.07%；利税总额 458.4 亿元，较上年 341.3 亿元增长 34.31%，其中利润总额 299.4 亿元，较上年 210.0 亿元增长 42.57%；资产总计 5 934 亿元，较上年 5 016亿元增长 18.30%；资产负债率 58.66%，较上年 58.69%降低 0.03 个百分点；负债总额 3 481 亿元，较上年 2 944 亿元增长 18.24%；在统计的 3 724 个造纸生产企业中，亏损企业有 487 个，占 13.08%，同比降低 6.29 个百分点。2010 年 1～12 月造纸生产企业工业总产值（当年价）5 850 亿元，较上年 4 660 亿元增长 25.54%；产销率 98.60%，较上年 98.20%增长 0.40 个百分点；工业销售产值（当年价）5 767 亿元，较上年 4 578 亿元增长 25.97%。根据上述相关资料分析，2010 年造纸生产企业主营业务收入约 5 630 亿元，比上年增长 25%左右；利税总额约 500 亿元，比上年增长 30%左右；其中，利润总额约 327 亿元，比上年增长 48%左右。综观全年主要生产经济指标完成情况，比上年有较大增幅，已经恢复到金融危机前的水平，总体经济效益较好。

三、纸浆生产和消耗情况

据中国造纸协会调查资料，2010 年全国纸浆生产总量 7 318 万 t，较上年 6 732 万 t 增长 8.70%。2010 年全国纸浆消耗总量 8 461 万 t，较上年 7 980 万 t 增长 6.03%，其中木浆 1 859 万 t，较上年增长 2.82%，比例占 22%，与上年持平；非木浆 1 297 万 t，较上年增长 10.38%，比例占 15%，与上年持平；废纸浆 5 305 万 t，较上年增长 6.16%，比例占 63%，与上年持平。木浆中，进口木浆比例下降 2 个百分点；废纸浆中，进口废纸浆比例下降 1 个百分点，国产废纸浆比例上升 1 个百分点；非木浆中，稻麦草浆比例比上年下降 3 个百分点；竹浆比例比上年增长 1 个百分点；苇（荻）浆比例与上年持平、蔗渣浆比例比上年增加 1 个百分点。2010 年纸浆总消耗量比 2000 年增长 203%，其中国产纸浆消耗量 2010 年比 2000 年增长 198%。2010 年进口木浆及进口废纸价格持续高位运行，导致进口量同比下降，促使国内各类纸浆生产量有所增加。由于 2009 年国际市场

表 2　2010 年中国造纸工业纸浆消耗情况

单位：万 t

品　种	2009 年	占比例（%）	2010 年	占比例（%）	同比（%）
总量	**7 980**	**100**	**8 461**	**100**	**6.03**
木浆	1 808	22	1 859	22	2.82
其中：进口木浆	1 257②	16	1 151③	14	−8.43
废纸浆①	4 997	63	5 305	63	6.16
其中：进口废纸浆	2 570④	26	2 615⑤	25	1.75
非木浆	1 175	15	1 297	15	10.38

注：①废纸浆＝废纸量×0.8。

②2009 年进口木浆 1 367 万 t，实际消耗量 1 257 万 t。

③2010 年进口木浆 1 137 万 t，扣除溶解浆 96 万 t，实际消耗量 1 151 万 t。

④2009 年进口废纸 2 750 万 t，实际消耗量 2 570 万 t。

⑤2010 年进口废纸 2 435 万 t，实际消耗量 2 615 万 t。

商品纸浆和废纸价格低靡，国内造纸企业加大了商品纸浆和废纸的采购量，致使当年进口量异常，造成非正常库存增加。经中国造纸协会对重点造纸企业进行调查，2009 年国内造纸企业约有 110 万 t 进口商品纸浆和 180 万 t 进口废纸为非正常库存，结转至 2010 年使用。表 2 为 2009 年和 2010 年的纸浆消耗数据。

四、纸及纸板、纸浆、废纸及纸制品进出口情况

（一）2010 年我国造纸工业进出口情况

2010 年纸及纸板进口 336 万 t，比上年 334 万 t 增长 0.60%；出口 433 万 t，比上年 405 万 t 增长 6.91%，出口量比进口量多 97 万 t。纸浆进口 1 137 万 t，比上年 1 367 万 t 降低 16.83%；出口 8.10 万 t，比上年 8.70 万 t 降低 6.90%。废纸进口 2 435 万 t，比上年 2 750 万 t 降低 11.45%；出口 0.08 万 t，比上年出口量略有增长。纸制品进口 18 万 t，比上年 16 万 t 增长 12.50%；出口 228 万 t，比上年 195 万 t，增长 16.92%。2010 年进口纸及纸板、纸浆、废纸、纸制品合计 3 926 万 t，较上年 4 467 万 t 降低 12.11%，用汇 187.83 亿美元，较上年 145.17 亿美元增长 29.39%。2010 年进口纸及纸板平均价格为 1 132.52美元/t，比上年 965.25 美元/t 平均价格增长 17.33%；进口纸浆平均价格为 775.51 美元/t，比上年 500.20 美元/t 平均价格增长 55.04%；进口废纸平均价格为 219.80 美元/t，比上年 137.99 美元/t 平均价格增长 59.29%。

2010 年出口纸及纸板、纸浆、废纸、纸制品合计 669.18 万 t，较上年 608.73 万 t 增长 9.93%，创汇 97 亿美元，较上年 77 亿美元增长 25.97%。2010 年出口纸及纸板平均价格为 1 093.50 美元/t，比上年 962.06 美元/t 平均价格增长 13.66%；出口纸浆平均价格为 1 727.18 美元/t，比上年 1 045.48 美元/t 平均价格增长 65.20%；出口废纸平均价格为 191.80 美元/t，比上年 218.78 美元/t 平均下降 12.33%。

2010 年纸及纸板进出口总量中，进口量较大的品种有箱纸板、涂布白纸板、涂布印刷纸和未涂布印刷书写纸，合计进口量 243 万 t，约占纸及纸板总进口量的 72%。出口量较大的品种有涂布印刷纸、涂布白纸板、未涂布印刷书写纸、生活用纸、特种纸及纸板，合计 388 万 t，约占纸及纸板总出口量的 90%。

2010 年我国纸浆、废纸、纸及纸板进出口贸易总体特点是作为造纸原料的纸浆和废纸进口量均呈减少趋势，其中纸浆进口量较上年减少 16.83%，废纸进口量较上年减少 11.45%，但平均价格都有较大幅度提升，进口纸浆平均价格上涨 275.31 美元/t，涨幅 55.04%；进口废纸平均价格上涨 81.810 美元/t，涨幅 59.29%。

（二）主要产品 2000—2010 年进出口情况

2010 年纸及纸板进口量大于出口量的主要品种有：包装用纸、箱纸板、白纸板、瓦楞原纸；出口量大于进口量的主要品种有：新闻纸、未涂布印刷书写纸、涂布印刷纸、生活用纸、特种纸及纸板、其他纸及纸板。

1. 新闻纸　2010 年出口量大于进口量，净出口量 7 万 t。

2. 未涂布印刷书写纸　2010 年出口量大于进口量，净出口量 30 万 t。

3. 涂布印刷纸　2010 年出口量大于进口量，净出口量 91 万 t，其中铜版纸 2010 年出口量大于进口量，净出口量 75 万 t。

4. 生活用纸　2010 年出口量大于进口量，净出口量 53 万 t。

5. 包装用纸　2010 年进口量大于出口量，净进口量 12 万 t。

6. 白纸板　2010 年进口量大于出口量，净进口量 4 万 t。其中涂布白纸板 2010 年进口量大于出口量，净进口量 4 万 t。

7. 箱纸板　2010 年进口量大于出口量，净进口量 66 万 t。

8. 瓦楞原纸　2010 年进口量大于出口量，净进口量 19 万 t。

9. 特种纸及纸板　2010 年出口量大于进口量，净出口量 16 万 t。

五、生产布局与集中度

根据中国造纸协会调查资料分析，2010 年纸及纸板生产量有所下降的省（自治区、直辖市）有河南、内蒙古、浙江、安徽、云南、北京 6 个，其余省份都有不同程度增长。

2010 年我国东部地区 12 个省（自治区、直辖市），纸及纸板产量占全国纸及纸板产量比例为 71.6%，比上年提高 0.3 个百分点；中部地区 9 个省（自治区）比例占 20.1%，比上年降低 1.3 个百分点；西部地区 10 个省（自治区、直辖市）比例占 8.3%，比上年提高 1.0 个百分点。

2010 年纸及纸板产量超过 100 万 t 的省份有山东、广东、浙江、江苏、河南、福建、河北、湖南、四川、安徽、重庆、广西、湖北和江西 14 个省、自

治区，产量合计已达 8 509 万 t，占全国纸及纸板总产量的 91.79%，比上年减少 0.92 个百分点；比上年增产 499 万 t。

2010 年纸及纸板年产量超过 100 万 t 的造纸生产企业有：

玖龙纸业（控股）有限公司年产 728 万 t；

理文造纸有限公司年产 367 万 t；

山东晨鸣纸业集团股份有限公司年产 327 万 t；

中国纸业投资总公司年产 245 万 t；

金东纸业（江苏）有限公司年产 231 万 t；

山东太阳纸业股份有限公司年产 224 万 t；

华泰集团有限公司年产 164 万 t；

宁波中华纸业有限公司（含宁波亚洲浆纸业有限公司）年产 149 万 t；

中冶纸业集团有限公司年产 139 万 t；

山东博汇纸业股份有限公司 100 万 t。

以上 10 家造纸生产企业 2010 年比上年增产 377 万 t，约占全国纸及纸板增产量的 60%。

纸浆年产量超过 100 万 t 的企业：海南金海浆纸业有限公司，年产 121 万 t。

上述相关数据表明，2010 年全国造纸生产布局略有变化，东部地区仍然是我国造纸工业的主要生产区域。重点省（自治区、直辖市）和重点造纸企业生产集中度有所提高，年产过百万吨的企业增加了 2 个。

六、造纸企业经济类型结构与规模结构

根据国家统计局提供的 2010 年 1～11 月规模以上造纸生产企业的相关数据分析，2010 年国有及国有控股企业有 80 个，占 2.15%，较上年 2.17%减少 0.02 个百分点；“三资”企业有 414 个，占 11.12%，较上年 11.34% 减少 0.22 个百分点；集体及其他企业有 3 230 个，占 86.73%，较上年 86.49% 增加 0.24 个百分点。在造纸企业主营业务收入总额中，国有及国有控股企业占 12.38%，较上年 12.43%减少 0.05 个百分点；“三资”企业占 28.79%，较上年 29.38%减少 0.59 个百分点；集体及其他企业占 58.83%，较上年 58.19%增加 0.64 个百分点。在利税总额中，国有及国有控股企业占 13.58%，较上年 9.55%增加 4.03 个百分点；“三资”企业占 29.04%，较上年 29.64%减少 0.60 个百分点；集体及其他企业占 57.38%，较上年 60.81%减少 3.43 个百分点。其中，利润总额中，国有及国有控股企业占 11.36%，较上年 5.17%增加 6.19 个百分点；“三资”企业占 32.00%，较上年 31.97%增加 0.03 个百分点；集体及其他企业占 56.64%，较上年 62.86%减少 6.22 个百分点。

2010 年国内造纸生产企业经济类型结构仍在调整变化，与 2009 年相比规模以上造纸生产企业数量由 3 686 个上升至 3 724 个，增加了 38 个。其中，集体及其他企业增加 42 个，国有及国有控股企业数量与上年持平，“三资”企业减少 4 个。2010 年亏损企业数 487 个，其中国有及国有控股企业占 5.75%，“三资”企业占 16.84%，集体及其他企业占 77.41%。按照我国大、中、小型企业划分标准，2010 年在 3 724 个规模以上造纸生产企业中，大中型造纸企业 421 个占 11.31%，小型企业 3 303 个占 88.69%；在纸及纸板产品主营业务收入中，大中型企业占 61.35%，小型企业占 38.65%；在利税总额中，大中型企业占 65.54%，小型企业占 34.46%；在利润总额中，大中型企业占 67.26%，小型企业占 32.74%。

2010 年主要产品新增产量中，重点骨干企业增量已占总增量的 83%。目前已有一批优秀企业率先由传统造纸业向现代造纸业转变，对产业结构调整和产业优化升级起着重要支撑和推动作用。

七、环境保护

根据环境保护部统计，2010 年制浆造纸及纸制品产业（统计企业 5 771 个，比上年增加 12 个）用水总量为 108.44 亿 t，其中新鲜水量为 46.59 亿 t，占工业总耗新鲜水量 529.95 亿 t 的 8.79%。重复用水量为 61.85 亿 t，水重复利用率为 57.04%，比上年提高 1.86 个百分点。万元工业产值（现价）新鲜水用量为 107.8 t，比上年增加 13.8t，提高 14.7%。造纸工业 2010 年废水排放量为 39.26 亿 t，占全国工业废水总排放量 209.03 亿 t 的 18.78%，比上年增加 0.02 个百分点。造纸工业废水排放达标量为 36.72 亿 t，占造纸工业废水排放总量的 93.53%，比上年提高 1.53 个百分点。排放废水中化学需氧量（COD）为 109.7 万 t，比上年 128.8 万 t 减少 19.1 万 t，占全国工业 COD 总排放量 379.2 万 t 的 28.93%，比上年减少 2.89 个百分点。万元工业产值（现价）化学需氧量（COD）排放强度为 25kg，与上年持平。造纸工业废水处理设施年运行费用为 51.0 亿元，比上年增加 4.8 亿元，增长 10.39%。

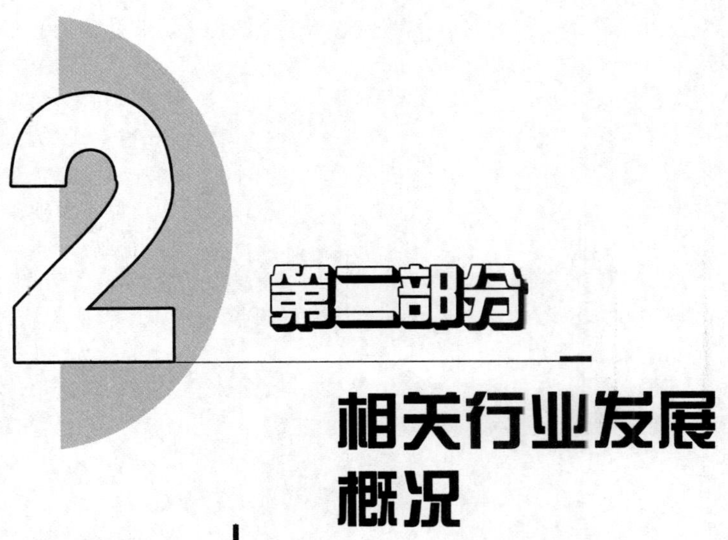

第二部分

相关行业发展概况

粮油食品加工业

一、基本情况

据中国粮食行业协会统计数据显示，2010年全国纳入中国粮食行业协会统计的粮油加工企业合计13 403个，主要以米、面、油、玉米加工企业为统计对象，不包括饲料企业、食品加工、杂粮加工企业。其中，大米加工企业为8 519个，小麦粉加工企业为3 027个，食用植物油加工企业为1 368个，玉米加工企业为371个。从企业总产量来看，纳入统计的企业总产量大约占据市场规模的80%～90%，而纳入统计企业的数量可能只占全部企业数量的20%～30%。在入统的13 403个粮油加工企业中，民营企业为11 970个，占89.31%；外商及港、澳和台商投资企业为219个，约占1.63%；国有及国有控股企业为1 214个，约占9.06%。对比中国粮食行业协会2005年的统计数据发现，粮油加工企业中民营企业的数量不断增加，其市场主体性地位进一步增强。从企业的规模来看，2005年统计数据显示，国内大米、小麦加工企业平均日处理能力分别为69t/d、115t/d，而2010年的数据中分别上升为115t/d、211t/d。食用植物油加工企业油料处理、精炼能力的平均规模也分别由2005年的220t/d、68t/d上升为353t/d、107t/d。粮油加工企业的企业规模扩大趋势明显，生产集中度进一步提高。

（一）大米加工业

2010年，全国入统大米加工企业为8 519个，其中日加工能力100t以下的企业为4 785个，占大米加工企业总数的56.17%；日加工能力为100～200t的企业为2 605个，占30.58%；日加工能力200～400t的企业为910个，占10.68%；日加工能力400～1 000t的企业为172个，占2.02%；日加工能力1 000t以上的企业为47个，占0.55 %。2010年，大米加工年处理稻谷能力为24 339.3万t，大米产量为7 294.8万t，实际处理稻谷为11 106.6万t，产能利用率为45.32%。产能和产量按企业经济类型分，民营企业的产能和产量分别为21 110.2万t和6 314.1万t，所占比例分别为86.73%和86.56%；国有及国有控股企业的产能和产量分别为2 889.2万t和879.1万t，占11.87%和12.05%；外商及港、澳和台商投资企业的产能和产量分别为340万t和101.6万t，占1.40%和1.39%。从产品结构看，以特等米（优质米）和标准一等米为主，产量分别为2 284.4万t和3 553.3万t，分别占总产量的31.3%和48.7%；标准二等米产量为964万t，占总产量的13.2%；糙米产量为86.2万t，占总产量的1.2%。年产量10万t以上的大米企业60个，合计产量为1 329万t，占大米总产量的18.4%。产量位居前3位的集团企业分别为江西省粮油集团有限公司（88.7万t）、湖北福娃集团有限公司（72.2万t）和湖北国宝桥米集团（72.2万t）。2010年入统大米企业工业总产值为2 805.0亿元，产品销售收入为2 875.1亿元，利润总额为53.0亿元（产值利润率为1.89%），利税总额68.1亿元，资产总计为1 511.2亿元，负债合计819.7亿元（资产负债率为54.2%），年末从业人数23.9万人。

（二）小麦粉加工业

2010年我国入统小麦粉加工企业为3 027个，其中日加工能力100t以下的企业为1 110个，占小麦粉加工企业总数的36.67%；日加工能力100～200t的企业为779个，占25.73；日加工能力200～400t的企业为711个，占23.49%；日加工能力400～1 000t的企业为345个，占11.40%；日加工能力1 000t以上的企业为82个，占2.71%。2010年，我国小麦粉加工年处理能力为15 953.7万t，小麦粉产量为7 528.6万t，实际处理小麦为11 221.7万t，产能利用率为70.34%。产能和产量按企业经济类型分，民营企业的产能和产量分别为13 815.5万t和6 585.7万t，所占比例分别为86.60%和87.48%；国有及国有控股企业产能和产量分别为1 439.0万t和564.8万t，分别占9.02%和7.50%；外商及港、澳和台商投资企业的产能和产量分别为699.2万t和378.1万t，分别占4.38%和5.02%。从产品结构看，以特制一等粉和特制二等粉所占比例较大，产量分别为3 351.7万t和2 035.4万t，分别占总产量的44.52%和27.04%；专用粉产量为580.8万t，占总产量的7.71%；全麦粉产量为74.6万t，占总产量的0.99%；标准粉产量为1 225.5万t占总产量的16.28%。年产量10万t以上小麦粉企业为123个，合计产量达2 480.6万t，占小麦粉总产量的

32.95%。小麦粉产量位居前3位的企业分别是河北五锝利面粉集团有限公司（296.6万t）、中粮集团有限公司（119.9万t）和益海嘉里（中国）集团（108.1万t）。2010年小麦粉企业工业总产值为2 251.0亿元，产品销售收入为2 223.0亿元，利润总额为41.4亿元（产值利润率为1.84%），利税总额为54.0亿元，资产总计1 059.5亿元，负债合计492.2亿元（资产负债率为46.46%），年末从业人数18.8万人。

（三）食用植物油加工业

根据国家粮食局和中国粮食行业协会提供的统计数据，2010年，全国入统食用植物油加工企业为1 368个。其中，日加工能力100t以下的企业为519个，占食用植物油加工企业总数的34.92%；日加工能力100～200t的企业为314个，占21.13%；日加工能力200～400t的企业为344个，占23.15%；日加工能力400～1 000t的企业为163个，占10.97%；日加工能力1 000t以上的企业为146个，占9.83%。

1. 入统食用植物油加工企业是指日处理油料30t以上的企业　2010年食用植物油加工业年处理油料能力为13 111.1万t，油脂精炼能力为3 972.5万t，分别比上年增加2 164.8万t和582.6万t，同比增长19.8%和17.2%；食用植物油汇总产量为3 154.4万t，实际产量为2 242.5万t；实际年处理原料10 277.9万t，产能利用率为78.39%。

2. 实际产量2 242.5万t是指从汇总合计数3 154.4万t中扣除重复计算的外购国内原油精炼数704.1万t和外购国内成品油分装数207.8万t　年油料处理能力、精炼能力和食用植物油产量按企业经济类型划分，外商及港、澳和台商投资企业分别为3 579.1万t、1 428.6万t和1 371.4万t，分别占总数的27.30%、35.96%和43.48%；民营企业分别为8 371万t、2 187万t和1 530.4万t，分别占总数的63.84%、55.06%和48.51%；国有及国有控股企业分别为1 161万t、356.8万t和252.6万t，分别占总数的8.86%、8.98%和8.01%。

统计数据显示，在企业规模和数量双双提升的同时，粮油加工企业经济效益、销售利润率均有所提高，企业资产状况呈现良好态势，企业的平均资产负债率普遍降低。

2010年食用植物油加工业油料处理能力排名前3位的省为江苏省（1 770.4万t）、山东省（1 722.1万t）和黑龙江省（1 471.4万t）；精炼能力排名前3位的省为江苏省（617.2万t）、广东省（489.9万t）和湖北省（398.2万t）。食用植物油产量前10位的省、自治区和直辖市为江苏省（540.3万t）、山东省（408.0万t）、广东省（375.2万t）、湖北省（219.8万t）、天津市（176.9万t）、河北省（149.5万t）、上海市（144.4万t）、福建省（116.8万t）、广西壮族自治区（109.0万t）和辽宁省（108.8万t）。从产品结构看，一级油的产量为1 353.6万t，二级油为90.1万t，三级油为187.5万t，四级油为642.5万t。另外，食用调和油的产量为196.6万t；小包装食用油的产量为324.8万t。年产量10万t以上的企业为73个，比上年增加2个，合计产量达1 757.2万t，占入统食用植物油企业总产量的55.7%。产量位居前三位的企业分别为益海嘉里（中国）（665.8万t）、中粮集团有限公司（245万t）和九三粮油工业集团有限公司（107.9万t）。2010年食用植物油产量以大豆油、菜籽油、棕榈油和花生油为主，四个品种产量达1 984.8万t，占食用植物油实际总产量的88.5%。其中，大豆油产量为1 160.2万t，占总产量的51.7%；菜籽油产量为512.5万t，占总产量的22.9%；棕榈油产量为181.6万t，占总产量的8.1%；花生油产量130.5万t，占总产量的5.8%。其他油品的产量和所占比重为玉米油为86.2万t，占3.8%；棉籽油为76.8万t，占3.4%；葵花籽油为21.3万t，占1.0%；米糠油为21.1万t，占1.0%；芝麻油为12.7万t，占0.6%；油茶籽油为7.7万t，占0.3%；其他油脂为32.2万t，占1.4%。2010年，入统食用植物油企业工业总产值为4 352.1亿元，产品销售收入为4 310.6亿元，利税总额为150.3亿元，利润总额为104.8亿元（产值利润率为2.4%），资产总计3 285.3亿元，负债合计2 327.2亿元（资产负债率为71%），年末从业人数17.9万人。

二、存在问题

虽然国内粮油加工行业的发展取得了一定的进步，但仍在某些方面存在着不小的问题。

1. 粮油加工行业的发展方式依然粗放，行业发展还主要依赖于规模的扩张和产能的扩大，部分行业在产能过剩等方面还存在着较为突出的问题。

2. 产业结构不尽合理，企业规模总体偏小，经营布局分散，产品结构基本处于初级加工阶段，深加工产品比较少，产业链较短，产品附加值不高；在初级加工产品中，还存在盲目提高加工精度、片面追求高等级产品，甚至存在过度加工、过度包装的问题。

3. 企业的自主创新能力不强，企业的自主创新体系没有有效建立起来，科技投入不够，2010年入统粮油企业研发经费投入约17.2亿元，仅占入统企业销售总收入的0.16%。

三、行业工作

1. *创建放心粮油示范企业*　贯彻落实国务院"国发［2009］15号"文件精神，按照国家粮食局办公室《关于印发〈深入推进放心粮油进农村进社区示范工程的实施意见〉的通知》（国粮办发［2009］199号）要求，2010年中国粮食行业协会积极开展放心粮油示范企业创建工作，制定了《放心粮油示范企业试点工作实施办法》，正式启动了放心粮油示范企业试点工作。经各省份粮食行业协会推荐并严格审核，认定了首批放心粮油示范企业495个，其中示范加工企业422个、示范销售店61个、示范配送中心9个、示范主食厨房3个。同时，制定了《放心粮油示范企业质量安全诚信公约》、《放心粮油示范加工企业和示范主食厨房质量安全管理规则》、《放心粮油示范企业信息报送制度》等，并着手制定《放心粮油示范销售店、示范配送中心经营服务规范》，为推动示范企业实行标准化管理、规范化服务提供制度保证。

2. *开展放心粮油科普宣传*　根据国家质量监督检验检疫总局等七部委关于开展2010年全国"质量月"活动的要求，中国粮食行业协会组织全国各级粮食行业协会和放心粮油示范企业开展了"放心粮油宣传日"活动，采取各种方式，宣传放心粮油工程，推广优质产品和品牌，普及食品安全知识。各地粮食行业协会和粮油企业也纷纷响应号召，因地制宜地开展了产品展销、科普讲座、现场咨询、发放宣传材料、发布倡议书或承诺书等形式多样的宣传活动，树立了企业和产品形象，提高了消费者的食品安全意识和自我保护能力，使社会各界更加了解、重视、支持放心粮油工程。

3. *举办了"第十三届中国粮食论坛"*　由中国粮食行业协会、中国储备粮管理总公司、中国农业发展银行、中粮集团、郑州粮食批发市场有限公司、郑州商品交易所、大连商品交易所主办的"第十三届中国粮食论坛"，于2010年5月7日在北京拉开帷幕，论坛由中国粮食行业协会白美清会长主持。论坛以"我国粮食'六连丰'后的新形势和后金融危机时期粮油市场展望"为主题，邀请国家粮食局、国家统计局、国家发展和改革委员会农经司、商务部市场司等有关部门和研究机构的领导、专家做专题报告，高层次、多角度地分析了粮油企业在当前和"十二五"期间所面临的新形势、新机遇、新挑战，提出了对策建议，为企业认清粮食形势、掌握粮食政策、了解市场行情、搞好经营决策提供了帮助。

4. *举办了"纪念国家专项粮食储备制度建立20周年座谈会"*　2010年9月16日，中国粮食行业协会和中国储备粮管理总公司在武汉联合召开"纪念国家专项粮食储备制度建立二十周年座谈会"。国家发展和改革委员会、国家粮食局、中国农业发展银行等单位有关负责同志、当年参加会议的"老粮食"的代表以及全国各级粮食行政管理部门、储备粮管理机构和粮食企业的代表参加了会议。中国粮食行业协会会长白美清、湖北省政协副主席郑楚光、湖北省人民政府原副省长韩宏树出席会议并讲话，中国储备粮管理总公司党组书记、总经理、中国粮食行业协会副会长包克辛发表了书面发言。与会代表表示，国家专项粮食储备制度在实施宏观调控、稳定粮食市场、保障粮食安全、支持"三农"发展，促进社会经济发展中发挥了巨大作用。回顾过去，展望未来，我们要进一步增强使命感和责任感，以科学发展观为指导，抓住机遇，应对挑战，为确保国家粮食安全承担起更大的责任，作出新的贡献。

（本文由中国粮油学会、中国粮食行业协会提供相关资料，由编辑部汇总整理）

油料加工业

一、基本情况

2010年，全国入统食用植物油加工企业1 368个（日处理油料30t以上的食用植物油加工企业）。其中日加工能力100t以下的企业519个，占食用植物油加工企业总数的34.92%；日加工能力100～200t的企业314个，占21.13%；日加工能力200～400t的企业344个，占23.15%；日加工能力400～1 000t的企业163个，占10.97%；日加工能力1 000t以上的企业146个，占9.83%。

2010年，食用植物油加工业年处理油料能力为13 111.1万t、油脂精炼能力为3 972.5万t，分别比上年增加2 164.8万t和582.6万t，同比增长

19.8%和17.2%；食用植物油汇总产量为3 154.4万t，实际产量为2 242.5万t（从汇总合计数3 154.4万t中扣除重复计算的外购国内原油精炼量704.1万t和外购国内成品油分装量207.8万t）；实际年处理原料10 277.9万t，产能利用率为78.39%。年油料处理能力、精炼能力和食用植物油产量按企业经济类型划分，外商及港、澳和台商投资企业分别为3 579.1万t、1 428.6万t和1 371.4万t，分别占总数的27.30%、35.96%和43.48%；民营企业分别为8 371万、2 187万t和1 530.4万t，分别占总数的63.84%、55.06%和48.51%；国有及国有控股企业分别为1 161万t、356.8万t和252.6万t，分别占总数的8.86%、8.98%和8.01%。

2010年食用植物油加工业油料处理能力排名前3位的是江苏（1 770.4万t）、山东（1 722.1万t）和黑龙江（1 471.4万t）；精炼能力排名前3位的是江苏（617.2万t）、广东（489.9万t）和湖北（398.2万t）。食用植物油产量前10位的是江苏（540.3万t）、山东（408.0万t）、广东（375.2万t）、湖北（219.8万t）、天津（176.9万t）、河北（149.5万t）、上海（144.4万t）、福建（116.8万t）、广西（109.0万t）和辽宁（108.8万t）。从产品结构看，一级油的产量为1 353.6万t、二级油为90.1万t、三级油为187.5万t、四级油为642.5万t。另外，食用调和油的产量为196.6万t；小包装食用油的产量为324.8万t。年产量10万t以上的企业73个，比上年增加2个，合计产量达1 757.2万t，占入统食用植物油企业总产量的55.7%。产量位居前3位的企业分别是益海嘉里（中国）（665.8万t）、中粮集团有限公司（245万t）和九三粮油工业集团有限公司（107.9万t）。

2010年食用植物油产量以大豆油、菜籽油、棕榈油和花生油为主，4个品种的产量达1 984.8万t，占食用植物油实际总产量的88.5%。其中大豆油产量为1 160.2万t，占总产量的51.7%；菜籽油产量为512.5万t，占总产量的22.9%；棕榈油产量为181.6万t，占总产量的8.1%；花生油产量130.5万t，占总产量的5.8%。其他品种的产量和所占比重是：玉米油86.2万t，占3.8%；棉籽油76.8万t，占3.4%；葵花籽油21.3万t，占1.0%；米糠油21.1万t，占1.0%；芝麻油12.7万t，占0.6%；油茶籽油7.7万t，占0.3%；其他油脂32.2万t，占1.4%。

二、科研、新产品与新技术

1. 2011年1月14日，中共中央、国务院在北京隆重举行国家科学技术奖励大会，由河南工业大学牵头的“大豆磷脂生产关键技术及产业化开发”获得国家科技进步二等奖。

2. 由世界500强企业、粮油巨头益海嘉里集团在云南投资建设的粮油食品生产加工和物流中转项目，于2011年4月开工建设，主要进行粮油加工、物流配送中转、杂粮加工、土豆产品及核桃产品的建设，项目落户于晋宁县青山工业片区南部生产加工区，一期投资约1.8亿元，用地9.13hm²；二期投资将以精炼油生产为主。

3. 中储粮油脂公司上海直属油库中包装灌装线于2011年6月正式投产，中包装食用油“海上花”正式进入上海市场。同时，中储粮已经开始了小包装食用油的生产，于2010年年底前推出。中储粮进军食用油终端市场，意味着其在油脂市场的调控力量将向终端延伸。

4. 经过一年时间的建设，由中粮集团投资兴建的中粮粮油工业荆州有限公司2011年7月1日开业揭牌，并试生产。中粮粮油工业荆州有限公司是由中粮集团投资兴建的一家大型油脂、油料蛋白加工企业，项目占地33.3hm²，总投资5.252亿元，项目达产后年收入13.3亿元。每天可压榨油菜籽1 000t，剥壳棉籽1 200t。

5. 2011年7月21日，亚洲最大的食用油浸出器开始装运，通过海运发往广西防城港。该浸出器是迈安德承建的九三惠禹公司5 000t/d（膨化后6 000t/d）大豆油成套项目的配套浸出器，该浸出器采用工厂制造完成后整体装运，长度达47m。迈安德通过与国外公司竞争获得了该成套项目，标志着迈安德打破了国外工程公司长期在我国超大型油脂加工设备中的垄断局面，也意味着又一个民族自主品牌在专业机械工程领域达到了国际先进水平。

三、质量管理与标准化工作

（一）质量管理

1. 2011年夏季，根据“国粮检［2011］96号”文件，国家粮食局决定开展粮油收购专项检查工作，检查对象为辖区内从菜籽收购活动的各类粮油收购主体，包括中央企业、本地国有和民营企业，以及跨区域收购的外地企业。启动小麦最低收购价执行预案和实行油菜籽临时收储政策的地区，重点检查委托收储库点执行国家粮油收购政策等情况；其他地区按照《粮食流通管理条例》的有关规定，重点检查各类粮油收购主体的收购经营活动。具体时间由各地根据本地小麦和油菜籽收获上市时间自行确定。启动小麦最低收购价执行预案和油菜籽临时收储政策的地区，应在国家规定的政策执行期间开展相关检查工作。

2. 根据全国食用植物油库存检查工作总体安排，国家有关部门派出 8 个联合抽查工作组，于 2011 年 6 月 21～29 日对上海、江苏、安徽、山东、湖北、广东、四川、陕西等 8 个重点省份食用植物油库存情况进行了抽查。共抽查了 26 个地、市的 50 个政策性油脂储存库点，检查库存油脂 106.9 万 t；扦取样品 165 份，代表数量 43 万 t。同时对 28 个非政策性油脂企业进行了摸底调查，对所抽省份油脂库存省级普查工作进行了检查评估。7 月 7 日，国家粮食局召开会议，听取了全国食用植物油库存联合抽查工作情况汇报。结果表明，所查政策性油脂储存库点账实基本相符，质量感官鉴定良好，库存油脂储存安全，储备油轮换计划总体执行较好，政策性费用补贴基本到位，油脂库贷挂钩符合相关规定；所查省份都积极开展油脂库存自查和省级普查，部署周密，工作扎实，达到了摸清全国油脂库存家底、推动油脂库存管理上水平的目的。

（二）标准化工作

1. 由全国粮油标准化技术委员会油料及油脂技术工作组和武汉工业学院主办，安徽省舒城县人民政府承办，安徽华银茶油有限公司、六安市粮食局和粮油市场报协办的《茶叶籽油》国家标准制定启动会暨茶叶籽油营养与健康研讨会，于 2011 年 10 月 16 日在安徽省舒城县召开。来自有关的科研院所、大专院校、粮油学会和企业单位 50 余位代表参加了会议。会上，《茶叶籽油》标准起草组介绍了标准前期研究情况和标准内容的初步设想、茶叶籽油的营养与健康研究报告等情况。与会专家对茶叶籽油的原料控制、加工工艺、质量与营养、标准框架和指标的设置等进行了研讨。全国粮油标准化技术委员会委员、中国粮油学会油脂分会王瑞元会长做了重要的讲话，指出茶叶籽油是我国特有的木本油料资源，标准的制定应引导我国茶叶籽油产业的健康稳定发展，做大做强我国茶叶籽油产业，向世界推出中国茶叶籽油品牌。油料及油脂技术工作组组长何东平教授作了总结发言，他要求《茶叶籽油》标准起草组认真听取专家的意见和建议，进行广泛的调查和研究，尽早完成标准征求意见稿，为《茶叶籽油》国家标准的颁布和实施打下基础。

2. 由全国粮油标准化技术委员会油料及油脂技术工作组、武汉工业学院和江南大学主办，安徽康尔美油脂有限公司、六安市粮食局和安徽省霍山县人民政府承办的《起酥油》国家标准制定启动会暨起酥油品质与质量安全研讨会，于 2011 年 10 月 17 日在安徽省霍山县召开。来自有关的科研院所、大专院校、粮油学会和企业单位 50 余位代表参加了会议。《起酥油》标准起草组介绍了标准前期研究情况和标准内容的初步设想、起酥油的品质与质量控制报告、起酥油的质量安全报告等情况。与会专家对起酥油的原料基油、品种、加工工艺、反式脂肪酸的含量、品质和质量安全及标准框架和指标的设置等进行了研讨。全国粮油标准化技术委员会委员、中国粮油学会油脂专业分会王瑞元会长做了重要讲话，指出现在首次制定《起酥油》国家标准具有重要意义。油料及油脂技术工作组组长何东平教授作了总结发言，他要求《起酥油》标准起草组认真听取专家的意见和建议，进行广泛的调查和研究，尽早完成标准征求意见稿，为《起酥油》国家标准的颁布和实施打下基础。

四、行业工作

1.2011 年 6 月 15 日，财政部、国家税务总局发布《关于明确废弃动植物油生产纯生物柴油免征消费税适用范围的通知》（财税［2011］46 号），对《财政部国家税务总局关于对利用废弃的动植物油生产纯生物柴油免征消费税的通知》（财税［2010］118 号）所称“废弃的动物油和植物油”的范围明确为：一是餐饮、食品加工单位及家庭产生的不允许食用的动植物油脂。主要包括泔水油、煎炸废弃油、地沟油和抽油烟机凝析油等。二是利用动物屠宰分割和皮革加工修削的废弃物处理提炼的油脂，以及肉类加工过程中产生的非食用油脂。三是食用油脂精炼加工过程中产生的脂肪酸、甘油酯及含少量杂质的混合物。主要包括酸化油、脂肪酸、棕榈酸化油、棕榈油脂肪酸、白土油及脱臭馏出物等。四是油料加工或油脂储存过程中产生的不符合食用标准的油脂。

2. “第十一届中国国际粮油产品及设备技术展览会”于 2011 年 10 月 13～15 日在浙江宁波举办。会上，首次在参展产品中开展金奖评审活动，以进一步加大对优质粮油、粮机产品的宣传推广力度。从 2011 年第十一届展会开始，金奖评审活动将成为每届粮油展的常规内容，每两年评一次，其中单数年份接受企业申报并组织专家评审，双数年份通过对继续参展的上届金奖产品进行备案审查，确定获奖产品品牌。《中国国际粮油产品及设备技术展览会参展产品金奖评选办法（试行）》对各级农业（粮食）产业化龙头企业生产的产品，拥有国家专利、发明专利、自主知识产权的产品，各类高新技术产品，在发展循环经济、延伸产业发展链条以及在节能、环保、降耗等方面取得明显突破的产品都被列为金奖评审活动的优先推荐产品。

3. 为期3天的“2011年全国秋季粮油产销企业订货会暨中国·枣庄粮油产品博览会”于2011年8月10日在枣庄新城会展中心召开。本次展览会期间还举办了粮油营销交流会、大型营销讲座等活动，粮油专家还就“粮油行情及市场走势”等问题进行分析研讨。本届展会由中国粮油学会、山东省粮食局、枣庄市人民政府主办，中国粮油学会营销技术分会、枣庄市粮油局、中国粮油发展网承办。旨在努力推动粮油产销企业健康发展，降低生产企业销售成本和经销企业的采购成本，加强粮油产、销企业间交流与沟通，展示企业新形象，提高品牌知名度，构建面向全国的营销网络。本次会议展览面积达到4 000余m^2，吸引了国内外113个粮油产销企业参展，内容涉及食用植物油、粮油精加工食品、粮油设备、包装、食品添加剂、粮油技术和检测仪器等8大类300余项，参展客商达2 000余人。

（武汉工业学院食品学院　何东平）

大豆加工业

一、基本情况

（一）资源概况

1. *世界大豆生产情况*　2010年世界大豆总产量为22 318万t，同比增长－3.5%。世界大豆主产国有美国、巴西、阿根廷、中国、印度和加拿大等。表1中6个国家的大豆总产量，约占世界总产量的93.4%，基本构成了世界大豆产量的主要市场份额。

表1　2010年世界大豆主产国生产情况

国　别	收获面积（khm^2）	单产（kg/hm^2）	总产量（万t）	同比增长（%）	占世界比例（%）
美　国	30 907	2 958	9 142	13.2	41.0
巴　西	21 751	2 637	5 735	－4.1	25.7
阿根廷	16 768	1 848	3 099	－33.0	13.9
中　国	8 516	1 771	1 508	0.7	6.8
印　度	9 790	1 027	1 005	1.4	4.5
加拿大	1 382	2 535	350	4.8	1.6

注：表中数据来自于《2011年中国农村统计年鉴》。

2. *我国大豆生产情况*　根据中国农业统计资料显示，2010年我国大豆播种面积为8 516khm^2，同比增长－7.3%；单位面积产量为1 771kg/hm^2，同比增长8.7%；总产量为1 508万t，同比增长0.7%。产量较大的省、自治区为黑龙江、内蒙古、安徽、吉林、河南、江苏、四川等，约占全国总产量的74.4%（表2）。

表2　2010年我国大豆主产区生产情况

主产省份	播种面积（khm^2）	单产（kg/hm^2）	总产量（万t）	同比增长（%）	占全国比例（%）
黑龙江	3 548	1 649	585.0	－1.2	38.8
内蒙古	812	1 643	133.4	16.6	8.8
安　徽	939	1 276	119.8	－3.9	7.9
吉　林	377	2 298	86.6	5.6	5.7
河　南	453	1 907	86.4	0.5	5.7
江　苏	227	2 637	59.8	－1.8	4.0
四　川	221	2 402	53.1	5.4	3.5

注：表中数据来自于农业部《2010年中国农业统计资料》。

（二）加工业概况

1. *世界大豆加工概况*　根据美国农业部2010年公布的世界大豆供需平衡和豆油、豆粕主产国产量报告显示，2010/2011年度世界大豆压榨量为22 111万t，同比增长8.7%；世界豆油总产量为4 129万t，同比增长9.0%；世界豆粕总产量为17 459万t，同比增长8.9%。其中，世界各主要大豆加工国2010/2011年度大豆压榨量、豆油和豆粕产量见表3。

表3　2010/2011年度世界豆油、豆粕主要生产国加工情况

主要加工国	压榨量		豆　油		豆　粕	
	产量（万t）	同比增长（%）	产量（万t）	同比增长（%）	产量（万t）	同比增长（%）
美　国	4 485	－2.8	866	－0.9	3 561	－5.5
巴　西	3 580	12.4	689	12.2	2 790	13.9
阿根廷	3 759	7.4	742	7.5	2 930	10.9
中　国	5 500	24.7	986	30.9	4 356	25.6

2. **我国大豆加工概况** 根据国家粮油信息中心资料，2010/2011年度我国大豆压榨量将达到5 700万t，较2009/2010年度的近5 000万t增加700万t，较2008/2009年度的4 250万t增加1 450万t，较2007/2008年度的3 850万t增加1 850万t。此外，国内大豆压榨量持续快速增加，进一步带动了大豆进口量的提高。截至2010年底，我国日压榨大豆500t以上的企业有140个，日压榨大豆能力达到31.5万t，年加工大豆能力接近9 500万t。其中，日压榨能力超过2 000t的企业数量达到110个，占总体数量的78.6%，较2000年提高68.6个百分点。2005—2010年我国累计新增大豆压榨能力近10万t/d，平均年新增大豆压榨能力500万t，明显低于2001—2004年年均1 000万t的增幅。到2010年底，我国建成投产的大型大豆压榨项目有20多个，日压榨大豆能力超过6万t，年新增大豆压榨能力超过1 800万t，将再次创下历史纪录。其中，日压榨能力超过1 000t的项目有：青岛渤海油脂二期工程，日压榨能力5 000t；日照中纺粮油公司，日压榨能力4 000t；日照凌云海粮油公司，日压榨能力4 000t；山东日照昌华集团，日压榨能力3 000t；山东广大日月油脂股份有限公司，日压榨能力2 000t；晨曦集团莒县油厂，日压榨能力1 500t；山东高密新春油脂有限公司，日压榨能力1 000t；江苏振华油脂公司，日压榨能力3 000t；中储油镇江大豆压榨项目，日压榨能力3 000t；重庆粮油集团靖江大豆压榨项目，日压榨能力4 000t；中粮集团天津一期大豆压榨项目，日压榨能力4 000t；京粮集团天津大豆压榨项目，日压榨能力4 000t；辽宁营口龙江福粮油公司，日压榨能力3 000t；锦州鸿一粮油公司，日压榨能力2 000t；锦州来宝公司扩建项目，日压榨能力4 000t；中储油东莞大豆压榨项目，日压榨能力3 000t；中粮集团钦州大豆压榨项目，日压榨能力4 000t；益海嘉里岳阳大豆压榨项目，日压榨能力2 000t；河南阳光油脂集团安阳大豆压榨项目，日压榨能力1 200t；河南阳光油脂集团南阳大豆压榨项目，日压榨能力1 500t；河南阳光油脂集团开封大豆压榨项目，日压榨能力1 000t。

目前，我国大豆压榨行业呈现“外资、国有、民营”三足鼎立之势，已基本形成“外资为主导、大型国企次之、民营企业为补充”的市场格局。其中，2010年国企压榨量占整个压榨行业的30.34%，外资企业约占37.24%，民营企业占32.42%。在2008年时，国有企业的占比为20%，外资企业为37%，民营企业为43%，可见近两年在压榨产能增长方面，国有企业的增长速度相对更快。分地区来看，东北地区以大型国企和民营企业为主，如以黑龙江九三油脂公司、吉林德大油脂公司和沈阳金石豆业公司等为代表的东北大豆压榨圈；沿海地区主要以外资企业为主导、大型国企次之、民营企业为补充，如环渤海地区以大连日清公司、秦皇岛金海油脂公司、河北汇福粮油公司、九三油脂公司、山东渤海油脂公司、烟台益海油脂公司、日照邦基三维和黄海油脂公司等为代表的环渤海大豆压榨圈；江浙地区以张家港东海粮油公司、连云港益海油脂公司、南通嘉吉公司、宁波金光油脂公司等为代表的江浙大豆压榨圈；华南地区以泉州福海油脂公司、东莞嘉吉公司、东莞中谷公司、广西大海油脂公司等为代表的华南大豆压榨圈；西北及中原地区主要以外资企业和民营企业为主，如以四川金石油粕公司、重庆新涪油脂公司、陕西邦淇油脂公司、周口益海油脂公司、郑州阳光油脂公司为代表的内陆大豆压榨圈。从上述五大压榨圈来看，东北地区约占全国产能的15.3%；环渤海地区为33.6%，该地区主要是京津塘加上山东等地，其所占比例最高；接下来是长三角的江浙一带，所占比例也超过20%；以珠三角经济圈为代表的华南地区所占比例约为24.8%；排名最后的是内陆压榨圈，占比为5.8%。

大豆加工业的另外两个分支领域，就是大豆食品加工业和大豆蛋白加工业。根据中国大豆产业协会资料表明，2010年我国用于食品加工的大豆总量超过1 000万t，占国内大豆总产量的66%。2006—2010年，我国用于食品工业的大豆量分别为800万t、850万t、900万t、950万t、1 000万t，约占大豆总消费量的15%。2010年用于传统豆制品加工的大豆量约500万t，占食品工业占用量的50%；用于直接食用的约300万t；用于其他食品加工的约200万t，与2006年同期相比，均增长了近1倍。2010年，我国豆制品行业销售额上亿元的企业达到27个，年耗用大豆量为84.6万t，占规模企业总耗豆量的86.7%；年销售额为88.52亿元，占规模企业总销售额的85.96%。九三粮油集团自2010年以来已经转向大豆食品加工生产，2010年下半年增加了大豆食品加工项目，生产豆奶产品。河北省汇福粮油集团适应非转基因大豆食品市场的需要，制订了3年内把加工能力从200万吨增加到800万吨的计划。以国产非转基因大豆现货集散地山东德州市为例，德州市有各种机械化大豆加工企业32个，其中规模以上企业12个，年加工大豆能力220万t。谷神集团是其中发展较快的大豆加工企业，2010年大豆蛋白粉的加工能力为20万t，年底二期工程竣工后，加工能力将达到60万t。除谷神集团外，德州禹王集团拥有4个加工厂，分布在山东、黑龙江两个省，年处理大豆能力40万t，生产豆粕24万t。禹王集团在黑龙江建有非转基因大豆基地，年生产大豆蛋白 7 万 t。大豆食品加工应用十分广泛，豆腐、豆浆、豆豉、千张、腐竹、酱油等植物蛋白食品近年来不断增加，在北京、上海、广州等城市涌现出清美、永和、王致和、白玉、老才臣等一批大型大豆食品加工企业。而在大豆深加工领域，目前蛋白产品有乳清浓缩蛋白粉、乳清分离蛋白粉、大豆浓缩蛋白粉、大豆蛋白产品等上百种。大豆蛋白纺织纤维、海绵蛋白、高分子聚合等产品，可以作为高科技的工业原料。还有大豆肽、异黄酮、卵磷脂等产品，但产量相对较小。

二、科研、新产品、新技术

1. 由黑龙江省农垦总局红兴隆科学研究所、黑龙江省农垦科研育种中心选育的北豆 33、北豆 34 两大豆品种，于 2010 年 1 月通过黑龙江省农垦总局品种审定委员会审定，大豆新品种的育成与推广为黑龙江省垦区农业生产作出了突出贡献。其中，北豆 33 属高产型品种，子粒圆形，种皮黄色，种脐黄色，百粒重 15g 左右。蛋白质含量 40.83%（39.95%～41.70%），脂肪含量 19.77%（19.31%～20.22%）。在适应区，出苗至成熟生育天数 107d 左右，2009 年平均公顷产量 2 229.9kg，比对照品种黑河 45 增产 10.3%。北豆 34 属高产型品种，籽粒饱满，百粒重 20g 左右。蛋白质含量 40.78%，脂肪含量 21.99%。在适应区，出苗至成熟生育天数 105d 左右，2009 年平均公顷产量 2 229.9kg，比对照品种黑河 45 增产 10.3%。

2. 由中国农业大学承担的“高效固氮大豆根瘤菌应用技术中试与示范”农业科技成果转化资金项目，于 2010 年 2 月 23 日通过教育部科技司组织的验收。会上，项目主持人向专家汇报了项目的执行情况、取得的成果、熟化和推广情况。专家组认为，该项目都严格按照《农业科技成果转化资金项目管理暂行办法》和合同书的要求执行，组织管理规范，验收材料齐全，超额完成了合同规定的各项指标，经费管理做到了单独设账、单独核算、专款专用，经费支出规范合理。专家组一致同意项目通过验收。教育部科技司、科技部中国农村技术开发中心的领导均到会对项目的组织、研究和管理提出要求。

3. 由国家粮食储备局西安油脂科学研究设计院承担的农业科技成果转化资金项目“醇法大豆浓缩蛋白制取关键装备——气流闪蒸及真空脱溶装备的开发及转化”项目，于 2010 年 3 月 25 日在西安通过项目验收。会议期间专家组听取了项目组的详细汇报，认为项目组开发的“气流闪蒸及真空脱溶装备应用于醇法大豆浓缩蛋白生产”具有创新性，项目技术指标和经济效益指标已达到合同书要求，经济效益前景良好，具备了 10～50 t/d 醇法大豆浓缩蛋白生产的关键装备——气流闪蒸及真空脱溶装备的设计能力。专家组认为，该项目已经完成了合同书规定的各项任务和考核目标，一致通过验收。

4. 由中科院宁波材料技术与工程研究所承担的“大豆基无醛胶合板用胶粘剂”产业化项目，于 2010 年 3 月 26 日通过专家鉴定，并且该技术成果已达到国际先进水平。中科院宁波材料技术与工程研究所将“大豆基无醛胶合板用胶粘剂”技术成功转移至宁波八益实业有限公司，并共同成立了宁波中科八益新材料股份有限公司进行该技术的产业化运作。经过一年的艰苦努力，顺利完成了中试基地建设—成果中试—产品商业化生产和应用的全过程，相关产品经国内外多家用户试用后效果良好。目前，宁波中科八益新材料股份有限公司正在建设 2 万 t/a 标准自动化无醛胶生产线和标准无醛胶合板生产线，大豆基无醛胶合板用胶粘剂将正式进入批量化生产阶段。该产品的大量推广使用，有望从根本上解决室内装修引发甲醛危害的问题，具有较好的经济效益和社会效益。

5. 由中国农业大学承担的“豆乳蛋白粒子结构修饰与豆乳（粉）物性调控关键技术”与“大豆肽促进钙吸收的生物学功效及其机制研究”两个项目，于 2010 年 8 月 20 日通过了教育部组织的科技成果鉴定。专家认为，“豆乳蛋白粒子结构修饰与豆乳（粉）物性调控关键技术”课题组突破了传统的经验式或模拟牛奶加工的技术局限性，在豆乳加工的科学问题层面上着眼于豆乳中蛋白粒子形成机制和结构；在此基础上从技术层面研究了蛋白粒子的结构和分子修饰作用，取得了“豆乳加工过程中蛋白质的相互作用及蛋白粒子模型研究”、“基于豆乳蛋白粒子结构和电荷分布修饰的速溶加工技术”、“基于豆乳蛋白粒子结构的豆乳高倍浓缩技术”、“无糖速溶豆乳粉制备技术”、“豆奶糖豆产品开发技术”5 项重要成果。“大豆肽促进钙吸收的生物学功效及其机制研究”课题组开展了大豆肽螯合机理、生物有效性评价和加工技术研究，解决了钙结合率低、加工性能不稳定等瓶颈问题。在理论上明确了大豆肽与钙螯合的机制，明确了钙结合肽的结构特征，为钙肽的加工技术创新奠定了理论基础。在技术方面，系统地考虑了生产成本、钙结合量、稳定性和安全性等要素，综合提出了钙结合肽制备技术，通过该技术制备的肽钙可应用于儿童、妇女、中老年等不同人群的口服液、粉体补给剂等。鉴定委员会专家听取了两项目组工作汇报和技术报告，审阅了相关技术资料，品评了样品，一致认为两项目研究成果整体技术达到国际先进水平，建立的豆乳蛋白粒子模型处于国际领先地位。

三、国内外市场概况

（一）国内市场

1. 大豆供需平衡分析　据国家粮油信息中心资料显示，2010/2011 年度我国大豆总供给量为 6 742 万 t，同比增长 26.1%；总需求量为 6 614 万 t，同比增长 23.7%（表 4）。由于 2010/2011 年度我国大豆供需有 128 万 t 的剩余，所以该年度供应相对充足。

表 4　2010/2011 年度我国大豆市场供需平衡情况

单位：万 t

名　称	2009/2010 年度	2010/2011 年度	同比增长（%）
产量	1 498	1 508	0.7
进口量	3 850	5 234	35.9
总供给量	5 348	6 742	26.1
压榨量	4 400	5 500	25.0
食品与其他用量	900	1 095	21.7
出口量	45	19	−57.8
总需求量	5 345	6 614	23.7

2. 豆油供需平衡分析　根据国家粮油信息中心统计数据分析，2010/2011 年度我国豆油总供给量为 1 194 万 t，同比增长 17.9%；总需求量为 1 186 万 t，同比增长 18.1%。总需求量小于总供给量 8 万 t，则该年度供需环境相对宽松（表 5）。

表 5　2010/2011 年度我国豆油市场供需平衡情况

单位：万 t

名　称	2009/2010 年度	2010/2011 年度	同比增长（%）
产量	753	1 004	33.3
进口量	260	190	−26.9
年度供给量	1 013	1 194	17.9
食用消费量	920	1 074	16.7
年度国内消费	989	1 182	19.5
出口量	15	5	−66.7
年度需求量	1 004	1 186	18.1

3. 豆粕供需平衡分析　根据国家粮油信息中心统计数据分析，2010/2011 年度我国豆粕总供给量为 4 385 万 t，同比增长 25.5%；总需求量为 4 385 万 t，同比增长 27.7%。总需求量与总供给量持平，则该年度供需环境相对持紧（表 6）。

表 6　2010/2011 年度我国豆粕市场供需平衡情况

单位：万 t

名　称	2009/2010 年度	2010/2011 年度	同比增长（%）
生产量	3 469	4 356	25.6
进口量	25	29	16.0
年度供给量	3 494	4 385	25.5
饲用消费量	3 250	4 255	30.9
年度国内消费量	3 345	4 338	29.7
出口量	90	47	−47.8
年度需求量	3 435	4 385	27.7

（二）国际市场

1. 世界大豆供需平衡分析　据美国农业部公布的供需报告显示，2010/2011 年度世界大豆总供应量（包括产量和进口量）为 35 286 万 t，同比增长 13.9%；总需求量（包括国内消费量和出口量）为 34 389 万 t，同比 9.0%。总需求量小于总供给量 897 万 t，则该年度供需环境相对宽松（表 7）。主要出口国有美国、阿根廷、巴西等；主要进口国或地区有中国、欧盟等。

表 7　2010/2011 年度世界大豆供需平衡情况

单位：万 t

名　称	2009/2010 年度	2011/2012 年度	同比增长（%）
产量	23 095	26 418	14.4
进口量	7 891	8 868	12.4
总供给量	30 986	35 286	13.9
压榨量	20 340	22 111	8.7
国内消费量	23 475	25 148	7.1
出口量	8 061	9 241	14.6
总需求量	31 536	34 389	9.0

2. 世界豆油供需平衡分析　据美国农业部公布的供需报告显示，2010/2011 年度世界豆油总供应量（包括产量和进口量）为 5 032 万 t，同比增长 7.4%；总需求量（包括国内需求量和出口量）为 5 047 万 t，同比增长 7.3%。总需求量大于总供给量 15 万 t，则该年度供需环境相对紧张（表 8）。主要出口国或地区有美国、阿根廷、巴西、欧盟 27 国等；主要进口国有中国、印度、巴基斯坦等。

3. 世界豆粕供需平衡分析　据美国农业部公布的供需报告显示，2010/2011 年度世界豆粕总供应量（包括产量和进口量）为 23 075 万 t，同比增长 7.7%；总需求量（包括国内需求量和出口量）为 22 902万 t，同比增长 7.0%。总需求量小于总供给量 173 万 t，则该年变供需环境相对宽松（表 9）。主要出口国有美国、阿根廷、巴西、印度等；主要进口国或地区有中国、欧盟等。

表8 2010/2011年度世界豆油供需平衡情况

单位：万t

名 称	2009/2010年度	2010/2011年度	同比增长（%）
产量	3 788	4 129	9.0
进口量	896	903	0.8
总供给量	4 684	5 032	7.4
国内需求量	3 751	4 100	9.3
出口量	951	947	−0.4
总需求量	4 702	5 047	7.3

表9 2010/2011年度世界豆粕供需平衡情况

单位：万t

名 称	2009/2010年度	2010/2011年度	同比增长（%）
产量	16 039	17 459	8.9
进口量	5 383	5 616	4.3
总供给量	21 422	23 075	7.7
国内需求量	15 879	17 072	7.5
出口量	5 523	5 830	5.6
总需求量	21 402	22 902	7.0

四、质量管理与标准化工作

（一）质量管理

1. *豆制品产品质量国家监督抽查* 国家质量监督检验检疫总局组织对2010年豆制品产品质量进行了国家监督抽查，对北京、辽宁、吉林、黑龙江、上海、江苏、浙江、安徽、福建、江西、山东、河南、湖南、广东、广西、重庆、四川等17个省、自治区、直辖市179个企业生产的200种豆制品产品进行了监督抽查。本次抽查依据强制性国家标准GB 2711—2003《非发酵性豆制品及面筋卫生标准》、GB 2712—2003《发酵性豆制品卫生标准》、GB 2760—2007《食品添加剂使用卫生标准》等标准的规定，对豆制品产品的标签、铅、总砷、苯甲酸、山梨酸、糖精钠、甜蜜素、安赛蜜、脱氢乙酸、菌落总数、大肠菌群、沙门氏菌、致贺氏菌、金黄色葡萄球菌、苏丹红Ⅰ～Ⅳ号、吊白块、黄曲霉毒素B_1等17个项目进行了检验。抽查中发现有18种产品不合格，存在的主要质量问题：一是本次抽查中有10种产品菌落总数和4种产品大肠菌群不合格。其中重庆市南岸区亚松森食品厂生产的川妹子卤香豆干菌落总数为52 000cfu/g，超过标准限量近70倍。二是本次抽查中有1种产品苯甲酸、3种产品脱氢乙酸、1种产品甜蜜素、2种产品安赛蜜、1种产品山梨酸含量超标。强制性国家标准GB 2760—2007《食品添加剂使用卫生标准要求》规定，豆干再制品中山梨酸的最大使用量为1.0g/kg，发酵豆制品中才允许使用脱氢乙酸，豆干再制品和发酵豆制品中均不允许使用苯甲酸、甜蜜素、安赛蜜。三是本次抽查中有1种产品总砷含量为0.7mg/kg，超过国家标准（≤0.5mg/kg）规定的要求。

2. *酱油产品质量国家监督抽查* 国家质量监督检验检疫总局组织对2010年酱油产品质量进行了国家监督抽查，抽查了北京、天津、河北、山西、辽宁、吉林、黑龙江、上海、江苏、浙江、安徽、江西、山东、河南、湖北、湖南、广东、重庆、四川、贵州、云南、陕西等22个省、直辖市241个企业生产的296种酱油产品。本次抽查依据《酱油卫生标准》GB 2717—2003、《酿造酱油》GB 18186—2000和《食品添加剂使用卫生标准》GB 2760—2007等强制性国家标准及相应产品标准的要求，对酱油产品的氨基酸态氮、总酸（适用于烹调酱油）、铵盐、苯甲酸、山梨酸、对羟基苯甲酸酯类、总砷、铅、黄曲霉毒素B_1、菌落总数（适用于餐桌酱油）、大肠菌群、致病菌（沙门氏菌、金黄色葡萄球菌、志贺氏菌）等12个项目进行了检验。抽查结果表明，所抽产品中涉及人身健康安全的总砷、铅、黄曲霉毒素B_1、山梨酸、对羟基苯甲酸酯类以及致病菌等检验项目均符合标准要求。抽查中发现有27种产品不合格，其中有17种产品氨基酸态氮含量不合格。氨基酸态氮是表明酿造酱油中大豆蛋白水解率高低的特征性指标，氨基酸态氮含量越高，酱油的质量越好，鲜味越浓。

3. *酱产品质量国家监督抽查* 国家质量监督检验检疫总局组织对2010年酱产品质量进行了国家监督抽查，抽查了北京、天津、河北、辽宁、吉林、黑龙江、湖北、湖南、重庆、四川、云南等11个省、直辖市100个企业生产的100种酱产品。本次抽查依据《酱卫生标准》GB 2718—2006等强制性国家标准及相应产品标准的要求，对酱产品的总酸（以乳酸计）、氨基酸态氮、总砷（以As计）、铅（以Pb计）、黄曲霉毒素B_1、苯甲酸、山梨酸、对羟基苯甲酸酯类、糖精钠、安赛蜜、甜蜜素、苏丹红（Ⅰ、Ⅱ、Ⅲ、Ⅳ）、大肠菌群、致病菌（沙门氏菌、金黄色葡萄球菌、志贺氏菌）等19个项目进行了检验。抽查结果表明，所抽产品中涉及人身健康安全的卫生指标中总砷、铅、黄曲霉毒素B_1、致病菌以及苏丹红（Ⅰ、Ⅱ、Ⅲ、Ⅳ）检验项目均符合标准要求。其中总砷、铅、黄曲霉毒素B_1、致病菌以及苏丹红（Ⅰ、Ⅱ、Ⅲ、Ⅳ）项目在酱产品质量国家监督抽查中已连续2次全部合格；新增检项目对羟基苯甲酸酯类均为未检出。抽查发现有16种产品大肠菌群、氨基酸态氮、甜蜜素等项目不符合相关标准的要求。

（二）标准化工作

1. 国家质量监督检验检疫总局、国家标准化管理委员会于2010年6月30日批准发布了《粮油检验　大豆粗蛋白质、粗脂肪含量的测定　近红外法》（GB/T 24870—2010）国家标准。本标准规定了大豆粗蛋白质、粗脂肪含量（干基）近红外测试方法的术语和定义、原理、仪器设备、测定、结果处理和表示、异常样品的确认和处理、准确性和精密度及测试报告的要求；本标准适用于大豆粗蛋白质和粗脂肪含量（干基）的快速测试；本标准不适用于仲裁检验。本标准自2011年1月1日实施。

2. 农业部于2010年9月21日批准发布了《大豆等级规格》（NY/T 1933—2010）农业行业标准。本标准规定了大豆的术语和定义、分类、等级规格要求、抽样方法、试验方法、检验规则、标签标识包装、储存和运输；本标准适用于商品大豆。本标准自2010年12月1日起实施。

3.《豆制品分类》等四项行业标准工作会议于2010年7月9日在北京大方饭店召开。中国食品工业协会豆制品专业委员会常务副会长卫祥云、秘书长吴月芳以及来自行业15个单位的22位专业人士参加了会议。会议由吴月芳秘书长主持，首先介绍了该四项标准的任务来源、标准制定的目的和意义以及制定原则。她指出，根据《商务部办公厅关于下达2010年第一批国内贸易行业标准项目计划的通知》文件精神，由中国食品工业协会豆制品专业委员会组织起草《豆制品　大豆食品》分类、《豆制品　大豆食品》术语、《卤制豆腐干》和《豆浆类》四项行业标准。根据“保护传统，鼓励创新”的宗旨，会议围绕四项行业标准的草案进行了深入探讨，对标准起草大纲达成一致意见，同时就下一步工作进行了讨论和任务布置。

4. 国家质量监督检验检疫总局、国家标准化管理委员会于2011年1月14日批准发布了《豆浆机》（GB/T 26176—2010）国家标准。本标准规定了家用和类似用途豆浆机的术语和定义、分类与型号命名方式、技术要求、试验方法、检验规则、标志、包装、运输、贮存；本标准适用于额定电压不超过250V、额定容积不超过2.5L的豆浆机。本标准自2011年6月1日实施。

五、行业管理

1. 由中国作物学会大豆专业委员会、全国农业技术推广服务中心、中国农业科学院作物科学研究所、国家大豆产业技术研发中心共同举办的“2010年度全国大豆育种家年会”，于2010年1月22日在北京召开。来自全国17个省、自治区、直辖市以及60多个科研单位、高等院校和相关企业从事大豆遗传育种和生物技术工作的专家学者共138人参加了会议。本次年会由国家大豆产业技术体系首席科学家韩天富研究员主持，会议重点围绕大豆产业发展动态，探讨了我国大豆产业发展中的瓶颈和机遇，分析了大豆产业技术需求及对策，并围绕转基因生物新品种培育重大专项，就转基因植物安全评价、转基因大豆新品种培育、大豆遗传转化技术等问题进行了重点交流和讨论。我国著名大豆遗传育种学家盖钧镒院士首先结合当前大豆产业发展形势，深入分析了我国大豆产业发展中的关键问题，对大豆育种工作者提出了建议和希望；韩天富研究员结合大豆产业技术体系调研结果，重点分析了我国大豆产业技术需求及对策；育种专家刘忠堂研究员详细讲解了大豆育种中的选择问题；转基因生物新品种重大专项课题负责人李新海研究员仔细解读了转基因大豆环境安全评价的程序和策略。此次会议，进一步加强了全国大豆育种家之间的交流和协作，促进了育种协作网络的形成和发展，进一步推动了转基因大豆研究工作，对促进我国转基因大豆的育种进程和产业化将产生积极作用。

2. 由中国食品工业协会豆制品专业委员会和中日流通产业发展委员会共同主办的“2010中国国际大豆食品加工技术及设备展览会”，于2010年5月6～8日在上海光大会展中心举行，开幕式由中国食品工业协会豆制品专业委员会常务副会长卫祥云主持。中国食品工业协会副秘书长、豆制品专业委员会会长王薇、商务部流通产业促进中心副主任徐敏、中日流通产业发展委员会主任助理刘志伟、国家大豆产业技术研发中心与产后处理与加工研究室主任胡耀辉、日本豆腐机器工业会矶边会长、日本豆腐协会副会长鹏桥胜道、中国台湾豆腐商业同业公会联合会理事长詹武雄以及国内重点企业的领导出席了开幕式。本届展览会规模龙大、盛况空前，创下历届之首。据主办方统计，本届展览会的展出面积达到8 000m^2，参展企业为146个，专业观众超过了10 128人次。透过为期3天的展览会，凸显出行业的三大特点：一是我国大豆食品品类丰富；二是大型设备、自动化流水生产线逐渐增多；三是自主研发能力明显提高。

3.“首届中国国际大豆产业博览会暨北大荒大豆节”，于2010年9月3日在黑龙江省农垦总局九三分局隆重召开。博览会期间，同时举办了“第二届国际大豆产业可持续发展高层论坛”和“中国大豆产业技术创新战略联盟发展论坛"，并举办一系列经贸洽谈活动。全国人大副委员长周铁农宣布大豆节开幕，农业部副部长高鸿宾、黑龙江省人大副主任申立国、中国大豆产业协会副会长兼秘书长王小虎在开幕式上讲话，荷兰禾众基金会赫尔特、中国台湾永和豆浆公司林炳生代表参展企业发言，农业部农垦局局长李伟国主持会议，黑龙江农垦总局党委书记隋凤富在开幕式上致辞，原中国农业科学院院长王连铮、原农业部副部长刘成果、省政协副主席何小平等领导出席了开幕式，财政部、商务部、科技部、国家工商总局、海关总署、各大银行、中国工程院、中国农业科学院、中国大豆产业协会、南京农业大学、大连商品交易所及省内有关地市领导也参加了开幕式，来自美国、荷兰、德国、巴西、俄罗斯、印度、西班牙、比利时、阿根廷、日本、韩国、中国台湾等 20 个国家和地区的百余家企业及国内外嘉宾 1 000 余人参加了本次展会。本次博览会暨大豆节是由中国大豆产业协会、黑龙江省人民政府联合主办，农业部、商务部支持，由黑龙江省农垦总局具体承办，主题是弘扬北大荒精神，振兴中国大豆产业。

4. 由中国食品工业协会豆制品专业委员会主办的"全国豆制品行业 2010 食品安全专项研讨会"，于 2010 年 10 月 27 日在北京召开。卫生部相关领导、专家和豆制品及相关行业骨干企业代表出席了会议。会议期间，上海清美绿色食品有限公司、杭州华源豆制品有限公司、永和食品（中国）有限公司、上海金丝猴食品股份有限公司等各类豆制品产品优秀企业代表进行了《食品安全诚信自律宣言》的宣誓活动。企业代表们表示，将严格自律，以责任为先，做到安全生产，诚信经营，为广大消费者提供安全、美味、绿色、营养、健康的豆制食品。卫生部食品安全综合协调与卫生监督局的领导及专家对我国食品安全现状、食品安全国家标准的制订工作进行了介绍。他们表示，我国食品安全的监管力度逐渐加大，食品安全状况正在不断好转，但由于企业水平参差不齐，小企业甚至非法企业存在生产不规范等问题，有关部门将继续加大力度进行食品安全整治工作。专家表示，随着食品安全法的颁布，新的食品安全标准将陆续制订，为规范企业安全生产提供保证；食品安全国家标准清理完善工作也将有步骤进行，届时将解决现行标准中的交叉、重复、缺失等问题。会议期间，有关专家针对豆制品食品安全标准的修订情况进行了介绍，并就豆制品食品安全标准立项及相关指标的设定与代表们充分交换了意见。此次研讨会让豆制品企业更好地了解了国家食品安全管理的有关政策，探讨了豆制品行业食品安全工作的方向与内容，进一步增强了企业质量安全责任与自律意识，提升了中国豆制品行业食品安全质量水平，使豆制品行业更加健康、快速地发展。

（中国包装和食品机械总公司行业办公室　王国扣　孟令洋）

淀粉加工业

一、基本情况

（一）资源概况

根据有关资料报道，2010 年我国玉米总产量达到 17 725 万 t，比 2009 年增长 8.09%（表 1）。2010 年我国玉米消费比例为：饲用 60%，工业用 30.9%。2010 年世界玉米产量为 81 214 万 t，其中美国为 33 254.9万 t，占世界总产量的 40.94%；中国为 17 725万 t，占世界总产量的 21.82%。

（二）加工业概况

根据中国淀粉工业协会不完全统计，2010 年我国淀粉总产量为 1 973.66 万 t，同比增长 9.48%。其中，玉米淀粉为 1 902.04 万 t，同比增长 10.23%；木薯淀粉为 35.38 万 t，同比下降 25.41%；马铃薯淀粉为 22.76 万 t，同比增长 36.11%；其他淀粉为 13.4 万 t。

表 1　2010 年全国玉米主产区产量

单位：万 t

地　区	2009 年	2010 年	同比增长（%）
河　北	1 465.3	1 508.7	2.96
山　西	654.3	766.0	17.07
内蒙古	1 341.3	1 465.6	9.26
辽　宁	963.1	1 150.5	19.45
吉　林	1 810.0	2 004.0	10.71
黑龙江	1 920.2	2 324.4	21.04
山　东	1 921.5	1 932.0	0.54
河　南	1 634.0	1 634.7	持平
陕　西	526.1	532.2	1.15
其　他	4 161.7	4 406.9	5.89
总　计	**16 397.5**	**17 725.0**	**8.09**

1. 我国淀粉及深加工品产量和品种情况 2010年我国淀粉加工业总的形势比较好，由于需求不断增长，扩建项目的完工，使淀粉及深加工产品的产量都有了一定的增长（表2、表3）。

表2 2010年我国淀粉产量和品种情况

主要品种	产 量（万t）	占总淀粉（%）	同比增长（%）
玉米淀粉	1 902.04	96.37	10.23
木薯淀粉	35.38	1.79	−25.41
马铃薯淀粉	22.76	1.15	36.11
甘薯淀粉	8.50	0.44	−5.56
小麦淀粉等	4.98	0.25	23.57
合计	**1 973.66**	**100.00**	**9.48**

表3 2010年我国淀粉深加工品产量与品种情况

主要品种	产 量（万t）	占深加工（%）	同比增长（%）
变性淀粉	123.89	11.08	9.70
结晶葡萄糖	252.67	22.60	5.82
液体淀粉糖	655.95	58.67	11.39
糖 醇	85.57	7.65	−1.27
合计	**1 118.08**	**100.00**	**8.84**

2. 淀粉产量分布及生产规模情况 从我国地区生产情况看，山东省仍然占据着我国玉米淀粉总产量的首位（占47.43%）；其次是吉林和河北省，分别占全国玉米淀粉总产量的19.95%和13.87%。三省玉米淀粉产量之和，占全国玉米淀粉总产量的81.25%。据统计，全国玉米淀粉产量10万t以上的企业有38个，玉米淀粉总产量为1 715万t，占玉米淀粉总产量的90.16%（表4）。

表4 2010年我国淀粉产量分布及生产规模情况

地 区	淀粉产量（万t）	占总产量（%）	玉米淀粉生产规模情况	
			年产10万t企业数(个)	企业最大产量（万t/a）
山 东	910.20	46.11	15	225.67
吉 林	379.60	19.23	6	175.45
河 北	263.88	13.37	6	52.46
河 南	112.89	5.71	4	30.00
陕 西	85.59	4.33	2	70.00
广 西	27.73	1.40	—	—
其他16个省份	193.77	9.85	5	81.94
合 计	**1 973.66**	**100.00**	**38**	**—**

注：其他16个省份为：山西、内蒙古、辽宁、黑龙江、江苏、湖北、四川、重庆、广东、海南、云南、甘肃、宁夏、青海、新疆、贵州。

二、市场及进出口情况

2010年，我国淀粉及其深加工品市场供求两旺，产品的利润情况好于2009年。2010年我国玉米淀粉等13种产品的进出口情况（表5），从总量来看，2010年进口总量为1 128 589.5 t，同比增长7.97%；出口总量为1 214 906 t，同比增长18.45%。从进口的品种看，木薯淀粉的进口量虽然同比下降了12%，但由于国内因灾害产量减少，为满足市场需求，尽管2010年到岸价比2009年上涨了57%，达到450美元/吨，仍然保持了较高的进口量。马铃薯淀粉由于欧盟低价倾销，到岸价比正常年份下降了33%以上，抢占了国内市场份额，进口量创历史最高水平。从出口的品种看，山梨醇、甘露醇以及糖浆类等60%以上出口量同比有增长。从总体看，由于2010年大部分品种出口量增加，且大部分品种的离岸价上涨，创汇3 045万美元。

表5 2010年我国淀粉及部分深加工品进出口情况

品 名	进口量（t）	同比增长（%）	出口量（t）	同比增长（%）
玉米淀粉	11 126	大幅度增长	366 435	26
木薯淀粉	734 585	−12	220	−53
马铃薯淀粉	142 471	307	5 844	−33
小麦淀粉	580	−53	10 795	−10
山梨醇	2 959	58	66 248	32
甘露糖醇	277	−45	6 225	40
肌醇	9.5	−9	3 323	26
葡萄糖及葡萄糖浆（果糖＜20%）	946	−0.1	519 506	25
葡萄糖及糖浆(20%≤果糖≤50%，转化糖除外)	17 656	445	11 581	−60
果糖及果糖浆(果糖＞50%，转化糖除外)	2 394	−58	72 872	112
糊精及其改性淀粉	210 374	31	101 733	−13
未列名淀粉	3 102	232	47 597	−22
化学纯果糖	2 110	9	2 527	150
合计	**1 128 589.5**	**7.97**	**1 214 906**	**18.45**

三、生产技术发展情况

(一) 生产规模

我国淀粉加工业的发展已呈现出市场化、集约化、规模化(表6、表7)。据统计,玉米淀粉年产量为100万t以上的企业尽管只有5个,但合计产量占总产量的38.45%;变性淀粉年产量为5万t以上的企业有8个,产量占总产量的64.83%;结晶葡萄糖企业最大年产量为85万t,占总产量的1/3;液体淀粉糖年产量为100万t以上的企业有2个,产量占总产量的40%。

表6 2010年我国玉米淀粉生产规模

项 目	2009年	2010年	同比增长(%)
年产100万t以上企业数(个)	5	5	持平
年产100万t以上企业总产量(万t)	718.54	731.38	1.78
占全国玉米淀粉总产量(%)	41.64	38.45	-7.67
年产40~100万t企业数(个)	8	8	持平
年产40~100万t企业总产量(万t)	439.44	474.21	7.91
占全国玉米淀粉总产量(%)	25.47	24.93	-2.13

表7 2009年我国部分淀粉深加工品生产规模

项 目		2009年	2008年	同比增长(%)
变性淀粉	年产5万t以上企业数(个)	8	8	持平
	年产5万t以上企业总产量(万t)	67.74	80.32	18.57
	占全国总产量(%)	59.98	64.83	8.08
	年产3万~5万t企业数(个)	3	5	66.66
	年产3万~5万t企业总产量(万t)	11.83	19.48	64.66
	占全国总产量(%)	10.48	15.72	50.00
	年产1万~3万t企业数(个)	15	12	-20.00
	年产1万~3万t企业总产量(万t)	28.08	18.38	-34.55
	占全国总产量(%)	24.86	14.83	-40.35
结晶葡萄糖	年产20万t以上企业数(个)	3	3	持平
	年产20万t以上企业总产量(万t)	140.23	135.21	-3.58
	占全国总产量(%)	58.73	53.51	-8.89
	年产10万~20万t企业数(个)	5	5	持平
	年产10万~20万t企业总产量(万t)	66.57	58.86	-11.59
	占全国总产量(%)	27.87	23.29	-16.44
	年产5万~10万t企业数(个)	3	5	66.66
	年产5万~10万t企业总产量(万t)	21.15	35.57	68.17
	占全国总产量(%)	8.86	14.07	58.80
	年产2万~5万t企业数(个)	3	2	-33.33
	年产2万~5万t企业总产量(万t)	10.82	7.38	-31.80
	占全国总产量(%)	4.53	2.92	-35.55
液体淀粉糖	年产50万t以上企业数(个)	2	2	持平
	年产50万t以上企业总产量(万t)	240.30	268.11	11.57
	占全国总产量(%)	40.81	40.87	0.14
	年产10万~50万t企业数(个)	12	11	-8.34
	年产10万~50万t企业总产量(万t)	244.46	268.38	9.78
	占全国总产量(%)	41.51	40.91	-1.45
	年产5万~10万t企业数(个)	8	9	12.50
	年产5万~10万t企业总产量(万t)	53.21	63.52	19.37
	占全国总产量(%)	9.04	9.68	7.07

(二) 新工艺、新技术、新产品与新装备

随着贯彻科学发展观的不断深入,科技投入的加大和科技人员队伍的不断扩大,淀粉加工业的科研成果也随之增多。现举例如下:

1. 长春大成集团开发的新菌种、新工艺、新设备,用非粮、非淀粉的植物糖生产高蛋白赖氨酸,开创了向低碳环保、不用粮食生产赖氨酸的先河。生产线试产验证,与原工艺相比,收率更高,质量更优,

蛋白利用更高，成本更低。

2. 秦皇岛骊骅淀粉股份有限公司自主研发了一种新型饲用蛋白源——酵母蛋白。该产品以玉米淀粉生产中的废弃物玉米浸泡水和葡萄糖母液为培养基，进行液体深层次培养而制得。该项目被国家发展和改革委员会列为国家重大产业技术开发项目，并已投入规模化生产。经过与中国农业大学、河北农业大学合作，在动物饲养领域开展的科研实验表明，生物饲料酵母可在反刍动物、水产动物配合饲料中广泛添加使用。该项目如推广到我国的淀粉加工行业，每年可提供 250 万 t 酵母蛋白产品，可为弥补我国蛋白饲料资源短缺作出贡献。

3. 浙江升华云峰新材料股份有限公司与中国林业大学木材工业研究所等院校联合试验，采用自主研发的新型生物胶工艺技术，开发了以再生资源玉米淀粉为原料的非甲醛类玉米淀粉胶。用这种胶黏剂生产的装饰胶合板、细木工板和集成材的甲醛释放量，经检测小于或等于 0.1mg/L，低于日本最高级甲醛释放量（小于或等于 0.3mg/L）的限制要求，产品质量达到国家相关标准要求。

4. 西安航天华威化工生物工程有限公司自主研制开发的立式全自动板框压滤机，已由陕西省科技厅主持对设备样机进行了鉴定。该设备实现了全自动化操作，设备结构紧凑，整体承载和处理能力大，过滤后产品品质佳，是后续工艺的保证，同时既节约了能耗又减少了对环境的污染。可广泛用于玉米深加工、食品饮料、医药工业、化学工业、矿山冶金等领域。

5. 由哈尔滨商业大学、黑龙江八一农垦大学、哈尔滨工业大学、黑龙江昊天食品生物工程研究开发中心、黑龙江昊天玉米开发有限公司等单位承担的围绕淀粉变性、生物转化和玉米淀粉生产的副产品综合利用的黑龙江“十一五”科技攻关计划重大项目——玉米综合加工关键技术研究及其 6 个子项，已通过黑龙江科技厅组织的专家鉴定。鉴定专家认为，该项目对我国玉米综合加工具有模式化的指导意义，对增加玉米利用途径，提高产品附加值具有重要的理论和应用价值，有广泛的应用领域和良好的市场前景，整体水平达到国内领先。

6. 由四川光和能源技术开发有限公司承担的国家科技支撑计划项目——西南地区甘薯燃料乙醇产业化关键技术研究与示范和四川省科技支撑计划项目课题——甘薯燃料乙醇低黏度清洁生产新工艺通过了四川省科技厅组织的专家验收。该工艺具有能耗低、成本低、废渣废液处理效果好、综合效益高等优势，在甘薯燃料乙醇和食品酒精生产行业中具有广阔的应用前景和重要的推广价值。

四、我国淀粉加工业发展中存在的问题

1. 玉米淀粉工业发展速度过快　近几年，玉米淀粉的产量年递增率都在两位数，消费玉米量的年递增率为 14.1%，而玉米产量的年递增率仅为 4.1%，发展速度显然有些过快，尽管玉米淀粉工业的发展还有较好的市场，但控制在合理的发展水平是必要的。

2. 低碳经济和循环经济发展力度不够　玉米深加工过程中，除淀粉以外还有 30%的副产品，目前只有少数企业用胚芽制玉米油，大多数均以干燥作饲料处理，未作深加工。薯类淀粉也一样，薯渣、汁液也都没有开发利用。

3. 自主创新能力较弱　大中型淀粉加工企业设有研发中心的不足 50%，如果就全行业而言比例是很低的，研发经费的投入也少，因此从行业整体看，创新能力较弱。

（中国淀粉工业协会　董延丰）

制　糖　工　业

一、制糖期基本情况

我国有 15 个省、自治区产糖，沿边境地区分布，主产糖区集中在北部、西北部和西南部。甘蔗糖产区主要分布在广西、云南、广东、海南及邻近省、自治区；甜菜糖主要分布在新疆、黑龙江、内蒙古及邻近省、自治区。与糖料种植相关的人员近 4 000 万人。2010/2011 年度制糖期全国食糖总产量中，甘蔗糖占 92.4%，甜菜糖占 7.6%。我国的食糖生产销售年度为 10 月 1 日至翌年的 9 月 30 日，开榨时间由北向南各不相同。甜菜糖厂一般在 9 月底或 10 月初开机生产；甘蔗糖厂中湖南省 10 月底或 11 月初开榨，广西、广东、海南等省、自治区 11 月中或 12 月初开榨，云南省 12 月底或次年 1 月初开榨。

2010/2011 年度制糖期制糖生产已顺利结束。自

2010年9月29新疆绿翔糖业有限公司开机生产标志着本制糖期开始，至2011年5月30日临沧双江南华糖业有限公司最后一个停机。2010/2011年度制糖期历时244d，比上制糖期多开工4d。截止到2011年9月，全国共有制糖生产企业（集团）47个（较上制糖期减少2个），开工糖厂271个（较上制糖期减少5个）。其中，甜菜糖生产企业（集团）5个，糖厂36个；甘蔗糖生产企业（集团）42个，糖厂235个；另有炼糖企业11个。产量超过40万t的企业集团已经发展到10个，占全国产糖量的67%。2010/2011年度制糖期，全国共生产食糖1 045.42万t。其中，精制糖、优级和一级白砂糖989.12万t，绵白糖30.93万t，赤砂糖和红糖21.95万t，原糖及其他3.42万t。本制糖期，全国糖料种植面积1 688.07 khm^2，同比增长4.95%。其中，甘蔗种植1 494.54 khm^2，同比增长1.79%；甜菜种植193.53khm^2，同比增长37.88%。全国糖料入榨量8 778.49万t，其中甘蔗入榨量8 073.47万t，甜菜入榨量705.02万t。2010/2011年度制糖期食糖产量、播种面积、开工糖厂数见表1。

表1 2010/2011年度制糖期全国糖料播种面积、食糖产量基本情况

企业名称	糖料播种面积（khm^2）	实际入榨糖料量（万t）	产糖量（万t）	开工糖厂数（个）
全国累计	**1 688.07**	**8 778.49**	**1 045.42**	**271**
甘蔗糖合计	**1 494.54**	**8 073.47**	**966.04**	**235**
广　东	138.00	854.56	87.20	29
其中：湛江	116.67	752.38	77.64	22
广　西	1 013.33	5 554.00	672.80	103
云　南	292.00	1 412.76	176.14	76
海　南	40.32	184.27	22.64	17
福　建	3.17	18.86	1.96	2
其　他	7.71	49.02	5.30	8
甜菜糖合计	**193.53**	**705.02**	**79.38**	**36**
黑龙江	64.75	165.92	18.37	9
新　疆	78.23	380.23	42.60	14
内蒙古	31.07	97.08	11.10	5
其　他	19.49	61.79	7.31	8

2010/2011年度制糖期糖价维持在较高价位运行，甘蔗收购价格较去年有较大幅度增长，全国平均收购价格（地头价，不含运输及企业对农民各种补贴费用等，下同）476元/t，每吨上涨132元，其中广西甘蔗平均收购价格497元/t；甜菜收购价格较去年有所提高，平均收购价格373元/t，较去年提高68元/t。2010/2011年度制糖期全国制糖行业主要技术指标：甘蔗平均单产55.50t/ hm^2，甜菜平均单产39.00t/ hm^2；甘蔗平均含糖分13.78%，甜菜平均含糖分14.65%；甘蔗糖产糖率11.99%，甜菜糖产糖率11.14%。

二、市场概况

（一）国内食糖市场

2010/2011年度制糖期，全国共生产食糖1 045.42万t，比上个制糖期减少了2.64%，其中甘蔗糖产量下降至966.04万t；甜菜糖产量较上制糖期略有增加，产量为79.38万t。食糖消费量1 358万t，比上制糖期减少21万t，同比下降1.5%，年人均食糖消费量为10.05kg。食糖消费结构基本稳定，食糖消费总量中民用消费为36%（餐饮消费与零售业终端销售商品糖比例为1∶4），工业消费比例为64%。2010/2011年度制糖期，全国食糖综合平均价格为7 281元/t，工业累计销售平均价格为7 102元/t。全国制糖行业销售收入784.45亿元（其中综合利用产品销售收入42亿元），同比增加207.81亿元；实现利税总额172.81亿元，同比增加49.99亿元。农民种植糖料收入同比增加109.8亿元。2010/2011年度制糖期行业运行特征：

1. 农民种植糖料收入大幅增长　糖料收购价格进一步提高，全国甘蔗平均收购价格较上制糖期提高132元/t，甜菜平均收购价格提高68元/t，农民种植糖料收入大幅度增长。

2. 食糖生产消费略有下降　2010/2011年度制糖期，全国食糖产量1 045.42万t，较上制糖期减少28.41万t，是连续第三个减产年；全国食糖消费1 358万t，较上制糖期减少21万t。

3. 市场糖价上涨，运行平稳　2010/2011年度制糖期食糖价格主产区基本维持在7 000～7 600元/t区间运行，是自1991年食糖市场放开以来，糖价运行较平稳的制糖期之一。

4. 国际糖价大幅波动，食糖进口增加　纽约11号原糖价格每千克在44.1～79.4美分之间波动，国际糖价是近几年来波动最大的一年；国内食糖进口大幅增加，是近10个制糖期以来进口最多的一年。

5. 国家宏观调控力度加大　本制糖期国家通过投放储备糖，保障了国内食糖有效供给。

6. 制糖企业支农力度进一步加大　食糖生产企业加大扶持糖料生产力度，增加良种、化肥、地膜、农药、水利、基础设施建设等方面的投入和补贴，减轻糖农负担，为糖料生产创造良好的发展环境。

（二）国际食糖市场综述

2010年4月南半球的巴西中南部率先开始了2010/2011年度制糖期，当时预计巴西食糖产量将达到3 350万t，印度产量预期可达到2 450万t，纽约11号原糖期货价格从每千克66.1美分开始下跌，到5月初下跌到28.7美分。2010年10月，北半球开始了2010/2011年度制糖期，全球预计生产食糖1.66亿t，消费1.65亿t，供求基本平衡。伴随着国际金融市场的一系列措施的出台和集中进口量的增加，纽约期货价格回归到每千克50.7美分。加之流动性过剩和美元贬值，纽约期货再次突破每千克66.1美分，在2011年2月曾达到79.4美分。此后，泰国产量预期增加和印度产量的确定，都成为国际食糖市场的小幅振荡的主要诱因；随着欧盟经济危机的漫延和美元升值，整体经济前景预期信心不足，国际商品期货最终全面下跌。

综观2010/2011年度制糖期的国际食糖市场表明：以巴西为主的南半球食糖产量对国际市场的影响力不断加强；全球供小于求的局面已经维持两年，库存/消费比降到37%；以美国为主的发达国家和地区经济政策的变化加剧了国际商品期货价格波动。2011/2012年度制糖期即将开始，综合主要国际咨询机构对生产/消费的预测，全球食糖产量达到1.73亿t，比2010/2011年度制糖期增加700万t，全球消费量达1.67亿t，比2010/2011年度制糖期增加200万t，供大于求600万t。其中泰国食糖产量达到1 100万t，印度达到2 650万t。分析新制糖期市场前景，以下原因将成为影响大宗农产品价格刚性增长的重要因素：近些年全球灾情频繁发生；美欧国家债务与金融业危机重重；货币发行量加大造成的持续性通货膨胀压力增加；以及土地、水利、肥料、人工成本的提高；全球各国食糖库存比较薄弱，进口国家补充库存意愿明显。同时，欧盟糖业制度改革使得出口从500万t降到137万t，加快了国际食糖市场结构性调整，预计2011/2012年度制糖期国际食糖价格在振荡中回调趋势明显。

总之，食糖市场不单纯是依赖本身供求关系的商品市场，受宏观和外部的金融和货币政策影响很大，市场的金融属性更加显著。国际食糖市场的动荡性将进一步加大，不可预见性和风险性将持续增强。

（三）食糖进出口贸易

2010/2011年度制糖期，食糖进口比上制糖期大幅度增加。我国食糖进出口贸易情况分别见表2、表3。

表2　2001—2011年全国食糖进口与贸易方式统计表

单位：万t

年度	合计	一般贸易	来料加工	进料加工	保税仓库进出境货物	边贸	其他
2001	119.87	85.07	3.52	30.86			0.11
2002	118.31	80.77	1.12	35.24			
2003	77.51	61.74	1.30	14.17			
2004	121.43	99.26	1.19	18.63			
2005	138.97	85.04	5.67	41.29			
2006	136.54	99.30	3.50	20.72	12.93		
2007	119.34	99.18	1.59	13.28	5.22		
2008	77.99	61.91	1.97	8.89	3.67		
2009	106.45	83.02	0.17	9.93	12.77		
2010	176.61	163.91	0.87	10.89	0.04		0.07
2011	120.07	110.91	0.53	7.82	0.80		

注：2011年统计数字截止到8月底。

表3　2001—2011年全国食糖出口与贸易方式统计表

单位：万t

年度	合计	一般贸易	来料加工	进料加工	保税仓库进出境货物	边贸	其他
2001	19.56	1.25	2.96	15.31			
2002	32.58	1.77	0.87	29.82			
2003	10.32	2.15	0.88	5.71			1.29
2004	8.52	1.92	0.87	5.26			
2005	35.33	2.21	4.16	29.11			
2006	15.45	2.49	3.06	9.61			
2007	11.05	2.24	2.80	5.98			
2008	5.34	1.76	2.15	1.51			
2009	6.39	2.21	0.90	3.15			
2010	9.43	5.55	0.91	1.99			0.25
2011	4.40	1.37	0.65	1.47	0.89		

注：2011年统计数字截止到8月底。

三、行业工作

1. 2010年11月1日至2日，中国糖业协会在广西桂林市召开了“2010/2011年度制糖期全国食糖产销工作会议暨全国食糖、糖蜜酒精订货会”。会议通过相互交流、分组讨论，分析了2010/2011年度制糖期糖料生产、食糖产销形势和存在的问题，提出了解决问题的意见和建议。

2. 2010年11月3日至6日，根据工业和信息化部等四部门联合下发的《关于开展糖精生产经营秩序整顿工作的通知》（工信部联消费［2010］222号）要求，为进一步落实和推进有关工作，确保工作落实到实处，由工业和信息化部牵头，环保部、国家工商行政管理总局、国家质量监督检验检疫总局和中国糖业协会及专家组成的联合检查组，赴河南省和湖北省继续进行糖精整顿工作专项检查。检查组分别听取两省工信厅、工商局、质监局等部门关于整顿工作的汇报，并对重点企业进行实地检查。

3. 2010年12月8日，为贯彻落实国务院《关于稳定消费价格总体水平保障群众基本生活的通知》（国发［2010］40号）精神，稳定制糖企业正常生产；总结糖精生产经营秩序整顿工作，进一步加强和规范糖精生产经营，工业和信息化部在北京召开了“2010年全国制糖、糖精行业座谈会”。会议认真学习了“国发［2010］40号”文件的精神，研究部署了稳定制糖企业生产工作；会议听取了食糖主产区工业和信息化主管部门有关加强糖业管理工作的意见和建议，听取了糖精定点生产企业2010年生产计划执行情况的汇报。

4. 2011年1月12至13日，“2010年国家甜菜品种区试年会及甜菜品种鉴定会”在北京召开。会议对2010年国家甜菜品种区域试验进行了总结，Beta796、CH9301、SR-411三个甜菜新品种通过全国甜菜品种鉴定委员会鉴定。会议还组织有关专家就甜菜品种管理、做强民族种业等热点问题进行了座谈。

5. 2011年2月12日，为进一步做好2010/2011年度制糖期食糖产销平衡工作，确保国内食糖市场平稳运行，中国糖业协会在北京组织召开了“大型食品企业座谈会”。各用糖企业汇报了2010年的用糖情况、淀粉糖等替代品的使用情况，并针对当前经济运行给企业发展创造的机遇和挑战、国家储备糖使用过程中出现的问题进行了广泛交流。国家有关部委领导认真听取了各企业的汇报，同时介绍了国家对食糖行业宏观调控的原则和思路，并对用糖企业代表关心的问题进行了解答。

6. 2011年2月23日，中国糖业协会和广西糖业协会在广西南宁联合召开了“广西2011年食糖交易会暨中国糖业协会商业流通会员会议”。会上，国家有关部委领导就国家制糖行业相关政策等方面内容做了介绍。广西、云南、广东等食糖主产区糖业协会的负责同志通报了2010/2011年度制糖期产销情况和产量预测，并对国家宏观调控提出了意见和建议。

7. 2011年4月26日，为进一步贯彻落实国家“十二五”规划纲要精神，工业和信息化部消费品司、中国糖业协会在昆明组织召开了制糖行业“十二五”发展规划座谈会。与会专家、代表对规划编制工作给予了积极评价，并对《规划》草案进行了认真讨论，提出了具体的建议和意见。

8. 2011年5月20日，“中国糖业协会四届二次理事长工作会议”在湖北宜昌召开，会议就如何保持糖业持续稳定发展、保证国民食糖供给安全；如何加大支农扶农力度；如何加强企业内部管理，提升行业竞争力等重大问题进行了深入研究和讨论；听取并审议了协会秘书处工作汇报；审议了《“十二五”时期我国糖业发展规划（草案）》；协会秘书处还在本次会议上发布了《中国淀粉糖行业发展报告（2011）》。会议重点讨论并通过了协会秘书处提交的相关决议、决定，还研究了协会副理事长、理事单位调整、增补及其他有关事宜。

9. 2011年7月22日，为认真贯彻落实党中央、国务院及有关部委关于保障供应，稳定市场运行的一系列指示精神，全面了解2010/2011年度制糖期食糖生产销售情况及2011/2012年度制糖期糖料种植情况，加强行业指导，中国糖业协会在北京组织召开了“全国重点制糖企业（集团）和全国大型流通企业负责人座谈会”。广西、云南、广东（湛江）、内蒙古、黑龙江等全国重点产糖省、自治区糖业协会负责同志和各企业代表分别介绍了2010/2011年度制糖期食糖生产销售情况，同时介绍了2011/2012年度制糖期的糖料种植情况，并就国家宏观调控和保持我国糖业持续稳定健康问题发表了意见和建议。国家有关部委领导在听取汇报后指出，目前我国糖业保持了良好的发展态势，食糖价格和食糖市场总体平稳，符合国家宏观调控目标。希望各企业认真学习领会国务院有关“保供给，稳物价”精神，理性看待市场波动，积极顺价销售，保障市场供给。同时，本制糖期后期，国家有关部门将继续密切关注、加强引导，确保食糖市场稳定。

10. 2011年8月8日至10日，“中国糖业协会四届二次理事扩大会议”在甘肃省敦煌市召开。与会代表审议并通过了副理事长兼秘书长闫卫民所作的《协会秘书处工作报告》、《关于进一步加强企业内部管理的决议》、《关于进一步加大制糖企业扶持糖农工作力度的决议》、《关于“十二五”时期我国糖业发展规划的决议》、《关于稳定糖料发展、加快糖业技术进步的决议》、《关于变更中国糖业协会副理事长人选的决议》以及《关于增补广西湘桂糖业集团有限公司为中国糖业协会第四届理事单位的决议》等。会上，全国主要产糖省、自治区糖协负责同志通报了2010/2011年度制糖期食糖产销情况和2011/2012年度制糖期糖料种植情况，并对国家宏观调控和食糖产销工作提出了意见和建议。

11. 2011年8月8日，中国糖业协会在甘肃省敦煌市组织召开了信息员工作会议。本次会议在充分肯定信息员工作的基础上提出了进一步完善信息体系建设的建议和要求。并就如何做好信息工作以及如何加强对会员单位的服务进行了充分讨论，提出意见建议。

12. 2011年8月19日至20日，“中国糖业第二届专家组会议”在内蒙古包头市召开。与会的18位专家以“十二五”科技进步为主题，分别从糖料、制糖工艺、设备与自动化、糖品深加工、综合利用与循环经济、节能减排等方面的一些关键共性问题展开了广泛深入地交流。

13. 2011年8月26日，为贯彻落实《国民经济和社会发展第十二个五年规划纲要》，推动未来五年制糖行业结构调整和发展方式转变，促进制糖行业健康稳定发展，工业和信息化部消费品司在北京组织召开了《制糖行业“十二五”发展规划（征求意见稿）》（简称《规划》）专家论证会。专家组在认真听取了起草组对《规划》内容和编制过程的说明后，对《规划》进行了认真审议和论证，并提出了意见和建议。专家组认为规划已具备报批条件，建议对部分内容进一步修改完善后尽快发布实施。

14. 2011年8月22日，为了规范糖精年度生产计划管理工作，促进糖精行业健康有序发展，工业和信息化部依照职责和立法程序，牵头草拟了《糖精生产计划管理办法（草案）》。为确保制度建设质量，提高规章立法的科学性和可行性，工业和信息化部政策法规司在北京组织召开了《糖精生产计划管理办法（草案）》（简称《办法》）专家论证会。专家组和与会同志认真听取了李长喜处长对《办法》主要内容和相关工作开展进度的介绍，对编制工作给予了积极评价，并结合实际情况对《办法》进行了充分修改和论证，提出建设性意见和建议。

15. 2011年9月21日至22日，“2011世界糖业研讨会”在北京召开。中国轻工业联合会会长步正发同志出席会议并致欢迎词。中国糖业协会副理事长兼秘书长闫卫民同志在会上作了题为《中国糖业的现状与未来》的演讲，并回答了中外代表的提问。会议期间，中外代表围绕着世界食糖市场现状与未来、全球食糖贸易形势、糖业技术进步与节能减排等方面进行了专题讨论和交流。

（中国糖业协会　胡志江）

蔬菜加工业

一、基本情况

（一）资源情况

我国是蔬菜生产和消费大国，面积和总产均占世界的40%以上，居世界第一。我国的蔬菜产业发展已逐步由规模扩张型向质量效益型转变，2010年我国蔬菜播种面积约18 999.9khm²，同比增加了约5.3%；我国人均占有蔬菜量为440kg，超出世界平均水平200kg以上。近年来，人们的绿色消费观念日趋成熟，出现多样化、高档化、新鲜化的趋势，从而引导我国蔬菜种植业的结构向天然、无污染的绿色环保型方向发展。目前我国已形成了华南冬春蔬菜、长江上中游冬春蔬菜、黄土高原与云贵高原夏秋蔬菜、黄淮海与环渤海设施蔬菜、东南沿海出口蔬菜、西北内陆出口蔬菜以及东北沿边出口蔬菜八大蔬菜重点生产区域。山东省依然是全国蔬菜种植面积最大的省，2010年山东省蔬菜播种面积1 770.8khm²，总产约9030.7万t，同比2009年分别增加14.8khm²、93.5万t。其中，初步统计2010年秋冬到2011年春季蔬菜在田面积1 190.0khm²、蔬菜产量预计达6 250万t，同比增加37.3khm²、40万t。目前，我国蔬菜方面助研和讲师以上的科研人员有2 600多人，其中2/3是搞育种的。蔬菜领域获国家奖107项，其中2/3是育种领域的。目前从全国看，国产蔬菜品种市场占有率能占到85%，山东省国产蔬菜品种占有率达80%，寿光市国产品种占有率亦超过60%。

（二）加工业概况

2010年我国的蔬菜加工产业取得了显著成就，随着蔬菜加工产业的不断发展及出口量的不断增加，我国蔬菜产品的国际竞争力、国内蔬菜的加工水平和商品品质不断提高，在品种、产后处理和安全性等方面不断缩小与发达国家的差距。据海关统计，2010年我国蔬菜出口额连续第12年保持增长。在加工技术及装备方面，我国的蔬菜产业技术与装备水平正在逐步提升，在加工规模上，我国已形成了一批具有较强市场竞争能力的产业集团，在强化特色蔬菜产后处理、发展深加工、延长产业链、提高附加值、加快特色蔬菜质量标准体系建设、规范行业标准、提升产品市场竞争力、培育名牌产品等方面都取得了快速发展。

1. *生产及加工技术* 国家大宗蔬菜产业技术体系正式启动以来，蔬菜产业技术体系按照从生产中来、到生产中去、与其他国家科研计划项目密切衔接的运行机制，整合国内优势研究力量，围绕我国蔬菜产业中品种、栽培、病虫防控、设施设备、采后处理与加工、产业经济等各个环节的技术需求进行综合攻关研究；围绕我国农产品加工的共性关键技术与装备的瓶颈问题进行攻关，突破了膜分离、物性修饰、无菌冷灌装、冷榨、浓缩、冷链、保鲜、干燥等一批农产品深加工共性关键技术，开发了浓缩果蔬汁、组合式果蔬贮运装备等一批在国内外市场具有较大潜力和较高市场占有率的名牌产品，形成了一批重大成果。2010年，我国许多地市新建和续建了蔬菜深加工基地。

2. *蔬菜加工业的发展* 2010年我国蔬菜加工业取得了进一步的发展，国际竞争力得到了更进一步的提高，外向型蔬菜加工产业布局已基本形成。蔬菜生产不仅满足了国内消费，而且扩大了出口，蔬菜出口量仍居世界第一位。2010年，我国各地继续加大投入力度，积极扶持发展设施蔬菜生产。

山东是蔬菜种植大省，蔬菜面积、产量、产值、出口创汇等指标一直位居全国前列。山东省财政2010年列支了7 800万元，在5个蔬菜播种面积超过33.3khm^2 的蔬菜大县实施了老旧棚室升级改造、标准化生产园区及集约化育苗中心等项目建设。计划到2015年，建设1 000个蔬菜标准化生产基地，培育100个蔬菜集约化育苗中心，全省蔬菜播种面积稳定在2 000khm^2 左右，其中设施蔬菜面积力争扩大到1 000khm^2 左右。通过未来五年发展，山东蔬菜总产量将达到1.1亿t，总产值达到1 800亿元以上，将鲁北地区建设成以京津为主要市场的优质特色蔬菜生产基地，鲁南地区建设成为面向江、浙、沪的优质、高端特色蔬菜生产基地和大型蔬菜仓储物流中心。国内市场占有率稳定在20%左右，蔬菜产品抽样检测合格率达到98%以上，“三品一标”产品认证数量增加30%以上，产品商品化处理和精（深）加工率达到65%以上。

2010年3月22日，广元金田农业科技有限公司脱水蔬菜加工项目开工奠基仪式在四川省广元市朝天区平溪乡举行。广元金田公司依托曾家山独特的自然资源优势和丰富的绿色蔬菜资源优势，在平溪乡开展脱水蔬菜加工项目。该项目计划总投资3 100万元，厂区占地面积2.67hm^2。其中，一期工程投资1 200万元，占地面积1.34 hm^2。项目建成后，每年可加工新鲜蔬菜8 800t，生产脱水蔬菜660t，实现产值2 200余万元，税收570万元。同时，将带动平溪及周边乡镇发展蔬菜种植大户1 000余户，安置就业人员60人。该项目计划用3个月的时间完成一期工程建设，7月份正式投入生产，确保年内实现蔬菜加工2 000t，生产脱水蔬菜150t，实现产值500万元。该项目建成后，可有效提高曾家山绿色蔬菜的商品率、知名度和市场占有率，进一步优化、提高蔬菜产品质量，延伸产业链条，提升产品附加值，也填补了该区蔬菜产业无龙头加工企业的空白。

北京市大兴区魏善庄镇凯创食品公司根据蔬菜不易储存等问题，积极研发蔬菜深加工技术，2010年引进蔬菜加工生产线，可很好解决当地农民蔬菜难保存问题，增加了农民收入。蔬菜深加工制品弥补新鲜蔬菜易腐烂变质、季节性强、不便储存和运输等缺点。随着科学技术发展，蔬菜深加工制品逐步采取先进的生产加工工艺，使制品深加工后基本保持了原有的风味和营养成分，逐渐为人们接受和喜爱，产品有广阔的市场前景。项目投产后，年需用新鲜蔬菜10 000t，生产蔬菜深加工制品5 000t。项目建成后，可带动133.33 hm^2 地蔬菜生产，为农民带来收入1 300多万元的收益，解决当地100多名农民就业，对带动地区种植业发展和产业化的实现起到了促进作用。

内蒙古万德有机食品有限公司，于2010年11月上旬完成生产车间装修和设备安装及调试运行工作，达到一次试车成功。公司加工的有机脱水蔬菜主要采用生产工艺先进的热风干燥法，将有机蔬菜原料快速脱水成干品，对各类原料进行封闭、分级干燥，生产出的产品具有色泽鲜艳、外形规则、卫生条件高、不破坏营养成分、无外来杂质及色、香、味俱全等特点，所有工序严格执行国家制定的相关质量管理体系和食品安全体系要求，产品质量全部符合国际出口商检标准。投产后，可以深加工的蔬菜品种有胡萝卜、青红椒、橄榄、番茄、根芹、马铃薯、白洋葱、南瓜等。公司2010年开发建设了66.67hm^2 符合国际有机食品生产标准的有机蔬菜原料生产示范基地，并成功试种以奶油南瓜为主打出口保鲜蔬菜品种，为2011年企业正式投产运营脱水和保鲜加工有机蔬菜奠定了坚实的基础。有机蔬菜加工项目的试生产成功，对拉动翁牛特旗相关蔬菜种植规模化发展将起到积极作用。

3. *蔬菜工业布局* 目前，我国蔬菜加工产业逐步向布局集中、产业集聚的方向发展。我国蔬菜加工产业已形成了西北番茄酱加工基地、东部及东南沿海干制、罐头、速冻和腌制蔬菜加工基地。山东、福建、浙江、新疆、江苏、广东是我国蔬菜出口的主要省、自治区。我国脱水蔬菜加工也形成了东南沿海省份及宁夏、甘肃、内蒙古等西北地区产业带。

我国蔬菜产品的出口基地大都集中在东部沿海地

区，近年来产业正向中西部扩展。我国的脱水蔬菜加工主要分布在东南沿海省份及宁夏、甘肃、内蒙古等西北地区，例如青椒、红椒主要集中在内蒙古及宁夏、甘肃一带加工；我国干辣椒出口量已占世界干辣椒出口量的20%以上，其中贵州是我国的著名辣椒产区。而蔬菜罐头、速冻蔬菜加工主要分布在东部及东南沿海地区，在福建、山东、云南、陕西等省集中了蘑菇、芦笋等罐头生产，其中福建出口的蘑菇罐头占全国蘑菇出口额的70%左右；竹笋罐头以浙江、福建、江西为主产区。在浓缩汁、浓缩浆加工方面，我国的番茄酱的加工占有非常明显的优势，形成非常明显的浓缩蔬菜加工带，即以西北地区（新疆、宁夏和内蒙古）为主的番茄酱加工基地。而直饮型蔬菜饮料加工则形成了以北京、上海、浙江、天津和广东等省、直辖市为主的加工基地。在我国腌制蔬菜产业中，榨菜产业主要集中在重庆、浙江、贵州；酱菜产业主要集中在大城市如北京等；山野菜如蕨菜加工主要集中在东北各省；泡菜主要集中在青岛、沈阳和成都等地。

二、国内外市场概况

（一）国内市场

2010年，我国蔬菜市场总体供需平衡，受各种因素影响，蔬菜价格高位运行。据监测，11月上旬，全国36个大中城市18种主要蔬菜平均批发价格每千克3.9元，比年初上涨了11.3%，比去年同期上涨了62.4%。蔬菜价格上涨的原因很多：一是受异常天气影响。春季遭受倒春寒，北方地区蔬菜产量减少，品质下降，上市时间推迟。进入汛期后，南方和东北部分地区反复遭受暴雨、洪水等灾害天气，蔬菜生长受损，采摘困难，运输受阻。二是蔬菜生产经营成本增加。进入2010年，国内农用柴油、农用地膜和农药等农资价格均有不同程度上涨，蔬菜生产、流通环节人工成本也有所增加，其中流通环节工资涨幅约为20%。三是蔬菜消费需求上升。近年来，随着我国居民收入水平不断提高，人们消费理念逐步发生变化，食物结构也悄然调整，蔬菜在食品消费中所占比重不断上升。四是一定程度上存在炒作现象。2009年下半年以来，大蒜、生姜等“一季生产，全年消费”的耐储存农产品遭到炒作，人为推高价格。11月上旬，全国36个大中城市大蒜、生姜批发价格同比分别上涨95.8%和89.5%。五是国际农产品价格上涨。近期，国际大宗农产品价格普遍上涨，日、韩等国相继出现菜荒，某种程度上也影响到我国。

（二）国际市场

2010年，我国蔬菜进出口贸易较快发展，进出口额大幅增长，贸易顺差扩大。全年蔬菜进出口总量为859.6万t，贸易总额为102.6亿美元，比上年分别增长5.7%和45.4%。其中，出口量844.6万t，增长5.1%，出口额连续第12年保持增长，再创历史新高，达到99.9亿美元，增长45.2%，占全国农产品出口总额的20.2%，比上年增加2.8个百分点；进口量为15万t，进口额为2.8亿美元，比上年分别增长54.5%和54.6%；贸易顺差97.1亿美元，居农产品之首，比上年增长44.9%。

1. 产品结构　2010年，蔬菜出口仍以鲜冷冻蔬菜和加工保藏蔬菜为主，两类产品出口量合计799万t，占蔬菜出口总量的94.6%，所占比重与上年基本持平；出口额合计77.8亿美元，占蔬菜出口总额的77.8%，比上年下降2.6个百分点。其中，鲜冷冻蔬菜出口额增幅达60%以上，占蔬菜出口总额的45.7%，比上年增加4.4个百分点，稳居第一。加工保藏蔬菜出口量和出口额均呈两位数增长，出口额占蔬菜出口总额的32.1%，比上年下降7个百分点，位居第二。干蔬菜出口量稍有增加，而出口额大幅增长67.4%，占蔬菜出口总额的比重近几年以来首次超过20%。值得注意的是，2010年上述三类蔬菜产品出口量均有增加，但蔬菜种子出口量下降9.3%，出口额占出口总额的比重不到1%。2010年我国蔬菜进口贸易发展较快，进口量和进口额均较上年增长50%以上。进口种类以加工保藏蔬菜和蔬菜种子为主，两类产品进口额均首次超过1亿美元，分别增长66.2%和44.6%，加工保藏蔬菜进口额占蔬菜进口总额的比重较上年增加2个百分点，而蔬菜种子所占比重下降了2个百分点。干蔬菜进口量及进口额快速增长，增幅均在70%以上，占蔬菜进口总额的比重比上年增加约1个百分点。鲜冷冻蔬菜进口量和进口额虽呈两位数增长，但进口额所占比重与上年基本持平。按照出口额排序，我国前十大出口蔬菜产品依次是鲜或冷藏的蒜头、番茄酱罐头、干香菇、姜、干燥或脱水的大蒜、小白蘑菇（洋蘑菇）罐头、鲜或冷藏的洋葱、鲜或冷藏的胡萝卜及萝卜、干木耳、非用醋制作的酸竹笋及其他竹笋罐头。蔬菜出口产品的集中度较高，前十大产品出口量合计435.0万t，占蔬菜出口总量的51.5%，出口额合计55.4亿美元，占蔬菜出口总额的55.4%。与上年相比，前十大产品中，只有鲜或冷藏的蒜头和姜的出口量下降，其他产品的出口量和出口额均呈不同程度增长。其中，干香菇增速最快，出口量和出口额均增加1倍以上。其次是干木耳，出口量和额的增幅也均在50%以上。鲜或冷藏的蒜头和干燥或脱水的大蒜出口额增幅超过100%，鲜或冷藏的洋葱、姜和小白蘑菇罐头的出口额增幅都超过40%。前十大产品出口额的排序除鲜或冷藏的蒜头及番茄酱罐头稳居第一和第二位外，其余均发生了变化。主要变化为：一是干燥或脱水的大蒜由上年的第七位跃升为第五位；二是鲜或冷藏的胡萝卜由上年的第六位下降为第八位；三是干木耳和非用醋制作的酸竹笋、其他竹笋罐头分列第九和第十位，分别替代了辣椒干和鲜或冷藏马铃薯。

2. 贸易区域　2010年我国蔬菜出口市场的区域集中度仍然较高，对亚洲和欧洲的出口额占我国蔬菜出口总额的80.9%。由于我国蔬菜在日本、韩国及东盟和中亚市场地位牢固，贸易规模稳中有升，对亚洲的蔬菜出口额连续第二年增长，增幅达53.2%，占蔬菜出口总额的63.8%；对欧洲出口量增长8.8%，扭转了上年出口量下降的趋势，出口额也增长27.2%；对北美洲、南美洲和大洋洲的蔬菜出口量微幅下滑，但出口额不同幅度增长，对南美洲增幅达到70.7%；对非洲的蔬菜出口延续了上年出口量、额齐增的良好局面，出口量和出口额比上年分别增长23.5%和30.4%。按照出口额排序，居我国蔬菜出口市场前十位的国家（地区）依次是日本、美国、韩国、马来西亚、印度尼西亚、越南、泰国、俄罗斯、中国香港和德国。日本仍是我国蔬菜最重要的出口市场，出口量和出口额均小幅增长，但是出口额占我国蔬菜出口总额的比重从上年的21.8%下降到19.3%；对马来西亚、印度尼西亚、越南、泰国等4个东盟国家的蔬菜出口稳步发展，出口额增幅较大，出口量合计达172.2万t，占对东盟蔬菜出口量的90%，出口额合计达22亿美元，占对东盟蔬菜出口额的89.4%；对韩国和中国香港的出口额增幅较大，分别增长72.4%和51.1%。

3. 价格变动　2010年蔬菜出口平均价格比上年上涨38.2%，其中鲜冷冻蔬菜和干蔬菜价格涨幅较大，均达60%以上，而加工保藏蔬菜价格较平稳，涨幅低于5%。从具体品种看，鲜或冷藏的蒜头、干燥或脱水的大蒜出口价格飙升，涨幅均达到1倍以上，姜的出口价格涨幅也达70%以上。在蔬菜主要出口产品中，只有番茄酱罐头价格出现回落，跌幅超两成。

三、行业工作

1. 完善鲜活农产品“绿色通道”政策　截至2010年，全国“五纵二横”绿色通道网络总里程达到4.5万km，基本贯通全国31个省、自治区、直辖市，实现了省际互通，连通了全国29个省会城市和71个地市级城市，覆盖了全国所有具备一定规模的重要鲜活农产品生产基地和销售市场。各省、自治区、直辖市也结合本地实际和地域特点，建立了具有区域特点的农产品公路运输“绿色通道”。据有关部门统计，自2005年以来全国共减免通行费277亿元，在鼓励鲜活农产品流通方面发挥了积极作用，为我国蔬菜加工业的发展创造了良好的政策环境。

2. “第十一届中国（寿光）国际蔬菜科技博览会”于2010年4月20日至5月7日在山东寿光举行　主办单位为农业部、科学技术部、商务部、中国贸促会、国家环保总局、国家质量监督检验检疫总局、中华全国供销合作总社、国家外国专家局、中国农业科学院、国家旅游局、国家标准化管理委员会、山东省人民政府。大会以“绿色、科技、发展、共享”为主题，本届菜博会共设一个主展区和11个分展区，主展区室内展览面积为12.5万m^2，设有8个展馆（厅）和4个蔬菜规模化种植展厅。本届菜博会共展示各类蔬菜、果品、花卉等2 000多个品种，新技术新成果100多项，蔬菜艺术景点200多个。

3. “第十一届国际果蔬、食品博览会”于2010年9月23～26日在山东烟台举行　本次会议的主题为“绿色、健康、发展”。展会邀请近百个海内外采购商会，组织采购商与参展商进行面对面洽谈、发布采购信息、签订采购合同。组织特色产品展示，向海内外采购商、经销商、加工企业、投资商进行特色产品推介。会议期间，组织参会参展商参观考察了当地特色果蔬科研、种植、加工基地和食品龙头企业。

（山东省农业机械科学研究所　孙众沛）

茶叶加工业

一、中国茶叶在世界上的地位

我国是世界上最大的茶叶生产国，茶园面积1 970.2khm^2，为世界第一。据《人民日报》报道，2010年全球茶叶生产总量为406.7万t，其中我国总产量147.5万t，位居世界第一。2010年，我国茶叶生产量（不含台湾省）占世界茶叶生产量的

36.27%，茶叶出口量 30.24 万 t，茶叶出口额 7.84 亿美元，位居世界第二。

二、我国茶叶生产情况

2010 年虽然整个冬季气候状况良好，但是在春季茶芽萌发将开采、部分茶区已忙于采摘期间，不少茶区却突然遭受雪灾、冻害等“倒春寒”天气，特别是长江南、北中小叶茶树种植的名优茶生产区域，早熟品种普遍受灾，损失严重。然而，面对上述不利自然条件，经过整个茶叶行业的共同努力，2010 年茶叶生产仍然获得良好业绩。下面以农业系统统计数字为依据，对有关情况进行分析。

（一）茶园面积

农业部提出，当前我国茶叶生产应贯彻稳定茶园面积、提高单产和经济效益的发展战略。2010 年茶园面积增长势头放缓，特别是茶叶主产区的浙江、安徽、福建、湖北、湖南、广东、广西、重庆、江苏等茶园面积增长显著放慢。由于贵州等发展速度仍较快，2010 年全国茶园面积与 2009 年相比，仍增长 6.58%，达到 1 970.2khm²，其中采摘面积为1 426.1 khm²，比 2009 年增长 7.39%。2010 年全国茶园面积统计情况见表 1。

表 1　2010 年全国茶园面积统计

省、自治区、直辖市	茶园总面积（khm²）			采摘面积（khm²）		
	2010 年	2009 年	同比增长（%）	2010 年	2009 年	同比增长（%）
合　计	**1 970.2**	**1848.5**	**6.58**	**1426.1**	**1328.0**	**7.39**
江　苏	30.3	30.1	0.9	250.0	24.3	1.0
浙　江	180.0	176.0	2.3	165.3	158.0	11.0
安　徽	130.0	128.7	1.0	115.3	114.4	1.4
福　建	200.0	194.9	2.6	182.7	173.4	13.9
江　西	55.7	50.8	9.7	43.1	34.0	13.6
山　东	18.7	15.5	20.3	13.7	11.1	4.0
河　南	86.7	76.7	13.0	60.0	53.3	10.0
湖　北	212.4	206.4	2.9	153.3	148.7	7.0
湖　南	93.3	90.7	2.9	76.7	75.3	2.0
广　东	38.0	37.6	1.1	34.0	33.1	1.4
广　西	50.0	48.7	2.7	45.3	41.3	6.0
海　南	0.8	0.9	−9.5	0.8	0.9	−0.1
重　庆	42.7	42.0	1.7	40.7	40.0	1.0
四　川	212.0	199.7	6.1	147.1	138.1	13.6
贵　州	198.4	167.8	18.3	81.3	70.5	16.9
云　南	373.3	356.0	4.9	269.9	238.7	46.8
陕　西	77.7	72.3	7.5	46.1	41.0	7.6
甘　肃	11.9	12.1	−1.4	5.3	5.2	0.2

（二）茶叶产量

2010 年，全国及各省、自治区、直辖市茶叶总产量和各类茶叶产量统计见表 2，表中增减数字均为 2010 年与 2009 年的比较。因为统计为毛茶产量数字，可能较国家统计局公布数字稍高，不影响对生产形势的分析。从表中可以看出，2010 年全国茶叶总产量为 147.5 万 t，比上年增长 8.57%，为历史新高。从各省、自治区、直辖市茶叶产量看，由于早春的霜冻害，东南沿海省份如浙江、江苏、安徽、福建、山东等均减产或增产甚微，四川省增产也不多。

增产较多的是贵州和云南，主要是因为近几年新茶园发展较多逐步投产的缘故。

表 2　2010 年全国茶叶产量统计

省、自治区、直辖市	干毛茶总产量（t）			绿茶产量（t）		红茶产量（t）	
	2010 年	2009 年	同比增长（%）	2010 年	同比增长（%）	2010 年	同比增长（%）
合　计	**1 475 069**	**1 358 642**	**8.57**	**1 046 382**	**3.98**	**68 134**	**−5.3**
江　苏	14 800	15 718	−5.8	12 500	−6.7	2 300	−0.8
浙　江	166 000	167 100	−0.7	161 300	−1.3	1 400	16.7
安　徽	82 001	82 032	0.0	74 867	−2.2	4 864	43.3
福　建	268 972	265 659	1.2	91 551	−16.2	21 447	227.7
江　西	35 136	31 382	12.0	28 074	11.9	5 420	11.1
山　东	10 045	11 049	−9.1	10 045	−9.1	0	
河　南	37 000	35 500	4.2	36 700	3.4	300	
湖　北	155 000	142 900	8.5	126 200	5.1	15 000	27.1
湖　南	93 654	90 070	4.0	55 000	6.0	18 000	2.2
广　东	54 400	51 400	5.8	26 250	5.0	1 850	2.8
广　西	32 010	30 006	6.7	23 600	4.9	800	23.1
海　南	1 411	1 350	4.5	1 351	6.0	60	−20.0
重　庆	32 000	30 380	5.3	27 700	4.2	4 300	13.0
四　川	157 000	154 666	1.5	126 240	2.0	3 258	−27.3
贵　州	50 645	40 960	23.6	49 691	22.4	951	170.2
云　南	202 100	182 900	10.5	118 363	0.2	28 287	55.4
陕　西	20 024	17 449	14.8	20 024	14.8	0	
甘　肃	864	796	6.3	846	6.3	0	

省、自治区、直辖市	乌龙茶产量（t）		黑茶（t）		白茶（t）		黄茶（t）	
	2010 年	同比增长（%）	2010 年	同比增长（%）	2010 年	同比增长（%）	2010 年	同比增长（%）
合　计	**168 770**	**4.6**	**41 430**	**−8.13**	**12 212**		**394**	
江　苏	0		0		0		0	
浙　江	200	50.0	2 200	36.4	0		0	
安　徽	72	−2.8	200	0.0	0		2 000	11.1
福　建	139 082	2.9	0		12 923	19.2	0	
江　西	1 377	15.9	0		47	22.7	0	
山　东	0		0		0		0	
河　南	0		0		0		0	
湖　北	500	100.0	10 300	16.5	300	100.0	500	400.0
湖　南	628	−4.5	19 879	0.6	0		54	3.8
广　东	18 700	11.0	5 900	−5.9	0		0	
广　西	250	60.0	6 600	9.1	5	66.7	5	81.8
海　南	0		0		0		0	
重　庆	0		0		0		0	
四　川	106	371.7	26 306	2.6	0		2	100.0
贵　州	3	0.0	0		0		0	
云　南	400	25.0	45 966	18.8	337	68.5	0	
陕　西	0		0				0	
甘　肃	0		0				0	

从全国各茶类的生产情况看，2010 年全国绿茶总产量为 104.6 万 t，占全国茶叶总产量的 70.9%，仅比上年增长 3.98%，增幅较前几年明显减慢。其次是乌龙茶的增长也较前变缓。一方面有气候原因，另一方面各茶类平衡发展是一个主要原因。2010 年各类茶叶发展中，黑茶、白茶和黄茶的增幅也较大。

因国内市场红茶销量的增加，激发了各地生产红茶的积极性。

（三）毛茶总产值和名优茶产量、产值

2010 年全国茶叶总产量比 2009 年增长 8.57%，而从表 3 中可见毛茶总产值 558.5 亿元，比前一年增长 14.4%，其主要原因除茶类结构进一步调整外，主要是名优茶产量的提高和价格与总产值的增长。2010 年全国名优茶总产量达到 59.9 万 t，比上年增长 7.7%，占全国茶叶总产量的 42.5%，；名优茶总产值达到 413.6 亿元，比上年增长 15.3%，占全国茶叶总产值的 74.1%。

表 3 2010 年全国毛茶总产值和名优茶产量、产值

省、自治区、直辖市	干毛茶总产值（万元）			名优茶产量（t）		名优茶产值（万元）	
	2010 年	2009 年	同比增长（%）	2010 年	同比增长（%）	2010 年	同比增长（%）
合 计	**5 585 252**	**4 882 221**	**14.4**	**599 077**	**7.7**	**4 136 239**	**15.3**
江 苏	160 000	158 000	1.3	5 000	3.8	110 000	10.0
浙 江	860 000	753 000	14.2	64 800	−1.8	780 000	14.7
安 徽	360 000	300 000	20.0	28 500	7.1	290 000	26.1
福 建	830 000	794 188	4.5	121 037	7.8	664 000	4.5
江 西	169 665	144 054	17.8	8 963	16.2	128 349	12.5
山 东	129 654	101 321	28.0	6 350	0.8	90 758	28.0
河 南	250 000	230 000	8.7	27 000	3.8	220 000	7.3
湖 北	520 000	422 000	23.2	74 000	8.8	395 000	25.0
湖 南	400 000	380 000	5.3	11 000	2.6	90 000	0.7
广 东	163 000	145 000	12.4	18 000	4.7	94 500	12.4
广 西	120 000	100 000	20.0	10 500	−12.5	50 000	19.0
海 南	3 680	3 192	15.3	350	16.7	2 360	10.6
重 庆	60 933	52 500	16.1	10 300	10.8	32 000	21.7
四 川	670 000	570 000	17.5	78 000	2.6	435 500	23.2
贵 州	272 470	230 393	18.3	9 305	20.3	137 662	16.1
云 南	393 500	321 600	22.4	120 000	20.0	520 000	15.6
陕 西	213 110	174 108	22.4	5 607	19.5	91 760	35.4
甘 肃	9 240	2 865	222.5	365	4.3	4 350	130.8

三、茶叶出口

据中国食品土畜产进出口商会统计，2010 年我国茶叶出口量为 30.24 万 t，比上年减少 0.17%，出口数量仍然徘徊在近几年的 30 万 t 左右，未获得突破。出口金额达 7.84 亿美元，出口价格有所提高，比 2009 年的 7.05 亿美元增长 11.23%。出口茶类中，绿茶、花茶、普洱茶均比上年上升，而乌龙茶和红茶出口较上年有所下降，出口国家中，对美国、俄罗斯出口增加迅速，但受原料供应紧缺，生产成本提高以及茶叶品质规范等因素影响，对西非等传统出口市场出现下降。各茶类出口具体情况见表 4。

表 4 2010 年茶叶出口统计

出口茶类	出口量（t）	同比增长（%）	出口金额（美元）	同比增长（%）
总 计	**302 440**	**−0.17**	**784 180 446**	**11.23**
绿 茶	234 187	2.12	566 835 758	8.07
红 茶	36 588	−8.73	79 812 331	23.99
乌龙茶	19 731	−18.24	71 396 966	6.79
花 茶	7 356	24.36	39 905 870	34.66
普洱茶	4 579	31.31	26 217 675	33.99

四、茶树无性系良种、无公害和有机茶园的发展

2010年茶树无性系良种、无公害茶园和有机茶园继续呈发展态势。

1. 茶树无性系良种推广　2010年，全国茶树无性系良种茶园面积达到932.1khm²，比上年的851.7khm²增加9.4%。无性系良种茶园面积占全国茶园总面积的46.3%。

2. 无公害茶园发展　无公害茶园是为保证茶叶食品健康、强制推广的一项技术制度。2010年，全国无公害茶园面积为1257.0khm²，比上年的1 207.0khm²增长4.2%，无公害茶园占全国茶园总面积的62.5%。

3. 有机茶园发展　有机茶园是一种不使用化学肥料、化学农药、除草剂、生长调节剂和基因工程产品的茶园，是茶叶产品卫生水平要求最高的茶园。2010年全国有机茶园总面积达到108.0khm²，比上年的98.0khm²增长14.2%，进展仍较迅速。

五、2011年茶产业的发展

2011年气候条件较好，茶产业发展预计有以下趋势：

1. 茶叶生产将呈量增价平态势　由于我国茶区如贵州省仍强调新茶园发展，预计2011年全国茶园面积仍会有所增长，但增长速度进一步下降。因为2011年仍有大量新茶园投产，预计全国茶叶总产量将会继续增加，随着新技术的普及，茶叶品质也会较好，但除前期高档名优茶价格有所提高外，其他茶叶产品价格不会有很大波动，预计会与2010年持平。

2. 采茶劳力不足矛盾进一步突出，生产成本继续提高　2010年不少茶区采茶劳力不足，成本上升，已成为茶叶生产发展特别是名优茶发展的瓶颈，预计2011年此类状况将更为严重。

3. 茶类结构继续调整，国内销售显平稳增加势头　名优茶中的高档茶虽然在礼品茶中仍处于重要位置，但是适合大众消费的优质茶将更加受到生产者和消费者的青睐，特别是北方地区销售量会增加。2011年茶类结构进一步调整优化，红茶、乌龙茶等在国内市场销售形势良好，特别是红茶会继续升温。

4. 茶叶出口不会有明显突破　2011年我国茶叶出口品种结构会继续改善，产品质量会有所好转，但茶叶出口量和出口金额不会有太大变化。

（中国农业科学院茶叶研究所　权启爱）

蜂产品加工业

一、基本概况

蜂产品有着悠久的应用历史，已成为人们公认的保健食品，这些产品很多载入药典，成为药食同源的典范。蜂产品品种齐全，营养丰富，互相配合更能强化功效，正是今天人们所追求的“天然营养健康食品”。这就是蜂产品行业经久不衰的原因。蜂产品种类很多，应用领域很广，涉及食品、药品、工业制造等诸多领域，市场潜力巨大。据统计，我国蜜蜂存养量约840万群，占世界蜂群数的1/8，居世界首位。现全国年均生产加工蜂蜜约40万t，蜂王浆约3 500t，蜂花粉约5 000t，蜂胶约350t，还有数量不定的蜂蜡、蜂毒、蜂蛹、蜜蜂幼虫等产品，均位居世界第一。其中，蜂王浆年加工量占世界总量的9成以上，蜂蜜、蜂花粉、蜂胶及其制品年出口量约占总产量的一半，蜜蜂饲养量、蜂产品总产量、蜂产品出口量均居世界第一。

二、生产与出口情况

（一）蜂蜜

2010年春天，正当南方油菜花开流蜜的季节，西南五省遭遇了百年未遇的大旱，南方持续低温，北方寒潮频繁袭扰，作物生长滞后。四川、湖北、江苏等地油菜花期推迟了15天左右。低温不仅使蜂群不能正常繁衍和采蜜，也使油菜蜜源不能正常泌蜜，严重影响了油菜蜂蜜的产量。初步统计，南方油菜蜂蜜比2009年减产70%以上。尽管青海、新疆等地后期油菜蜜生产情况良好，但无法扭转全国蜂蜜减产的大局。5月份，由于低温多雨和沙尘暴，导致河南、陕西、山西等洋槐蜂蜜主产区的养蜂生产受到严重影

响，减产均在70%以上，有的地区几乎绝收。从全国看，洋槐蜂蜜减产达到70%～80%。6月的枣花蜜生产延续了减产的势态，减产幅度在40%左右。6月中下旬，北方部分地区荆花蜂蜜开始收获，但进入7月后连续出现历史罕见的高温酷暑，影响了北方地区荆花的泌蜜。蜂蜜的严重减产造成了全国蜂蜜收购价格一路飙升，不断刷新历史纪录。油菜蜂蜜收购价最高达到每吨8 000元，比2009年上涨了80%；洋槐蜂蜜最高达每吨2.5万～2.6万元，几乎比2009年翻了一番。蜂产品企业为了维持基本运营，纷纷提高了蜂产品的零售价格。

据中国海关统计，2010年我国出口蜂蜜数量为101 137.6t，同比增长40.5%；金额为18 251.5万美元，同比增长44.9%；平均单价为1 804.6美元/t，同比增长3.1%。2010年我国对亚洲出口蜂蜜数量为43 446.8t，同比增长28.2%；金额为8 648.6万美元，同比增长39.7%；平均单价为1 990.6美元/t，同比增长9.0%。对非洲出口蜂蜜数量为3 123.0t，同比增长32.0%；金额为500.2万美元，同比增长42.4%；平均单价为1 601.6美元/t，同比增长7.8%。对欧洲出口蜂蜜数量为52 939.2t，同比增长54.7%；金额为8 840.4万美元，同比增长52.3%；平均单价为1 669.9美元/t，同比下降1.6%。对南美洲出口蜂蜜数量为97.8t，同比增长0.0%；金额为14.2万美元，同比增长0.4%；平均单价为1 449.4美元/t，同比增长0.4%。对北美洲出口蜂蜜数量为618.8t，同比增长742.4%；金额为95.0万美元，同比增长526.9%；平均单价为1 535.3美元/t，同比下降25.6%。对大洋洲出口蜂蜜数量为912.1t，同比下降31.8%；金额为153.1万美元，同比下降28.7%；平均单价为1 678.2美元/t，同比增长4.5%。2010年自我国进口蜂蜜的国家和地区中，按金额排名第一位是日本，数量为34 648.5t，同比增长37.5%；金额为7 093.3万美元，同比增长49.0%；平均单价为2 047.2美元/t，同比增长8.3%。第二位是比利时，数量为15 756.4t，同比增长25.7%；金额为2 696.0万美元，同比增长23.3%；平均单价为1 711.1美元/t，同比下降1.9%。第三位是英国，数量为13 726.6t，同比增长54.3%；金额为2 211.6万美元，同比增长44.4%；平均单价为1 611.2美元/t，同比下降6.4%。2010年我国蜂蜜出口情况见表1、表2。

表1 2010年我国蜂蜜出口海关统计

出口国别或地区	2010年			同比（2009年）增长（%）		
	出口数量（t）	出口金额（万美元）	出口单价（美元/t）	出口数量	出口金额	出口单价
日　本	3.460	7 093	2.047	38	49	8.0
比利时	1.580	2 696	1.711	26	23	－2.0
英　国	1.370	2 212	1.611	54	44	－6.0
葡萄牙	0.527	795	1.509	155	132	－9.0
德　国	0.370	687	1.855	90	109	10.0
马来西亚	0.357	617	1.729	24	30	4.0
波　兰	0.341	556	1.633	141	143	1.0
西班牙	0.319	524	1.640	5	52	0.2
荷　兰	0.294	515	1.752	52	59	4.3
南　非	0.211	359	1.705	85	94	5.0
意大利	0.154	270	1.750	657	660	0.3
新加坡	0.100	207	2.078	8	13	5.0
澳大利亚	0.089	150	1.682	－33	－30	5.0
法　国	0.086	143	1.657	－21	－18	4.0
摩洛哥	0.081	108	1.336	－19	－19	0.1
泰　国	0.073	114	1.571	55	61	4.0
印　度	0.065	75	1.155	－29	－32	－5.0
罗马尼亚	0.065	110	1.700	46	50	3.0
美　国	0.058	88	1.521	688	481	－26.0
越　南	0.056	7	1.187	－90	－90	－6.0
中国香港	0.054	114	2.140	36	28	－6.0
沙特阿拉伯	0.053	128	2.414	－21	17	48.0

（续）

出口国别或地区	2010年			同比（2009年）增长（%）		
	出口数量（t）	出口金额（万美元）	出口单价（美元/t）	出口数量	出口金额	出口单价
拉脱维亚	0.049	89	1.816	119	118	−0.2
丹　麦	0.041	62	1.528	82	42	−22.0
阿联酋	0.041	67	1.659	46	35	−7.0
俄罗斯	0.036	66	1.804	−35	14	75.0
阿　曼	0.036	56	1.562	−16	−19	−5.0
印度尼西亚	0.025	30	1.196	645	354	−39.0
爱尔兰	0.021	43	2.083		2009年为0	
以色列	0.018	31	1.708	29	22	−5.0

表2　2010年蜂蜜主要出口省份出口情况

省、自治区、直辖市	蜂蜜出口量（t）	金额（万美元）	数量同比（%）	金额同比（%）
湖　北	21 716.7	3 808.0	10.6	11.3
安　徽	14 480.4	2 558.8	30.1	38.8
山　东	14 469.8	3 002.8	82.4	86.6
浙　江	11 165.8	1 921.8	54.5	59.4
江　苏	9 428.0	1 577.1	61.6	57.9
河　南	7 723.5	1 420.9	35.7	44.3
辽　宁	5 831.6	1 066.2	34.9	43.8
四　川	2 309.9	410.5	−3.5	5.6
宁　夏	2 354.8	376.9	468.0	525.6
上　海	2 338.7	379.0	204.4	178.1
北　京	2 099.6	327.2	136.6	110.2
湖　南	1 891.1	393.5	18.6	39.6
陕　西	1 649.0	306.8	116.7	88.6
天　津	1 304.1	226.7	2.0	0
吉　林	790.2	213.1	33.1	30.2
广　东	716.0	87.0	208.0	127
河　北	345.0	51.0	−48.0	−52
内蒙古	159.0	24.0	78.0	93
福　建	136.0	21.0	453.0	454
江　西	40.0	14.0	−42.0	2
广　西	98.0	14.0	9.0	15

（二）蜂王浆

根据中国海关统计，2010年我国蜂王浆出口600t，金额1 222万美元，平均价格20.35美元/kg。与2009年相比，数量增长11%，金额增长1.68%，平均价下降8%，单价虽有下降，但出口总量的强劲增长使得出口总额仍高于前一年同期水平。蜂王浆冻干粉出口218t，金额1 349万美元，平均价达到62美元/kg，数量、金额同比均呈现下降趋势，平均价同比持平。其他蜂王浆制剂出口692t，金额897万美元，平均价达到12美元/kg，数量、金额、平均价均呈现增幅。2010年全球与我国开展蜂王浆产品（蜂王浆、冻干粉、蜂王浆制剂）贸易的国家有49个，比2009年略有增长。蜂王浆对亚洲市场出口已摆脱2009年全面下滑的阴影，出口数量同比增长6.87%，金额同比降幅不到2%，对亚洲出口占蜂王浆出口总额的67%。对欧洲出口表现出色，出口金额突破300万美元，出口数量同比增幅达到34%。

在全国各省份中，浙江省是蜂王浆生产和出口主要省份，近6年来蜂王浆平均出口比重占到全国的56%，冻干粉平均出口比重占到53%。2010年浙江蜂王浆、蜂王浆制剂出口额都处于增长态势，冻干粉出口显现滑坡。湖北作为冻干粉出口第二大省份，冻干粉出口也呈现逆势。从海关统计看，2010年全国有蜂王浆和冻干粉出口的省份数量为13个，蜂王浆制剂出口的省份有12个。2010年，蜂王浆经营队伍略有缩水，但仍是我国保健品出口的主要力量。2010年，经营蜂王浆出口的企业为45个，数量比2009年减少8%。出口额在100万美元以上的企业为3个，出口额在50万至99万美元的企业为8个，出口额在10万至49万美元的企业为9个，企业经营规模普遍缩水。经营冻干粉出口的企业为45个，比2009年减少10个。出口额在100万美元以上的企业为3个，出口额在50万至99万美元的企业为5个，出口额在10万至49万美元的企业为14个，冻干粉出口企业数量明显少于往年。蜂王浆制剂出口企业与2009年相比数量略有上升，出口额在100万美元以上的企业为3个，出口额在10万美元以下的中小企业多达36个，50万至99万美元的中型企业出现断档，从企业经营规模看，蜂王浆制剂出口队伍存在隐忧。

（三）蜂胶

经过两年来对一些蜂场定点跟踪测算，我国蜂胶原料年产量为300～400t，纯蜂胶提取物产量为150～200t，蜂胶原料产量与实际需求缺口较大。2010年总体价格基本平稳，年末有所上涨。截至2010年10月底，已获得保健食品批文的国产蜂胶产品252个，进口蜂胶产品10个。粗略估计，2010年销售各种剂型的蜂胶保健食品为750～1 000t，年销售额在15亿～20亿元人民币。但是，据估计，全国以蜂胶名义销售的产品年销售额在30亿～40亿元人民币，泡沫仍然很大，问题更加突出。可以肯定，所超出的非正常销售额应该是掺假和假冒的所谓“蜂胶”产品。随着蜂胶产品的持续热销，制假售假愈演愈烈，2010年11月21日央视《蜂胶的秘密》终于揭露了用树胶代替蜂胶等造假问题，可谓重拳出击。各地媒体的相继跟进，形成了一股前所未有的蜂胶打假热潮，这对于净化和规范蜂胶市场无疑起到了一定的推动作用。但是，蜂胶打假是热闹一时，还是借此形成长效机制，不容乐观。

（四）蜂花粉

蜂花粉的贸易总体比较平稳，没有出现大的变化，也没有出现明显的市场短缺现象。据不完全统计，2010年我国蜂花粉出口量为850t左右，预计还有一部分为饲料出口（数据无法统计）。2010年国内药品中使用800t左右，其余的主要为蜂产品专卖店等渠道销售完成。根据国内主要使用厂家收购的数据统计，蜂花粉的贸易量应该在3 000t上下。由于气候问题，再加上2009年蜂蜜价格走势非常好，蜂场忙于取蜜，也减少了花粉生产，导致2010年花粉几个主产地都出现了较大幅度的减产，较2009年减产了近30%～40%，有的地区甚至达到50%以上。其中，主要产地西部青海及内蒙古一带，油菜花粉的减产达到50%以上；宁夏葵花期和陕北荞麦产粉季节干旱，葵花和荞麦吐粉减少，也有了较大幅度的减产。茶花粉的主产地江、浙一带由于长时间的阴雨天气，导致花季明显缩短而且出粉率不高，茶花粉也有将近50%的减产。2010年，蜂花粉价格出现了大幅度上涨。其中，油菜花粉收购价格从2009年15元/kg在短期内迅速上涨至25元/kg，上涨67%；茶花粉从20元/kg迅速上涨至35元/kg，上涨75%；杂花粉也从15元/kg上涨至20元/kg，上涨33%。收购价格开始比2009年出现略涨，然后迅速上涨50%以上，由于收购商囤货甚至一度出现收购不到的情况，最后使价格稍有回落。目前总体蜂花粉的价格比2009年已经上涨了近50%。在这里我们看到了一个奇怪的现象，一方面是蜂蜜产量大减，另一方面是蜂蜜出口增幅达40%以上，行业的造假大行其道，已到了无以复加的地步。

三、质量管理工作

2010年11月14日中央电视台《每周质量报告》曝光了浙江杭州等地利用大米糖浆造假蜂蜜的事件，可以说是震动全国蜂产品行业的一件大事。这是继2006年7月23日中央电视台《每周质量报告》曝光武汉蜂蜜掺假事件的升级版，从2003年开始利用玉米糖浆造假蜂蜜已成风气。近两年来，米糖浆造假蜂蜜愈演愈烈，有恃无恐。仅1周之后，中央电视台《每周质量报告》又曝光了市面上多数蜂胶是一种使用杨树芽为原料，人工提取加工而成的树脂胶状物。《蜂胶国家标准》明确规定，非蜜蜂采集，人工加工而成的任何树脂胶状物不能称之为蜂胶，更不允许添加到真正的蜂胶里面。相关及后续报道引起了行业内外极大的震惊，全国各地的工商质检部门对蜂蜜、蜂胶进行了清查整顿，浙江、河南有关执法部门纷纷行动。长葛市实施了蜂胶行业大整顿，对5个企业实行查封处理，8名干部被处以行政记过和记大过处分。面对社会广大消费者对行业的疑虑，中国蜂产品协会及时进行行业内的自查整顿，并积极开展正面引导，通过媒体推出了《关于蜂蜜、蜂胶等产品选购及使用中若干注意事项的指导意见》。并对消费者选择蜂产品提出了如下建议：

1. 选购蜂胶产品应选择有保健食品批准文号（即小蓝帽标识）的产品，表明此产品已由企业通过了申报批准，经过了卫生部门做过的毒理试验、功能性试验，证明是安全有效的。企业按照批准的相关条件合法生产出来的产品应有一定的保证。

2. 价格明显比同类产品低出很多的产品不要购买。

3. 关注药检局等有关执法部门抽检公布的情况，尽量选择可信度较高的企业及品牌的产品。

4. 进入市场的蜂蜜产品必须有 QS（生产许可）的标识。

5. 选购自己熟悉的品牌，如一些知名品牌或在当地具有影响力的品牌，最好是选购自己比较熟悉的企业产品。

6. 在日常生活中，多关注各地工商、质检部门对蜂蜜市场质量的抽查公告。

7. 注意“蜂蜜”与“蜂蜜调制品”的区别：如果是纯蜂蜜，商品标签的名称应为“蜂蜜”或“（某某花种）蜂蜜”，也可为“蜜”或“（某某花种）蜜”。如果不是纯蜂蜜，依据相关规定，只能称为“调制（配）（蜂）蜜（膏、液等）”，如果还是标为纯蜂蜜的名称，就是冒充蜂蜜的假蜂蜜。

四、标准化工作

（一）蜂蜜标准

1. *真实性检验标准* 2010 年国家认证认可监督管理委员会提出检验检疫行业标准制修订计划项目申报范围意见，建议指定检验检疫行业标准。要求标准通过生物学方法结合仪器方法检测蜂蜜中呋喃果糖酶的测定方法，检测下限精密度和标准度符合国内外的要求。

2. *溯源标准* 2010 年 1 月 19 日，安徽省质监局委托组织召开国家标准审定会，由安徽省标准化研究院牵头起草的《农产品追溯要求 蜂蜜》国家标准通过了审定。

3. *产品标准* 2010 年下半年，《蜂蜜》国家标准修订工作开始启动，由南京老山药业股份有限公司牵头起草。按照标准修订程序，起草单位在征求了标准化工作组成员意见后将做进一步修改，并在行业内广泛征求意见。

（二）蜂王浆国家标准

由我国提出制定蜂王浆国际标准的提案于 2008 年在国际标准化组织年会上获得通过，有 7 个 ISO 成员国愿派出专家共同参与该国际标准的制定。2010 年 10 月，工作组第二次国际会议在法国巴黎召开，参加会议的有中国、日本、法国、意大利和土耳其的代表。与会各成员国代表对蜂王浆标准有较多分歧。分歧主要体现在蜂王浆的定义、糖的指标是否需要细分、是否需要对蛋白进行同位素检测、是否需要增加脂肪类含量指标，以及贮存的温度要求等。由于我国在蜂王浆生产期内往往要饲喂糖浆和豆粉，而欧洲国家没有这种作法。因此欧洲一些国家提出要在蜂王浆的定义中明确不同生产方式，同时对糖分和蛋白质进行更细致的检验，以便区分出这两种不同的产品。2010 年 11 月，我国国内专家工作组决定对上述分歧进行试验验证，并将验证工作委托给有关机构。

（三）蜂花粉国际标准

花粉专业委员会在中国蜂产品协会及蜂产品标委会的统一领导下，主要负责协调和收集标准主要起草单位杭州澳医保灵药业有限公司等单位和市场、企业、国内花粉专家等的意见和建议。2010 年专委会组织召开了二次意见交流会，通过这二次交流，国内主要企业、科研单位以及蜂农等代表提出了不同的意见。

（四）发布的行业标准

2010 年发布的行业标准有：《进出口蜂王浆中咖啡因含量的测定方法 液相色谱-串联质谱法》（SN/T 2440—2010）、《进出口蜂王浆中多种杀螨残留量检测方法 气相色谱-质谱法》（SN/T 2571—2010）、《进口蜂王浆中多种氨基甲酸酯类农药残害量检测方法液相色谱-质谱/质增法》（SN/T 2572—2010）、《进出口蜂王浆中杀虫脒及其代谢产物残留量检测方法气相色谱-质谱法》（SN/T 2573—2010）、《进出口蜂王浆中双甲脒及其代谢产物残留量检测方法 气相色谱-质谱法》（SN/T 2574—2010）、《进出口蜂王浆中多种菊酯类农药残留量检测方法》（SN/T 2575—2010）、《进出口蜂王浆中林可胺类药物残留量测定 液相色谱-质谱/质谱法》（SN/T 2576—2010）、《进出口蜂王浆中 11 种有机磷农药残留量的检测方法 液相色谱法》（SN/T 2577—2010）、《进出口蜂王浆中 15 种诺酮类药物残留量的测定 液相色谱-液相色-质谱/质谱法》（SN/T 2578—2010）、《进出口蜂王浆中 10 种硝基咪类药物残留量的测定 液相谱-质谱/质谱法》（SN/T 2579—2010）、《进出口蜂王浆中 16 中磺胺类药物残留量的测定 液相谱-质谱/质谱法》（SN/T 2590—2010）。

五、行业信用建设

经全国性行业协会商会评估委员会评定，中国蜂产品协会在全国性行业协会商会评估中获 4A 等级。据悉，2010 年度参评的全国性行业协会商会中，共有 94 个单位获得 3A 及以上评估等级，其中 5A 级 7 个，4A 级 19 个。获得以上成绩是中国蜂产品协会多年来在社会各方面共同关心支持和帮助下不懈努力的结果，也是对行业和协会工作的充分肯定。截至2010年底，获得A级以上蜂产品行业信用等级企业名单见表3。

表3 获得A级以上蜂产品行业信用等级企业名单

序号	企业名称	级别	序号	企业名称	级别
1	江西汪氏蜜蜂园有限公司	AAA	20	北京中蜜科技发展有限公司	AA
2	南京老山药业股份有限公司	AAA	21	安徽鸿汇食品（集团）有限公司	AA
3	北京百花蜂产品科技发展有限公司	AAA	22	南京市溧水县常力蜂业有限公司	AA
4	扬州三邦生物工程有限公司	AAA	23	江山福赐德蜂业科技开发有限公司	AA
5	杭州蜂之语蜂业股份有限公司	AAA	24	福建省神蜂科技开发有限公司	AA
6	陕西老蜂农生物科技有限责任公司	AAA	25	宁波源彬蜂业发展有限公司	AA
7	湖南省明园蜂业有限公司	AAA	26	江苏日高蜂产品有限公司	AA
8	杭州天厨蜜源保健品有限公司	AAA	27	广西梧州甜蜜家蜂业有限公司	AA
9	上海融氏企业有限公司	AA	28	江苏江大源生物科技有限公司	A
10	上海冠生园蜂制品有限公司	AA	29	内蒙古康园蜂产品有限公司	A
11	广州市宝生园有限公司	AA	30	武汉名盛生物科技有限公司	A
12	北京市蜂业公司	AA	31	青海省花宝蜂业股份合作公司	A
13	江西华茂保健品开发有限公司	AA	32	天水西联蜂业有限责任公司	A
14	安徽天新蜂产品有限公司	AA	33	南京嘉瑞保健食品有限公司	A
15	沈阳王氏天兴蜂蜜有限公司	AA	34	长葛市福美蜂产品有限公司	A
16	崇阳县三普蜂业有限公司	AA	35	北京绿纯有机生物科技开发中心	A
17	东莞市养生源蜂业有限公司	AA	36	大连大阁保健品有限公司	A
18	颐寿园（北京）蜂产品有限公司	AA	37	天津市蜂产品公司	A
19	杭州常青蜂业公司	AA			

（中国农科院蜜蜂研究所 闫继红）

食用菌加工业

2010年我国食用菌行业深入学习实践科学发展观，全面贯彻党的十七大和十七届三中、四中、五中全会精神，尤其是贯彻落实胡锦涛总书记考察山东食用菌生产企业时对产业发展的指示精神，全行业努力克服困难，积极应对挑战，发挥现有优势，创造有利条件，较好地完成了2010年我国食用菌行业的各项工作，发展形势较好。

一、基本情况

（一）产量产值

1. 产量　据中国食用菌协会统计，2010年我国食用菌总产量为2 261.3万t，同比增长11.9%。2006—2010年，5年平均增长率为11.3%。2010年产量排名前10位的省份依次为山东省249.8万t，河南省242.4万t，黑龙江省210.4万t，福建省203.6万t，河北省190.8万t，江苏省184.2万t，四川省119.1万t，吉林省111.5万t，湖北省109.3万t，辽宁省107.0万t。这10个省份的产量之和，占总产量的76.4%。产量排名前10位的产品品种依次为平菇559.9万t，香菇427.7万t，黑木耳289.6万t，双孢蘑菇220.7万t，金针菇184.8万t，毛木耳125.8万t，姬菇53.7万t，滑菇58.2万t，杏鲍菇42.6万t，茶薪菇40.7万t。这10个品种的产量之和，占总产量的88.6%。

2. 产值　据中国食用菌协会统计，2010年我国食用菌总产值为1 353.1亿元，同比增长22.6%。2006—2010年，5年平均增长率为20.9%。2010年产值排名前10位的省份依次为山东省159.4亿元，河南省140.1亿元，河北省115.4亿元，江苏省

108.7亿元，福建省102.7亿元，浙江省95.0亿元，黑龙江省89.7亿元，广东省70.1亿元，湖北省68.9亿元，吉林省65.4亿元。这10个省份的产值之和，占总产值的75.0%。

（二）出口创汇

1. 出口量　据中国海关总署统计资料，2010年我国食用菌出口总量为49.1万t，同比增长－7.1%。2006—2010年，5年平均增长率为－3.95%，近4年一直呈下降态势。据中国食用菌协会统计数据，2010年我国食用菌出口总量为152.1万t，同比增长41.1%；出口量排名前10位的省份依次为湖北省35.8万t，福建省25.5万t，广东省23.2万t，河北省14.8万t，辽宁省12.5万t，山东省11.2万t，河南省9.2万t，江苏省8.1万t，浙江省5.0万t，黑龙江省3.6万t。这10个省份的出口量之和，占出口总量的97.9%。

2. 创汇　据中国海关总署统计资料，2010年我国食用菌出口创汇总额为17.5亿美元，同比增长33.6%。2006—2010年，5年平均增长率为13.25%，其中2009年为负增长。根据中国食用菌协会统计数据，2010年我国食用菌出口创汇总额为22.6亿美元，同比增长56.9%。出口创汇排名前10位的省份依次为福建省5.3亿美元，湖北省5.0亿美元，广东省2.8亿美元，河北省1.7亿美元，浙江省1.5亿美元，河南省1.5亿美元，山东省1.4亿美元，辽宁省1.1亿美元，黑龙江省1.0亿美元，江苏省0.8亿美元。这10个省份的创汇之和，占出口创汇总额的97.8%。

二、科研、新产品、新技术

1. “十一五”国家科技支撑计划重点项目“食用菌产业升级关键技术研究与开发”课题验收会，于2010年10月25日在昆明市召开，会议由中华全国供销合作总社科教部主持。验收范围包括：一是课题财务验收。各课题承担单位认真清理了账目，编制了经费决算报告，选择具有科技部专项经费审计资质的会计师事务所进行课题财务验收审计。二是课题计划任务验收。各课题承担单位按要求编制了课题计划任务验收报告。验收专家通过听取课题承担单位汇报、答辩和评分等方式，各课题圆满通过了验收。由中华全国供销合作总社济南果品研究院承担的《食用菌物流与保鲜技术研究及产业化示范》课题，以香菇和白灵菇2个人工栽培食用菌为研究对象，开展了从采摘（集）到销售货架的物流动态保鲜技术研究开发。经过课题组全体成员3年的不懈努力，制定了采（摘）集技术标准及方法，明确了最适贮藏温度及气调参数，得出了最适预冷方式及工艺参数、排湿方法等，研制出适宜香菇和白灵菇的贮藏、销售及家庭用硅窗袋。

2. “全国第九届食用菌新产品新技术展览会”于2010年6月25日至27日在辽宁省鞍山市岫岩县隆重举行。会议由中国食用菌协会、辽宁省农业经济委员会、鞍山市人民政府主办。会议主要特点：一是领导重视。国务院有关部门相关领导、中国食用菌协会领导，辽宁省人民政府、鞍山市委、市政府主要负责同志，以及全国各地食用菌主产基地县、龙头企业、生产加工企业、经销企业负责人等参加了会议。二是主题突出，参与面广。大会主题是食用菌主产基地如何进行转型升级，该主题引起业内很大的反响和共鸣。食用菌又是一项惠农产业，只有实现产业升级，才能为实现农民长期稳定增收，为产业可持续发展奠定基础。三是交流成果显著。会议期间岫岩县举办了招商引资推介会，辽宁省省长陈政高接见应邀到会的150余个企业代表，并对代表们提出的合理要求及政策当场拍板。会议期间，岫岩县招商引资签订投资意向9.6亿元，这些项目建成投产后，岫岩县将成为全国名副其实的食用菌生产第一县，对拉动地方经济的发展将起到积极的作用。

3. 云南省非公有制经济暨中小企业发展专项“野生食用菌油豆豉产业化开发”项目于2010年11月8日在玉溪市通过验收，省科技厅委托玉溪市科学技术局主持会议。该项目由云南易门益生绿色食品有限责任公司承担，在3年的项目执行期内，企业建成年产1 000t野生食用菌油豆豉生产线1条，开发生产出鸡枞、牛肝菌、干巴菌、香菇四个野生菌油豆豉系列产品，建立和制定了野生食用菌油豆豉的企业标准和相应质量控制体系。验收专家通过查看现场、听取项目实施完成情况汇报、审阅相关资料、质疑和答询后，一致认为该项目技术属省内先进水平，各项指标均达到了任务书规定的考核指标，同意项目通过验收。

三、市场分析

2010年我国食用菌市场形势比较乐观，呈现高价格、大销量的销售形势，大多菇农获得了丰厚的利润。食用菌的销售渠道主要有两个：一是直销模式。食用菌生产企业建立自己的直销店，优势是货源直供，价格透明可控，缺点是管理跨度的拓宽会带来人力、物力、财力的投入。二是代理销售模式。代理销售模式是大多数食用菌生产企业普遍采用的模式。例如，北京新发地的丰源菇行与几十家食用菌生产企业保持着良好的代理合作关系。这种模式对食用菌生产企业来讲省心省力，但缺点是定价权不能完全掌控在自己手中。纵观2010年我国食用菌的销售价格，基本处于平稳上涨行情，在2010年7～10月产品价格普遍涨幅较大，主要得益于产品市场本身的需求。分阶段看，2010年1～4月份顺季产品逐渐充斥市场，价格走势由高位趋向平稳；5月份以后，随着顺季产品的逐步退场，市场需求缺口加大，食用菌价格逐步走高；8～10月份，在季节性供给紧张及节日需求的刺激下，市场价格维持在较高水平；进入冬季，经历过新一轮顺季产品陆续上市之后，顺季产品的产量成为决定市场走势的重要因素。从价格走势来看，食用菌销售受节日采购影响较大，每年的五一、十一、中秋及春节等节日，都会出现一波备货高峰，其他时间段则主要受顺季产品价格走势影响。主要品种市场分析如下：

1. *双孢菇*　该品种是世界性食用菌，在国际市场上一直畅销不衰。由于我国产品价位较低，市场竞争力较强，处于供不应求局面。2009年秋季以来，价格大幅上升，至2010年3～5月份，市场批价涨至10元（千克价，下同）左右，效益可观。受利益驱动，2010年秋季投料量大幅增加，到10月份，双孢菇鲜品价格维持在8～12元之间。

2. *香菇*　香菇也是世界性的食用菌品种，尤其在亚洲市场畅销不衰，近年来欧洲市场对香菇产品的认知度大幅提高，国内香菇消费也在急速上升，生产、经营效益均较可观。2010年香菇鲜品收货价格在8元左右，优质菇品会超过10元，干品厚菇超过50元价位，薄菇也维持在40元左右。

3. *草菇*　草菇是国际市场上唯一具有“中国蘑菇”之誉的食用菌品种，由于难以保鲜，故鲜菇销售难度较大，市场交易品种多为盐渍菇、干菇或罐制品。2010年7～9月份，鲜菇批价为8～10元，盐渍菇吨价8 000元左右。

4. *鸡腿菇*　由于鸡腿菇显著的食疗作用，消费者对其青睐有加，国内市场一直需求旺盛。2010年秋季价格保持6元左右的价位，进入低温季节后，8元成为市场的底限；盐渍品吨价在6 000元左右。

5. *金针菇*　金针菇作为大宗生产品种，受到消费者青睐，回报率较高，近两年不少人正在致力于反季节设施栽培，工厂化生产也有大发展的趋势。2010年7～10月份金针菇收货价在10元左右，高时可达12元以上，工厂化产品将在20元左右。进入11月份后，常规栽培产品在5元左右，其中白色品种在6元左右。

四、质量管理与标准化工作

（一）质量管理

2010年，福建省、上海市等质量技术监督局组织对本地食用菌产品质量进行了监督抽查。其中，福建省共抽查了38个企业生产的38批次食用菌，合格38批次，产品抽样批次合格率为100%。上海市共抽查了36种产品，合格35种，总体抽查合格率为97.2%。其中有1种香菇执行标准引用错误，产品标签不合格，产品质量总体状况良好。

（二）标准化工作

1. 农业部于2010年发布了6项食用菌农业行业标准，包括《食用菌菌种生产技术规程》（NY/T 528—2010）、《黑木耳等级规格》（NY/T 1838—2010）、《食用菌菌种区别性鉴定　拮抗反应》（NY/T 1845—2010）、《食用菌菌种检验规程》（NY/T 1846—2010）、《双孢蘑菇、金针菇贮运技术规范》（NY/T 1934—2010）、《白灵菇等级规格》（NY/T 1836—2010）等。这些标准的发布实施，对提升我国食用菌产品质量、技术水平和规范市场行为等具有重要意义。

2. 国家质量监督检验检疫总局于2010年发布了《食用菌产品质量监督抽查实施规范》（CCGF 108.3—2010），本规范适用于食用菌产品质量国家监督抽查，针对特殊情况的专项国家监督抽查、省级质量技术监督部门组织的监督抽查可参照执行。监督抽查产品范围为干制食用菌。本规范内容包括产品分类、术语和定义、企业规模划分、检验依据、抽样、检验要求、判定原则、异议处理复检及附则。

五、行业工作

1. *召开了“中国食用菌协会第五次会员（代表）大会”*　中国食用菌协会于2010年10月27日在北京召开了“中国食用菌协会第五次会员（代表）大会”。农业部、中华全国供销合作总社、中国食用菌协会、中国土畜进出口商会相关领导以及中国食用菌协会会员代表、部分省（自治区、直辖市）食用菌主管部门负责人等出席了会议。会议主要议程：听取中国食用菌协会第五次会员（代表）大会工作报告、中国食用菌协会章程修改的说明及中国食用菌协会第四届理事会财务报告，表彰行业先进，选举产生新一届理事会成员，审议并通过协会工作报告、协会章程及专家委员会、药用真菌委员会、黑木耳分会、香菇分会、白灵菇分会等分支机构报告等。会议期间，中国工程院院士李玉做了《食用菌产业发展现状及前瞻》的专题报告，通过分析国际大背景下的国内市场及行业现状，对新形势下如何提高产业竞争力提出了建议。

2. 举办了"全国第三届食用菌工厂化生产论坛暨全国第六届菌需物资展览会" 由中国食用菌协会、北京市通州区人民政府共同主办的"全国第三届食用菌工厂化生产论坛暨全国第六届菌需物资展览会"，于2010年12月26日至27日在北京通州举行。农业部、中国食用菌协会、通州区委、区政府、全国食用菌主产区的相关领导出席了会议。近几年，随着科技进步以及广大菇农生产经验的不断积累，在经济效益及市场需求的驱动下，食用菌传统的季节性生产模式开始被打破，食用菌工厂化生产得以迅速发展。截止到2010年，全国在建和已建成投产的工厂化食用菌生产企业已经达443个，较2009年的246个上升了80%，年总产量由2009年的40万t上升到65万t，增幅达62.5%。食用菌工厂化生产的品种也由初期的金针菇、双孢菇，扩展到杏鲍菇、白灵菇、蟹味菇等十几个品种。食用菌工厂化生产是菌业先进生产力的代表，对广大农村实施标准化、设施化生产具有借鉴作用。

3. 举办了"小蘑菇大产业"健康万里行活动 由中国食用菌协会主办，江苏安惠生物科技有限公司承办的全国"小蘑菇大产业健康万里行"第十六站、十七站报告会，分别于2010年6月19日和9月25日在哈尔滨和西安举行。来自两省近2 000多名代表参加了此次活动。会上，专家学者分别就《中国食用菌产业发展趋势》、《食用菌产品与营养》、《食用菌发展的现状与前景》、《食用菌产品的开发研讨》等做了报告。协会通过报告会形式，传播食用菌饮食文化和健康理念，介绍食用菌产业状况和前景，探讨食用菌产品开发与利用。几年来连续举办的"小蘑菇大产业健康万里行活动"是社会公益性活动，对进一步提高全社会的食用菌认知水平有着重要的意义。

4. 举办了"中国国际食用菌烹饪大赛活动" 2010年6月12日，中国食用菌协会特邀了历届烹饪大赛金牌选手在北京举办了"第六届中国国际食用菌烹饪大赛北京邀请赛"活动，国际蘑菇学会主席格雷格·西莫等国际蘑菇学会执委应邀出席了邀请赛。大赛分为团体赛、表演赛、个人赛。团体赛主要以做冷拼为主，在刀工、雕刻等精湛技术方面展现菌菜的自然与健康。表演赛则由国际蘑菇学会主席格雷格·西莫、中国食用菌协会会长李树萍等上阵表演。2010年9月12日至13日在黑龙江省牡丹江市举办了"第六届中国国际食用菌烹饪大赛牡丹江邀请赛"活动。各级领导、国际友人和来自北京、上海、四川等省（自治区、直辖市）食用菌基地县（市、区）的烹饪行业代表出席了大赛活动，最后产生团体金奖7个，团体银奖9个，个人金牌11个，个人银牌10个。

5. 积极开展职业技能培训 2010年中国食用菌协会分别于4月和10月举办了两期《菌类园艺工》职业资格培训班。来自北京、黑龙江、河北、河南、安徽、内蒙古、山东等省（自治区、直辖市）的代表参加了培训。培训中，中国食用菌协会严格按照《菌类园艺工》国家职业标准高级技能的要求，完成了菌种、栽培、加工等内容的理论讲授与实践操作。通过培训，学员不仅学到了知识，巩固、提高了技能，自身的学识水平、实践技能也得到了客观公正的评价。截至2010年11月底，培训人数已达1.36万人。

6. 积极推进行业诚信建设 根据国家有关文件的规定和中国食用菌协会制定的《中国食用菌协会企业信用等级评价管理办法》，本着公开、公平、公正、科学的原则，严格按照信用等级评价程序，联同第三方专业评价机构对申报企业的信用等级进行了初评和首批企业的复审。截至2010年底，已有16个企业申报参评，经评审获得AAA级评价的企业有9个、AA级企业3个、A级企业1个。

（中国食用菌协会 徐泽群 李静）

乳制品制造业

一、基本情况

（一）原料乳生产

2010年全国奶类产量为3 748.0万t，同比增长0.4%。其中，牛奶产量为3 575.6万t，同比增长1.6%。牛奶产量前五位省、自治区分别为内蒙古905.2万t，同比增长0.2%，占全国的25.3%；黑龙江552.5万t，同比增长4.5%，占全国的15.5%；河北439.8万t，同比增长－2.6%，占全国的

12.3%；河南 290.9 万 t，同比增长 3.2%，占全国的 8.1%；山东 253.1 万 t，同比增长 7.1%，占全国的 7.1%。牛奶产量增长最快的是上海市、24.7 万 t，同比增长 16.3%（表 1、表 2）。

表 1 2010 年全国奶类总产量前五位省、自治区情况

地 区	产量(万 t)	同比增长(%)	占全国比例(%)
全国总计	**3 748.0**	**0.4**	**100.0**
内蒙古	945.7	1.2	25.2
黑龙江	558.8	4.5	14.9
河 北	449.1	−2.6	12.0
河 南	307.9	2.2	8.2
山 东	271.6	5.2	7.2

表 2 2010 年全国牛奶产量前五位省、自治区情况

地 区	产量(万 t)	同比增长(%)	占全国比例(%)
全国总计	**3 575.6**	**1.6**	**100.0**
内蒙古	905.2	0.2	25.3
黑龙江	552.5	4.5	15.5
河 北	439.8	−2.6	12.3
河 南	290.9	3.2	8.1
山 东	253.1	7.1	7.1

（二）经济运行状况

2010 年，全国规模以上乳制品企业（即年主营业务收入 500 万元及以上工业企业）有 784 个，比 2009 年减少 19 个，同比增长−2.4%。其中，内资企业 668 个，比 2009 年减少 24 个，增长−3.5%，占总企业数的 85.2%；港、澳及台商投资企业 20 个，与 2009 年持平，占总企业数的 2.6%；外商投资企业 96 个，比 2009 年增加 5 个，增长 5.5%，占总企业数的 12.2%。

2010 年全国规模以上企业共完成工业总产值 1 949.5亿元，同 2009 年相比增长了 16.9%。其中，内资企业完成 1 202.4 亿元，同比增长 21.7%，占全行业的 61.7%；港、澳及台商投资企业完成 27.8 亿元，同比增长−49.5%，占全行业的 1.4%；外商投资企业完成 719.2 亿元，同比增长 15.0%，占全行业的 36.9%。

2010 年全国规模以上企业实现工业销售产值 1 882.0亿元，同比增长 17.6%。其中，内资企业 1 170.2亿元，同比增长 22.3%，占总值的 62.2%；港、澳及台商投资企业 26.3 亿元，同比增长−51.5%，占总值的 1.4%；外商投资企业 685.6 亿元，同比增长 16.4%，占总值的 36.4%。

2010 年全行业流动资产合计 709.2 亿元，同比增长 27.5%；固定资产合计 476.9 亿元，同比增长 20.4%。其中，不同类型企业固定资产合计分别为：内资企业 321.7 亿元，同比增长 34.5%，占全行业的 67.5%；港、澳及台商投资企业 10.1 亿元，同比增长−5.1%，占全行业的 2.1%；外商投资企业 145.1 亿元，同比增长−0.7%，占全行业的 30.4%。全行业资产总计 1 383.5 亿元，同比增长 19.9%。其中，内资企业 821.2 亿元，同比增长 21.8%，占资产总计的 59.4%；港、澳及台商投资企业 27.1 亿元，同比增长−52.6%，占 2.0%；外商投资企业 535.3 亿元，同比增长 26.7%，占 38.7%。

2010 年全国乳制品企业负债合计 767.3 亿元，同比增长 23.9%；资产负债率 55.5%，比 2009 年增加 1.8 个百分点。其中，内资企业负债 482.9 亿元，同比增长 23.9%；负债率 58.8%，同比增加 1.0 个百分点；港、澳及台商投资企业负债 12.4 亿元，同比增长−55.2%；负债率 45.7%，同比下降 2.7 个百分点；外商投资企业负债 272.0 亿元，同比增长 26.7%；负债率 50.8%，同比增加 3.0 个百分点。

2010 年全行业工业产品销售率为 96.5%，比 2009 年同期提高 0.6 个百分点。其中，内资企业为 97.3%，比 2009 年提高 0.5 个百分点；港、澳及台商投资企业为 94.5%，比 2009 年低 4.1 个百分点；外商投资企业为 95.3%，比 2009 年提高 1.1 个百分点。

2010 年全行业利税总额为 261.1 亿元，同比增长 47.3%。其中，利润 177.0 亿元，同比增长 69.3%；税金 84.1 亿元，同比增长 15.8%；利润占利税的比重为 67.8%。其中，内资企业利税总额为 136.9 亿元，同比增长 40.5%。其中利润 90.7 亿元，同比增长 59.5%；税金 46.3 亿元，同比增长 14.0%；利润占利税总额的比重为 66.2%。港、澳及台商投资企业利税总额为 3.5 亿元，同比增长−63.2%。其中，利润 2.2 亿元，同比增长−57.6%；税金 1.4 亿元，同比增长−69.6%；利润占利税总额的比重为 61.4%。外商投资企业利税总额为 120.7 亿元，同比增长 71.8%。其中，利润 84.2 亿元，同比增长 97.4%；税金 36.5 亿元，同比增长 32.2%；利润占利税总额的比重为 69.8%。

2010 年全行业人均完成利税 111 496 元/（人·年），其中内资企业 83 362 元/（人·年），港、澳及台商投资企业 105 397 元/（人·年），外商投资企业 181 213 元/（人·年）。全行业人均利润 75 576 元/（人·年），其中内资企业 55 190 元/（人·年），港、澳及台商投资企业 64 754 元/（人·年），外商投资企业 126 415 元/（人·年）。全行业成本费用利润率为 9.96%，其中内资企业 8.10%，港、澳及台商投资企业 9.17%，外商投资企业 13.29%。

2010年全行业亏损企业数147个，同比增长-8.1%；亏损企业数占规模以上企业的18.8%，比2009年降低了1.1个百分点。其中，内资企业121个，占内资企业总数的18.1%，比2009年降低了1.5个百分点；港、澳及台商投资企业6个，占港、澳及台商投资企业总数的30.0%，比2008年提高了10.0个百分点；外商投资企业20个，占外商投资企业总数的20.8%，比2009年降低1.2个百分点。全行业亏损企业亏损总额8.8亿元，同比增长-27.4%。其中，内资企业5.9亿元，同比增长-16.2%，占全行业的67.0%；港、澳及台商投资企业0.2亿元，同比增长-40.6%，占全行业2.1%；外商投资企业2.6亿元，同比增长-43.4%，占全行业的30.2%。

2010年全国规模以上企业共生产乳制品2 159.4万t，同比增长11.2%。产量前五位省、自治区分别为内蒙古345.4万t，同比增长-10.1%，占全国的16.0%；河北255.4万t，同比增长14.6%，占全国的11.8%；山东249.6万t，同比增长38.1%，占全国的11.6%；黑龙江183.9万t，同比增长5.0%，占全国的8.5%；陕西148.0万t，同比增长28.1%，占全国的6.9%（表3）。其中，液体乳1 845.6万t，同比增长11.1%。产量前五位省、自治区分别为内蒙古308.9万t，同比增长-12.8%，占全国的16.7%；河北229.4万t，同比增长21.2%，占全国的12.4%；山东220.1万t，同比增长42.9%，占全国的11.9%；黑龙江116.9万t，同比增长5.3%，占全国的6.3%；陕西112.2万t，同比增长30.9%，占全国的6.1%（表4）。其中，乳粉产量为140.3万t，同比增长10.7%。乳粉生产主要分布于黑龙江和内蒙古及西部地区，其中产量前五位的省、自治区为黑龙江45.3万t，同比增长8.1%，占总产量的32.3%；内蒙古31.1万t，同比增长19.7%，占总产量的22.2%；陕西10.4万t，同比增长19.4%，占总产量的7.4%；新疆5.7万t，同比增长4.0%，占总产量的4.1%；山东5.5万t，同比增长0.5%，占总产量的3.9%（表5）。

表3 2010年全国乳制品产量前五位省、自治区情况

地 区	产量(万t)	同比增长(%)	占全国比例(%)
全国总计	**2 159.4**	**11.18**	**100.00**
内蒙古	345.4	-10.14	15.99
河 北	255.4	14.64	11.83
山 东	249.6	38.05	11.56
黑龙江	183.9	5.04	8.52
陕 西	148.0	28.10	6.85

表4 2010年全国液体乳产量前五位省、自治区情况

地 区	产量(万t)	同比增长(%)	占全国比例(%)
全国总计	**1 845.6**	**11.10**	**100.00**
内蒙古	308.9	-12.77	16.74
河 北	229.4	21.18	12.43
山 东	220.1	42.90	11.92
黑龙江	116.9	5.34	6.34
陕 西	112.2	30.92	6.08

表5 2010年全国乳粉产量前五位省、自治区情况

地 区	产量(万t)	同比增长(%)	占全国比例(%)
全国总计	**140.3**	**10.7**	**100.0**
黑龙江	45.3	8.1	32.3
内蒙古	31.1	19.7	22.2
陕 西	10.4	19.4	7.4
新 疆	5.7	4.0	4.1
山 东	5.5	0.5	3.9

2010年全国完成乳制品工业产值最多的五个省、自治区分别为：内蒙古345.6亿元，同比增长7.1%，占全国的17.7%；黑龙江315.7亿元，同比增长11.6%，占全国的16.2%；山东197.2亿元，同比增长25.1%，占全国的10.1%；河北140.8亿元，同比增长18.6%，占全国的7.2%；广东119.5亿元，同比增长24.3%，占全国的6.1%（表6）。

表6 2010年全国规模以上乳制品产值前五位省、自治区情况

地 区	产量(万t)	同比增长(%)	占全国比例(%)
全国总计	**1 949.5**	**16.9**	**100.0**
内蒙古	345.6	7.1	17.7
黑龙江	315.7	11.6	16.2
山 东	197.2	25.1	10.1
河 北	140.8	18.6	7.2
广 东	119.5	24.3	6.1

2010年全国乳制品规模以上企业年平均人数为23.4万人，应付工资93.7亿元，应付福利费用4.4亿元（表7）。

表7 2010年全国乳制品行业企业状况分布情况

类 别	年平均人数(人)	应付工资总额(亿元)	应付福利总额(亿元)
全国总计	**234 195**	**93.7**	**4.4**
其中：			
内资企业	164 281	58.3	3.1
港、澳及台商投资企业	3 330	1.2	0.1
外商投资企业	66 584	34.2	1.3

（三）产品结构

2010 年，全行业乳粉产量约 140.3 万 t。据中国乳制品工业协会对 94 个会员单位（工业总产值占全行业的 85.2%）的统计，在乳粉类产品中，全脂乳粉占 30%，全脂加糖乳粉占 4%，脱脂乳粉占 1%，婴幼儿乳粉占 51%，中老年乳粉占 6%，调味乳粉占 4%，其他乳粉占 4%。2010 年，全国奶油产量约 5 万 t；干酪产量约 1.7 万 t，其中原干酪约占 10.5%，加工干酪约占 89.5%；炼乳产量约 16.5 万 t，其中甜炼乳约占 97%，无糖炼乳约占 3%。2010 年，全国液体乳产量为 1 845.6 万 t，其中巴氏杀菌乳约占 10%，灭菌乳约占 60%，调制乳约占 10%，发酵乳约占 20%。

（四）大型骨干企业

2010 年，完成工业总产值前十位的企业工业总产值达 1 177 亿元，占全国规模以上企业工业总产值的 60.4%（表 8）；销售收入前十位的企业销售收入达 1 188 亿元，占全国规模以上企业总销售收入的 61.2%（表 9）；利税总额前十位的企业完成利税总额 152 亿元，占全国规模以上企业利税总额的 58.3%（表 10）；利润总额前十位的企业利润总额 101 亿元，占全国规模以上企业利税总额的 57.1%；乳粉产量前十位企业总产量 59 万 t，占全行业的 42.2%（表 11）；液体乳产量前十位的企业总产量达 848 万 t，占全国规模以上企业液体乳总产量的 46.0%（表 12）。

表 8　2010 年乳制品生产企业工业总产值位居前列的企业

单位名称	工业总产值（万元）	单位名称	工业总产值（万元）
内蒙古伊利实业集团股份有限公司	3 018 068	黑龙江乳业集团	286 217
内蒙古蒙牛乳业（集团）股份有限公司	3 004 514	黑龙江摇篮乳业股份有限公司	283 469
杭州娃哈哈集团有限公司	2 121 246	北京三元食品股份有限公司	250 911
维维集团股份有限公司	880 647	广东雅士利集团有限公司	246 219
光明乳业股份有限公司	669 696	新希望乳业控股有限公司	234 618
多美滋婴幼儿食品有限公司	467 235	圣元营养食品有限公司	231 899
美赞臣营养品（中国）有限公司	437 118	济南佳宝乳业有限公司	225 950
黑龙江飞鹤乳业有限公司	431 000	沈阳乳业有限责任公司	213 658
西安银桥生物科技有限责任公司	371 304	哈尔滨太子乳品工业有限公司	201 768
黑龙江省完达山乳业股份有限公司	370 523	北京双娃乳业有限公司	177 991

资料来源：中国乳制品工业协会。

表 9　2010 年乳制品生产企业销售收入位居前列的企业

单位名称	销售收入（万元）	单位名称	销售收入（万元）
内蒙古蒙牛乳业（集团）股份有限公司	3 026 542	黑龙江摇篮乳业股份有限公司	260 791
内蒙古伊利实业集团股份有限公司	2 966 499	北京三元食品股份有限公司	257 227
杭州娃哈哈集团有限公司	2 171 813	黑龙江乳业集团	246 740
光明乳业股份有限公司	957 211	新希望乳业控股有限公司	230 619
维维集团股份有限公司	872 160	沈阳乳业有限责任公司	226 658
多美滋婴幼儿食品有限公司	448 641	广东雅士利集团有限公司	226 063
黑龙江飞鹤乳业有限公司	400 000	圣元营养食品有限公司	221 225
美赞臣营养品（中国）有限公司	381 592	哈尔滨太子乳品工业有限公司	201 768
黑龙江省完达山乳业股份有限公司	377 190	北京双娃乳业有限公司	190 977
西安银桥生物科技有限责任公司	279 189	济南佳宝乳业有限公司	175 395

资料来源：中国乳制品工业协会。

表 10　2010 年利税总额位居前列的企业

单位名称	利税总额（万元）	单位名称	利税总额（万元）
杭州娃哈哈集团有限公司	561 794	北京双娃乳业有限公司	24 150
内蒙古蒙牛乳业（集团）股份有限公司	292 808	济南佳宝乳业有限公司	21 030
内蒙古伊利实业集团股份有限公司	233 162	黑龙江乳业集团	20 788
多美滋婴幼儿食品有限公司	93 147	沈阳乳业有限责任公司	20 647
光明乳业股份有限公司	73 893	山西古城乳业集团有限公司	16 507
维维集团股份有限公司	72 595	哈尔滨太子乳品工业有限公司	15 940
广东雅士利集团有限公司	71 424	明一（福建）婴幼儿营养品有限公司	15 631
黑龙江飞鹤乳业有限公司	52 000	黑龙江兴安岭乳业有限公司	15 035
美赞臣营养品（中国）有限公司	43 473	黑龙江省完达山乳业股份有限公司	13 498
西安银桥生物科技有限责任公司	26 270	北京三元食品股份有限公司	13 022

资料来源：中国乳制品工业协会。

表 11　2010 年乳粉产量位居前列的企业

单位名称	产量（t）	单位名称	产量（t）
黑龙江省完达山乳业股份有限公司	93 766	广东雅士利集团有限公司	26 732
内蒙古伊利实业集团股份有限公司	80 756	圣元营养食品有限公司	26 589
北京双娃乳业有限公司	73 941	哈尔滨太子乳品工业有限公司	25 221
黑龙江乳业集团	49 832	江西美庐乳业有限公司	19 974
黑龙江飞鹤乳业有限公司	42 250	黑龙江省农垦龙王食品有限责任公司	18 675
西安银桥生物科技有限责任公司	40 649	杭州娃哈哈集团有限公司	17 843
多美滋婴幼儿食品有限公司	39 419	光明乳业股份有限公司	16 457
明一（福建）婴幼儿营养品有限公司	35 729	山西古城乳业集团有限公司	13 257
美赞臣营养品（中国）有限公司	30 700	安徽益益乳业有限公司	11 620
黑龙江兴安岭乳业有限公司	27 439	北京三元食品股份有限公司	10 099

资料来源：中国乳制品工业协会。

表 12　2010 年液体乳产量位居前列的企业

单位名称	产量（t）	单位名称	产量（t）
内蒙古蒙牛乳业（集团）股份有限公司	2 988 979	济南佳宝乳业有限公司	259 205
内蒙古伊利实业集团股份有限公司	2 198 551	黑龙江乳业集团	254 951
光明乳业股份有限公司	778 442	南京卫岗乳业有限公司	188 079
维维集团股份有限公司	527 334	石家庄君乐宝乳业有限公司	181 298
西安银桥生物科技有限责任公司	418 140	山东亚奥特乳业有限公司	172 060
北京三元食品股份有限公司	343 891	山东得益乳业有限公司	170 226
沈阳乳业有限责任公司	334 667	山西古城乳业集团有限公司	158 222
新希望乳业控股有限公司	317 424	徐州绿健乳业有限责任公司	114 710
黑龙江省完达山乳业股份有限公司	315 661		

资料来源：中国乳制品工业协会。

二、市场状况

（一）乳制品消费

2010 年，中国乳业已经逐步从 2008 年的危机中走出。根据国家统计局资料，2010 年全国城镇人均购买鲜奶 13.98kg，奶粉 0.45kg，酸奶 3.67kg，比 2009 年略有降低；农村乳制品消费量为 3.55kg，其中东部地区和西部地区消费较多。

（二）原料乳收购价格

2010 年，全国乳制品加工业的快速增长，促使对原料乳的需求大幅增加，原料乳供应偏紧；加之国内通胀原因致使原料乳生产成本增加，全国原料乳收购价格大幅增长，全国的平均价格约为 3.35 元/kg（表 13）。

表 13 2010 年全国部分企业原料乳收购价格

单位：元/kg

单位名称	2009 年平均	2010 年平均	单位名称	2009 年平均	2010 年平均
北京三元食品股份有限公司	2.75	3.24	滁州市奶业有限责任公司	2.56	2.61
天津海河乳业有限公司	2.84	3.60	福建长富乳品有限公司	3.18	3.87
天津中芬乳业有限公司	2.60	3.51	江西美庐乳业有限公司	2.95	3.08
石家庄君乐宝乳业有限公司	2.33	3.26	江西牛牛乳业有限责任公司	3.30	3.60
山西古城乳业集团有限公司	3.26	3.48	济南佳宝乳业有限公司	2.69	3.04
山西田仁乳业有限责任公司	2.57	3.00	圣元营养食品有限公司	2.49	2.81
内蒙古蒙牛乳业（集团）股份有限公司	3.06	3.53	山东得益乳业有限公司	2.61	3.31
内蒙古伊利实业集团股份有限公司	3.04	3.42	山东亚奥特乳业有限公司	3.20	3.30
内蒙古骑士乳业股份有限公司	3.10	3.30	山东德正乳业有限公司	2.60	2.65
内蒙古红城乳业有限公司	1.78	2.64	威海金宝乳业有限公司	2.60	2.86
内蒙古呼伦贝尔农垦雪花乳业有限公司	1.90	3.00	山东百慧乳业有限公司	2.60	3.00
沈阳乳业有限责任公司	2.36	2.80	山东凤祥乳业有限公司	2.33	3.08
本溪木兰花乳业有限公司	2.83	3.24	河南花花牛乳业有限公司	2.40	2.81
辽宁澳珍乳业有限公司	3.35	3.50	洛阳巨尔乳业有限公司	2.65	3.05
吉林省乳业集团广泽有限公司	2.31	3.21	河南三色鸽乳业有限公司	2.60	3.08
黑龙江省完达山乳业股份有限公司	2.41	3.04	漯河市三剑客奶业有限责任公司	2.90	3.35
黑龙江乳业集团	2.80	3.20	焦作市博农乳业有限责任公司	2.80	3.00
黑龙江飞鹤乳业有限公司	2.59	3.35	长治市牧村乳业有限公司	2.60	2.65
黑龙江摇篮乳业股份有限公司	2.30	3.17	湖南阳光乳业股份有限公司	3.00	3.30
哈尔滨太子乳品工业有限公司	2.63	3.26	广东燕塘乳业股份有限公司	3.78	4.06
黑龙江兴安岭乳业有限公司	2.40	2.80	深圳市晨光乳业有限公司	4.24	4.52
哈尔滨乳多宝乳业有限责任公司	2.70	2.90	广西皇氏甲天下乳业股份有限公司	3.82	4.16
哈尔滨惠佳贝食品有限公司	2.86	3.28	广西灵山百强水牛奶乳业有限公司	6.80	7.20
黑龙江省农垦龙王食品有限责任公司	2.30	2.40	新希望乳业控股有限公司	2.85	3.26
黑龙江省富裕明星食品有限公司	2.41	3.06	四川菊乐食品有限公司	2.96	3.20
黑龙江华丹乳业有限公司	3.10	3.30	贵阳三联乳业有限公司	3.08	3.45
黑龙江辰鹰乳业有限公司	2.03	2.66	大理来思尔乳业有限责任公司	2.06	2.83
黑龙江省农垦华威乳业有限公司	2.10	2.95	西安银桥生物科技有限责任公司	2.98	3.45
光明乳业股份有限公司	3.66	3.95	陕西和氏乳品有限公司	3.60	3.20
上海晨冠乳业有限公司	3.76	3.78	陕西关山乳业有限责任公司	2.30	2.86
维维集团股份有限公司	2.90	3.30	陕西红星乳业有限公司	2.20	3.40
南京卫岗乳业有限公司	3.13	3.52	兰州庄园乳业有限责任公司	2.60	3.50
徐州绿健乳业有限责任公司	2.80	2.85	甘肃临泽雪莲乳品有限责任公司	1.98	2.47
杭州娃哈哈集团有限公司	2.29	3.08	宁夏夏进乳业集团股份有限公司	2.21	3.18
宁波市牛奶集团有限公司	3.50	3.73	宁夏红果乳业有限公司	2.07	3.05
浙江金华市佳乐乳业有限公司	2.97	3.37	中宁县黄河乳制品有限公司	3.20	3.40
浙江熊猫乳品有限公司	2.26	3.50	新疆乳旺乳业有限公司	2.81	3.17
瑞安市百好乳业有限公司	3.40	3.35	新疆伊源乳业股份有限公司	2.48	2.59
安徽益益乳业有限公司	2.90	3.50			

资料来源：中国乳制品工业协会。

（三）进出口

1. 进口　2010 年国际乳制品价格与前一年有较大增长，但这并没有对我国形成太大的影响。2010 年我国乳制品进口量继续保持快速增长的态势，尤其是乳粉类产品。2010 年，我国乳制品累计进口量达 74.5 万 t，货值 19.7 亿美元，同比分别增长 24.9%

和91.6%。其他乳制品（乳糖、零售包装婴幼儿乳粉、干酪素、乳清蛋白粉等）累计进口量13.6万t，货值8.8亿美元，同比分别增长－3.1%和19.3%。其中，乳粉进口量为41.4万t，货值13.9亿美元，同比分别增长67.8%和139.2%；进口乳清粉26.4万t，货值3.4亿美元，同比分别增长－8.4%和21.3%；进口奶油2.3万t，货值0.91亿美元，同比分别增长－17.6%和39.2%；进口干酪2.3万t，货值1.05亿美元，同比分别增长35.4%和51.7%（表14）。

表14　2010年乳制品进口情况

产品名称		数量（t）	同比增长（%）	金额（万美元）	同比增长（%）
液体乳		15 890	24.3	2 819	43.1
乳粉	脱脂乳粉	88 544	25.7	27 403	75.6
	全脂乳粉	324 708	85.7	110 431	163.4
	调味乳粉	788	－45.7	976	91.3
	小计	**414 040**	**67.8**	**138 810**	**139.2**
炼　乳		3 266	83.2	739	80.5
酸　乳		1 229	－19.4	419	－3.8
乳清粉		264 499	－8.4	34 481	21.3
奶　油		23 449	－17.6	9141	39.2
干　酪		22 921	35.4	10 543	51.7
乳品合计		**745 294**	**24.9**	**196 952**	**91.6**

数据来源：中国海关。

2009年进口的其他乳制品中，乳糖类产品4.98万t，同比增长－15.9%；货值4 682万美元，同比增长40.3%。零售包装婴幼儿乳粉进口量为6.6万t，同比增长6.3%；货值6.88亿美元，同比增长13.8%（表15）。

表15　2010年其他乳制品进口情况

产品名称	数量（t）	同比增长（%）	金额（万美元）	同比增长（%）
乳糖类	49 799	－15.9	4 682	40.3
零售包装婴幼儿乳粉	66 386	6.3	68 826	13.8
酪蛋白类	7 890	26.2	6 877	60.0
白蛋白类	11 867	－4.0	7 861	34.0
合　计	**135 942**	**－3.1**	**88 245**	**19.3**

数据来源：中国海关。

2. 出口　与进口大幅增长形成鲜明对比的是，2010年我国乳制品出口持续低迷。2010年，共出口乳制品3.38万t，同比增长－8.2%；出口金额0.44亿美元，同比增长－22.6%。其他乳制品累计出口量4 829t，同比增长190.2%；货值2 400万美元，同比增长178.2%。其中，液体乳出口2.25万t，同比增长12.3%；货值1 600万美元，同比增长19.9%。乳粉出口0.30万t，同比增长－69.5%；货值943万美元，同比增长－69.4%。炼乳出口3 444t，同比增长－6.7%；货值590万美元，同比增长3.4%。其他乳制品中酪蛋白类出口3 917t，同比增长187.5%；货值2 217万美元，同比增长203.5%（表16、表17）。

表16　2010年乳制品出口情况

产品名称		数量（t）	同比增长（%）	金额（万美元）	同比增长（%）
液体乳		22 492	12.3	1 600	19.9
乳粉	脱脂乳粉	189		69	
	全脂乳粉	606	－92.5	198	－92.3
	调味乳粉	2 175	28.9	675	28.7
	合　计	**2 970**	**－69.5**	**943**	**－69.4**
炼　乳		3 444	－6.7	590	3.4
酸　乳		1 175	41.3	114	7.9
乳清粉		446	41.0	80	136.3
奶　油		3 039	48.5	972	94.1
干　酪		196	71.2	95	98.3
乳品合计		**33 761**	**－8.2**	**4 394**	**－22.6**

数据来源：中国海关。

表17　2010年其他乳制品出口情况

产品名称	数量（t）	同比增长（%）	金额（万美元）	同比增长（%）
乳糖类	702	587.4	74	233.0
零售包装婴幼儿乳粉	182	20.0	99	13.3
酪蛋白类	3 917	187.5	2 217	203.5
白蛋白类	34	－29.7	11	－49.2
合　计	**4 834**	**190.4**	**2 401**	**178.3**

数据来源：中国海关。

2010年，全国进出口乳制品数量逆差71.2万t，进出口货值逆差19.3亿美元，分别比上年度增长27.1%和99.0%。

三、重要活动

（一）企业诚信体系建设

2009年12月30日，工业和信息化部等10部委在人民大会堂举办《食品工业企业诚信体系建设工作指导意见》发布暨试点启动仪式，在我国正式启动全面推进食品工业企业诚信体系建设工作。2010年8月16日，《食品工业企业诚信管理体系（CMS）建立及实施通用要求》（QB/T 4111—2010）、《食品工业企业诚信评价准则》（QB/T 4112—2010）正式发布，于当年10月1日起正式实施；同时，《〈食品工业企业诚信管理体系（CMS）建立及实施通用要求〉乳制品生产企业实施指南》编写完成并正式出版。10月21日，工业和信息化部印发了《食品工业企业诚信体系建设工作部门联席会议制度》和《食品工业企业诚信体系建设工作实施方案》，工业和信息化部会同国家发展和改革委员会等15个部门（单位）建立了食品工业企业诚信体系建设工作部门联席会议制度；在食品工业企业诚信体系建设工作实施方案中明确了指导思想和工作原则、工作目标、实施思路、主要任务，并制定了详细的工作安排。根据方案要求，从2010年开始，将用3年左右时间，初步建立起食品工业企业诚信管理体系、企业诚信信息征集体系、企业诚信评价体系和政府部门协同推动、行业协会组织实施、食品企业积极参与、诚信责任有效落实的食品工业企业诚信体系运行机制。

（二）行业清理整顿工作

2010年9月16日，国务院办公厅印发了《关于进一步加强乳品质量安全工作的通知》（国办发[2010]42号），要求各部门切实加强乳品质量安全工作，严格乳品质量安全监管，做到严把生产经营许可关、强化检验检测和监测评估、完善乳品追溯制度、强化婴幼儿配方乳粉监管、加大对非法生产经营乳品行为的打击惩处力度、严格落实乳品质量安全各方责任，提升乳品质量安全水平，保障人民群众身体健康。根据国办发[2010]42号文要求，11月1日，国家质量监督检验检疫总局发布了2010年版《企业生产婴幼儿配方乳粉许可条件审查细则》和《企业生产乳制品许可条件审查细则》，并决定对全国乳制品生产企业、婴幼儿配方乳粉生产企业根据新的许可条件重新核发生产许可证。12月1日，工业和信息化部、国家发展和改革委员会、国家质量监督检验检疫总局联合印发《关于在乳品行业开展项目（企业）审核清理工作的通知》，决定用2个月左右时间对全国所有的乳制品生产企业按照《乳制品工业产业政策（2009年修订）》相关要求重新进行审核清理，依法淘汰落后乳制品加工生产能力，关闭已建但未达到行业准入条件的乳制品加工企业。满足《乳制品工业产业政策（2009年修订）》规定相关文书的企业，按照国家质量监督检验检疫总局公布的相关规章和规范性文件要求，于2010年12月31日之前重新提出生产许可申请。至2011年3月1日起，凡未重新获得生产许可的，依法停止生产乳制品及婴幼儿配方乳粉等产品。通过本次清理整顿工作，可以使我国乳制品行业淘汰技术落后、规模小的企业，提升行业整体技术装备水平、生产条件和管理水平，提高行业整体质量安全保障水平。

（三）30个骨干企业签署行业公约

2010年10月29日，为了加强行业自律、规范企业行为、创造和谐发展环境，尤其是保证奶源、市场秩序，中国乳制品工业协会召开第四届理事会理事长扩大会议，协会所属18个副理事长单位及部分常务理事单位、地方协会代表参会，经讨论参会代表一致通过《中国乳制品工业协会行业公约》，并签字表示遵守。《公约》主要内容为：一是认真贯彻执行党和国家的各项方针政策，模范遵守国家法律、法规，合法经营、照章纳税。二是自觉加强诚信体系建设，以行业健康发展为目标，制定、实施企业的发展战略和经营方针。三是以引导乳制品消费、扩大乳制品市场为己任，利用各种形式宣传乳制品营养知识。四是加强企业管理，严格按照国家标准、行业标准组织生产，为消费者提供安全、优质的产品和满意的服务。五是加强企业文化建设，教育员工及合作单位员工共同遵守乳制品行业职业道德规范，提倡公平竞争，反对不正当竞争。六是加强自有奶源基地建设，严格执行原料奶收购合同，不压级压价，不相互抢奶，不哄抬奶价。七是在广告宣传中，不做虚假广告，不误导消费者，在宣传自己时不贬低同业者。八是在市场营销中，反对“打价格战”等扰乱市场的行为。九是尊重爱护同业者的声誉和形象。企业间应加强协调与合作，如遇不同观点应选择沟通协调的方式解决。十是在企业遭受讹诈和破坏时，同业之间应给予道义上的支持。十一是配合政府有关部门维护乳制品市场的正常秩序，为树立行业形象和行业信誉共同努力。十二是如有违反《公约》条款的企业，协会给予通报批评。

（四）召开行业年会

2010年8月21～22日，“中国乳制品工业协会第十六次年会暨全国第十次乳品技术精品展示会”在银川召开，会议以“诚信·责任·质量”为主题。工业和信息化部总工程师朱宏任、宁夏回族自治区副主席郝林海、新西兰驻华大使伍开文、国际乳品联合会总干事罗伯特等嘉宾出席会议并讲话。中国乳制品工业协会理事长宋昆冈在会上做了《转变发展方式 实施升级改造 提升行业整体素质》的报告，报告呼吁：树立行业道德准则、升华企业文化、培育良好行风、重塑行业形象；改变原料基地建设模式，加大自有奶源的发展力度，提升对原料奶的掌控能力，保障原料奶的质量安全，改变按数量计价的收奶办法，实施以乳固体、质量综合计价的新办法，加强对奶站工作的管理；加强对职工的专业技能培训，提高职工队伍的整体素质；婴幼儿食品生产企业全部实施危害分析与关键控制点管理体系（HACCP），乳制品企业全部实施良好生产规范（GMP），所有乳制品生产企业建立并实施乳制品企业诚信管理体系，并获得A级以上等级。会上向黑龙江兴安岭乳业有限公司、江西阳光乳业股份有限公司、四川菊乐食品有限公司、明一（福建）婴幼儿营养品有限公司、内蒙古伊利实业集团股份有限公司、广西皇氏甲天下乳业股份有限公司、内蒙古蒙牛乳业（集团）股份有限公司、维维集团股份有限公司、黑龙江飞鹤乳业有限公司等9个企业颁发了2010年度“绩效良好企业”奖；向嘉吉烯王生物工程（武汉）有限公司、北京双娃乳业有限公司、基伊埃工程技术（中国）有限公司、爱克林（天津）有限公司、大连保税区倍嘉国际贸易有限公司、丹尼斯克（中国）有限公司、北京优力科商贸有限公司、天津市德恒科技有限公司等8个企业颁发了2010年度“服务优秀企业”奖；向上海普丽盛轻工设备有限公司、广东粤东机械实业有限公司、丹阳仅一包装设备有限公司、杭州中亚机械有限公司等4个企业颁发了2010年度“自主创新产品”奖。会议期间，还举办了“新产品新技术论坛”、“标准法规大讲堂”、“企业文化论坛”、“原料奶与牧场论坛”、“市场发展论坛”等专题报告和交流活动。

（中国乳制品工业协会　岳增君）

烟草加工业

2010年，在党中央、国务院和工信部领导下，全行业紧紧围绕“卷烟上水平”这一基本方针和战略任务，思想统一，行动迅速，措施有力，各项工作扎实有效推进，全面完成年初确定的各项目标任务，生产经营继续保持良好发展态势。

一、基本情况

2010年，全年实现工商利税6 045.52亿元，同比增加876.39亿元，同比增长16.95%；上缴国家财政（含国有资本收益）4 988.5亿元，同比增加872.5亿元，同比增长21.2%。2010年是烟叶生产最为困难的一年，也是烟叶工作成效显著的一年。一是大灾之年烟叶生产获得较好收成。2009年以来，云贵川等西南烟区遭遇特大干旱，东南烟区发生严重洪涝灾害，其他烟区各种灾害也接连不断。面对严重的自然灾害，烟叶产区各级领导干部和全体职工讲责任、作奉献，不畏艰险，奋力救灾，通过艰苦努力，烟叶收购秩序良好，等级质量有所提升，完成了烤烟收购任务。受灾烟区周密制定抗灾救灾预案，及早部署安排，充分发挥烟田基础设施作用，最大限度减少灾害造成的损失。云贵川烟区保质保量完成了抗旱救灾增加的烟叶生产收购任务，为灾区经济社会发展、农民增收作出了积极贡献。全行业投入专项救灾资金5.6亿元，帮助烟农生产自救，保护了烟农利益。在抓好抗灾救灾同时，烟叶产区坚决贯彻落实国家烟草专卖局决策部署，把严格控制烟叶生产规模摆在重要位置，全面抓好控制规模各项措施落实，烟叶生产连续13年保持稳定发展。

二、科研、新产品、新技术

1. *全面加强企业技术中心建设*　开展了国家级、行业级和申请行业认定的18个工业企业技术中心的评价认定工作，浙江、江西、安徽、福建4个卷烟工业企业和南通醋酸纤维有限公司技术中心通过了行业认定，研究提出了建设国际一流工业企业技术中心的发展目标和评价考核指标。积极推进烟叶生产技术中心建设，制订了烟叶生产技术中心评价指标和加强烟叶生产技术中心建设的措施，起草完成了“烟草行业认定烟叶生产技术中心管理办法”和“加强烟叶生产技术中心建设意见”。

2. *加强行业知识创新体系建设*　加强了青州烟草研究所和河南农业大学两个烟草科技创新平台建设，如期开展并完成了双方协议规定的科研合作活动，签署2011年度合作协议。完善了5个行业重点实验室运行机制，完成了烟草工艺、烟草化学重点实验室学委会换届工作。行业有关单位加强实验室建设，广东中烟、江西中烟、云南烟草科学研究院等分别与国内外相关高校与科研院所联建了化学与化工、卷烟材料、技术创新、减害技术、烟草育种等实验室。行业知识产权工作取得新进展。定期发布了行业专利月报和统计分析工作，开展了行业知识产权工作调查。2010年全行业申请和获得授权的烟草技术类专利分别达到1 230件和891件，同比增长54.33%和70.69%；其中发明专利的申请和授权数量达到501件和163件，同比增长38.02%和85.23%。

3. *建立健全创新激励机制*　一是完成了2009年

度省级公司领导创新能力考核工作。按照国家局有关安排，深入开展省级公司创新能力考核指标体系调研，修订了2010年度省级公司技术创新考核指标。在省级公司创新能力考核中加大减害降焦、创新人才等指标权重，加强了低焦油低危害卷烟品牌培育考核。二是修订印发了《中国烟草总公司科学技术奖励办法》和实施细则，在中国烟草总公司科技奖励中增设技术发明奖，并加大科技奖励力度，同时突出对烟草新品种推广和低焦油低危害卷烟培育等重点领域的引导和鼓励。三是成立了总公司科技奖励评审专家库，完成了2010年总公司科技进步奖评奖工作，有1项成果获得中国烟草总公司科技进步一等奖，8项成果获得二等奖，14项成果获得三等奖。中国烟草总公司推荐的由郑州院等单位承担的“卷烟危害性评价与控制体系建立及其应用”项目获得国家科技进步二等奖。

4. 精心组织行业内外科技力量，深入推进重大专项的启动实施　烟草基因组计划重大专项全面启动，国家烟草基因研究中心正式挂牌，会同人事司、郑州烟草研究院在全球范围内招聘重大专项首席科学家和国家烟草基因研究中心主任，组建了重大专项专家委员会，研究细化了重大专项实施计划及国家烟草基因研究中心建设规划。超高速卷接包机组研制重大专项完成方案编制和专家论证工作，正式启动实施。卷烟减害技术重大专项继续深入推进，下达了13个试点品牌工作方案，2010年度该重大专项从卷烟有害成分释放量的影响因素研究、选择性减害功能性材料研究与应用、低焦油卷烟产品开发3个领域开展研究工作并下达项目计划。特色优质烟叶开发重大专项实施采取“三纵三横”模式，纵向设立浓香特色组、清香特色组、中间香特色组三个专题香型组，横向设置风格特色评价、化学基础研究、低危害烟叶开发三个专题，并确定了本年度项目计划。卷烟增香保润、中式卷烟制丝生产线重大专项稳步推进，协助运行司开展两个重大专项项目申报、专家评审和项目实施工作。启动造纸法再造烟叶重大专项方案编制工作，全面调研造纸法再造烟叶发展现状，组织造纸法薄片研发基地、卷烟工业企业和造纸法再造烟叶生产企业开展专题研讨，起草了造纸法再造烟叶重大专项方案(讨论稿)。

5. 继续推进四大战略性课题实施，谋求共性技术取得突破　在烟草育种方面，中国烟草种质资源平台建设工作深入推进，圆满完成国家烟草种质资源库“十一五”总体目标，7个烤烟新品种通过全国烟草品种审定委员会审定。在减害降焦方面，组织郑州烟草研究院、云南烟草研究院和卷烟工业企业等23个单位开展7种成分检测共同实验，全面加强卷烟企业7种成分检测能力；完成了2010年度国产卷烟7种成分检测工作。在卷烟调香方面，完成行业首期卷烟调香师、高级调香师学员国内外培养工作，启动卷烟调香师、高级调香师认定工作；以品牌为核心的卷烟调香体系构建工作取得显著成效，烟草行业的卷烟调香主体地位进一步加强；中式卷烟风格感官评价方法基本建立，工业企业进行卷烟产品开发和维护的能力进一步加强。在特色工艺方面，卷烟品牌多点加工均质化技术取得突破，为卷烟生产、品牌输出、品牌做大做强提供了有力的技术支撑。

6. 强化科技项目管理及其他重点工作　编制完成并下达了行业2010年度重大专项项目计划、重点项目计划和面上项目计划。项目立项、过程管理、考核评价和验收鉴定工作进一步加强，重点加强过程管理，组织开展了在研项目实施情况定性定量评价。针对总公司重点科技招标项目执行过程中存在的问题，印发了关于加强科技招标项目实施和管理的通知，进一步规范科技招标项目管理。全国烟草有害生物调查工作全面启动，并取得显著进展。

三、国内外市场概况

（一）国内市场概况

烟叶产区坚持以整县推进为抓手，以基地单元建设为载体，以创新生产组织形式为工作重点，大力推进现代烟草农业建设。全国启动了32个现代烟草农业示范县建设，以云南滇东现代烟草农业示范区为代表，大规模推进、高标准实施取得重大进展。进一步加大投入，加强烟田基础设施建设，共安排75亿元专项资金，建设项目30.3万件。在抓好现有工程项目建设同时，启动土地整理和大型水源工程建设试点，努力改善烟区生产条件。尊重烟农主体地位，创新生产组织形式，烟农专业合作社建设迈出可喜步伐，专业化服务水平进一步提高，烟田基础设施管护长效机制初步建立。全国共有烟农专业合作社11 746个，其中工商注册烟农专业合作社3 728个，涌现了一批以湖南宁乡、湖北十堰等为代表的专业合作社典型。按照“品牌导向明确、工商协同密切、质量明显提高、供应长期稳定”的要求，工业企业的积极性明显提高，商业企业的主动性明显增强，工商之间协调合作明显加强，品牌发展有效引导基地建设的新机制初步建立。全国共落实基地单元149个，18个工业公司全部参与基地单元建设。特色优质烟叶开发扎实推进，更加注重生态环境，合理调整开发布局，全国共安排特色优质烟叶开发基地单元104个，种植面积

101.3khm²。加大特色品种推广力度，红花大金元、翠碧1号、KRK26品种种植规模同比增加15.3khm²。高度重视基础性课题研究，加快推进科技专项实施，推动各类香型协调发展，全面提高特色优质烟叶生产水平。按照“532”、“461”品牌发展要求，加强工商合作，加大培育力度，充分发挥市场导向作用，有力促进了重点品牌加快成长、价值提升。一是重点品牌规模持续扩大。全年有13个品牌销量超过100万箱，其中红塔山、白沙、红金龙、红河、双喜、红旗渠超过200万箱，重点品牌市场主导作用进一步显现，影响力进一步增强，为实现“532”目标奠定了坚实基础。二是重点品牌价值大幅提升。全年有15个品牌商业批发销售收入超过200亿元，其中中华品牌超过760亿元，云烟、芙蓉王、红塔山、利群、白沙超过400亿元，重点品牌对行业发展的贡献度明显提高，“461”品牌发展格局初步形成。三是减害降焦取得明显进步。全国卷烟焦油量实测平均值降至11.9mg/支，烟气一氧化碳量平均值降至12.9mg/支，同比分别下降0.3mg/支和0.8mg/支。焦油量8mg/支以下卷烟累计生产87.5万箱，同比增长24.3%；累计销售88.8万箱，同比增长24.5%。长白山、中南海、红双喜（上海）、七匹狼、娇子等牌号低焦油产品产量超过5万箱，为实现减害降焦目标迈出了可喜的一步。

（二）国外市场概况

世界烟叶主产区除津巴布韦外，烟叶产量同比2009年均有所下降，津巴布韦及其他新兴非洲国家烟叶产量则均有所上升。巴西作为继中国之后的世界第二大烟叶生产国，受气候因素影响，2010年烟叶产量出现了一定幅度的下降，其中烤烟产量为56.7万t，比上年下降6.7%；白肋烟产量为9.0万t，比上年下降26.2%。美国2010年烤烟产量为22.2万t，比上年下降5.9%；白肋烟产量为8.2万t，比上年下降9.9%。津巴布韦烟叶在2010年获得大丰收，全年烤烟产量12.3万t，比上年增长108.5%。印度、马拉维、孟加拉国、赞比亚、莫桑比克等一些亚非国家近年来烟叶产量不断扩大，其中2010年印度烤烟产量为33.5万t，马拉维烟叶产量为22万t，孟加拉国烟叶产量为14万t，比上年均有不同幅度的增长。两大跨国烟叶公司利润增长。一是环球公司（Universal Corpo-ration）。该公司建立于1918年，是目前世界第一大跨国烟叶公司，总部位于美国弗吉尼亚州里士满，烟叶业务分布在30个国家和地区，公司的主要客户是菲莫国际公司等几大跨国烟草公司。近年来，巴西烟叶的20%～30%、非洲烟叶的35%～45%以及美国烟叶的35%～45%均被环球公司所采购。2010年，环球公司积极增进战略合作，强化本土管理，拓展烟叶来源，在世界烟叶市场继续保持领先地位。全年销售烟叶约50万t，实现销售收入24.9亿美元，比上年下降2.5%；实现利润2.6亿美元，比上年增长22.5%。2010年环球公司向菲莫国际公司销售烟叶7.0亿美元，占总收入的比重为28.1%；向日本烟草公司销售烟叶5.75亿美元，占总收入的比重为23.1%；向帝国烟草公司销售烟叶2.5亿美元，占总收入的比重为10.0%。二是联一国际公司（Alliance One International）。由德孟公司和标准商业公司于2005年合并重组而成的联一国际公司，是目前世界第二大跨国烟叶公司，总部位于美国北卡罗来纳州首府罗利，烟叶业务分布在45个国家和地区。2010年联一国际公司销售烟叶48.95万t，比上年下降1.7%；销售收入为23.1亿美元，比上年增长2.2%；平均每千克烟叶售价为4.58美元，比上年提高5.0%；全年实现利润3.96亿美元，比上年增长9.9%。从联一国际公司市场分布看，2010年在比利时销售烟叶4.91亿美元，占公司总收入的比重为21.3%；在美国销售烟叶3.23亿美元，所占比重为14.0%；在俄罗斯销售烟叶1.32亿美元，所占比重为5.7%；在中国销售烟叶1.29亿美元，所占比重为5.6%；在其他地区销售烟叶12.31亿美元，所占比重为53.3%。

四、质量管理与标准化工作

（一）贯彻落实“卷烟上水平”基本方针和战略任务，组织制定并落实技术创新上水平实施意见和健全完善行业创新体系指导意见

为贯彻落实“卷烟上水平”基本方针和战略任务，根据“卷烟上水平”总体规划，编制印发了《技术创新上水平实施意见》，确定了行业未来5年技术创新的目标任务，提出了突破关键技术、培养高素质人才、健全创新激励机制3个层面的目标，并对各年度工作指标进行了系统分解。根据国家烟草专卖局关于加强配套保障，有效落实“卷烟上水平”目标任务的要求，制定印发了《国家烟草专卖局关于健全完善行业创新体系的指导意见》，围绕“技术创新上水平”3个层面的目标，提出了健全完善技术创新、知识创新、技术推广、质量安全、人才培养体系与创新激励机制的各项保障措施。召开了全国烟草科技工作会议，紧紧围绕“卷烟上水平”和“技术创新上水平”各项工作，全面总结行业科技近年来工作情况，部署行业科技工作重点任务。召开了行业创新体系建设工作座谈会，认真分析当前行业创新体系建设面临的形势与任务，交流了行业各主要单位关于创新体系建设的思路和举措，明确了下一步工作方向。

（二）以产品质量安全为重点加强卷烟产品质量监督，质量安全工作持续加强，质检机构建设有效推进，履约工作稳步开展

1. *进一步完善质量安全保障体系*　按照《国家烟草专卖局关于全面加强质检机构建设的意见》（国烟科〔2009〕261号）文件要求，以加强产品质量监督，确保产品质量安全，服务烟草市场监管，认真履行《烟草控制框架公约》为工作重点，进一步加强以国家烟草质检中心为龙头、8个综合性省级局质检机构为骨干、20个专业性省级局质检机构为基础的行业质检体系建设。不断强化省级工业公司内控质检机构建设，进一步明确和落实质量安全责任，健全质量安全工作机制和制度建设，日益完善产品质量安全保障机制。按时完成质检机构审查认可和质检人员资格认证工作，通过汇报和沟通，国家烟草质量监督检验中心等28个行业质检机构获得了国家质检总局指定行业质检机构承担烟草质检任务的机构授权，为行业质检工作开展解决了法律地位问题。组织开展了第二届卷烟产品鉴别检验技能竞赛工作。

2. *减害降焦工作稳步推进*　2010年全年卷烟产品市场抽查焦油量平均值为11.9mg/支，烟气一氧化碳量平均值为12.9mg/支，同比分别下降了0.3mg/支和0.8mg/支。印发了自2011年1月1日起卷烟焦油最高限量调整为12mg/支的通知，明确自2011年1月1日起国内生产的盒标焦油量在12mg/支以上的卷烟产品不得在境内市场销售，盒标焦油量在12mg/支以上的国外以及港、澳及台地区卷烟产品不得入关，并全面做好卷烟盒标焦油最高限量标注的换版准备工作。

3. *组织开展卷烟抽检工作，加强产品质量监督*　组织完成了504个规格的卷烟产品质量监督抽查检验，对484个牌次的卷烟烟丝、940个烟用添加剂、284个卷烟纸、419个烟用接装纸、1 028个卷烟包装纸、206个卷烟内衬纸、222个烟用水基胶以及滤棒、丝束等烟用材料进行了质量监督抽查，对存在质量问题的添加剂、烟用材料责令整改和跟踪抽查；对进出口烟叶、卷烟进行了农残和转基因监测监控。产品质量合格率达到100%，卷烟产品质量安全指标合格率达到100%。专题普查了220个国内外卷烟中重金属含量、184个卷烟成品的卷烟纸中有关添加剂成分；开展了丙纤丝束及滤棒中挥发性成分专项监测。认真开展烟叶工商交接等级质量监督抽检，截至12月底，共对1 047批次烟叶进行了工商交接等级质量监督抽检，工商交接等级合格率为62.8%。全行业产品质量及安全意识显著提高，标准和检测水平迅速提升，卷烟及添加剂、烟用材料的有关质量安全成分得到了有效监控，质量安全制度和体系建设不断完善。积极配合专卖打假工作，全行业省级和国家级质检机构共完成卷烟产品鉴别检验逾15万批次。

4. *履约工作稳步开展*　进一步加强了与国家质量监督检验检疫总局的协调沟通，在《烟草控制框架公约》第九、第十条“烟草制品成分及烟气释放物检测、控制与披露”的实施立场上取得了一致意见，提出了修订《中华人民共和国境内卷烟包装标识的规定》的意见。按照有关要求，为中国代表团参加第四次缔约方大会第九、第十条谈判承担了相关研究和提供所需技术资料及具体意见的工作。

（三）持续推进标准化战略实施与标准体系建设，着力构建产品质量安全保障体系

1. *标准体系建设进一步健全*　2010年全年共发布77项行业标准，报批2项国家标准，已形成由502项烟草类国家、行业标准构成的行业标准体系，圆满完成“十一五”期间标准体系建设目标。编制并印发2010年度行业标准制修订项目计划，组织2011年度行业标准项目申报并完成专家评审工作。成立了行业烟草添加剂安全性评估委员会并出台了《烟用添加剂安全性评估管理规程》，组建了中国烟草总公司烟草添加剂测试中心，在标准化方面初步建立起以卷烟质量为核心的保障体系。

2. *强化标准宣贯工作*　按照开展烟叶标准化生产工作实效年度考评安排，对福建南平、广东南雄等12个第六批国家级烟叶标准化生产示范区及其余14个烟叶产区推进烟叶标准化生产工作实效进行了年度考评。开展了《卷烟品牌许可生产质量保障通则》（YC/T 198—2006）、《卷烟企业清洁生产评价准则》（YC/T 199—2006）、《卷烟包装设计要求》（YC/T 273—2008）等重要行业标准执行情况综合评价工作。

3. *国际标准化工作取得重大突破*　全力配合国际标准化组织（ISO）有关工作，《烟草及烟草制品　箱内片烟密度偏差率的无损检测　电离辐射法》（ISO 12030）获国际标准化组织批准发布，实现了我国乃至亚洲烟草界制订国际标准“零”的突破。《卷烟　端部掉落烟丝的测定　振动法》（ISO 3550）再次在国际标准化组织成功立项。经国际标准化组织提议，我国将承担国际标准化组织/烟草及烟草制品技术委员会/烟叶分技术委员会联合秘书处工作。这些工作提高了我国烟草行业在烟草国际标准化领域内的影响力和话语权，为我国实施国际标准化战略作出了积极贡献。

五、行业管理

1. *精心编制“卷烟上水平”总体规划* 2010年，行业认真学习党的十七届三中、四中、五中全会和中央经济工作会议精神，扎实推进行业自身的改革发展。在年初的全国烟草工作会议上，国家烟草专卖局党组对“卷烟上水平”的重大意义进行了系统深入的阐述，明确提出要把“卷烟上水平”作为当前和今后一个时期烟草行业的基本方针和战略任务。为提高全行业对“卷烟上水平”重要战略意义的认识，进一步明确目标任务，国家烟草专卖局在充分发扬民主，广泛征求意见的基础上，编制了“卷烟上水平”总体规划，并具体编制了品牌发展、原料保障、技术创新、市场营销、基础管理5个方面的实施意见和11个相应的配套措施，推动“卷烟上水平”各项工作深入扎实开展。

2. *制定国际标准实现“零”的突破* 2010年4月，由我国烟草行业制定和提交的第一个国际标准项目ISO 12030《烟草及烟草制品 箱内片烟密度偏差率的无损检测 电离辐射法》正式被国际标准化组织（ISO）批准发布，提前一年完成了烟草行业国际标准“零”的突破计划。这一年，行业积极实施科技重大专项，启动了国家烟草基因研究工程。2010年，行业卷烟焦油量实测平均值降至11.5mg/支，烤烟自育品种种植比例达到了68.4%，卷烟增香保润和重点品牌生产专线技改加快实施，编制了超高速卷接包机组和造纸法再造烟叶重大专项方案。行业不断完善标准体系建设，加强质检体系建设，积极推进信息化建设，技术创新水平得到全面提升。

3. *努力打造具有不可替代性的中国烟草物联网* 2010年，行业精心组织市场营销，卷烟流通水平明显提高。行业高度重视市场营销管理，深入推进按客户订单组织货源、工商协同、精准营销工作；在4个省级公司和52个地市级公司开展“网上订货、网上配货、网上结算”试点工作；推广甘肃烟草“一条主线、三个要点、五个步骤”为主要内容的客户经理、品牌经理和市场经理“135”工作法，提高一线人员营销工作水平；推广江苏烟草物流建设“全面感知、全面覆盖、全程控制、全面提升”的成效和经验，努力打造面向未来具有不可替代性的中国烟草物联网。

4. *制定人才工作创新发展实施意见* 2010年，为认真贯彻全国组织部长会议和全国人才工作会议精神，加快高素质人才培养，行业全面加强领导班子建设，研究制定省级局（公司）、工业公司领导班子考核意见，分批对直属单位领导班子进行了全面考核，深入推进党风廉政建设。行业对县级局（营销部）主要领导进行全面轮训，并大规模培训基层一线客户经理、专卖稽查及烟技人员，开展专业技能竞赛，提升基层队伍业务技能水平。为贯彻落实全国人才工作会议精神，大力推进行业人才队伍建设，国家局党组在2010年专门印发了《关于贯彻国家中长期人才发展规划纲要 全面推进行业人才工作创新发展的实施意见》，对今后行业人才队伍建设和人才发展工作主要任务进行了全面部署。

5. *国家烟草专卖局、公安部表彰广东省“海啸二号”卷烟打假行动* 2010年，行业不断加大卷烟打假力度，各省局按照“端窝点、断源头、破网络、抓主犯”的打假方针，深入开展卷烟打假工作，全面加强市场监管。2010年10月，国家烟草专卖局、公安部在广州联合召开广东省“海啸二号”卷烟打假行动总结表彰会，对在行动中做出重要贡献的烟草系统和公安系统8个先进集体和22个先进个人进行表彰。广东省“海啸二号”卷烟打假行动是卷烟打假史上行动人数最多、成果最大的一次打假行动，也是全国涉烟网络案件的经典案例，有力地震慑了制售假烟违法犯罪分子。

6. *积极开展创先争优活动* 2010年，全行业认真开展创先争优活动。国家烟草专卖局党组成立创先争优领导小组，把创先争优活动作为巩固和拓展学习实践科学发展观教育活动成果，加强行业党的建设尤其是领导班子建设，加快推进发展方式转变的大事来抓。国家局机关以“讲责任、讲奉献、讲纪律”教育活动为载体，行业以构建“两个至上”进班子、进岗位、进制度、进流程长效机制为载体，与创建优秀基层单位活动紧密结合，使创先争优活动体现了行业自身特色。行业还在12个单位开展创先争优试点，发挥典型示范带动作用，推动创新争优活动开展。结合创先争优活动，行业各单位进一步加强了服务品牌建设，努力促进企业文化建设落地生根。

（郑州烟草研究院 王英元）

酿酒工业

一、基本情况

2010年，是我国酿酒工业继续保持健康、稳定发展的一年，风云变幻的经济形势并没有阻挡行业的整体进步，酿酒行业经过不懈努力，大胆创新，取得了令人满意的成绩。在经济指标方面，各个酒种均保持良好的增长态势；在市场环境方面，各级政府、职能部门密切配合、齐抓共管，正在逐步建立健康、有序的市场环境；广大经销商通过辛勤耕耘、从容应对，取得了较好的经济效益；在食品安全方面，协会和骨干企业密切联系，推动了安全、健康、高质量产品的创新；在资本市场方面，酿酒行业通过深化改革，不断优化多种所有制并存的产业格局，积极探索与资本市场的有机结合，取得了可喜的成绩。根据国家统计局统计口径，2010年饮料酒及发酵酒精产量达到6 499.83万kL，同比增长9.69%，与上年同期相比，增幅提高了0.63个百分点。

(一) 行业整体经济运行质量较好，效益稳步上升

根据国家统计局数据显示，2010年全国规模以上企业饮料酒总产量为6 442.82万kL，同比增长9.62%。其中，酒精为825.93万kL，同比增长6.06%；白酒为890.33万kL，同比增长26.8%；啤酒为4 483.04万kL，同比增长6.28%；黄酒为134.14万kL，同比增长29.68%；葡萄酒为108.88万kL，同比增长12.38%。

2010年，酿酒行业完成总产值5 245亿元，累计同比增长24.7%；完成工业销售产值5 111亿元，累计同比增长25%；累计产品销售率97.2%。按子行业划分，白酒制造业完成工业总产值2 793亿元，占全行业总产值的53.3%，累计同比增长34.1%，累计产品销售率95.3%；啤酒制造业完成工业总产值1 321亿元，占全行业总产值的25.2%，累计同比增长10.6%，累计产品销售率103.9%；二者合计占到全行业80%左右。

2010年，全年规模以上企业完成销售收入5 093亿元，同比增长24%。实现利润530亿元，同比增长33%，其中产品销售成本3 590亿元，占全部销售收入比重70.5%。行业平均毛利率为30%，净利率为10.5%，比上年同期水平均有所上升。其中白酒行业全年完成销售收入为2 713亿元，同比增长31%；利润总额为350亿元，同比增长34%，其中产品销售成本1 845亿元，占全部销售收入的比重为68%。行业毛利率为32%，净利率为12.9%，比上年同期水平有所上升。啤酒行业全年完成销售收入为1 294亿元，同比增长10%；利润总额为104亿元，同比增长为26%，其中产品销售成本880亿元，占销售收入比重为68%，行业毛利率为32%，净利率为8%，其中净利率较上年同期水平有所上升，毛利率则低于上年同期水平。黄酒行业全年完成销售收入为103亿元，同比增长21%，利润总额为8.7亿元，同比增长29%，其中产品销售成本74亿元，占销售收入比重为72%。行业毛利率28%，净利率8.4%，均比上年同期水平有所上升。葡萄酒行业全年销售收入为325亿元，同比增长26%，利润总额为36.3亿元，同比增长21%，其中产品销售成本达225亿元，占销售收入比重达69%。行业毛利率为30.8%，净利率为11.2%，其中净利率较上年同期水平下降。其他酒行业全年完成销售收入为141亿元，同比增长27%，利润总额为11.7亿元，同比增长48%，产品销售成本94.5亿元，占销售收入比重达67%。行业毛利率为33%，净利率为8.3%，其中净利率较上年同期水平有所上升，毛利率较上年同期水平略有下降。发酵酒精行业全年完成销售收入为517亿元，同比增长25%，利润总额为21.2亿元，同比增长59%，其中产品销售成本455亿元，占销售收入比重达88%。行业毛利率为12%，净利率为4%，其中毛利率和净利率较上年同期水平均有所上升。

总体看来，除属于中间产品的发酵酒精行业利润率水平远低于其他零售终端商品外，2010饮料酒行业规模以上企业平均毛利率在30%左右，净利率在10%左右。分酒种看，毛利率以黄酒行业最低，低于全行业平均水平；其他酒最高达33%；净利率以白酒最高，接近13%，高出行业平均水平3个百分点。另外，葡萄酒净利率也高达11.2%。从与上年同期水平比较看，酒精、白酒、黄酒利润率水平比上年同期有所上升，而啤酒、葡萄酒、其他酒有不同程度下降。

（二）改扩建项目较多，行业总资产增加较快

2010年11月止，行业总资产合计4 872.77亿元，比上年同期增加771.08亿元，增速为18.80%，与上年同期相比增幅提高了6.6个百分点。特别是白酒行业，近年来投资速度和资金投入量前所未有，行业骨干企业投资扩建项目范围从南到北、从东到西，四川的“金三角”宜宾市投千亿元资金，打造“白酒之都”；江苏洋河第一期工程投资53亿元建设6km^{2}的酒城；汾酒投资15亿元在66.7hm^{2}地建竹叶青保健酒，山西省委、省政府直管项目，紧靠汾酒厂，征地333.3hm^2、投资50亿元再建第二个汾酒厂；北方北大仓集团征地133.3hm^2、投资近20亿元重建酒厂；西北鄂尔多斯公司征地333.3hm^2、投资35亿元建生态白酒旅游产业；东南泰国TCC集团征地66.7hm^2，扩建玉林泉；老牌名酒扩建、地方名酒扩建，资金渠道多样。

（三）行业主要产品出口增速较快

按照国家统计局统计口径，2010年酿酒行业出口交货值（人民币）33.41亿元，占工业销售产值的0.65%，累计同比增长32.77%。其中，白酒制造业出口交货值（人民币）13.56亿元，累计同比增长35.30%；啤酒制造业出口交货值（人民币）11.12亿元，累计同比增长14.9%。

值得注意的是，随着人民生活水平的提高，健康饮酒的消费理念已深入人心，包括果露酒、保健酒在内的其他酒种的市场表现令人欣喜，各项经济指标增幅均保持在30%上下，说明这些酒种还有很大的市场开发空间。总的看来，我国酒类骨干生产企业在各方面都已更加理性和成熟。通过努力，既满足了广大消费者的需要，也增强了企业的竞争能力，提高了企业的经济效益，保证了行业的持续、健康、稳定的发展态势。

二、我国酿酒工业与资本融合精彩不断

2010年，我国酿酒工业在总体良好的经济环境下，也发生了许多较具影响力的资本大事，众多业内外资本和知名企业频繁、密集的资本动作，使2010年的我国酿酒工业精彩不断。

1. *在白酒方面* 2010年洋河与双沟两大苏酒巨头强强联合后共同组建了“苏酒集团”；2011年初，红星与龙徽等北京酒企整合成立“首都酒业”等。这个时期，多数资本投入实现了自己的既定目标，获得了比较理想的收益。同时也昭示着我国白酒业的资本运作正日益成熟，资本运作对我国白酒业的整体贡献也更加显著。

2. *在啤酒方面* 在几大酒种中，针对啤酒行业的资本运作可以说是最为频繁的，尤其是并购重组，可谓接连不断、风生水起。自2001—2010年，我国啤酒市场发生了超过80次的收购、兼并、参股事件，平均每年发生9起。华润雪花、青岛啤酒、燕京啤酒和百威英博四大啤酒巨头，已占据了约60%的市场份额。从目前来看，我国啤酒行业基本上完成了它的市场化进程，而且完全向外国资本开放。未来我国啤酒行业的资本运作还会继续，但随着行业集中度的提高，并购重组的速度将会放缓。

3. *在葡萄酒方面* 由于市场前景看好，我国葡萄酒业赢得了不少资本的“青睐”。例如，2010年张裕集团出资控股天珠酒业，中粮集团收购智利酒庄，都在业内外掀起了一番波澜。近期中粮收购波尔多酒庄一事，也广受行业关注。可以看到，国内葡萄酒企业在充分利用资本运作“引进来”壮大自身的同时，也利用资本手段积极实现“走出去”的战略目标。

4. *在黄酒方面* 近些年来资本整合动作也不少，比如金枫整合上海黄酒资产、会稽山收购嘉善黄酒加速推进分拆上市、古越龙山收购女儿红等。

从以上各个酒种的情况可以看到，包括同业资本、境内外战略投资、地方政府注资，以及民间、个人投资在内的资本，已经深刻地影响着我国酒业，推动着酿酒行业的历史进程，并已成为一股不可忽视的“资本影响力”。当前，我国酒业与资本融合的深度和广度有增强之势，这是好事，但是我国酒类企业如何与资本进行更为有机的融合，促进整个酿酒行业的发展与壮大，仍是各方均需关注与实践的课题。中国酿酒工业协会在促进酒类企业与资本的有机融合方面，做了不少努力。在行业“十二五”规划中，我们对这方面也进行了明确规划。

三、“十二五”阶段产业结构调整趋势和方向

“十一五”期间，我国经济发生了深刻的变化，而酿酒产业在科学发展观的引领下，在行业组织和优秀企业的带动下，保持了良好的发展态势——产业结构得到调整，技术进步速度加快，产品创新能力不断增强，产业链优势正在逐步形成，整体经济运行指标得到稳步提高。我国酿酒产业正在走上健康、稳定、持续发展的道路。

“十二五”期间，我国酿酒产业各酒种将按照“白酒适度增长，啤酒缓慢增长，葡萄酒快速增长，果露酒平稳增长，黄酒和酒精较快增长”的经济运行态势健康发展。行业将坚持把经济结构战略性调整作

为加快转变酿酒产业经济增长方式的主攻方向。在产业结构调整方面，将优化酿酒产业布局，建设先进制造业基地和现代产业集群，支持酿酒行业和资本的有机融合，提高产业集中度和企业竞争能力。要达到这个目标，本行业将主要做好以下几点：一是建设酿酒工业生产基地，打造特色经济区域集群；二是培育优质酿酒原辅料产区，推动西部原料产区建设；三是继续鼓励、支持和引导酿酒企业的改组改制，继续推动酿酒企业进入资本市场，优化多种所有制并存的产业经济格局；四是促进企业内部结构调整，继续支持企业通过收购、控股、并购、重组、强强联合等资本运作，形成集团化、规模化的大型企业集团；五是规范中小企业产销经营，拓展中小企业生存发展空间，达到大中小酒企和谐发展。六是支持和帮助有发展潜力的酿酒企业进行融资、上市，进入资本运作渠道，借助“资本影响力”推动酿酒产业的结构性调整。

总体看来，随着我国市场经济秩序的不断健全和完善，中国酿酒行业的大形势是良好的。只要我们始终不渝地坚持以邓小平理论和“三个代表”重要思想以及科学发展观为指导，强化食品安全意识，积极提高酿酒产业的自主创新能力，推动我国酿酒产业结构调整，合力构建和谐的厂商关系，就一定能够开创健康、有序、和谐的发展未来。

（本文由中国酿酒工业协会提供相关资料，编辑部汇总整理）

蚕丝加工业

一、基本情况

（一）蚕桑生产

1. 产量　2010 年全国桑园面积 79.2 万 hm^2，同比下降 0.72%；蚕茧发种量 1 596.2 万张，比去年增加 139 万张，同比增加 11.72%；全年收购桑蚕茧约 54.8 万 t。同比增长 16.75%。春期统茧每 500kg 均价基本在 1 050～1 800 元/之间，夏秋期每 50kg 基本在 1 142～1 900 元之间，较 2009 年同期均有较大幅度的增长。2010 年各地的蚕茧产量除河南省降幅明显（−23.31%），山东省和浙江省略有下降（降幅分别为−7.95%和−2.23%）外，其余各省、自治区、直辖市均呈现不同幅度的增产。其中湖南、山西和广东三省的增幅最为明显，分别为 63.25%、58.27%、48.37%。其余各省、自治区、直辖市的增幅由大到小依次为：广西（23.94%）、云南（14.29%）、安徽（8.70%）、江苏（8.06%）、江西（7.69%）、湖北（5.44%）、四川（4.41%）、陕西（2.33%）、重庆（0.58%）。2009 年秋季各地蚕茧价格出现明显上涨的趋势，2010 年蚕茧收购价格一路走高，涨幅继续扩大。15 个省、自治区、直辖市中，按照春季统茧每 50kg 均价排序，前三名的省份分别为：山东（1 800 元）、江苏（1 795 元）、山西（1 700 元）；夏秋期统茧每 500kg 均价排序，前三名的省份分别为：山东（1 900 元）、江苏（1 853 元）、河南（1 700 元）。全国每公顷桑园平均收益 18 750 元，效益大幅提高，每 50kg 蚕茧净利润至少在 80 元以上，同比提高约 25%。全年蚕农蚕茧的收入达到 200 亿元，同比增收 75.2 亿元。

2. 资源分布　我国蚕茧产地分布广，但主产地较集中。2010 年蚕茧产量在 6 万 t 以上的省、自治区有 5 个，分别是广西、江苏、浙江、四川、广东，产量之和占我国蚕茧总产量的 65%左右，其中广西蚕茧产量继续领先全国，占全国产量的 1/4 多。蚕茧产量在 6 万 t 以下 1 万 t 以上的有山东、安徽、云南、陕西、重庆、湖北、河南 7 省、直辖市，产量之和占总产量的 25%左右。蚕茧产量在 1 万 t 以下的有江西、山西、湖南、贵州 4 省，产量之和占总产量的 3%左右。除此之外，我国还有一些零星蚕区，但产量极少。

（二）加工量、产值、利税、固定资本投资

2010 年全国生丝产量 16.2 万 t，同比增长 10.5%；绢丝 3.86 万 t，同比增长 19.05%；蚕丝及交织物 7.05 亿 m，同比增长 5.45%。丝绸工业总产值 1 959.93 亿元，同比增长 8.24%；主营业务收入 1 470.94 亿元，同比增长 9.44%，较 2009 年增加 5.9 个百分点；利润 76.4 亿元，同比增长 59.2%，比 2009 年增加 14.63 个百分点，但仍低于全国纺织工业 26.9%的平均增长水平。其中，缫丝加工实现利润 8.47 亿元，比 2009 年同期增长 46.37%；绢纺和丝织加工实现利润 21.25 亿元，同比增长 16.71%；丝印染精加工实现利润 1.77 亿元，同比增长 66.03%；丝制品制造业实现利润 5.26 亿元，同

比增长8.77%；丝针织制造业实现利润7.17亿元，同比增长19.07%。

2010年，丝绸工业实现固定资产投资84.29亿元，比2009年增长14.17%，实际完成投资额75.56亿元，同比增加36.15%，占计划投资额的89.9%。当年以来到目前为止施工项目总数为156个，同比增加14.96%，其中新开工项目数91个，同比增加4.41%。截至12月底为止，已实现竣工项目数78个，同比增加45.95%，占施工项目总数的47.4%，表明该行业投资项目进展情况正常。

二、新技术、新成果

1. *新型功能性纤维及新产品不断得到开发和应用* 安徽天彩丝绸公司开发的通过添加色素的饲养方式生产彩色茧，以及江苏鑫缘茧丝绸股份有限公司开发的通过改变基因的方式生产的彩色茧均已获得成功，批量生产和试制的各种款式服装，受到消费者青睐；辽宁铁岭永发茧产品公司开发的膨化柞蚕丝应用在蚕丝被的批量生产中，产品已远销到美国、日本，深受当地市场欢迎；柞蚕丝绸的色牢度、水渍和易皱问题也已得到基本解决并已由辽宁盖州暖泉绢纺厂着手进入产业化实施；丝绸行业新型医用防护材料的综合研究与开发已经取得明显进展；栗蚕野生茧已完成人工驯化试验并由辽宁柞蚕丝绸科学研究院有限责任公司着手进入产业化开发；最新推出的全真丝弹力丝及其产品正在由江苏华佳投资集团着手转化成产业化；浙江凯喜雅服饰有限公司研发的用生物酶对丝绸织物进行后处理，可使丝绸服装达到“机可洗”要求。由浙江理工大学和丝绸科研院所及企业共同研究的《基于丝素反应特征调控原理的蚕丝高色牢度印染开发及产业化》项目，从理论研究上解决了长期困扰丝绸易皱和色牢度等关键问题。用丝蛋白开发新型纤维取得新进展，已应用在化纤、麻纤维、竹纤维等产品上。

2. *新型转基因家蚕可吐“超级蚕丝”* 一种转基因家蚕，其能吐出含有蛛丝蛋白的蚕丝纤维，比天然蚕丝具有更好的强度和柔韧性，可在医疗、军事、纺织等领域发挥重要作用。科技人员发现，一个被称为piggyBac转座子的遗传因子可在转基因家蚕的培育中发挥重要作用，这种遗传因子能像计算机中的“剪切—粘贴”操作一样改变原有基因的结构和排序。配合使用锌指核酸酶（ZFN）技术，研究人员将蛛丝蛋白基因插入到了家蚕的基因中，从而使家蚕吐出与蛛丝类似的超级蚕丝。这种新的纤维目前还尚未命名，与天然蚕丝相比，这种新纤维强度更大柔韧性也更好。研究人员称，如果在插入蜘蛛基因前将蚕的部分DNA敲除，生产出的超级蚕丝性能与蛛丝将更加接近。

3. *桑、柞茧丝资源综合开发和利用向产业化方向发展* 全国蚕业资源综合利用的科研、开发以及产业化方面已取得突破性进展，形成新的发展局面。桑葚饮料，桑叶饲料，桑皮纤维混纺织物，废弃的桑树条被用于造纸、制成地板、种植食用菌和产生沼气等，已在全国不断推广应用；蚕沙提取叶绿素、丝素和丝胶用于化妆品与医疗卫生用品、丝绵与丝绒家纺产品、蚕蛹和蚕蛾制备的药品和保健品等已实现产业化生产，批量进入市场，年产值达数亿元。桑树已开始种植于华北、西北地区，作为防风固沙、保护生态环境的树种。

4. *蚕宝宝将“织”出人体皮肤* 专门用于丝绸生产的蚕宝宝经过科学加工居然可以变成人体皮肤，这种产品的诞生将填补中国皮肤移植手术产品方面的空白，同时也将为烧伤患者节约大笔费用。江苏苏豪国际集团和苏州大学材料工程学院进行合作，将蚕丝中的丝素和丝胶“变出”治疗所需的皮肤、骨骼和血管，为皮肤烧伤后的植皮患者带来福音。这种名为丝蛋白人工皮肤已研制成功，主要采用组织工程这一高新科技原理，以天然蚕丝丝素蛋白为主要原料研制而成，具有良好的生物相容性，适用于深度烧伤创面的治疗，具有我国自主知识产权，并拥有多项国家发明专利。

5. *用丝绸材料制成隐身斗篷取得成功* 最近科学家利用丝绸制成一种隐身斗篷，虽然目前这件隐身斗篷只能在可见光以外的无线电波和红外线之间的光谱范围内起作用，但是通过改进，可能会让它在更短的光波范围内起作用，甚至其中包括可见光。这种材料既具有医学应用价值，又能使人类或物体隐形成为可能，它是用覆盖了一层金属物质的丝绸制成，每个微小的螺旋线就是一个“开口环谐振器”，开口环谐振器对光具有独特的影响作用。因为丝绸具有生物相容性，在植入人体后不会引起免疫排斥，因此这种金属丝绸可以广泛应用到医学领域。利用这种材料制作隐身斗篷只是其中一个方面，把它应用到医学领域才能发挥它的最大价值。放射线研究者可以用这种材料覆盖器官，以便更好地查看到器官被挡住的部分。糖尿病患者还可以把它当做一个血糖传感器：当血糖水平发生变化时，这种超材料也会发生相应变化。这种变化可以通过无线电波的形式发射出去，而且利用手机可以发现它。

6. *转基因方法让蚕吃得少吐得多* 中科院上海生命科学研究院和西南大学的研究团队将转基因的方

法运用于提高蚕丝产量上，该研究团队在一种叫做GAL4/UAS的转基因家蚕品系中进行实验，通过Ras1CA基因在家蚕后丝腺中特异地超表达，使蚕丝蛋白生产和丝的产量提高60%，而食物消耗量却只增加20%，桑叶蚕丝转化效率提高了30%，蚕丝质量没有受到明显影响，在蚕业生产上呈现出良好的应用前景。家蚕丝腺，特别是后丝腺生产的丝蛋白决定了蚕丝的产量。蚕丝成分相当复杂，用转基因方法改变一种或数种丝蛋白，可能会改变丝的构造，降低蚕丝的品质。最好的办法是只让丝腺增大，但是别的组织器官不发生变化。于是在研究中便把家蚕丝腺变成一个"良性肿瘤"：把丝腺变大，但正常吐丝，并且不影响蚕丝的构造和蚕丝的品质。而GAL4/UAS转基因系统的最大优点是可在特定组织或者特定器官里使某基因获得功能或者丧失功能。所以，在后丝腺中特异性表达癌基因Ras，导致后丝腺轻度癌化，形成一个"良性肿瘤"：后丝腺变大，转基因家蚕正常吐丝，蚕丝构造和品质没有太大改变。而研究进一步发现，Ras1通过增大后丝腺体积和促进丝蛋白合成来提高蚕丝产量，是家蚕后丝腺发育的主效调控基因之一。

7. *高档雄蚕丝开发取得成功* 由江苏如东苏豪蚕业科技发展公司主持实施的"高档雄蚕丝关键技术的研究与开发"取得成功。科研小组针对新品种苏雄×茨晓的特点，制定并贯彻优质高产饲养技术规范；落实示范基地组织产业化生产优质雄蚕茧；研发蚕茧荧光色判性雌雄自动分拣装置，实现雌雄茧机械化自动分拣；完善特色蚕茧的烘茧加工与煮茧工艺，获得优质高品位雄蚕丝。项目组在如东县建设雄蚕茧生产基地1个，生产的雄蚕茧达到生产最高等级6A级生丝的质量指标，其解舒率达到70%以上、清洁99分以上、净度95分以上，茧丝长在1 400m以上。项目实施期间，在如东基地生产优质雄蚕茧25t，加工的6A级13/15D规格的雄蚕茧丝，用于加工编织医用缝合线，生产的6A级20/22D规格的雄蚕丝，用于加工高档婚纱及丝绸面料，满足了国内外高端客户的需求，具有独特的市场优势。

8. *天然染料真丝生态染整技术取得成功* 国家茧丝绸发展风险基金项目"功能性天然染料真丝生态染整技术研究与开发"在杭州通过商务部验收。该项目通过筛选，从天然植物或农副产品中提取多种颜色的天然染料，系统研究其有效成分的深度提取技术和染色、后整理关键技术，自主开发提取促进剂和环保媒染剂等配套助剂，提高了染色上染剂色牢度，能赋予产品良好的抗紫外线和抗菌等功能，对生态环保和循环经济发展有促进作用。该技术属国内领先水平。

三、国内外市场概况

（一）国内市场

近年来，随着我国扩大内销的一系列政策的实施，丝绸内销的增长强劲，消费量已经占到整个丝绸量的40%左右。据商务部统计，丝绸产品全年的销售额增长了20%，特别是真丝家纺的销售有大幅提高，有效拉动丝绸内销市场稳步增长，也给茧丝绸业发展带来了新的机遇。全国蚕丝被年产量已达800万条以上，年增长幅度在20%以上，年消耗蚕丝1.5万t左右。目前，内销市场消化茧丝量已达到35%左右，并呈逐年增长趋势，已成为我国茧丝绸行业新的经济增长点。

（二）国外市场

2010年真丝绸商品出口32.6亿美元，同比增长12.9%。其中，丝类产品出口6.5亿美元，同比增长24.4%；真丝绸缎出口10亿美元，同比增长28%；丝绸服装及制品出口16亿美元，同比增长1.6%。通过数据分析可以看出，丝类和丝绸服装的出口数量分别下降了13.2%和11%，即出口金额的回升主要是因为出口价格大幅提高，实际上从2006年开始丝绸的出口数量已经连续下降。

真丝绸商品主要出口市场依次为：美国、印度、意大利、日本、中国香港、巴基斯坦、英国、德国、韩国、法国，美国占25.5%的市场份额。主要市场中，印度和巴基斯坦成为寒冬中的亮点，分别增长10.45%和52.48%，新兴市场巴基斯坦的市场排名由上年的第十一位跃升至第六位；对其他市场出口均有较大降幅，对中国香港降幅最大，达34.74%，对美国的出口降幅也高达26.76%。

进口方面，我国2010年丝制品及服装进口总额2.86亿美元，同比增加10.26%，占纺织品及服装进口总额的0.98%。其中丝制品进口总额1.16亿美元，同比增加11.16%，占纺织品进口总额163.71亿美元的0.71%。2010年丝制服装进口总额0.68亿美元，同比增加47.41%，占服装进口总额22.75亿美元的2.98%，显示我国丝制纺织品和服装外贸形势良好。

四、质量管理与标准化工作

1. *"桑/柞蚕丝制品检测评价技术研究"通过鉴定* 由杭州市质量技术监督检测院承担的国家质量监督检验检疫总局科技计划项目"桑/柞蚕丝制品检测评价技术研究"在杭州通过鉴定。项目组研究开发了二种适用于各类桑蚕丝和柞蚕丝混纺或混合产品的纤维含量检测方法，包括物理法和化学法。研究完成蚕丝被等絮制品的主要特性指标——丝绵品质、含油率、蓬松性和均匀性相关评价指标和定量检测方法。项目成果在桑蚕丝和柞蚕丝混合产品实验室样品的采样方法、试样制备方法、纤维含量的物理测定方法、蚕丝被厚薄差异率和角质量差异率2项定量评价指标及其检测方法、蚕丝长度、绵块、丝筋的定量评价指标及其检测方法上有创新。

2.《蚕丝被》国家标准实施 《蚕丝被》国家标准已由国家标准化管理委员会以2009年第9号公告批准发布，标准代号为GB/T 24252—2009，实施日期为2010年2月1日。《蚕丝被》国家标准的发布实施，有望改变目前蚕丝被质量鱼龙混杂的状况。新发布的GB/T 24252—2009《蚕丝被》国家标准，是在原《蚕丝被》行业标准基础上，对原行业标准的部分内容修改后上升为国家标准的。新发布的国家标准在蚕丝被的定义、包装标注规定、等级、内在质量、外观质量、工艺质量等方面对蚕丝被质量进行了新的规定。该标准适用于以桑蚕丝绵、柞蚕丝绵为主要原料，经制胎并和胎套绗缝（包括机缝和手工缝）制作而成的蚕丝被。另外，标准明确了以蚕丝为主要填充物的被类才可称为蚕丝被，分为纯蚕丝被和混合蚕丝被两类。其中蚕丝含量为100%的称为纯蚕丝被，蚕丝含量达到50%及以上的为混合蚕丝被。

3.《桑蚕绢丝》等丝绸领域4项标准实施 国家工业和信息化部2010年批准发布60项纺织行业标准，其中丝绸领域标准4项，于2010年10月1日实施。2005年以来，全国丝绸标准化分技术委员会从当时行业发展的紧迫需求出发，组织有关专家进行了资料收集、调研等基础工作，起草了《纺织品术语 丝绸部分》（草案）。2006年底，向国家标准化管理委员会申报，列入了2006年国家标准制修订计划。我国是丝绸的发源地，丝绸是我国的国宝。我国茧丝绸业有着7 000多年的悠久历史文化，是载誉世界的民族产业。改革开放为茧丝绸业带来新的生机，不仅形成能够主导国际市场和引领世界茧丝绸业发展的优势产业，而且已经成为涉及2 000万农户脱贫致富和新农村建设的可持续产业。而丝绸术语是表达、存储和交流丝绸生产和科技信息，促进丝绸贸易的最为基本的手段和重要桥梁，是丝绸标准化最为基础的一项工作。会议认为，全面整理和编写《丝绸术语》国家标准，规范丝绸专业术语和名词的含义与范围，提高丝绸术语的准确表达，直接关系到行业的教学、科研、生产、贸易、管理乃至市场消费各个环节，不仅对整个行业具有广泛的指导意义，而且对弘扬我国传统丝绸文化，促进国际交流、增强国际影响、加快实现丝绸强国战略具有更加深远的意义。

五、行业管理

1. 蚕茧收购质量监督检查工作 根据国家质量监督检验检疫总局“质量提升”活动的整体部署，中国纤维检验局（以下简称“中纤局”）组织各地专业纤检机构，集中开展了2010年春茧收购期间的质量监督检查工作。为稳定蚕茧质量、保护蚕茧资源，促进蚕茧收购加工企业切实履行质量义务，检查并指导企业规范收购加工行为，打击收购加工活动中的严重质量违法行为，中纤局及时做出安排部署，印发《关于做好2010年非棉纤维质量监督检查工作的通知》（中纤局综发［2010］37号），通知中确定江苏、浙江、安徽、山东、河南、湖北、广东、广西、重庆、四川、云南、陕西等12个主产省（自治区、直辖市）的41个市（州、地）区域为今年蚕茧质量监督检查重点区域，要求各地机构配合地方商务部门开展鲜茧收购质量保证能力考核工作，加强茧站质量保证能力监督检查。强调要重点开展好春茧收购加工质量监督检查，集中查处收购毛脚茧、过潮茧，未分类分等置放，压级压价、掺杂掺假、以次充好等质量违法行为。坚决打击收购毛脚茧、过潮茧及收购中压级压价、损害茧农利益等严重质量违法行为。据统计，春茧收购期间，全系统共出动执法人员2 040人次，检查茧站683个，同比增幅达24%，其中茧站质量保证能力符合率为84.7%。监督检查桑蚕鲜茧总量1.11万t，现场抽查检验桑蚕鲜茧1 105批次，占监督检查蚕茧总量的90%以上，建立并更新企业质量档案共3 431件，占到应建档企业总数的70.6%。在检查过程中，专业纤检机构执法人员现场处罚了59个存在质量违法行为的茧站，占被检查茧站总数的9%。对16个存在严重质量违法行为的茧站进行了立案查处，占被检查茧站总数的2%。通过几年来纤检机构坚持不懈地开展蚕茧收购质量监督工作，2010年多数产区的蚕茧收购加工行为得以规范，收购秩序比较稳定，质量监管效果明显。

2. 加大政策支持力度，促进行业持续发展 一是集中力量开展技术创新。国家茧丝办构建行业共性技术创新平台，整合业内科研机构、大专院校、大型企业的科研资源，重点开展了蚕桑生产、丝绸产品加工中的关键与共性技术联合攻关，实现公共投入、多方参与、成果共享、推广应用。二是引导企业加强品牌建设。2010年商务部继续对丝绸企业营销网络及品牌建设进行试点，从渠道建设、注册认证、标准制定、广告宣传、参加展会等方面给予支持，在全国范围内力争打造了20个重点品牌。参与试点的地区和企业也高度重视，切实将财政资金用在了指定的支持方向上，努力打造代表中国丝绸形象的领军企业。三是促进产业集群式发展。商务部会商财政部出台了相关政策，对包括丝绸在内的农轻纺等专业性基地的技术研发、物流、环保、展示等公共平台建设给予支持。下一阶段，国家茧丝办还要研究从提供公共服务平台入手，重点支持一批特色鲜明的丝绸产业综合示范基地、产业科技园区和产业区域集群。各地都在积极打造丝绸特色产业园区，加强部门间的合作协调，完善产业配套，推进节能减排，带动产业优化升级。

3. 加大调控力度，促进行业健康发展　一是加大信息引导力度。信息是市场经济的血液，加强信息引导就是完善市场的自我调节机制。对列入茧丝绸监测报送系统的样本企业，地方茧丝绸主管部门指导其及时报送信息，并集成、分析、发布本地茧丝绸业信息；国家茧丝办做好行业监测统计、运行分析，并予以发布，形成国家茧丝办、地方、企业三级互为补充的信息有机整体，提高市场配置资源水平。二是增强了储备调控能力。厂丝储备制度是国家为了弥补市场失灵而作的制度安排，是茧丝绸行业宏观调控的重要抓手。国家茧丝办通过研究扩大了厂丝储备规模，做到国家储备、地方储备、商业储备等有机结合、相互联动的新机制，完善了储备调控方式方法，充分了发挥厂丝储备的调节作用。三是规范市场交易秩序。整顿规范了与茧丝有关的中远期电子交易市场，指导从事此种交易的市场开拓现货贸易，促其真正发挥资源配置作用，服务于全行业健康发展。

4. “ISO/TC38/SC23/WG05《生丝电子检测试验方法》国际标准工作组会议”于2010年7月14～15日在杭州召开　会议主要研究讨论了由我国主导制订的《生丝电子检验方法》国际标准工作草案（Working Draft）及今后3年的工作。本次会议由ISO/TC38/SC23/WG05主办，国家标准化管理委员会承办，中国丝绸协会、全国丝绸标准化技术委员会、浙江出入境检验检疫局等单位协办。这也是第一次在我国召开并讨论由我国主导的国际标准制定的纺织国际标准化会议。《生丝电子检验方法》国际标准的立项和工作会议的成功召开，加快了我国“丝绸标准国际化，国际标准本土化”的战略步伐，进一步确立了我国丝绸在国际丝绸界的主导地位，更好地维护我国丝绸业的经济技术利益以及在国际丝绸界的形象和地位，对我国在纺织国际标准化工作方面起到引领和积极推动的作用，为实现我国由“丝绸大国”向“丝绸强国”的迈进奠定坚实基础。

5. “2010年全国桑蚕干茧公证检验研讨会”召开　“2010年全国桑蚕干茧公证检验研讨会”于2010年11月3～5日在西昌市召开，会议紧密围绕突出公证检验工作的有效性、着力开展机制建设、积极探索科学有效的工作模式，稳定开展公证检验工作，不断提高工作质量，大力加强基础建设，更好地服务地方特色经济发展等方面进行了交流讨论。会议对今后工作提出五点要求：一是要紧紧围绕提高工作有效性、及时性、科学性开展工作，紧扣工作有效性的发挥来促进工作。二是要提升工作质量、提高检验工作的准确性，提高公证检验工作的抽验相符率和抽验稳定性。三是要进一步加强桑蚕干茧公证检验工作规范执行的力度。四是要继续研究讨论有关增强工作有效性的思路和措施。五是要进一步提高质量分析报告的质量，拓宽质量分析报告的范围，要面向政府、面向企业做质量分析报告。

（中国农业科学院蚕业研究所　梁培生）

饲料加工业

2010年，我国饲料行业面对复杂的生产形势，饲料总产量保持稳步增长，实现了安全快速发展的总体目标；饲料产业集中度更加明显，行业整合速度进一步加快，饲料行业快速发展势头不减。

一、全国商品饲料总产量稳步增长

2010年全国商品饲料总产量1.62亿t，同比增长9.4%，已连续6年过亿吨。配合饲料产量为12 974万t，同比增长12.5%；浓缩饲料产量为2 648万t，同比下降1.4%；添加剂预混合饲料产量为579万t，同比下降2.2%。配合饲料产量占总产量比重达到80.0%，浓缩饲料比重为16.6%，添加剂预混合饲料占3.4%。配合饲料、浓缩饲料、添加剂预混合饲料三者比例为23.6：4.9：1。

二、饲料产值、营业收入再创新高

2010年全国饲料工业总产值为5 410亿元，同比增长14.8%；总营业收入为5 233亿元，同比增长14.1%。工业总产值方面，商品饲料工业总产值4 936亿元，同比增长15.7%；饲料添加剂总产值365亿元，同比增长14.2%；动物源性饲料总产值75亿元，同比增长4.5%；饲料机械设备总产值35亿元，同比下降37.8%。营业收入方面，商品饲料工业总营业收入4 787亿元，同比增长15.3%；饲料添加剂总营业收入343亿元，同比增长12.5%；动物源性饲料总营业收入69亿元，同比增长0.2%；饲料机械设备总营业收入35亿元，同比下降41.2%。

三、饲料企业总体增长，加工企业数量下降

2010年全国各经济类型饲料企业总数为15 061个，同比增长352个，增长幅度为2.4%。其中饲料加工企业10 843个（2009年为12 291个），同比减少1 448个，下降幅度为11.8%。企业类型中，饲料添加剂企业1 425个，增加48个，增幅3.5%；单一饲料原料企业1 777个，同比增加269个，增长幅度为17.8%；动物源性饲料企业950个，同比增加81个，增长幅度为9.3%；饲料加工机械企业66个，增加5个，同比增长8.2%。从企业性质看，国有企业235个，同比减少30个，下降幅度为11.3%；集体企业185个，同比减少18个，下降幅度为8.9%；私营企业7 939个，同比增加458个，增长幅度为6.1%；联营企业343个，同比增加35个，增长幅度为11.4%；股份制企业5 457个，同比减少212个，下降幅度为3.7%；港、澳及台企业178个，同比增加24个，增长幅度为15.6%；外商企业321个，同比增加16个，增长幅度为5.2%；其他企业403个，同比增加79个，增长幅度为24.4%。

从行政许可证发放情况看，饲料生产企业审查合格证：2010年总数为10 400个，新发1 169个，换发167个，变更398个，注销322个。添加剂预混合饲料生产许可证：2010年总数为2 817个，新发217个，换发465个，变更41个，注销153个。饲料添加剂生产许可证：2010年总数为1 267个，新发145个，换发158个，变更14个，注销73个。动物源性饲料产品生产企业安全卫生合格证：2010年总数为944个，新发82个，换发9个，变更39个，注销53个。

四、产业结构变化明显

全国饲料产品结构进一步调整。配合饲料呈整体增长态势，浓缩饲料除肉禽和反刍饲料外均有不同幅度的下降，添加剂预混合饲料呈整体下降趋势。

1. 从类别看，在配合饲料中，猪配合饲料总产量4 112万t，同比增长22.3%；蛋禽配合饲料2 320万t，同比增长12.3%；肉禽配合饲料4 354万t，同比增长6.1%；水产配合饲料1 474万t，同比增长3.3%；反刍动物配合饲料493万t，同比增长28.7%；其他配合饲料222万t，同比增长15.0%。在浓缩饲料中，猪浓缩饲料总产量1 498万t，同比下降2.9%；蛋禽浓缩饲料572万t，同比下降1.4%；肉禽浓缩饲料325万t，同比增长2.5%；水产浓缩饲料6万t，同比下降52.5%；反刍浓缩饲料215万t，同比增长15.1%；其他浓缩饲料32万t，同比下降32.0%。在添加剂预混合饲料中，猪预混合饲料总产量337万t，同比下降0.2%；蛋禽预混合饲料116万t，同比下降0.2%；肉禽预混合饲料56万t，同比下降0.9%；水产预混合饲料23万t，同比下降10.5%；反刍动物预混合饲料20万t，同比下降6.2%；其他预混合饲料28万t，同比下降22.1%。

2. 从品种看，猪饲料引领增长，其他饲料品种均衡发展。2010年，猪饲料产量5 947万t，同比增长13.4%；蛋禽饲料产量3 008万t，同比增长8.9%；肉禽饲料产量4 735万t，同比增长5.7%；水产饲料产量1 502万t，同比增长2.6%；反刍动物饲料产量728万t，同比增长23.1%；其他饲料产量282万t，同比增长2.1%。

五、区域发展差异显著

区域性稳步发展和重点省份集中发展效应特点更加明显，产业区域主要集中于东部地区和部分省份。

1. 2010年，东部地区饲料总产量为9 566万t，占全国饲料总产量的59.0%；中部地区饲料总产量为3 641万t，占全国饲料总产量的22.5%；西部地区饲料总产量为2 994万t，占全国饲料总产量的18.5%。和2009年相比，东部地区增长9.2%，中部地区增长9.6%，西部地区增长9.8%。2010年突破千万吨的省份由上年的4省增加到5省，分别为广东（1 881万t，同比增长7.3%）、山东（1 820万t，同比增长8.5%）、河南（1 154万t，同比增长

10.3%)、辽宁（1 123万 t，同比增长 8.2%)、河北（1 086 万 t，同比增长 19.4%)。以上 5 省产量达 7 064万 t，占全国总产量 43.6%。

2. 从增长幅度看，2010 年增长速度最快的省份是福建省、安徽省和河北省，分别增长 21.6%、19.8%和 19.4%；除吉林省产量略有下降外，其他各省饲料产量均呈不同幅度增长。

六、饲料添加剂工业生产不均衡

表现为氨基酸、抗氧化剂和其他类添加剂产量呈不同程度下降外，其他添加剂类均呈不同幅度增长。如酶制剂、防腐剂、防霉剂、微生物产量由于基数小，增长幅度为最高，均超过 50%；其次是维生素类，同比增长 24.9%。2010 年，饲料添加剂产品总量 572.3 万 t，同比下降 11.9%。其中Ⅰ型 518.6 万 t，同比下降 14.7%；Ⅱ型 53.7 万 t，同比增长 30.0%。

1. 氨基酸　2010 年总产量 71.3 万 t，同比下降 4.7%。Ⅰ型 70.7 万 t，同比下降 4.9%；Ⅱ型 0.6 万 t，同比增长 46.8%。其中赖氨酸：2010 年产量为 64.0 万 t（含 65%赖氨酸），同比下降 5.9%；苏氨酸：2010 年国内产量为 6.5 万 t，同比增长 13.8%；色氨酸：2010 年国内产量为 1 170t，同比增长 47.3%。

2. 维生素　2010 年总产量 62.5 万 t，同比增长 24.8%。Ⅰ型 51.4 万 t，同比增长 82.6%；Ⅱ型 11.1 万 t，同比下降 49.3%。其中氯化胆碱：2010 年国内产量为 40.5 万 t，同比增长 7.8%。维生素 A 0.4 万 t，同比下降 53.0%；维生素 E 3.2 万 t，同比下降 20.6%；维生素 B_1 20.2 万 t，同比增长 35.5%；维生素 B_2 0.9 万 t，同比下降 70.8%；维生素 C 2.4 万 t，同比增长 223.1%。

3. 矿物元素及其络合物　2010 年总产量 384.5 万 t，同比增长 7.4%。Ⅰ型 357.5 万 t，同比增长 2.3%；Ⅱ型 27.0 万 t，同比增长 221.7%。其中磷酸氢钙（含磷酸二氢钙）：产量为 310.0 万 t，同比增长 19.1%；硫酸铜 2.4 万 t，同比下降 77.5%；硫酸亚铁 14.0 万 t，同比增长 4.6%；硫酸锌 14.4 万，同比下降 28.6%；硫酸锰 6.8 万 t。

4. 酶制剂　2010 年总产量 8.5 万 t，同比增长 59.7%。其中Ⅰ型 7.1 万 t，同比增长 79.5%；Ⅱ型 1.4 万 t，同比增长 2.7%。

5. 抗氧化剂　2010 年总产量 3.9 万 t，同比下降 13.3%。其中Ⅰ型 2.4 万 t，同比下降 22.6%；Ⅱ型 1.5 万 t，同比增长 7.2%。

6. 防腐、防霉剂　2010 年总产量 3.7 万 t，同比增长 50.8%。其中Ⅰ型 1.1 万 t，同比增长 355.4%；Ⅱ型 2.6 万 t，同比增长 16.5%。

7. 微生物　2010 年总产量 7.3 万 t，同比增长 57.4%。其中Ⅰ型 4.0 万 t，同比增长 3.3%；Ⅱ型 3.3 万 t，同比增长 344.2%。

8. 其他类添加剂　2010 年总产量 30.4 万 t，同比下降 79.7%。其中Ⅰ型 24.2 万 t，同比下降 83.3%；Ⅱ型 6.2 万 t，同比增长 28.2%。

七、动物源性饲料生产总体保持增长

因其本身基数不大，虽在个别品种上增长达 78%，但对整体拉动力度不强。2010 年动物源性饲料生产总量为 142.3 万 t，同比增长 8.4%。其中骨粉、肉骨粉产量 46.2 万 t，同比增长 13.7%。

鱼粉：2010 年国内产量为 58.2 万 t，同比下降 1.2%；进口 103.8 万 t，同比下降 20.6%；出口 0.2 万 t，同比下降 50%。血粉：2010 年产量为 4.4 万 t，同比增长 78.2%。血浆粉：2010 年产量为 2.3 万 t，同比下降 5.9%。动物下脚料粉：2010 年产量为 4.7 万 t，同比下降 9.7%。动物源性其他：2010 年产量为 26.5 万 t，同比增长 23.2%。

八、部分大宗料生产难以满足消费需求

从大宗原料生产和消费情况看，主要大宗原料产量和消费同比均呈增长趋势，从相对应的饼粕类供给和消费情况看，大宗原料生产和消费处于紧平衡状态。

1. 部分大宗原料生产情况　2010 年大宗原料生情况总计 5 901 万 t，同比增长 22.7%。其中玉米加工副产品产量 378 万 t，同比增长 227.2%；豆粕产量 4 375 万 t，同比增长 29.4%；DDGS（酒精蛋白粕）产量 251 万 t；棉籽粕产量 268 万 t，同比增长 23.5%；菜籽粕产量 287 万 t，同比下降 9.9%；其他产量 342 万 t，同比下降 32.2%

2. 大宗原料消费情况　2010 年大宗原料消费情况总计为 13 839 万 t，同比增长 17.7%。其中玉米消费 7 469 万 t，同比增长 20.3%；棉籽粕消费 706 万 t，同比下降 0.5%；豆粕消费 3 500 万 t，同比增长 12.9%；菜籽粕消费 556 万 t，同比增长 1.9%；鱼粉消费 268 万 t，同比下降 28.1%；其他饼粕消费 378 万 t，同比下降 7.6%；小麦消费 728 万 t，同比增长 146.4%；磷酸氢钙消费量 234 万 t，同比增长 35.9%。

九、饲料机械设备成套机组产量上升单机生产下降

2010年共生产饲料加工机械设备26 302台套，同比减少2 328台套，下降幅度为8.1%。其中成套机组1 632台套，同比增加76台套，增长幅度为16.6%；单机24 670台，同比减少2 404台，下降幅度为8.9%。在成套机组中，时产10t以上设备602台套，同比增加59台套，增长幅度为10.9%；时产5～10t的设备246台套，同比减少86台套，下降幅度为25.9%；时产1～5t的设备784台套，同比增加103台套，增长幅度为15.1%。在单机设备中，粉碎机12 528台，同比增加1 515台，增长幅度为13.8%；混合机6 148台，同比增加2 089台，增长幅度为51.5%；制粒机5 994台，同比增加2 671台，增长幅度为80.4%。

十、容纳就业人数不断扩大，高学历专业人才数量增加

行业里不同学历中，硕士就业人数增长最快，总体看大专以上的就业人数增长幅度远远大于其他就业人员的增长幅度。2010年饲料企业年末职工人数为62.1万人，同比增长8.8%。大专以上学历的职工数为23万人，占职工总人数的37.0%。其中，博士1 738人，同比增长13.0%；硕士7 495人，同比增长28.6%；大学本科77 623人，同比增长16.2%；大学专科143 040人，同比增长29.7%；其他学历391 392人，同比增长1.3%。技术工种67 160人，同比增长7.1%。

十一、以饲料添加剂出口为主的饲料及相关产品出口额大幅提高

2010年总出口额为170亿元（不含单一饲料出口额161亿元，同比增长30.4%）。其中饲料产品出口量43万t，同比下降25.8%；出口额12亿元，同比下降33.1%。以饲料添加剂出口为主的饲料及相关产品出口额大幅提高，同比增长42.4%。饲料添加剂出口量59万t，同比增长42.4%；出口额136亿元，同比增长39.7%。其中蛋氨酸：2010年累计出口0.1万t，同比下降56.0%；进口10.7万t，同比增长7.4%。赖氨酸：出口14.7万t，同比增长46.3%；进口0.77万t，同比下降73.5%。动物源性饲料出口量0.2万t，同比增长21.9%；出口额0.4亿元，同比下降2.4%。单一饲料出口量52万t，出口额9亿元（2009年未统计此项进出口）。饲料机械出口量6 203台套，同比增长84.9%；出口额12亿元，同比增长64.3%。

（本文由全国饲料工作办公室提供相关资料，编辑部汇总整理）

水产品加工业

一、基本情况

2010年，农业部及全国各级渔业部门扎实推进渔业工作，使全国渔业经济经受住了国内外经济环境复杂多变的考验和频发的自然灾害、突发事件的挑战，全国渔业经济保持了平稳发展、稳步增长的运行态势。

（一）生产情况

1. *产量* 据《中国渔业统计年鉴》显示，2010年我国水产品总产量为5 373万t，比上年增长5.02%，占世界水产品总产量的35%左右。其中，海水产品产量2 797.53万t，占总产量的52.07%，同比增长4.32%；淡水产品产量2 575.47万t，占总产量的47.93%，同比增长5.78%。在国内渔业生产中，鱼类产量3 131.96万t，甲壳类产量558.58万t，贝类产量1 224.24万t，藻类产量157.57万t，头足类产量65.83万t，其他产量123.19万t。总产量中，养殖产量3 828.84万t，占我国水产品总产量的71.26%，占全球养殖水产品总量的67%；捕捞产量1 544.17万t，占水产品总产量的28.74%，占全球捕捞总量的16%。

2. *水生生物资源养护* 全国各地组织开展水生生物资源增殖放流活动逾千次，投入资金7.1亿元，放流苗种超过280亿尾，生态经济效益显著，产生了广泛而良好的社会反响。新设立国家级水产种质资源保护区60个，海洋牧场和人工鱼礁建设也积极推进。

（二）水产品加工

1. 生产规模 2010年我国水产品加工企业9 762个，比2009年增加127个，同比增长1.32%。年加工能力为2 388.50万t，同比增长8.12%。水产品加工业冷库7 970座，同比增长5.59%。其中，冻结能力为49.10万t/d，同比下降1.75%；冷藏能力为408.19万t/次，同比增长13.27%；制冰能力为24.68万t/d，同比增长16.07%。

2. 加工产量与产值 2010年我国水产品加工总量为1 633.25万t，同比增长10.55%。淡水加工产品为282.28万t，同比增长23.85%；海水加工产品1 350.97万t，同比增长8.13%。冷冻水产品1 004.89万t，同比增长6.78%。其中，冷冻品552.995万t，同比增长12.93%；冷冻加工品451.89万t，同比增长0.10%。鱼糜制品及干腌制品产量为242.70万t，同比增长8.57%。其中，鱼糜制品96.20万t，同比增长13.45%；干腌制品为146.50万t，同比增长5.59%。藻类加工制品为94.59万t，同比增长4.56%。罐制品为24.31万t，同比增长10.09%。鱼粉产量为149.29万t，同比下降9.40%。鱼油制品产量为3.88万t，同比下降57.09%。2010年我国水产品加工总产值2 358.6亿元，同比增长16.38%。

二、科研、新产品、新技术

1.“罗非鱼产业推进关键技术研究与示范”项目通过专家验收 2010年11月17日，由中国水产科学研究院珠江研究所承担的广东省农业攻关重点项目“罗非鱼产业推进关键技术研究与示范”通过了广东省科技厅组织的专家验收。项目开发加工新品种4种，建立新工艺5项，建成罗非鱼加工示范生产线2条，建立了相应的产品质量控制体系，制定产品标准和检测方法标准3项，罗非鱼加工产品附加值增加40%以上。

2.“牡蛎调味半干食品保质栅栏技术的研究与开发”通过验收 2010年11月10日，由中国水产科学研究院南海研究所承担的“牡蛎调味半干食品保质栅栏技术的研究与开发”项目进行了验收。本课题应用栅栏效应理论，研究了高水分调味牡蛎半干制品的保质所需的主要栅栏因子；研究了各主要栅栏因子对制品品质及阻止微生物生长繁殖或杀菌效果的影响及各栅栏因子交互作用的综合效应，优化了栅栏因子的强度及其组合，建立了保质栅栏模式；确定了高水分调味牡蛎产品的加工工艺及高水分调味牡蛎产品的最佳配方。研究中采用感官评定与理化指标相结合的评价方式，确定了产品的最适调味配方；在烘烤工艺中采用分段式烘烤，产品采用耐高温蒸煮袋抽真空包装后在100℃水浴中进行杀菌。所制得产品水分活度为0.90～0.92，相应水分含量45%～50%，产品口感适中，色泽、质地和风味较好，较好地保持原料的质地和风味，产品各项指标符合国家卫生标准。

三、国内外市场

（一）国内贸易

受国内外经济形势复杂多变，灾害性天气频发、重发、突发，生产资料价格不断攀升等因素影响，2010年我国水产品价格面临强大的上涨压力。但由于渔业经济继续保持平稳较快发展，水产品总产量特别是水产养殖产量持续增加，有效地保障了水产品市场供应。全年水产品价格虽较上年有所升高，但涨幅相对较小，其中与百姓生活紧密相关的大宗淡水鱼价格基本平稳。各月间水产品价格波动较小，多数月份价格波动幅度在0.5%之内，没有出现大起大落。据对可比的29个水产品批发市场成交情况统计，2010年水产品市场交易较为平稳，市场成交量493.77万t，同比减少1.74%；成交额788.63亿元，同比增加7.4%。另据对全国80个水产品批发市场成交价格统计，2010年水产品批发市场综合平均价格16.46元/kg，同比上涨7.87%。其中海水产品综合平均价格29.47元/kg，同比上涨10.66%；淡水产品综合平均价格11.7元/kg，同比上涨4.34%。监测的49个品种的产品中，39个品种价格上涨，5个品种价格持平，5个品种价格下降。

（二）进出口贸易

水产品国际贸易摆脱国际金融危机影响，呈较快增长态势。据海关数据统计，2010年我国水产品进出口总量716.06万t，进出口总额203.64亿美元，同比分别增长6.78%和26.8%。其中，出口量333.88万t，出口额138.28亿美元，同比分别增长12.6%和23.09%，11月份和12月份先后刷新单月出口额最高纪录，分别达到15.6亿美元和16.2亿美元；进口量382.18万t、进口额65.36亿美元，同比分别增长2.2%和24.16%。贸易顺差72.92亿美元。水产品继续位居大宗农产品出口首位，出口额占农产品出口总额的比重达到28%，较上年提高1个百分点。

1. 贸易方式

（1）来料加工贸易继续萎缩，进料加工贸易增长势头良好 2010年水产品来进料加工贸易出口量109.57万t、出口额44.07亿美元，同比分别增长

11.16%和16.34%。来进料加工贸易出口额占水产品出口总额的比例为31.87%，比上年下降3.22个百分点。加工贸易结构调整成效显著，进料加工贸易在来进料加工贸易中所占比重进一步增加。进料加工出口量82.56万t、出口额32.08亿美元，同比分别增长18%和24.19%；来料加工出口量27.01万t、出口额11.98亿美元，同比分别下降5.57%和0.49%。由此可以看出，我国加工出口企业已经不满足于只赚取微薄的加工费，而是更加注重参与市场经营和产品的自主品牌建设，变被动为主动，国际竞争能力进一步提高。

(2) 一般贸易表现尤为抢眼，优势产品出口大幅增加　2010年水产品一般贸易表现尤为抢眼，出口量224.3万t、出口额94.21亿美元，同比分别增长13.32%和34.44%。对虾、贝类、罗非鱼、鳗鱼和大黄鱼等名优养殖水产品仍是主要出口品种，上述五大品种出口额占水产品一般贸易出口总额的49.9%。另外，养殖珍珠出口额同比增长17.6%，达到2.57亿美元。一些近海或远洋捕捞产品出口也大幅增加，其中冻、干、盐腌或盐渍墨鱼和鱿鱼出口额达到6.6亿美元，同比增长82%；未列名冻鱼出口额4.8亿美元，同比增长47%；制作或保藏的蟹出口额2.66亿美元，同比增长76%；冻、干、盐腌或盐渍章鱼出口额2亿美元，同比增长50%；冻鲳鱼出口额1.09亿美元，同比增长231%；冻鲭鱼出口额1.09亿美元，同比增长112%。

2. 出口市场　出口市场格局继续呈现积极变化，布局渐趋合理，市场多元化程度进一步提高。2010年我国水产品出口国家和地区达到170个，其中日、美、欧、韩等发达国家（地区）依然是我国最重要的出口市场，2010年我国对这些市场出口额均呈两位数增长，其中对日本出口额增长20.62%，对美国出口额增长26.2%，对欧盟出口额增长18.09%，对韩国出口增长31.57%，但总体低于新兴市场增幅，四大市场出口额之和占我国水产品出口总额的比重逐年下降，2010年已降至66.9%，比2009年下降2.9个百分点，比“十五”末下降12.3个百分点。2010年祖国大陆和台湾省签署经济合作框架协议，两岸贸易往来更加紧密，对台湾水产品出口额达到6.31亿美元，同比增长64.04%。另外，对中南美洲、非洲和大洋洲一些国家和地区出口增幅明显，对墨西哥出口额2.56亿美元，同比增长51.15%；对澳大利亚出口额1.74亿美元，同比增长44.87%；对巴西出口额1.4亿美元，同比增长369.6%；对多米尼加共和国、尼日利亚、新西兰、智利出口额分别达到0.25亿美元、0.23亿美元、0.22亿美元和0.21亿美元，同比分别增长54.2%、33.8%、57.2%和355.35%。对斐济、科特迪瓦、喀麦隆、摩洛哥等国家出口额也均超过1 000万美元，同比增幅在50%～200%之间。

3. 出口省份　山东、福建、广东、辽宁、浙江、海南等沿海省份仍是我水产品主要出口省份，上述六省出口额之和占全国出口总额的91%。其中福建凭借对台贸易的快速增长，出口额同比增长66.03%，成为我国第二大出口省份。江西和湖北仍是最重要的内陆出口省份，出口额同比分别增长41.66%和13.87%。

4. 进口情况　2010年我国水产品进口量382.18万t，进口额65.36亿美元，同比分别增长2.18%和24.16%。其中来进料加工原料进口量129.76万t、进口额24.45亿美元，同比分别增长0.5%和9.68%。鱼粉进口量减额增，进口量103.83万t，同比下降20.63%；进口额16.64亿美元，同比增长27.81%。供国内食用水产品进口量148.6万t、进口额24.27亿美元，同比分别增长30.23%和40.04%。

(三) 市场需求分析及预测

2011年，是“十二五”开局之年，我国渔业经济保持平稳较快发展具有不少有利条件，但也面临不少困难和挑战。渔业生产将逐步由单纯地追求“量”的增长向追求“质”的增长转变。在保障水产品市场的有效供给的同时，更加注重产品品质和质量。预计2011年水产品产量增幅将出现明显回落且远远低于渔业经济总产值的增幅。在渔业经济总产值中，渔业产值的增幅将远远低于渔业工业和建筑业、渔业流通与服务业产值的增幅。随着国家宏观调控政策效果逐步显现，通货膨胀率将有所下降，水产品市场价格涨幅也将出现回落。国内市场，随着人民生活水平不断提高，水产品市场需求预计温和放大。国际市场，水产品出口继续向好，水产品出口额继续创出新高。

四、质量管理与标准化工作

1. 继续把质量安全放在突出首位　2010年农业部明确继续探索建立重点养殖水产品质量安全可追溯系统，推动产地准出、市场准入制度建设。继续开展主要养殖水产品风险隐患分析排查，提高水产品质量安全预警及突发事件应急处置能力，完善水产品质量安全监管长效机制。

2. 全国水产品质量安全监管工作会议在杭州召开　2010年4月26～27日，全国水产品质量安全监管工作会议在杭州召开。会议要求，做好2010年的水产品质量安全监管工作，必须全面推进水产健康养殖，扎实开展水产品质量安全专项整治工作，着力强化产地水产品质量安全抽检，进一步完善贝类产品质量安全管理制度，深化水产养殖和质量安全执法，切实加强水产科研和质量安全标准化，主动做好打基础、管长远的工作，努力确保世博会、亚运会期间的水产品安全有效供给。

3. 农业部组织开展水产品药物残留快速检测产品验证工作　为推动水产品质量安全现场执法，实施水产品产地准出和市场准入，切实加强水产品质量安全监管，农业部办公厅4月28日发布《关于组织开展水产品药物残留快速检测产品验证工作的通知》（农办渔［2011］42号），组织开展水产品药物残留快速检测产品验证筛选工作。

4.《水产加工品中亚硝酸盐的测定》标准通过专家验收　由中国水产科学研究院南海研究所主持的《水产加工品中亚硝酸盐的测定》广东省渔业地方标准在广东省广州市通过专家审定。标准的制订和实施，有利于水产品检测部门与卫生管理部门对水产加工品中亚硝酸盐进行检测监控，有利于技术监督管理部门管理监督，提高水产品质量安全。

五、行业管理

（一）服务行业，引导产业良性发展

1. 开展全国水产加工产业现状调查　为全面了解当前我国水产加工业发展状况，制定“十二五”水产加工产业规划，中国水产流通与加工协会受农业部渔业局委托开展全国水产加工产业现状调查。通过普查，基本掌握和了解了全国水产品加工产业的状况，为水产加工业的产业结构调整及政策制定提供了依据。

2. 开展水产加工机械补贴调查　为了促进水产加工业的健康发展，提高我水产品加工产业的竞争力，争取国家财政资金支持，使水产品初级加工产业机械设备享受合理的补贴，根据渔业局部署，中国水产流通与加工协会于2010年1～3月开展了水产加工行业加工机械购置补贴产品调查，将需要纳入补贴的水产加工机械种类、名称、年需求量、加工机械单价等相关信息进行统计整理，上报农业部渔业局。

3. 完成中国罗非鱼产品供应链可持续发展研究项目　中国水产流通与加工协会与商务部世贸司合作完成了加拿大国际可持续发展研究院（IISD）执行的“中国罗非鱼产品供应链”可持续发展研究、“全球鳕鱼产品供应链”可持续发展研究项目。本项目旨在通过对罗非鱼、鳕鱼产业研究，为国家制定相关政策提供重要理论依据，帮助我国罗非鱼、鳕鱼产业在全球树立良好形象的操作模式。

（二）搭建交流平台，积极促进企业间的往来与合作

1. 组织召开第二届对虾产业发展论坛　4月19～21日，“第二届中国国际对虾产业发展论坛”在湛江举行。论坛涵盖了主要对虾生产国、贸易国的基本情况，囊括了饲料、苗种、养殖、加工贸易、产品质量、市场营销、经济分析等对虾产业的所有环节，是对虾业界高水平、高规格的精品盛会，具有对虾行业风向标作用。

2. 组织召开海参产业发展研讨会　6月25日，海参产业发展战略研讨会在烟台召开。会上，专家组代表介绍海参产业新技术的研究进展，主要企业代表介绍企业近年来的发展情况及发展过程中遇到的一些问题，渔业主管部门介绍了辖区内海参产业的发展特点及普遍存在的问题。与会代表就促进海参产业健康可持续发展进行了研讨和交流。

3. 组织召开“首届中国水产百优企业可持续发展峰会”　10月29～30日，“首届中国水产百优企业可持续发展峰会”在烟台召开，评选产生了“2010年水产行业可持续发展十大贡献人物”，有力地宣传国内优秀水产企业，引导行业企业走健康、生态、可持续发展之路。

4. 中国海参产业发展高峰论坛　11月3日，在大连举办首届中国海参产业发展高峰论坛，围绕“打造海参优质品牌，推动产业健康发展”这一主题展开对话，从海参营养、海参品牌建设、海参产业可持续发展等多个角度共同探讨了中国海参产业健康发展的趋势，及整个海参行业所面临的问题和对策。

5. 组织召开第七届罗非鱼产业发展论坛　11月8～9日，第七届罗非鱼产业发展论坛在广西南宁举办，论坛在养殖模式、病害防治、加工技术、加工副产品综合利用、贸易趋势、国内和国际市场开发等方面作了深入探讨与交流，受到行业的高度关注和一致好评。

（三）重大事件

1. 审核输欧海洋捕捞产品合法性证明　中国水产流通与加工协会自1月1日起开始承担农业部渔业局委托的输欧海洋捕捞产品中来进料和近海捕捞产品的合法性证明的文件初审及送达工作，协助展开核查，并及时将相关信息汇总报农业部渔业局，同时将有关IUU渔船、欧盟程序变更、《条例》修订等情况通报我国水产品输欧企业。

2. 正式启动水产行业信用评价工作　8月，中国水产流通与加工协会正式启动水产行业信用评价工作，引起了行业内的广泛关注，吸引了一批大型水产企业参评。12月，通过专家讨论和对相关数值进行

修正，30个企业通过终审，其中符合3A级信用的企业25个，符合2A级信用的企业5个。

3. 美国对虾生产商对我国输美对虾企业提出行政复审　3月1日，美国对虾生产商代表律师致函美国商务部，对生产或出口涉案商品（冷冻暖水虾）的86个中国生产商或出口商提出行政复审请求。美国对虾生产商提出此请求的理由是：认为所涉86个中国生产商与出口商向美国倾销涉案产品的实际倾销幅度高于缴纳的保证金。根据美国联邦条例法19条351.303（f）（3）（ii），目前，美国国内对虾生产商已通过平邮方式将相关函件寄往所列出的所有生产商与出口商。

4. 美国对中国产冷冻暖水虾作出反倾销第四次行政复审初裁　3月12日，美国商务部发布公告，对原产于中国的冷冻和罐装暖水虾作出反倾销第4次行政复审初裁如下：Hilltop International反倾销税为0.01%；湛江丰源水产有限公司反倾销税为1.36%；汕头粤兴贸易有限公司反倾销税为1.36%；中国其他466个公司反倾销税为112.81%。

5. 7月1日起四种进口水产品需《合法捕捞产品通关证明》　6月1日，农业部、海关总署联合发布“关于对进口部分水产品启用《合法捕捞产品通关证明》（第1389号）”公告，公告规定：一是自2010年7月1日起，对进入我国关境的冻大眼金枪鱼、剑鱼、蓝鳍金枪鱼和南极犬牙鱼四种水产品（包括进境样品、暂时进口、加工贸易进口以及进入海关特殊监管区域和海关保税监管场所等），有关单位应向农业部申请《合法捕捞产品通关证明》。入境时，有关单位应主动、如实向海关申报，并持《合法捕捞产品通关证明》向海关办理相关手续。水产品原产地按照有关规定申报、确定。二是有关单位向农业部申请《合法捕捞产品通关证明》时应提交由船旗国政府主管机构签发的合法捕捞产品证明原件。在船旗国以外的国家或地区加工上述四种产品进入我国时，申请单位应提交由船旗国政府主管机构签发的合法捕捞产品证明副本和加工国或者地区授权机构签发的再出口证明原件。

6. 美商务部终裁将裹粉虾纳入反倾销涉案产品调查　9月2日，美国商务部（DOC）依据美国国际贸易法院（CIT）发还重申令的裁决，终裁决定将裹粉虾（又名撒粉虾，英文为“Dusted shrimp”）纳入“对原产自中国、巴西、泰国、越南、印度的暖水虾的反倾销调查”涉案产品范围中。这一裁决意味着以上国家对美出口的裹粉虾，也需缴纳反倾销税。

（中国水产流通与加工协会　陈丽纯）

林产品加工业

一、经济林、竹及花卉产业

2010年，新造经济林面积111.09万 hm^2，比2009年增长10.81%。各类经济林产品总量达到1.26亿t。水果产量为11 030万t，比2009年下降1.36%。其中，苹果、柑橘和梨分别为3 128万t、2 333万t和1 447万t。干果产量为743万t，比2009年增长10.37%。林产饮料产品的产量为139万t，比2009年下降2.59%。林产调料产品的产量为50万t，比2009年增长6.76%。林产工业原料产量168万t，比2009年增长7.50%。木本油料产量为113万t，其中油茶籽的产量占97.02%。竹笋干、食用菌等森林食品产量为256万t。木本药材的产量为117万t。2010年，竹材产量为14.30亿根，比2009年增长5.42%。其中毛竹9.35亿根，篙竹4.95亿根，分别占全部竹材产量的65.38%和34.62%。村及村以下各级组织和农民生产竹材10.84亿根，占全部竹材产量的75.81%。2010年，油茶籽产量为109万t，比2009年下降6.59%。油茶产业产值达140亿元。2010年，花卉种植面积76.40万 hm^2，切花切叶125亿支，盆栽植物29亿盆，观赏苗木57亿株，草坪3.23亿 m^2。具有一定规模的花卉市场4 500多个，花卉企业4.06万个。其中，大中型花卉企业7 700多个，花卉从业人员387万人，花农115万户。控温温室面积和日光温室面积，分别为4 042万 m^2 和13 886万 m^2。

二、木材生产及林产工业

1. 木材产量恢复增长　2010年木材产量为8 089.62万 m^3，比2009年增长14.45%。从木材产品结构看，原木产量7 513.21万 m^3，比2009年增长16.01%；薪材产量576.41万 m^3，比2009年下降

2.64%。从木材生产单位看，林业系统内生产的木材为2 679.29万m^3，比2009年增长2.86%，占全部木材产量的33.12%；系统外企、事业单位采伐自营林地的木材266.02万m^3，比2009年增长19.30%，占全部木材产量的3.29%；乡（镇）集体企业及单位生产木材产量423.69万m^3，比2009年增长15.03%，占全部木材产量的5.24%；村及村以下各级组织和农民个人生产的木材4 720.62万m^3，比2009年增长21.91%，占全部木材产量的58.35%。

2. *锯材产量持续增长*　2010年，全部锯材产量3 722.63万m^3，比2009年增长15.26%。

3. *人造板产量快速增长*　2010年，人造板产量达到15 360.83万m^3，比2009年增长33.03%，是近5年增长速度最快的一年。在全部人造板产量中，胶合板7 139.66万m^3，比2009年增长60.40%，占全部人造板产量的46.48%；纤维板4 354.54万m^3，比2009年增长24.82%，占全部人造板产量的28.35%。其中，中密度纤维板产量为3 894.24万m^3，比2009年增长24.35%，占全部人造板产量的25.35%；刨花板产量1 264.20万m^3，比2009年下降11.66%，占全部人造板产量的8.23%。其他人造板2 602.43万m^3（细木工板占63.49%），比2009年增长19.61%，占全部人造板产量的16.94%。另外，2010年人造板表面装饰板产量为2.95亿m^2，单板产量为2 723.53万m^3。从分省情况看，人造板生产主要集中在东、中部地区，山东、江苏、广西、河北、河南、广东、福建、安徽8省、自治区产量均超过700万m^3，8省、自治区人造板产量共计11 921.95万m^3，占全国人造板总产量的77.61%，其中山东、江苏、广西、河北和河南5省（自治区）的人造板产量均突破1 000万m^3。

4. *木竹地板产量快速增长*　2010年，全部木竹地板产量达到4.79亿m^2，比2009年增长26.92%。在木竹地板产量中，实木木地板1.12亿m^2，占全部木竹地板产量的23.32%；复合地板2.68亿m^2，占全部木竹地板的55.97%；其他木地板5 979.62万m^2，占全部木地板产量的12.48%；竹地板3 940.40万m^2，占全部木地板产量的8.22%。木竹地板产量最大的省份是浙江省，产量达到8 014.40万m^2。

5. *木制家具产量*　2010年，全国木制家具总产量26 073万件（统计数据为规模以上企业产量），比2009年增长27.18%。

6. *木浆产量*　2010年，纸和纸板总产量9 270万t，比2009年增长7.29%；纸浆产量7 318万t，比2009年增长9.35%。其中，木浆产量708万t，比2009年增长28.49%。

7. *林化产品产量持续增长*　2010年，全国松香类产品产量133.28万t，比2009年增长19.32%。其中，松香产量为120.60万t，比2009年增长20.41%；松节油产量12.86万t，比2009年增长14.53%；栲胶10 925t，比2009年下降0.68%；紫胶产量2 080t，比2009年增长4.42%。

三、木材产品市场供给与消费

（一）木材产品供给

木材产品市场供给由国内供给和进口两部分构成。国内供给包括商品材、农民自用材和农民烧柴、木质纤维板和刨花板；进口包括进口原木、锯材、单板、人造板、家具、木浆、木片、纸和纸制品、废纸及其他木质林产品。2010年木材产品市场总供给为43 189.92万m^3，比2009年增长2.26%。

1. *商品材*　2010年，全国商品材产量为8 089.62万m^3，比2009年增长14.45%。其中，原木产量7 513.21万m^3，比2009年增长16.01%；薪材（不符合原木标准的木材）576.41万m^3，比2009年下降2.64%。

2. *农民自用材和烧柴*　根据“十一五”采伐限额测算，农民自用材和烧柴折合木材供给量为5 269.44万m^3。其中，农民自用材为1 785.84万m^3，农民烧柴为3 483.60万m^3。

3. *木质纤维板和刨花板*　2010年，木质纤维板产量为4 246.18万m^3，比2009年增长23.78%；木质刨花板（普通刨花板和定向刨花板）产量为1 212.08万m^3，比2009年下降15.02%；木质纤维板和刨花板折合木材供给9 461.24万m^3，扣除与薪材产量的重复计算部分，木质纤维板和刨花板相当于净增加木材供给9 374.78万m^3。

4. *进口*　2010年，我国木质林产品进口折合木材18 356.08万m^3。其中，原木3 434.75万m^3，锯材（含特形材）1 927.90万m^3，单板和人造板233.72万m^3，纸浆及纸类（木浆、纸和纸板、废纸和废纸浆、印刷品）11 767.27万m^3，木片833.71万m^3，家具、木制品及木炭158.74万m^3。

5. *其他*　2010年，超限额采伐、上年库存等形式形成的木材供给约为2 100万m^3。

（二）木材产品消费

木材产品市场消费由国内消费和出口两部分构成。国内消费包括工业与建筑用材消费、农民自用材和烧柴消费；出口包括出口原木、锯材、单板、人造板、家具、木浆、木片、纸和纸制品、废纸及其他木质林产品。2010年木材产品市场总消费为43 177.04

万 m³，比 2009 年增长 2.34%。

1. 工业与建筑用材消费　据国家统计局和有关部门统计，按相关产品木材消耗系数推算，2010 年我国建筑业与工业用材折合木材消耗量为 31 726.53 万 m³，比 2009 年下降 2.43%。其中，建筑业用材（包括装修与装饰）10 221.21 万 m³，比 2009 年下降 12.37%；家具用材（指家具的国内消费部分，出口家具耗材包括在出口项目中）6 493.24 万 m³，比 2009 年增长 29.62%；造纸业用材 12 773.12 万 m³，比 2009 年下降 8.00%；煤炭业用材 1 019.36 万 m³，比 2009 年增长 7.84%；车船制造、铁路、化纤等其他部门用材 1 219.59 万 m³，比 2009 年增长 20.38%。

2. 农民自用材和烧柴　根据产量测算，农民自用材消耗量为 1 785.84 万 m³，农民烧柴消耗量为 3 483.60 万 m³。由于农民自用材消耗中有很大一部分用于农民建房，约合 1 607.26 万 m³，扣除这部分与建筑用材消耗的重复计算后，农民自用材和烧柴消耗量为 3 662.19 万 m³。

3. 出口　2010 年，我国木质林产品出口折合木材 7 788.33 万 m³。其中，原木 2.84 万 m³，锯材（含特形材）136.60 万 m³，单板和人造板 2 413.61 万 m³，纸浆及纸类（木浆、纸和纸板、废纸和废纸浆、印刷品）1 682.34 万 m³，家具 3 281.60 万 m³，木片、木制品和木炭 271.34 万 m³。

（三）木材产品市场供需的特点

2010 年，我国木材产品市场供需的主要特点表现为：供给方面，国内实际供给小幅增长、进口总量略有下降，木材产品供给总规模小幅增长；需求方面，国内需求略有回落，出口大幅增长，木材产品总需求小幅扩大；木材供求缺口收窄；价格方面，木材产品总体价格水平较大幅度上扬。

1. 国内实际供给小幅增长、进口总量略有下降，木材产品供给总规模小幅增长　从国内供给看，2010 年除刨花板、薪材产量下降外，商品材、纤维板、农民自用材和烧柴等木材产品产量均有不同程度的增加，国内木材产品实际供给小幅增长。同时，尽管原木、锯材进口量高速增长，但由于木浆和废纸进口量的大幅减少，木材产品进口总量略有下降。

2. 国内需求略有回落、出口大幅增长，木材产品总需求小幅扩大　2010 年，尽管我国宏观经济快速增长，但由于国家实施房地产调控政策，全社会建筑竣工面积和住房交易量下降，建筑用材和装修用材需求大幅下降，同时由于造纸用材需求下降，国内总需求略有回落；另外，随着国际金融危机后世界经济的逐渐回升，家具、胶合板、纸和纸板等主要产品的出口量大幅增长，带动木材产品总需求的小幅扩大。

3. 木材产品总体价格水平较大幅度上扬　2010 年木材产品市场价格总体价格水平高于 2009 年水平。主要原因：一是由于美国实施量化宽松的货币政策，美元贬值，加上石油价格和运费的上涨，导致木材产品进口价格的大幅上涨；二是受国内通货膨胀和生产成本增加的推动，国内木材产品价格不断上涨；三是随着国内国际经济的逐渐复苏，市场对 2009 年木材产品价格因国际金融危机而过度下跌的理性修正，也必然导致木材产品价格的反弹。

四、主要林产品价格

根据国家统计局社会经济调查大队的统计，2010 年全国林产品生产价格平均上涨了 20.57%，其中一季度上涨了 8.25%，二季度上涨了 22.11%，三季度上涨了 22.73%，四季度上涨了 29.20%。全国木材生产价格平均上涨了 5.74%，其中一季度上涨了 0.18%，二季度上涨了 7.41%，三季度上涨了 7.47%，四季度上涨了 7.90%。

1. 原木　根据国家统计局社会经济调查总队调查的月度数据，2010 年除云南松和红松外，各种原木的购进价格基本平稳。红松原木的购进价格从年初的 1 129.40 元/m³ 开始小幅攀升，4 月份达到了 1 299.00元/m³ 的水平，然后价格开始缓慢回落，到 8 月份达到了 1 178.90 元/m³ 的地位，然后又开始上扬到 9 月份的 1 294.70 元/m³，之后缓慢回落，年末达到了 1 253.30 元/m³；落叶松原木的价格相对稳定，年初时的价格是 912.40 元/m³，6 月份价格小幅上升后缓慢回落，年末到了 947.10 元/m³；马尾松原木的价格水平保持稳定，一直在 630～650 元/m³ 范围，直到 10 月份开始小幅上涨，到 12 月份达到了 674.10 元/m³；杉木原木的价格小幅波动，从年初的 787.90 元/m³，其间小幅波动，12 月份达到了 826.50 元/m³；云南松原木的价格波动起伏较大，在 1 月份的价格为 1 164.40 元/m³，到 4 月份达到一个高位 1 403.20 元/m³，然后开始又迅速下降到 1 243.50 元/m³ 的水平，8 月份价格上扬到另一个高位 1 308.70 元/m³，上涨后价格回落到 9 月份的 1 151.20 元/m³，之后价格开始攀升，11 月份的价格为 1 255.60 元/m³，年末价格回落到 1 234.00 元/m³。

2. 锯材　根据国家统计局社会经济调查大队公布的价格指数测算，2010 年普通锯材的全年平均购进价格为 2 287.30 元/m³，比 2009 年下降了 2.65%。其中，落叶松厚板波动较大，从 1 月份的 1 128.30

元/m³ 开始波动，小幅上升到 3 月份的 1 188.50 元/m³，然后开始下降到 7 月份的最低点 1 072.30 元/m³，之后迅速上扬到 8 月份的 1 230.60 元/m³，到年末达到了 1 286.20 元/m³。杉木厚板价格起伏波动也比较大，价格从年初 1 070.30 元/m³ 开始波动，4 月份达到了价格最低点 1 037.70 元/m³，6 月份价格迅速上扬到了 1 177.20 元/m³ 的水平，然后开始缓慢回落，12 月份下降到 1 110.80 元/m³；马尾松厚板从 1 月份的 1 192.70 元/m³ 上升到 4 月份的 1 459.40 元/m³，然后开始回落，一直下降到 6 月份的 1 361.10 元/m³，8 月份开始回升，一直上涨到 11 月份的 1 488.40 元/m³ 的水平，年底回落到 1 394.30 元/m³。

3. 人造板　2010 年，胶合板的平均出厂价格为 1 240.50 元/m³，比 2009 年提高了 1.51%；纤维板的平均出厂价格 840.10 元/m³，比 2009 年上涨了 1.71%；刨花板的平均出厂价格为 737.50 元/m³，比 2009 年提高了 1.94%。从各月出厂价格走势看，胶合板价格基本平稳，从年初的 1 180.00 元/m³，小幅上升后基本维持 1 200 元/m³ 立方米的水平，6 月份价格上扬到 1 374.40 元/m³，7 月份回落到 1 266.10 元/m³，然后基本保持平稳，年末价格为 1 260.70 元/m³；纤维板价格持续小幅上升，从年初的 780.60 元/m³，增长到年末 940.80 元/m³；刨花板在前半年价格有些波动，1 月份是全年价格的最低点 628.90 元/m³，2 月份上升到 790.70 元/m³，之后小幅波动，到 5 月份达到了价格的最高点 838.40 元/m³，6 月份价格回落到 700.00 元/m³，之后价格微幅波动，年末达到了 706.00 元/m³。

4. 木浆　2010 年机械木浆平均出厂价格为 3 744.90 元/t，比 2009 年提高 11.54%。化学木浆的平均出厂价格为 4 745.50 元/t，比 2010 年提高了 22.15%。从各月的出厂价格走势看，机械木浆的价格上升幅度较小，从年初的 3 328.80 元/t 左右开始缓慢上升，6 月份价格上升到 3 963.80 元/t，7 月份开始下降，8 月份回落到 3 695.10 元/t，然后逐步上升到 10 月份的 3 929.10 元/t 的水平，年末逐步回落到 3 870.90 元/t；而化学木浆波动幅度较大，年初在 4 463.60 元/t 的水平，小幅上升后，5 月份达到 5 455.80元/t 左右，6 月份价格开始下降，到 8 月份达到 4 502.50 元/m³ 的低点，之后价格稳步攀升，12 月份价格达到 4 801.00 元/t。从购进价格来看，机械木浆和化学木浆的年均价格分别为 4 927.00 元/t 和5 157.60元/t。机械木浆和化学木浆价格都是先下降后上升，机械木浆从年初的 4 587.70 元/t 持续下降到 2 月份的 4 475.30 元/t 的水平，然后开始稳步上升，6 月份达到了 5 023.50 元/t，之后开始下降，7 月份达到了 4 967.70 元/t，之后价格小幅上扬，年末达到了 5 138.30 元/t。化学木浆从 1 月份的 4 728.00 元/t，下降到 2 月份的最低点 4 710.30 元/t，然后开始回升，到 7 月份上涨到 5 379.40 元/t，8 月份又降至 5 203.90 元/t，之后继续上扬，到 12 月份达到了 5 470.10 元/t。

五、主要林产品进出口

1. 林产品进出口贸易大幅增长，且进口增速高于出口增速，重现贸易逆差；在全国商品进出口贸易中，林产品出口所占比重微降，进口所占比重略升　2010 年，林产品进出口贸易总额为 938.24 亿美元，比 2009 年增长 33.62%。其中，林产品出口 463.17 亿美元，比 2009 年增长 27.54%，但低于全国商品出口 31.31% 的增长速度，占全国商品出口额的 2.94%，比 2009 年降低了 0.08 个百分点；林产品进口 475.07 亿美元，比 2009 年增长 40.13%，高于全国商品进口 38.71%的增长速度，占全国商品进口额的 3.41%，比 2009 年提高了 0.04 个百分点。2010 年林产品贸易逆差为 11.90 亿美元。

2. 林产品进出口贸易以木质林产品为主，但出口产品中木质林产品的比重高于进口产品，而且出口产品中木质化程度有所提高，进口产品中木质化程度有所下降　2010 年，林产品进出口贸易总额中，木质林产品和非木质林产品分别占 69.42%和 30.58%，与 2009 年相比，木质林产品的份额降低了 0.32 个百分点；在林产品出口额中，木质林产品占 74.82%，比 2009 年提高了 0.88 个百分点；在林产品进口额中，木质林产品占 64.15%，比 2009 年下降了 1.09 个百分点。

3. 林产品贸易仍然维持亚洲、北美洲和欧洲市场为主的格局；从主要贸易伙伴看，出口以美、日市场为主，进口则主要集中于美、东南亚、俄市场，但俄罗斯的市场份额有所下降　2010 年，林产品出口总额中各洲所占份额分别为：亚洲 42.37%、北美洲 27.03%、欧洲 21.41%、非洲 3.49%、大洋洲 3.09%、拉丁美洲 2.61%，与 2009 年相比，亚洲和拉丁美洲分别提高了 0.20 个百分点和 0.55 个百分点，北美洲下降了 0.48 个百分点；林产品进口总额中各洲所占份额分别为：亚洲 44.64%、北美洲 20.12%、欧洲 18.55%、拉丁美洲 7.86%、大洋洲 5.64%、非洲 3.19%，与 2009 年相比，亚洲、北美洲和大洋洲分别提高了 1.01 个百分点、2.04 个百分点和 0.64 个百分点，欧洲和拉丁美洲分别下降了

2.30个百分点和1.61个百分点。

从主要贸易伙伴看，前5位出口贸易伙伴依次是美国、日本、中国香港、英国和德国。前5位出口贸易伙伴集中了46.79%的林产品出口市场份额，比2009年减少2.46个百分点，其中日本和美国分别减少了1.27个百分点和0.56个百分点；前5位进口贸易伙伴分别为美国、印度尼西亚、泰国、马来西亚和俄罗斯。前5位进口贸易伙伴集中了51.57%的林产品进口市场份额，比2009年提高了0.33个百分点，其中泰国、美国和印度尼西亚分别提高了1.37个百分点、0.71个百分点和0.37个百分点，俄罗斯和马来西亚分别下降了1.38个百分点和0.74个百分点。

（国家林业局发展规划与资金管理司　刘建杰　于百川）

农作物秸秆加工业

一、基本情况

2010年，我国粮食总产达到5.46亿t，比上年增加0.16亿t，同比增长2.9%，再创历史新高，实现半个世纪以来首次连续七年增产。作为粮食生产附属产物的秸秆，产量也达到历史新高。根据农业部2010年底组织完成的首次全国农作物秸秆资源专项调查，我国农作物秸秆可收集资源量为6.87亿t。其中，玉米秸为2.65亿t，稻草约为2.05亿t，麦秸为1.50亿t。如何有效地利用秸秆，避免焚烧秸秆造成环境污染，实现秸秆经济效益、社会效益和生态效益，成为农作物秸秆加工业的关键问题。在国家和各级政府的共同努力下，2010年我国秸秆综合利用取得了显著成绩，各地根据实际情况推广了秸秆还田、保护性耕作、秸秆快速腐熟还田、秸秆养畜、秸秆生物反应堆等技术，投资建设了秸秆直燃发电、秸秆沼气、秸秆气化、秸秆成型燃料等综合利用项目，综合利用效果显著。

（一）主要成就

1. 秸秆综合利用率高　2010年底农业部发布的《全国农作物秸秆资源调查与评价报告》指出，农作物秸秆利用率达到69%。其中，作为饲料利用2.11亿t，占30.69%；作为燃料利用（含秸秆新型能源化利用）1.29亿t，占18.72%；作为肥料利用1.02亿t，占可收集资源量的14.78%；作为食用菌基料0.15亿t，占2.14%；作为造纸等工业原料0.16亿t，占2.37%。

2. 保护性耕作项目有了新的突破　保护性耕作技术可有效改善土壤结构，提高土壤有机质含量，减少水分蒸发，增强蓄水保墒保肥能力。保护性耕作技术可增加土壤贮水量14%～15%，提高水分利用率15%～17%。保护性耕作还可以减少能源的消耗，可比传统耕作减少农机动力15%～20%，降低油耗25%～35%。在农业机械购置补贴政策的拉动下，2010年全国保护性耕作项目实施面积突破4 317 khm^2，比上年增加810khm^2，实施保护性耕作技术项目县达322个。目前，全国拥有免耕播种机达73.21万台（套），机械化免耕播种面积达到11 152.52khm^2，秸秆机械化粉碎还田面积达到28 516.95khm^2，机械深耕作业面积达到27 435 khm^2，可为农民节本增效45亿元～60亿元。

3. 秸秆养畜发展形势喜人　秸秆养畜是推动种养殖业有机结合、发展农业循环经济的关键环节，是保障动物性食品供给、降低粮食安全压力的必然选择，是治理秸秆焚烧的长效手段，是促进农民增收、加快建设社会主义新农村的现实途径。2010年，秸秆捡拾打捆机保有量1.43万台，青饲料收获机保有量2.3万台，秸秆捡拾打捆面积1 122.21khm^2，机械化青贮秸秆0.80亿t，比2009年增加0.08亿t，增幅达到10.72%。

4. 秸秆能源化利用技术发展迅速　被称为第四能源的秸秆等农林废弃物已经被称作“生物质能资源”，是我国秸秆利用发展趋势。目前，我国秸秆的能源化利用主要有秸秆发电、秸秆沼气、秸秆气化、秸秆压块、秸秆制乙醇等技术。秸秆发电是秸秆能源化最有效途径，2010年河南省洛阳市洛宁县、山西长治市长子县、广西壮族自治区柳州市柳城县等秸秆发电厂先后点火运行，郑州上蔡、大庆肇州、山东菏泽、安徽长丰等秸秆发电开工建设，增添了当地秸秆利用途径，提高了秸秆利用率。秸秆沼气、秸秆气化、秸秆压块等适用于一家一户的技术，在我国农村也一步一步发展起来。

（二）存在问题

2010年我国秸秆利用在保护性耕作技术、秸秆养畜、秸秆能源化利用技术等方面取得了新的突破，但是由于政策、资金、技术及认识等方面的差距，致使我国秸秆利用仍然存在一定的问题。首先，突出表现在焚烧秸秆现象屡禁不止。据环境保护部“2010年06月17日卫星遥感监测秸秆焚烧信息列表”，仅17日一天，利用卫星监测到安徽、河南、山东、河北、江苏、陕西等省焚烧作物秸秆火点665个（不包括云覆盖下的着火点信息）。其中，安徽省290个，涉及9个地区25个县；河南省237个，涉及14个地区39个县；山东省85个，涉及6个地区14个县；河北省24个，涉及3个地区6个县；江苏省16个，涉及6个地区7个县；山西省9个，涉及4个地区4个县；陕西省4个，涉及2个地区2个县。其次，秸秆的综合利用呈现不均匀状态。江苏常州、河北石家庄等地区通过政策、资金上的引导，秸秆的综合利用率达到90%以上，而有些地区秸秆综合利用率偏低，频频发生秸秆焚烧现象，如安徽省阜阳市仅2010年6月17日卫星监测发现了170个着火点。

（三）成效显著的地区

在各级政府的指导下，全国各地加大了秸秆综合利用工作的力度，秸秆利用普遍取得了良好的效果，上海、江苏、山东、辽宁等地农作物秸秆综合利用效果较为突出。

1. 上海市　为了防止秸秆焚烧造成环境污染，保障世博会环境空气质量，上海市出台了《关于加强对秸秆露天焚烧和利用管理的通告》、《世博会期间秸秆禁烧工作方案》等文件，要求世博会期间全市禁止露天焚烧秸秆，对开展秸秆综合利用提出了要求，并建立了市、区、镇、村四级组成的秸秆焚烧工作责任体系，对违反规定焚烧秸秆的行为制定了处罚措施。上海市环保局利用卫星遥感技术和信息化手段，监测发布火点信息和进行空气质量预警，为秸秆综合利用和禁烧工作保驾护航。世博会开幕期间，空气质量优良天数为121天，优良率为98.4%。其中，一级天数为57天，比2009年同期增加12天，为历年最多；二氧化硫、二氧化氮和可吸入颗粒物平均浓度较2009年同期分别下降27.6%、8.9%和13.9%，均为历年同期最优值。

2. 江苏省　江苏省为了落实《关于促进农作物秸秆综合利用的决定》，2010年省财政安排秸秆综合利用专项补助资金1.9亿元，建设示范县38个、推进县28个，对项目建设县实行目标考核和以奖代补。通过项目的实施带动作用，66个县全年共新增大中型拖拉机10 141台、秸秆还田机9 449台。全年共投入大中型拖拉机10.7万台次，各类秸秆还田机24.4万台次，完成作业面积771khm^2，超额完成目标任务17.6khm^2，还田率达26.3%。其中，夏季完成作业面积769khm^2，还田率达34.97%，部分示范县夏秋秸秆机械化还田率已超过60%，秸秆还田完成水稻机插秧面积达554khm^2；秋季完成作业面积388khm^2，还田率达17.6%；秋熟秸秆还田完成机播面积达413khm^2。从气象卫星对火点遥感监测信息显示，火点数明显减少，夏季火点是2009年同期的52%，秋季火点数也减少一半。

3. 山东省　为进一步促进山东省农作物秸秆资源化利用，消除秸秆焚烧造成的环境污染和交通安全隐患，2010年，省财政安排专项资金2 000万元，用于济南、淄博、潍坊、滨州、德州、泰安6个市的秸秆生物反应堆、秸秆种植食用菌、秸秆青贮（微贮）池建设、秸秆收贮站建设、秸秆热解气化站建设等方面，进一步提高了农作物秸秆综合利用率，减少农业资源浪费和环境污染，构建秸秆综合利用的长效机制，改善人民群众的生产生活环境。

4. 辽宁省　辽宁省2010年发展秸秆生物反应堆技术作为农业重点推广的技术，由辽宁省农业技术推广总站负责，在全省各个城市进行推广，并制定了实施目标。该技术可提高地温2～4℃、棚温2～3℃及二氧化碳浓度3～4倍，产品提早上市8～10天，产量增加10%以上。此外，还可以减少浇水次数，减轻病虫害的发生，抑制土传病害，提高产品品质，每公顷增收3万元以上，示范推广7.7khm^2，新增经济效益达2.32亿元以上。

二、新产品和新技术

秸秆利用技术是秸秆综合利用发展瓶颈之一，国家以及各级政府为了解决秸秆焚烧带来的一系列问题及秸秆利用率偏低等问题，组织开展了一系列技术研究项目，在秸秆纤维板、秸秆循环利用、秸秆沼气、秸秆乙醇等方面取得了突出成就，有力地推动了农作物秸秆的综合利用，提高了农作物秸秆的经济价值和社会价值。

1. 2010年1月，兰州大学成功开发出以农作物秸秆为原料制备羧甲基纤维素钠（CMC）的工艺技术。针对以农作物秸秆为原料制备羧甲基纤维素钠存在的作物秸秆中纤维素含量低、杂质较多的问题，兰州大学研发出了脱除木质素的高效除杂新方法，使秸秆纤维素含量大幅度提高。经化学反应、改良和提纯等工序，研究人员目前已制得具有市场推广价值的羧甲基纤维素钠系列产品。

2. 2010年1月，吉林德惠市政府与山东泉林纸业有限责任公司签订了投资85亿元建立年处理200

万 t 秸秆综合利用项目，该项目达产后，将形成年产 60 万 t 本色浆、70 万 t 机制纸、40 亿只食品医疗包装盒、90 万 t 有机肥、20 万 t 植物饲料，并配套建设 30 万 kW 热电站、环保处理系统及秸秆收集、打包、运输、储存体系，为农民每公顷增收 2 000 元左右。

3. 2010 年 6 月，由沈阳重型机械集团有限责任公司承担的国家科技支撑计划“绿色制造关键技术与装备”重大项目“绿色环保型生物质秸秆中密度纤维板关键技术及成套设备研发”课题顺利通过验收。项目自主研发了年产 5 万 m^3 生物质秸秆中密度纤维板生产线。掌握了秸秆界面特性改变、生物质秸秆原料加工、环保型胶黏剂的遴选等多项关键技术。通过采用一系列新技术和新工艺，使该生产线的综合能耗比传统生产线降低 50%，特别是取消了生产线蒸汽环节，减少了 CO_2 排放量。

4. 2010 年 10 月，国家发展和改革委员会和农业部启动了“农村沼气科技支撑项目建设”，该项目由农业部沼气科学研究所、中国农业大学、西北农林科技大学和沈阳农业大学四家农村沼气科研实力强、积极性高的单位承担。该项目 2010 年度中央投资 0.316 1 亿元，主要包括沼气科技研发基地建设、产业沼气工程平台建设、西北以及东北地区农村沼气科技创新示范基地建设四个子项目。

5. 2010 年 10 月，由南通棉花机械有限公司承担的江苏省农机三项工程项目所研制的“MJSD105 型圆草捆秸秆捡拾打捆机”和“MYK7050 型方草捆秸秆打捆机”两种产品通过省农机鉴定站组织的推广试验鉴定性能检测。检测结果表明两种秸秆打捆机结构设计合理，操作简便，工作可靠性高，各项性能指标符合设计要求，生产效率可达 1t/h。

6. 2010 年 10 月，农业部南京农机化研究所承担的 2010 年度江苏省科技支撑计划“秸秆开发沼气及工业化应用关键技术研究”召开了项目启动会。项目将研究开发以秸秆原料为主并兼顾其他农村有机废弃物的新型干法厌氧发酵技术装备，采用工程化装备实现原料预处理、进出料的机械化，提高了我国秸秆干发酵产沼气工业化生产应用水平。

7. 2010 年 12 月，松原来禾化学有限公司“30 万 t/a 秸秆炼制生产线”配套项目——“年产 5 万 t 生物聚醚多元醇生产线”在吉林省松原市百瑞生物多元醇有限公司正式建成并投产试车成功。该生产线采用来禾化学“秸秆炼制项目”所生产的纤维素和木质素为原料，基于华南理工大学制浆造纸工程国家重点实验室研究人员在承担国家 863 计划项目“生物质基高分子新材料技术及产品”过程中开发的技术，经过双方的进一步完善，实现了工业化生产。“5 万 t 秸秆生物多元醇生产线”配合松原来禾公司的“30 万 t/a 秸秆炼制工业产业化生产线”，实现了秸秆全生物量分层多级循环高值利用。该路线所生产的多种生物基产品可应用于能源、塑料、材料、化工等行业，为秸秆资源高值化利用提供了新的途径。这些生产线的成功投产，标志着一种植物生物质低成本高值化综合利用的产业新模式的初步形成。

三、政策促进与行业管理

秸秆综合利用率的提高不仅需要国家各级政府的大力支持，还需要社会各种力量的鼎力支持，国家在政策制定以及各地政府、行业组织都倾注了相当的关注，在产业政策支持、科研开发支持等方面都采取了重大举措，保障了秸秆产业的良好发展。

（一）政策促进

1. 2010 年 1 月，中共中央、国务院颁布了 2010 年中央 1 号文件《关于加大统筹城乡发展力度进一步夯实农业农村发展基础的若干意见》，明确提出“支持秸秆还田、推进农林废弃物资源化、清洁化利用”，说明国家高度重视农村节能减排和秸秆综合利用。

2. 2010 年 7 月，由国家发展和改革委员会、科学技术部、工业和信息化部、国土资源部、住房和城乡建设部、商务部颁布了《中国资源综合利用技术政策大纲》，提出了推广以农作物剩余物及其他生物质材料为主要原料造纸、生产人造板、加工固体成型燃料，以及气化（沼气）等技术；秸秆快速堆沤腐解、高效生物有机肥还田、过腹还田、菌渣、沼渣等还田技术；秸秆饲料、饲料添加剂技术。研发高效发酵菌剂与反应装置，完善秸秆沼气规模化工程技术。研发生物酶转化、裂解和液化等技术，制取秸秆液态运输燃料、氢气和化工产品等以及利用秸秆纤维素生产燃料乙醇技术。

3. 2010 年 7 月，由农业部规划设计研究院编制的《现代循环农业创新基地建设总体规划》通过了来自国家发展和改革委员会、科学技术部、农业部等部门的专家论证。循环农业是一种以资源的高效利用和循环利用为核心，以减量化、再利用、再循环为原则，以低能耗、低排放、高效率为基本特征，符合循环经济理念和可持续发展理念，满足建设节约型社会和环境友好型社会要求的现代农业增长方式。该规划将在辽宁省沈阳市苏家屯区建设现代循环农业创新基地，构建以秸秆综合利用技术为核心的现代循环农业科技支撑体系，以秸秆高值能源技术转化和高效循环利用为主要内容的现代循环农业模式，形成“三链一环”的产业格局，即生物质利用产业链、高效蔬菜水果种植产业链、生态设施养殖产业链以及创新基地内物质、能量和信息高效循环利用。

4. 2010年9月，浙江省颁布了《浙江省农业废弃物处理与利用促进办法》，重点对农作物秸秆、畜禽养殖、食用菌种植等废弃物的处理与利用行为作出相应法律规范，规定县级以上人民政府及其有关部门在农业废弃物处理与利用上的相应职责，并对农业废弃物处理与利用项目从财政补助、税收减免等方面予以扶持，以引导社会资金投入。

（二）主要行业活动

1. 2010年5月，中国与芬兰在北京召开了“中国芬兰清洁技术研讨会”。芬兰总统哈洛宁及中国政府副总理李克强出席会议并发表了重要讲话。在中芬两国领导人的见证下，中芬两国的相关单位签署了4项总值为138亿元的清洁及生态领域合作协议。其中，中国农村能源行业协会所属会员——北京合百意能源技术开发有限公司与芬兰电力集团公司（PRESECO）、芬兰国际能源咨询集团公司（GAIA）签署了“中芬两国共同生产销售生物碳合作备忘录”，该项目是我国第一个以双方合资的方式大规模利用外资，以作物秸秆等为原料，由芬兰提供低能耗、零污染的技术和加工设备，加工生产低排放高热值的清洁能源生物碳。这种方式将在探索我国秸秆资源化、能源化有效利用模式的同时，还创新组织机制，通过小规模、网络化、就近就地等方式，组织引导当地农民直接参与到合资项目中，为农民增收致富开辟新的途径。项目合作期共9年，第一阶段（2010年至2012年），将在我国秸秆主要产区建立10～12个生产示范基地，形成20万t的年生产能力。为此，芬兰方面将提供约0.28亿元的资金支持及相关的生产技术和加工设备。第二、三阶段，拟在第一阶段引进、消化的基础上，将关键生产设备国产化，并进一步扩大示范推广规模，为我国农村能源特别是秸秆能源化更广泛的利用探索和积累经验。

2. 2010年6月，由商务部主办、四川省商务厅承办、农业部沼气科学研究所实施的“2010年可再生能源技术国际培训班”在四川成都举办，有来自亚洲、非洲、欧洲、大洋洲等35个国家和地区的学者、专家及政府机构人员共68名学员参加培训。此次培训班听取了“生物质气化技术及设备”的报告，进行了农村生物质能源、农副产品深加工、节水农业、检测技术等专题交流讨论，考察了四川省农业机械研究设计院建设的“双流大林石庙村秸秆气化站”。培训班学员对我国的秸秆气化技术、微型水能发电和沼气发电设备表示出浓厚的兴趣，充分肯定了我国的技术和设备在研究和应用方面的国际先进地位，积极借鉴我国对农业废弃物利用的支持政策，努力争取在本国实施应用我国技术。

3. 2010年8月，“全国秸秆养藕科普示范基地揭牌仪式”在山东省淄博市周村区萌山湖荷花生态园举行。中国科协科普部副部长殷浩、山东省科协副主席许素海出席了揭牌仪式。该生态园利用秸秆打底、结合CO_2气肥增产技术，池藕产量大幅度提高，比传统种植方式增产25%～50%，池藕公顷产量达3.75万kg，公顷纯收益达7.8万元，形成了“玉米秸秆—CO_2气肥—有机藕”的生态循环模式。每公顷藕池可转化利用秸秆15～20 hm^2，年消耗秸秆1.3khm^2，每年收贮秸秆可增加农民收入120万元。

4. 2010年8月，由中国农业机械学会、中国农业机械化协会、中国农业生态环境保护协会、江苏省农业机械学会、南京农业大学主办的“2010年首届农村废弃物及可再生能源开发利用技术装备发展论坛”在江苏南京市隆重举行。论坛旨在促进农业废弃物和可再生能源开发利用技术和设备的交流、探索和提高，发展农村循环经济、低碳经济，推动我国农村废弃物及可再生能源开发利用技术和新兴产业的又好又快发展。来自国家发展和改革委员会、农业部、省有关部门和单位、全国省市农业管理和鉴定部门、高校和科研院所、农村废弃物开发和利用企业、生物质能源开发与利用企业、养殖企业以及相关的装备制造企业的代表共300余人参加了论坛。论坛还就农村废弃物及可再生能源开发利用现状与相关法规政策，农作物秸秆收储、秸秆还田技术与装备，农作物秸秆成型、气化燃烧等能源化利用技术与装备，林木废弃物综合利用技术与装备、畜禽粪便无害化处理及生物质有机肥料生产工艺技术与装备、沼气及其他可再生能源开发利用技术与装备等课题展开研讨。

5. 2010年12月，由吉林省政府主办，省工信厅、中国科学院过程工程研究所等协办的我国首届“玉米秸秆综合利用高层论坛”在长春市举行。吉林省副省长王祖继出席论坛并致辞，工信部相关领导、多位国内外著名专家和院士、企业代表、研究机构知名人士等出席论坛。此次论坛由高层论坛和生产现场展示两部分组成。高层论坛主要围绕玉米秸秆综合利用的四个领域，即秸秆能源化利用技术、秸秆化学品制造及应用技术、秸秆材料化技术和秸秆加工机械化技术，结合我国实际情况研讨产业发展趋势及方向。生产现场展示则组织与会代表与相关国内外企业、科研单位专家及配套协作厂家之间进行了充分交流和沟通，并参观了松原来禾化学公司秸秆制丁醇生产线。

（天津市农业机械与农业工程学会　辛永波　宋樱　胡伟）

食品与包装机械制造业

一、基本情况

2010年，我国食品和包装机械制造业，认真贯彻党中央、国务院一系列重大决策，在全国宏观管理由回升向好的方向发展背景下，经过业内企业和相关单位的共同努力，行业经济出现令人欣喜的局面，呈现出“效益较好、结构优化、活力增强”的良好势头，规模企业逐步增加，工业产值大幅增长，产品出口大幅增长。据不完全统计，2010年我国食品和包装机械制造业完成产品销售收入为1 825.00亿元，同比增长22.98%，超过全国机械工业的平均增长速度18.00%。其中，食品机械产品销售收入为894.25亿元，同比增长18.16%；包装机械产品销售收入为930.75亿元，同比增长27.99%（表1）。从2010年产品销售收入来看，食品机械产品销售收入同比增长有所下滑，但下滑幅度不大；而包装机械增速依然强劲，增长幅度较大。

表1　2010年我国食品和包装机械制造业产品销售情况

名　称	2009年（亿元）	2010年（亿元）	同比增长（%）
食品和包装机械销售额	1 484.00	1 825.00	22.98
其中：食品机械销售额	756.80	894.25	18.16
包装机械销售额	727.20	930.75	27.99

2010年，我国食品和包装机械制造业进出口额为60.38亿美元，同比增长44.80%。其中，进口额39.41亿美元，同比增长45.64%；出口额为20.97亿美元，同比增长42.85%。在进出口额中，食品机械进口额为9.74亿美元，占食品和包装机械进口额的24.71%，同比增长28.16%；包装机械进口额为29.67亿美元，占食品和包装机械进口额的75.29%，同比增长52.47%。食品机械出口额为9.45亿美元，占食品和包装机械出口额的45.06%，同比增长44.27%；包装机械出口额为11.52亿美元，占食品和包装机械出口额的54.94%，同比增长41.70%（表2）。由表2看出，在进出口贸易中，我国食品和包装机械进出口额同比增长较快，除食品机械进口额外，其余指标均超过40%。

表2　2010年我国食品和包装机械制造业进出口情况

名　称	2009年（亿元）	2010年（亿元）	同比增长（%）
食品和包装机械进出口额	41.74	60.38	44.80
其中：食品机械出口额	6.55	9.45	44.27
包装机械出口额	8.13	11.52	41.70
食品机械进口额	7.06	9.74	28.16
包装机械进口额	19.46	29.67	52.47

2010年，我国食品和包装机械制造业完成新产品产值为44.7亿元，同比下降15.8%。2010年全行业新产品产值与2009年同期相比一直下滑，产值下降的原因是多方面的：一是新产品产值数据很难统计，统计遗漏较大，导致已有新产品产值数据不能反映实际情况；二是新产品缺乏技术含量，投入力度不足，重复开发依然严重，导致新产品产值数据一直下滑。因此，新产品产值的大幅下降，不利于食品和包装机械制造业的科技发展和技术进步。

二、科研、新产品、新技术

2010年，一批国家重大科技项目取得新突破。国家科技支撑计划“奶业发展重大关键技术研究与示范”项目、“海洋食品精深加工与产业化示范”项目和国家863计划“食品非热加工技术与设备”课题于2010年通过验收。

1.“奶业发展重大关键技术研究与示范”项目，在乳制品开发、乳品设备开发等方面实现了一系列重大关键技术突破，开发新技术、新产品、新材料、新装置326项，获得授权国家发明和实用新型专利195项，制定颁布实施国家、行业、地方或企业标准（规程）149项，建立产品生产线95条，鉴定科技成果102项，获得省部级以上科技奖励62项，显著提升了奶业企业科技创新能力。

2.“海洋食品精深加工与产业化示范”项目，在海洋食品重大共性关键技术、新产品开发与产业化示范、工艺设备和产品质量控制体系等方面都取得重要进展，开发新产品、新材料或新工艺 81 项，建立生产线 35 条，申请专利 70 项，制定行业标准、地方标准或企业标准 54 项，获得国家科技进步二等奖 2 项、省部级一等奖 4 项。

3.“食品非热加工技术与设备”课题，在食品非热加工技术特别是超高压加工技术与装备的开发上取得了重大突破，成功开发出了具有自主知识产权的水介质框架直封式、大容量、智能化的食品超高压加工装备，为我国食品非热加工技术研究与产业开发提供了有力的支撑。

三、质量管理与标准化工作

1. 2010 年 8 月国家质量监督检验检疫总局发布了《电热食品加工机械产品质量国家监督抽查结果》，通过对北京、河北、上海、江苏、浙江、山东、广东等 7 个省、直辖市 90 家企业生产的 90 种电热食品加工机械产品进行抽查，抽查合格率为 91.1%。本次抽查的产品为开水器、电热铛、电烤炉、烤肠机等。抽查中存在的主要质量问题是：有 8.9%的产品不符合相关标准要求，不合格项目涉及对触及带电部件的防护、接地措施等。

2. 据不完全统计，2010 年我国批准发布了食品和包装机械产品标准 47 项，其中国家标准 26 项，机械行业标准 14 项，轻工行业标准 7 项。这些标准的批准发布，对于规范企业行为、维护市场秩序、提高产品质量、提升市场竞争力等，具有积极的推动作用。

四、行业活动

1. 2010 年 1 月，“全国食品包装机械标准化技术委员会成立大会暨全国包装机械标准化技术委员会一届二次年会”在福建省厦门市召开。会上宣读了国家标准化管理委员会“关于成立全国食品包装机械标准化技术委员会（SAC/TC494）的批文”及委员名单。秘书长陈润洁就当前国际食品包装机械标准化形势、国内现状及标委会当前工作的重点向到会领导及委员做了汇报，同时还进行了标准审查。

2. 2010 年 5 月，中国包装和食品机械总公司和中国食品和包装机械工业协会联合举办的“第十届上海国际包装和食品加工技术展览会”，展出面积 12 000m²，该展会的展览规模和观众人数均创历史新高。2010 年，中国食品和包装机械工业协会还组织参加了“第七届中国—东盟博览会”、“哈尔滨经济贸易洽谈会”以及德国、英国、莫斯科、印度、美国、日本、越南、巴西、土耳其等国举办的食品和包装机械展览会。

3. 2010 年 6 月，“中国食品和包装机械工业协会第五届会员代表大会”在广东省东莞市召开，大会选举产生了新一届理事会组成人员，并通过了第四届理事会工作报告、财务收支情况报告和协会章程，调整和增补了部分常务理事和理事单位。会议期间，举行了行业发展形势报告会和技术交流。

4. 2010 年 11 月，“中国食品和包装机械工业协会薯类食品加工机械专业委员会成立大会暨第一届常务理事会”在北京召开。大会通过了《中国食品和包装机械工业协会薯类食品加工机械专业委员会章程》，理事会选举产生了中国食品和包装机械工业协会薯类食品加工机械专业委员会第一届常务理事会理事，会议明确了中国食品和包装机械工业协会薯类食品加工机械专业委员会的宗旨、工作目标。

5. 2010 年 11 月，中国食品和包装机械行业“十二五”发展规划专家座谈会在北京召开，来自骨干企业、大专院校和科研院所的专家参加了会议。会议对我国食品和包装机械行业“十一五”发展情况和存在问题进行了认真总结，专家们围绕发展环境就发展思路、发展重点和措施建议进行了认真研讨。

（本文由中国食品和包装机械工业协会提供相关资料，编辑部汇总整理）

棉花加工机械制造业

一、生产情况

据不完全统计，2010 年全国棉花加工机械总产量为 41 499 台，同比增长 15.92%（表 1）。

表 1 2010 年全国棉花加工机械生产情况

产地	12 月产量	1～12 月累计	12 月同比增长(%)	1～12 月累计同比增长(%)
全国	**3 120**	**41 499**	**−8.64**	**15.92**
河北	80	1 335	8.11	−8.75

（续）

产　地	12月产量	1～12月累计	12月同比增长(%)	1～12月累计同比增长(%)
山　西	20	450	−80.00	−49.32
辽　宁	329	2 984	30.20	30.99
江　苏	361	3 266	22.79	−0.76
山　东	1 094	17 146	−24.19	30.81
河　南	947	13 660	−1.50	20.28
湖　北	81	666	−52.91	−62.24
陕　西	208	1 928	76.27	16.78
新　疆	0	64	0	0

截至2010年底，在册的65个棉花加工机械制造企业经过6年的市场洗牌，已有75%左右的企业纷纷转产或倒闭，现仅存十几家大型的、专业的企业仍在进行棉花加工机械的生产和研发。另外，截至2010年底，仅有11个具有锯齿轧花机生产许可证的生产企业，其许可证仍在有效期内，此数量较2009年减少60.7%。参与此次调查的棉花加工机械生产企业有10个（表2），占正常生产企业的50%。

表2　2010年棉花加工机械部分企业基本情况

单位名称	工业总产值（万元）	销售额（万元）	利税总额（万元）	固定资产净值（万元）	职工总人数（名）	轧花机（台）	400型打包机（台）	打包机（台）
南通棉花机械有限公司	15 515	13 650	428	1 598	434		169	
邯郸金狮棉机有限公司	8 166	12 595	874	5 473	968	72		
江苏大丰市供销机械厂有限公司	3 438	3 674	180	541	301	126		
高密市圣达机械有限公司	2 300	2 000	430	408	146			15
大丰市长江机械制造有限公司	1 420	1 278	180	566	70	26		
湖北荆州楚凌机械有限公司	546	744		340	72	32		
启东市供销机械有限公司	2 500	2 350	358	2 780	68			
山东华棉棉花机械有限公司	4 500	4 000	603	478	126	220		
山东效民机械有限公司	937	890	16	97	66			
山东滨州宏伟棉机有限公司	380	260	18	280	63			

二、棉花质量检验体制改革进展情况

截至2011年8月31日，2010棉花年度完成改造并送检的企业有1 542个，检验量达到1 184万包，268万t，比2009年度送检量1 073万包增加了10.41%。为保证棉花质量检验体制改革的顺利进行，2010年中央财政安排棉花质量检验体制改革经费3 376万元，支持纤检机构改善检验技术条件等；安排棉花质量公证检验补助经费24 708万元。2011年中央财政继续安排棉花质量检验体制改革经费3 376万元，棉花质量公证检验补助经费截至目前已下达18 793万元，年度终了据实结算。

三、标准化工作

（一）标准化水平不断提升，标准的有效性进一步增强

2011年，全国棉花加工标准化技术委员会紧紧围绕棉花加工工业标准体系，开展重点领域的标准制修订工作。全年共申报立项国家标准制修订计划5项，行业标准制修订计划6项。其中，强制性国家标准1项，推荐性标准10项；制定标准9项，修订标准2项。从类别看，涵盖了基础通用标准1项，产品标准5项，管理标准5项。从标准立项的领域来看，加大了棉包物流与信息化、新产品、新技术以及传统领域缺失标准的申报力度，调整优化标准体系结构，基本解决了标准缺失、老化等问题。在各委员单位和标准起草小组的积极配合下，我标委会在标准完成方面也取得了可喜的成绩。2011年共审定、报批标准5项，其中国家标准1项，行业标准4项。

（二）广泛参与项目研究，以项目实施带动标准化研究活动

1. 2011年11月25日，国家质量监督检验检疫总局科技司在北京组织了对中华全国供销合作总社郑州棉麻工程技术设计研究所、中国棉花协会棉花加工分会、中棉工业有限责任公司共同承担的质检公益性行业科研专项项目《轧花企业粉尘检测方法研究及标准制定》的验收会。该项目是全国供销合作社系统承担的第一个国家质检公益项目。评审专家一致通过该项目验收，认为项目开展了对国内棉花加工企业粉尘检测的研究，详细分析了轧花企业粉尘的产生、扩散特点和主要危害，为制定粉尘检测方法国家标准提供关键技术支持。同时，在该项目的研究过程中，形成了《轧花企业粉尘检测方法》国家标准。

2. 2011年12月13日，全国棉花加工标准化技术委员会与中棉工业有限责任公司、邯郸棉机有限公司、中国农机院共同参加了国家“十一五”科技支撑计划“棉花加工产业升级关键技术研究开发”项目课题“籽棉货场就地自动开松输送技术及装备研究开发”的研究成果鉴定会。该课题研究历时三年，完成了籽棉开松输送成套设备的研发，制定了《籽棉货场安全技术规范》行业标准。通过项目研究，形成了适合我国国情的籽棉存储、场地压模所适用的堆垛尺寸，实现了籽棉货场开松的机械化，降低能耗，缩短了籽棉堆放时间，减轻劳动强度，确保了棉花加工成套设备的生产效率，降低棉花加工成本。

3. 2009年9月起，全国棉花加工标准化技术委员会与铁道科学研究院共同开展“棉花铁路运输火灾防治试验研究”项目。项目研究历时两年，每月对新疆库尔勒、阿克苏、乌鲁木齐等地发往内地的棉花进行了共同监测，开展环境温湿度、棉包内部回潮率、温湿度变化与棉花铁路运输火灾事故的相关性研究。从而，从根本上大大减少了棉花铁路运输火灾事故的发生，降低了事故造成的人身伤害，确保了棉花企业与纺织企业的经济利益，保障了棉花资源的安全稳定。目前，该项目已进入后期收尾阶段，全国棉花加工标准化技术委员会正在积极编写项目总结性材料，为项目验收做准备。

（三）站在行业的高度，做好标准化的指导与服务工作

在标准研究过程中，全国棉花加工标准化技术委员会发现，在GB/T 4754—2002《国民经济行业分类》中，没有棉花加工业的科目分类，而是将棉花加工业分列于“其他农产品的初加工活动”和“其他未列明的农林牧渔机械的制造及机械修理活动”。这给棉花加工标准制修订及有关项目的申报与实施带来诸多不便。经过系统的学习和讨论，全国棉花加工标准化技术委员会提出重新定义“棉花加工业”，并将其分为棉花初加工、棉花加工机械制造、棉副产品精深加工和棉花仓储物流信息化等四方面。经过全国棉花加工标准化技术委员会两年的努力，“棉花加工业”在GB/T 4754—2011《国民经济行业分类》中已有了明确的位置和定义，这对于我国长达65年左右的棉花加工业来说，是历史性的突破。

四、新产品开发

“MCLW-6型多转笼除尘机组”经过全国供销总社郑州棉麻工程技术设计研究所多年的努力，于2011年11月9日顺利通过专家鉴定委员会鉴定。这是轧花史上的又一次革命，除尘技术的又一次飞跃；它改变了目前国内各种规模的棉花加工生产线配置的棉花加工除尘装备型号多、除尘效果差、回收率不高，达不到低碳减排环保的目的（主要除尘方式有重力沉降室、旋风除尘器、尘笼滤尘器、布袋除尘器、MCZF除尘机组）。MCLW-6型多转笼除尘机组，首次建立一种新的棉花加工除尘模式，填补我国除尘系统自动控制的空白，将除尘装置和管网系统视为有机整体进行控制，通过制动检测并控制除尘装置的压力和管网主风机的运行参数，达到保障除尘系统的设备安全，提高除尘系统的除尘效率，提升整个风运系统的效率及经济性能。MCLW-6型多转笼除尘机组体积小、处理风量大、纤维回收能力强，400型标准棉花加工生产线，每小时可回收短纤维约35kg，明显降低棉花加工过程的外排空气的含尘浓度，提高车间防尘、防爆水平，改善棉花加工生产的作业环境，有效保护工人身心健康和棉花加工厂周边环境。

（中国棉花协会棉花加工分会　尹青云　岳淮）

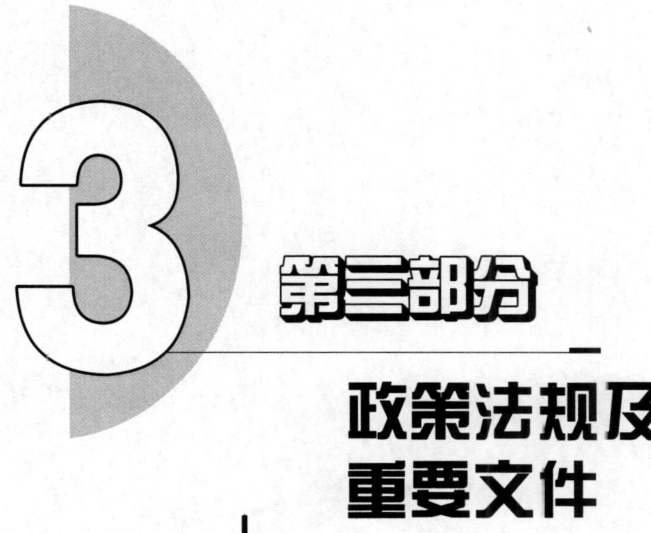

第三部分

政策法规及重要文件

进出口水产品检验检疫监督管理办法

（国家质检总局令　第135号　2011年1月4日）

第一章　总　　则

第一条　为加强进出口水产品检验检疫及监督管理，保障进出口水产品的质量安全，防止动物疫情传入传出国境，保护渔业生产安全和人类健康，根据《中华人民共和国进出口商品检验法》及其实施条例、《中华人民共和国进出境动植物检疫法》及其实施条例、《中华人民共和国国境卫生检疫法》及其实施细则、《中华人民共和国食品安全法》及其实施条例、《国务院关于加强食品等产品安全监督管理的特别规定》等有关法律法规规定，制定本办法。

第二条　本办法适用于进出口水产品的检验检疫及监督管理。

第三条　本办法所称水产品是指供人类食用的水生动物产品及其制品，包括水母类、软体类、甲壳类、棘皮类、头索类、鱼类、两栖类、爬行类、水生哺乳类动物等其他水生动物产品以及藻类等海洋植物产品及其制品，不包括活水生动物及水生动植物繁殖材料。

第四条　国家质量监督检验检疫总局（以下简称国家质检总局）主管全国进出口水产品检验检疫及监督管理工作。国家质检总局设在各地的出入境检验检疫机构（以下简称检验检疫机构）负责所辖区域进出口水产品检验检疫及监督管理工作。

第五条　检验检疫机构依法对进出口水产品进行检验检疫、监督抽查，对进出口水产品生产加工企业（以下简称生产企业）根据监管需要和国家质检总局相关规定实施信用管理及分类管理制度。

第六条　进出口水产品生产企业应当依照法律、行政法规和有关标准从事生产经营活动，对社会和公众负责，保证水产品质量安全，接受社会监督，承担社会责任。

第七条　国家质检总局对检验检疫机构签发进出口水产品检验检疫证明的人员实行备案管理制度，未经备案的人员不得签发证书。

第二章　进口检验检疫

第八条　进口水产品应当符合中国法律、行政法规、食品安全国家标准要求，以及中国与输出国家或者地区签订的相关协议、议定书、备忘录等规定的检验检疫要求和贸易合同注明的检疫要求。进口尚无食品安全国家标准的水产品，收货人应当向检验检疫机构提交国务院卫生行政部门出具的许可证明文件。

第九条　国家质检总局根据中国法律、行政法规规定、食品安全国家标准要求、国内外水产品疫情疫病和有毒有害物质风险分析结果，结合对拟向中国出口水产品国家或者地区的质量安全管理体系的有效性评估情况，制定并公布中国进口水产品的检验检疫要求；或者与拟向中国出口水产品国家或者地区签订检验检疫协定，确定检验检疫要求和相关证书。

第十条　国家质检总局对向中国境内出口水产品的出口商或者代理商实施备案管理，并定期公布已获准入资质的境外生产企业和已经备案的出口商、代理商名单。进口水产品的境外生产企业的注册管理按照国家质检总局相关规定执行。

第十一条　检验检疫机构对进口水产品收货人实施备案管理。已经实施备案管理的收货人，方可办理水产品进口手续。

第十二条　进口水产品收货人应当建立水产品进口和销售记录制度。记录应当真实，保存期限不得少于二年。

第十三条　国家质检总局对安全卫生风险较高的进口两栖类、爬行类、水生哺乳类动物以及其他养殖水产品等实行检疫审批制度。上述产品的收货人应当在签订贸易合同前办理检疫审批手续，取得进境动植物检疫许可证。国家质检总局根据需要，按照有关规定，可以派员到输出国家或者地区进行进口水产品预检。

第十四条　水产品进口前或者进口时，收货人或者其代理人应当持输出国家或者地区官方签发的检验检疫证书正本原件、原产地证书、贸易合同、提单、装箱单、发票等单证向进口口岸检验检疫机构报检。

进口水产品随附的输出国家或者地区官方检验检疫证书，应当符合国家质检总局对该证书的要求。

第十五条 检验检疫机构对收货人或者其代理人提交的相关单证进行审核，符合要求的，受理报检，对检疫审批数量进行核销，出具入境货物通关证明。

第十六条 进口水产品应当存储在检验检疫机构指定的存储冷库或者其他场所。进口口岸应当具备与进口水产品数量相适应的存储冷库。存储冷库应当符合进口水产品存储冷库检验检疫要求。

第十七条 装运进口水产品的运输工具和集装箱，应当在进口口岸检验检疫机构的监督下实施防疫消毒处理。未经检验检疫机构许可，不得擅自将进口水产品卸离运输工具和集装箱。

第十八条 进口口岸检验检疫机构依照规定对进口水产品实施现场检验检疫。现场检验检疫包括以下内容：

（一）核对单证并查验货物；

（二）查验包装是否符合进口水产品包装基本要求；

（三）对易滋生植物性害虫的进口盐渍或者干制水产品实施植物检疫，必要时进行除害处理；

（四）查验货物是否腐败变质，是否含有异物，是否有干枯，是否存在血冰、冰霜过多。

第十九条 进口预包装水产品的中文标签应当符合中国食品标签的相关法律、行政法规、规章的规定以及国家技术规范的强制性要求。检验检疫机构依照规定对预包装水产品的标签进行检验。

第二十条 检验检疫机构依照规定对进口水产品采样，按照有关标准、监控计划和警示通报等要求对下列项目进行检验或者监测：

（一）致病性微生物、重金属、农兽药残留等有毒有害物质；

（二）疫病、寄生虫；

（三）其他要求的项目。

第二十一条 进口水产品经检验检疫合格的，由进口口岸检验检疫机构签发《入境货物检验检疫证明》，准予生产、加工、销售、使用。《入境货物检验检疫证明》应当注明进口水产品的集装箱号、生产批次号、生产厂家及唛头等追溯信息。进口水产品经检验检疫不合格的，由检验检疫机构出具《检验检疫处理通知书》。涉及人身安全、健康和环境保护以外项目不合格的，可以在检验检疫机构的监督下进行技术处理，经重新检验检疫合格的，方可销售或者使用。当事人申请需要出具索赔证明等其他证明的，检验检疫机构签发相关证明。

第二十二条 有下列情形之一的，作退回或者销毁处理：

（一）需办理进口检疫审批的产品，无有效进口动植物检疫许可证的；

（二）需办理注册的水产品生产企业未获得中方注册的；

（三）无输出国家或者地区官方机构出具的有效检验检疫证书的；

（四）涉及人身安全、健康和环境保护项目不合格的。

第三章 出口检验检疫

第二十三条 出口水产品由检验检疫机构进行监督、抽检，海关凭检验检疫机构签发的通关证明放行。

第二十四条 检验检疫机构按照下列要求对出口水产品及其包装实施检验检疫：

（一）输入国家或者地区检验检疫要求；

（二）中国政府与输入国家或者地区政府签订的检验检疫协议、议定书、备忘录等规定的检验检疫要求；

（三）中国法律、行政法规和国家质检总局规定的检验检疫要求；

（四）输入国家或者地区官方关于品质、数量、重量、包装等要求；

（五）贸易合同注明的检疫要求。

第二十五条 检验检疫机构对出口水产品养殖场实施备案管理。出口水产品生产企业所用的原料应当来自于备案的养殖场、经渔业行政主管部门批准的捕捞水域或者捕捞渔船，并符合拟输入国家或者地区的检验检疫要求。

第二十六条 备案的出口水产品养殖场应当满足以下基本条件和卫生要求：

（一）取得渔业行政主管部门养殖许可；

（二）具有一定的养殖规模：土塘或者开放性海域养殖的水面总面积50亩以上，水泥池养殖的水面总面积10亩以上，场区内养殖池有规范的编号；

（三）水源充足，养殖用水水质符合《渔业水质标准》；

（四）周围无畜禽养殖场、医院、化工厂、垃圾场等污染源，具有与外界环境隔离的设施，内部环境卫生良好；

（五）布局合理，符合卫生防疫要求，避免进排水交叉污染；

（六）具有独立分设的药物和饲料仓库，仓库保持清洁干燥，通风良好，有专人负责记录入出库登记；

（七）养殖密度适当，配备与养殖密度相适应的增氧设施；

（八）投喂的饲料来自经检验检疫机构备案的饲料加工厂，符合《出口食用动物饲用饲料检验检疫管理办法》的要求；

（九）不存放和使用中国、输入国家或者地区禁止使用的药物和其他有毒有害物质。使用的药物应当标注有效成分，有用药记录，并严格遵守停药期规定；

（十）有完善的组织管理机构和书面的水产养殖管理制度（包括种苗收购、养殖生产、卫生防疫、药物饲料使用等）；

（十一）配备具有相应资质的养殖技术员和质量监督员，养殖技术员和质量监督员应当由不同人员担任，养殖技术员须凭处方用药，药品由质量监督员发放。养殖技术员和质量监督员应当具备以下条件：

1. 熟悉并遵守检验检疫有关法律、行政法规、规章等规定；

2. 熟悉并遵守农业行政主管部门有关水生动物疫病和兽药管理规定；

3. 熟悉输入国家或者地区相关药残控制法规和标准；

4. 有一定养殖工作经验或者具有养殖专业中专以上学历。

（十二）建立重要疫病和重要事项及时报告制度。

第二十七条 出口水产品养殖场按照以下程序进行备案：

（一）出口水产品养殖场向所在地检验检疫机构提出备案申请，并提供相关材料；

（二）检验检疫机构按照本办法第二十六条规定的基本条件和卫生要求，对申请备案的出口水产品养殖场进行审核。符合基本条件和卫生要求的，由直属检验检疫局审查批准颁发备案证明；

（三）备案证明自颁发之日起生效，有效期四年。出口水产品养殖场应当在有效期届满三个月前提出延续申请；

（四）备案的出口水产品养殖场地址、名称、养殖规模、所有权、法定代表人等发生变更的，应当及时向所在地检验检疫机构重新申请备案或者办理变更手续。

第二十八条 出口水产品备案养殖场应当为其生产的每一批出口水产品原料出具供货证明。

第二十九条 出口水产品备案养殖场应当依照输入国家或者地区要求，或者中国食品安全国家标准和有关规定使用饲料、兽药等农业投入品，禁止采购或者使用不符合输入国家或者地区要求，或者中国食品安全国家标准的农业投入品。

第三十条 检验检疫机构对出口水产品备案养殖场实施监督管理，组织监督检查，并做好相关记录。监督检查包括日常监督检查和年度审核等形式。检验检疫机构应当在风险分析的基础上对备案的出口水产品养殖场实施水生动物疫病、农兽药残留、环境污染物、水质状况以及其他有毒有害物质监测，建立完善出口水产品安全风险信息管理制度。

第三十一条 检验检疫机构按照出口食品生产企业备案管理规定对出口水产品生产企业实施备案管理。输入国家或者地区对中国出口水产品生产企业有注册要求，需要对外推荐注册企业的，按照国家质检总局相关规定执行。

第三十二条 出口水产品生产企业应当建立完善可追溯的质量安全控制体系，确保出口水产品从原料到成品不得违规使用保鲜剂、防腐剂、保水剂、保色剂等物质。出口水产品生产企业应当对加工用原辅料及成品的微生物、农兽药残留、环境污染物等有毒有害物质进行自检，没有自检能力的，应当委托有资质的检验机构检验，并出具有效检验报告。

第三十三条 出口水产品生产企业生产加工水产品应当以养殖场为单位实施生产批次管理，不同养殖场的水产品不得作为同一个生产批次的原料进行生产加工。从原料水产品到成品，生产加工批次号应当保持一致。生产加工批次号标注要求另行公告。

第三十四条 出口水产品生产企业应当建立原料进货查验记录制度，核查原料随附的供货证明。进货查验记录应当真实，保存期限不得少于二年。出口水产品生产企业应当建立出厂检验记录制度，查验出厂水产品的检验合格证和安全状况，如实记录其水产品的名称、规格、数量、生产日期、生产批号、检验合格证号、购货者名称及联系方式、销售日期等内容。水产品出厂检验记录应当真实，保存期限不得少于二年。

第三十五条 出口水产品包装上应当按照输入国家或者地区的要求进行标注，在运输包装上注明目的地国家或者地区。

第三十六条 出口水产品生产企业或者其代理人应当按照国家质检总局报检规定，凭贸易合同、生产企业检验报告（出厂合格证明）、出货清单等有关单证向产地检验检疫机构报检。出口水产品出口报检时，需提供所用原料中药物残留、重金属、微生物等有毒有害物质含量符合输入国家或者地区以及我国要求的书面证明。

第三十七条 检验检疫机构应当对出口水产品中

致病性微生物、农兽药残留和环境污染物等有毒有害物质在风险分析的基础上进行抽样检验，并对出口水产品生产加工全过程的质量安全控制体系进行验证和监督。

第三十八条 没有经过抽样检验的出口水产品，检验检疫机构应当根据输入国家或者地区的要求对出口水产品的检验报告、装运记录等进行审核，结合日常监管、监测和抽查检验等情况进行综合评定。符合规定要求的，签发有关检验检疫证单；不符合规定要求的，签发不合格通知单。

第三十九条 出口水产品生产企业应当确保出口水产品的运输工具有良好的密封性能，装载方式能有效地避免水产品受到污染，保证运输过程中所需要的温度条件，按规定进行清洗消毒，并做好记录。

第四十条 出口水产品生产企业应当保证货证相符，并做好装运记录。检验检疫机构应当随机抽查。经产地检验检疫合格的出口水产品，口岸检验检疫机构在口岸查验时发现单证不符的，不予放行。

第四十一条 出口水产品检验检疫有效期为：

（一）冷却（保鲜）水产品：七天；

（二）干冻、单冻水产品：四个月；

（三）其他水产品：六个月。

出口水产品超过检验检疫有效期的，应当重新报检。输入国家或者地区另有要求的，按照其要求办理。

第四章 监督管理

第四十二条 国家质检总局对进出口水产品实行安全监控制度，依据风险分析和检验检疫实际情况制定重点监控计划，确定重点监控的国家或者地区的进出口水产品种类和检验项目。检验检疫机构应当根据国家质检总局年度进出口水产品安全风险监控计划，制定并实施所辖区域内进出口水产品风险管理的实施方案。

第四十三条 国家质检总局和检验检疫机构对进出口水产品实施风险管理。具体措施，按照有关规定执行。

第四十四条 进出口水产品的生产企业、收货人、发货人应当合法生产和经营。检验检疫机构应当建立进出口水产品生产企业、收货人、发货人不良记录制度，对有违法行为并受到行政处罚的，可以将其列入违法企业名单并对外公布。

第四十五条 国家质检总局和检验检疫机构应当按照食品安全风险信息管理的有关规定及时向有关部门、机构和企业通报进出口水产品安全风险信息，并按照有关规定上报。

第四十六条 出口水产品备案养殖场所在地检验检疫机构和出口水产品生产企业所在地检验检疫机构应当加强协作。备案养殖场所在地检验检疫机构应当将养殖场监管情况定期通报出口水产品生产企业所在地检验检疫机构；出口水产品生产企业所在地检验检疫机构应当将生产企业对供货证明核查情况、原料和成品质量安全情况等定期通报备案养殖场所在地检验检疫机构。

第四十七条 进口水产品存在安全问题，可能或者已经对人体健康和生命安全造成损害的，收货人应当主动召回并立即向所在地检验检疫机构报告。收货人不主动召回的，检验检疫机构应当按照有关规定责令召回。出口水产品存在安全问题，可能或者已经对人体健康和生命安全造成损害的，出口水产品生产经营企业应当采取措施避免和减少损害的发生，并立即向所在地检验检疫机构报告。有前二款规定情形的，检验检疫机构应当及时向国家质检总局报告。

第四十八条 出口水产品备案养殖场有下列行为之一的，取消备案：

（一）存放或者使用中国、拟输入国家或者地区禁止使用的药物和其他有毒有害物质，使用的药物未标明有效成分或者使用含有禁用药物的药物添加剂，未按规定在休药期停药的；

（二）提供虚假供货证明、转让或者变相转让备案号的；

（三）隐瞒重大养殖水产品疫病或者未及时向检验检疫机构报告的；

（四）拒不接受检验检疫机构监督管理的；

（五）备案养殖场的名称、法定代表人发生变化后 30 日内未申请变更的；

（六）养殖规模扩大、使用新药或者新饲料，或者质量安全体系发生重大变化后 30 日内未向检验检疫机构报告的；

（七）一年内没有出口供货的；

（八）逾期未申请备案延续的；

（九）年度审核不合格的。

第四十九条 出口水产品生产企业有下列行为之一的，检验检疫机构可以责令整改以符合要求：

（一）首次因致病性微生物、环境污染物、农兽药残留等安全卫生项目不合格，遭到输入国家或者地区退货的；

（二）连续抽检三个报检批次的产品出现安全卫生项目不合格的；

（三）原料来源不清，批次管理混乱的；

（四）一年内日常监督检查中发现同一不符合项

达到三次的；

（五）未建立产品追溯制度的。

第五十条 进出口水产品生产经营企业有其他违法行为的，按照相关法律、行政法规的规定予以处罚。

第五十一条 检验检疫机构及其工作人员在对进出口水产品实施检验检疫和监督管理工作中，违反法律法规及本办法规定的，按照规定查处。

第五章 附 则

第五十二条 本办法由国家质检总局负责解释。

第五十三条 本办法自2011年6月1日起施行。国家质检总局2002年11月6日公布的《进出境水产品检验检疫管理办法》（国家质检总局令第31号）同时废止。

进出口肉类产品检验检疫监督管理办法

（国家质检总局令 第136号 2011年1月4日）

第一章 总 则

第一条 为加强进出口肉类产品检验检疫及监督管理，保障进出口肉类产品质量安全，防止动物疫情传入传出国境，保护农牧业生产安全和人类健康，根据《中华人民共和国进出口商品检验法》及其实施条例、《中华人民共和国进出境动植物检疫法》及其实施条例、《中华人民共和国国境卫生检疫法》及其实施细则、《中华人民共和国食品安全法》及其实施条例、《国务院关于加强食品等产品安全监督管理的特别规定》等法律法规的规定，制定本办法。

第二条 本办法适用于进出口肉类产品的检验检疫及监督管理。

第三条 本办法所称肉类产品是指动物屠体的任何可供人类食用部分，包括胴体、脏器、副产品以及以上述产品为原料的制品，不包括罐头产品。

第四条 国家质量监督检验检疫总局（以下简称国家质检总局）主管全国进出口肉类产品检验检疫及监督管理工作。国家质检总局设在各地的出入境检验检疫机构（以下简称检验检疫机构）负责所辖区域进出口肉类产品检验检疫及监督管理。

第五条 检验检疫机构依法对进出口肉类产品进行检验检疫及监督抽查，对进出口肉类产品生产加工企业（以下简称生产企业）、收货人、发货人根据监管需要实施信用管理及分类管理制度。

第六条 进出口肉类产品生产企业应当依照法律、行政法规和有关标准从事生产经营活动，对社会和公众负责，保证肉类产品质量安全，接受社会监督，承担社会责任。

第二章 进口检验检疫

第七条 进口肉类产品应当符合中国法律、行政法规规定、食品安全国家标准的要求，以及中国与输出国家或者地区签订的相关协议、议定书、备忘录等规定的检验检疫要求以及贸易合同注明的检疫要求。进口尚无食品安全国家标准的肉类产品，收货人应当向检验检疫机构提交国务院卫生行政部门出具的许可证明文件。

第八条 国家质检总局根据中国法律、行政法规规定、食品安全国家标准要求、国内外肉类产品疫情疫病和有毒有害物质风险分析结果，结合对拟向中国出口肉类产品国家或者地区的质量安全管理体系的有效性评估情况，制定并公布中国进口肉类产品的检验检疫要求；或者与拟向中国出口肉类产品国家或者地区签订检验检疫协定，确定检验检疫要求和相关证书。

第九条 国家质检总局对向中国境内出口肉类产品的出口商或者代理商实施备案管理，并定期公布已经备案的出口商、代理商名单。进口肉类产品境外生产企业的注册管理按照国家质检总局相关规定执行。

第十条 检验检疫机构对进口肉类产品收货人实施备案管理。已经实施备案管理的收货人，方可办理肉类产品进口手续。

第十一条 进口肉类产品收货人应当建立肉类产品进口和销售记录制度。记录应当真实，保存期限不得少于二年。

第十二条 国家质检总局对进口肉类产品实行检疫审批制度。进口肉类产品的收货人应当在签订贸易合同前办理检疫审批手续，取得进境动植物检疫许可证。国家质检总局根据需要，按照有关规定，可以派员到输出国家或者地区进行进口肉类产品预检。

第十三条 进口肉类产品应当从国家质检总局指定的口岸进口。进口口岸的检验检疫机构应当具备进口肉类产品现场查验和实验室检验检疫的设备设施和相应的专业技术人员。进口肉类产品应当存储在检验检疫机构认可并报国家质检总局备案的存储冷库或者其他场所。肉类产品进口口岸应当具备与进口肉类产品数量相适应的存储冷库。存储冷库应当符合进口肉类产品存储冷库检验检疫要求。

第十四条 进口鲜冻肉类产品包装应当符合下列要求：

（一）内外包装使用无毒、无害的材料，完好无破损；

（二）内外包装上应当标明产地国、品名、生产企业注册号、生产批号；

（三）外包装上应当以中文标明规格、产地（具体到州/省/市）、目的地、生产日期、保质期、储存温度等内容，目的地应当标明为中华人民共和国，加施输出国家或者地区官方检验检疫标识。

第十五条 肉类产品进口前或者进口时，收货人或者其代理人应当持进口动植物检疫许可证、输出国家或者地区官方出具的相关证书正本原件、贸易合同、提单、装箱单、发票等单证向进口口岸检验检疫机构报检。进口肉类产品随附的输出国家或者地区官方检验检疫证书，应当符合国家质检总局对该证书的要求。

第十六条 检验检疫机构对收货人或者其代理人提交的相关单证进行审核，符合要求的，受理报检，并对检疫审批数量进行核销，出具入境货物通关证明。

第十七条 装运进口肉类产品的运输工具和集装箱，应当在进口口岸检验检疫机构的监督下实施防疫消毒处理。未经检验检疫机构许可，进口肉类产品不得卸离运输工具和集装箱。

第十八条 进口口岸检验检疫机构依照规定对进口肉类产品实施现场检验检疫，现场检验检疫包括以下内容：

（一）检查运输工具是否清洁卫生、有无异味，控温设备设施运作是否正常，温度记录是否符合要求；

（二）核对货证是否相符，包括集装箱号码和铅封号、货物的品名、数（重）量、输出国家或者地区、生产企业名称或者注册号、生产日期、包装、唛头、输出国家或者地区官方证书编号、标志或者封识等信息；

（三）查验包装是否符合食品安全国家标准要求；

（四）预包装肉类产品的标签是否符合要求；

（五）对鲜冻肉类产品还应当检查新鲜程度、中心温度是否符合要求、是否有病变以及肉眼可见的寄生虫包囊、生活害虫、异物及其他异常情况，必要时进行蒸煮试验。

第十九条 进口鲜冻肉类产品经现场检验检疫合格后，运往检验检疫机构指定地点存放。

第二十条 检验检疫机构依照规定对进口肉类产品采样，按照有关标准、监控计划和警示通报等要求进行检验或者监测。

第二十一条 口岸检验检疫机构根据进口肉类产品检验检疫结果作出如下处理：

（一）经检验检疫合格的，签发《入境货物检验检疫证明》，准予生产、加工、销售、使用。《入境货物检验检疫证明》应当注明进口肉类产品的集装箱号、生产批次号、生产厂家名称和注册号、唛头等追溯信息。

（二）经检验检疫不合格的，签发检验检疫处理通知书。有下列情形之一的，作退回或者销毁处理：

1. 无有效进口动植物检疫许可证的；

2. 无输出国家或者地区官方机构出具的相关证书的；

3. 未获得注册的生产企业生产的进口肉类产品的；

4. 涉及人身安全、健康和环境保护项目不合格的。

（三）经检验检疫，涉及人身安全、健康和环境保护以外项目不合格的，可以在检验检疫机构的监督下进行技术处理，合格后，方可销售或者使用。

（四）需要对外索赔的，签发相关证书。

第二十二条 目的地为内地的进口肉类产品，在香港或者澳门卸离原运输船只并经港澳陆路运输到内地的、在香港或者澳门码头卸载后到其他港区装船运往内地的，发货人应当向国家质检总局指定的检验机构申请中转预检。未经预检或者预检不合格的，不得转运内地。指定的检验机构应当按照国家质检总局的要求开展预检工作，合格后另外加施新的封识并出具证书，入境口岸检验检疫机构受理报检时应当同时查验该证书。

第三章 出口检验检疫

第二十三条 出口肉类产品由检验检疫机构进行

监督、抽检，海关凭检验检疫机构签发的通关证明放行。

第二十四条　检验检疫机构按照下列要求对出口肉类产品实施检验检疫：

（一）输入国家或者地区检验检疫要求；

（二）中国政府与输入国家或者地区签订的检验检疫协议、议定书、备忘录等规定的检验检疫要求；

（三）中国法律、行政法规和国家质检总局规定的检验检疫要求；

（四）输入国家或者地区官方关于品质、数量、重量、包装等要求；

（五）贸易合同注明的检验检疫要求。

第二十五条　检验检疫机构按照出口食品生产企业备案管理规定，对出口肉类产品的生产企业实施备案管理。输入国家或者地区对中国出口肉类产品生产企业有注册要求，需要对外推荐注册企业的，按照国家质检总局相关规定执行。

第二十六条　出口肉类产品加工用动物应当来自经检验检疫机构备案的饲养场。检验检疫机构在风险分析的基础上对备案饲养场进行动物疫病、农兽药残留、环境污染物及其他有毒有害物质的监测。未经所在地农业行政部门出具检疫合格证明的或者疫病、农兽药残留及其他有毒有害物质监测不合格的动物不得用于屠宰、加工出口肉类产品。

第二十七条　出口肉类产品加工用动物备案饲养场或者屠宰场应当为其生产的每一批出口肉类产品原料出具供货证明。

第二十八条　出口肉类产品生产企业应当按照输入国家或者地区的要求，对出口肉类产品的原辅料、生产、加工、仓储、运输、出口等全过程建立有效运行的可追溯的质量安全自控体系。出口肉类产品生产企业应当配备专职或者兼职的兽医卫生和食品安全管理人员。

第二十九条　出口肉类产品生产企业应当建立原料进货查验记录制度，核查原料随附的供货证明。进货查验记录应当真实，保存期限不得少于二年。出口肉类产品生产企业应当建立出厂检验记录制度，查验出厂肉类产品的检验合格证和安全状况，如实记录其肉类产品的名称、规格、数量、生产日期、生产批号、检验合格证号、购货者名称及联系方式、销售日期等内容。肉类产品出厂检验记录应当真实，保存期限不得少于二年。

第三十条　出口肉类产品生产企业应当对出口肉类产品加工用原辅料及成品进行自检，没有自检能力的应当委托有资质的检验机构检验，并出具有效检验报告。

第三十一条　检验检疫机构应当对出口肉类产品中致病性微生物、农兽药残留和环境污染物等有毒有害物质在风险分析的基础上进行抽样检验，并对出口肉类生产加工全过程的质量安全控制体系进行验证和监督。

第三十二条　用于出口肉类产品包装的材料应当符合食品安全标准，包装上应当按照输入国家或者地区的要求进行标注，运输包装上应当注明目的地国家或者地区。

第三十三条　检验检疫机构根据需要可以向出口肉类产品生产企业派出官方兽医或者检验检疫人员，对出口肉类产品生产企业进行监督管理。

第三十四条　发货人或者其代理人应当在出口肉类产品启运前，按照国家质检总局的报检规定向出口肉类产品生产企业所在地检验检疫机构报检。

第三十五条　出口肉类产品的运输工具应当有良好的密封性能和制冷设备，装载方式能有效避免肉类产品受到污染，保证运输过程中所需要的温度条件，按照规定进行清洗消毒，并做好记录。发货人应当确保装运货物与报检货物相符，做好装运记录。

第三十六条　检验检疫机构对报检的出口肉类产品的检验报告、装运记录等进行审核，结合日常监管、监测和抽查检验等情况进行合格评定。符合规定要求的，签发有关检验检疫证单；不符合规定要求的，签发不合格通知单。

第三十七条　检验检疫机构根据需要，可以按照有关规定对检验检疫合格的出口肉类产品、包装物、运输工具等加施检验检疫标志或者封识。

第三十八条　存放出口肉类产品的中转冷库应当经所在地检验检疫机构备案并接受监督管理。出口肉类产品运抵中转冷库时应当向其所在地检验检疫机构申报。中转冷库所在地检验检疫机构凭生产企业所在地检验检疫机构签发的检验检疫证单监督出口肉类产品入库。

第三十九条　出口冷冻肉类产品应当在生产加工后六个月内出口，冰鲜肉类产品应当在生产加工后72小时内出口。输入国家或者地区另有要求的，按照其要求办理。

第四十条　用于出口肉类产品加工用的野生动物，应当符合输入国家或者地区和中国有关法律法规要求，并经国家相关行政主管部门批准。

第四章　过境检验检疫

第四十一条　运输肉类产品过境的，应当事先获得国家质检总局批准，按照指定的口岸和路线过境。承运人或者押运人应当持货运单和输出国家或者地区出具的证书，在进口时向检验检疫机构报检，由进口口岸检验检疫机构查验单证。进口口岸检验检疫机构应当通知出口口岸检验检疫机构，出口口岸检验检疫机构监督过境肉类产品出口。进口口岸检验检疫机构可以派官方兽医或者其他检验检疫人员监运至出口口岸。

第四十二条 过境肉类产品运抵进口口岸时，由进口口岸检验检疫机构对运输工具、装载容器的外表进行消毒。装载过境肉类产品的运输工具和包装物、装载容器应当完好。经检验检疫机构检查，发现运输工具或者包装物、装载容器有可能造成途中散漏的，承运人或者押运人应当按照检验检疫机构的要求，采取密封措施；无法采取密封措施的，不准过境。

第四十三条 过境肉类产品运抵出口口岸时，出口口岸检验检疫机构应当确认货物原集装箱、原铅封未被改变。过境肉类产品过境期间，未经检验检疫机构批准，不得开拆包装或者卸离运输工具。

第四十四条 过境肉类产品在境内改换包装，按照进口肉类产品检验检疫规定办理。

第五章　监督管理

第四十五条 国家质检总局对进出口肉类产品实行安全监控制度，依据风险分析和检验检疫实际情况制定重点监控计划，确定重点监控国家或者地区的进出口肉类产品种类和检验项目。检验检疫机构应当根据国家质检总局年度进出口食品安全风险监控计划，制定并实施所辖区域内进口肉类产品风险管理的实施方案。

第四十六条 国家质检总局和检验检疫机构对进出口肉类实施风险管理。具体措施，按照有关规定执行。

第四十七条 国家质检总局和检验检疫机构应当及时向相关部门、机构和企业通报进出口肉类产品安全风险信息。发现进出口肉类产品安全事故，或者接到有关进出口肉类产品安全事故的举报，应当立即向卫生、农业行政部门通报并按照有关规定上报。

第四十八条 进出口肉类产品的生产企业、收货人、发货人应当合法生产和经营。检验检疫机构应当建立进出口肉类产品的收货人、发货人和出口肉类产品生产企业不良记录制度，对有违法行为并受到行政处罚的，可以将其列入违法企业名单并对外公布。

第四十九条 进口肉类产品存在安全问题，可能或者已经对人体健康和生命安全造成损害的，收货人应当主动召回并立即向所在地检验检疫机构报告。收货人不主动召回的，检验检疫机构应当按照有关规定责令召回。出口肉类产品存在安全问题，可能或者已经对人体健康和生命安全造成损害的，出口肉类产品生产企业应当采取措施避免和减少损害的发生，并立即向所在地检验检疫机构报告。有前二款规定情形的，检验检疫机构应当及时向国家质检总局报告。

第五十条 出口肉类产品加工用动物备案饲养场有下列行为之一的，取消备案：

（一）存放或者使用中国、拟输出国家或者地区禁止使用的药物和其他有毒有害物质，使用的药物未标明有效成分或者使用含有禁用药物和药物添加剂，未按照规定在休药期停药的；

（二）提供虚假供货证明、转让或者变相转让备案号的；

（三）隐瞒重大动物疫病或者未及时向检验检疫机构报告的；

（四）拒不接受检验检疫机构监督管理的；

（五）备案饲养场的名称、法定代表人发生变化后 30 日内未申请变更的；

（六）养殖规模扩大、使用新药或者新饲料或者质量安全体系发生重大变化后 30 日内未向检验检疫机构报告的；

（七）一年内没有出口供货的。

第五十一条 进出口肉类产品生产企业有其他违法行为的，按照相关法律、行政法规的规定予以处罚。

第五十二条 检验检疫机构及其工作人员在对进出口肉类产品实施检验检疫和监督管理工作中，违反法律法规及本办法规定的，按照规定查处。

第六章　附　　则

第五十三条 本办法由国家质检总局负责解释。

第五十四条 本办法自 2011 年 6 月 1 日起施行。国家质检总局 2002 年 8 月 22 日公布的《进出境肉类产品检验检疫管理办法》（国家质检总局令第 26 号）同时废止。

农产品质量安全发展“十二五”规划

（农业部 农质发［2011］5号 2011年5月19日）

“十二五”时期是我国加快发展现代农业、建设社会主义新农村的重要时期，也是深入推进农产品质量安全监管、全面提升农产品质量安全水平的关键时期。按照农业和农村经济发展“十二五”规划工作部署要求，制定农产品质量安全发展“十二五”规划。

一、成效与形势

“十一五”期间，在各级党委、政府的领导下，农业部门在抓好农业生产、确保农产品供给的同时，全面强化农产品质量安全监管，在法律法规、执法监督、标准化生产、体系队伍建设等方面取得了重要进展，2010年蔬菜、畜产品、水产品等主要农产品质量安全抽检合格率分别达到96.8%、99.6%和96.7%，我国农产品质量安全保障能力不断增强，质量安全水平稳步提升。

1. 依法监管格局基本形成　国家相继颁布实施了《农产品质量安全法》、《食品安全法》等法律法规，农业部配套制定了《农产品产地安全管理办法》、《农产品包装和标识管理办法》等部门规章，一些地方性法规或规章也相应颁布实施。2008年农业部组建了农产品质量安全监管局，各省（自治区、直辖市）和地县两级农业部门农产品质量安全监管专门机构相继建立，农产品质量安全步入依法监管的新阶段。

2. 监测预警能力明显增强　启动实施了《全国农产品质量安全检验检测体系建设规划（2006—2010年）》，总投入59亿元，已新建和改扩建农产品部级质检中心49个、省级综合性质检中心30个、县级农产品质检站936个，全国农产品质量安全检验检测能力大幅提升。深入开展了农产品质量安全普查、例行监测、监督抽查和农兽药残留、水产品药物残留、饲料及饲料添加剂等监控计划。针对大中城市消费安全的例行监测范围已经涵盖全国138个城市、101种农产品和86项安全性检测参数，形成了覆盖全国主要城市、主要产区、主要品种的农产品质量安全监测网络。

3. 执法监管深入推进　先后组织开展了农产品质量安全专项整治、“保质量、保安全、助奥运——农产品质量安全保障行动”、奶站和饲料专项整治、“农产品质量安全整治暨执法年”、农资打假专项治理等活动，着力解决农兽药残留超标、非法添加有毒有害物质等问题，一些区域性、行业性的突出问题得到了有效遏制，北京奥运会、上海世博会等重大活动期间农产品充足供应、质量安全可靠。

4. 农业标准化扎实开展　以保障农产品质量安全为重点，新制定农业国家标准和行业标准1 800多项，农业国家标准和行业标准总数达到4 800多项，农业标准体系逐步建立和完善。探索创建国家级农业标准化示范县（场）503个，规划建设蔬菜水果茶叶标准园819个、畜禽养殖标准示范场1 555个、水产健康养殖场500个。通过实施标准化生产，有力推动了农产品生产方式转变，促进了农业产业化经营和规模化发展。农产品质量安全国际合作交流日益深化，成功申办国际食品法典农药残留委员会（CCPR）主持国，已举办4届CCPR会议。我国在国际食品法典等国际标准制定中的影响力不断提升。

5. 安全优质品牌农产品快速发展　无公害农产品、绿色食品、有机农产品、农产品地理标志（简称“三品一标”）总量规模持续增加。截至2010年底，已认证无公害农产品56 532个、绿色食品16 748个、有机农产品5 598个，新登记保护农产品地理标志535个。已通过“三品一标”产地认定占食用农产品产地总面积30%以上，认证产品占食用农产品商品量30%以上，安全优质品牌农产品在城乡居民消费结构中的比例日益扩大。

“十一五”农产品质量安全监管工作的进展和成效，为今后的农产品质量安全监管工作打下了坚实的基础，积累了宝贵的经验。“十二五”期间，随着工业化、城镇化和农业现代化的快速推进，农业组织化、规模化、标准化水平将不断提高，农业各行业在产业发展中更加注重质量安全，农产品质量安全监管工作将面临更加有利的外部条件。同时，“十二五”时期也面临诸多风险挑战。一是工作基础仍显薄弱。我国农业生产经营分散，小而散的特点突出，短期内还难以改变，农产品质量安全监管难度大。加上长期以来我国农业的首要任务是保障农产品数量安全，农业产业体系和技术体系更多的是围绕增产而建立的，农产品质量安全保障体系建设没有相应跟上，质量安全工作相对滞后，尤其是基层监管机构人员、基础设施、工作条件均有待加强。二是风险隐患客观存在。蔬菜农药残留超标、畜产品“瘦肉精”违法使用、水产品孔雀石绿和硝基呋喃类禁用药物违法添加等问题在个别地区还比较突出，个别突发性质量安全事件时有发生，迫切需要深化治理。三是工作要求越来越高。随着国内消费结构不断优化升级，公众对农产品质量安全的要求越来越高，对问题农产品越来越敏感，农产品质量安全与现代农业产业发展的关联度也越来越大，农产品质量安全监管工作面临越来越高的要求。

“十二五”时期，站在新的历史起点上，必须科学研判新形势新任务，充分利用各种有利条件，加快解决突出矛盾和问题，全面推动农产品质量安全监管工作迈上新台阶。

二、指导思想、基本原则和发展目标

(一) 指导思想

以邓小平理论和“三个代表”重要思想为指导，深入贯彻落实科学发展观，按照发展高产、优质、高效、生态、安全农业要求，把农产品质量安全作为转变农业发展方式、加快现代农业建设的关键环节，把不断提升农产品质量安全水平、努力确保不发生重大农产品质量安全事件作为主要目标，把加强体系队伍建设、提升监管能力作为主要任务，坚持一手抓执法监管、一手抓标准化生产，强化政策导向，加大投入力度，夯实工作基础，保障农产品质量安全和农业产业健康发展。

(二) 基本原则

1. 坚持强化生产控制　严格产地环境、投入品使用、生产过程、产地准出监控，积极推进市场准入管理，强化各环节执法监管，严厉打击违法违规行为。大力推进标准化生产，积极推动农业生产方式转变，从生产源头提升农产品质量安全水平。

2. 坚持强化风险应急管理　加强农产品质量安全风险监测与舆情监测，科学评估风险隐患，及时采取防范措施，努力将问题隐患消灭在萌芽状态。一旦发生农产品质量安全突发事件，要快速反应，依法科学、有力有序处置，最大限度地降低负面影响。

3. 坚持强化体系能力建设　加快构建和完善农产品质量安全标准、检测、认证、风险应急和执法监管体系，加强基础设施建设，提高人员队伍素质，强化技术支撑，切实提高执法监督、风险预警、监测评估、应急处置和服务指导能力。

4. 坚持强化制度机制建设　全面强化农产品质量安全风险评估、监测预警、产地准出、市场准入、质量追溯、联防联控等制度建设，健全农产品质量安全监管长效机制。依法落实地方政府监管责任，明确部门分工，形成生产经营者负第一责任、地方政府负总责、部门各负其责的农产品质量安全责任体系。

(三) 发展目标

通过5年努力，基本健全农产品质量安全监管体系，执法监管能力显著增强，标准化生产水平大幅提高，农产品质量安全保障能力不断提升，主要农产品质量安全抽检合格率稳定保持在96%以上。具体指标为：

1. 农业标准化生产　农业国家标准和行业标准总数达到1万个，其中，农兽药残留限量7 000个。依托全国农产品优势产区和现代农业功能区，新创建国家级农业标准化整体推进示范县200个，园艺作物标准园8 000个，奶牛、肉牛、生猪、蛋鸡标准化养殖示范场3 500个，渔业健康养殖示范场3 000个，标准化生产示范农场500个。示范区域内推行农产品质量安全全程控制，标准化生产示范园（场）全部通过“三品一标”认证登记，辐射带动能力和增收效果显著。

2. 检验检测体系建设　新建1个部级水产品质量安全研究中心、16个部级专业质检中心，健全完善32个部级专业质检中心和32个省级质检中心风险监测和信息预警功能，新建329个地（市）级综合质检中心和960个县（场）级综合质检站。农产品质量安全检验检测范围覆盖产地环境、投入品、农产品及其生产全过程。检测机构监测能力能够满足按照国家标准和行业标准检测需要。

3. 安全优质品牌农产品发展　认证无公害农产品总数达到70 000个；有效使用绿色食品标志的企业总数达到7 000家，产品总数达到20 000个，绿色食品原料标准化基地达到600个；有机农产品获证企业达到2 000家，产品总数达到11 000个；新登记保护农业领域地理标志1 000个。“三品一标”认定面积达到全国食用农产品生产总面积60%。

4. 农业投入品安全　农药、肥料、兽药等主要农资产品质量抽检合格率达到90%以上，全面建立农业投入品销售台账、生产使用档案记录制度，基本杜绝假劣农资导致的重大恶性农产品质量安全事件，从源头上保障农产品质量安全。

5. 监管体系建设　充实和完善省级农产品质量安全监管机构职能、人员和条件，健全地县两级农产品质量安全监管机构，普遍建立乡镇基层农产品质量安全监管公共服务机构，并实现“有职能、有人员、有经费、有手段”的要求。到“十二五”期末，形成部省地县乡质量安全监管、“三品一标”推广、风险评估、应急处置、综合执法紧密衔接配套的农产品质量安全监管体系。

三、主要任务

按照“消除隐患保安全、控制源头上水平、健全体系强能力、完善制度建机制”的要求，全面强化农产品质量安全监管，不断提升农产品质量安全水平，努力确保不发生重大农产品质量安全事件。

（一）深入开展执法监管

1. 严格投入品监管　围绕重点地区、重点产品和突出问题，深入实施专项整治，严厉打击投入品生产、流通、销售等环节违法违规行为，严防违禁投入品流入农产品生产环节。抓好投入品的使用管理，大力推行投入品安全使用制度和农产品生产记录制度。深入开展农资打假专项行动，全面推进“放心农资下乡进村”示范活动。

2. 深化监测检验　以食用农产品为重点，深化例行监测和质量普查，扩大农兽药残留、水产品药残、饲料及饲料添加剂等监控范围。强化监督抽查，依法查处不合格产品，严厉打击违法违规行为，及时消除风险隐患。规范农产品质量安全信息发布，提高农产品质量安全信息透明度。

3. 健全监管制度机制　加快完善农产品质量安全方面的法律法规和规章制度，健全依法监管的体制机制。探索建立农产品质量安全产地准出与市场准入相配套的产销衔接机制，以优势区域农产品、“菜篮子”产品为重点，推动产品认证、产地准出；以大中城市、批发市场为重点，推动查标验证入市、合格销售，通过市场准入带动产地准出，实现顺畅流通、优质优价。积极推行“菜篮子”产品包装标识上市，完善农产品质量安全追溯制度。建立健全农产品质量安全风险预警、检打联动和联防联控工作机制，推动执法监管深入开展。

（二）全面推进农业标准化

1. 深入推进标准化示范创建　以蔬菜、水果、茶叶、畜产品、水产品等“菜篮子”产品为重点，在开展蔬菜水果茶叶标准园、畜禽养殖标准示范场（小区）、水产健康养殖场创建的同时，加快全国农业标准化整体推进示范县建设，由点及面、逐步放大，全地域、整建制推进农产品标准化生产。鼓励地方政府以企业、合作社和规模基地为实施载体，因地制宜创建一批农业标准化生产示范园（区）、示范乡（镇）、示范场（社），推行农产品全程标准化管理。

2. 大力发展“三品一标”　加快完善“三品一标”技术规范和标准体系，严格产地认定和产品认证管理，加大证后监管力度，提升“三品一标”品牌社会公信力。强化政策扶持，将现代农业示范园建设、标准化生产示范等创建活动与“三品一标”认证登记紧密结合，充分发挥“三品一标”在制度规范、技术标准、全程控制、档案记录、包装标识、质量安全追溯等方面的优势，增强辐射带动作用，以品牌化带动标准化、推进产业化。

（三）强化应急管理

1. 加强风险评估预警　充分发挥农产品质量安全风险评估专家委员会和农产品质量安全标准研究机构作用，建立农产品质量安全风险评估制度和运行机制，组织开展农产品质量安全风险评估监测和应急评价工作。规划建设和认定一批农产品质量安全风险评估实验室和区域性定位监测点，组织实施农产品质量安全风险监测计划，动态掌握风险隐患。

2. 强化应急处置　完善农产品质量安全突发事件应急预案，建立反应快速、跨区联动的应急机制，形成全国“一盘棋”、信息畅通、联防联控的应急处置网络。加快农产品质量安全应急专业化队伍建设，强化应急条件保障，组织实施突发事件应急演练。建立畅通、便捷的农产品质量安全举报、投诉渠道，完善社会监督和舆情分析报告制度。

（四）强化体系队伍能力建设

1. 加快标准制修订步伐　建立健全以农兽药残留限量标准为重点、品质规格标准相配套、生产规范规程为基础的农产品质量安全标准体系。特别是省级农业行政主管部门要加快跟进配套制定保障农产品质量安全的生产技术规范和操作规程。大力支持和鼓励地县两级农业部门制定符合当地农业生产实际的操作手册和明白卡（明白纸）。积极转化和参与制定国际食品法典等国际标准，扎实做好技术性贸易措施官方评议，全面提升我国农业标准国际话语权。

2. 强化检验检测能力建设　启动实施《全国农产品质量安全检验检测体系建设》二期规划，健全以部级质检中心为龙头、省级质检中心为主体、地市级质检中心为骨干、县级质检站为基础的全国农产品质量安全检验检测体系，实现部省地县四级检测网络“上下贯通、运行高效、参数齐全、支撑有力”。强化质检机构考核评定工作，实行检测人员培训上岗制度，全面规范质检机构管理。

3. 加快监管体系建设　健全贯通部省地县和乡镇的农产品质量安全监管机构，建立上下联动的监管网络。强化农产品质量安全监管能力建设，加强农业综合执法，实现农产品质量安全执法监管体系“机构专业化、人员稳定化、经费预算化、手段现代化”。启动农产品质量安全监管、检测、认证队伍培训计划，在全国范围内构建一支“懂政策、懂法律、懂技术、懂管理”的复合型农产品质量安全执法监管人才队伍。

四、重大建设工程与财政支持专项

围绕农产品质量安全监管工作，以最急需、最关键、最薄弱的环节为重点，组织实施重大建设工程，加大财政支持力度，全面夯实工作基础。

（一）重大建设工程

1. *农产品质量安全检验检测体系二期建设工程* 积极改扩建一批农产品质量安全检验检测实验室，补充完善质检机构检验检测仪器设备。新建部级水产品质量安全研究中心，补充建设一批部级专业质检中心，全方位建设地（市）级综合质检中心和县（场）级综合质检站。强化农业部农产品质量标准研究中心（国家农产品质量安全风险评估中心）和已建部级专业质检中心、省级综合性质检中心的风险监测与信息预警能力建设，构建全国农产品质量安全监测与风险预警信息平台，形成覆盖我国主要产区、重点农产品、关键危害因子的农产品质量安全监测与风险预警网络体系。

2. *农产品质量安全执法监管体系建设工程* 建立健全省地县乡农产品质量安全执法监管机构，强化执法监管公益职能，完善机构设置，科学核定编制，创新管理体制。将乡镇农产品质量安全监管公共服务机构建设纳入乡镇农技推广机构建设工程中，在充分整合利用已有资源基础上，完善检验检测仪器设备、安全生产技术培训、抽样巡查交通工具、业务用房等基本条件。通过投资建设，实现省地县乡承担农产品质量安全执法监管职责的机构“办公有场所、执法有手段、下乡有工具、服务有能力”，为农产品生产经营者提供及时、周到、客观、科学的质量安全监管公共服务。

3. *农产品质量安全追溯建设工程* 按照统一规划、分区编码、数据共享、通查通识的原则，构建农产品质量安全追溯管理系统，建立农产品质量安全追溯信息平台和数据库。新规划建设1个国家级农产品质量安全追溯信息中心，6个区域性数据管理中心，35个省级数据管理分中心，1 200个县级追溯管理服务站。“三品一标”获证单位和各种标准化示范区（县、场）等全部纳入质量追溯试点范围，产地准出与市场准入农产品全部纳入质量追溯管理，上市销售农产品基本实现“生产有记录、信息可查询、流通可追踪”。

（二）重大财政专项

1. *扩大农产品质量安全监测与风险评估财政专项规模* 强化农产品质量安全风险监控、危害评价、例行监测、监督抽查和质量调查工作，加强对重点地区、重要农产品质量安全的例行监测，动态把握质量安全状况，及时消除风险隐患。全面开展农产品和农业投入品质量安全风险评估，扩大评估监测品种、数量和范围，强化危害评价，为农产品质量安全监管提供强有力科学数据。

2. *增加农业标准化专项财政投入* 加大农业标准制修订专项支持力度，重点制定农兽药残留、饲料安全等农产品质量安全国家标准，加快制定覆盖农业生产全过程的农业国家标准和行业标准，强化产地环境、安全控制、种苗繁育、生产规程、产品等级、规格包装、质量追溯等标准的制修订，为农业标准化和全程质量控制提供支撑。蔬菜、水果、茶叶、畜产品、水产品主产区和大中城市郊区，要依托农业产业化龙头企业和农民专业合作组织，大规模开展园艺作物标准园、畜产品规模养殖场、水产健康养殖示范场等“菜篮子”产品生产标准化创建活动；要不断扩大农业标准化示范县投资规模，全县域、整建制地创建一批农业标准化整体推进示范县。积极鼓励和支持县级以上地方农业行政主管部门因地制宜创建一批标准化生产示范园（区）、示范乡（镇）、示范场（社）。加快发展“三品一标”，积极推动农业标准化、品牌化、产业化发展。

3. *设立农产品质量安全应急处置财政专项资金* 及时依法开展农产品质量安全突发事件调查，准确分析、评估事件影响，实施应急监测和管理。开展应急处理和执法，实施技术补救，启动应急评价鉴定工作。加强应急管理人员、应急处置专家等专业化队伍建设，开展风险防控与应急处理知识培训，强化农产品质量安全事件应急演练。健全完善农产品质量安全应急防控制度，规范应急处置工作。

五、保障措施

1. *加强组织领导* 各级农业行政主管部门要站在农业农村经济工作全局的高度，充分认识农产品质量安全监管工作的极端重要性、艰巨性和复杂性，要切实增强责任感和使命感，要把农产品质量安全监管工作纳入重要议事日程，在规划部署、资金投入、机构人员等方面，加大支持力度。要抓紧研究制定本地区、本行业的农产品质量安全发展“十二五”规划，加快启动实施相应的农产品质量安全重大建设工程，增加农产品质量安全方面的财政专项投入。要加强对规划实施情况的监测评估和督促检查，切实保证规划有效落实。

2. 强化协调配合　各级农业部门要依法履行农产品生产环节质量安全监管职责，积极争取发改、财政、科技等部门支持，加强与食安、卫生、公安、工商、质检等部门协调配合，形成合力推进农产品质量安全监管的工作氛围。要充分发挥农业系统各相关事业单位、科研院所、大专院校和行业协会在科学研究、技术推广、培训宣传、行业自律等方面的技术优势和功能作用，积极鼓励和引导社会力量投资农产品质量安全事业，在全国范围内形成“依法监管、分类监测、专业服务、综合执法、社会协同、公众参与”的全国一盘棋农产品质量安全监管新格局。

3. 加强技术支撑　要强化农产品质量安全专门技术人才、专家队伍培养，健全农产品质量安全人才队伍。要依托农业科研院所和大专院校，加快建立健全农产品质量安全科研体系和风险评估队伍。大力开展农产品质量安全产地环境、过程控制、药物残留、检测技术、风险评估、危害评价等科学研究工作。加大农产品质量安全生产技术、高效低毒农业投入品研发和推广力度。

4. 加大舆论宣传　要充分应用现代化的公共媒体，加强农产品质量安全法律法规、科学知识宣传，广泛开展生产引导、消费指导和公众咨询服务，普及科学知识，提高公众质量安全法制意识。健全与媒体的快捷、联动沟通机制，充分发挥媒体引导和推动作用，为深入推进农产品质量安全监管创造良好的舆论氛围。

5. 扩大国际交流合作　加强国际食品法典工作，全面开展主要贸易国技术性贸易措施官方评议，加快培养农产品质量安全国际交流与合作的专业人才，学习借鉴国外农产品质量安全风险控制与管理先进经验，提高在国际标准和技术性贸易措施官方评议方面的国际话语权，扩大国际社会影响力。

餐饮服务食品安全操作规范

（国家食品药品监管局　国食药监食［2011］395号　2011年8月22日）

第一章　总　则

第一条　为加强餐饮服务食品安全管理，规范餐饮服务经营行为，保障消费者饮食安全，根据《食品安全法》、《食品安全法实施条例》、《餐饮服务许可管理办法》、《餐饮服务食品安全监督管理办法》等法律、法规、规章的规定，制定本规范。

第二条　本规范适用于餐饮服务提供者，包括餐馆、小吃店、快餐店、饮品店、食堂、集体用餐配送单位和中央厨房等。

第三条　餐饮服务提供者的法定代表人、负责人或业主是本单位食品安全的第一责任人，对本单位的食品安全负法律责任。

第四条　鼓励餐饮服务提供者建立和实施先进的食品安全管理体系，不断提高餐饮服务食品安全管理水平。

第五条　鼓励餐饮服务提供者为消费者提供分餐等健康饮食的条件。

第六条　本规范下列用语的含义

（一）餐饮服务：指通过即时制作加工、商业销售和服务性劳动等，向消费者提供食品和消费场所及设施的服务活动。

（二）餐饮服务提供者：指从事餐饮服务的单位和个人。

（三）餐馆（含酒家、酒楼、酒店、饭庄等）：指以饭菜（包括中餐、西餐、日餐、韩餐等）为主要经营项目的提供者，包括火锅店、烧烤店等。

特大型餐馆：指加工经营场所使用面积在3 000 m^2 以上（不含3 000m^2），或者就餐座位数在1 000座以上（不含1 000座）的餐馆。

大型餐馆：指加工经营场所使用面积在500～3 000m^2（不含500m^2，含3 000m^2），或者就餐座位数在250～1 000座（不含250座，含1 000座）的餐馆。

中型餐馆：指加工经营场所使用面积在150～500m^2（不含150m^2，含500m^2），或者就餐座位数在75～250座（不含75座，含250座）的餐馆。

小型餐馆：指加工经营场所使用面积在 $150m^2$ 以下（含 $150m^2$），或者就餐座位数在75座以下（含75座）的餐馆。

（四）快餐店：指以集中加工配送、当场分餐食用并快速提供就餐服务为主要加工供应形式的提供者。

（五）小吃店：指以点心、小吃为主要经营项目的提供者。

（六）饮品店：指以供应酒类、咖啡、茶水或者饮料为主的提供者。

甜品站：指餐饮服务提供者在其餐饮主店经营场所内或附近开设，具有固定经营场所，直接销售或经简单加工制作后销售由餐饮主店配送的以冰激凌、饮料、甜品为主的食品的附属店面。

（七）食堂：指设于机关、学校（含托幼机构）、企事业单位、建筑工地等地点（场所），供应内部职工、学生等就餐的提供者。

（八）集体用餐配送单位：指根据集体服务对象订购要求，集中加工、分送食品但不提供就餐场所的提供者。

（九）中央厨房：指由餐饮连锁企业建立的，具有独立场所及设施设备，集中完成食品成品或半成品加工制作，并直接配送给餐饮服务单位的提供者。

（十）食品：指各种供人食用或者饮用的成品和原料以及按照传统既是食品又是药品的物品，但不包括以治疗为目的的物品。

原料：指供加工制作食品所用的一切可食用或者饮用的物质和材料。

半成品：指食品原料经初步或部分加工后，尚需进一步加工制作的食品或原料。

成品：指经过加工制成的或待出售的可直接食用的食品。

（十一）凉菜（包括冷菜、冷荤、熟食、卤味等）：指对经过烹制成熟、腌渍入味或仅经清洗切配等处理后的食品进行简单制作并装盘，一般无需加热即可食用的菜肴。

（十二）生食海产品：指不经过加热处理即供食用的生长于海洋的鱼类、贝壳类、头足类等水产品。

（十三）裱花蛋糕：指以粮、糖、油、蛋为主要原料经焙烤加工而成的糕点胚，在其表面裱以奶油等制成的食品。

（十四）现榨饮料：指以新鲜水果、蔬菜及谷类、豆类等五谷杂粮为原料，通过压榨等方法现场制作的供消费者直接饮用的非定型包装果蔬汁、五谷杂粮等饮品，不包括采用浓浆、浓缩汁、果蔬粉调配而成的饮料。

（十五）加工经营场所：指与食品制作供应直接或间接相关的场所，包括食品处理区、非食品处理区和就餐场所。

1. 食品处理区：指食品的粗加工、切配、烹饪和备餐场所、专间、食品库房、餐用具清洗消毒和保洁场所等区域，分为清洁操作区、准清洁操作区、一般操作区。

（1）清洁操作区：指为防止食品被环境污染，清洁要求较高的操作场所，包括专间、备餐场所。

专间：指处理或短时间存放直接入口食品的专用操作间，包括凉菜间、裱花间、备餐间、分装间等。

备餐场所：指成品的整理、分装、分发、暂时放置的专用场所。

（2）准清洁操作区：指清洁要求次于清洁操作区的操作场所，包括烹饪场所、餐用具保洁场所。

烹饪场所：指对经过粗加工、切配的原料或半成品进行煎、炒、炸、焖、煮、烤、烘、蒸及其他热加工处理的操作场所。

餐用具保洁场所：指对经清洗消毒后的餐饮具和接触直接入口食品的工具、容器进行存放并保持清洁的场所。

（3）一般操作区：指其他处理食品和餐用具的场所，包括粗加工场所、切配场所、餐用具清洗消毒场所和食品库房等。

粗加工场所：指对食品原料进行挑拣、整理、解冻、清洗、剔除不可食用部分等加工处理的操作场所。

切配场所：指把经过粗加工的食品进行清洗、切割、称量、拼配等加工处理成为半成品的操作场所。

餐用具清洗消毒场所：指对餐饮具和接触直接入口食品的工具、容器进行清洗、消毒的操作场所。

2. 非食品处理区：指办公室、更衣场所、门厅、大堂休息厅、歌舞台、非食品库房、卫生间等非直接处理食品的区域。

3. 就餐场所：指供消费者就餐的场所，但不包括供就餐者专用的卫生间、门厅、大堂休息厅、歌舞台等辅助就餐的场所。

（十六）中心温度：指块状或有容器存放的液态食品或食品原料的中心部位的温度。

（十七）冷藏：指将食品或原料置于冰点以上较低温度条件下贮存的过程，冷藏温度的范围应在0℃～10℃之间。

（十八）冷冻：指将食品或原料置于冰点温度以下，以保持冰冻状态贮存的过程，冷冻温度的范围应在－20℃～－1℃之间。

（十九）清洗：指利用清水清除原料夹带的杂质

和原料、餐用具、设备和设施等表面的污物的操作过程。

（二十）消毒：用物理或化学方法破坏、钝化或除去有害微生物的操作过程。

（二十一）交叉污染：指食品、食品加工者、食品加工环境、工具、容器、设备、设施之间生物或化学的污染物相互转移的过程。

（二十二）从业人员：指餐饮服务提供者中从事食品采购、保存、加工、供餐服务以及食品安全管理等工作的人员。

第七条 本规范中“应”的要求是必须执行；“不得”的要求是禁止执行；“宜”的要求是推荐执行。

第二章 机构及人员管理

第八条 食品安全管理机构设置和人员配备要求

（一）大型以上餐馆（含大型餐馆）、学校食堂（含托幼机构食堂）、供餐人数500人以上的机关及企事业单位食堂、餐饮连锁企业总部、集体用餐配送单位、中央厨房应设置食品安全管理机构并配备专职食品安全管理人员。

（二）其他餐饮服务提供者应配备专职或兼职食品安全管理人员。

第九条 食品安全管理机构和人员职责要求

（一）建立健全食品安全管理制度，明确食品安全责任，落实岗位责任制。食品安全管理制度主要包括：从业人员健康管理制度和培训管理制度，加工经营场所及设施设备清洁、消毒和维修保养制度，食品、食品添加剂、食品相关产品采购索证索票、进货查验和台账记录制度，关键环节操作规程，餐厨废弃物处置管理制度，食品安全突发事件应急处置方案，投诉受理制度以及食品药品监管部门规定的其他制度。

（二）制订从业人员食品安全知识培训计划并加以实施，组织学习食品安全法律、法规、规章、规范、标准、加工操作规程和其他食品安全知识，加强诚信守法经营和职业道德教育。

（三）组织从业人员进行健康检查，依法将患有有碍食品安全疾病的人员调整到不影响食品安全的工作岗位。

（四）制订食品安全检查计划，明确检查项目及考核标准，并做好检查记录。

（五）组织制订食品安全事故处置方案，定期检查食品安全防范措施的落实情况，及时消除食品安全事故隐患。

（六）建立食品安全检查及从业人员健康、培训等管理档案。

（七）承担法律、法规、规章、规范、标准规定的其他职责。

第十条 食品安全管理人员基本要求

（一）身体健康并持有有效健康证明。

（二）具备2年以上餐饮服务食品安全工作经历。

（三）持有有效培训合格证明。

（四）食品药品监督管理部门规定的其他条件。

第十一条 从业人员健康管理要求

（一）从业人员（包括新参加和临时参加工作的人员）在上岗前应取得健康证明。

（二）每年进行一次健康检查，必要时进行临时健康检查。

（三）患有《食品安全法实施条例》第二十三条所列疾病的人员，不得从事接触直接入口食品的工作。

（四）餐饮服务提供者应建立每日晨检制度。有发热、腹泻、皮肤伤口或感染、咽部炎症等有碍食品安全病症的人员，应立即离开工作岗位，待查明原因并将有碍食品安全的病症治愈后，方可重新上岗。

第十二条 从业人员个人卫生要求

（一）应保持良好个人卫生，操作时应穿戴清洁的工作衣帽，头发不得外露，不得留长指甲、涂指甲油、佩戴饰物。专间操作人员应戴口罩。

（二）操作前应洗净手部，操作过程中应保持手部清洁，手部受到污染后应及时洗手。洗手消毒宜符合《推荐的餐饮服务从业人员洗手消毒方法》（见附件5）。

（三）接触直接入口食品的操作人员，有下列情形之一的，应洗手并消毒：

1. 处理食物前；

2. 使用卫生间后；

3. 接触生食物后；

4. 接触受到污染的工具、设备后；

5. 咳嗽、打喷嚏或擤鼻涕后；

6. 处理动物或废弃物后；

7. 触摸耳朵、鼻子、头发、面部、口腔或身体其他部位后；

8. 从事任何可能会污染双手的活动后。

（四）专间操作人员进入专间时，应更换专用工作衣帽并佩戴口罩，操作前应严格进行双手清洗消毒，操作中应适时消毒。不得穿戴专间工作衣帽从事与专间内操作无关的工作。

（五）不得将私人物品带入食品处理区。

（六）不得在食品处理区内吸烟、饮食或从事其他可能污染食品的行为。

（七）进入食品处理区的非操作人员，应符合现场操作人员卫生要求。

第十三条 从业人员工作服管理要求

（一）工作服（包括衣、帽、口罩）宜用白色或浅色布料制作，专间工作服宜从颜色或式样上予以区分。

（二）工作服应定期更换，保持清洁。接触直接入口食品的操作人员的工作服应每天更换。

（三）从业人员上卫生间前应在食品处理区内脱去工作服。

（四）待清洗的工作服应远离食品处理区。

（五）每名从业人员不得少于2套工作服。

第十四条 人员培训要求

（一）从业人员（包括新参加和临时参加工作的人员）应参加食品安全培训，合格后方能上岗。

（二）从业人员应按照培训计划和要求参加培训。

（三）食品安全管理人员原则上每年应接受不少于40小时的餐饮服务食品安全集中培训。

第三章 场所与设施、设备

第十五条 选址要求

（一）应选择地势干燥、有给排水条件和电力供应的地区，不得设在易受到污染的区域。

（二）应距离粪坑、污水池、暴露垃圾场（站）、旱厕等污染源25m以上，并设置在粉尘、有害气体、放射性物质和其他扩散性污染源的影响范围之外。

（三）应同时符合规划、环保和消防等有关要求。

第十六条 建筑结构、布局、场所设置、分隔、面积要求

（一）建筑结构应坚固耐用、易于维修、易于保持清洁，能避免有害动物的侵入和栖息。

（二）食品处理区应设置在室内，按照原料进入、原料加工、半成品加工、成品供应的流程合理布局，并应能防止在存放、操作中产生交叉污染。食品加工处理流程应为生进熟出的单一流向。原料通道及入口、成品通道及出口、使用后的餐饮具回收通道及入口，宜分开设置；无法分设时，应在不同的时段分别运送原料、成品、使用后的餐饮具，或者将运送的成品加以无污染覆盖。

（三）食品处理区应设置专用的粗加工（全部使用半成品的可不设置）、烹饪（单纯经营火锅、烧烤的可不设置）、餐用具清洗消毒的场所，并应设置原料和（或）半成品贮存、切配及备餐（饮品店可不设置）的场所。进行凉菜配制、裱花操作、食品分装操作的，应分别设置相应专间。制作现榨饮料、水果拼盘及加工生食海产品的，应分别设置相应的专用操作场所。集中备餐的食堂和快餐店应设有备餐专间，或者符合本规范第十七条第二项第五目的要求。中央厨房配制凉菜以及待配送食品贮存的，应分别设置食品加工专间；食品冷却、包装应设置食品加工专间或专用设施。

（四）食品处理区应符合《餐饮服务提供者场所布局要求》（见附件1）。

（五）食品处理区的面积应与就餐场所面积、最大供餐人数相适应，各类餐饮服务提供者食品处理区与就餐场所面积之比、切配烹饪场所面积应符合《餐饮服务提供者场所布局要求》。

（六）粗加工场所内应至少分别设置动物性食品和植物性食品的清洗水池，水产品的清洗水池应独立设置，水池数量或容量应与加工食品的数量相适应。应设专用于清洁工具的清洗水池，其位置应不会污染食品及其加工制作过程。洗手消毒水池、餐用具清洗消毒水池的设置应分别符合本规范第十七条第八项、第十一项的规定。各类水池应以明显标识标明其用途。

（七）烹饪场所加工食品如使用固体燃料，炉灶应为隔墙烧火的外扒灰式，避免粉尘污染食品。

（八）清洁工具的存放场所应与食品处理区分开，大型以上餐馆（含大型餐馆）、加工经营场所面积500m² 以上的食堂、集体用餐配送单位和中央厨房宜设置独立存放隔间。

（九）加工经营场所内不得圈养、宰杀活的禽畜类动物。在加工经营场所外设立圈养、宰杀场所的，应距离加工经营场所25m以上。

第十七条 设施要求

（一）地面与排水要求

1. 食品处理区地面应用无毒、无异味、不透水、不易积垢、耐腐蚀和防滑的材料铺设，且平整、无裂缝。

2. 粗加工、切配、烹饪和餐用具清洗消毒等需经常冲洗的场所及易潮湿的场所，其地面应易于清洗、防滑，并应有一定的排水坡度及排水系统。排水沟应有坡度、保持通畅、便于清洗，沟内不应设置其他管路，侧面和底面接合处应有一定弧度，并设有可拆卸的盖板。排水的流向应由高清洁操作区流向低清洁操作区，并有防止污水逆流的设计。排水沟出口应有符合本条第十二项要求的防止有害动物侵入的设施。

3. 清洁操作区内不得设置明沟，地漏应能防止废弃物流入及浊气逸出。

4. 废水应排至废水处理系统或经其他适当方式处理。

（二）墙壁与门窗要求

1. 食品处理区墙壁应采用无毒、无异味、不透水、不易积垢、平滑的浅色材料构筑。

2. 粗加工、切配、烹饪和餐用具清洗消毒等需经常冲洗的场所及易潮湿的场所，应有 1.5m 以上、浅色、不吸水、易清洗和耐用的材料制成的墙裙，各类专间的墙裙应铺设到墙顶。

3. 粗加工、切配、烹饪和餐用具清洗消毒等场所及各类专间的门应采用易清洗、不吸水的坚固材料制作。

4. 食品处理区的门、窗应装配严密，与外界直接相通的门和可开启的窗应设有易于拆洗且不生锈的防蝇纱网或设置空气幕，与外界直接相通的门和各类专间的门应能自动关闭。室内窗台下斜 45 度或采用无窗台结构。

5. 以自助餐形式供餐的餐饮服务提供者或无备餐专间的快餐店和食堂，就餐场所窗户应为封闭式或装有防蝇防尘设施，门应设有防蝇防尘设施，宜设空气幕。

（三）屋顶与天花板要求

1. 加工经营场所天花板的设计应易于清扫，能防止害虫隐匿和灰尘积聚，避免长霉或建筑材料脱落等情形发生。

2. 食品处理区天花板应选用无毒、无异味、不吸水、不易积垢、耐腐蚀、耐温、浅色材料涂覆或装修，天花板与横梁或墙壁结合处有一定弧度；水蒸气较多场所的天花板应有适当坡度，在结构上减少凝结水滴落。清洁操作区、准清洁操作区及其他半成品、成品暴露场所屋顶若为不平整的结构或有管道通过，应加设平整易于清洁的吊顶。

3. 烹饪场所天花板离地面宜 2.5m 以上，小于 2.5m 的应采用机械排风系统，有效排出蒸汽、油烟、烟雾等。

（四）卫生间要求

1. 卫生间不得设在食品处理区。

2. 卫生间应采用水冲式，地面、墙壁、便槽等应采用不透水、易清洗、不易积垢的材料。

3. 卫生间内的洗手设施，应符合本条第八项的规定且宜设置在出口附近。

4. 卫生间应设有效排气装置，并有适当照明，与外界相通的门窗应设有易于拆洗不生锈的防蝇纱网。外门应能自动关闭。

5. 卫生间排污管道应与食品处理区的排水管道分设，且应有有效的防臭气水封。

（五）更衣场所要求

1. 更衣场所与加工经营场所应处于同一建筑物内，宜为独立隔间且处于食品处理区入口处。

2. 更衣场所应有足够大小的空间、足够数量的更衣设施和适当的照明设施，在门口处宜设有符合本条第八项规定的洗手设施。

（六）库房要求

1. 食品和非食品（不会导致食品污染的食品容器、包装材料、工具等物品除外）库房应分开设置。

2. 食品库房应根据贮存条件的不同分别设置，必要时设冷冻（藏）库。

3. 同一库房内贮存不同类别食品和物品的应区分存放区域，不同区域应有明显标识。

4. 库房构造应以无毒、坚固的材料建成，且易于维持整洁，并应有防止动物侵入的装置。

5. 库房内应设置足够数量的存放架，其结构及位置应能使贮存的食品和物品距离墙壁、地面均在 10cm 以上，以利空气流通及物品搬运。

6. 除冷冻（藏）库外的库房应有良好的通风、防潮、防鼠等设施。

7. 冷冻（藏）库应设可正确指示库内温度的温度计，宜设外显式温度（指示）计。

（七）专间设施要求

1. 专间应为独立隔间，专间内应设有专用工具容器清洗消毒设施和空气消毒设施，专间内温度应不高于 25℃，应设有独立的空调设施。中型以上餐馆（含中型餐馆）、快餐店、学校食堂（含托幼机构食堂）、供餐人数 50 人以上的机关和企事业单位食堂、集体用餐配送单位、中央厨房的专间入口处应设置有洗手、消毒、更衣设施的通过式预进间。不具备设置预进间条件的其他餐饮服务提供者，应在专间入口处设置洗手、消毒、更衣设施。洗手消毒设施应符合本条第八项规定。

2. 以紫外线灯作为空气消毒设施的，紫外线灯（波长 200～275nm）应按功率不小于 $1.5W/m^3$ 设置，紫外线灯应安装反光罩，强度大于 $70\mu W/cm^2$。专间内紫外线灯应分布均匀，悬挂于距离地面 2m 以内高度。

3. 凉菜间、裱花间应设有专用冷藏设施。需要直接接触成品的用水，宜通过符合相关规定的水净化设施或设备。中央厨房专间内需要直接接触成品的用水，应加装水净化设施。

4. 专间应设一个门，如有窗户应为封闭式（传递食品用的除外）。专间内外食品传送窗口应可开闭，大小宜以可通过传送食品的容器为准。

5. 专间的面积应与就餐场所面积和供应就餐人

数相适应，各类餐饮服务提供者专间面积要求应符合《餐饮服务提供者场所布局要求》。

（八）洗手消毒设施要求

1. 食品处理区内应设置足够数量的洗手设施，其位置应设置在方便员工的区域。

2. 洗手消毒设施附近应设有相应的清洗、消毒用品和干手用品或设施。员工专用洗手消毒设施附近应有洗手消毒方法标识。

3. 洗手设施的排水应具有防止逆流、有害动物侵入及臭味产生的装置。

4. 洗手池的材质应为不透水材料，结构应易于清洗。

5. 水龙头宜采用脚踏式、肘动式或感应式等非手触动式开关，并宜提供温水。中央厨房专间的水龙头应为非手触动式开关。

6. 就餐场所应设有足够数量的供就餐者使用的专用洗手设施，其设置应符合本项第二至第四目的要求。

（九）供水设施要求

1. 供水应能保证加工需要，水质应符合 GB5749《生活饮用水卫生标准》规定。

2. 不与食品接触的非饮用水（如冷却水、污水或废水等）的管道系统和食品加工用水的管道系统，可见部分应以不同颜色明显区分，并应以完全分离的管路输送，不得有逆流或相互交接现象。

（十）通风排烟设施要求

1. 食品处理区应保持良好通风，及时排除潮湿和污浊的空气。空气流向应由高清洁区流向低清洁区，防止食品、餐用具、加工设备设施受到污染。

2. 烹饪场所应采用机械排风。产生油烟的设备上方应加设附有机械排风及油烟过滤的排气装置，过滤器应便于清洗和更换。

3. 产生大量蒸汽的设备上方应加设机械排风排气装置，宜分隔成小间，防止结露并做好凝结水的引泄。

4. 排气口应装有易清洗、耐腐蚀并符合本条第十二项要求的可防止有害动物侵入的网罩。

（十一）清洗、消毒、保洁设施要求

1. 清洗、消毒、保洁设备设施的大小和数量应能满足需要。

2. 用于清扫、清洗和消毒的设备、用具应放置在专用场所妥善保管。

3. 餐用具清洗消毒水池应专用，与食品原料、清洁用具及接触非直接入口食品的工具、容器清洗水池分开。水池应使用不锈钢或陶瓷等不透水材料制成，不易积垢并易于清洗。采用化学消毒的，至少设有 3 个专用水池。采用人工清洗热力消毒的，至少设有 2 个专用水池。各类水池应以明显标识标明其用途。

4. 采用自动清洗消毒设备的，设备上应有温度显示和清洗消毒剂自动添加装置。

5. 使用的洗涤剂、消毒剂应符合 GB14930.1《食品工具、设备用洗涤卫生标准》和 GB14930.2《食品工具、设备用洗涤消毒剂卫生标准》等有关食品安全标准和要求。

6. 洗涤剂、消毒剂应存放在专用的设施内。

7. 应设专供存放消毒后餐用具的保洁设施，标识明显，其结构应密闭并易于清洁。

（十二）防尘、防鼠、防虫害设施及其相关物品管理要求

1. 加工经营场所门窗应按本条第二项规定设置防尘防鼠防虫害设施。

2. 加工经营场所可设置灭蝇设施。使用灭蝇灯的，应悬挂于距地面 2m 左右高度，且应与食品加工操作场所保持一定距离。

3. 排水沟出口和排气口应有网眼孔径小于 6mm 的金属隔栅或网罩，以防鼠类侵入。

4. 应定期进行除虫灭害工作，防止害虫孳生。除虫灭害工作不得在食品加工操作时进行，实施时对各种食品应有保护措施。

5. 加工经营场所内如发现有害动物存在，应追查和杜绝其来源，扑灭时应不污染食品、食品接触面及包装材料等。

6. 杀虫剂、杀鼠剂及其他有毒有害物品存放，应有固定的场所（或橱柜）并上锁，有明显的警示标识，并有专人保管。

7. 使用杀虫剂进行除虫灭害，应由专人按照规定的使用方法进行。宜选择具备资质的有害动物防治机构进行除虫灭害。

8. 各种有毒有害物品的采购及使用应有详细记录，包括使用人、使用目的、使用区域、使用量、使用及购买时间、配制浓度等。使用后应进行复核，并按规定进行存放、保管。

（十三）采光照明设施要求

1. 加工经营场所应有充足的自然采光或人工照明，食品处理区工作面不应低于 220lux，其他场所不宜低于 110lux。光源应不改变所观察食品的天然颜色。

2. 安装在暴露食品正上方的照明设施应使用防护罩，以防止破裂时玻璃碎片污染食品。冷冻（藏）库房应使用防爆灯。

（十四）废弃物暂存设施要求

1. 食品处理区内可能产生废弃物或垃圾的场所均应设有废弃物容器。废弃物容器应与加工用容器有明显的区分标识。

2. 废弃物容器应配有盖子，以坚固及不透水的材料制造，能防止污染食品、食品接触面、水源及地面，防止有害动物的侵入，防止不良气味或污水的溢出，内壁应光滑以便于清洗。专间内的废弃物容器盖子应为非手动开启式。

3. 废弃物应及时清除，清除后的容器应及时清洗，必要时进行消毒。

4. 在加工经营场所外适当地点宜设置结构密闭的废弃物临时集中存放设施。中型以上餐馆（含中型餐馆）、食堂、集体用餐配送单位和中央厨房，宜安装油水隔离池、油水分离器等设施。

（十五）设备、工具和容器要求

1. 接触食品的设备、工具、容器、包装材料等应符合食品安全标准或要求。

2. 接触食品的设备、工具和容器应易于清洗消毒、便于检查，避免因润滑油、金属碎屑、污水或其他可能引起污染。

3. 接触食品的设备、工具和容器与食品的接触面应平滑、无凹陷或裂缝，内部角落部位应避免有尖角，以避免食品碎屑、污垢等的聚积。

4. 设备的摆放位置应便于操作、清洁、维护和减少交叉污染。

5. 用于原料、半成品、成品的工具和容器，应分开摆放和使用并有明显的区分标识；原料加工中切配动物性食品、植物性食品、水产品的工具和容器，应分开摆放和使用并有明显的区分标识。

6. 所有食品设备、工具和容器，不宜使用木质材料，必须使用木质材料时应不会对食品产生污染。

7. 集体用餐配送单位和中央厨房应配备盛装、分送产品的专用密闭容器，运送产品的车辆应为专用封闭式，车辆内部结构应平整、便于清洁，设有温度控制设备。

第十八条 场所及设施设备管理要求

（一）应建立餐饮服务加工经营场所及设施设备清洁、消毒制度，各岗位相关人员宜按照《推荐的餐饮服务场所、设施、设备及工具清洁方法》（见附件3）的要求进行清洁，使场所及其内部各项设施设备随时保持清洁。

（二）应建立餐饮服务加工经营场所及设施设备维修保养制度，并按规定进行维护或检修，以使其保持良好的运行状况。

（三）食品处理区不得存放与食品加工无关的物品，各项设施设备也不得用作与食品加工无关的用途。

第四章 过程控制

第十九条 加工操作规程的制定与执行

（一）餐饮服务提供者应按本规范有关要求，根据《餐饮服务预防食物中毒注意事项》（见附件4）的基本原则，制定相应的加工操作规程。

（二）根据经营的产品类别，加工操作规程应包括采购验收、粗加工、切配、烹饪、备餐、供餐以及凉菜配制、裱花操作、生食海产品加工、饮料现榨、水果拼盘制作、面点制作、烧烤加工、食品再加热、食品添加剂使用、餐用具清洗消毒保洁、集体用餐食品分装及配送、中央厨房食品包装及配送、食品留样、贮存等加工操作工序的具体规定和操作方法的详细要求。

（三）加工操作规程应具体规定加工操作程序、加工操作过程关键项目控制标准和设备操作与维护标准，明确各工序、各岗位人员的要求及职责。

（四）餐饮服务提供者应教育培训员工严格按照加工操作规程进行操作，确保符合食品安全要求。

第二十条 采购验收要求

（一）采购的食品、食品添加剂、食品相关产品等应符合国家有关食品安全标准和规定的要求，不得采购《食品安全法》第二十八条规定禁止生产经营的食品和《农产品质量安全法》第三十三条规定不得销售的食用农产品。

（二）采购食品、食品添加剂及食品相关产品的索证索票、进货查验和采购记录行为应符合《餐饮服务食品采购索证索票管理规定》的要求。

（三）采购需冷藏或冷冻的食品时，应冷链运输。

（四）出库时应做好记录。

第二十一条 粗加工与切配要求

（一）加工前应认真检查待加工食品，发现有腐败变质迹象或者其他感官性状异常的，不得加工和使用。

（二）食品原料在使用前应洗净，动物性食品原料、植物性食品原料、水产品原料应分池清洗，禽蛋在使用前应对外壳进行清洗，必要时进行消毒。

（三）易腐烂变质食品应尽量缩短在常温下的存放时间，加工后应及时使用或冷藏。

（四）切配好的半成品应避免受到污染，与原料分开存放，并应根据性质分类存放。

（五）切配好的半成品应按照加工操作规程，在规定时间内使用。

（六）用于盛装食品的容器不得直接放置于地面，

以防止食品受到污染。

（七）加工用工具及容器应符合本规范第十七条第十五项规定。生熟食品的加工工具及容器应分开使用并有明显标识。

第二十二条　烹饪要求

（一）烹饪前应认真检查待加工食品，发现有腐败变质或者其他感官性状异常的，不得进行烹饪加工。

（二）不得将回收后的食品经加工后再次销售。

（三）需要熟制加工的食品应烧熟煮透，其加工时食品中心温度应不低于70℃。

（四）加工后的成品应与半成品、原料分开存放。

（五）需要冷藏的熟制品，应尽快冷却后再冷藏，冷却应在清洁操作区进行，并标注加工时间等。

（六）用于烹饪的调味料盛放器皿宜每天清洁，使用后随即加盖或苫盖，不得与地面或污垢接触。

（七）菜品用的围边、盘花应保证清洁新鲜、无腐败变质，不得回收后再使用。

第二十三条　备餐及供餐要求

（一）在备餐专间内操作应符合本规范第二十四条第一项至第四项要求。

（二）供应前应认真检查待供应食品，发现有腐败变质或者其他感官性状异常的，不得供应。

（三）操作时应避免食品受到污染。

（四）分派菜肴、整理造型的用具使用前应进行消毒。

（五）用于菜肴装饰的原料使用前应洗净消毒，不得反复使用。

（六）在烹饪后至食用前需要较长时间（超过2小时）存放的食品应当在高于60℃或低于10℃的条件下存放。

第二十四条　凉菜配制要求

（一）加工前应认真检查待加工食品，发现有腐败变质或者其他感官性状异常的，不得进行加工。

（二）专间内应当由专人加工制作，非操作人员不得擅自进入专间。专间内操作人员应符合本规范第十二条第四项的要求。

（三）专间每餐（或每次）使用前应进行空气和操作台的消毒。使用紫外线灯消毒的，应在无人工作时开启30分钟以上，并做好记录。

（四）专间内应使用专用的设备、工具、容器，用前应消毒，用后应洗净并保持清洁。

（五）供配制凉菜用的蔬菜、水果等食品原料，未经清洗处理干净的，不得带入凉菜间。

（六）制作好的凉菜应尽量当餐用完。剩余尚需使用的应存放于专用冰箱中冷藏或冷冻，食用前要加热的应按照本规范第三十条第三项规定进行再加热。

（七）职业学校、普通中等学校、小学、特殊教育学校、托幼机构的食堂不得制售凉菜。

第二十五条　裱花操作要求

（一）专间内操作应符合本规范第二十四条第一项至第四项规定。

（二）蛋糕胚应在专用冰箱中冷藏。

（三）裱浆和经清洗消毒的新鲜水果应当天加工、当天使用。

（四）植脂奶油裱花蛋糕储藏温度在3℃±2℃，蛋白裱花蛋糕、奶油裱花蛋糕、人造奶油裱花蛋糕储藏温度不得超过20℃。

第二十六条　生食海产品加工要求

（一）用于加工的生食海产品应符合相关食品安全要求。

（二）加工前应认真检查待加工食品，发现有腐败变质或者其他感官性状异常的，不得进行加工。

（三）从事生食海产品加工的人员操作前应清洗、消毒手部，操作时佩戴口罩。

（四）用于生食海产品加工的工具、容器应专用。用前应消毒，用后应洗净并在专用保洁设施内存放。

（五）加工操作时应避免生食海产品的可食部分受到污染。

（六）加工后的生食海产品应当放置在密闭容器内冷藏保存，或者放置在食用冰中保存并用保鲜膜分隔。

（七）放置在食用冰中保存时，加工后至食用的间隔时间不得超过1小时。

第二十七条　饮料现榨及水果拼盘制作要求

（一）从事饮料现榨和水果拼盘制作的人员操作前应清洗、消毒手部，操作时佩戴口罩。

（二）用于饮料现榨及水果拼盘制作的设备、工具、容器应专用。每餐次使用前应消毒，用后应洗净并在专用保洁设施内存放。

（三）用于饮料现榨和水果拼盘制作的蔬菜、水果应新鲜，未经清洗处理干净的不得使用。

（四）用于制作现榨饮料、食用冰等食品的水，应为通过符合相关规定的净水设备处理后或煮沸冷却后的饮用水。

（五）制作现榨饮料不得掺杂、掺假及使用非食用物质。

（六）制作的现榨饮料和水果拼盘当餐不能用完

的，应妥善处理，不得重复利用。

第二十八条 面点制作要求

（一）加工前应认真检查待加工食品，发现有腐败变质或者其他感官性状异常的，不得进行加工。

（二）需进行热加工的应按本规范第二十二条第三项要求进行操作。

（三）未用完的点心馅料、半成品，应冷藏或冷冻，并在规定存放期限内使用。

（四）奶油类原料应冷藏存放。水分含量较高的含奶、蛋的点心应在高于60℃或低于10℃的条件下贮存。

第二十九条 烧烤加工要求

（一）加工前应认真检查待加工食品，发现有腐败变质或者其他感官性状异常的，不得进行加工。

（二）原料、半成品应分开放置，成品应有专用存放场所，避免受到污染。

（三）烧烤时应避免食品直接接触火焰。

第三十条 食品再加热要求

（一）保存温度低于60℃或高于10℃、存放时间超过2小时的熟食品，需再次利用的应充分加热。加热前应确认食品未变质。

（二）冷冻熟食品应彻底解冻后经充分加热方可食用。

（三）加热时食品中心温度应符合本规范第二十二条第三项规定，不符合加热标准的食品不得食用。

第三十一条 食品添加剂的使用要求

（一）食品添加剂应专人采购、专人保管、专人领用、专人登记、专柜保存。

（二）食品添加剂的存放应有固定的场所（或橱柜），标识“食品添加剂”字样，盛装容器上应标明食品添加剂名称。

（三）食品添加剂的使用应符合国家有关规定，采用精确的计量工具称量，并有详细记录。

第三十二条 餐用具清洗消毒保洁要求

（一）餐用具使用后应及时洗净，定位存放，保持清洁。消毒后的餐用具应贮存在专用保洁设施内备用，保洁设施应有明显标识。餐用具保洁设施应定期清洗，保持洁净。

（二）接触直接入口食品的餐用具宜按照《推荐的餐用具清洗消毒方法》（见附件2）的规定洗净并消毒。

（三）餐用具宜用热力方法进行消毒，因材质、大小等原因无法采用的除外。

（四）应定期检查消毒设备、设施是否处于良好状态。采用化学消毒的，应定时测量有效消毒浓度。

（五）消毒后的餐饮具应符合GB14934《食（饮）具消毒卫生标准》规定。

（六）不得重复使用一次性餐用具。

（七）已消毒和未消毒的餐用具应分开存放，保洁设施内不得存放其他物品。

（八）盛放调味料的器皿应定期清洗消毒。

第三十三条 集体用餐食品分装及配送要求

（一）专间内操作应符合本规范第二十四条第一项至第四项要求。

（二）盛装、分送集体用餐的容器不得直接放置于地面，容器表面应标明加工单位、生产日期及时间、保质期，必要时标注保存条件和食用方法。

（三）集体用餐配送的食品不得在10℃～60℃的温度条件下贮存和运输，从烧熟至食用的间隔时间（保质期）应符合以下要求：

烧熟后2小时的食品中心温度保持在60℃以上（热藏）的，其保质期为烧熟后4小时。

烧熟后2小时的食品中心温度保持在10℃以下（冷藏）的，保质期为烧熟后24小时，供餐前应按本规范第三十条第三项要求再加热。

（四）运输集体用餐的车辆应配备符合条件的冷藏或加热保温设备或装置，使运输过程中食品的中心温度保持在10℃以下或60℃以上。

（五）运输车辆应保持清洁，每次运输食品前应进行清洗消毒，在运输装卸过程中也应注意保持清洁，运输后进行清洗，防止食品在运输过程中受到污染。

第三十四条 中央厨房食品包装及配送要求

（一）专间内操作应符合本规范第二十四条第一项至第四项要求。

（二）包装材料应符合国家有关食品安全标准和规定的要求。

（三）用于盛装食品的容器不得直接放置于地面。

（四）配送食品的最小使用包装或食品容器包装上的标签应标明加工单位、生产日期及时间、保质期、半成品加工方法，必要时标注保存条件和成品食用方法。

（五）应根据配送食品的产品特性选择适宜的保存条件和保质期，宜冷藏或冷冻保存。冷藏或冷冻的条件应符合第三十三条第三项至第四项的要求。

（六）运输车辆应保持清洁，每次运输食品前应进行清洗消毒，在运输装卸过程中也应注意保持清洁，运输后进行清洗，防止食品在运输过程中受到污染。

第三十五条 甜品站要求

甜品站销售的食品应由餐饮主店配送，并建立配送台账。不得自行采购食品、食品添加剂和食品相关产品。食品配送应使用封闭的恒温或冷冻、冷藏设备设施。

第三十六条 食品留样要求

（一）学校食堂（含托幼机构食堂）、超过100人的建筑工地食堂、集体用餐配送单位、中央厨房，重大活动餐饮服务和超过100人的一次性聚餐，每餐次的食品成品应留样。

（二）留样食品应按品种分别盛放于清洗消毒后的密闭专用容器内，并放置在专用冷藏设施中，在冷藏条件下存放48小时以上，每个品种留样量应满足检验需要，不少于100g，并记录留样食品名称、留样量、留样时间、留样人员、审核人员等。

第三十七条 贮存要求

（一）贮存场所、设备应保持清洁，无霉斑、鼠迹、苍蝇、蟑螂等，不得存放有毒、有害物品及个人生活用品。

（二）食品应当分类、分架存放，距离墙壁、地面均在10cm以上。食品原料、食品添加剂使用应遵循先进先出的原则，及时清理销毁变质和过期的食品原料及食品添加剂。

（三）冷藏、冷冻柜（库）应有明显区分标识。冷藏、冷冻贮存应做到原料、半成品、成品严格分开放置，植物性食品、动物性食品和水产品分类摆放，不得将食品堆积、挤压存放。冷藏、冷冻的温度应分别符合相应的温度范围要求。冷藏、冷冻柜（库）应定期除霜、清洁和维修，校验温度（指示）计。

第三十八条 检验要求

（一）集体用餐配送单位和中央厨房应设置与生产品种和规模相适应的检验室，配备与产品检验项目相适应的检验设备和设施、专用留样容器、冷藏设施。

（二）检验室应配备经专业培训并考核合格的检验人员。

（三）鼓励大型以上餐馆（含大型餐馆）、学校食堂配备相应的检验设备和人员。

第三十九条 餐厨废弃物处置要求

（一）餐饮服务提供者应建立餐厨废弃物处置管理制度，将餐厨废弃物分类放置，做到日产日清。

（二）餐厨废弃物应由经相关部门许可或备案的餐厨废弃物收运、处置单位或个人处理。餐饮服务提供者应与处置单位或个人签订合同，并索取其经营资质证明文件复印件。

（三）餐饮服务提供者应建立餐厨废弃物处置台账，详细记录餐厨废弃物的种类、数量、去向、用途等情况，定期向监管部门报告。

第四十条 记录管理要求

（一）人员健康状况、培训情况、原料采购验收、加工操作过程关键项目、食品安全检查情况、食品留样、检验结果及投诉情况、处理结果、发现问题后采取的措施等均应详细记录。

（二）各项记录均应有执行人员和检查人员的签名。

（三）各岗位负责人应督促相关人员按要求进行记录，并每天检查记录的有关内容。食品安全管理人员应定期或不定期检查相关记录，如发现异常情况，应立即督促有关人员采取整改措施。

（四）有关记录至少应保存2年。

第四十一条 信息报告要求

餐饮服务提供者发生食品安全事故时，应立即采取封存等控制措施，并按《餐饮服务食品安全监督管理办法》有关规定及时报告有关部门。

第四十二条 备案和公示要求

（一）自制火锅底料、饮料、调味料的餐饮服务提供者应向监管部门备案所使用的食品添加剂名称，并在店堂醒目位置或菜单上予以公示。

（二）采取调制、配制等方式自制火锅底料、饮料、调味料等食品的餐饮服务提供者，应在店堂醒目位置或菜单上公示制作方式。

第四十三条 投诉受理要求

（一）餐饮服务提供者应建立投诉受理制度，对消费者提出的投诉，应立即核实，妥善处理，并且留有记录。

（二）餐饮服务提供者接到消费者投诉食品感官异常或可疑变质时，应及时核实该食品，如有异常，应及时撤换，同时告知备餐人员做出相应处理，并对同类食品进行检查。

第五章 附 则

第四十四条 省级食品药品监督管理部门可根据本规范制定具体实施细则，报国家食品药品监督管理局备案。

第四十五条 本规范由国家食品药品监督管理局负责解释。

第四十六条 本规范自发布之日起施行。

附件：（略）

全国畜牧业发展第十二个五年规划

（农业部 农牧发［2011］8号 2011年9月2日）

畜牧业作为我国农业农村经济的支柱产业，对保障国家食物安全，增加农牧民收入，保护和改善生态环境，推进农业现代化，促进国民经济稳定发展，具有十分重要的现实意义。为进一步促进畜牧业持续健康发展，根据《国民经济和社会发展第十二个五年规划纲要》和《全国农业和农村经济发展第十二个五年规划》，制定《全国畜牧业发展第十二个五年规划（2011—2015年）》。

一、畜牧业发展基本形势

（一）发展成就

党中央、国务院高度重视畜牧业发展，“十一五”期间，连续出台了一系列扶持政策，不断加大基础设施投入，为畜牧业持续健康发展提供了强有力保障。五年来，畜牧业成功应对众多前所未有的挑战，畜牧生产稳步发展，饲料工业持续较快增长，草原保护与建设取得显著成效，为农业农村经济的持续健康发展做出了重大贡献。

1. 综合生产能力持续增强 2010年肉类产量7 925.8万t，比2005年增长14.2%，连续21年居世界第一；禽蛋产量2 762.7万t，增长13.4%，连续26年居世界第一，奶类产量3 748万t，增长30.8%，居世界第三位。畜牧业综合生产能力不断增强，充分保障了城乡居民“菜篮子”产品供给。

2. 产业素质稳步提升 2010年，全国年出栏500头以上生猪、存栏500只以上蛋鸡和存栏100头以上奶牛规模化养殖比重分别达到35%、82%和28%，比2005年分别提高19个百分点、16个百分点和17个百分点，标准化规模养殖快速发展。以原种场和资源场为核心，扩繁场、改良站为支撑，检测中心为保障的畜禽良种繁育体系基本形成并不断完善。畜牧业科技进步贡献率从2005年的49%提高到2011年的52%，产业技术水平明显提升。生猪、蛋鸡和奶牛优势省区猪肉、禽蛋和牛奶产量分别占全国总量的92.0%、67.7%和88.3%，畜牧业主产区产业优势明显。畜牧业农民专业合作组织发展迅速，大型企业不断涌现，产业组织化水平不断提高。

3. 质量安全水平明显提高 2010年畜产品抽检合格率达99%以上。饲料产品质量抽检合格率达到93.9%，比2005年提高1.5个百分点，连续5年保持较高水平。生鲜乳三聚氰胺含量抽检合格率连续2年100%。畜产品质量安全水平的不断提高，为保障人民群众身体健康，维护社会和谐稳定作出了贡献。

4. 饲料工业快速发展 2010年工业饲料产量1.62亿t，是2005年的1.5倍。主要饲料添加剂实现国产化，赖氨酸、维生素C等产品在国际市场占据重要地位。饲料机械制造业专业化发展迅速，产品达数十个系列200余种，远销国际市场。饲料产业集中度进一步提高，年产50万t以上的饲料企业或企业集团达30家，产量占全国总产量的42%，比2005年提高17个百分点。

5. 草原保护建设成效显著 全国禁牧休牧轮牧草原面积16亿亩，落实草原承包面积33.1亿亩，退牧还草工程和京津风沙源治理工程围栏封育草原面积9.3亿亩，项目区植被盖度提高12个百分点，草原牧区牲畜超载率降至30%，鼠虫害危害面积下降15个百分点。草原保护建设实现“重点突破、整体推进”，草原生态加速恶化的趋势得到初步遏制。

6. 产业地位进一步提升 2010年全国畜牧业产值2.08万亿元，比2005年增长56.5%。畜牧业发展带动了相关产业加快发展，创造了大量就业机会，有效促进了农牧民增收，部分畜牧业发达地区养殖业现金收入占农民现金收入达50%以上。2010年肉蛋奶人均占有量分别达到59.1kg、20.6kg、28.2kg，居民膳食结构和营养水平得到显著改善，有力保障了国家食物安全。

（二）机遇和挑战

“十二五”时期，是我国畜牧业发展的战略机遇期和关键转型期，影响畜牧业发展的内外部环境发生深刻变化。国际金融危机影响尚未消除，全球供求结构出现明显变化；经济社会发展呈现新的特征，开始进入工业化、城镇化和农业现代化同步推进的历史阶段。现代畜牧业发展既面临着难得的历史机遇，又面对诸多的风险挑战。

1. 发展机遇　一是政策环境进一步优化。党中央、国务院高度重视畜牧业发展，制定出台了一系列方针政策和扶持措施，扶持政策体系初步形成。法律法规体系不断完善，宏观调控手段更加灵活。随着国家综合国力不断增强，强农惠农力度持续加大，畜牧业发展的政策环境将进一步优化，为现代畜牧业发展打下良好的基础。二是发展方式转变面临新契机。“十二五”时期，是我国全面建设小康社会的关键时期，也是加速现代农业发展的攻坚时期，调整经济结构、转变发展方式已经成为社会共识。标准化、规模化、产业化的快速发展，为加快畜牧业发展方式转变创造了良好条件。畜牧业作为农业农村经济的支柱产业，已经成为各地加快现代农业建设的工作重点，加快转变畜牧业发展方式、建设现代畜牧业迎来新的发展机遇。三是畜产品消费市场潜力较大。随着工业化和城镇化步伐的加快，我国城乡居民畜产品消费需求出现新的变化。农村居民口粮消费继续下降，畜产品消费快速增加，城市居民畜产品消费不断升级，优质安全畜产品需求不断增加。我国未来每年新增人口约700万，农村人口城镇化数量约1 200万，随着居民收入水平的不断提高，扩大内需和城乡统筹发展等战略深入实施，畜产品消费需求仍将继续刚性增长，将进一步带动畜牧业的发展。四是畜牧业发展基础进一步夯实。我国畜牧业经过改革开放三十多年的快速发展，基础设施条件不断完善，综合生产能力进一步增强，产业素质大幅提升，科技支撑能力显著增强，公共服务体系不断完善，龙头企业带动作用明显加强，组织化程度逐步提高，现代畜牧业建设具有良好基础。

2. 面临的挑战　一是畜牧业发展方式仍然落后。当前我国畜牧生产中，小规模低水平的散养方式仍占相当大的比重，近40%的生猪由年出栏50头以下的散户提供，60%的奶牛由存栏20头以下的小户饲养。小户散养方式所固有的生产粗放、信息不灵、防疫条件差、标准化程度低、良种化程度不高等问题，严重制约了产业的持续健康发展。二是保障畜产品质量安全压力加大。随着生活水平的不断提高，社会公众对畜产品安全的要求也越来越高，社会关注度空前加大。由于畜产品生产者素质参差不齐，部分生产者质量安全意识淡薄，非法使用违禁添加物的事件时有发生，对行业发展的冲击和影响很大。畜产品质量安全监管机制不健全，监管任务十分艰巨。三是主要畜产品价格波动加剧。作为广大人民群众生活的必需品，肉蛋奶等主要畜产品的价格稳定事关城乡居民的切身利益，也是促进国民经济稳定运行的客观需要。但受畜产品生产特点和市场供求等因素的影响，畜产品价格呈波动态势。随着全球一体化进程的加快，国内外多重环境影响的传导联动日益加深，市场变化的放大效应还将进一步增强，畜产品价格波动的趋势仍将延续，为实施供给和价格调控带来巨大挑战。四是资源紧缺问题不容忽视。随着畜牧业的快速发展，饲料粮需求增量将高于国内粮食预期增量，饲料资源紧缺将成为畜牧业发展的关键制约因素。作为饲料生产的重要原料，2010年我国进口大豆5 480万t，进口依存度达75%，鱼粉进口依存度也在70%以上；2010年饲用玉米用量超过1.1亿吨，饲用玉米已从供求平衡转向供应偏紧。同时，规模养殖用地难、用工难、融资难等问题也对畜牧业发展形成严重制约。五是重大动物疫病防控形势依然严峻。国内重大动物疫病防控形势依然严峻，布病、结核病、包虫病等人畜共患病有所抬头，严重威胁畜牧业发展和公共卫生安全。外来疫病防控难度大，周边国家禽流感等重大动物疫情持续发生，对我国疫病防控的威胁在短期内难以有效缓解。病毒变异速度的加快，也使得动物疫病防控难度不断加大。基层兽医防疫队伍素质不高，执业能力参差不齐，兽医系统培训平台和执业兽医体系尚未完善，履行《动物防疫法》职责任务难度大。六是生态环境制约日益凸显。随着社会公众环保意识的不断提高，环境保护和污染治理等系列法律法规的出台，对畜牧业污染防控提出了更高要求。由于畜禽养殖污染处理成本偏高，部分畜禽养殖者粪污处理意识薄弱，设施设备和技术力量缺乏，畜禽养殖污染已经成为制约现代畜牧业发展的瓶颈。七是草原保护建设任务艰巨。近年来，虽然保护草原生态环境的观念逐步增强，但草原生态总体恶化的局面仍未能根本改变。目前，全国90%以上的可利用天然草原出现不同程度退化，人草畜矛盾突出，重点草原牲畜超载问题严重，草原畜牧业生产力不断下降。

二、指导思想、基本原则与发展目标

（一）指导思想

以邓小平理论和“三个代表”重要思想为指导，深入贯彻落实科学发展观，按照高产、优质、高效、生态、安全的要求，始终坚持转变畜牧业发展方式“一条主线”，紧紧围绕保供给、保安全、保生态“三大任务”，着力构建畜禽标准化生产、畜禽牧草种业、现代饲草料产业、现代畜牧业服务、饲料和畜产品质量安全保障、草原生态保护支撑等“六大体系”，稳步提高畜产品综合生产能力，努力确保饲料和畜产品质量安全，加快提升草原生态保护建设能力和水平，为农业农村发展提供有力支撑。

（二）基本原则

1. 坚持发展标准化规模养殖　转变养殖观念，调整养殖模式，在因地制宜发展适度规模养殖的基础上，加快改善设施设备保障条件，大幅度提高标准化养殖水平，积极推行健康养殖方式，促进畜牧业可持续发展。

2. 坚持优化结构布局。大力调整优化畜牧业结构和布局，突出支持主产区和优势区发展，稳定非主产区生产能力，科学规划，统筹安排，分步实施，保障畜牧业稳定发展。

3. 坚持数量质量发展并重　加强畜牧业综合生产能力建设和各环节质量控制，转变发展方式，实现畜牧业生产发展与资源、生态环境及社会需求之间的动态平衡，促进畜牧业健康发展。

4. 坚持推进农牧结合　充分利用种养业资源和产品可循环利用特点，推行种养结合的产业发展模式，促进种养业副产品的资源化利用，实现畜牧生产与生态环境的协调发展。

5. 坚持科技兴牧　依靠科技创新和技术进步，突破制约畜牧业发展的技术瓶颈，不断提高良种化水平、饲料资源利用水平、生产管理技术水平和疫病防控水平，加快畜牧业发展方式转变，推动畜牧业又好又快发展。

（三）发展目标

“十二五”时期，畜牧业生产结构和区域布局进一步优化，综合生产能力显著增强，规模化、标准化、产业化程度进一步提高，畜牧业继续向资源节约型、技术密集型和环境友好型转变，畜产品有效供给和质量安全得到保障，草原生态持续恶化局面得到遏制。

1. 畜产品有效供给得到保障　到2015年，肉、蛋、奶产量分别达到8 500万t、2 900万t和5 000万t，羊毛产量达到43万t，畜牧业产值占农林牧渔业总产值的比重达到36%。

2. 质量安全水平进一步提升　饲料产品质量合格率达到95%以上，违禁添加物检出率控制在0.1%以下。生鲜乳收购站100%实现持证收购和标准化管理，生鲜乳质量安全保障机制更加健全。

3. 畜牧业产业素质明显提高　到2015年，全国畜禽规模养殖比重提高10～15个百分点，存栏100头以上奶牛、年出栏500头以上生猪规模化养殖比重分别超过38%和达到50%；畜禽规模化养殖场（小区）粪污无害化处理设施覆盖面达到50%以上。畜禽良种繁育体系进一步健全完善，良种化水平明显提高。畜牧业组织化水平进一步提高，农民专业合作组织的经营规模和带动能力不断扩大和增强。

4. 饲料工业稳步发展　到2015年，工业饲料产量达到2亿t。年产50万t以上的饲料企业或集团达到50家. 饲料产量占全国总产量的比例达到50%以上。

5. 草原生态加快恢复　到2015年，基本完成草原承包和基本草原划定工作，初步实现草畜平衡，草原生态持续恶化局面得到遏制，局部实现明显好转。草原围栏面积达到18亿亩，人工种草和改良草原累计保留面积达到4.5亿亩，全国40%可利用草原实行禁牧休牧和划区轮牧；天然草原超载过牧总体得到缓解，牲畜超载率降低10个百分点以上。

6. 畜牧业科技支撑能力显著增强　到2015年，先进适用技术转化应用率大幅提高，科技创新与服务体系得到完善，畜牧业科技进步贡献率提高到56%以上；生猪出栏率超过140%，成年奶牛年平均单产超过5 500kg；在品种培育、饲草料资源开发利用、标准化养殖、畜禽废弃物综合处理利用、草原保护建设、重大疫病防控、机械化生产等重大关键技术领域取得实质性进展。

三、战略重点

科学谋划“十二五”畜牧业发展，必须统筹考虑，重点突破，加快推进现代畜牧业建设。

一是加快推进畜禽标准化生产体系建设。标准化规模养殖是现代畜牧业的发展方向。按照“畜禽良种化、养殖设施化、生产规范化、防疫制度化、粪污处理无害化”的要求，加大政策支持引导力度，加强关键技术培训与指导，深入开展畜禽养殖标准化示范创建工作。进一步完善标准化规模养殖相关标准和规范，要特别重视畜禽养殖污染的无害化处理，因地制宜推广生态种养结合模式，实现粪污资源化利用，建立健全畜禽标准化生产体系，大力推进标准化规模养殖。

二是加快推进现代畜禽牧草种业体系建设。种业是现代畜牧业发展的根本。按照“保种打基础、育种上水平、供种提质量、引种强监管”的要求，进一步加强对畜禽遗传资源的保护力度，完善畜禽育种机制，增强自主育种和良种供给能力，逐步改变畜禽良种长期依赖进口的局面。组织实施主要畜种的遗传改良计划，加大畜禽良种等工程建设力度，扩大畜牧良种补贴范围和规模，加快健全完善畜禽良种繁育体系，积极培育具有国际竞争力的核心种业企业，建设现代畜禽种业。加强基层畜禽良种推广体系建设，稳定畜禽品种改良技术推广队伍，建设新品种推广发布制度，加大新品种推广力度。加强草业良种工程建设，建立健全草种质资源保护、品种选育和草种质量监管体系，实施牧草良种补贴，加强草种基地建设，提高良种供应能力。

三是加快推进现代饲料产业体系建设。饲草料产业是现代畜牧业发展的基础。按照“提高门槛、减少数量，转变方式、增加效益，加强监管、保证安全”的原则，大力发展优质安全高效环保饲草料产品；着力规范饲草料生产企业，严格许可审查，坚决淘汰不合格的企业；鼓励饲草料生产企业竞合，建立饲草料行业诚信体系，推行生产全过程质量安全管理制度；统筹国际国内两个市场，加强饲草料资源开发利用，着力构建安全、优质、高效的现代饲草料产业体系。

四是加快推进现代畜牧业服务体系建设。完善的服务体系是现代畜牧业发展的有效保障。完善畜牧业监测预警体系，加大信息引导产业发展力度；深入推进畜牧技术推广体系改革和建设，研发和推广一批重大产业关键性技术；建立健全产销衔接机制，完善利益联结机制；建立健全畜牧业防灾减灾体系，提高畜牧业抗风险能力，实现畜牧业减灾促增收；强化公共防疫服务，提高服务质量和水平。

五是加快推进饲料和畜产品质量安全保障体系建设。饲料和畜产品安全是现代畜牧业发展的重点。严格饲料行政许可，提高饲料和饲料添加剂生产企业准入门槛。加强对生鲜乳收购站和运输车辆的许可管理，推动生鲜乳收购站标准化建设。大力实施饲料和生鲜乳质量安全监测计划，扩大监测范围，提高监测频次，对重点环节和主要违禁物质开展全覆盖监测。加快制定和实施畜牧、饲料质量安全标准；加强检验检测、安全评价和监督执法体系建设，强化监管能力，提高执法效能；全面实施畜禽标识制度和牲畜信息档案制度，完善畜产品质量安全监管和追溯机制。

六是加快推进草原生态保护支撑体系建设。草原生态保护是现代畜牧业发展的重要方面。按照“保护草原生态、转变发展方式、促进草畜平衡、推动转移就业”的要求，加大扶持力度，完善政策体系，构建草原生态保护建设长效机制；实施草原生态保护重大工程，稳定和完善草原承包经营制度，落实基本草原保护、禁牧休牧轮牧和草畜平衡制度；加强草原执法监督和技术推广体系建设，提高人员素质，改善物质装备条件，增强执法监管和服务能力。

四、区域布局

（一）总体布局

从我国未来发展趋势看，畜产品生产要围绕稳定畜产品供给，优化畜产品结构，提高优势产区供给率，稳定销售区域自给率。在区域布局上，生猪和家禽生产向粮食主产区集中；奶牛养殖仍以北方为主，加快南方发展；肉牛生产以牧区与半农半牧区为主要繁殖区，粮食主产区集中育肥；肉羊生产坚持农区牧区并重发展，绒毛羊养殖以东北、西北地区为主。继续加强北方草原的保护建设，加大南方草山草坡开发利用，在有条件的地区积极发展草原畜牧业。饲料工业要进一步提高东部，稳定发展中部，加快发展西部。

（二）主要畜种布局及发展重点

根据我国不同区域的资源禀赋、产业基础、养殖传统、供求关系，按照“突出区域特色，发挥比较优势，促进产业集聚，提高竞争能力”的原则，确立主导品种区域重点，因地制宜发展畜禽养殖业。

生猪：重点建设东北、中部、西南和沿海地区优势区，稳步提高西北发展区。全面实施全国生猪遗传改良计划，提高优良种猪自主供种能力，加大地方特色品种资源保护与开发利用。坚持规模化、标准化并重，大力发展标准化规模养殖，强化废弃物综合利用，提升生猪养殖水平，保障猪肉有效供给，实现生猪养殖健康可持续发展。

肉牛：加强东北、西北、西南和中原肉牛优势区建设，推动南方草山草坡肉牛业发展。加快品种改良，开发选育地方良种，适度引进利用国外良种。在饲草料丰富的地方积极发展母牛养殖，鼓励集中专业育肥，大力发展适度规模养殖，稳步推进标准化生产，提高生产效率。

肉羊：加强中原、中东部农牧交错带、西北和西南等肉羊优势区建设。加快新品种培育、良种选育和地方品种保护开发，加快肉羊养殖良种化。大力发展舍饲、半舍饲养殖方式，引导发展现代生态家庭牧场，积极推进良种化、规模化、标准化养殖。牧区重点提升肉羊个体生产能力，加快周转，提高草原利用效率；半农半牧区着力提高母羊繁殖性能，增强育肥羊供应能力；农区要充分利用饲草料资源，推广高效育肥模式，提高肉羊出栏量。

肉禽：稳定传统肉禽主产区生产，加快推动有潜力的区域发展。加快发展优质黄羽肉鸡和水禽，稳定发展白羽肉鸡，提高家禽产品质量。加强地方肉禽品种资源的保护力度，重点加强肉禽新品种选育和良种工程建设，大力发展禽肉产品精深加工，达到产业优质、高效、安全生产的目标。

蛋禽：巩固中原、东北等主产区生产，推进蛋鸡养殖区域南移。重点发展高产、高效蛋鸡和蛋鸭。加快国内优良品种选育和推广，大力开发利用地方品种资源，提高种禽产业化生产水平；加强种禽疾病净化，保证雏禽质量；以提升标准化为重点，积极推进标准化规模养殖，加快禽蛋产品可追溯体系建设，提高生产效率，保障禽蛋市场供给和质量安全。

奶牛：建设东北内蒙古产区、华北产区、西部产区、南方产区和大城市周边产区等五大奶业产区，大力推进奶牛标准化规模养殖，加强奶源基地建设，推动南方奶水牛产业发展。加快实施奶牛遗传改良计划，做好良种登记和奶牛生产性能测定等基础性工作，建立苜蓿等优质饲草料基地，提高机械化挤奶率。净化奶牛群体重大疫病，强化生鲜乳质量安全监管。积极推进学生饮用奶计划，促进乳制品消费。

绒毛用羊：以西北、东北主产区为重点，推进细毛羊、半细毛羊、绒山羊等绒毛用羊优势产业带建设。在农牧交错区和农区推行舍饲半舍饲养殖。加强绒山羊地方品种资源保护，加大品种选育和良种推广力度，提高绒毛综合品质和绒毛用羊生产性能。改进养殖方式，合理利用饲草料资源，降低养殖成本。推广机械剪毛、分级整理等技术，加强产销衔接，增加养殖环节利润。规范市场经营秩序，加强原料基地建设，实施品牌战略，增加绒毛用羊生产效益。

特色养殖：立足地方资源优势，坚持市场导向，因地制宜发展特色养殖，重点发展兔、马、驴、蜜蜂、牦牛、鹿、肉鸽、鸵鸟等特色养殖。加强政策扶持，加快特色畜禽发展方式转变，提升特色养殖标准化、规模化和产业化水平。积极开拓产业市场，促进特色产品深加工发展，完善产业链条，提高经济效益。

（三）饲料工业布局

"十二五"时期，根据不同区域资源禀赋、养殖业基础及发展方向，进一步优化饲料工业布局，促进东部、中部、西部和东北等不同地区饲料工业协调发展。

东部地区：包括山东、江苏、河北、北京、天津、上海、浙江、福建、广东、海南等10省（直辖市）。立足市场、资金、交通和技术优势，重点发展高技术、高品质、高附加值的饲料、饲料添加剂产品和饲料机械。江苏、浙江、山东等地进一步巩固化工类添加剂生产能力，提高生产技术水平。

中部地区：包括山西、河南、安徽、湖北、湖南、江西等6省。立足饲料资源丰富、养殖业基础好、劳动力密集等优势，大力发展饲料原料和饲料加工业，促进粮食等饲料资源就地转化增值。着力推进饲料企业整合融合，培育市场占有率高、管理水平先进的大型饲料企业或企业集团。

西部地区：包括陕西、内蒙古、宁夏、甘肃、青海、新疆、西藏、四川、重庆、云南、贵州、广西等12省（区、市）。发展人工种草和饲草加工业，加快开发与草食动物舍饲、半舍饲养殖配套的配合饲料、浓缩饲料和精料补充料产品，提高配合饲料使用率，积极推进牧区畜牧业转型发展和南方草山草坡资源合理开发利用。

东北地区：包括黑龙江、吉林、辽宁三省。立足饲料饲草资源丰富的优势，大力发展饲料原料和饲草产业，稳定发展发酵类饲料添加剂产品和浓缩饲料产品，进一步推进秸秆养畜，提高饲料产品普及率，促进粮食就地转化增值。

（四）草原保护建设布局

坚持生态优先，大力推进草原保护建设，积极发展现代草原畜牧业，因地制宜采取政策措施，加强分类指导和协调。

北方干旱半干旱草原区：该区位于我国西北、华北北部以及东北西部地区，涉及河北、山西、内蒙古、辽宁、吉林、黑龙江、陕西、甘肃、宁夏和新疆等10个省（区），是我国北方重要的生态屏障。发展重点为治理退化草原，恢复草原植被，改善草原生态，提高草原生产能力，促进农牧民脱贫致富。重点实施退牧还草、风沙源草原治理、草业良种和草原防灾减灾等工程。

青藏高寒草原区：该区位于我国青藏高原，涉及西藏、青海全境及四川、甘肃和云南部分地区，是长江、黄河、雅鲁藏布江等大江大河的发源地，是我国水源涵养、水土保持的核心区。发展重点为修复草原生态系统，恢复草原植被，维护江河源头安全，保护生物多样性，改善农牧民生产生活条件。重点实施三江源生态保护工程、退牧还草、草原防灾减灾、草原自然保护区建设和游牧民定居等工程，推行草畜平衡制度，建立符合高寒草甸实际状况的科学放牧模式，加快草原畜牧发展方式转变。

东北华北湿润半湿润草原区：该区主要位于我国东北和华北地区，涉及北京、天津、河北、山西、辽宁、吉林、黑龙江、山东、河南和陕西等10省（市）。重点加强草原监督管理，遏制乱开滥垦、乱采滥挖等违法行为，落实草畜平衡政策，坚持保护、建设和利用并重，加大建设力度，全面推行休牧和划区轮牧，实现生态与增收双赢。重点实施草地开发利用等工程，大力发展人工种草，加强天然草原改良，发展草原畜牧业和草产业，拓宽农牧民增收渠道。

南方草地区：该区位于我国南部，涉及上海、江苏、浙江、安徽、福建、江西、湖南、湖北、广东、广西、海南、重庆、四川、贵州和云南等15省（自治区、直辖市）。发展重点为合理开发利用草地资源，积极发展草地农业和草地畜牧业；加快岩溶地区石漠化草地治理，恢复植被，减少水土流失。重点实施岩溶地区石漠化草地植被恢复工程和草地开发利用工程。对植被遭到破坏、水土流失严重的石漠化地区草地，采取草地改良、围栏封育、种草养畜等措施进行综合治理；改良天然草地，积极发展人工种草，推行草田轮作和冬闲田种草养畜，强化草畜配套，发展高效草地农业。

五、重大工程

（一）畜禽标准化规模养殖工程

加大“菜篮子”产品标准化生产扶持力度，继续实施生猪、奶牛标准化规模养殖场（小区）建设项目，力争扩大项目实施范围，对畜禽养殖优势区域和畜产品主产区的生猪、奶牛、肉牛、肉羊、蛋鸡和肉鸡规模养殖场（小区）基础设施进行标准化建设，重点抓好畜禽圈舍、水电路、畜禽标准养殖档案饲养与环境控制等生产设施设备建设。启动实施草原牧区生产方式转变工程。通过项目实施，加快提升畜禽养殖标准化规模化水平，促进畜牧业发展方式转变，保障畜产品有效供给。

（二）畜禽良种工程

继续实施畜禽良种工程建设，进一步增强良种供种能力，强化遗传资源保护利用，推进畜禽优良品种选育，保障我国畜禽良种数量和质量安全。重点支持畜禽原种场、种公畜站、西部地区扩繁场和精液配送站建设，扶持畜禽遗传资源保护场、保护区和基因库的基础设施建设，支持畜禽新品种（系）选育，建设种畜禽生产性能测定中心和遗传评估中心。通过项目实施，加快畜禽良种繁育推广，健全国家畜禽遗传资源保护体系，增强畜禽新品种选育培育能力，完善种畜禽生产信息和质量监测体系。

（三）饲料和生鲜乳质量安全保障工程

按照统一协调、突出重点、各有主攻、优势互补的原则，着力加强饲料质量安全保障能力建设，重点进行饲料安全评价基地、饲料安全检测和饲料安全监督执法等工程项目建设，建立安全评价、检验检测、监督执法三位一体、部省市县职能各有侧重的饲料安全保障体系，基本满足饲料管理部门依法履行饲料质量安全职责、保障动物性食品生产源头安全的需要。针对我国生鲜乳收购站点多面广，监管基础薄弱等突出问题，大力推进生鲜乳质量安全监管能力建设。重点建设国家级生鲜乳质量安全检验检测中心、区域级和省市级生鲜乳质量安全检验检测中心和县级生鲜乳质量安全检验监督站，改善基础设施条件，配备检验检测设施设备。通过工程项目建设，提高生鲜乳质量安全监管能力，保障生鲜乳质量安全。

（四）饲草料资源高效利用工程

继续实施秸秆养畜项目，在秸秆资源丰富和牛羊养殖量较大的粮食主产区，扶持开展秸秆养畜联户示范、示范场和青贮饲料专业化生产示范建设，重点支持建设秸秆青贮氨化池、购置秸秆处理机械和加工设备、畜禽养殖和秸秆饲料加工基础设施改造以及畜禽品种改良，增强秸秆处理饲用能力，加快推进农作物秸秆资源化利用进程。推动实施优质牧草基地建设工程，支持建设百万亩苜蓿生产基地，提高优质粗饲料供给水平。支持建设饼粕、糟渣、糠麸等粮油食品工业副产品和草产品优质化加工处理示范基地，为饲料工业提供优质原料。支持建设主要畜禽品种的饲料生物学效价评价基地，提供饲料配方服务，推广精准饲养技术。

（五）草原保护建设工程

大力开展草原生态保护建设，实施退牧还草、草原防灾减灾和南方草地保护建设等工程，建设草原围栏，推进草原改良和人工种草。继续实施退牧还草工程，加大实施力度，完善建设内容，科学合理布局草原围栏，加快重度退化草原的补播改良，恢复草原植被。推进草原防灾减灾工程，加强草原灾害监测预警体系、防灾物资保障体系及指挥体系等基础设施建设，提高灾害防治应急反应能力。实施草原防火工程，建设物资储备库、防火站、指挥中心和防火隔离带等设施设备；加大草原鼠虫害防治力度，建设监控中心、应急防治物资储备库等设施设备。启动实施草原自然保护区建设工程，对具有代表性的草原类型、珍稀濒危野生动植物以及具有重要生态功能和经济科研价值的草原进行重点保护。扩大游牧民定居工程实施范围，适当提高补助标准。实施南方草地保护建设工程，通过草地改良、人工种草等措施，合理开发草地资源，因地制宜发展草原畜牧业，促进草地植被恢复与草原畜牧业协调发展。启动实施内蒙古及周边牧区草原畜牧业提质增效示范工程、新疆牧区草原畜牧业转型示范工程、青藏高原牧区特色畜牧业发展示范工程。结合国家生态保护和修复重点工程的实施，抓好京津风沙源治理区、黄土高原地区综合治理区、西藏生态安全屏障保护与建设项目区、三江源自然保护区、祁连山水源涵养区、甘南黄河重要水源补给生态功能区和青藏高原东南缘生态环境保护区等地区的草原保护与建设项目的组织实施，恢复和改善草原生态环境，维护国家生态安全，促进草原地区经济社会持续健康发展。

六、重大政策

（一）加大财政支持力度

深入实施草原生态保护补助奖励政策，通过禁牧补助、草畜平衡奖励、生产性补贴和绩效考核奖励等方式，保护草原生态，推进草原畜牧业发展，促进牧民增收。继续实施畜牧良种补贴政策，加大补贴力度，扩大补贴范围，加快畜禽良种化进程。继续对畜禽养殖和牧草生产机械购置给予补贴，加快推进畜牧业生产机械化。强化畜禽牧草种质资源保护，持续增加资源保护经费，保护畜禽牧草种质资源多样性，推进畜禽牧草育种工作。深入开展畜禽标准化示范创建活动，增加标准化养殖扶持政策投入，推进标准化规模养殖。加大对畜禽优势产区的支持力度，扩大生猪调出大县奖励资金规模和范围。增加饲料和生鲜乳质量安全监管经费，加大抽检频次，提高饲料和生鲜乳质量安全水平。支持开展草原防火隔离带建设、物资储备和草原鼠虫害及毒害草防治，提高草原防灾减灾能力。继续支持开展畜牧业信息监测预警工作，及时掌握生产、生态、价格等信息，为宏观决策提供信息支撑。

（二）强化金融保险政策支持

加强政策引导，拓宽畜牧业融资渠道。运用财政贴息、补助等方式，引导各类金融机构增加对畜牧业生产、加工、流通的贷款规模和授信额度，鼓励有条件的地方设立畜牧业贷款担保基金、担保公司，为养殖加工龙头企业融资提供服务；创新金融担保机制，支持采取联户担保、专业合作社担保等方式，为养殖场户提供信用担保服务；优化发展环境，鼓励民间资本以多种形式进入畜牧行业。按照“政府引导、政策支持、市场运作、投保自愿”的原则，稳步扩大生猪、奶牛等政策性农业保险试点范围，探索建立适合我国国情的畜牧业政策性保险体系，提高畜牧业抗风险能力和市场竞争力，促进畜牧业稳定有序发展。

（三）健全完善畜牧业监测预警及宏观调控机制

立足畜牧业发展实际，逐步建立准确高效的生产和市场信息监测调度系统，健全监测工作各项管理制度，强化形势分析研判，完善信息发布服务和预警机制，引导养殖户合理安排生产，防范市场风险。在稳定生猪生产方面，进一步完善和落实好防止生猪价格过度下跌调控预案；在稳定奶牛生产方面，逐步建立生鲜乳价格协调和利益联动机制；在稳定蛋鸡生产方面，探索建立通过调控种鸡生产减缓产业波动的有效机制。通过必要的政策手段实施生产干预，积极应对市场周期性波动，更好的稳定畜禽生产和市场供应，保障农民的合理收益。

（四）培养适应现代畜牧业发展的新型农牧民

充分发挥农牧民主体作用，着力培养符合现代畜牧业需要的新型农牧民。随着标准化规模养殖不断推进，高素质畜牧业人才的需求也持续增加，要利用农村实用技术培训、阳光工程、畜禽标准化养殖示范创建等平台，切实加强农牧民的畜牧业技术培训，提高农牧民饲草料生产、畜禽养殖和经营管理水平。

（五）加强畜禽规模养殖用地管理利用

在坚持耕地保护制度的基础上，认真贯彻落实国家关于规模化畜禽养殖的有关用地政策，将畜禽规模养殖用地纳入当地土地利用总体规划。合理安排畜禽养殖设施用地，坚持农地农用和集约节约的原则，加强设施农用地用途管制。合理开发利用土地资源，鼓励养殖场户在符合土地规划的前提下，积极利用荒山、荒地、丘陵、滩涂发展畜禽养殖。

七、保障措施

（一）强化组织领导

各级畜牧主管部门要站在政治和战略的高度，充分认识“十二五”时期现代畜牧业建设工作的重要性和艰巨性，切实加强组织领导，转变工作作风，扎实推进各项工作落实。切实履行规划指导、政策落实、协调服务职能，深入组织实施好“十二五”期间畜牧业发展各项重大工程，着重加快六大体系建设，不断提升现代畜牧业发展水平；切实加强与发展改革、财政等部门的沟通协调，努力确保各项强牧惠牧政策的落实；做好宣传引导工作，树立畜牧业良好形象，普及科学消费知识，正确引导消费，稳定消费信心；加大对行业协会与公共服务组织的支持引导力度，为现代畜牧业的发展提供坚强的组织保障。

（二）建立健全畜牧业法律法规体系

建立和完善适应畜牧业可持续发展的法律制度，加快形成以《畜牧法》、《草原法》、《乳品质量安全监督管理条例》、《饲料和饲料添加剂管理条例》等为基础的畜牧业法律法规体系，加快出台配套法规，不断完善地方畜牧业法律法规。健全畜牧业行政执法体系，加快推进基层畜牧兽医综合执法，以强化动物防疫检疫、种畜禽生产、饲料、兽药、畜产品质量安全监管为重点，充实执法人员、落实执法经费、提高执法装备水平和检测能力，强化日常监督，创新执法体制机制，切实提高基层畜牧兽医执法水平。扎实开展丰富多样的普法宣传活动，倡导企业自律，提高养殖场户遵守法律和正确运用法律手段维护自身权利的能力，积极营造良好的法律氛围。

(三) 继续深化畜牧业改革开放

深入推进畜牧业改革开放。大力推进草原确权承包，进一步稳定和完善草原承包经营制度，调动广大农牧民保护生态和发展生产的积极性。完善畜禽、牧草、饲料等畜牧业相关产品进出口相关政策，充分利用国际国内两个市场，优化资源配置，拓宽畜牧业发展空间，以开放促畜牧业发展。坚持“引进来”和“走出去”相结合，不断吸收和引进畜牧业发达国家在畜禽牧草品种、饲料研制、养殖方面先进经验、技术、人才和资本，支持和引导国内有实力的畜牧业企业和科研单位到国外创业，加强国际合作与交流，提升我国畜牧业国际竞争力。

(四) 进一步强化畜牧业科技支撑

全面推进畜牧业领域的现代农业产业技术体系建设，引导各省（区、市）因地制宜建立健全地方现代畜牧产业技术体系，加快形成农科教、产学研紧密结合的科技创新体系。健全畜牧业技术推广服务机构，加快畜牧业先进适用技术的推广应用。围绕畜禽养殖过程的关键环节，实施畜禽牧草种业创新开发、饲料资源产业化开发与安全高效利用、畜禽健康养殖过程控制、养殖废弃物减排与资源化利用、质量安全控制、疫病防控、养殖设施设备开发推广和应用、草地畜牧业发展等重大科技项目，力争突破一系列重大技术瓶颈，为现代畜牧业发展提供强有力的科技支撑。

(五) 大力提升畜牧业组织化程度

继续发挥龙头企业和标准化示范场的市场竞争优势和示范带动能力，鼓励龙头企业建设标准化生产基地，采取“公司/农户”等形式带动农户发展畜牧业。认真贯彻《农民专业合作社法》，支持农牧民按照自愿、民主的原则发展多种形式的专业合作组织，为专业合作组织开展加工、运输、销售、生产资料供应、技术培训与推广等提供优惠政策，充分发挥其在技术推广、行业自律、维权保障、市场开拓方面的作用，增强市场话语权；建立互助互保互促机制，强化培训和引导，带动散养户和中小规模户发展。支持有条件的畜禽养殖场户自创品牌，提升产品附加值；鼓励规模养殖场户与大中型超市、屠宰加工企业建立直接的产销对接关系，完善产加销利益联结机制。

进出口食品安全管理办法

（国家质检总局令　第144号　2011年9月13日）

第一章　总　　则

第一条　为保证进出口食品安全，保护人类、动植物生命和健康，根据《中华人民共和国食品安全法》(以下简称食品安全法) 及其实施条例、《中华人民共和国进出口商品检验法》及其实施条例、《中华人民共和国进出境动植物检疫法》及其实施条例和《国务院关于加强食品等产品安全监督管理的特别规定》等法律法规的规定，制定本办法。

第二条　本办法适用于进出口食品的检验检疫及监督管理。进出口食品添加剂、食品相关产品、水果、食用活动物的安全管理依照有关规定执行。

第三条　国家质量监督检验检疫总局（以下简称国家质检总局）主管全国进出口食品安全监督管理工作。

国家质检总局设在各地的出入境检验检疫机构（以下简称检验检疫机构）在国家质检总局的统一领导下，依法做好进出口食品安全监督管理工作。

第四条　国家质检总局对进口食品境外生产企业实施注册管理，对向中国境内出口食品的出口商或者代理商实施备案管理，对进口食品实施检验，对出口食品生产企业实施备案管理，对出口食品原料种植、养殖场实施备案管理，对出口食品实施监督、抽检，对进出口食品实施分类管理、对进出口食品生产经营者实施诚信管理。

第五条　进出口食品生产经营者应当依法从事生产经营活动，对社会和公众负责，保证食品安全，诚实守信，接受社会监督，承担社会责任。

第六条　检验检疫机构从事进出口食品安全监督管理的人员（以下简称检验检疫人员）应当具有相关的专业知识，尽职尽责。

第二章　食品进口

第七条　国家质检总局依据中国法律法规规定对向中国出口食品的国家或者地区的食品安全管理体系和食品安全状况进行评估，并根据进口食品安全监督管理需要进行回顾性审查。国家质检总局依据中国法律法规规定、食品安全国家标准要求、国内外疫情疫病和有毒有害物质风险分析结果，结合前款规定的评估和审查结果，确定相应的检验检疫要求。

第八条 进口食品应当符合中国食品安全国家标准和相关检验检疫要求。食品安全国家标准公布前，按照现行食用农产品质量安全标准、食品卫生标准、食品质量标准和有关食品的行业标准中强制执行的标准实施检验。首次进口尚无食品安全国家标准的食品，进口商应当向检验检疫机构提交国务院卫生行政部门出具的许可证明文件，检验检疫机构应当按照国务院卫生行政部门的要求进行检验。

第九条 国家质检总局对向中国境内出口食品的境外食品生产企业实施注册制度，注册工作按照国家质检总局相关规定执行。向中国境内出口食品的出口商或者代理商应当向国家质检总局备案。申请备案的出口商或者代理商应当按照备案要求提供企业备案信息，并对信息的真实性负责。注册和备案名单应当在总局网站公布。

第十条 进口食品需要办理进境动植物检疫审批手续的，应当取得《中华人民共和国进境动植物检疫许可证》后方可进口。

第十一条 对进口可能存在动植物疫情疫病或者有毒有害物质的高风险食品实行指定口岸入境。指定口岸条件及名录由国家质检总局制定并公布。

第十二条 进口食品的进口商或者其代理人应当按照规定，持下列材料向海关报关地的检验检疫机构报检：

（一）合同、发票、装箱单、提单等必要的凭证；

（二）相关批准文件；

（三）法律法规、双边协定、议定书以及其他规定要求提交的输出国家（地区）官方检疫（卫生）证书；

（四）首次进口预包装食品，应当提供进口食品标签样张和翻译件；

（五）首次进口尚无食品安全国家标准的食品，应当提供本办法第八条规定的许可证明文件；

（六）进口食品应当随附的其他证书或者证明文件。

报检时，进口商或者其代理人应当将所进口的食品按照品名、品牌、原产国（地区）、规格、数/重量、总值、生产日期（批号）及国家质检总局规定的其他内容逐一申报。

第十三条 检验检疫机构对进口商或者其代理人提交的报检材料进行审核，符合要求的，受理报检。

第十四条 进口食品的包装和运输工具应当符合安全卫生要求。

第十五条 进口预包装食品的中文标签、中文说明书应当符合中国法律法规的规定和食品安全国家标准的要求。

第十六条 检验检疫机构应当对标签内容是否符合法律法规和食品安全国家标准要求以及与质量有关内容的真实性、准确性进行检验，包括格式版面检验和标签标注内容的符合性检测。进口食品标签、说明书中强调获奖、获证、产区及其他内容的，或者强调含有特殊成分的，应当提供相应证明材料。

第十七条 进口食品在取得检验检疫合格证明之前，应当存放在检验检疫机构指定或者认可的监管场所，未经检验检疫机构许可，任何单位和个人不得动用。

第十八条 进口食品经检验检疫合格的，由检验检疫机构出具合格证明，准予销售、使用。检验检疫机构出具的合格证明应当逐一列明货物品名、品牌、原产国（地区）、规格、数/重量、生产日期（批号），没有品牌、规格的，应当标明“无”。

进口食品经检验检疫不合格的，由检验检疫机构出具不合格证明。涉及安全、健康、环境保护项目不合格的，由检验检疫机构责令当事人销毁，或者出具退货处理通知单，由进口商办理退运手续。其他项目不合格的，可以在检验检疫机构的监督下进行技术处理，经重新检验合格后，方可销售、使用。

第十九条 检验检疫机构对进口食品的进口商实施备案管理。进口商应当事先向所在地检验检疫机构申请备案，并提供以下材料：

（一）填制准确完备的进口商备案申请表；

（二）工商营业执照、组织机构代码证书、法定代表人身份证明、对外贸易经营者备案登记表等的复印件并交验正本；

（三）企业质量安全管理制度；

（四）与食品安全相关的组织机构设置、部门职能和岗位职责；

（五）拟经营的食品种类、存放地点；

（六）2年内曾从事食品进口、加工和销售的，应当提供相关说明（食品品种、数量）；

（七）自理报检的，应当提供自理报检单位备案登记证明书复印件并交验正本。

检验检疫机构核实企业提供的信息后，准予备案。

第二十条 进口食品的进口商应当建立食品进口和销售记录制度，如实记录进口食品的卫生证书编号、品名、规格、数量、生产日期（批号）、保质期、出口商和购货者名称及联系方式、交货日期等内容。记录应当真实，保存期限不得少于2年。检验检疫机构应当对本辖区内进口商的进口和销售记录进行检查。

第二十一条 国家质检总局对进口食品安全实行风险监测制度，组织制定和实施年度进口食品安全风险监测计划。检验检疫机构根据国家质检总局进口食品安全风险监测计划，组织对进口食品进行风险监测，上报结果。检验检疫机构应当根据进口食品安全风险监测结果，在风险分析的基础上调整对相关进口食品的检验检疫和监管措施。

第二十二条 进口食品原料全部用于加工后复出口的，检验检疫机构按照出口食品目的国（地区）技术规范的强制性要求或者贸易合同要求进行检验。

第二十三条 检验检疫机构发现不符合法定要求的进口食品时，可以将不符合法定要求的进口食品境外生产企业和出口商、国内进口商、报检人、代理人列入不良记录名单；对有违法行为并受到行政处罚的，可以将其列入违法企业名单并对外公布。

第三章 食品出口

第二十四条 出口食品生产经营者应当保证其出口食品符合进口国家（地区）的标准或者合同要求。进口国家（地区）无相关标准且合同未有要求的，应当保证出口食品符合中国食品安全国家标准。

第二十五条 出口食品生产企业应当建立完善的质量安全管理体系。

出口食品生产企业应当建立原料、辅料、食品添加剂、包装材料容器等进货查验记录制度。

出口食品生产企业应当建立生产记录档案，如实记录食品生产过程的安全管理情况。

出口食品生产企业应当建立出厂检验记录制度，依照本办法规定的要求对其出口食品进行检验，检验合格后方可报检。

上述记录应当真实，保存期限不得少于2年。

第二十六条 国家质检总局对出口食品生产企业实施备案制度，备案工作按照国家质检总局相关规定执行。

第二十七条 检验检疫机构负责对辖区内出口食品生产企业质量安全管理体系运行情况进行监督管理。

第二十八条 国家质检总局对出口食品原料种植、养殖场实施备案管理。出口食品原料种植、养殖场应当向所在地检验检疫机构办理备案手续。

实施备案管理的原料品种目录（以下称目录）和备案条件由国家质检总局另行制定。出口食品的原料列入目录的，应当来自备案的种植、养殖场。

国家质检总局统一公布备案的原料种植、养殖场名单。

第二十九条 备案种植、养殖场所在地检验检疫机构对备案种植、养殖场实施监督、检查，对达不到备案要求的，及时向所在地政府相关主管部门、出口食品生产企业所在地检验检疫机构通报。生产企业所在地检验检疫机构应当及时向备案种植、养殖场所在地检验检疫机构通报种植、养殖场提供原料的质量安全和卫生情况。

第三十条 种植、养殖场应当建立原料的生产记录制度，生产记录应当真实，记录保存期限不得少于2年。备案种植、养殖场应当依照进口国家（地区）食品安全标准和中国有关规定使用农业化学投入品，并建立疫情疫病监测制度。备案种植、养殖场应当为其生产的每一批原料出具出口食品加工原料供货证明文件。

第三十一条 国家质检总局对出口食品安全实施风险监测制度，组织制定和实施年度出口食品安全风险监测计划。检验检疫机构根据国家质检总局出口食品安全风险监测计划，组织对本辖区内出口食品实施监测，上报结果。检验检疫机构应当根据出口食品安全风险监测结果，在风险分析基础上调整对相关出口食品的检验检疫和监管措施。

第三十二条 出口食品的出口商或者其代理人应当按照规定，持合同、发票、装箱单、出厂合格证明、出口食品加工原料供货证明文件等必要的凭证和相关批准文件向出口食品生产企业所在地检验检疫机构报检。报检时，应当将所出口的食品按照品名、规格、数/重量、生产日期逐一申报。

第三十三条 直属检验检疫局根据出口食品分类管理要求、本地出口食品品种、以往出口情况、安全记录和进口国家（地区）要求等相关信息，通过风险分析制定本辖区出口食品抽检方案。检验检疫机构按照抽检方案和相应的工作规范、规程以及有关要求对出口食品实施抽检。有双边协定的，按照其要求对出口食品实施抽检。

第三十四条 出口食品符合出口要求的，由检验检疫机构按照规定出具通关证明，并根据需要出具证书。出口食品进口国家（地区）对证书形式和内容有新要求的，经国家质检总局批准后，检验检疫机构方可对证书进行变更。出口食品经检验检疫不合格的，由检验检疫机构出具不合格证明。依法可以进行技术处理的，应当在检验检疫机构的监督下进行技术处理，合格后方准出口；依法不能进行技术处理或者经技术处理后仍不合格的，不准出口。

第三十五条 出口食品的包装和运输方式应当符合安全卫生要求，并经检验检疫合格。

第三十六条 对装运出口易腐烂变质食品、冷冻食品的集装箱、船舱、飞机、车辆等运载工具，承运人、装箱单位或者其代理人应当在装运前向检验检疫机构申请清洁、卫生、冷藏、密固等适载检验；未经检验或者经检验不合格的，不准装运。

第三十七条 出口食品生产企业应当在运输包装上注明生产企业名称、备案号、产品品名、生产批号和生产日期。检验检疫机构应当在出具的证单中注明上述信息。进口国家（地区）或者合同有特殊要求的，在保证产品可追溯的前提下，经直属检验检疫局同意，标注内容可以适当调整。需要加施检验检疫标志的，按照国家质检总局规定加施。

第三十八条 出口食品经产地检验检疫机构检验检疫符合出口要求运往口岸的，产地检验检疫机构可以采取监视装载、加施封识或者其他方式实施监督管理。

第三十九条 出口食品经产地检验检疫机构检验检疫符合出口要求的，口岸检验检疫机构按照规定实施抽查，口岸抽查不合格的，不得出口。口岸检验检疫机构应当将有关信息及时通报产地检验检疫机构，并按照规定上报。产地检验检疫机构应当根据不合格原因采取相应监管措施。

第四十条 检验检疫机构发现不符合法定要求的出口食品时，可以将其生产经营者列入不良记录名单；对有违法行为并受到行政处罚的，可以将其列入违法企业名单并对外公布。

第四章 风险预警及相关措施

第四十一条 国家质检总局对进出口食品实施风险预警制度。进出口食品中发现严重食品安全问题或者疫情的，以及境内外发生食品安全事件或者疫情可能影响到进出口食品安全的，国家质检总局和检验检疫机构应当及时采取风险预警及控制措施。

第四十二条 国家质检总局和检验检疫机构应当建立进出口食品安全信息收集网络，收集和整理食品安全信息，主要包括：

（一）检验检疫机构对进出口食品实施检验检疫发现的食品安全信息；

（二）行业协会、消费者反映的进口食品安全信息；

（三）国际组织、境外政府机构发布的食品安全信息、风险预警信息，以及境外行业协会等组织、消费者反映的食品安全信息；

（四）其他食品安全信息。

第四十三条 检验检疫机构对经核准、整理的食品安全信息，按照规定的要求和程序向国家质检总局报告并向地方政府、有关部门通报。

第四十四条 国家质检总局和直属检验检疫局按照相关规定对收集到的食品安全信息进行风险分析研判，确定风险信息级别。

第四十五条 国家质检总局和直属检验检疫局应当根据食品安全风险信息的级别发布风险预警通报。国家质检总局视情况可以发布风险预警通告，并决定采取以下控制措施：

（一）有条件地限制进出口，包括严密监控、加严检验、责令召回等；

（二）禁止进出口，就地销毁或者作退运处理；

（三）启动进出口食品安全应急处置预案。检验检疫机构负责组织实施风险预警及控制措施。

第四十六条 国家质检总局可以参照国际通行做法，对不确定的风险直接发布风险预警通报或者风险预警通告，并采取本办法第四十五条规定的控制措施。同时及时收集和补充有关信息和资料，进行风险分析。

第四十七条 进出口食品安全风险已不存在或者已降低到可接受的程度时，应当及时解除风险预警通报和风险预警通告及控制措施。

第四十八条 进口食品存在安全问题，已经或者可能对人体健康和生命安全造成损害的，进口食品进口商应当主动召回并向所在地检验检疫机构报告。进口食品进口商应当向社会公布有关信息，通知销售者停止销售，告知消费者停止使用，做好召回食品情况记录。检验检疫机构接到报告后应当组织核查，根据产品影响范围按照规定上报。进口食品进口商不主动实施召回的，由直属检验检疫局向其发出责令召回通知书并报告国家质检总局。必要时，国家质检总局可以责令其召回。国家质检总局可以发布风险预警通报或者风险预警通告，并采取本办法第四十五条规定的措施以及其他避免危害发生的措施。

第四十九条 发现出口的食品存在安全问题，已经或者可能对人体健康和生命安全造成损害的，出口食品生产经营者应当采取措施，避免和减少损害的发生，并立即向所在地检验检疫机构报告。

第五十条 检验检疫机构在依法履行进出口食品检验检疫监督管理职责时有权采取下列措施：

（一）进入生产经营场所实施现场检查；

（二）查阅、复制、查封、扣押有关合同、票据、账簿以及其他有关资料；

（三）查封、扣押不符合法定要求的产品，违法使用的原料、辅料、添加剂、农业投入品以及用于违法生产的工具、设备；

（四）查封存在危害人体健康和生命安全重大隐患的生产经营场所。

第五十一条 检验检疫机构应当按照有关规定将采取的控制措施向国家质检总局报告并向地方政府、有关部门通报。国家质检总局按照有关规定将相关食品安全信息及采取的控制措施向有关部门通报。

第五章 法律责任

第五十二条 违反本办法第十七条指定场所监管相关规定，没有违法所得的，由检验检疫机构责令改正，处1万元以下罚款。

第五十三条 销售、使用经检验不符合食品安全国家标准的进口食品，由检验检疫机构按照食品安全法第八十九条、第八十五条的规定给予处罚。

第五十四条 进口商有下列情形之一的，由检验检疫机构按照食品安全法第八十九条、八十七条的规定给予处罚：

（一）未建立食品进口和销售记录制度的；

（二）建立的食品进口和销售记录没有如实记录进口食品的卫生证书编号、品名、规格、数量、生产日期（批号）、保质期、出口商和购货者名称及联系方式、交货日期等内容的；

（三）建立的食品进口和销售记录保存期限少于2年的。

第五十五条 出口食品原料种植、养殖场有下列情形之一的，由检验检疫机构责令改正，有违法所得的，处违法所得3倍以下罚款，最高不超过3万元；没有违法所得的，处1万元以下罚款：

（一）出口食品原料种植、养殖过程中违规使用农业化学投入品的；

（二）相关记录不真实或者保存期限少于2年的。

出口食品生产企业生产出口食品使用的原料未按照规定来自备案基地的，按照前款规定给予处罚。

第五十六条 有下列情形之一的，由检验检疫机构按照食品安全法第八十九条、第八十五条的规定给予处罚：

（一）未报检或者未经监督、抽检合格擅自出口的；

（二）擅自调换经检验检疫机构监督、抽检并已出具检验检疫证明的出口食品的。

第五十七条 进出口食品生产经营者、检验检疫机构及检验检疫人员有其他违法行为的，按照相关法律法规的规定处理。

第六章 附 则

第五十八条 进出口食品生产经营者包括进出口食品的生产企业、进出口商和代理商。

第五十九条 进出海关特殊监管区域的食品以及边境小额和互市贸易进出口食品的检验检疫监督管理，按照国家质检总局有关规定办理。

第六十条 以快件、邮寄和旅客携带方式进出口食品的，应当符合国家质检总局相关规定。

第六十一条 进出口用作样品、礼品、赠品、展示品等非贸易性的食品，进口用作免税经营的、使领馆自用的食品，出口用作使领馆、中国企业驻外人员等自用的食品，按照国家有关规定办理。

第六十二条 供香港、澳门特别行政区、台湾地区的食品，国家有另行规定的，从其规定。

第六十三条 本办法由国家质检总局负责解释。

第六十四条 本办法自2012年3月1日起施行。

饲料工业“十二五”发展规划

（农业部 2011年9月19日）

饲料工业是支撑现代畜牧水产养殖业发展的基础产业，是关系到城乡居民动物性食品供应的民生产业。“十二五”时期是中国特色养殖业现代化加快推进的重要时期，也是建设饲料工业强国的攻坚时期。根据《国民经济和社会发展第十二个五年规划纲要》和《全国农业和农村经济第十二个五年规划（2011—2015年）》要求，制定饲料工业“十二五”发展规划。

一、成就与挑战

(一)"十一五"时期饲料工业发展成就

"十一五"期间，饲料工业抓住国民经济实力快速增长、强农惠农政策体系不断完善、城乡居民收入水平稳步提高的战略机遇，克服养殖业波动、国际金融危机、质量安全事件等不利因素冲击，始终坚持扩大内需拓市场、规范企业强基础、转变方式促提升、加强监管保安全的发展方向，继续保持稳定发展势头。饲料工业的发展，为保证动物性食品稳定供应提供了坚实的物质基础，为数百万人创造了就业岗位，在推动新农村建设、繁荣农村经济、促进农民增收、带动养殖业生产方式转变等方面作出了巨大贡献。

1. 产量持续较快增长　2010 年，工业饲料总产量 1.62 亿 t、总产值 4 936 亿元，分别是 2005 年的 1.5 倍和 1.8 倍，年均增长率分别达 8.6%和 12.5%，世界饲料生产大国地位进一步巩固。其中，配合饲料、浓缩饲料和添加剂预混合饲料产量分别为 1.30 亿 t、2 648 万 t 和 579 万 t，与 2005 年相比，分别增长 67.1%、6.0%和 22.7%。

2. 产品质量稳步提升　农业部和各级饲料管理部门以严厉打击违禁添加物为重点，持续开展饲料质量安全专项整治，着力强化监督检测和日常监管，饲料产品质量稳步提高，安全状况不断改善。在监测指标不断增加的情况下，2010 年全国饲料产品质量合格率达 93.89%，比 2005 年提高 1.5 个百分点；饲料中违禁添加物检出率持续下降，商品饲料中连续 6 年未检出"瘦肉精"。

3. 产业集中度明显提高　饲料行业联合、重组、兼并步伐加快，饲料行业生产经营方式转变呈现新格局。2010 年，全国饲料生产企业 10 843 家，比 2005 年减少 4 675 家；年产 50 万 t 以上的饲料企业或企业集团 30 家，饲料产量占全国总产量的 42%，分别比 2005 年增加 13 家和 17 个百分点。一批大型饲料企业向养殖、屠宰、加工等环节延伸产业链，成为养殖业产业化发展的骨干力量。

4. 国产饲料添加剂优势突显　除蛋氨酸仍主要依赖进口外，主要饲料级氨基酸不仅满足国内市场需求，而且成为全球重要的氨基酸供应基地。2010 年赖氨酸、苏氨酸和色氨酸产量分别达到 64.0 万 t、6.5 万 t 和 1 170t；饲料生产所需的 14 种维生素全部实现国产化，2010 年总产量 62.5 万 t，占国际市场份额达 50%以上。

5. 技术支撑能力不断增强　饲料机械制造业专业化发展迅速，能够生产数十个系列、200 余种产品，不仅满足国内饲料生产需要，而且远销国际市场。饲料科技投入稳步增加，技术创新能力明显增强，配合饲料转化率继续提高，对养殖业技术进步的贡献率达 50%以上。全国饲料生产企业 62.1 万员工中，37.0%具有大专以上学历，比 2005 年提高 11.2 个百分点，成为现代养殖技术推广的中坚力量。

6. 监督管理体系日益健全　《饲料生产企业审查办法》、《饲料添加剂安全使用规范》相继发布，《饲料和饲料添加剂管理条例》再次修订，饲料标准化工作稳步推进，以《条例》为核心、配套规章和规范性文件为基础的饲料法规标准体系基本健全。经过应对各种突发事件和保障奥运会、世博会、亚运会等重大活动考验，以国家饲料质检中心为龙头、部省级质检中心为骨干的饲料质检体系能力大幅提升。

(二)"十二五"饲料工业发展面临的挑战

"十二五"期间，我国饲料工业发展面临着新的机遇。随着人民生活水平提高，城镇化进程加快，动物性产品需求仍呈刚性增长，饲料工业还有较大市场潜力；随着养殖业生产方式加快转变，尤其是标准化规模养殖加速发展，饲料工业对养殖业的支撑地位将更加突出，产业拓展的空间也更为广阔。与此同时，未来五年饲料工业面临的挑战更加严峻，新的矛盾和问题更加突出，保持全面均衡持续发展的难度越来越大，对饲料工业发展提出了更高的要求。

1. 饲料资源结构性制约突出　我国豆粕生产主要依靠进口大豆，2010 年进口大豆 5 480 万 t，对进口的依存度达 75%，鱼粉进口依存度也在 70%以上。饲用玉米用量已超过 1.1 亿 t，占国内玉米年产量的 64%，玉米供应日趋紧张。长远来看，随着养殖业和饲料工业持续发展，大宗饲料原料的供求矛盾将进一步加剧，饲料原料价格不断上涨、波动更加频繁是必然趋势。

2. 质量安全形势日趋复杂　饲料安全是动物性食品安全的基础，社会关注度和媒体聚焦度不断加大。非法使用违禁添加物、制售假冒伪劣饲料等问题还没有从根本上解决，生产、流通和使用等环节质量安全隐患依然存在。这些问题是监管薄弱、主体复杂、诚信缺失等各种因素交织作用的结果。

3. 产业整体素质仍然较低　我国饲料行业总体上仍处于转型提升阶段，各方面素质有待提高。从生产环节看，全国饲料生产企业超过 1 万家，大部分是中小企业，管理水平参差不齐，企业低水平经营、产品科技含量不高、市场无序竞争等问题突出；从经营环节看，全国饲料销售门店数十万家，法律法规意识淡薄，拆包、分装、前店后厂等现象依然存在。从使用环节看，养殖场户数量过亿，养殖者总体素质不高，滥用饲料添加剂和非法添加物的行为时有发生。

4. 科技支撑依然不足　总体来看，饲料科技领域引进技术多，自主创新少，一般性科技成果多，重大突破性成果少。科研与技术推广结合不紧密，成果转化速度慢，水平不高。未来五年，随着现代养殖业加快推进，饲料行业科技在提高资源利用效率、保障产品质量安全、促进节能减排等方面面临艰巨的任务。

5. 政策环境有待优化　近年来，大宗饲料原料价格上涨明显，能源、运输和劳动力等成本也大幅上升，饲料行业盈利水平逐年下滑，不仅影响饲料工业和养殖业发展，还会传导至消费市场，导致动物性食品价格上涨。此外，饲料工业还面临抗风险能力薄弱，技术改造滞后，贷款难、用地难等问题，严重制约行业转型升级。

二、指导思想、基本原则与发展目标

（一）“十二五”饲料工业发展的指导思想

以邓小平理论和“三个代表”重要思想为指导，深入贯彻落实科学发展观，把握动物性食品需求继续增长、现代养殖业加快发展的机遇，以建设中国特色饲料工业强国为目标，以转变发展方式为主线，进一步推行现代企业制度，强化科技支撑，加强监督管理，着力构建企业管理规范、产品优质安全、资源高效利用的现代饲料工业，为保障动物性产品安全充足供应提供物质基础。

（二）“十二五”饲料工业发展的基本原则

1. 坚持开源节流，优化饲料资源配置　始终把资源开发和高效利用作为保障饲料工业持续发展的根本要求。广辟饲料来源、加大非常规饲料资源开发力度、减少生产损耗、提高饲料转化率，充分利用国内国外两种资源、两个市场调整原料供求关系，综合运用期货、金融等手段规避原料市场风险。

2. 坚持科技创新，推进生产方式转变　始终把科技进步作为提高养殖业和饲料工业经济效益和生产效率的重要途径。充分发挥科技第一生产力和人才第一资源作用，增强自主创新能力，加大原创型和实用型技术的开发和推广能力，推动行业发展向主要依靠科技进步、劳动者素质提高、管理创新转变。

3. 坚持安全优先，规范企业生产经营　始终把保障质量安全作为饲料工业发展的首要目标。健全饲料管理法律法规体系，加大饲料质量安全监管力度，完善饲料生产经营诚信体系，推动饲料生产经营规模化、标准化、集约化，建立完善政府监管、企业负责、社会参与的饲料质量安全风险防控机制。

4. 坚持统筹兼顾，促进产业协调发展　始终把饲料添加剂、饲料机械、饲料原料工业作为行业发展的重要支撑。提升饲料添加剂产品国际市场竞争力，加快建设具有国际领先水平的饲料机械工业，建立符合我国资源禀赋的饲料原料供应体系，推动饲料行业全面健康可持续发展。

（三）“十二五”饲料工业发展目标

饲料工业“十二五”发展的总体目标是：饲料产量平稳增长，质量安全水平显著提升，饲料资源利用效率稳步提高，饲料企业生产经营更加规范，产业集中度继续提高。通过5年努力，初步实现由饲料工业大国到饲料工业强国的转变。

具体发展目标为：

1. 饲料产量　饲料总产量达到2亿t。其中，配合饲料产量1.68亿t，浓缩饲料产量2 600万t，添加剂预混合饲料产量600万t，主要饲料添加剂品种全部实现国内生产。

2. 质量安全　安全评价、检验检测和监督执法三位一体的饲料安全保障体系基本建立，饲料产品质量合格率达到95%以上，饲料产品质量安全水平进一步提高。

3. 企业发展　年产50万t以上的饲料企业集团达到50家，其饲料产量占全国总产量的比例达到50%以上，饲料企业抗风险能力明显增强。

4. 资源利用　秸秆饲用量增加1 000万t，饲用秸秆处理利用率达到50%。杂粕、糟渣、食品加工副产品等存量较大的非粮饲料资源优质化处理利用水平明显提高。

5. 节能减排　低氮、低磷等环保型饲料产品研发与推广取得明显进展，饲料产品中矿物质、微量元素和药物饲料添加剂使用更加规范，饲料工业单位产值能耗稳步下降。

三、主要任务

（一）加强饲料资源开发利用

1. 保障大宗原料供应基本稳定　加强国际国内玉米、大豆等大宗原料生产及供求形势监测分析，及时发布预测预警信息，指导饲料生产企业合理安排饲料原料采购计划。支持饲料生产企业参与东北玉米临时收储。鼓励饲料企业运用期货等金融工具，规避饲料原料价格波动风险。

2. 开发利用能量蛋白资源　开展饲料资源普查，摸清非粮饲料资源家底。支持饼粕、糟渣、玉米酒精糟等粮油食品加工副产物和薯类等饲料原料优质化处理和规范化利用，丰富能量蛋白饲料资源来源。研究推广利用早籼稻、小麦、大麦等饲料原料。加强各类替代资源生物学价值评定，完善饲料基础数据库。

3. 推进优质饲草生产与高效利用 鼓励利用中低产田、冬闲田和不适合粮食生产的土地种植牧草和饲用作物，发展优质饲草加工业。继续推进秸秆养畜，改善秸秆收贮设备设施条件，推广青贮、氨化、微贮等处理技术，培育农作物秸秆商业化处理利用模式，提高秸秆饲用量和饲用效率。鼓励发展全株青贮玉米，推广以优质青贮饲料为基础的优质高效饲养模式。

（二）发展优质安全高效饲料产品

1. 开发新型饲料添加剂产品 稳定维生素类饲料添加剂生产能力，推进技术改造，加强污染物减排和治理。着力提升蛋氨酸生产能力，促进其他氨基酸生产技术更新，增强饲用氨基酸国际竞争力，降低氨基酸生产成本。加强酶制剂、微生物制剂、有机微量元素、植物提取物等新型饲料添加剂研发、生产与应用。

2. 推广安全环保型饲料产品 综合运用营养平衡技术和新型饲料添加剂产品，研究开发低氮、低磷、低微量元素排放饲料配方技术，推广环保型饲料产品，促进养殖污染物减排。综合利用微生物制剂、植物提取物等新型安全饲料添加剂产品，减少抗生素等药物饲料添加剂使用。

3. 发展特色饲料产品 针对地方典型品种资源、特色养殖模式和特种动物、特色畜产品、水产品生产，研究推广配套饲料产品，丰富饲料产品种类，拓展饲料工业发展空间。鼓励饲料生产企业与养殖基地对接，发展按需研发、订单生产模式。

（三）加快推动发展方式转变

1. 促进饲料企业整合 鼓励饲料企业采取兼并重组、产业联盟等形式进行整合融合，提高行业集中度。支持饲料生产企业向饲料原料生产、畜牧水产养殖、畜产品加工等领域延伸产业链，增强抗风险和可持续发展能力。鼓励有条件的饲料企业到国外投资办厂、兼并收购，拓展发展空间，开拓国际市场。

2. 提高经营管理水平 制定实施饲料生产企业质量安全管理规范，引导企业推行生产全过程质量安全控制，建立产品质量安全追溯体系。加强饲料企业检验检测条件建设，严格执行原料进厂把关、产品出厂检验等质量安全管理制度。加快推进现代企业制度，构建饲料行业诚信体系，增强社会责任意识。

3. 增强持续发展能力 支持饲料生产企业建立技术研发中心，参与国家重大科技项目，提高自主创新能力。支持饲料行业技术改造，采用先进生产设备与工艺，降低加工损耗，提高加工效率。鼓励饲料生产企业推进“厂场对接”销售模式，推广配合饲料散装运输和储存利用，降低包装和销售中间环节费用，走循环经济发展道路。

（四）加强饲料质量安全监管

1. 强化基础支撑 修改完善《饲料和饲料添加剂管理条例》配套规章规范和强制性标准，及时更新饲料添加剂品种目录和饲料原料目录。改善基层监督执法条件，加强执法人员培训，提高基层监督执法效能。加强饲料安全评价基地建设，系统开展饲料添加剂、非粮饲料原料和潜在有毒有害物质安全评价。提高饲料质检机构装备水平和人员素质，加强饲料中有毒有害物质确证检测技术、快速检测技术和潜在风险物筛查鉴定技术研究。

2. 严格行政许可 修改饲料和饲料添加剂生产企业准入条件，提高准入门槛。健全饲料行政许可工作机制，加强现场审核和复核，严肃查处申报中弄虚作假行为。严格执行年度备案审查制度，健全日常监督检查制度。加强新饲料和饲料添加剂审定、进口饲料和饲料添加剂产品登记工作，强化获证产品跟踪监管。推进饲料行政许可基础数据信息化管理，实现动态更新和远程查询。

3. 强化监督执法 以违禁添加物为重点，继续组织实施全国饲料质量安全监测计划，逐步增加监测指标，提高监测频次，根据预警监测结果动态调整监测指标。加强饲料生产、经营和使用环节日常监管，严肃查处各种违法违规行为。建立违法违规的饲料生产、经营企业“黑名单”制度，实施重点监管。推进畜牧兽医综合执法，完善跨省信息通报和联动执法工作机制。

四、产业布局

“十二五”时期，根据不同区域资源特点、养殖业基础及发展趋势，进一步优化饲料工业布局，促进东部、中部、西部和东北等不同地区饲料工业协调发展。

1. 东部地区 包括山东、江苏、河北、北京、天津、上海、浙江、福建、广东、海南等10省（直辖市）。立足市场、资金、交通和技术优势，重点发展高技术、高档次、高附加值和节能环保的饲料、饲料添加剂产品和饲料机械。江苏、浙江、山东等地进一步巩固化工类添加剂生产能力，提高生产技术水平。

2. 中部地区 包括山西、河南、安徽、湖北、湖南、江西等6省。立足饲料资源丰富、养殖业基础好、劳动力密集等优势，大力发展饲料原料和饲料加工业，促进粮食等饲料资源就地转化增值。着力推进饲料企业整合融合，培育市场占有率高、管理水平先进的大型饲料企业或企业集团。

3. 西部地区　包括陕西、内蒙古、宁夏、甘肃、青海、新疆、西藏、四川、重庆、云南、贵州、广西等12个省（自治区、直辖市）。针对草原生态保护建设加快推进的形势，发展人工种草和饲草加工业，发展与草食动物舍饲、半舍饲养殖配套的配合饲料、浓缩饲料和精料补充料产品，积极推进牧区畜牧业养殖方式转变和南方草山草坡资源合理开发利用。发挥本地区饲料资源优势，大力发展饲料原料生产，进一步提升饲料生产水平。

4. 东北地区　包括黑龙江、吉林、辽宁三省。立足饲料饲草资源丰富和养殖业基础良好的优势，大力发展饲料原料和饲草产业，稳定发展发酵类饲料添加剂产品和浓缩饲料产品，进一步推进秸秆养畜，提高饲料产品普及率，促进粮食就地转化增值。

五、重大建设工程

（一）饲料安全保障工程

针对饲料质检机构亟待升级、安全评价和预警能力建设滞后、饲料监管基础信息整合共享利用程度低、基层监督执法力量薄弱、饲料生产企业质量安全自控能力弱等突出问题，按照统一协调、突出重点、各有主攻、优势互补的原则，建立安全评价、检验检测、监督执法三位一体和部、省、市、县职能各有侧重的饲料安全保障体系，基本满足饲料管理部门依法履行饲料质量安全职责、保障动物性食品生产源头安全的需要。

1. 饲料效价和安全评价基地建设　依托具备设施和工作基础的事业单位、科研院所和大专院校，建设国家饲料评审中心和涵盖主要食用动物品种的饲料安全评价基地，设施条件、技术手段、人员素质和质量管理体系达到国际先进水平，评价结果与相关国际组织和主要发达国家互认，基本满足我国饲料和饲料添加剂主要品种安全性与有效性评价、潜在有毒有害物质和非粮饲料原料安全风险评价工作需要。

2. 饲料安全检测体系建设　依托中央和部级直属技术机构提升饲料质量安全检测技术研究能力和饲料质量安全基准物质研发能力。依托现有部级饲料质检机构提升建设针对不同类型有毒有害物质的专业检测参考实验室，开展有毒有害物质快速检测技术和高精度确证技术、未知风险物质筛查鉴定技术研发和主要基准物质研制。以完善确证检测与预警监测能力为重点，提升现有部级、省级和重点区域饲料质检机构的质量检测和风险分析预警能力，改善检验检测仪器设备条件，全面满足按照国际国内技术标准开展饲料安全监测的工作需求。支持大中型饲料生产企业加强检测实验室建设，提高装备、人员和管理水平，有条件的地区建立第三方饲料检测机构。为饲料生产和使用大县饲料监督执法机构配备移动监管平台，装载快速检测取证设备，实现现场抽样、取证和主要违禁物质快速筛查。

3. 饲料安全监督信息平台建设　运用现代网络通讯技术，建设饲料和饲料添加剂生产企业管理信息平台，对进口饲料和饲料添加剂注册登记、生产企业行政许可等信息进行集成整合，实现数字化集中管理、适时更新和公开查询；为基层饲料监管人员配备便携式查询终端，实现饲料产品行政许可情况和生产企业合法性现场核实信息化。建设饲料和饲料添加剂质量安全监测信息管理平台，通过数据库实现质量安全监测及查处信息实时报送和快速传递。

（二）秸秆养畜示范工程

针对农作物秸秆处理利用率不高、饲喂效率仍有提升空间的现实情况，把发展秸秆养畜与建设现代养殖业、调整畜牧业结构、发展循环农业、促进农民增收结合起来，充分发挥秸秆养畜在农牧结合中的关键节点作用，推动粮食主产区实现牛羊增产、农业增效、农牧民增收、环境友好的可持续发展目标。

1. 秸秆养畜联户示范　选择草食牲畜饲养已经具有一定规模的地区，由地方畜牧技术推广机构或农民专业合作社牵头组织，支持适度规模养殖户建设秸秆处理设施，购置秸秆处理机械，扩大秸秆养畜规模，继续扩大提高秸秆利用量和秸秆处理利用率，巩固草食牲畜自繁自养模式，稳定母畜数量，保护草食牲畜基础生产能力。

2. 规模场秸秆养畜示范　支持规模养殖场自行或订单种植青贮玉米，建设秸秆收集处理设施，购置秸秆处理机械，推广全混合日粮等先进饲喂技术。鼓励示范场扩大秸秆处理能力，为周边中小养殖户提供优质商品青贮饲料，建立形成以秸秆为主要粗饲料资源、采用先进适用养殖技术、粪便回田利用的现代化农牧循环发展基地。

3. 秸秆青黄贮饲料专业化生产示范　支持秸秆资源集中连片、但草食家畜比较分散的地区建立秸秆饲料专业化生产企业，推广统收、统贮、集中供料、分户使用模式，推进秸秆饲料专业化生产和商品化利用，为周边牛羊养殖户提供长期稳定的粗饲料供给。

4. 秸秆成型饲料产业化加工示范　支持秸秆资源富余地区建设大型商品秸秆饲料加工厂，利用物理、化学、生物等技术处理手段，将农作物秸秆加工制作成便于保存、运输的秸秆颗粒饲料、秸秆配合饲料、秸秆生物饲料等产品，调节粗饲料资源区域性、季节性短缺，为农牧区防灾减灾提供饲料储备。

（三）蛋白质饲料资源开发利用工程

针对我国大豆、鱼粉主要依靠进口，蛋白饲料原料瓶颈制约日趋严重的状况，对粮油、食品加工副产物等非粮原料进行优质化处理，部分替代鱼粉、豆粕，结合氨基酸平衡技术，缓解我国蛋白饲料原料不足压力，增强持续发展能力。

1. 杂粕优质化利用技术示范　建设采用新工艺压榨棉籽、油菜籽等油料生产脱毒饼粕示范基地和杂粕深加工生产优质浓缩蛋白示范基地。通过示范基地建设，推动国内杂粕资源优质化，提高杂粕在畜禽饲料中的添加比例。

2. 食品工业副产品高效利用技术示范　建设利用动物加工副产品深加工生产优质蛋白的示范基地，利用食品工业糟渣废液经微生物发酵生产优质蛋白的示范基地。选择一批大型饲料生产企业，建设蛋白质饲料资源高效利用示范基地，结合氨基酸平衡技术，开展低豆粕、低鱼粉和低总氮饲料产品生产和示范推广。

3. 苜蓿高效生产加工示范基地　在东北、华北、西北分别建设苜蓿高效生产和加工示范基地，利用退耕地、盐碱地等非耕地种植优质苜蓿品种，推广高产栽培和草颗粒、草粉等草产品加工技术，提高苜蓿等优质饲草的生产利用效率，增加饲料蛋白资源供给。

（四）饲料科技创新工程

1. 饲料科技转化基地　积极引导科研单位、大专院校、企业紧密结合，建立饲料科技产业联盟。继续加大饲料科技投入，以饲料基础数据库、安全环保饲料添加剂研制、节能减排关键技术研究为投入重点，推动饲料科技创新。将现有技术进行系统集成、组装、转化，促进科技成果的推广应用。

2. 加工技术改造示范基地　选择一批生产规模大、管理水平高的饲料加工厂，采用现代化加工工艺和信息化管理手段进行技术改造，建立优质高效饲料生产示范基地，推广饲料生产全程精细化管理理念，降低加工过程中的原料损耗、能耗和粉尘污染，提高生产效率。推广饲料散装运输及配套技术。

3. 饲料工业人才培训基地　以大专院校和科研单位为依托，加强饲料行业质量安全、生产技术、经营管理等方面的教育和培训。加强国际合作交流，引进来和走出去相结合，学习借鉴国际先进饲料管理经营和质量安全控制经验。强化职业技能鉴定和从业资格准入，提高饲料行业关键岗位人员整体素质。

六、保障措施

（一）加强组织领导

各级饲料管理部门要充分认识“十二五”时期加快推进饲料工业强国建设的重要性和艰巨性，按照规划确立的指导思想和基本原则，加强组织领导，落实工作责任，完善工作机制，深入调查研究，细化重点任务，扎实推进各项工作。要切实履行规划指导、政策落实、协调服务职能，与发展改革、财政、税务等部门积极沟通协调，努力争取政策扶持与资金支持，组织实施好饲料工业“十二五”重大建设工程，确保规划目标顺利实现，促进饲料工业又好又快发展。

（二）加大政策扶持力度

继续执行饲料产品免征增值税等税收扶持政策。把养殖场散料储运设施设备纳入农机购置补贴范围，推广“厂场对接”低成本产销模式。充分发挥公共财政资金引导作用，支持优质饲料原料、新型饲料添加剂生产基地建设，大力推进秸秆养畜。坚持玉米优先满足饲料工业需要，严格控制以玉米为原料的深加工业发展。增加饲料安全保障体系建设投入，加大对基层饲料安全监管工作的支持力度。加强信贷扶持和金融服务，积极引导社会资本投资饲料工业，支持饲料生产企业兼并重组和推进产业化经营。

（三）着力强化科技支撑能力

把饲料基础数据库完善与应用、饲料资源产业化开发与安全高效利用、新型饲料添加剂研发与应用、饲料安全评价、检测技术与质量安全预警等列入“863”计划、科技支撑、公益性行业科技专项等科技计划的重点支持领域，加大国际先进技术引进力度，加快推进核心技术自主创新。支持饲料企业建立企业技术研发中心，承担或参与国家科技项目实施，引导饲料企业增加研发投入，增强技术创新能力。推进饲料基础数据和基本技术共享，培育行业科技成果转化中介组织，鼓励饲料企业与科研院所、大专院校产学研合作，提高科技成果转化率。

（四）充分发挥行业协会作用

建立健全各级饲料行业协会，充分发挥行业协会的桥梁作用，加强饲料普法宣传，提升从业人员素质，推进行业自律和诚信体系建设，强化饲料企业社会责任意识；积极开展行业指导，组织实施品牌战略，引导企业整合融合，推动企业做大做强，促进行业和谐发展；组织多领域、多层次的交流与合作，帮助企业拓展国内外市场；维护饲料企业和行业的合法权益，维护公平、公正、公开、有序的市场秩序。

国家食品安全事故应急预案

（国务院　2011 年 10 月 5 日修订）

1　总　　则

1.1　编制目的

建立健全应对食品安全事故运行机制，有效预防、积极应对食品安全事故，高效组织应急处置工作，最大限度地减少食品安全事故的危害，保障公众健康与生命安全，维护正常的社会经济秩序。

1.2　编制依据

依据《中华人民共和国突发事件应对法》、《中华人民共和国食品安全法》、《中华人民共和国农产品质量安全法》、《中华人民共和国食品安全法实施条例》、《突发公共卫生事件应急条例》和《国家突发公共事件总体应急预案》，制定本预案。

1.3　事故分级

食品安全事故，指食物中毒、食源性疾病、食品污染等源于食品，对人体健康有危害或者可能有危害的事故。食品安全事故共分四级，即特别重大食品安全事故、重大食品安全事故、较大食品安全事故和一般食品安全事故。事故等级的评估核定，由卫生行政部门会同有关部门依照有关规定进行。

1.4　事故处置原则

（1）*以人为本，减少危害*　把保障公众健康和生命安全作为应急处置的首要任务，最大限度减少食品安全事故造成的人员伤亡和健康损害。

（2）*统一领导，分级负责*　按照“统一领导、综合协调、分类管理、分级负责、属地管理为主”的应急管理体制，建立快速反应、协同应对的食品安全事故应急机制。

（3）*科学评估，依法处置*　有效使用食品安全风险监测、评估和预警等科学手段；充分发挥专业队伍的作用，提高应对食品安全事故的水平和能力。

（4）*居安思危，预防为主*　坚持预防与应急相结合，常态与非常态相结合，做好应急准备，落实各项防范措施，防患于未然。建立健全日常管理制度，加强食品安全风险监测、评估和预警；加强宣教培训，提高公众自我防范和应对食品安全事故的意识和能力。

2　组织机构及职责

2.1　应急机制启动

食品安全事故发生后，卫生行政部门依法组织对事故进行分析评估，核定事故级别。特别重大食品安全事故，由卫生部会同食品安全办向国务院提出启动Ⅰ级响应的建议，经国务院批准后，成立国家特别重大食品安全事故应急处置指挥部（以下简称指挥部），统一领导和指挥事故应急处置工作；重大、较大、一般食品安全事故，分别由事故所在地省、市、县级人民政府组织成立相应应急处置指挥机构，统一组织开展本行政区域事故应急处置工作。

2.2　指挥部设置

指挥部成员单位根据事故的性质和应急处置工作的需要确定，主要包括卫生部、农业部、商务部、工商总局、质检总局、食品药品监管局、铁道部、粮食局、中央宣传部、教育部、工业和信息化部、公安部、监察部、民政部、财政部、环境保护部、交通运输部、海关总署、旅游局、新闻办、民航局和食品安全办等部门以及相关行业协会组织。当事故涉及国外、港澳台时，增加外交部、港澳办、台办等部门为成员单位。由卫生部、食品安全办等有关部门人员组成指挥部办公室。

2.3　指挥部职责

指挥部负责统一领导事故应急处置工作；研究重大应急决策和部署；组织发布事故的重要信息；审议批准指挥部办公室提交的应急处置工作报告；应急处置的其他工作。

2.4　指挥部办公室职责

指挥部办公室承担指挥部的日常工作，主要负责贯彻落实指挥部的各项部署，组织实施事故应急处置工作；检查督促相关地区和部门做好各项应急处置工作，及时有效地控制事故，防止事态蔓延扩大；研究协调解决事故应急处理工作中的具体问题；向国务院、指挥部及其成员单位报告、通报事故应急处置的工作情况；组织信息发布。指挥部办公室建立会商、发文、信息发布和督查等制度，确保快速反应、高效处置。

2.5 成员单位职责

各成员单位在指挥部统一领导下开展工作，加强对事故发生地人民政府有关部门工作的督促、指导，积极参与应急救援工作。

2.6 工作组设置及职责

根据事故处置需要，指挥部可下设若干工作组，分别开展相关工作。各工作组在指挥部的统一指挥下开展工作，并随时向指挥部办公室报告工作开展情况。

(1) 事故调查组　由卫生部牵头，会同公安部、监察部及相关部门负责调查事故发生原因，评估事故影响，尽快查明致病原因，作出调查结论，提出事故防范意见；对涉嫌犯罪的，由公安部负责，督促、指导涉案地公安机关立案侦办，查清事实，依法追究刑事责任；对监管部门及其他机关工作人员的失职、渎职等行为进行调查。根据实际需要，事故调查组可以设置在事故发生地或派出部分人员赴现场开展事故调查（简称前方工作组）。

(2) 危害控制组　由事故发生环节的具体监管职能部门牵头，会同相关监管部门监督、指导事故发生地政府职能部门召回、下架、封存有关食品、原料、食品添加剂及食品相关产品，严格控制流通渠道，防止危害蔓延扩大。

(3) 医疗救治组　由卫生部负责，结合事故调查组的调查情况，制定最佳救治方案，指导事故发生地人民政府卫生部门对健康受到危害的人员进行医疗救治。

(4) 检测评估组　由卫生部牵头，提出检测方案和要求，组织实施相关检测，综合分析各方检测数据，查找事故原因和评估事故发展趋势，预测事故后果，为制定现场抢救方案和采取控制措施提供参考。检测评估结果要及时报告指挥部办公室。

(5) 维护稳定组　由公安部牵头，指导事故发生地人民政府公安机关加强治安管理，维护社会稳定。

(6) 新闻宣传组　由中央宣传部牵头，会同新闻办、卫生部等部门组织事故处置宣传报道和舆论引导，并配合相关部门做好信息发布工作。

(7) 专家组　指挥部成立由有关方面专家组成的专家组，负责对事故进行分析评估，为应急响应的调整和解除以及应急处置工作提供决策建议，必要时参与应急处置。

2.7 应急处置专业技术机构

医疗、疾病预防控制以及各有关部门的食品安全相关技术机构作为食品安全事故应急处置专业技术机构，应当在卫生行政部门及有关食品安全监管部门组织领导下开展应急处置相关工作。

3 应急保障

3.1 信息保障

卫生部会同国务院有关监管部门建立国家统一的食品安全信息网络体系，包含食品安全监测、事故报告与通报、食品安全事故隐患预警等内容；建立健全医疗救治信息网络，实现信息共享。卫生部负责食品安全信息网络体系的统一管理。有关部门应当设立信息报告和举报电话，畅通信息报告渠道，确保食品安全事故的及时报告与相关信息的及时收集。

3.2 医疗保障

卫生行政部门建立功能完善、反应灵敏、运转协调、持续发展的医疗救治体系，在食品安全事故造成人员伤害时迅速开展医疗救治。

3.3 人员及技术保障

应急处置专业技术机构要结合本机构职责开展专业技术人员食品安全事故应急处置能力培训，加强应急处置力量建设，提高快速应对能力和技术水平。健全专家队伍，为事故核实、级别核定、事故隐患预警及应急响应等相关技术工作提供人才保障。国务院有关部门加强食品安全事故监测、预警、预防和应急处置等技术研发，促进国内外交流与合作，为食品安全事故应急处置提供技术保障。

3.4 物资与经费保障

食品安全事故应急处置所需设施、设备和物资的储备与调用应当得到保障；使用储备物资后须及时补充；食品安全事故应急处置、产品抽样及检验等所需经费应当列入年度财政预算，保障应急资金。

3.5 社会动员保障

根据食品安全事故应急处置的需要，动员和组织社会力量协助参与应急处置，必要时依法调用企业及个人物资。在动用社会力量或企业、个人物资进行应急处置后，应当及时归还或给予补偿。

3.6 宣教培训

国务院有关部门应当加强对食品安全专业人员、食品生产经营者及广大消费者的食品安全知识宣传、教育与培训，促进专业人员掌握食品安全相关工作技能，增强食品生产经营者的责任意识，提高消费者的风险意识和防范能力。

4 监测预警、报告与评估

4.1 监测预警

卫生部会同国务院有关部门根据国家食品安全风

险监测工作需要，在综合利用现有监测机构能力的基础上，制定和实施加强国家食品安全风险监测能力建设规划，建立覆盖全国的食源性疾病、食品污染和食品中有害因素监测体系。卫生部根据食品安全风险监测结果，对食品安全状况进行综合分析，对可能具有较高程度安全风险的食品，提出并公布食品安全风险警示信息。

有关监管部门发现食品安全隐患或问题，应及时通报卫生行政部门和有关方面，依法及时采取有效控制措施。

4.2 事故报告

4.2.1 事故信息来源

（1）食品安全事故发生单位与引发食品安全事故食品的生产经营单位报告的信息；

（2）医疗机构报告的信息；

（3）食品安全相关技术机构监测和分析结果；

（4）经核实的公众举报信息；

（5）经核实的媒体披露与报道信息；

（6）世界卫生组织等国际机构、其他国家和地区通报我国信息。

4.2.2 报告主体和时限

（1）食品生产经营者发现其生产经营的食品造成或者可能造成公众健康损害的情况和信息，应当在2小时内向所在地县级卫生行政部门和负责本单位食品安全监管工作的有关部门报告。

（2）发生可能与食品有关的急性群体性健康损害的单位，应当在2小时内向所在地县级卫生行政部门和有关监管部门报告。

（3）接收食品安全事故病人治疗的单位，应当按照卫生部有关规定及时向所在地县级卫生行政部门和有关监管部门报告。

（4）食品安全相关技术机构、有关社会团体及个人发现食品安全事故相关情况，应当及时向县级卫生行政部门和有关监管部门报告或举报。

（5）有关监管部门发现食品安全事故或接到食品安全事故报告或举报，应当立即通报同级卫生行政部门和其他有关部门，经初步核实后，要继续收集相关信息，并及时将有关情况进一步向卫生行政部门和其他有关监管部门通报。

（6）经初步核实为食品安全事故且需要启动应急响应的，卫生行政部门应当按规定向本级人民政府及上级人民政府卫生行政部门报告；必要时，可直接向卫生部报告。

4.2.3 报告内容

食品生产经营者、医疗、技术机构和社会团体、个人向卫生行政部门和有关监管部门报告疑似食品安全事故信息时，应当包括事故发生时间、地点和人数等基本情况。

有关监管部门报告食品安全事故信息时，应当包括事故发生单位、时间、地点、危害程度、伤亡人数、事故报告单位信息（含报告时间、报告单位联系人员及联系方式）、已采取措施、事故简要经过等内容；并随时通报或者补报工作进展。

4.3 事故评估

4.3.1 有关监管部门应当按有关规定及时向卫生行政部门提供相关信息和资料，由卫生行政部门统一组织协调开展食品安全事故评估。

4.3.2 食品安全事故评估是为核定食品安全事故级别和确定应采取的措施而进行的评估。评估内容包括：

（1）污染食品可能导致的健康损害及所涉及的范围，是否已造成健康损害后果及严重程度；

（2）事故的影响范围及严重程度；

（3）事故发展蔓延趋势。

5 应急响应

5.1 分级响应

根据食品安全事故分级情况，食品安全事故应急响应分为Ⅰ级、Ⅱ级、Ⅲ级和Ⅳ级响应。核定为特别重大食品安全事故，报经国务院批准并宣布启动Ⅰ级响应后，指挥部立即成立运行，组织开展应急处置。重大、较大、一般食品安全事故分别由事故发生地的省、市、县级人民政府启动相应级别响应，成立食品安全事故应急处置指挥机构进行处置。必要时上级人民政府派出工作组指导、协助事故应急处置工作。

启动食品安全事故Ⅰ级响应期间，指挥部成员单位在指挥部的统一指挥与调度下，按相应职责做好事故应急处置相关工作。事发地省级人民政府按照指挥部的统一部署，组织协调地市级、县级人民政府全力开展应急处置，并及时报告相关工作进展情况。事故发生单位按照相应的处置方案开展先期处置，并配合卫生行政部门及有关部门做好食品安全事故的应急处置。

食源性疾病中涉及传染病疫情的，按照《中华人民共和国传染病防治法》和《国家突发公共卫生事件应急预案》等相关规定开展疫情防控和应急处置。

5.2 应急处置措施

事故发生后，根据事故性质、特点和危害程度，立即组织有关部门，依照有关规定采取下列应急处置措施，以最大限度地减轻事故危害：

（1）卫生行政部门有效利用医疗资源，组织指导医疗机构开展食品安全事故患者的救治。

（2）卫生行政部门及时组织疾病预防控制机构开展流行病学调查与检测，相关部门及时组织检验机构开展抽样检验，尽快查找食品安全事故发生的原因。对涉嫌犯罪的，公安机关及时介入，开展相关违法犯罪行为侦破工作。

（3）农业行政、质量监督、检验检疫、工商行政管理、食品药品监管、商务等有关部门应当依法强制性就地或异地封存事故相关食品及原料和被污染的食品用工具及用具，待卫生行政部门查明导致食品安全事故的原因后，责令食品生产经营者彻底清洗消毒被污染的食品用工具及用具，消除污染。

（4）对确认受到有毒有害物质污染的相关食品及原料，农业行政、质量监督、工商行政管理、食品药品监管等有关监管部门应当依法责令生产经营者召回、停止经营及进出口并销毁。检验后确认未被污染的应当予以解封。

（5）及时组织研判事故发展态势，并向事故可能蔓延到的地方人民政府通报信息，提醒做好应对准备。事故可能影响到国（境）外时，及时协调有关涉外部门做好相关通报工作。

5.3　检测分析评估

应急处置专业技术机构应当对引发食品安全事故的相关危险因素及时进行检测，专家组对检测数据进行综合分析和评估，分析事故发展趋势、预测事故后果，为制定事故调查和现场处置方案提供参考。有关部门对食品安全事故相关危险因素消除或控制，事故中伤病人员救治，现场、受污染食品控制，食品与环境，次生、衍生事故隐患消除等情况进行分析评估。

5.4　响应级别调整及终止

在食品安全事故处置过程中，要遵循事故发生发展的客观规律，结合实际情况和防控工作需要，根据评估结果及时调整应急响应级别，直至响应终止。

5.4.1　响应级别调整及终止条件

（1）级别提升

当事故进一步加重，影响和危害扩大，并有蔓延趋势，情况复杂难以控制时，应当及时提升响应级别。

当学校或托幼机构、全国性或区域性重要活动期间发生食品安全事故时，可相应提高响应级别，加大应急处置力度，确保迅速、有效控制食品安全事故，维护社会稳定。

（2）级别降低

事故危害得到有效控制，且经研判认为事故危害降低到原级别评估标准以下或无进一步扩散趋势的，可降低应急响应级别。

（3）响应终止

当食品安全事故得到控制，并达到以下两项要求，经分析评估认为可解除响应的，应当及时终止响应：

——食品安全事故伤病员全部得到救治，原患者病情稳定24小时以上，且无新的急性病症患者出现，食源性感染性疾病在末例患者后经过最长潜伏期无新病例出现；

——现场、受污染食品得以有效控制，食品与环境污染得到有效清理并符合相关标准，次生、衍生事故隐患消除。

5.4.2　响应级别调整及终止程序

指挥部组织对事故进行分析评估论证。评估认为符合级别调整条件的，指挥部提出调整应急响应级别建议，报同级人民政府批准后实施。应急响应级别调整后，事故相关地区人民政府应当结合调整后级别采取相应措施。评估认为符合响应终止条件时，指挥部提出终止响应的建议，报同级人民政府批准后实施。

上级人民政府有关部门应当根据下级人民政府有关部门的请求，及时组织专家为食品安全事故响应级别调整和终止的分析论证提供技术支持与指导。

5.5　信息发布

事故信息发布由指挥部或其办公室统一组织，采取召开新闻发布会、发布新闻通稿等多种形式向社会发布，做好宣传报道和舆论引导。

6　后期处置

6.1　善后处置

事发地人民政府及有关部门要积极稳妥、深入细致地做好善后处置工作，消除事故影响，恢复正常秩序。完善相关政策，促进行业健康发展。

食品安全事故发生后，保险机构应当及时开展应急救援人员保险受理和受灾人员保险理赔工作。

造成食品安全事故的责任单位和责任人应当按照有关规定对受害人给予赔偿，承担受害人后续治疗及保障等相关费用。

6.2　奖惩

6.2.1　奖励

对在食品安全事故应急管理和处置工作中作出突出贡献的先进集体和个人，应当给予表彰和奖励。

6.2.2　责任追究

对迟报、谎报、瞒报和漏报食品安全事故重要情况或者应急管理工作中有其他失职、渎职行为的，依法追究有关责任单位或责任人的责任；构成犯罪的，依法追究刑事责任。

6.3 总结

食品安全事故善后处置工作结束后，卫生行政部门应当组织有关部门及时对食品安全事故和应急处置工作进行总结，分析事故原因和影响因素，评估应急处置工作开展情况和效果，提出对类似事故的防范和处置建议，完成总结报告。

7 附　　则

7.1 预案管理与更新

与食品安全事故处置有关的法律法规被修订，部门职责或应急资源发生变化，应急预案在实施过程中出现新情况或新问题时，要结合实际及时修订与完善本预案。

国务院有关食品安全监管部门、地方各级人民政府参照本预案，制定本部门和地方食品安全事故应急预案。

7.2 演习演练

国务院有关部门要开展食品安全事故应急演练，以检验和强化应急准备和应急响应能力，并通过对演习演练的总结评估，完善应急预案。

7.3 预案实施

本预案自发布之日起施行。

全国渔业发展第十二个五年规划

（农业部　2011年10月9日）

“十二五”时期是全面建设小康社会的关键时期，是深化改革开放、加快转变经济发展方式的攻坚时期，也是加快现代渔业建设的战略机遇期。为明确“十二五”时期我国渔业的发展思路、战略目标和主要任务，促进渔业经济又好又快发展，根据《国民经济和社会发展第十二个五年规划纲要》和《全国农业和农村经济发展第十二个五年规划》，制定《全国渔业发展第十二个五年规划》。

一、“十一五”渔业发展主要成就

“十一五”期间，党中央、国务院坚持把“三农”工作作为全部工作的重中之重，不断强化强农惠农政策，加大“三农”投入力度，为我国渔业经济平稳较快发展创造了良好的环境。五年来，全国渔业系统坚持以科学发展观为指导，扎实推进现代渔业建设，顺利完成了“两确保、两促进”的任务目标。渔业在保障粮食安全、增加农民收入、促进生态文明、维护海洋权益、建设社会主义新农村等方面作出了重要贡献，在探索和实践中国特色农业现代化发展道路中发挥了积极作用。

1. 渔业经济平稳较快发展，为保持农业农村经济好形势发挥了重要作用　五年来，渔业克服了自然灾害严重、国际金融危机冲击和国内经济环境复杂多变等不利因素，保持了平稳较快发展，成为农业农村经济中重要的支柱产业和富民产业。2010年，水产品总产量5 373万t，年均增长4.1%；渔业经济总产值1.29万亿元，渔业产值6 751.8亿元，分别年均增长11.0%和10.6%；水产品出口额138亿美元，连续11年居国内大宗农产品出口首位；质量安全水平稳步提升，产地抽检合格率连续5年保持在96%以上；水产品市场供给充足，价格年均涨幅4.9%，为丰富城乡居民“菜篮子”供给，稳定农产品价格发挥了重要作用；渔民人均纯收入8 963元，年均增长9.8%。

2. 渔业产业结构进一步优化，发展水平和产业竞争力显著提升　“十一五”末，水产品总产量中养捕比例由“十五”末的67∶33发展为71∶29；渔业二三产业产值比重达到48%，水产品加工业稳步发展，企业规模不断壮大，加工能力提高了30%；渔业发展方式转变步伐加快，以“两带一区”为代表的优势水产品养殖区域布局基本形成；水产健康养殖全面推进，累计改造标准化养殖池塘66.67多万hm^2，创建标准化健康养殖示范场（区）1 700多个，工厂化循环水养殖、深水抗风浪网箱养殖等集约化养殖方式迅速发展；国内捕捞业发展平稳有序，作业渔船结构有所改善；远洋渔业结构继续优化，大洋性公海渔业比重由46%提高到58%，成功启动实施南极海洋生物资源开发项目；休闲渔业蓬勃发展，成为带动渔民增收的新亮点。

3. 资源养护事业迈上新台阶，增殖放流等养护措施取得历史性突破　2006年国务院发布《中国水

生生物资源养护行动纲要》，养护水生生物资源成为国家生态安全建设的重要内容。中央和地方财政大幅度增加增殖放流投入，全国累计投入资金21亿元，放流各类苗种1 090亿尾，增殖放流活动由区域性、小规模发展到全国性、大规模的资源养护行动，形成了政府主导、各界支持、群众参与的良好氛围。启动并建立国家级水产种质资源保护区220个，国家级水生生物自然保护区数量达到16个；人工鱼礁和海洋牧场建设发展迅速；渔业生态环境监测体系逐步健全，涉渔工程资源生态补偿制度初步建立，累计落实补偿经费超过37亿元；海洋伏季休渔和长江禁渔期制度得到进一步巩固和完善，珠江禁渔期制度得到国务院的批准；国务院批准确定的2003—2010年海洋捕捞渔船控制目标基本实现。

4. 强渔惠渔政策力度不断加大，产业基础和民生保障能力不断增强　五年来，各级财政加大了对渔业的投入，仅中央财政投入就达到370亿元，比"十五"增长了7倍，渔业基础设施条件得到明显改善。启动实施公益性农业行业科研专项和现代农业产业技术体系建设，落实渔业经费约7亿元；渔业重点领域的科技创新和关键技术的推广应用取得成效，共获得国家级奖励成果22项，制定国家和行业标准382项；基层水产技术推广体系改革稳步推进，公共服务能力不断增强。《水域滩涂养殖发证登记办法》发布施行，从制度上强化了渔民生产权益的保障；启动渔业政策性保险试点，五年累计承保渔民323万人、渔船25万艘；推动解决困难渔民最低生活保障和"连家船"渔民上岸定居；渔业柴油补贴、沿海捕捞渔民转产转业等惠渔政策效果显著。

5. 渔业综合管理能力逐步增强，海洋维权护渔职能和作用凸显　渔业部门职能不断拓展和强化，管理、指挥调度和应急处置能力不断提高。渔业水域滩涂规划和养殖证发放工作深入推进，开展水产品质量安全和水产养殖执法，有力保障了渔民权益和渔业发展空间；强化渔业统计工作，建立渔情信息采集网络，建成并广泛应用中国渔政管理指挥系统和全国海洋渔业安全通信网，大大提高了渔业管理信息化水平；国务院下发《关于加强渔业安全生产的通知》，"平安渔业"建设扎实推进，成功应对地震、低温冰冻雨雪和台风等一系列自然灾害，渔业防灾减灾能力不断提升；累计救助遇险渔船4 683艘、渔民22 232人，挽回经济损失约13.9亿元，渔业船舶水上安全事故发生起数和死亡人数呈"双下降"趋势；渔业执法队伍的装备水平和管理能力不断提升，与外交、边防等多部门间的涉外渔业管理机制不断成熟，中国渔政在维护国家主权、海洋权益和渔民生命财产安全中发挥了不可替代的重要作用。

"十一五"规划主要指标完成情况

指　　标	2005年	"十一五"规划目标	2010年	完成比例（%）
渔业产值（亿元）	4 181.0	5 700.0	6 751.8	118.5
渔业增加值（亿元）	2 215.3	3 200.0	3 790.1	118.4
水产品总产量（万t）	4 420.0	5 200.0	5 373.0	103.3
其中：养殖产量（万t）	2 944.0	3 950.0	3 828.8	96.9
水产品出口量（万t）	257.0	400.0	333.9	83.5
水产品出口额（亿美元）	78.8	120.0	138.3	115.2
水产品加工量（万t）	1 195.0	1 700.0	1 633.3	96.1
水产品加工业产值（亿元）	1 321.0	2 200.0	2 358.6	107.2
渔民年均纯收入（元/人）	5 869.0	7 200.0	8 963.0	124.5
纳入"双控"管理的海洋捕捞机动渔船数（万艘）	23.1	20.8	20.1	130.4
纳入"双控"管理的海洋捕捞机动渔船功率数（万kW）	1 390.0	1 296.0	1 237.0	162.8

二、"十二五"渔业发展面临的形势

（一）有利条件

1. 农业基础地位更加突出　当前，我国已进入完善以工促农、以城带乡长效机制的发展阶段，处于加快改造传统农业、走中国特色农业现代化道路的关键时期。中央高度重视"三农"工作，提出"十二五"期间要在工业化、城镇化深入发展中同步推进农业现代化。"三化"同步推进战略的确立，将进一步巩固和强化农业的基础地位，支持"三农"的氛围更加浓厚、机制更加健全、保障更加有力，为加快推进现代渔业建设创造了有利环境。

2. 需求拉动作用更加明显　"十二五"末，全国人口将达到13.9亿人，城镇化率提高到51.5%，城镇人口将超过农村人口，人民富裕程度普遍提高，生活质量明显改善，食品消费结构更趋优化。作为优质动物蛋白重要来源的水产品，国内消费需求将显著增加。同时，国际水产品市场主要依靠养殖产品供给的格局将进一步强化，我国水产养殖产品出口仍有较大空间。国内外不断扩大的水产品需求将进一步拉动现代渔业的发展。

3. *空间拓展条件更加有利* 渔业生产具有“不与人争粮、不与粮争地”的特点和饲料转化率高、比较效益高的优势。目前，我国有超过 300 万 km^2 的海域、超过 0.67 亿 hm^2 的盐碱地等宜渔资源尚未充分开发利用。同时，增殖、休闲等渔业新兴产业发展已具备一定基础，在陆地资源可利用空间日趋紧张的情况下，“水陆并进”构建我国粮食安全体系的要求更加迫切，现代渔业发展依然具有较大的拓展空间。

4. *产业发展基础更加扎实* 经过多年发展，我国作为世界第一渔业大国、水产品贸易大国和主要远洋渔业国家的地位更加巩固，具有了较大的产业规模和良好的产业基础，国内水产品供给充足、价格稳定，渔民收入持续增加，在渔业生产、管理、技术等方面积累了丰富经验。良好的产业积累为加快转变发展方式、推进现代渔业建设奠定了坚实基础。

5. *新的发展机遇开始显现* 低碳经济、绿色经济、蓝色农业等新经济理念的倡导实践，将深刻影响国家产业结构调整和发展方式转变，渔业的生物碳汇功能和净化环境功能将得到进一步的体现。同时，发展海洋经济在“十二五”期间将被摆上更加重要的位置，加快现代渔业建设，已成为国家发展现代产业体系的重要内容之一。

（二）制约因素

1. *资源环境的刚性约束更加突出* 涉水工程大量挤占渔业水域和滩涂资源，破坏水生生物栖息地，传统渔业空间受到挤压。捕捞强度过大以及工业污染和生活排污严重损害渔业水域生态安全和生物多样性。渔业资源衰退和水域环境恶化趋势加剧，水资源短缺的制约增强，产业发展的资源环境基础受到严重威胁，加快推进现代渔业建设面临的资源环境刚性约束更加突出。

2. *支撑保障不足的局面更加凸显* 与加快推进现代渔业建设的要求相比，现有渔业法律法规和管理制度建设仍显滞后；渔政渔港、标准化养殖池塘、新型渔船等基础设施依然薄弱，防灾减灾能力不强；水生动物防疫、水产品质量安全监管、水产技术推广等公共服务水平不高，社会化服务体系尚不健全；渔业科技支撑能力不强，科技与产业结合不够紧密，成果转化较慢。加快现代渔业支撑保障能力建设的要求十分迫切。

3. *产业升级拓展的要求更加紧迫* 从总体上看，我国渔业生产规模化、集约化和组织化程度及从业者素质仍然较低，制约着养殖、捕捞、加工等传统产业优化升级，给水产品质量安全、渔业生态安全和渔业安全生产监管带来巨大挑战。同时，受政策、技术和投入等因素制约，增殖渔业、休闲渔业等新兴产业发展潜力尚未得到充分发挥，产业规模和产业贡献仍然有限。改造提升传统产业、加快发展新兴产业的任务十分艰巨。

4. *渔民权益维护的任务更加艰巨* 渔业权制度尚未有效建立，渔民权益保障能力依然较弱。对渔民依法使用水域、滩涂从事养殖和捕捞权利的保护不力，损害赔偿和占用补偿制度建设严重滞后，大量的填海造地、占用养殖水面导致渔民“失海”、“失水”现象日益突出。渔民生活社会保障制度尚不健全，渔民增收的长效机制还没有形成，促进渔民收入持续较快增长的压力日益加大。

5. *国际和周边的渔业形势更加复杂* 随着全球范围内渔业资源衰退趋势加剧和国际化程度不断提高，我国渔业发展面临的国际和周边环境更趋复杂。国际渔业资源争夺和渔业利益冲突更加激烈，通过市场措施打击非法捕捞等新制度的实施和远洋渔业配额管理制度日趋严格，对我国渔业生产、经营和管理提出了更高要求。同时，周边渔业涉外纠纷在一段时期内将长期存在，维护周边海域良好渔业生产秩序的任务更加艰巨。

综上所述，国内外渔业发展形势和产业发展规律都要求，“十二五”时期的渔业发展要以安为先，坚定不移地保安全、调结构、转方式、促发展、增收入，更加注重产业发展的安全保障，更加注重水产品质量安全和生态安全，更加注重资源节约、环境友好，更加注重渔民民生，更加注重科技创新和推广应用，更加注重渔业功能和空间的拓展，更加注重国际竞争力提升，加快推进现代渔业建设。

三、“十二五”渔业发展的指导思想、基本原则和发展目标

（一）指导思想

以邓小平理论和“三个代表”重要思想为指导，深入贯彻落实科学发展观，坚持走中国特色农业现代化道路，按照在工业化、城镇化深入发展中同步推进农业现代化的要求，以加快推进现代渔业建设为主攻方向，以加快转变渔业发展方式为主线，以强化水产品质量安全、渔业生态安全和安全生产为着力点，始终把确保水产品安全有效供给和渔民收入持续较快增长作为首要任务，始终把深化改革开放和加强科技创新作为根本动力，不断完善现代渔业发展的政策和体

制机制，着力增强渔业综合生产能力、抗风险能力、市场竞争力和可持续发展能力，统筹各产业、各区域协调发展，着力构建现代渔业产业体系和支撑保障体系，努力实现渔业经济又好又快发展，为全面实现渔业现代化打下坚实基础。

（二）基本原则

1. 坚持保障供给与提高质量并重　保障水产品供给，满足城乡居民日益增长的水产品消费需求，是渔业发展的基本任务。水产品质量安全关系城乡居民的身体健康，关系行业发展的兴衰成败。要在确保水产品有效供给的基础上，将质量安全摆在更加突出的位置，努力推动渔业生产由数量为主向数量和质量并重方向转变。

2. 坚持生产发展与生态养护并重　良好的生态环境是渔业可持续发展的前提和基础，要在发展生产的同时，更加注重生态保护，协调推进生产发展和生态养护。积极探索实践“蓝色农业”发展理念，合理开发和利用渔业资源，推广资源节约、环境友好的生产方式，提高渔业综合生产能力。积极发挥渔业的生态服务功能，做大做强水生生物资源养护事业，促进国家生态文明建设。

3. 坚持产业发展与渔民发展并重　高素质渔民队伍是实现产业健康发展的重要保障。在加快现代渔业产业发展的同时，要更加注重“以人为本”，不断强化渔民合法权益的保护，加快建立渔民增收长效机制，积极推进渔业经济合作组织建设，加强带头人和实用人才的培养，培育有文化、懂技术、善管理、会经营的新型渔民，为现代渔业建设提供有力的人才支撑。

4. 坚持结构优化与夯实基础相统筹　产业优化升级是现代渔业建设的重要内容，扎实的基础是促进产业优化升级的前提。要进一步调整产业结构，提高标准化、产业化、信息化水平，拓展渔业多功能性，促进产业优化升级。同时，针对渔业发展中的薄弱环节，着力加强渔业基础设施和装备建设，增强科技对产业的支撑能力，建立健全渔业公共服务体系，努力促进渔业产业整体素质的提升。

5. 坚持国内开发与海外拓展相统筹　合理开发利用国内渔业资源，积极引导国内市场消费，扩大水产品内需，强化渔业经济增长的内生动力。同时，要加快渔业“走出去”步伐，积极推进全球资源和市场开发，提高利用“两种资源、两个市场”的能力，提升我国渔业的国际竞争力，加快推进我国由渔业大国向渔业强国转变。

6. 坚持立足产业与着眼大局相统筹　现代渔业建设涉及经济发展、生态养护、食品安全、社会稳定等多个领域，在渔业国际化进程不断推进的宏观背景下，渔业发展还与维护国家海洋权益、稳定周边外交等密切相关。要将现代渔业建设置于国家农业现代化建设、生态文明建设、国家海洋战略的大格局中，用全局高度、战略思维和国际视野进行谋划部署。

（三）发展目标

到“十二五”末，渔业经济保持平稳健康发展，水产品供给充足，水产品质量安全、渔业安全生产在较高的水平上稳步提高，生产区域布局更趋合理，产业结构进一步优化，水生生物资源养护事业全面深入推进，渔民收入持续较快增长，强渔惠渔措施得到强化，现代渔业的产业体系和支撑保障体系初步建成，实现生产发展、产品安全、渔民增收、生态文明、平安和谐的现代渔业发展新格局，部分渔业发达地区率先实现渔业现代化。具体目标为：

1. 渔业安全生产保障能力进一步提升　渔业防灾减灾能力明显提升，渔船通讯、避碰、航标等安全设施和装备明显改善，一级以上渔港数量达到 200 个以上，使 70%的渔船实现就近避风和休渔，渔业船舶生产安全事故死亡人数控制在 300 人以下。

2. 水产品安全有效供给能力进一步巩固　水产品总产量超过 6 000 万 t，其中，养殖产品比重达到 75%以上；水产养殖面积稳定在 0.07 亿 hm^2 以上，完成 133.33 万 hm^2 中低产池塘标准化改造；水产品质量安全水平稳步提升，产地抽检合格率保持在 98%以上。

3. 渔业经济和产业结构进一步优化　渔业经济总产值达到 2.1 万亿元、增加值 9 900 亿元，渔业产值达到 1 万亿元、增加值达到 0.64 亿元；渔业二、三产业的产值比重达到 53%；水产品加工率达到 40%；增殖渔业、休闲渔业等新兴产业取得长足发展。

4. 渔民民生保障进一步加强　渔民人均纯收入年均增长 8%以上，实现渔民收入与城乡居民收入同步增长；累计组织培训渔民 2 000 万人次，渔民素质进一步提高；渔业权制度体系进一步完善，各项惠渔政策力度进一步加大，中央财政渔业保险补贴年均受益渔民人数达到 180 万人。解决连家船渔民上岸定居问题取得明显进展。

5. 水生生物资源养护事业进一步推进　海洋捕捞机动渔船总数和功率数控制在“十一五”末水平；累计放流各类水产苗种 1 500 亿尾，海洋牧场规模达到 500 万 hm^2，海域荒漠化趋势得到进一步遏制；国家级水生生物自然保护区数量达到 23 个，国家级水产种质资源保护区数量达到 300 个。

6. 科技支撑保障能力进一步强化　渔业科技贡

献率达到58%，水产原良种覆盖率均达到60%，水产遗传改良率达到35%；水产技术推广体系不断完善，公共服务能力不断加强；渔业节能减排迈出新步伐，能源利用水平和水资源利用率有所提高。

7. 渔业管理和执法水平进一步提高　县级水域滩涂规划出台率、养殖证发放率接近100%；渔政执法机构参公率不断提高，按照国家有关事业单位分类改革精神，稳步扎实推进改革；渔业管理现代化、信息化水平提升，维权护渔能力显著增强。

8. 外向型渔业发展进一步拓展　渔业“走出去”战略稳步推进。水产品出口额达到180亿美元，出口产品质量进一步提升，中国品牌的国际认可度和影响力显著提高；企业境外经营能力不断增强；远洋渔业稳步拓展，产量达到130万t。

“十二五”时期渔业发展的主要指标

类　别	指　　标	2010年	2015年	年均增长（%）	属　性
渔业安全生产	一级以上渔港数量（个）	111.00	200.00	12.50	预期性
	就近避风和休渔渔船比例（%）	33.00	70.00	[37]	预期性
	渔业船舶生产安全事故死亡人数（人）	319.00	300.00	−1.20	约束性
渔业经济结构	渔业经济总产值（万亿元）	1.29	2.10	10.20	预期性
	渔业经济增加值（亿元）	5 904.00	9 900.00	10.90	预期性
	渔业产值（万亿元）	0.67	1.00	8.30	预期性
	渔业增加值（亿元）	0.38	0.64	11.00	预期性
	渔业二三产业产值比重（%）	47.00	53.00	[6]	预期性
	水产品加工率（%）	35.00	40.00	[5]	预期性
水产品供给能力	水产品产量（万t）	5 373.00	≥6 000.00	≥2.20	预期性
	养殖产品比重（%）	71.00	75.00	[4]	预期性
	中低产池塘改造面积（万hm^2）	66.67	133.33	14.90	预期性
	产地抽检合格率（%）	97.90	>98.00	[0.1]	预期性
渔民民生保障	渔民人均纯收入（元）	8 963.00	13 170.00	8.00	预期性
	培训渔民数量（万人次）	300.00	[2 000]	空格	预期性
	中央财政渔业保险补贴受益渔民（万人）	2.10	180.00	143.60	预期性
水生生物资源养护	增殖放流苗种数（亿尾）	289.40	[1 500]	空格	预期性
	海洋牧场面积（万hm^2）	236.00	500.00	16.20	预期性
	国家级水生生物自然保护区数量（个）	16.00	23.00	7.50	预期性
	国家级种质资源保护区数量（个）	220.00	300.00	6.40	预期性
科技支撑保障	科技贡献率（%）	55.00	58.00	[3]	预期性
	原良种覆盖率（%）	55.00	60.00	[5]	预期性
	遗传改良率（%）	25.00	35.00	[10]	预期性
渔业管理	县级水域滩涂规划出台率（%）	39.00	100.00	[61]	预期性
	养殖证发放率（%）	68.00	100.00	[32]	预期性
外向型渔业	水产品出口额（亿美元）	138.28	180.00	5.40	预期性
	远洋渔业产量（万t）	110.00	130.00	3.40	预期性
	远洋渔船数量（艘）	1 991.00	2 300.00	2.90	预期性

注：[ ]为五年累计数

四、重点任务

坚持以安为先、以养为主，在提高传统产业发展水平的同时，努力拓展增殖渔业和休闲渔业等新兴产业，着力构建水产养殖业、增殖渔业、捕捞业、加工业和休闲渔业“五大产业体系”，着力构建设施装备、科技创新、资源环保、渔业安全和渔政管理“五大支撑体系”。

（一）大力发展生态健康的水产养殖业

1. 加快推进标准化健康养殖　加快水产养殖标准化创建，推广应用健康养殖标准和养殖模式。发展与水产养殖业相配套的现代苗种业，加强水产新品种选育，提高水产原良种覆盖率和遗传改良率，不断调整优化养殖品种结构和区域布局。积极推广安全高效人工配合饲料。促进水产养殖向集约化、良种化、设施化、标准化、循环化、信息化发展。

2. 科学合理调整拓展养殖空间　探索建立基本养殖水域保护措施，推动建立渔业水域滩涂占用补偿制度。合理控制、科学规划近海、江河、湖泊、水库等大中型水域养殖容量。稳定池塘养殖面积，进一步挖掘池塘养殖潜力。积极拓展深水大网箱等海洋离岸养殖，支持工厂化循环水养殖。加大低洼盐碱地、稻田等宜渔资源开发力度。

3. 强化疫病防控和质量安全监管　加快水生动物疫病防控体系建设，加强重大水生动物疫病监控，积极推动水产苗种产地检疫工作，探索无规定疫病水产养殖场建设，落实渔业乡村兽医登记制度，推进渔业执业兽医和官方兽医队伍建设。坚持水产品质量安全专项整治和长效机制建设两手抓，加大监督抽查力度，强化检打联动，推动建立水产品质量安全可追溯、产地准出和市场准入制度，探索开展水产品质量安全风险评估。

（二）积极发展环境友好的增殖渔业

1. 积极开展增殖放流　落实《全国水生生物增殖放流总体规划（2011—2015年）》，依据水域生态环境、资源状况和养护需求，合理确定增殖放流的功能定位，科学确定增殖放流品种和规模。稳步发展湖泊水库滤食性、草食性、杂食性鱼类增殖，改善水域生态环境，提高水域生产力。开展珍稀物种放流，保护水生生物多样性。完善增殖放流技术规范，提高增殖放流苗种质量，加强放流效果监测评估。

2. 推进海洋牧场建设　扎实做好海洋牧场和人工鱼礁的规划设计、选址选型、效果评价等基础工作，建立健全海洋牧场建设和管护制度。因地制宜开展增养殖礁、生态礁、资源保护礁和游钓休闲礁等多种类型人工鱼礁建设。促进海洋牧场建设与增殖放流等资源养护措施紧密结合，恢复海底植被，改善海域生态环境。加大各级财政对海洋牧场建设的投入力度，积极引导社会资金投入海洋牧场建设，推动形成各具特色的增殖渔业。

（三）统筹发展可持续的捕捞业

1. 严格控制渔业捕捞强度　继续实施海洋捕捞渔船数量、功率"双控"制度，加快建立内陆水域捕捞渔船控制制度。完善渔船管理和捕捞许可制度，切实加强渔船建造管理，规范渔船检验、登记和流转管理。推进渔船渔机和渔具标准化。合理调整捕捞作业结构和渔船、渔具规模。加快制订捕捞渔具准用目录，建立健全渔具标准和重要经济鱼类的最小可捕标准，规定最小网目尺寸，制定各种渔具的限制使用措施。继续落实沿海捕捞渔民转产转业政策。探索渔具渔法准入、渔业资源网格化管理等新的资源管理制度和措施。

2. 扶持壮大远洋渔业　深化渔业多边双边合作交流，积极参与国际渔业资源管理制度制定，拓展远洋渔业发展空间。巩固提高过洋性渔业，探索新型合作方式，发展壮大公海大洋性渔业，加强新资源新渔场的探捕和开发利用。积极开展海外基地建设，增强加工、贸易和服务保障能力，延长远洋渔业产业链。提升远洋渔业装备和企业管理水平，培育一批具有国际竞争力的远洋渔业企业和现代化远洋渔业船队。

（四）着力发展先进的水产品加工流通业

1. 促进加工业优化升级　依托资源禀赋和区位优势，以自主创新和品牌建设为核心，培植壮大一批装备先进、管理一流、带动力强的水产品加工龙头企业，积极推进水产品加工园区建设，促进水产品加工业集群式发展。积极发展精深加工，加大低值水产品和加工副产物的高值化开发利用，提高产品附加值。鼓励加工业向海洋药物、功能食品和海洋化工等领域延伸。

2. 推进现代物流体系建设　加快水产品批发市场和冷链系统建设，实现产地和销地的市场、冷链物流有效对接。强化水产品市场信息服务，积极培育大型水产网络交易平台，引导开展水产品电子商务，推动单一的传统营销方式向多元化现代营销方式转变。加快产地准出和市场准入制度建设。

3. 拓展国内外市场空间　充分利用"两种资源、两个市场"，增强企业品牌建设和市场拓展意识，加大市场推介力度，扩大品牌宣传范围，积极发展消费引导型加工业，努力引领和扩大水产品国内市场消费。积极参与国际贸易谈判和国际贸易公约的制定，争取水产品国际贸易的主动权，提高应对各类贸易壁垒的能力，保持水产品国际贸易稳定协调发展。

（五）鼓励发展文化多元的休闲渔业

1. 丰富休闲渔业发展模式　围绕城乡一体化进程和新农村建设，结合养殖基地、渔港、海洋牧场等渔业设施及增殖放流等渔业活动，积极发展文化娱乐型、都市观赏型、竞技体育型、观光体验型、展示教育型等多元化、精品化现代休闲渔业。通过观赏鱼大赛、垂钓比赛、渔业饮食文化节、放鱼节、开渔节以及渔业科普、美术摄影等活动形式，不断挖掘、传承、弘扬、创新与渔业相关的观赏文化、餐饮文化、民俗文化。

2. 扩大休闲渔业产业规模　按照因地制宜、合理规划、形成特色、示范带动的要求，以市场为导向，加大休闲渔业资源整合力度，加强知名休闲渔业品牌创建，打造生产标准化、服务集约化、功能多样化的现代休闲渔业产业集群。扩大观赏鱼产业规模，加快观赏展示和交易市场建设，加大休闲渔业中公益性设施的投入扶持力度，强化对休闲渔业合作组织和行业协会的管理与支持，健全休闲渔业技术服务体系。

（六）加快建设渔业设施装备体系

1. *加强养殖设施装备建设* 加强水产原良种繁育、水生动物防疫和水产品质量安全监管设施装备建设。加快推进养殖池塘标准化改造，加强循环水工厂化、网箱养殖等设施渔业装备建设。推进水产养殖机械化、自动化，加快提高水产养殖业装备水平。

2. *加强渔船渔港设施装备建设* 加强渔船、渔机和渔具标准化建设，有计划、分步骤推进渔船及装备的升级换代，提高渔船整体装备水平。提高一级以上渔港建设标准，合理增加布局密度，配套完善航标、港口监控系统等设施设备，启动二级渔港、避风锚地建设，提高渔港现代化水平和安全保障能力。

3. *加强渔业管理信息化建设* 加快全国渔政管理指挥系统升级改造，建成并全面启用全国海洋渔船动态管理系统，加快渔船船位监测、自动识别、身份电子识别等信息化管理系统建设。逐步推动渔情信息采集常态化，推进数据和信息整合共享，提高卫星遥感、移动互联网、物联网等现代信息技术手段在渔业管理中的应用，不断提高渔业管理信息化水平。

（七）不断完善现代渔业科技支撑体系

1. *加快渔业科技创新* 加强渔业科技领军人才和骨干人才培养，构建跨学科、跨领域的科技创新平台，重点围绕品种培育、疫病防控、饲料营养、质量安全、资源养护、节能减排、水产品加工和宜渔水域综合开发利用等关键环节开展联合攻关、技术集成，加快成果转化应用。抓紧制修订产业发展急需的国家和行业标准，加大标准实施力度。

2. *提升技术推广服务* 着力推进基层水产技术推广体系改革和条件建设，大力推广责任渔技制度。积极构建以国家水产技术推广机构为主体、产学研广泛参与的“一主多元”的水产技术推广服务体系。实施水产技术推广人员培养和知识更新工程，加强农村渔业实用人才带头人培养，提升水产技术推广、水生动物疫病防控、水产品质量监管、公共信息等方面的公共服务能力。

3. *推进渔业节能减排* 逐步推行渔船标准化改造，研发设计节能环保型渔船，发展玻璃钢渔船，更新淘汰高耗能渔船，推广渔船节能减排新技术、新设备、新产品。积极引导节水、节能、减排型水产养殖技术和模式的推广应用，大力推广循环水养殖、高效配合饲料、水质调控技术及环保装备。

（八）建立健全资源环境保护管理体系

1. *全面强化休渔禁渔制度* 坚持并不断完善海洋伏季休渔、长江禁渔期制度，启动实施珠江禁渔期制度，探索制定其他重大渔业水域禁渔措施，努力构建全面的海洋和内陆水域休渔禁渔制度体系。积极推动将困难渔民纳入当地最低生活保障范围或给予必要补助，为休渔禁渔制度顺利实施创造条件。

2. *着力加强水生生物物种保护* 加强水生生物资源调查评估，明确资源总量和可利用量。加强水生生物自然保护区建设，加快水产种质资源保护区建设，提高濒危物种保护和救护能力，加强重要水产种质资源产卵场、索饵场、越冬场和洄游通道保护与管理。建立健全水生生物保护区管理相关法规，促进保护区规范化、科学化管理。

3. *加快建立渔业生态补偿机制* 积极推进渔业生态补偿管理规范化，建立完善涉渔工程生态评价和生态补偿机制，明确补偿内容和标准，落实补偿措施。加强渔业水域污染防治，建立污染损害评估技术体系，加大污染事故调查和应急处置能力。

（九）着力推进渔业安全保障体系

1. *扎实推进“平安渔业”建设* 提高渔港渔船管理现代化水平，强化渔业船舶检验和渔港监督，加快渔船通讯、避碰系统、渔业航标等渔业安全基础设施和装备建设，增强安全通信保障能力。加强渔业船员培训、考试和发证管理，严格执行持证上岗制度。进一步落实渔业安全生产责任制，强化渔业安全执法、培训和安全事故调查处理工作，切实提高安全生产水平。深入开展“平安渔业示范县”、“文明渔港”等平安渔业创建活动。

2. *切实提高防灾减灾能力* 建立并完善与气象、海洋和交通等部门的渔业防灾减灾协调合作机制，提高灾害预警预报和事故险情救助的及时性、准确性和实效性。加强安全生产技能培训，提高渔民防灾减灾意识和自救互救能力。防控并举，努力实现科学防灾、主动避灾和有效救灾。加强应急值守、灾情调度和灾害救助，进一步完善突发事件应急预案，提高应急处置能力。

3. *建立政策性渔业互助保险制度* 加强渔业互助保险体系和队伍建设，拓宽渔业互助保险服务范围和覆盖面。继续做好渔业互助保险中央财政保费补贴试点，启动水产养殖互助保险保费试点，力争将渔业纳入国家政策性农业保险范围，推动建立政策性渔业互助保险制度。探索构建渔业保险巨灾风险防范体系，提升渔业全行业风险保障能力。

(十) 大力强化现代渔政执法保障体系

1. 加强渔政管理和维权护渔　围绕现代渔业建设和渔业“三大安全”保障，提高渔政服务发展、服务基层、服务渔民的能力。巩固强化休渔禁渔、渔船管理、资源养护、水产养殖和质量安全执法等管理成果，切实加强200海里专属经济区和界江界湖渔政管理工作，进一步拓展公海渔业执法。加大敏感水域常态化渔政巡航和维权护渔力度，妥善处理维权与维稳的关系，加强与外交、公安边防、海军等涉海部门合作，进一步完善部门间的协调配合机制和重点水域渔业联合监管机制。

2. 加强渔政队伍建设　建立健全渔政机构，加快推进渔政人员纳入或参照公务员法管理，全面实行“收支两条线”。高标准、高质量开展渔业文明执法窗口单位创建活动。加强渔政督察和行风建设，落实“五统一”等渔政队伍建设规范要求，提高执法人员能力素质，增强依法行政能力。努力打造一支高素质、专业化的渔政执法队伍。

3. 提高渔政装备现代化水平　加强渔政装备设施建设，重点强化承担中央事权的渔政装备设施建设，进一步提高执法装备配给率和技术水平，改善渔政执法条件，提升安全监管及突发事件应急处置能力。重点建设渔政执法船艇车辆、执法码头基地及渔船检验设备、渔业航标等。

五、区域布局

根据各地资源禀赋、产业基础和经济水平，按照“主体功能突出、布局结构优化、统筹协调发展”的总体要求，稳步推进现代渔业生产主导区、生态建设区和功能拓展区建设，加快渔业发展方式转变和渔业功能的拓展。

(一) 生产主导区

1. 重点区域　黄渤海、东南沿海和长江流域“两带一区”出口水产品优势区；长江中下游、华南、西南、“三北”大宗淡水鱼类和名优水产品优势区。

2. 功能定位　该区域渔业经济相对发达，资源条件优越，已形成较好的产业规模和生产基础，集中了全国90%以上的养殖面积和水产品产量。重点发挥其在保障水产品安全有效供给、促进渔民增收中的战略核心作用。

3. 主攻方向　一是提升水产品有效供给水平。健全渔业权制度，保障渔民权益和生产积极性。大力推广标准化健康养殖，重点加强水产良种化、养殖池塘标准化改造、水生动物防疫体系建设和水产品质量安全保障等重点工程，积极发展无公害、绿色、有机水产品生产，在大中城市周边建设“菜篮子”产品生产基地。稳定和合理控制捕捞生产。二是提升产业化发展水平。继续加强出口水产品、大宗淡水鱼类及特色、土著品种养殖优势区建设，有效衔接渔业生产、加工流通和渔业服务业，扶持培育龙头企业，扩大规模经营，提升产业集中度。加大科技创新投入力度，健全完善渔业社会化服务体系，逐步实现生产集约化、产业园区化、设施现代化、产出高效化，增加渔民收入，增强渔业竞争力。三是提升可持续发展水平。以循环经济理念为指导，普及推广健康养殖模式和先进的渔机渔具，开辟加工新工艺和新领域，大力推广节水、节地、节粮、节油、节电型高效渔业，促进节能减排，提高资源产出率和劳动生产率，实现节约、清洁、安全和可持续发展。四是提升安全生产保障水平。全面贯彻落实国务院《关于加强渔业安全生产工作的通知》精神，加快实施渔政渔港、安全通信等渔业防灾减灾工程建设，提升渔业防灾减灾和突发事件应对能力。

(二) 生态建设区

1. 重点区域　县级（含）以上人民政府和渔业行政主管部门批准或规划确定的水生生物自然保护区、水产种质资源保护区和海洋牧场建设区。

2. 功能定位　该区域主要集中在沿海、沿江、沿湖地区，水域类型多样、生态功能突出。重点发挥其在养护水生生物资源、修复水域生态环境、建设水生生态文明中的作用，夯实现代渔业发展的资源承载基础。

3. 主攻方向　一是提升资源养护水平。科学规划并大力开展水生生物资源增殖放流。实施水生生物资源养护工程，加快水生生物自然保护区、水产种质资源保护区和海洋牧场建设。二是提升生态补偿水平。加快建立健全渔业生态补偿制度，探索建立市场化生态补偿机制，加大生态补偿措施落实力度，加强重点水域环境监测，提高渔业水域污染事故调查和应急处置能力。三是提升增殖渔业发展水平。大力发展水域生态修复型增殖渔业，积极利用水生植物和滤食性动物改善和治理水域生态环境，促进渔业生态和生产协调发展。

(三) 功能拓展区

1. 重点区域　直辖市、省会城市、计划单列市等大中城市及其周边地区；15m等深线以外深水海域；公海和他国管辖海域；东北、长江中下游、东南沿海、西南稻田养殖区；沿黄低洼盐碱地区。

2. 功能定位　该区域普遍具有资源开发、功能拓展、综合利用等方面的潜力。重点发挥其在拓展渔业功能和空间中的作用，丰富完善现代渔业产业形态，促进新增长点的形成。

3. 主攻方向　一是提升宜渔资源开发水平。合理开发和充分利用宜渔资源，加大关键技术研发和推广力度，研究制定相关扶持政策，重点发展抗风浪深水网箱养殖、稻田养殖、耐盐碱养殖等模式，扶持壮大远洋渔业，进一步丰富水产品供给新渠道，增强水产品供给能力。二是提升休闲渔业发展水平。在大城市及其周边，充分利用现有渔业设施，结合城市居民的文化教育、休闲娱乐、旅游度假等方面的需求，积极推进现代休闲渔业发展。

“十二五”现代渔业区域布局表

名　称	布局范围	功能定位	主攻方向
生产主导区	黄渤海、东南沿海和长江流域“两带一区”出口水产品优势区； 长江中下游、华南、西南、“三北”大宗淡水鱼类和名优水产品优势区	保障水产品安全有效供给	提升水产品有效供给、产业化发展、可持续发展和安全生产保障水平
生态建设区	县级（含）以上人民政府和渔业行政主管部门批准或规划确定的水生生物自然保护区、水产种质资源保护区和海洋牧场建设区	养护水生生物资源、修复水域生态环境	提升资源养护、生态补偿和增殖渔业发展水平
功能拓展区	直辖市、省会城市、计划单列市等大中城市及其周边地区； 15 米等深线以外深水海域； 公海和他国管辖海域； 东北、长江中下游、东南沿海、西南稻田养殖区； 沿黄低洼盐碱地区	拓展渔业功能和空间	提升宜渔资源开发和休闲渔业发展水平

六、重点工程

按照“巩固基础、提升能力、保障发展”的思路，围绕现代渔业建设的重点任务和区域布局，大力组织实施渔政渔港等现代渔业重点工程建设，不断夯实现代渔业发展基础。

（一）渔政渔港建设工程

围绕海洋维权护渔和内陆重点水域、边境水域渔政管理任务，集中建造一批 3 000t 级为主体的大型渔政船，配套直升机、渔政基地、中小型执法船艇等设施装备，提升渔政执法机动性和威慑力。加大渔船救生、通讯、避碰、监控系统、渔业航标及培训基地的建设力度，加快信息技术在渔业管理和安全生产中的应用。按照建设“信息化、数字化、防灾型”现代渔港的思路，重点加强沿海防灾型渔港建设，完善大中型渔港规划布局，适当增加一级以上渔港布局密度并提高建设标准，启动沿海二级渔港和避风锚地建设，配套完善渔船渔港监控设备。继续推进内陆大江大湖及边境水域重点渔港建设。

（二）水产良种化推进工程

推广应用现代育种技术，强化联合育种攻关，以大宗品种和优势出口品种为重点，加大水产遗传育种中心建设力度，提高水产养殖品种遗传改良率，为现代水产养殖业不断提供优良新品种。完善现代渔业水产原良种体系，加强水产原种场和良种场建设，提高水产原良种覆盖率和苗种质量。

（三）养殖池塘标准化改造工程

以提高水产养殖标准化水平和改善养殖水域环境为目标，利用中央财政投入引导地方各级财政配套和生产者筹资投劳，推动开展中低产池塘标准化改造。通过示范带动，普及推广高效生态水产养殖方式，提升养殖专业化、标准化、规模化、集约化发展水平。

（四）水生动物防疫保障工程

加快完善水生动物防疫体系，重点建设国家级、省级和重点县级水生动物防疫基础设施及疫病参考实验室、重点实验室，逐步完善水生动物疫病监控、水产苗种产地检疫等相关工作机制，建立健全水生动物疫病防控预警预报和渔用药物安全使用技术体系。加强渔业乡村兽医、执业兽医和水生动物诊疗机构从业监管。加快推进水生动物疫苗产业化，推广远程诊断辅助系统。

（五）水产品质量安全保障工程

加强水产品质量安全抽检和执法能力建设，重点配套完善国家级、省部级区域和专业质检中心，推进重点地市级和县级质检体系建设，逐步完善相关工作机制。推动快速检测设备的研发和应用，为开展水产品质量安全执法及实施产地准出、市场准入制度提供技术支撑。

（六）远洋渔业拓展工程

巩固拓展过洋性渔业，大力发展大洋性渔业，结合国家援外建设项目，积极建设多功能海外综合开发基地，形成集产加销和后勤补给为一体的海外陆上后勤基地。加大远洋渔船造船资本金补助力度，推动远洋渔船更新改造，提高总体装备水平。建造适度规模的公海大洋性资源调查船，加大远洋渔业资源调查、探捕和开发支持力度，扩大南极海洋生物资源调查和探捕范围，加强南极磷虾加工利用的研发和市场开拓。

（七）水生生物资源养护工程

推进以增殖放流和海洋牧场建设为主要形式的生态修复行动，带动休闲渔业及其他产业发展。加强水生生物自然保护区、水产种质资源保护区和海洋生态修复示范区建设，使60%的国家重点保护水生野生动物和一批重要水产种质资源、典型湿地及水域生态系统得到有效保护。以主要海区和流域为重点，加强水生生物资源和水域生态环境监测体系的能力建设，为渔业水域污染事故和重大生态灾害的应急处置提供支撑。

（八）科技创新与应用能力提升工程

围绕渔业发展急需和关键的技术，实施国家、行业和省级等各类科研计划。加强渔业领域现代农业产业技术体系建设，构建并完善现代渔业产业技术体系。培育重大水产技术推广专项，推动设立基层农技推广体系改革与建设渔业示范县。建立和完善渔业标准体系，推进渔业标准化生产。引导节水、节能、减排型渔船机具和养殖生产设施推广应用，推进渔船节能技术改造，试点推广玻璃钢渔船。

七、保障措施

（一）加强法律制度保障

建立健全渔业水域、滩涂规划和保护制度，切实保护重要渔业水域、滩涂的渔业功能，保障渔业发展空间。加快建立与物权法相适应的养殖水域滩涂占用补偿制度和捕捞许可管理制度，完善渔业水域、滩涂征占用补偿安置制度，保护渔民合法权益。建立污染减量排放和达标排放制度，健全涉渔工程环境影响评价制度和资源生态补偿机制，加强水域污染防治和生态环境修复。加强养殖环节执法和水产品质量检测，构建水产品质量安全监管长效机制。加强渔政执法队伍建设和渔业行政执法监管，有力防范和打击各类破坏渔业资源和扰乱渔业生产秩序的违法行为。加强与立法机关和有关部门的沟通协调，加快相关渔业法规规章制修订进度，进一步完善渔业法律体系，加强对渔业发展管理的法制保障。

（二）完善产业扶持政策

加大对现代渔业建设的财政支持，争取财政投入增幅不低于大农业投入的增幅水平。调动社会投入渔业的积极性，加大对渔业小额信贷的支持，探索养殖权和捕捞权证抵押质押及流转方式，增加对渔业生产经营者的信贷支持，促进形成多元化、多渠道的渔业投融资格局。扩大渔机补贴的产品种类和支持力度。推进将渔业保险纳入国家政策性农业保险范围，尽快建立稳定的渔业风险保障机制。健全渔业安全生产管理制度，积极推进将渔业防灾减灾纳入国家自然灾害防治总体部署。探索建立有利于加快推进渔业节能减排和充分发挥渔业碳汇功能的体制机制。促进渔业在税收和用水、用电、用地等全面享受农业优惠政策，将渔业基础设施建设纳入农业农村发展总体规划以及优质高效农产品基地的国土整治、农田水利设施改造等项目中统筹推进。积极推动以船为家渔民上岸定居和休渔禁渔期间困难渔民生活补助等工作，促进渔业领域社会事业发展。

（三）促进经营机制创新

扶持龙头企业发展，着力发挥龙头企业在技术创新中的主体作用，强化生产基地建设，鼓励企业参与标准化创建活动。鼓励和支持有条件的渔业生产经营者牵头发展合作经营，加快培养渔业产业化发展急需的企业经营管理人员、专业合作组织带头人和渔业经纪人。培育壮大各种类型渔民专业合作社和行业协会，加强合作组织的规范化建设，支持有条件的合作组织承担国家有关涉渔项目。推广各类行之有效的渔业生产经营组织模式，着力提高渔民组织化程度。推进水产品生产产业聚集，加快建设一批现代渔业示范区，形成区域经济发展新优势。积极发展社会化服务组织，为渔民提供各种便捷高效、质优价廉的专业服务，大力推进“农超对接”和品牌化经营，降低流通成本，促进市场消费，进一步提高生产效率和经营效益。

（四）加快人才队伍建设

强化人才队伍建设在现代渔业发展全局中的战略地位。积极落实激励政策，创新人才培养模式，探索建立多渠道培养、多元化评价、多层次使用、多方式激励、多方位服务的人才工作机制。紧密结合现代渔业发展需求，有针对性地加强渔业管理、科技、生产、经营等各方面骨干人才培养和队伍建设。加强高等院校学科建设，完善传统学科，开辟新兴学科。加强专业院校、培训机构和行政管理部门、企业间的合作，逐步形成运作规范、布局合理、覆盖全面的渔业行业人才培养和培训体系。加强渔业行业技能鉴定工作，提高职业技能鉴定覆盖面。加大验船师、职业船员、执业兽医、乡村兽医、水产经纪人等专业技能人才培养力度。充分利用阳光工程、新型农民培训等各种培训渠道，以提升基层培训能力为重点，加强渔业实用人才和带头人培养，增强渔民创业能力和就业技能，全面提升渔业从业人员素质。

（五）深化对外交流合作

建立健全行政机关、科研院所、大型企业有机结合良性互动的渔业外事工作机制。建设一支渔业专业知识、法律制度和外语应用能力全面过硬的专业化渔业外事队伍。加强对国际渔业管理规则和有关国家渔业管理制度研究，为我国渔业发展和管理提供有益借鉴。加强与有关国际组织和国家合作，积极参与多边双边谈判磋商和相关规则制订，营造有利的国际发展环境。积极参与世贸组织渔业补贴等相关谈判，加强水产品贸易预警工作，充分利用世贸组织规则允许的贸易救济措施，妥善应对国际贸易争端，保护企业合法权益。将远洋渔业基地建设纳入国家援外计划，稳定和拓展与有关国家渔业合作关系，增强远洋渔业发展后劲，稳定和提高国际资源利用能力。认真履行中日、中韩、中越、中俄等双边渔业协定和有关国际渔业条约，深入开展与有关国家渔业联合执法，加强周边海域和敏感水域管理，维护海上渔业生产秩序。

农产品加工业“十二五”发展规划

（农业部　农企发［2011］6号　2011年11月2日）

农产品加工业是国民经济基础性和保障民生的重要支柱产业。农产品加工业以粮棉油、肉蛋奶、果蔬茶、水产品等优势、特色农产品的资源转化、加工增值、纵深开发为主，涵盖农副食品加工业、食品制造业、饮料制造业、烟草制品业、纺织业等12个子行业。产业关联度高、涉及面广、吸纳就业能力强、劳动技术密集，在服务“三农”、壮大县域经济、促进就业、扩大内需、增加出口、保障营养健康与质量安全等方面发挥重要作用。农产品加工业是农业结构战略性调整的风向标和建设现代农业的重要环节，是促进农民就业增收的重要途径和建设社会主义新农村的重要支撑，是满足城乡居民生活需求的重要保证。

为贯彻落实党的十七届五中全会精神，抓住和用好未来五年的重要战略机遇期，进一步发挥农产品加工业在解决“三农”问题上的突出作用，加快转变经济发展方式，促进农业现代化与工业化、城镇化同步发展，依据《全国现代农业发展规划（2011—2015）》、《农业和农村经济发展第十二个五年规划》，制定本规划。

一、发展现状与面临的形势

（一）发展现状

“十一五”时期，我国农产品加工业遵循经济社会发展的客观规律，加快结构调整、产业集聚、技术创新和专用原料基地建设，努力克服国际金融危机的影响，实现了较快发展，取得了很大成效。一是总量持续增长。预计2010年，规模以上农产品加工业产值突破10万亿元，比“十五”末增长1.5倍，年均增幅20%以上，超过“十一五”规划年均12%的增长预期；农产品加工业产值与农业产值之比由“十五”末的1.1∶1提高到1.7∶1左右。二是带动作用增强。2010年规模以上农产品加工企业从业人员2 500多万人，比“十五”末增加400万人；吸纳农村劳动力1 500万人以上，农民直接增收2 800亿元；全国已建立各类农业产业化经营组织22.4万个，上亿农户参与农业产业化经营，户均增收1 900多元。三是结构不断优化。2010年，食品工业占农产品加工业的比重从“十五”末的40%提高到47%，方便、快捷、休闲和营养保健食品发展迅速，很多企业按照无公害、绿色、有机标准组织生产，形成了一大批名牌产品和驰名商标。四是产业加速集聚。初步形成了东北和长江流域水稻加工、黄淮海优质专用小麦加工、东北玉米和大豆加工、长江流域优质油菜籽加工、中原地区牛羊肉加工、西北和环渤海苹果加工、沿海和长江流域水产品加工等产业聚集区。五是创新步伐加快。以农业部认定的200多家技术研发中心为依托，初步构建起国家农产品加工技术研发体系框架，突破了一批共性关键技术，示范推广了一批成熟适用技术。六是专用原料基地扩大。以公司加农户、龙头带基地等多种形式，建设了一大批规模化、标准化、专业化的农产品生产基地，辐射带动1亿多农户。

当前，农产品加工业发展迅速，已成为国民经济中最具成长活力的产业之一。但与发达国家相比，我国农产品加工业的总体发展水平仍然偏低，还存在许多问题和不足。一是大而不强。我国农产品加工业产值居世界首位，但中小型企业比重大，自主创新能力弱，质量控制体系不完善，农产品加工业产值与农业产值之比低于发达国家2～4∶1的水平。二是集中度不高。规模以上企业仅占全部农产品加工企业数量的24%，年销售收入过百亿元的企业仅有21家，过500亿元的企业仅有4家，过1 000亿元的企业仅有2家，进入世界500强的企业只有1家。三是自主创新能力弱。我国许多农产品加工企业不仅缺少现代化装备，更缺乏自主创新意识，同质化现象严重，重引进不重创新，重模仿不重开发，产业高端主体技术与装备仍依靠进口，关键零部件国产化程度低。四是产地初加工落后。在农产品商品化处理和初加工环节，农户、专业合作组织和农村小企业加工设施简陋，工艺落后，产后损失大，质量安全隐患突出。据测算，我国农户粮食、果蔬产后损失率分别为7%和10%～20%，远高于发达国家1%和5%的水平。五是资源利用率偏低，受技术和装备水平的制约，我国农产品加工业物耗、能耗、水耗相对较高，资源利用率低，节能减排压力大。

（二）基本经验

“十一五”期间，各级政府和相关部门调动各方资源，采取多种措施，保障了农产品加工业的健康快速发展。一是坚持政策引导和科学规划。连续5年的中央1号文件都明确提出要大力发展农产品加工业。2006年农业部制定了《农产品加工业“十一五”发展规划》。2008年财政部、国家税务总局联合发布了《享受企业所得税优惠政策的农产品初加工范围（试行）》。各地政府也相应出台一系列扶持政策，制定了本地农产品加工业发展规划，明确了各个层面农产品加工业发展的主要方向和战略重点，指导农产品加工业的发展。二是坚持科技创新。“十一五”期间，国家有关部门组织实施了一批重大科研和推广项目，建立了国家农产品加工技术研发中心和200多家专业分中心，整合了农产品加工各领域的科研力量，攻克了一批制约农产品加工业发展的核心技术难题，开发了一批新产品、新材料、新装备，建立了一批产业化示范生产线，推广了一批农产品加工成熟适用技术，推动了农产品加工业由单纯追求数量增长向数量与质量、效益并重转变。三是坚持龙头带动。龙头企业通过原料基地建设，与农民结成利益共同体，初步解决了农产品分散生产与集中加工不相适应的难题；通过技术改造升级，统筹农产品产加销各环节，推动了行业技术进步和核心竞争力提升。目前，固定资产5 000万元以上的龙头企业和骨干企业创造的增加值，占全国农产品加工业增加值的20%。龙头企业的辐射和带动，促进了农产品加工业的快速发展。四是坚持与破解“三农”问题相结合。“十一五”期间，各级政府始终把发展农产品加工业作为促进现代农业发展、新农村建设、县域经济发展、农民转移就业增收的重要手段常抓不懈。目前，农产品加工业已经成为许多地方的重要支柱产业，在统筹城乡发展、繁荣农村经济、改变农村面貌等方面发挥着不可替代的作用。

（三）面临的形势

“十二五”是全面建设小康社会的关键时期，是深化改革开放、加快转变经济发展方式的攻坚时期。加快发展农产品加工业既面临难得机遇，也面对新的挑战。

从机遇看，一是政策环境更加有利。国家出台了一系列加强宏观调控、扩大国内需求的政策，实施了区域发展战略和行业振兴规划，强农惠农力度进一步加大，全社会关心农业、关爱农民、关注农村的氛围不断增强，为农产品加工业的发展提供了良好的宏观环境。二是需求拉动更加强劲。目前我国人均GDP已超过4 000美元，居民消费结构日益呈现高档化、多样化、个性化趋势。预计到2015年，全国人口将超过14亿，而且随着工业化、城镇化进程的加快，城镇人口将超过农村人口。城乡居民生活水平的稳步提高，为农产品加工业的发展提供了巨大的发展空间。三是原料基础更加雄厚。预计到2015年，我国粮食综合生产能力将达到5.4亿t以上，肉、蛋、奶、水产品总产量分别达到8 500万t、2 900万t、5 000万t和6 350万t。农业生产规模化、标准化、组织化程度不断提高，优质专用农产品比例将进一步加大，为农产品加工业的发展奠定了雄厚的原料基础。四是科技支撑更加有力。以生物技术、信息技术、纳米技术等为主导的全球科技革命迅速发展，科技进步日新月异，新技术、新材料、新设备、新工艺不断取得新突破，为农产品加工业的发展提供了强有力的科技支撑。

从挑战看，一是环境资源约束加剧。我国资源环境条件相对脆弱，发展资源节约型、环境友好型生产势在必行。农产品加工企业尤其是众多中小企业调整提升产业层次、完成节能减排指标的任务加重。二是生产要素供给趋紧。农产品加工业进一步面临融资、用地、用工等要素制约，缺资金、缺技术、缺人才的矛盾将更加突出，企业生产成本上升的压力增大。三是国际贸易不确定性增多。后金融危机时期，围绕市场、资源、人才、技术、品牌、标准的国际竞争将更加激烈。受汇率波动和贸易保护主义抬头等因素影响，加工农产品出口的难度将进一步加大。四是质量安全要求提高。随着全球性粮食安全与质量安全意识的不断增强，粮食安全和质量安全已成为农产品加工业数量增加与质量提升的两大重要制约因素，对产业发展提出了更高要求。

二、指导思想、基本原则与主要目标

（一）指导思想

深入贯彻党的十七届五中全会精神，以科学发展为主题，以加快转变经济发展方式为主线，以战略性结构调整为主攻方向，以科技创新为重要支撑，以体制机制创新和对外开放为动力，以服务“三农”和保障产业健康发展为出发点和落脚点，大力推进农产品产地加工，促进初加工与精深加工协调发展；优化区域布局，加强农产品加工产业园区建设，促进产业集群集聚；健全完善农产品加工技术研发体系，提高自主创新能力；培育农产品加工领军企业，推动重点行业发展；健全质量安全保障体系，推进农产品加工标准化，确保质量安全；着力完善企业与农民利益联结机制，充分发挥农产品加工业对现代农业建设和农民就业增收的带动作用。

（二）基本原则

1. *坚持产地初加工与精深加工相结合*　重视发挥产地初加工在降低农产品产后损失、提高商品化率和入市品级方面的作用，以及农产品精深加工在延伸产业链条、提高附加值、增强竞争力方面的作用，大力发展农产品产地初加工和精深加工，加快形成产地初加工与精深加工分工合理、优势互补、协调发展的格局。

2. *坚持培育领军企业与扶持中小企业相结合*　发挥领军企业的带动作用，通过兼并重组等形式做大做强，组建大型企业集团，提高产业集中度。发挥中小企业吸纳劳动力就业的作用，争取财政金融、信用担保等扶持政策，提升中小企业的发展质量和水平，促进形成大中小企业分工协作、协调发展的格局。

3. *坚持自主创新与技术改造相结合*　大力培育企业原始创新、集成创新和引进消化吸收再创新能力，着力突破制约企业发展的关键技术，加大技术改造力度，提高工艺装备水平，调整产品结构，提升产品质量和档次。逐步减少关键技术与装备的进口，提高自主化程度，增强国际竞争力。

4. *坚持因地制宜与重点突破相结合*　根据农产品资源禀赋、农产品加工业发展基础、地理区位优势等，因地制宜发展具有地方或区域特色的农产品加工业。围绕重点行业，着力解决制约发展的突出矛盾和关键问题，实现重点突破、差异发展。

5. *坚持市场运作与政府引导相结合*　充分发挥市场配置资源的基础性作用，鼓励和支持企业遵循经济规律，优化生产结构，采取多种形式拓展国内国外两个市场和两种资源，提高经济效益。同时重视发挥政府的宏观调控作用，改善投融资环境，引导企业走新型工业化的科学发展道路。

6. *坚持绿色环保和节能减排相结合*　按照循环经济的理念，增强高效、低碳、节能、环保意识，加大节能减排和环境保护力度，发展低排放、高效益的加工方式，建立安全、优质、营养、低耗、绿色、生态的现代农产品加工产业体系。

（三）主要目标

“十二五”期间，农产品加工业要加速转变发展方式，加快自主创新，加大产业结构调整力度，提高质量安全水平，降低资源能源消耗，力争规模以上农产品加工业产值实现年均11%的增长率，2015年突破18万亿元；力争加工业产值与农业产值比年均增加0.1个点，2015年达到2.2∶1。

1. *产业集中度有较大提高*　发展一批产业链条长、科技含量高、品牌影响力强、年销售收入超过百亿元的大型企业集团，力争2015年规模以上企业比重达到30%左右。

2. *产业集聚集群有较大突破*　根据《全国优势农产品区域布局规划2008—2015》，在优势区域培育一批产值过百亿元的产业集群，到2015年优势区域的粮油加工、果蔬加工、畜禽屠宰与肉品加工、乳及乳制品加工、水产品加工业产值分别占全国的85%、70%、50%、80%和80%以上。

3. *农产品加工水平有较大提升*　到2015年我国主要农产品加工率达到65%以上，其中粮食达到80%，水果超过20%，蔬菜达到10%，肉类达到20%，水产品超过40%；主要农产品精深加工比例达到45%以上，农产品加工副产物综合利用率明显提高。

4. *产品质量安全水平实现质的突破*　规模以上企业基本建立全程质量管理体系，质量安全与溯源体系基本形成。到2015年，通过ISO等体系认证的规模以上农产品加工企业超过65%，农产品质量安全得到有效保障。

5. *节能减排取得明显成效*　到2015年，农产品加工业单位生产总值综合能耗比“十一五”期末下降10%左右；规模以上企业能耗、物耗低于国际平均水平，工业废水排放达标率达到100%。

三、主要任务

按照上述指导思想、基本原则和规划目标，重点突破农产品加工业发展的瓶颈制约，着力完成七个方面的主要任务。

（一）大力推进农产品产地初加工

依托优势、特色农业产业带，大力发展农产品产地初加工。通过成熟适用技术的筛选与示范推广，支持农民和专业合作组织改善贮藏、保鲜、烘干、清选分级、包装等设施装备条件，减少农产品产后损失，提升入市品级；引导农产品加工企业向产区延伸，促进农产品就地加工转化；支持科研单位、大专院校、企业以及技术服务机构，加强农产品产地初加工技术的引进、研发、储备、筛选和示范推广；协调争取工业与信息、科技、农业等部门安排的企业技术改造专项、公益性行业（农业）科研专项、现代农业产业技术体系专项、重大关键技术推广专项等项目对产地初加工的重点支持。

（二）做大做强农产品加工领军企业

引导龙头企业通过兼并、重组、参股、联合等方式，整合资源要素，发展成为规模化、集团化、整体竞争力强的行业领军企业。引导领军企业跨地区、跨行业组建产业集团，提高产业集中度；支持领军企业与上下游企业组成战略联盟，实现优势互补、做大做强；提升领军企业的技术研发能力和装备水平，大力发展农产品精深加工；鼓励领军企业加强农产品加工示范基地建设，集成各类优势资源，带动专业化、标准化原料基地建设；引导领军企业与专业合作社、农民有效对接，建立紧密型利益联结机制，增强辐射带动农户的能力。

（三）加强农产品加工产业集聚园区建设

根据不同区域、不同产业的发展情况，因地制宜，以发展劳动或资本密集型加工业、农业延伸产业、农村服务业以及与领军企业配套产业等为重点，积极整合和规范发展各类农产品加工产业集聚园区，加快实现加工园区化、园区产业化、产业集聚化。引导产业集聚园区准确定位，突出特色，延长产业链条，发挥辐射带动作用，形成大中小企业协作配套的发展格局。注重发挥产业集聚区整体效率，改善软硬件环境，加强运行机制建设，实现园区内产业的链式构建、企业的规模构建以及公共服务平台的构建。

（四）加快技术进步和自主创新能力提升

引导和支持领军企业增加科研投入，建立技术研发机构，提高核心竞争力；支持中小型加工企业积极引进、消化、吸收先进的技术、工艺、设备、人才和管理，加快前沿技术自主化、关键技术产业化、工程技术本土化步伐，培育自主品牌。进一步完善国家农产品加工业技术研发体系，加强机制建设，围绕产地初加工、综合利用、节能减排、质量安全、新产品开发等重点，开展联合攻关和国外先进技术的引进消化吸收再创新，提升行业整体研发能力。依托国家农产品加工技术研发体系及各类专业性、区域性技术服务机构，按规划、有重点地开展重大关键技术、装备的筛选与示范推广工作。采取多种形式打造科企对接平台，以无偿或低偿转让专利、传授技术、提供咨询、培训人才等为主要内容，组织开展对接活动，实现各类研发机构、技术服务机构与企业之间，领军企业与中小企业之间，以及企业与农民和专业合作组织之间的“零距离”接触，提升行业整体技术水平。

（五）大力加强专用原料基地建设

结合新一轮《优势农产品区域布局规划》的实施，按照农产品加工特性要求，加强加工专用原料基地建设，推进农产品加工原料生产的专业化、规模化、标准化和产业化。到 2015 年，在全国培育 150 个优势明显、具有区域特色、示范带动作用大的农产品加工专用原料基地，为农产品加工业健康发展提供可靠的原料保障；坚持国际、国内两条腿走路的方针，支持农产品加工企业实施“走出去”战略，引导有条件的企业通过股权置换、境外上市等方式开展跨国投资经营，到国外布点建厂，建设农产品加工原料基地，增强原料保障能力。

（六）积极推进农产品加工标准化体系建设

以保障农产品质量安全为目标，加强引导和监督，完善标准体系、全程质量控制体系和检验检测体系。制定并发布《“十二五”农产品加工标准制修订指南》，加强从原料生产到加工全过程的标准化管理；在农产品加工企业推行良好生产操作规范（GMP）、危害分析与关键控制点（HACCP）和 ISO9000、ISO22000 族系质量管理与控制体系，进一步加强对已通过认证企业的后续监管；建立健全风险监测、生产许可、监督抽查、产品召回、应急处理等监管制度，加强对农产品加工全过程的质量监督管理；拓展现有农产品质检机构的检测范围，开发新的检测技术，全面提高农产品加工业检验检测能力。

（七）努力打造行业管理服务平台

围绕创业辅导、行业监测、网络建设、人才培训、技术支持、信用管理、对外交流、法律咨询等方面的服务，进一步建立健全农产品加工业公共服务体系。加强创业孵化服务，鼓励在粮食生产核心区、非粮大宗农产品优势区、都市农业区、沿海高效农业区建设农产品加工创业辅导基地，依托各地农产品资源和市场资源孵化中小型加工企业，促进农产品就地转化增值和农民就近转移就业。以全面性、准确性、权威性为标准，建立健全对农产品加工行业重点区域、重点品种、重点环节的监测制度，逐步建立农产品加工业全行业数据库。依托农业、劳动、教育、乡镇企业等各类培训资源，通过评估、认证，确定一批农产品加工创业培训、技能培训和经营管理培训基地。发挥电视台、广播电台、网络、报刊等媒体优势，创建信息服务平台，提供企业诊断、技术咨询等方面的服务。

四、重点布局

围绕规划目标和主要任务，综合考虑不同区域、不同产业在经济区位、优势资源条件以及发展水平等方面的差异，对重点区域、重点产业进行布局，着力实现农产品加工业发展在重点地区的重点突破和重点产业的梯次推进。

（一）重点区域布局

1. 粮食生产核心区　大力发展粮食产地初加工、精深加工及仓储物流业，打造现代化国家级口粮、饲料用粮和工业用粮加工基地。加快形成黄淮海、西北地区优质强筋小麦加工产业带，长江中下游地区优质弱筋小麦加工产业带，东北及黄淮海地区玉米、大豆加工基地，东北及南方地区稻谷加工产业带，东北、华北、西北和西南地区马铃薯加工产业带，中原、西南地区甘薯加工产业带，西北、西南、华北地区杂粮加工基地。

2. 经济作物生产优势区　着力突破产后加工处理技术与设备，大力发展棉花、油料、糖料、柑橘、苹果等经济作物产品加工业。加快形成西北、中原地区棉花加工产业带，长江流域优质油菜籽加工产业带，桂中南、滇西南、粤西、琼北地区甘蔗加工产业带，中南、西南地区柑橘加工产业带，环渤海和西北黄土高原地区苹果加工产业带，华南地区热带水果加工产业带，以及一些地区具有特殊优势的其他经济作物加工基地。

3. 养殖产品优势区　积极发展肉品、乳品和水产品加工业。加快形成华北、中南、西南地区猪肉加工产业带，中原、西北、东北地区牛羊肉加工产业带，东北、华北、西北地区乳品加工产业带，东南沿海、黄渤海和长江流域水产品加工产业带。

4. 沿海发达地区　大力发展外向型企业，开拓国际市场。加快形成珠三角、长三角、黄渤海、海峡西岸地区农产品精深加工基地、水产品加工基地、蛋品加工基地、蚕桑加工基地和茶叶加工基地。

5. 大中城市郊区　积极发展果蔬、畜禽产品分级包装等产后商品化处理与物流产业，提高农产品品级及商品化率。在大中城市郊区加快形成果蔬贮藏保鲜基地、果汁灌装基地、米面主食品生产基地、乳品加工基地、茶叶精深加工基地和蜂产品加工基地。

6. 农垦重要农产品生产区　大力发展粮食、棉花、天然橡胶、糖料、乳品加工，提高竞争力。加快形成西北地区乳品、棉花和甜菜加工基地，华南地区甘蔗、天然橡胶加工基地和稻谷加工基地，东北地区稻谷、大豆、玉米加工基地。

7. 草原生态区　积极发展绿色畜产品加工业，提高经济效益，增加农牧民收入。加快形成西北、西南地区牛羊肉、乳品、皮毛、羊绒加工基地。

（二）重点产业发展

1. 粮棉油加工业　重点推进产地初加工与精深加工，加强副产物综合利用，延长产业链，提高附加值。粮食加工，在促进食品加工、饲料加工和工业加工协调发展的同时，重点开发传统主食品工业化生产技术和副产物综合利用技术，发展冷冻米面主食、速食米面制品、玉米休闲食品、杂粮方便食品和薯类食品以及变性淀粉、米糠油、胚芽油等精深加工产品。棉花加工，主要开发棉籽剥壳与制油新技术、新工艺，推进棉籽油、棉籽蛋白等副产物综合利用。油料加工，重点推进加工专用品种多元化和原料基地建设，大力开发节能、环保的油脂加工新技术，增加菜籽油、花生油、棉籽油和特色油脂产量，开发油料蛋白、生物活性物质等高附加值产品，促进油料作物转化增值与深度开发。

2. 果蔬加工业　扩大加工用果蔬原料基地规模，重点推进产地加工，发展果蔬物联网，增加农民收入。果蔬汁加工，重点开发原料预处理、高效榨汁等技术，发展浓缩汁、NFC果蔬汁、复合汁、果蔬汁主剂。果蔬罐头加工，重点开发电脑程序控制自动杀菌、综合利用等技术，发展柑橘、桃、菠萝、蘑菇罐头等，促进果蔬罐头加工装备向连续化、机械化、智能化方向发展。脱水果蔬加工，重点开发联合干燥技术、节能干燥技术等，发展香菇、葱蒜、辣椒、番茄、胡萝卜、天然调味料等脱水产品，促进脱水设备向先进、高效、节能方向发展。速冻果蔬加工，重点开发微波、远红外等快速解冻新技术，发展豌豆、甜玉米等速冻产品。果蔬物流，重点推广应用果蔬贮运保鲜新技术，发展果蔬冷链物流系统。

3. 畜产品加工业 重点推进肉蛋奶和皮毛加工业，倡导清洁生产、节能减排和资源综合利用，提高附加值。肉类加工，重点发展传统肉制品工程化加工技术和冷链物流技术，积极发展冷却分割肉，扩大低温肉制品、功能性肉制品产量，大力开发肉品加工先进设备，完善质量控制体系和追溯体系，保障肉类食品安全。乳品加工，重点推进新产品开发和质量安全体系建设，丰富产品品种，形成多样化乳品产品结构，保障乳及乳制品安全。蛋品加工，重点开发新型蛋制品生产技术与设备，推动传统蛋制品工业化生产，开发液态蛋、高特性专用蛋粉等新产品，延长产业链。皮毛加工，重点推进皮毛产地初加工和精深加工，实现清洁生产、减少污染，确保皮毛加工行业可持续发展。

4. 水产品加工业 重点推进水产品精深加工、低值水产品和加工副产物的高值化开发和利用，完善水产品物流体系，提高产品品质，降低损失率。淡水鱼类加工，以原料产地为依托，实现就地就近加工，革新罐头、干腌制品以及传统风味鱼制品加工工艺，大力发展鱼糜制品、各种鱼片、调味即食食品等精深加工。海水鱼类和头足类加工，大力开发超低温速冻、产品保鲜、综合利用等技术与装备，建立健全生产、加工、运输和销售的质量安全保障体系。虾蟹类加工，重点突破保活、保鲜技术和副产物综合利用技术，开发含自动剥壳等前处理设备在内的加工成套设备。贝类加工，重点推广贝类净化、保鲜与保活技术，提高贝类产品质量安全水平。藻类加工，开展海藻工业设备节能减排改造，加强海藻食品多元化产品以及海藻肥等农业投入品的研发与推广，拓宽海藻加工利用途径。

5. 特色农产品加工业 重点推进茶叶、糖料、蜂产品、食用菌、天然香辛料、丝麻等产地初加工和精深加工，倡导清洁加工和综合利用，提高资源利用率。茶叶加工以精制加工及深加工为主，开发新型茶饮料、袋泡茶以及茶多糖、茶氨酸、茶色素等新产品。糖料加工以提高综合利用水平、节能降耗为重点，开发高附加值新糖品。蜂产品加工以发展蜂蜜、蜂王浆、蜂花粉、蜂胶等深加工保健产品为主，大力发展有机蜂产品、保健蜂产品、出口蜂产品等。食用菌加工以开发即食食品和保健食品为主，增加产品附加值。天然香辛料加工以开发方便快捷调味品、香辛料精油和功能食品为主，提升我国优势特色资源的附加值。丝类加工要保持绢丝与非绢丝产业的协调发展，开展精深加工，提高蚕茧资源的综合利用率。麻类加工要大力发展清洁化加工和综合利用技术，提高麻类纤维资源的利用率。

五、建设工程

围绕规划目标、主要任务和重点布局，重点实施五项建设工程，促进农产品转化增值和农民就业增收。

（一）农产品产地初加工惠民工程

以解决农产品产后处理设施简陋、工艺落后、损失严重、质量安全隐患突出等问题为重点，积极争取扶持政策，启动农产品产地初加工惠民工程。采取国家扶持、农民建设、农业部门技术指导和服务的方式，支持农民和专业合作组织建设产地贮藏、保鲜、烘干、分级等初加工设施，推广先进适用技术，普惠广大农民，实现“减损增效、均衡上市、稳定价格、提高质量、促进增收”一举多得的效果，提高我国农产品产地初加工水平。在稻谷、小麦、玉米、大豆、花生、薯类等大宗产品储藏、烘干、分级等环节，对农民、专业合作组织及农村小企业建造或购买小型烘干设备和储藏设施给予财政补贴扶持；在苹果、柑橘、蔬菜等大宗果蔬采后预冷、打蜡、分级、包装、贮藏、保鲜等环节，对农民、专业合作组织及农村小企业建造或购买果蔬贮藏窖、烘干设施、预冷保鲜库和打蜡装置等设施设备给予财政补贴扶持；在畜禽运输、静养、屠宰、分割分级、冷冻、包装等环节，对农民、专业合作组织及农村小企业建设或购置小型畜禽运输车、小型冷库和建设静养圈等设施给予财政补贴扶持；在水产品冷藏、冷冻、烘干、运输等环节，对农民、专业合作组织及农村小企业购置鲜活水产品运输车、冷冻运输车，购买烘干设施和建设小型冷库等给予财政补贴扶持。

（二）农产品加工领军企业培育工程

以发展农产品精深加工和提高资源综合利用率为目的，积极争取有关政策，支持农产品加工企业加快技术装备改造升级，培育壮大一批领军企业，树立民族品牌，提升我国农产品加工业的发展水平和市场竞争能力。参照国家税则、国内外相关技术法规和标准，细分农产品加工行业，编制《农产品加工子行业领军企业目录》，争取实现在财政、税收、融资和贸易政策等方面的重点支持。以农产品精深加工、综合利用、质量安全和节能减排为重点，制定《农产品加工业技术进步和技术改造项目及产品推荐目录》，择优支持500家农产品加工领军企业进行技术装备改造升级，促进企业上规模、上水平，形成一批产值过百亿元的大型农产品加工领军企业。

（三）农产品加工技术研发体系建设工程

以提高我国农产品加工业的创新能力和整体技术

水平为目标，进一步整合资源、集中力量，分领域、分品种、分区域重点支持建设1家国家中心和100家专业分中心、400家示范站，进行研发仪器设备和小试、中试设施建设，提高研发能力，形成三级三类的研发体系。通过研发体系建设，争取在重大关键共性技术的攻关、引进、集成和示范推广等方面取得实质性进展，“十二五”期间组装集成、配套800～1 000项工程化技术，熟化、示范300～500项科技成果，解决农产品加工业工程化技术缺乏的问题，全面提升我国农产品加工业的技术水平。建立农产品加工行业重大科技项目储备库，编制公益性行业（农业）科技专项“十二五”建设规划，鼓励农产品加工技术研发中心申报、实施公益性行业（农业）科技专项，提升农产品加工技术研发体系的研发水平。调动各方面研发力量，以农产品精深加工、质量安全、综合利用和节能减排为重点，筛选出农产品加工各领域急需引进、攻关、推广的技术项目。加强高效、节能、安全和提质的新型技术与装备的推广应用，加快产业技术升级。以提升中小型企业技术水平为核心，搭建技术对接和推广平台，广泛开展先进适用技术、装备的推介活动。支持举办全国性或区域性的农产品加工合作与经贸促销活动。支持农产品加工企业参加国际大型展览展销活动，努力开拓国内外市场。

（四）农产品加工国际标准跟踪与监测预警工程

以服务政府决策和行业发展为目的，开展农产品加工重点行业、重要品种的跟踪研究和监测分析，发布行业信息，引导产业健康发展。以相关行业协会、科研单位和领军企业为依托，以大宗、敏感行业或品种为对象，建立农产品加工监测预警专家队伍、方法制度、指标体系、信息数据库和信息发布平台，分领域、分品种建设一批农产品加工监测预警中心和基层信息采集点，开展农产品加工监测预警信息的采集、跟踪、专题分析和研究工作，形成监测预警报告，为政府决策和企业发展服务。完善农产品加工国际标准跟踪平台，及时掌握CAC、ISO等国际标准组织和主要贸易国农产品加工标准及相关政策的调整变动情况，深入开展国际农产品加工标准框架体系及监管体制研究，对进出口贸易量大的畜禽产品、果蔬制品和水产制品等加工标准及相关政策进行专题跟踪分析，及时提出预警信息，为农产品加工企业采取积极有效的应对措施和政府的决策提供参考。

（五）农产品加工产业集聚园区建设工程

以促进产业集群集聚发展为目标，在农产品优势产区和产业带，依托农产品资源优势，引导农产品加工产业梯度转移，促进农产品加工业向优势产区聚集，提高产地农产品加工转化能力和精深加工水平。在粮食生产核心区，引导粮食加工企业集聚；在非粮大宗农产品优势区，引导畜产品、果蔬产品和水产品加工企业集聚；在沿海发达地区，引导外向型企业集聚；在大城市郊区，引导果蔬物流龙头企业集聚。农产品加工产业集聚区建设要与现代农业示范区和农业产业化示范基地建设衔接，互相补充，共同发展。到2015年，在全国200个具有区位特色和产业优势的县（市、区），建立与农产品产业带相适应的农产品加工产业集聚区，充分发挥其集成、示范和辐射作用，带动农产品产地由资源经济向产业经济升级。

六、保障措施

（一）推进体制机制创新，加强指导服务

要站在经济社会发展全局的高度，充分认识发展农产品加工业的重要性和紧迫性，按照中央的要求，进一步完善农产品加工管理体制，理顺部门分工，明确管理权限，扎实推进各项工作的落实。各级主管部门要完善工作机制，转变工作方式，提高工作效率，切实履行好职责范围内农产品加工业的宏观管理和指导工作，为农产品加工业创造宽松、有利的发展环境。

（二）完善宏观管理与保护政策，保障产业安全

加快现有农产品加工业相关法律、法规、条例和规章制度的修订、完善工作，为产业发展提供法律保障。完善《政府核准的投资项目目录（2004年）》和《产业结构调整指导目录》，制定重点行业准入条件，明确准入门槛。加大部门协调力度，科学调整《外商投资产业指导目录》，合理引导外资进入农产品加工业领域，加快农产品加工业损害预警体系建设，对受损产业及时实施贸易救济。建立健全农产品加工领域外资进入安全审查机制，对外资并购境内粮食、油料等重要加工行业的重点企业进行安全性审查。加强与相关部门的沟通协调，争取设立扶持农产品加工业发展专项资金，加强对优势农产品加工项目的支持，促进产业优化升级；争取设立农产品加工业“走出去”专项基金，为企业开拓国际发展空间提供支持保护；争取相关政策，解决农产品加工企业用地难、用电贵等问题。引导现代农业生产发展资金、农业结构调整资金、农业综合开发资金、中小企业扶持资金等向农产品加工业倾斜。

（三）加大财税支持力度，扶持产地加工业发展

落实各项有关加快发展农产品加工业的财政支持和税收优惠政策。做好农机购置补贴中农产品初加工机械补贴工作，争取建立农产品加工机械更新报废经济补偿制度，对企业采用低能耗、低水耗、低物耗、低排放、低污染的加工机械装备，给予一定的财政补贴或信贷支持。进一步完善《农产品初加工所得税优惠目录》，扩大优惠政策的实施范围，为发展产地初加工业创造有利条件。加强与税务部门的协调，争取统一农产品加工进销项增值税率，解决农产品加工业增值税高征低扣问题，减轻企业税收负担；实施中小型农产品加工企业税收特惠政策，对于购置国产农产品加工机械的中小型企业给予一定期限的所得税减免；对于引进国外先进技术与设备的中小型企业免征进口关税和进口环节增值税。

（四）创新金融服务方式，拓宽融资渠道

加强与金融部门协作，开展联合担保、订单质押等新型贷款担保方式，实行优惠利率，加大对农产品加工企业的信贷支持。鼓励企业在财政支持下参与担保体系建设，增强信贷担保能力。采取社会资本为主、政府适当支持、市场化运作的方式，扶持农业信贷担保组织发展，扩大农村有效担保物范围，切实缓解农产品加工企业融资难问题。支持建立村镇银行、贷款公司、农村资金互助社等新型农村金融组织，扶持有条件的农民专业合作组织和小企业开展信用合作。加强与证监会、银监会的沟通协调，优先安排农产品加工企业上市融资，允许符合条件的企业发行债券，拓宽农产品加工业发展的资金来源渠道。引导企业采取多种形式进行资本运营，用活社会资金。加快发展政策性农业保险，扩大保险覆盖范围，提高保费补贴标准。

（五）健全社会化服务组织，促进行业健康发展

鼓励各类服务机构，围绕农产品加工业发展的需要，开展行业状况调查、产业规划制定、诚信体系建设、项目评估、技术咨询、人才培训、质量认证等方面的服务，促进我国农产品加工业的行业管理和服务逐步规范化。加强农民专业合作组织在发展农产品加工业科技服务、信息传递、资金融通、标准化生产等方面的作用，维护广大农民的经济利益。鼓励同类型的农产品加工企业之间组建专业协会，加强行业自律，协调解决行业内部矛盾，促进行业健康发展。

（六）加强宣传，营造良好氛围

通过报纸、网络、电视等媒体和宣传手段，深入贯彻各项强农惠农政策和本规划主要内容，宣传农产品加工业的重要地位和作用，引导社会各方面提高对发展农产品加工业重要性的认识。大力宣传农产品加工业领域的先进典型和成功经验，积极引导社会舆论，营造全社会共同关注、协力支持农产品加工业持续健康发展的良好氛围，努力把规划确定的目标任务落到实处。

茧丝绸行业“十二五”发展纲要

（商务部　商运发〔2011〕411号　2011年11月7日）

根据《国民经济和社会发展第十二个五年规划纲要》，编制茧丝绸行业“十二五”发展纲要，主要阐明茧丝绸行业发展状况、主要目标、重点任务和政策措施，为“十二五”期间我国茧丝绸行业的发展提供指导和依据。

一、“十一五”回顾

（一）积极应对不利影响，行业发展保持基本平稳

我国茧丝绸行业在促进结构调整、大力培育自主品牌、积极扩大出口等政策推动下，“十一五”前期延续了“十五”发展的良好势头。2008年下半年，受国际金融危机、人民币升值、生产要素价格上涨等影响，传统出口市场需求受到抑制，我国丝绸出口明显下降，行业长期积累的各种矛盾凸显，行业生产和经营受到较大影响。随着国家积极扩大内需等政策措施的实施，到“十一五”末，我国茧丝绸行业运行指标基本恢复到“十一五”初期的水平，行业出现加快复苏的发展势头。2010年，全国桑园面积达到1 203.1万亩，蚕茧产量64.9万t，生丝产量16.2万t，分别比2005年增长3.7%、5.4%和30.4%。

（二）“东桑西移”成效显著，区域结构进一步优化

“十一五”期间，茧丝绸业根据行业实际状况，在充分尊重茧丝绸行业发展规律的基础上，抓住“西部大开发”、“中部崛起”和纺织产业结构调整的有利时机，大力实施了“东桑西移”工程，有效实施资源整合，实现了东部地区加工、技术、管理及资金优势与中西部地区土地、人力及资源优势的有机结合，促进了区域结构的优化，也为东部茧丝绸行业转型升级创造了条件。截至2010年，中西部地区（不包括青海、西藏）桑园面积和生丝产量占全国比重比2005年分别提高10.1个百分点和23.0个百分点，产业基础得到进一步夯实。

（三）科技推广和创新稳步推进，产业升级步伐加快

“十一五”期间，以现代丝绸国家工程实验室为代表的产学研技术创新体系初步形成，为行业发展提供了技术支撑和服务；家蚕基因组研究取得国际领先地位，优质高效养蚕新技术得到有效推广；自动缫丝装备智能化技术研究步伐加快，新增缫丝设备全部采用自动缫丝机，生丝品位稳定性显著提高；丝绸加工技术和设备水平明显提高，产品研发能力提高，品质和档次不断提升；产业集群和特色基地稳步发展，集群效应开始显现；缫丝、印染等重点领域废水治理和回用技术得到广泛应用，节能减排水平稳步提高。

（四）市场结构有所调整，营销环境得到改善

受国际金融危机影响，我国对美国、印度、日本、韩国等主要出口市场丝绸贸易规模有所下降，对巴基斯坦、土耳其、俄罗斯、罗马尼亚等国家出口增速加快，生丝和真丝绸缎出口继续稳居世界首位，占全球贸易总额的比重分别达到90%和70%以上。随着国内消费水平的稳步提高，国内市场潜力不断释放，内销比重持续增加，丝绸家纺、丝针织品、丝绸饰品、丝绸混纺交织品等已成为市场主导产品；中国国际丝绸博览会、中国丝绸交易会等大型专业展会，为产业技术合作、品牌宣传、贸易合作搭建了良好的沟通和交流平台，丝绸营销环境得到改善。

（五）丝绸文化建设加快，品牌影响进一步提升

民间资本参与建设丝绸博物馆和丝绸文化园步伐加快，云锦、缂丝、莨绸、刺绣等一批民间传统丝绸工艺和技法作为非物质文化得到有效保护和传承。北京奥运会和上海世博会的成功举办，进一步弘扬了中国丝绸文化，促进了丝绸企业品牌宣传；“高档丝绸标志”市场认知度日益提高，27家授权使用高档丝绸标志企业的销售额达25亿元；随着行业科技的不断创新与发展，以民族特色和传统文化为核心的自主品牌体系正在逐步形成，丝绸品牌影响力得到有效提升。

“十一五”时期，我国茧丝绸行业发展取得显著成就，基本完成了发展纲要所确定的主要任务，为推进区域经济发展、促进农民增收、改善生态环境、丰富人民生活做出了积极贡献。但制约行业健康发展的一些矛盾与问题仍未有效破解，主要有：蚕茧生产波动较大，产业基础仍不牢固；关键技术和装备研发有待突破，行业技术创新和人才服务体系尚不完善；产业集群发展规模和水平有待进一步提升，缺乏具有国际影响力的跨国集团和自主品牌；对国内丝绸市场和国际新兴出口市场的开拓不足，抵御国内外市场风险的能力较弱等，需要在“十二五”加快解决。

二、面临的形势

“十二五”是我国商务发展转变方式、实现贸易大国向贸易强国转变的重要时期，也是茧丝绸行业发展的关键时期，处于大有可为的重要战略机遇期，同时也面临严峻挑战。

（一）国际方面

随着经济全球化深入发展，包括丝绸在内的纺织品服装市场继续增长的趋势不会改变。发达经济体仍是丝绸商品出口的主要市场，新兴经济体的需求潜力将进一步释放，这将有利于我国丝绸企业通过积极开拓多元化市场，扩大丝绸出口份额，推动我国丝绸工业出口稳步增长。但是，国际金融危机的影响深远，世界经济增长速度减缓，欧美债务危机动荡加剧，全球贸易萎缩，全球需求结构出现明显变化，围绕市场、资源、人才、技术、标准等竞争将更加激烈，贸易保护主义抬头，丝绸商品扩大出口的难度加大。另外，近年来，印度、泰国、越南等国加大政府投入和吸引外资的力度，丝绸业快速发展，来自周边国家丝绸市场竞争将日益加剧，加上人民币仍面临较大的升值压力，国内茧丝绸产品出口价格传统优势将会削弱。

（二）国内方面

国民经济保持平稳较快发展，国家扶持“三农”、改善民生和搞活流通、扩大消费等政策措施的进一步实施，将为茧丝绸行业发展提供坚实的发展基础和巨大的市场空间。随着人们生活水平的提高，环境保护意识的增强，衣着材料向蚕丝等天然纤维回归成为必然趋势，茧丝绸行业绿色、低碳的发展方向以及丝绸制品天然、舒适的特征，将进一步满足新型消费需求，传统丝绸产业将焕发出新的生机与活力。同时，国内宏观经济面临结构调整，环境保护压力加大，土地、劳动力等资源紧张，原材料、能源等生产要素价格上升，直接制约茧丝绸企业做大做强，市场竞争和企业经营面临新的挑战。

三、指导思想和目标

（一）指导思想

深入落实科学发展观，继续深化贸工农一体化改革，以“调结构、创品牌、促升级”为主线，以科技创新为先导，优化资源配置，发挥区域优势，促进东中西部协调发展，推进技术进步，增强自主创新能力，弘扬中国丝绸文化，培育自主丝绸品牌；开拓国内外市场，拓宽应用领域，扩大丝绸消费需求，促进产业升级，增强产业竞争力，实现茧丝绸行业持续健康协调发展。

（二）主要目标

——保持行业经济总量稳步提升。“十二五”期间，年均蚕茧产量稳定在65万t左右，丝及丝绵类产品总产量达12万t以上，蚕桑经济收入超过200亿元，蚕农人均收入不断提高，丝绸工业总产值达2 000亿元以上，真丝绸商品出口保持在35亿美元以上。

——推进产业结构调整。提升东部产业优势，培育一批具有国际影响力的企业和企业集团，打造我国东部先进丝绸制造聚集地；继续引导和推进茧丝绸行业向中西部地区转移，创新产业发展模式，在中西部地区建设一批优质茧丝生产基地、丝绸生态园区和新型产业集群。

——突破一批关键技术及装备。初步建立“产、学、研、用”相结合的行业技术创新和服务体系，行业生产效率明显提升；到2015年，数字化智能自动缫丝技术得到广泛应用，新增真丝绸织造设备中无梭织机比重达到90%以上，优势企业基本实现信息化管理。

——强化自主品牌发展。积极推动企业终端产品开发和自主品牌建设，重点打造10个具有民族特色和国际影响力的自主知名品牌。

——促进行业节能减排。加快节能、降耗、减排新技术、新装备在茧丝绸行业的推广应用。到2015年，烘茧和丝绸印染领域单位增加值能耗比“十一五”末降低20%以上，丝绸工业单位增加值用水量降低30%以上，缫丝企业实现污水零排放，茧丝绸固体废弃物综合利用率提高到80%以上。

四、重点任务

（一）优化产业区域布局，促进东中西部协调发展

进一步调整和优化产业区域结构，加快推进区域协作和专业化分工，实现优势互补、良性互动、协调发展的新格局；在蚕茧供求总量保持基本平衡基础上，鼓励在中西部地区采用先进设备发展缫丝、绢纺、织造、精炼、丝绸家纺等加工产业，形成优化的产业链；在中西部蚕桑生产集中地区，建立一批标准化桑园、丝绸工业园区和生态示范园区，提高产业集聚度；继续发挥东部地区在人才、技术、管理、资本、信息、市场等方面的优势，建设高档丝绸产品生产基地，推动东部地区产业集群升级；支持东部优势企业跨地区兼并重组、产业整合，增强市场竞争力。

（二）提高蚕桑生产水平，夯实行业发展基础

加强育种、功能基因等新技术的研发和利用，加快家蚕基因组研究成果转化；加强蚕、桑种质资源保护和研究，完善蚕、桑实用品种选育、繁育和质检制度；继续加强蚕桑病虫害防控技术研究，推广无害化生物农药应用，建立病虫害综合防控和预警体系；巩固优质蚕桑基地，结合各地实际，继续推进“公司+基地+农户”的蚕桑产业化经营模式，鼓励和引导蚕农建立专业合作社，建立和完善最低保护价收购、订单农业、二次返利、蚕农入股等机制，稳定蚕茧产销关系，夯实产业基础。

（三）提升行业技术装备水平，增强产业核心竞争力

大力推进新型装备的改造与研发，加快蚕种自控催青设备、桑枝剪伐设备、蚕室温湿度调控设备、省力化饲养设备、蚕茧收烘设备等关键装备的研究与推广；采用新型自动缫丝机、绢纺精梳设备、高速并线机、倍捻机、自动络筒机、无梭织机等先进设备，提升丝绸加工整体水平，加快落后技术与装备的淘汰步伐；加快无水、少水、在线检测和控制等新型丝绸染整技术的开发和应用，扩大丝绸数码印花等新技术使用范围；加快复合型、差别化、功能性等高档真丝绸产品和含丝纺织产品开发，改善丝绸产品结构；加快丝绸行业节能减排技术的推广应用，提高缫丝、印染废水回用比例。

（四）完善公共服务平台，提升行业运行质量

整合公共资源，建立完善公共信息服务平台，为行业提供产品供求、市场价格、技术装备、市场营销以及人才交流等信息服务；依托现代丝绸国家工程实验室、国家重点实验室、国家工程技术研究中心等国家级科研机构，发挥技术研发、人才培养、成果推广等技术创新支撑优势，通过技术集成、技术培训与技术服务等有效方式，加大行业科研成果转化力度；加强对茧丝绸交易市场的有效监管，完善物流、金融、质检、法律、咨询等配套服务；加强行业标准制修订工作，努力提升我国丝绸技术标准的国际化水平；加强茧丝绸行业统计、监测、分析、预警和调控，综合运用市场准入、信息服务、储备调控等手段，引导行业平稳运行。

（五）加快综合利用技术研发，提高资源利用效率

充分利用国家重点推广资源开发与废弃物综合利用技术有关政策，加快茧丝绸资源循环、综合利用和绿色加工等技术的研究与推广，支持企业加大桑柞蚕、蓖麻蚕、木薯蚕等茧丝资源在家纺、食品、医疗、保健、生物工程等领域产业化开发力度；加强科研院所、高校与企业间的合作，建立综合利用示范基地，培育一批资源综合利用龙头企业，提高茧丝绸行业资源综合利用的效率和效益。

（六）统筹国内外市场，拓宽贸易渠道

进一步扩大丝绸品牌产品国际市场占有率，巩固欧、美、日、韩等传统出口市场，鼓励企业开拓俄罗斯、中东、东南亚、南美、非洲等新兴市场；引导优势企业走出去，通过收购、入股等形式进行境外投资合作、品牌收购、营销网络建设；鼓励企业开发服饰、礼仪和家纺等符合内需特点的丝绸系列产品，深入拓展国内丝绸消费市场；优化和创新商业营销模式，发展电子商务，建设专业营销网络和现代物流体系，推进丝绸会展业发展。

（七）弘扬民族特色，打造中国丝绸品牌

建立和完善品牌公共服务体系，实施自主品牌培育重点工程，按照“扶优扶强”和“公开、公平、公正”原则，依托行业组织，选择自主创新能力强、市场占有率高的龙头企业进行重点跟踪和培育，尽快形成一批国内知名、国际影响力强的丝绸自主品牌，扩大丝绸自主品牌影响力；充分挖掘和传承民间工艺和技法，保护丝绸相关非物质文化遗产；提升丝绸产业文化价值，重点培育一批特色丝绸小镇、古典商贸街区和文化创意园，集中打造杭州、苏州等具有浓厚丝绸文化底蕴的国际化丝绸都市，提升中国丝绸整体形象。

五、保障措施

（一）发挥政策优势，营造良好发展环境

综合运用财政、税收、金融等经济政策，加大政策措施扶持力度。通过各项财政政策，继续支持茧丝绸营销渠道和品牌建设、技术改造、节能减排等重大项目；积极引导银行、保险以及担保公司等机构为符合条件的茧丝绸发展项目提供金融支持；结合退耕还林、荒山造林工作，扶持桑蚕基地建设；鼓励各地探索和创新产业转移或产业承接的地方政策，营造有利于产业转移的政策环境。

（二）加大科技投入力度，提升行业技术水平

发挥高校及科研院所能动性，开展前瞻性、基础性、关键共性技术的研发，建立国家蚕桑（柞）丝绸技术研究、病虫害防治、科技信息服务等产业服务平台；鼓励企业创建技术中心、设计创意中心、信息处理中心等创新机构；支持茧丝绸产业集群、工业园区、特色基地建立公共技术服务平台，推动科研成果转化，利用高新技术，改造和提升丝绸产业。

（三）实施品牌战略，推进文化交流

继续办好中国国际丝绸博览会、中国丝绸交易会；通过开展“高档丝绸标志”产品认定活动，培育与推广自主品牌；扶持自主品牌企业参加国内外综合性交易会及专业性展会；引导企业进行商标国际注册，加大自主品牌保护力度；支持和引导有条件的城市建设丝绸博物馆、丝绸文化创意园、丝绸文化商圈等，弘扬中国丝绸文化。

（四）加强行业制度建设，规范市场运行

严格执行《蚕种管理办法》、《鲜茧收购资格认定办法》和《全国缫丝绢纺企业生产经营资格核准制度》，加强茧丝绸交易市场建设与管理，提高市场准入标准；加快行业标准化建设，积极推动丝绸标准国际化；完善茧丝绸市场调控体系建设，修改《国家厂丝储备管理办法》等规章，扩大国家厂丝储备规模，推进建立中央储备、地方储备和商业代储相结合的厂丝储备体系，提高市场调控能力。

（五）发挥中介组织作用，提升服务质量和水平

发挥行业商协会等中介组织作用，及时反映行业情况和企业诉求，引导企业落实产业政策；加强行业组织服务与自律，推动行业诚信建设，规范企业行为，保障劳动者合法权益，维护公平竞争的市场环境；支持行业组织与各国同行间建立合作伙伴关系及民间对话机制，加强国际交流与合作。

商务部会同有关部门制定和实施茧丝绸行业发展纲要，完善规划实施机制，协调落实相关政策措施。各地区茧丝绸行业主管部门要切实加强规划纲要的组织实施，明确本地区发展方向和重点，形成工作合力，努力开创茧丝绸行业发展新局面。

“十二五”农作物秸秆综合利用实施方案

（国家发改委等　发改环资［2011］2615号　2011年11月29日）

我国是农业大国，农作物秸秆产量大、分布广、种类多，长期以来一直是农民生活和农业发展的宝贵资源。改革开放以来，在党中央、国务院强农惠农政策支持下，农业连年丰收，农作物秸秆（以下简称“秸秆”）产生量逐年增多，秸秆随意抛弃、焚烧现象严重，带来一系列环境问题。加快推进秸秆综合利用，对于稳定农业生态平衡、缓解资源约束、减轻环境压力都具有十分重要的意义。近年来，我国高度重视秸秆综合利用工作，2008 年国务院办公厅印发了《关于加快推进农作物秸秆综合利用的意见》（国办发［2008］105 号），提出了秸秆综合利用的目标任务、重点和政策措施，在相关部门和各地区的共同努力下，秸秆综合利用得到了较快发展。

为指导“十二五”期间各地推进秸秆综合利用工作，加快农业循环经济和新兴产业发展，改善农村居民生产生活条件，增加农民收入，保护生态环境，推动社会主义新农村建设，按照国务院办公厅文件要求，在分析全国秸秆资源量和综合利用情况的基础上，制订本实施方案。

一、秸秆综合利用现状

（一）秸秆资源量

据调查统计，2010 年全国秸秆理论资源量为 8.4 亿 t，可收集资源量约为 7 亿 t。秸秆品种以水稻、小麦、玉米等为主。其中，稻草约 2.11 亿 t，麦秸约 1.54 亿 t，玉米秸约 2.73 亿 t，棉秆约 2600 万 t，油料作物秸秆（主要为油菜和花生）约 3 700 万 t，豆类秸秆约 2 800 万 t，薯类秸秆约 2 300 万 t。我国的粮食生产带有明显的区域性特点，辽宁、吉林、黑龙江、内蒙古、河北、河南、湖北、湖南、山东、江苏、安徽、江西、四川等 13 个粮食主产省（自治区）秸秆理论资源量约 6.15 亿 t，占全国秸秆理论资源量的 73%。

（二）秸秆综合利用情况及特点

2010 年，秸秆综合利用率达到 70.6%，利用量约 5 亿 t。其中，作为饲料使用量约 2.18 亿 t，占 31.9%；作为肥料使用量约 1.07 亿 t（不含根茬还田，根茬还田量约 1.58 亿 t），占 15.6%；作为种植食用菌基料量约 0.18 亿 t，占 2.6%；作为人造板、造纸等工业原料量约 0.18 亿 t，占 2.6%；作为燃料使用量（含农户传统炊事取暖、秸秆新型能源化利用）约 1.22 亿 t，占 17.8%，秸秆综合利用取得明显成效。

1. 多元化利用格局形成　秸秆由过去仅用作农村生活能源和牲畜饲料，拓展到肥料、饲料、食用菌基料、工业原料和燃料等用途；由过去传统农业领域发展到现代工业、能源领域。秸秆能源化利用发生了质的变化，从农民低效燃烧发展到秸秆直燃发电、秸秆沼气、秸秆固化、秸秆干馏等高效利用。秸秆工业化利用发展迅速，秸秆人造板、秸秆木塑等高附加值产品实现了产业化生产，产品已经应用于北京奥林匹克公园、上海世博会等多项重大工程。

2. 技术水平明显提高　通过自主创新、引进消化吸收，多项技术取得一定突破。秸秆沼气、秸秆固化、秸秆人造板、秸秆木塑等综合利用工艺技术以及秸秆联合收获、粉碎、捡捡打包等机械装备得到成功应用；秸秆直燃发电技术装备基本实现国产化；秸秆清洁制浆等多项技术的应用部分实现了造纸工业污水循环利用和达标排放；自主研发的秸秆人造板黏合剂已经实现甲醛零排放。

3. 综合效益快速提升　通过大力推进秸秆综合利用，带动相关产业加快发展，重点地区的秸秆焚烧问题基本得到解决，大气环境污染问题得到有效缓解，带动了农村剩余劳动力就业、促进了农业增效和农民增收。2010 年养畜消耗的秸秆相当于节约粮食 5 000 万 t；作为燃料使用相当于节约标煤约 6 000万 t，实现了环境效益、经济效益和社会效益的多赢。

二、面临的形势及存在问题

气候变化是当今全球面临的重大挑战，低碳绿色发展已成为世界各国的共识。我国政府明确提出控制温室气体排放行动目标，到 2020 年非化石能源占一次能源的比重达到 15%左右，单位国内生产总值二氧化碳排放比 2005 年降低 40%～45%。秸秆作为优质的生物质能可部分替代和节约化石能源，有利于改善能源结构，减少二氧化碳排放，缓解和应对全球气候变化。国务院《关于加快推进农作物秸秆综合利用的意见》，提出到 2015 年秸秆综合利用率达到 80%以上的目标。按照中央提出的建设生态文明的要求，发展节约型农业、循环农业、生态农业，加强生态环境保护，既为秸秆综合利用提供了新机遇，也提出了新要求、新挑战。

虽然秸秆综合利用工作取得积极进展，焚烧现象得到一定控制，但是还面临着一些问题：一是秸秆用之为宝、弃之为害的理念还没有深入人心，资源化、商品化程度低，区域间发展不平衡。二是国家已出台的一些鼓励秸秆综合利用的政策，农民直接受益的不多，有待进一步完善。三是秸秆综合利用企业规模小，缺乏龙头企业带动，综合利用产业化发展缓慢，要实现 2015 年秸秆综合利用率超过 80%的目标，任务仍相当艰巨。

三、指导思想、基本原则和总体目标

（一）指导思想

全面落实科学发展观，坚持资源节约和环境保护基本国策，以提高秸秆综合利用率为目标，以科技创新为动力，以制度创新为保障，发挥市场机制作用，深入研究和完善鼓励秸秆综合利用配套政策措施，因地制宜推进秸秆综合利用工作，逐步形成秸秆综合利用的长效机制，促进秸秆的资源化、商品化利用，培育和壮大秸秆综合利用产业，带动农村经济社会发展。

（二）基本原则

1. 农业优先、多元利用　秸秆来源于农业生产，综合利用必须坚持与农业生产相结合。在满足农业和畜牧业需求的基础上，利用经济手段，统筹兼顾、合理引导秸秆能源化、工业化等综合利用，不断拓展利用领域，提高利用效益。

2. 市场导向、政策扶持　充分发挥市场配置资源的作用，鼓励社会力量积极参与，建立以市场为导向，企业为主体，农民积极参与的长效机制。深入研究完善相关配套政策措施，加大引导和扶持力度。

3. 科技推动、强化支撑　推进产学研相结合，整合资源，着力解决秸秆综合利用领域共性和关键性技术难题，提高技术、装备和工艺水平。构建服务支撑体系，强化培训指导，加快先进、成熟技术的推广普及。

4. 因地制宜、突出重点　根据各地种植业、养殖业特点和秸秆资源的数量、品种，结合秸秆利用现状，选择适宜的综合利用方式。选择重点区域、重点领域，建设一批示范工程，扶持一批重点企业，加快推进秸秆综合利用产业发展。

（三）总体目标

到 2013 年秸秆综合利用率达到 75%，到 2015 年力争秸秆综合利用率超过 80%；基本建立较完善的秸秆田间处理、收集、储运体系；形成布局合理、多元利用的综合利用产业化格局。其中，到 2015 年秸秆机械化还田面积达到 6 亿亩；建设秸秆饲用处理设施 6 000 万 m^3，年增加饲料化处理能力 3 000 万 t；秸秆基料化利用率达到 4%；秸秆原料化利用率达到 4%；秸秆能源化利用率达到 13%。

四、重点领域

（一）秸秆肥料化利用。秸秆是发展现代农业的重要物质基础。秸秆含有丰富的有机质、氮磷钾和微量元素，是农业生产重要的有机肥源。继续推广普及保护性耕作技术，通过鼓励农民使用秸秆粉碎还田机械等方式，有效提高秸秆肥料利用率。

（二）秸秆饲料化利用。秸秆含有丰富的营养物质，4t 秸秆的营养价值相当于 1t 粮食，可为畜牧业持续发展提供物质保障。在秸秆资源丰富的牛羊养殖优势区，鼓励养殖场（户）或秸秆饲料加工企业制作青贮、氨化、微贮或颗粒等秸秆饲料。

（三）秸秆基料化利用。做好秸秆栽培食用菌，有利于促进农业生态平衡，推进农业转型升级，转变农业发展方式，加快建设高效生态的现代农业，继续重点推广企业加农户的经营模式，建设一批秸秆栽培食用菌生产基地。

（四）秸秆原料化利用。秸秆纤维是一种天然纤维素纤维，生物降解性好，可替代木材作用于造纸、生产板材、制作工艺品、生产活性炭等，也可替代粮食生产木糖醇等。“十二五”期间，不断提高秸秆工业化利用水平，科学利用秸秆制浆造纸，积极发展秸秆生产板材和制作工艺品，试点建设秸秆生产木糖醇、秸秆生产活性炭等工程。

（五）秸秆燃料化利用。秸秆作为一种重要的生物质能，2 吨秸秆能源化利用热值可替代 1 吨标准煤，推广秸秆能源化利用，可有效减少一次能源消耗。秸秆能源化利用技术主要包括秸秆沼气（生物气化）、秸秆固化成型燃料、秸秆热解气化、直燃发电和秸秆干馏、炭化和活化等方式。“十二五”期间，大力发展秸秆沼气、秸秆固化成型燃料，提高可再生能源在能源结构中的比例。

五、重点工程

“十二五”期间在十三个粮食主产区、棉秆等单一品种秸秆集中度高的地区、交通干道、机场、高速公路沿线等重点地区，围绕秸秆肥料化、饲料化、基料化、原料化和燃料化等领域，实施秸秆综合利用试点示范，大力推广用量大、技术含量和附加值高的秸秆综合利用技术，实施一批重点工程。

（一）秸秆循环型农业示范工程。按照循环经济理念，开辟和建立秸秆多元化利用途径，重点推广秸秆—家畜养殖—沼气—农户生活用能，沼渣—高效肥料—种植等循环利用模式，鼓励粮食主产区建设秸秆生态循环农业工程，充分利用好秸秆资源。力争到 2015 年，秸秆生态循环农业工程秸秆综合利用量，占项目所在地区秸秆总量的 10%以上。

（二）秸秆原料化示范工程。重点在粮棉主产区开展专项示范工程，从政策、资金和有效运营等方面对秸秆人造板、木塑产业、秸秆清洁造纸给予扶持。引进创新秸秆纤维原料加工技术，形成规范、专业、科学的秸秆纤维原料基地布局。鼓励秸秆制浆造纸清洁生产技术研发推广，支持成熟的秸秆制浆造纸清洁化新技术产业化发展，为循环利用积累经验。建立秸秆代木产业示范基地，选取部分秸秆人造板、木塑装备制造企业，一批秸秆人造板、木塑生产企业，给予重点支持，加快发展壮大，年消耗秸秆量1 500万～2 000万t。

（三）能源化利用示范工程。结合新农村建设，以村为单元，启动实施以秸秆沼气集中供气、秸秆固化成型燃料及高效低排放生物质炉具等为主要建设内容的秸秆清洁能源入农户工程，探索有效的项目商业运行模式。在已开展纤维原料生产乙醇的基础上，推进秸秆纤维乙醇产业化，支持实力雄厚、具备研发生产基础的企业，开展试点示范，重点解决预处理、转化酶等技术难题。争取到2015年，重点在粮棉主产区的示范村，秸秆清洁能源入农户项目村入户率达到80%以上，年秸秆能源化利用量约3 000万t，占项目区年秸秆总量的30%以上。

（四）棉秆综合利用专项工程。在棉花主产区建立棉秆综合利用产业化示范工程，支持利用秆皮、秆芯生产高强低伸性纤维（造纸制浆原料）、人造板、纺织工业用纤维以及其他工业用增强纤维等。探索棉秆综合利用的最优模式。

（五）秸秆收储运体系工程。探索建立有效的秸秆田间处理、收集、储存及运输系统模式。加快建立以市场需求为引导，企业为龙头，专业合作经济组织为骨干，农户参与，政府推动，市场化运作，多种模式互为补充的秸秆收集储运管理体系。

（六）产学研技术体系工程。围绕秸秆综合利用中的关键技术瓶颈，遴选优势科研单位和龙头企业开展联合攻关，提升秸秆综合利用技术水平。组织力量开展技术研发、技术集成，加大机械设备开发力度，引进消化吸收适合中国国情的国外先进装备和技术。建立配套的技术标准体系，尽快形成与秸秆综合利用技术相衔接、与农业技术发展相适宜、与农业产业经营相结合、与农业装备相配套的技术体系。加快建立秸秆相关产品的行业标准、产品标准、质量检测标准体系，规范生产和应用。

六、保障措施

（一）加强组织领导。充分发挥秸秆综合利用统筹协调机制作用，明确分工、加强配合。各地要结合本地实际，编制本地区秸秆综合利用实施方案，搞好统筹规划和组织协调，认真组织实施，做到领导到位，责任到人，目标明确，重点突出，将秸秆综合利用实施方案的主要目标和重点任务，按年度逐级分解到各级政府及相关部门，建立考核制度，加强目标考核。

（二）完善政策措施。针对秸秆综合利用的不同方式、不同途径，研究完善促进秸秆综合利用的相关政策、配套措施。落实好鼓励秸秆综合利用税收优惠政策；研究将符合条件的秸秆综合利用产品纳入节能、环境标志等产品政府采购清单；研究完善秸秆肥料化、饲料化、原料化、能源化利用扶持政策；加大各级政府及相关部门资金支持力度，引导社会力量和资金投入，建立多渠道、多层次、多方位的融资机制。

（三）加快技术创新。加强秸秆综合利用新技术、新方法的研究推广，鼓励秸秆综合利用企业积极引进开发先进实用的秸秆收集、储运、利用技术工艺和装备。扶持引导基层服务组织的发展，加快秸秆综合利用技术的推广应用

（四）强化宣传引导。通过各种形式，大力宣传秸秆综合利用对促进资源节约、环境保护、农民增收等方面的重要意义，采取面向基层，贴近农民，生动活泼的形式，普及相关知识和技术，宣传有关政策、典型经验和做法，用技术指导群众，用示范带动群众，用效益吸引群众，逐步提高全社会对秸秆综合利用的意识和自觉性。

全国节粮型畜牧业发展规划

（农业部　农办牧［2011］52号　2011年12月21日）

随着我国工业化城镇化的快速推进，人口数量增加和城乡居民生活水平的提高，粮食需求将呈刚性增长，受耕地减少、资源短缺等因素制约，我国粮食的供求将长期处于紧平衡状态，保障粮食安全任务艰

巨。发展节粮型畜牧业是保障畜产品有效供给、缓解粮食供求矛盾、丰富居民膳食结构的重要途径。为进一步促进节粮型畜牧业持续健康发展，根据《国家粮食安全中长期规划纲要》和《全国畜牧业发展第十二个五年规划（2011—2015年）》，制定《全国节粮型畜牧业发展规划（2011—2020年）》。本规划中的节粮型畜牧业，是指充分利用牧草、农副产品、轻工副产品等非粮饲料资源，在减少粮食消耗的同时达到高效畜产品产出的畜牧产业，主要包括奶牛、肉牛、肉羊、绒毛羊、兔和鹅等。

一、节粮型畜牧业发展基本形势

（一）发展成就

1. 产品产量不断提高，市场供应能力显著增强 改革开放以来，我国节粮型畜禽产品品种不断丰富，产量逐步提高。1980年到2010年，牛奶产量从114.1万t增长到3 575.6万t，增加了30倍；牛羊肉产量分别从26.9万t、44.5万t增长到653.1万t、398.9万t，分别增加了23倍和8倍；羊毛羊绒产量达到42.9万t和1.9万t，分别增加了1.3倍和3.8倍；兔肉和鹅肉产量达到69.0万t和240.7万t，分别增加了12.8倍和11.9倍。牛羊肉在肉类中的比重不断提高，分别由2.2%、3.7%提高到8.2%、5.0%。节粮型畜牧业的发展，对满足国内畜产品市场需求发挥了重要作用。

2. 非粮饲料资源开发利用力度加大，节粮效果逐步显现 2010年，全国天然草原鲜草总产量9.76亿t，折合干草约3.05亿t，载畜能力约2.40亿个羊单位。截至2010年，全国累计种草保留面积超过4亿亩，草种生产超过10万t。2010年，全国饲用秸秆总量达到2.1亿t，其中经过青贮氨化处理的秸秆9 600万t，秸秆饲用处理率由1992年的21%提高到46%。按营养价值折算，相当于节约6 000万t饲料粮。1990年至2010年的20年间，我国在粮食总产量年递增4.6%的前提下，牛肉、羊肉、奶类等主要节粮型畜产品产量实现了以8.59%、6.81%、11.36%的年递增率增长，节粮效果显著。

3. 生产布局逐步优化，区域集中度进一步提高 随着消费市场兴起和养殖成本变化，奶牛主产区逐渐向传统农区和大中城市郊区靠拢，2010年，内蒙古、黑龙江、河北、河南等排名前10位省份牛奶总产量占全国的83.4%。河南、山东、河北、内蒙古等排名前10位省份牛肉总产量占全国的73.2%，内蒙古、新疆、山东、河北等排名前10位省份羊肉总产量占全国的76.0%。内蒙古、新疆、河北、甘肃等排名前10位主产省份羊毛总产量占全国的88.7%，内蒙古、新疆、陕西、辽宁等排名前10位主产省份羊绒总产量占全国比重达到93.7%。四川、山东、河南、江苏等排名前10位主产省份兔肉总产量占全国比重达到90.9%。鹅等特色产业也呈明显区域化生产格局，传统主产区地位进一步巩固。

4. 产品加工快速发展，产业化水平持续提升 近年来，节粮型畜产品加工呈现快速发展态势，产业化进程不断加快，有效提高了畜禽养殖业综合效益，带动了养殖业的蓬勃发展。乳制品加工业快速发展，企业数量从2003年的584家发展到2010年的1 176家，规模以上乳制品企业达到828家，乳制品加工能力大幅提高。肉牛屠宰加工稳定发展，屠宰加工能力在万头以上的龙头企业由2000年的138家增加到2010年的388家，多种形式的产销衔接和利益联结机制也不断形成。2010年，我国共有规模以上毛纺加工企业4 044家，工业总产值达3 279亿元，已成为全球最大的绒毛加工国及绒毛制品出口国。

5. 产业技术体系不断完善，科技支撑能力明显增强 目前，国家启动实施了50个现代农业产业技术体系，牧草、奶牛、肉（牦）牛、肉羊、绒毛羊、兔等节粮型畜牧业均建立了现代产业技术体系，17个省市也参照国家体系在当地建立了畜牧业产业技术体系。产业技术体系充分利用高校和科研机构人才、设备、技术优势，对节粮型畜禽饲养、饲草料资源开发利用、生产管理、产品加工、废弃物综合利用、疫病防控等技术进行重点研究和示范推广，加快畜禽品种改良和优良品种推广进程，多渠道多途径开发饲草料资源，推进实施科学饲养管理技术，为节粮型畜牧业的发展提供了强有力的科技支撑。畜牧业技术推广体系不断完善，科技推广服务能力不断增强，2010年全国畜牧业乡镇级以上技术推广人员总量达24.5万人，其中高级技术职称人员数量达1.2万人。

（二）机遇与挑战

1. 发展机遇 一是市场需求潜力大。随着我国城乡居民收入水平的不断提升，优质安全畜产品的需求不断增加，节粮型畜禽产品需求较快增长。乳制品已经成为城乡居民的重要消费品，《中国食物与营养发展纲要》指出，2009年我国人均消费奶类15.8kg，较2001年的7.9kg增加了1倍，但奶类消费仍处于较低水平，预计到2020年我国人均奶类消费需求将增至40kg。我国有2 000余万穆斯林民族群众，属于牛羊肉的刚性消费群体，同时汉族牛羊肉消费群体也逐步扩大，牛羊肉总体消费需求较快增长。二是畜禽品种资源有优势。我国畜禽品种资源丰富，根据第二次全国畜禽资源调查，我国共有牛地方品种95个，

其中黄牛品种54个，水牛品种27个，牦牛品种13个；羊品种97个，其中山羊品种55个，绵羊品种42个；鹅品种30个；兔品种6个。我国地方品种资源大多具有耐粗饲、抗病强、繁殖性能好、产品质量好、风味独特等优点，这些优良性状一旦被挖掘，发展潜力很大。随着我国畜禽良种繁育体系的逐步健全完善，节粮型畜禽优良品种开发利用力度不断加大，节粮型畜牧业发展的物质基础进一步夯实。三是非粮饲料资源利用有空间。我国饲草资源较为丰富，草原面积达60亿亩，占世界草原面积近10%，草原不仅是重要的生态屏障，还是草食畜禽的基本生产资料。优质牧草开发利用力度逐步加大，以苜蓿为代表的豆科牧草蛋白质含量在20%左右，营养价值高，种植面积超过2 200万亩。我国秸秆资源总量达7亿t，但用于反刍动物饲用的秸秆总量约2.1亿t，仅占秸秆总量的30%。在坚持加强草原生态保护建设的基础上，合理利用草原资源，加大秸秆、饼粕、糟渣、糠麸以及南方草山草坡等饲草饲料资源开发利用力度，节粮型畜牧业发展所需的饲草饲料资源空间较大。四是政策扶持力度逐步加大。近年来，节粮型畜牧业的发展得到重视，中央财政投入逐年增加。2010年，中央财政支持节粮型畜牧业发展的扶持资金15亿元，是2005年的15倍，包括奶牛标准化规模养殖场（小区）建设项目，奶牛、肉牛和绵羊良种补贴等。2011年起国家在主要草原牧区建立草原生态保护补助奖励机制，通过禁牧补贴、草畜平衡奖励等措施，着力加快草原生态恢复，促进草原畜牧业发展。同时，各地也陆续加大政策扶持力度，强化基础建设，促进节粮型畜牧业持续健康发展。山西省年投入6 000万元用于促进牛羊肉产业发展；四川省年投入3 000多万元开展优质肉牛良种繁育体系和基地建设；辽宁省年安排2 500万元支持牛羊产业发展。

2. 面临挑战　一是养殖效益下滑，部分畜禽生产出现滑坡。受比较效益下降、养殖风险加大等因素影响，肉牛、绵羊、兔、鹅等部分畜禽存栏数量下降。2010年，全国牛、羊存栏分别为1.06亿头和2.81亿只，分别比2005年下降了3.32%和5.72%。肉牛能繁母牛存栏下降尤其明显，降幅达10%，给肉牛产业持续健康发展带来不利影响。未来随着“三化同步”的加快推进，农业机械化进程的不断加快，役用耕牛逐渐退出历史舞台，部分地区实行禁养限养，节粮型畜牧业发展面临新的挑战。二是良种繁育体系建设滞后，发展基础薄弱。由于资金投入不足，我国节粮型畜牧业良种繁育体系建设相对滞后。供种能力较低，一些优良品种得不到有效推广。肉牛、绒毛羊、鹅、兔等种畜禽生产企业小散问题突出，自主创新能力低，畜牧业生产中使用的部分良种依赖进口，品种选育和推广发展滞后。部分地方优良品种资源得不到有效保护，部分地区畜禽品种改良战略性思路不清，盲目杂交，导致一些优良地方品种资源退化甚至流失。三是养殖方式落后，技术水平亟待提高。2010年，我国存栏100头以上奶牛、年出栏100头以上肉牛、年出栏500只以上肉羊的规模化养殖比重仅为28%、14.1%和6.3%，远低于生猪、蛋鸡等畜禽规模养殖水平。肉牛、羊、兔、鹅等节粮型畜禽的营养标准的推广，远远落后于其他畜禽品种。鹅的国家营养标准尚未出台，生产中使用的配方仍参照发达国家的通用标准，无法适应我国实际生产需要。部分农户饲养奶牛采用肉牛饲喂方式，饲养肉牛沿用传统役用牛的饲养经验，鹅的饲料用肉鸡料替代。由于不能根据不同畜种、不同生长阶段的生理特点进行饲养，导致生产水平不高，养殖效益低。四是疫病防控形势严峻，养殖风险较大。目前，我国牛羊兔鹅等畜禽饲养防疫不规范，许多传染病和寄生虫病不仅造成畜禽死亡和经济损失，而且危及人类健康。奶牛布病、结核病、乳房炎等疫病发生仍比较普遍，既影响牛奶产量，也给生鲜乳质量安全带来隐患。肉牛脑包虫、运输应激综合征等发病率较高，对肉牛养殖和出售带来不利影响。兔由于个体小、抗病力差，容易感染疾病，养殖风险较大。近年来口蹄疫等动物疫病对我国节粮型畜牧业发展产生的影响较为突出，已成为制约节粮型畜牧业发展的重要因素之一。五是草原退化严重，饲草供求缺口加大。目前全国90%的可利用天然草原出现不同程度退化，中度和中度退化草原面积近23亿亩。2010年，我国草原超载30%，草原承载压力仍然较大。我国是世界上草原灾害较严重的国家之一，近10年来，平均每年鼠害面积约4 000万公顷，虫害面积2 000多万公顷，造成的直接经济损失达数百亿元。随着节粮型畜牧业的快速发展，饲草料资源需求不断增加，供求缺口不断加大。2010年，我国进口苜蓿21.8万t，进口大豆5 480万t，进口依存度达75%。饲用玉米用量已超过1.1亿t，占国内玉米年产量的64%，玉米供应日趋紧张。

二、指导思想、基本原则与发展目标

（一）指导思想

深入贯彻落实科学发展观，按照“抓规模、提效益、促生产、保供给”的思路，加快转变节粮型畜牧业发展方式，加大政策扶持力度，着力推进现代节粮型畜牧业发展。大力发展奶牛标准化规模养殖，促进奶业振兴发展；加大主产区支持力度，积极发展肉牛肉羊生产；加强市场引导，因地制宜发展绒毛羊、兔、鹅等优势特色畜禽生产。强化农牧结合，加强非粮饲料资源开发利用，鼓励和支持多种高效生态节粮养殖模式发展。

（二）基本原则

1. 节粮环保，持续发展　加大牧草和秸秆等饲草料资源开发利用力度，大力发展节粮畜牧业，做到“节粮型畜牧业发展不与人争粮、不与粮争地”。注重生态环境保护，大力推广农牧结合的生态养殖方式，积极推进清洁生产，促进节粮型畜牧业持续健康发展。

2. 市场导向，加大扶持　充分发挥市场机制基础作用，引导节粮型畜牧业和加工企业面向市场组织生产，增强抵御风险能力。加大政策扶持力度，坚持多元投入，积极引导工商企业资本进入节粮型畜牧产业，增强发展活力。

3. 因地制宜，适度规模　综合考虑资源禀赋、环境承载能力、消费市场等因素，推进优势产区生产基地建设，形成主导产业突出、区域整体推进的格局。推广生态养殖模式，引导发展适度规模养殖，增加市场供应能力，提高养殖效益。

4. 强化监管，保障质量　将保障节粮型畜产品质量作为提升节粮型畜牧业发展水平的重要手段，提高节粮型畜产品质量和市场竞争力。强化质量安全监管，建立健全检测机构和人员队伍，强化检测手段，为节粮型畜牧业持续健康发展保驾护航。

（三）发展目标

1. 近期目标（2011—2015 年）　奶类、牛羊兔鹅肉和羊毛羊绒产量实现持续增长，基础母畜存栏逐步恢复和发展，标准化规模养殖水平进一步提高，生鲜乳收购站实现规范化管理，科技支撑能力进一步增强，良种化水平不断提高，牧草、秸秆等非粮饲料利用率进一步提高，人工种草保留面积明显增加，综合节粮效果不断提高。具体任务：到 2015 年，奶类产量达到 5 000 万 t，年递增 5.9%；牛肉产量达到 700 万 t，年递增 1.4%；羊肉产量达到 440 万 t，年递增 2.0%；兔肉产量达到 90 万 t，年递增 5.5%；羊毛产量达到 43 万 t；羊绒产量达到 1.95 万 t，年递增 1.0%；鹅肉产量达到 260 万 t，年递增 1.5%。人工种草和改良草原累计保留面积达到 4.5 亿亩；秸秆处理利用率提高 5 个百分点。

2. 中长期目标（2016—2020 年）　节粮型畜牧业发展基础进一步夯实，标准化规模养殖水平明显提升，综合生产能力显著增强；区域布局进一步优化，产业分工进一步细化，产销衔接更加紧密；关键技术攻关取得突破，标准化饲养技术逐步推广普及；非粮型饲料资源开发利用水平明显提高，节粮增产效果明显增强，养殖效益逐步提高；优质高效的节粮型畜牧业发展格局基本形成。具体任务：到 2020 年，奶类产量达到 6 400 万 t，年递增 5.0%；牛肉产量达到 740 万 t，年递增 1.1%；羊肉产量达到 470 万 t，年递增 1.3%；兔肉产量达到 100 万 t，年递增 2.1%；羊毛产量达到 44 万 t，年递增 0.5%；羊绒产量达到 2.0 万 t，年递增 0.5%；鹅肉产量达到 270 万 t，年递增 0.8%。人工种草和改良草原累计保留面积超过 6 亿亩；秸秆处理利用率提高 5 个百分点。

节粮型畜牧业发展目标

单位：万 t

年份	奶类	牛肉	羊肉	兔肉	羊毛	羊绒	鹅肉
2010	3 748	653	399	69	43	1.85	241
2015	5 000	700	440	90	43	1.95	260
2020	6 400	740	470	100	44	2.00	270

三、重点任务

（一）合理开发利用非粮饲草料资源

加强牧草产业基础设施建设，建立健全牧草良种繁育体系，培育推广优良牧草品种，积极发展人工种草、草粮轮作和间作套作。推行粮一经一饲三元种植结构，因地制宜发展青贮玉米、苜蓿、黑麦草等优质牧草种植。继续实施牧草良种补贴，扩大优质牧草种植面积。研究推广牧区牧草冬春储备技术，促进牧草使用的季节性平衡。积极推动南方草山草坡开发利用，推广种植多年生高产饲草，利用冬闲田种植饲草。加强秸秆饲料化利用研究，加大秸秆养畜示范项目支持力度，改善秸秆收贮设备设施条件，推广青贮、氨化、微贮等处理技术，提高秸秆饲用量和饲用效率。加大粮食和经济作物加工副产品等非粮饲草料资源的开发利用力度，支持饼粕、糟渣、玉米酒精糟等粮油食品加工副产物和薯类等饲料原料优质化处理和规范化利用，丰富饲料资源来源。

（二）加快优良畜禽品种的选育和推广

稳步推进节粮型畜禽遗传改良计划，进一步提升良种化水平。加大畜禽良种工程项目投入力度，扩大项目范围，逐步加强奶牛、肉牛、肉羊、绒毛羊、兔、鹅等节粮型畜禽原良种场基础设施建设，提升自主育种能力。扩大畜牧良种补贴范围，继续实施奶牛良种全覆盖补贴，加大肉牛、绵羊良补的实施力度，建立覆盖优势区的种公牛站体系。引进国外优良奶牛遗传资源，开展奶牛生产性能测定和良种登记，逐步形成优秀种公牛竞争淘汰机制。引进优质乳肉兼用牛品种，推广奶公牛牛犊肉用饲养，拓宽肉牛架子牛供应来源。进一步加强节粮型畜禽遗传资源保护和利用力度，重点提升国家级保种场、保护区资源保护能力。

（三）大力推进适度规模科学养殖

科学规划布局，加大畜禽标准化规模养殖场建设扶持力度，支持规模养殖场户开展标准化改造，强化畜禽废弃物无害化处理和资源化利用。按照“畜禽良种化、养殖设施化、生产规范化、防疫制度化、粪污处理无害化、监管常态化”的要求，深入开展畜禽标准化规模养殖示范创建活动，制定和完善节粮型畜禽标准化规模养殖相关标准和规范，提升适度规模养殖水平。因地制宜推广先进适用养殖模式，大力推行种养结合的产业发展模式，促进种养业副产品资源化利用。支持专业合作社发展适度规模养殖，鼓励龙头企业带动适度规模养殖发展，推行标准化生产，打造一批节粮型畜产品品牌。

（四）加强疫病防控与质量安全监管

进一步加大动物疫病防控工作力度，重点加强节粮型牲畜的疫病防控，加强疫病跟踪监测，强化种畜禽场所重点疫病监测净化。坚持推进重大动物疫病强制免疫制度，落实好口蹄疫、高致病性禽流感等重大动物疫病的扑杀补偿政策。建立健全村级动物防疫员队伍，加强业务技术培训，提高经费补助标准，强化农村畜禽散养的技术指导和疫病防控。强化生鲜乳中违禁添加物监督检测，严厉打击饲料兽药中的非法违禁添加行为。加强畜产品及饲料质量安全监测体系建设，逐步建立畜产品质量追溯制度，保障畜产品质量安全水平。

（五）加大先进适用技术的研发和推广力度

继续完善牧草、奶牛、肉牛、肉羊、绒毛羊、兔、水禽等国家现代畜牧业产业技术体系建设，鼓励地方开展相关产业技术体系建设，探索产学研紧密结合的新路子。积极推进农业技术推广体系改革，逐步建立健全省、市、县、乡四级畜牧技术推广服务机构，不断提高基层畜牧技术推广服务能力，争取在畜禽品种繁育、饲草饲料资源开发利用、疫病防控以及畜禽产品加工等方面的研究和推广等取得新突破。

四、产业布局与主攻方向

按照“加快发展奶牛和兔鹅生产，积极发展肉牛肉羊生产，稳定发展羊毛羊绒生产，推动牧草产业发展”的思路，进一步优化产业布局，突出主攻方向，促进节粮型畜牧业持续健康发展。

（一）奶牛

充分发挥市场消费需求、饲草饲料资源和乳品加工优势，着力提高奶牛单产和产品质量，加快建设现代奶业。推进东北和内蒙古产区、华北产区、西部产区、南方产区和大城市周边产区等五大奶业产区建设，大力推进奶牛标准化规模养殖，加强奶源基地建设，推动南方奶水牛产业发展。加快实施奶牛遗传改良计划，做好良种登记和奶牛生产性能测定等基础性工作，建立苜蓿等优质饲草饲料基地，提高机械化挤奶率。净化奶牛良种群体重大疫病，强化生鲜乳质量安全监管。

（二）肉牛

加强东北、西北、西南和中原肉牛优势区建设，推动南方草山草坡肉牛业发展。加快品种改良，大力发展标准化规模养殖，积极推广健康养殖模式和技术，加强产品质量和安全监管，提高肉牛品质和养殖效益。加强政策引导，逐步提高基础母牛存栏量，着力保障肉牛基础生产能力。牧区重点发展现代集约型草地畜牧业，调整畜群结构，转变养殖方式，积极推广舍饲半舍饲养殖，为农区和农牧交错带提供架子牛。农区重点推广秸秆青贮技术、规模化标准化育肥技术，努力提高育肥效率和产品质量安全水平。

（三）肉羊

加强中原、中东部农牧交错带、西北和西南等肉羊优势区建设。加快新品种培育、良种选育和地方品种保护开发，不断提升肉羊养殖良种化水平。大力发展舍饲、半舍饲养殖方式，引导发展现代生态家庭牧场，积极推进标准化规模养殖。牧区重点提升肉羊个体生产能力，加快周转，提高草原利用效率；半农半牧区着力提高母羊繁殖性能，增强肉羊育肥和育肥羊供应能力；农区要充分利用饲草料资源，推广高效育肥模式，提高肉羊出栏量。

（四）兔

立足现有优势区域基础，巩固提升四川、山东、河南、江苏、河北等重点省区兔产业综合生产能力。加强河北、山西等省区优势家兔生产基地建设，充分发挥加工企业的龙头作用。逐步完善良种繁育体系建设，提高饲养管理和疫病防治能力，加强兔肉加工和品牌产品的研发，提升兔产业经济效益，增强国际市场竞争力。加大优良品种选育和良种推广力度，加强地方良种兔的保护，加快优质种兔繁殖、推广，做强种长毛兔核心产业，加速节粮型兔业发展。

（五）绒毛用羊

以传统西北、东北、西南草原牧区为主产区，推进细毛羊、半细毛羊、绒山羊等绒毛用羊优势产业带建设。加强绒山羊地方品种资源保护，加大品种选育和良种推广力度，提高绒毛综合品质和绒毛用羊生产性能。改进养殖方式，合理利用饲草料资源，降低养殖成本。推广机械剪、分级整理等技术，加强产销衔接，增加养殖环节利润。规范市场经营秩序，加强原料基地建设，实施品牌战略，增加绒毛用羊生产效益。

（六）鹅

积极发展华南养鹅区、华东养鹅区、东北养鹅区。华南养鹅区重点加强养鹅业研究成果和先进技术的推广，加强鹅产品的开发与加工。华东养鹅区要建立规范的繁育供种体系，健全科技服务体系，依托资源环境优势，推广果（林）—鹅、种—养，鹅—鱼等综合生产模式，提高鹅养殖经济效益。东北养鹅区重点加强鹅地方种质资源的保护和开发利用，积极发展标准化、规模化养殖，加强鹅产品的技术开发，提高综合效益。南方地区要大力推广桑、果园、林下人工种草养鹅、冬闲田季节性种草养鹅，提高农田利用率和养殖附加值，加强鹅产品的深加工开发。

（七）牧草

切实加强草原保护建设，积极推进人工种草，着力提升优质饲草供应能力。坚持生态优先原则，根据不同地区自然和生态特点，推行禁牧休牧轮牧和草畜平衡等制度，加快转变草原畜牧业发展方式，减轻草原压力。围绕“一带两区”发展布局，大力发展人工种草。开展优质苜蓿高产示范片区建设，推进苜蓿产业带建设，带动周边适宜区域发展优质苜蓿，提高苜蓿收割加工机械化水平；东北羊草产业区重点加强羊草改良，全面提升羊草产量，积极打造优质羊草基地；南方饲草产区，重点发展黑麦草、三叶草等一年生或多年生高产优质牧草，积极开发利用农作物秸秆和其他植物资源。加强牧草青贮等技术研究和示范推广，大力推广种草养畜。

五、政策措施

（一）建立政策支持机制，加快节粮畜牧业发展步伐

全面落实草原生态保护补助奖励政策，促进草原生产力的逐步恢复，加快建设现代草原畜牧业。继续开展畜禽标准化养殖示范创建活动，着力提高节粮型畜牧业标准化规模养殖水平。鼓励有条件的地区发展人工种草，大力推进“振兴奶业苜蓿发展行动”，促进优质苜蓿产业发展。抓好牧草种子工程建设，落实优质牧草良种补贴政策，不断提升国内优质牧草种子的供种能力。鼓励养殖场户开展秸秆饲用，提高秸秆利用效率。加大奶牛生产扶持力度，积极推进奶牛保险补贴试点，探索建立奶业发展风险基金制度，降低养殖风险。推动出台牛羊肉生产扶持政策，开展基础母畜补贴试点，支持发展肉牛肉羊标准化规模养殖。推动建立牛羊肉生产大县奖励政策，提高牛羊肉生产积极性。以提高质量为重点，继续开展羊毛绒产业发展技术研究，促进羊毛绒加工业发展。强化市场引导，加快兔、鹅产业化进程。

（二）建立多元化投融资渠道，增强节粮型畜牧业发展后劲

在加大政府资金扶持力度的同时，积极引导社会资本发展节粮型畜牧业，引入竞争机制，建立既公平竞争又分工协作的多元化发展格局。鼓励和支持保险机构发展多种形式的畜牧业保险，探索建立适合不同地区、不同节粮型畜禽品种的政策性保险制度。运用财政贴息等方式，引导和鼓励各类金融机构增加对节粮型畜牧业的信贷支持，破解节粮型畜牧业发展过程中规模养殖场（小区）融资贷款难等难题。

（三）建立健全社会化服务体系，提高产业化水平

从养殖场户实际需要出发，发展多样化的服务组织，形成乡科技综合服务站、县（市）服务中心、省（区）科技推广站和专业技术协会与专业合作社相结合的服务网络，重点抓好良种繁育推广、饲草饲料加工利用、兽医防疫灭病、畜产品加工、科技培训与技术推广等体系建设，尤其要在完善服务功能、强化服务手段、规范服务行为、提高服务质量方面狠下功夫。把社会化服务体系建设同发展节粮型畜牧业产业化结合起来，拓宽服务领域，为养殖场户提供全程服务，逐步形成“良种供应—畜禽饲养—产品收购—屠宰加工—贮运销售”相衔接的一条龙生产体系。

（四）加强监测和预警体系建设，确保节粮型畜牧业稳定发展

完善监测预警网络，加强设施设备建设，提高预警、预报能力。建立和完善节粮型畜禽养殖业生产、加工、销售等统计监测预警系统。建立健全监测工作各项管理制度，逐步实现监测预警的制度化、规范化。加强形势研判和公共信息服务，及时发布节粮型畜禽产品生产供应和饲料及原料供求市场信息，指导养殖场户合理安排生产，降低市场风险。

（五）实施一批重大项目，提升产业发展水平

继续实施畜禽良种工程，完善原良种场、资源保护场（区）、基因库、检测中心等配套设施设备，提高良种生产水平和供种能力。实施畜禽标准化规模养殖场（小区）建设项目，积极争取政策支持，扩大项目实施范围，以奶牛、肉牛和肉羊为重点，支持节粮型畜禽养殖场开展标准化改造，包括水、电、路等基础设施建设，粪污处理与运输、疫病防控、饲草料贮存（或青贮）、全混合日粮饲养、挤奶等配套设施的建设与完善以及相关仪器设备的购置等。大力推进饲草料资源高效利用工程，继续实施秸秆养畜项目，扶持开展秸秆养畜场户和青贮饲料专业化生产示范建设，增强秸秆处理饲用能力，提高秸秆利用效率。支持建设饼粕、糟渣、糠麸等粮油食品工业副产品和草产品优质化加工处理示范基地，为饲料工业提供优质原料。推动实施南方草地保护建设工程，通过草地改良、人工种草、草田轮作等措施，合理开发草地资源，因地制宜发展草原畜牧业，促进草地植被恢复与草原畜牧业协调发展。积极推动黄土高原综合治理规划实施，通过人工种草、改良草地、棚圈和青贮窖建设，加强草原保护建设，大力发展节粮型畜牧业。

（六）强化节粮型畜牧业科技支撑

着力加强节粮型畜牧业科技创新与推广。围绕畜禽养殖过程的关键环节，实施畜禽牧草种业创新开发、饲料资源产业化开发与安全高效利用、畜禽健康养殖过程控制、疫病防控、养殖废弃物减排与资源化利用、质量安全控制、草地畜牧业发展模式研究等重大科技项目，力争突破一系列重大技术瓶颈，为现代节粮型畜牧业发展提供强有力的科技支撑。在优势产区建设一批成果集成度好、示范效应明显的科技示范场、示范园区和养殖大户，增强良种、良法的带动作用。加强对养殖大户、规模养殖场、专业合作社培训，加大基层先进适用技术推广力度，提高农牧民生产营销能力。

粮食行业“十二五”发展规划纲要

（国家发改委等　国粮展［2011］224号　2011年12月28日）

第一章　指导思想、基本原则和主要目标

第一节　面临的形势

“十一五”时期，在党中央、国务院的坚强领导下，我们努力克服全球金融危机的冲击和影响，有效应对国际粮食市场价格剧烈波动的复杂局面，通过不断深化粮食流通体制改革，粮食行业实现了持续稳定发展，基本建立了适应社会主义市场经济发展要求和符合我国国情的粮食流通体制，为保障国家粮食安全和国民经济平稳较快发展作出了重要贡献。

五年来，粮食宏观调控能力进一步增强，粮食市场监测、应急体系不断完善，保供稳价措施有效实施，国内粮食市场基本稳定；粮食仓储设施和物流体系建设加快发展，粮油仓储管理规范化持续推进，粮油加工业不断壮大；以市场化为取向的粮食流通体制改革不断深化，统一开放、竞争有序的粮食市场体系基本形成；粮食科技创新能力明显提高，整体水平迈上新台阶；国有粮食购销企业继续发挥主渠道作用，结构和布局进一步优化，经营管理水平和竞争力显著提高；粮食法规标准体系、监督检查体系和检验监测体系逐步健全和完善，依法管粮有力推进。面向未来，我们已经站在一个新的历史起点上。

专栏1　“十一五”取得的主要成就

指　标	单位	2005年	2010年	年均增长（%）
粮食仓储企业有效仓容	亿t	2.6	3.5	6.1
粮食仓储企业食用植物油油罐容量	万t	719	1 410	14.4
粮油加工企业有效仓容	亿t		1.3	
粮油加工企业食用植物油油罐容量	万t		1 500	
国内跨省散粮运输比例	（%）	20.0	25.0	
粮食烘干能力	万t/h	5	7	7.4
散粮中转设施接收能力	万t/h	31	59	13.7
实施农户科学储粮专项户数	万户		200	

（续）

指　　标	单位	2005年	2010年	年均增长（%）
规模以上粮油加工业总产值	万亿元	0.9	3.0	15.5
具有粮食收购资格经营者数量	万个	4.1	8.7	16.2
粮食批发市场数量	个	569	411	[－158]
粮食批发市场成交量	亿t	0.8	1.4	11.8
国有粮食企业职工总数	万人	113.5	60.3	－11.9
国有粮食企业资产规模	亿元	7 939.9	8 070.6	0.33
粮食行业科研项目总投入*	亿元	6.8	7.3	[0.5]
其中国家科研经费投入*	亿元	1.3	1.7	[0.4]
县级以上监督检查机构数量	个	455	2 092	[1 637]
国家粮食质量监测机构数量	个		200	
地方粮食检验机构数量	个	535	737	[202]
制（修）订标准数量*	项	331	476	[145]

注：带*指标为累计数，[　]为五年累计数。

“十二五”时期是全面建设小康社会的关键时期，是加快现代粮食流通产业发展的重要战略机遇期，也是全面加强国家粮食安全工作、构建完善的国家粮食安全保障体系的攻坚时期。

新形势下我们面临着难得的发展机遇。一是居民生活水平不断提高，消费结构升级加快，人们更加注重安全、优质、营养、健康的粮油食品，从而为粮食流通产业发展创造了巨大的需求空间。二是国家强农惠农政策不断加强，农民种粮积极性进一步提高，粮食稳定发展的长效机制逐步完善，为保障国家粮食安全奠定了坚实基础。三是国家调整经济结构和转变经济发展方式的力度进一步加大，为粮食流通产业结构调整、优化升级提供了重要契机。四是现代科学技术日新月异，战略性新兴产业加快培育，推动传统粮食仓储、物流和加工的技术升级，为粮食流通产业发展提供了有力支撑。五是国家交通运输网络的快速发展和现代物流体系的建立，为降低粮食流通成本、提高粮食流通效率创造了有利条件。六是经济体制改革深入推进，粮食流通体制机制不断完善，为发展现代粮食流通产业提供了制度保障。

同时保障国家粮食安全也面临着严峻挑战。一是保障粮食供求平衡的难度加大。受资源环境约束、种粮成本增加、粮食生产比较效益较低以及人口增长、工业化、城镇化等影响，粮食供求将长期处于偏紧状态。二是粮食供求的区域布局和品种结构矛盾加剧。粮食主销区产销缺口逐年扩大，玉米消费增长较快，大豆及食用植物油对国际市场依赖性不断增加，对粮食供求平衡形成较大压力。三是国际粮食市场波动对国内粮食市场影响日益加剧。受气候变化、生物质能源快速发展和投机行为等因素影响，全球粮食供求偏紧和高价位波动趋势更加明显。四是粮食流通基础设施还有很多薄弱环节。仓储、物流体系不完善、分布不平衡，仓房维修改造资金不足，科技创新能力不强，流通基础设施和科技发展缺乏持续、稳定投入。五是粮食流通监管有待加强。监管制度不健全，监管体系不完善，监管手段和能力不足。六是粮食流通管理体制机制还不适应保障国家粮食安全的新要求。部分地区粮食行政管理机构、队伍、职能有待完善，地方各级政府的粮食安全分级责任制需要加强，粮食省长负责制也有待全面落实。

第二节　指导思想和基本原则

“十二五”时期粮食行业发展的指导思想是：高举中国特色社会主义伟大旗帜，以邓小平理论和“三个代表”重要思想为指导，深入贯彻落实科学发展观，适应国内外粮食流通形势新变化，不断满足城乡居民对粮食需求的新期待，以科学发展为主题，以加快转变经济发展方式为主线，推进产业结构调整，深化改革，创新体制机制，强化科技支撑，加强监督检查，加快发展现代粮食流通产业，提高粮食宏观调控能力，保持粮食供求基本平衡和价格基本稳定，保障国家粮食安全。

“十二五”时期，粮食行业发展要坚持以下原则：

——*加强宏观调控*　继续推进以市场化为取向的粮食流通体制改革，充分发挥市场配置资源的基础性作用，健全粮食市场调控机制。灵活运用多种手段，增强粮食宏观调控的科学性、预见性、针对性、有效性。

——促进协调发展 统筹兼顾，合理布局，突出重点，加快推进粮食产业结构、产品结构、区域结构调整。实现粮食收购、储存、调运、加工、销售各环节的有效衔接，促进粮食主产区、主销区和产销平衡区的协调发展。

——提高创新能力 应用信息、生物、新材料等高新技术的成果，改造传统粮食产业，推广低碳技术，发展绿色储粮和粮油加工，减少粮食损失，完善创新体系，支撑粮食行业发展方式的转变和推动粮食产业结构升级，走可持续发展之路。

——坚持以人为本 以提高人民生活质量和保证食品安全为出发点和落脚点，强化粮食质量安全监管，完善粮食标准与检验监测体系，保障城乡居民粮食质量安全。

第三节 主要目标

根据上述指导思想和基本原则，“十二五”时期粮食行业发展的总体目标是：供给稳定、储备充足、调控有力、运转高效的粮食安全保障体系进一步完善；粮食宏观调控能力、仓储物流能力和科技支撑能力明显提高；推进法制建设，全面实现依法管粮；基本形成布局合理、结构优化、竞争有序、监管有力、质量安全的现代粮食流通格局。

根据以上总体目标的要求，粮食行业发展实现以下具体目标：

——粮食安全基础进一步夯实 中央专项储备不低于既定规模数量，地方粮食储备规模保持在核定规模以上。适当提高稻谷库存比例，小麦和稻谷库存保持在合理水平。粮食应急保障体系更加完善，形成布局合理、运转高效的应急网络。

——粮食流通基础设施明显改善 粮食仓储设施满足粮食增产、保障供给的要求，基层粮库设施条件明显改善，使粮食主产区基本消除长期露天储粮，并建立维修改造长效机制。主要跨省流出通道能力显著增强，推进东北地区散粮火车“入关”，散粮流通比例明显提高。主产区农户储粮条件得到改善，全国种粮农户实现科学储粮的比例5%左右，项目实施地区的农户储粮损失率降低到2%以下。

——粮食市场体系进一步健全 粮食收购服务体系更加规范高效，满足居民日常粮食消费需求的零售供应网络更加健全，全国统一的粮食竞价交易系统更加完善。

——粮油加工业健康发展 产品结构明显改善，区域布局更加合理，自主创新能力明显增强。规模以上粮油加工企业总产值年均增长12%以上。粮油加工关键设备自主化率提高到60%以上。

——国有粮食企业改革进一步深化 企业产权制度更加明晰，经营机制更加灵活，组织结构更加合理，管理水平不断提升，经济效益稳步增长。

——粮食质量标准体系和检验监测体系更加健全 粮食质量标准体系更加完善，粮食质量安全检验监测能力明显增强。制定粮油新标准120项，修订粮油标准300项。

——粮食流通法规体系进一步完善 推进《粮食法》尽快出台。完成《粮食流通管理条例》和《中央储备粮管理条例》的修订。研究制定相关配套制度办法，粮食法制体系建设更加健全。

围绕上述目标，“十二五”时期粮食行业的主要任务是：深化一项改革，健全六大体系，重点建设六大工程。深化一项改革，即继续深化粮食流通体制改革；健全六大体系，即健全粮食宏观调控体系，粮食仓储物流体系，粮油加工体系，粮食市场体系，粮食科技创新体系，粮食监管和标准质量检验监测体系；重点建设六大工程，即粮食仓储设施工程、粮库仓房维修改造工程、粮食现代物流工程、农户科学储粮专项工程、粮油加工业升级工程、粮食质量安全监测体系工程等。

第二章 健全粮食宏观调控体系

进一步完善粮食宏观调控机制，促进粮食生产稳定发展和粮食供求基本平衡，保证粮食市场供应，保持粮食价格基本稳定。

第一节 完善粮食购销体制

构建政府调控和市场调节相结合的购销模式。逐步提高粮食最低收购价格水平，进一步完善最低收购价政策的具体操作办法，保证最低收购价政策的贯彻落实。研究完善主要粮食品种的临时收储政策，保护种粮农民利益。积极探索建立符合市场化要求、适合我国国情的新型粮食价格支持体系。

做好政策性粮食销售工作，根据宏观调控需要和市场价格趋势，适时安排政策性粮食竞价销售，把握好销售节奏和力度，保持粮食价格在合理水平上基本稳定。

完善粮食产销合作长效机制，进一步理顺粮食主产区和主销区的利益关系。逐步建立多形式、深层次、长期稳定的粮食产销合作关系，实现优势互补，促进粮食区域平衡。建立有利于产销合作发展的支持体系，重点保证长三角、珠三角、京津唐、成渝等地区的粮食供应。

第二节　健全储备调节体系

细化中央专项储备和调节储备的功能，建立健全中央储备粮存储、吞吐轮换和进出口有效结合的机制。完善地方粮食储备管理制度，探索销区地方储备粮轮换与产区粮食收购紧密衔接的模式。形成调控有力、运作规范、高效灵活的储备粮管理局面。

充实储备库存，增强宏观调控物质基础。中央专项储备和地方粮食储备达到合理规模，中央调节储备数量根据市场情况和调控需要灵活掌握。

完善储备布局和品种结构，调整优化中央储备粮地区布局，重点向主销区、西部缺粮地区和贫困地区倾斜，增强对大中城市粮食供应的保障能力，地方储备要和中央储备相互衔接补充。中央专项储备和地方储备按照优先保证口粮安全，兼顾其他用粮的原则，优化品种结构，总量上适当提高稻谷库存比例。修改完善中央储备粮轮换管理办法，及时下达中央储备粮轮换、收购、销售计划。积极支持地方加强调控能力建设。

第三节　加强监测预警系统

做好全社会粮食供需平衡调查工作，建立健全统计调查体系，准确反映国内粮食供需状况。完善粮食市场信息监测体系，实现对粮食市场的动态监测和分析。合理确定预警指标，扩大监测预警范围，力争全国粮食市场信息直报点增加到500个左右，提高粮食宏观调控预警能力。发展面向全社会的粮食市场信息服务体系，以多种方式提供市场信息服务，促进粮食流通和市场稳定，引导粮食生产和消费。

第四节　提升粮食应急能力

建立健全中央和地方各级应急体系，加强演练培训。按照有粮可用、有粮可调的要求，充分做好应急物质保障准备。促进粮油购销、调运、储存、加工、供应等各环节的相互衔接，形成布局合理的粮食应急网络。各地要按规定建立和充实成品粮油应急储备，确保随时投放市场，保证应急需要。全国省级粮食应急指定加工企业从 1 700 个增加到 2 000个，供应企业从 4 000 个增加到 5 000 个。全国大中城市成品粮油应急储备规模应满足 15 天以上的社会消费需要。

第三章　完善粮食仓储设施

加快粮食流通基础设施建设，完善仓储设施布局，加大仓房维修改造力度，加快烘干设施建设。继续实施农户科学储粮专项，推广科学储粮技术，改善农户储粮条件，减少粮食产后损失。

第一节　加强仓储设施建设

优化粮食仓储设施布局，推广应用粮库信息管理系统，实现仓房设施标准化、技术装备现代化。新建粮食储备仓容 2 000 万 t，增加仓储能力。针对收纳、中转、储备等不同粮食仓储需求合理选用仓型，推广先进实用的新技术、新材料和新装备。36 个大中城市建设一批成品粮低温储备设施，长三角、珠三角、京津唐、成渝等地区要优先满足成品粮储备应急保障需要。

第二节　推进仓房维修改造

全国维修改造仓容 1 亿 t 以上。重点对仓房防潮防雨、保温隔热进行维修改造，配置必要的粮情检测、机械通风、环流熏蒸等储粮设施和装卸输送设备，配置检化验仪器，推广低温储粮、气调储粮等绿色储粮新技术。

第三节　完善烘干设施

新建和改造一批粮食烘干设施，淘汰技术落后的烘干能力，使全国烘干能力保持在 1.1 亿 t 以上，其中东北地区 9 100 万 t 以上，南方地区 2 000 万 t 以上。在东北地区改进烘干工艺和控制技术，节能减排，降低烘干成本，减少环境污染，保证烘后品质。在南方地区推广经济适用的烘干设备。在农垦系统水稻产区推广低温烘干技术。

第四节　实施农户科学储粮专项

继续实施农户科学储粮专项，为 800 万农户配置标准化储粮装具，项目地区的农户储粮损失率降低到 2%以下。在粮食主产区开展种粮大户新型储粮设施建设试点，重点建设一批示范性小型钢板筒仓。

专栏 2　农户科学储粮专项

农户科学储粮装具	配置标准化储粮装具 800 万套，其中主产区 465 万套，其他地区 335 万套。
种粮大户储粮设施	在主产区建设一批示范性小型钢板筒仓（单仓储粮 100t 以上）及相应配套设施。

第四章　推进粮食现代物流发展

全面实施《粮食现代物流发展规划（2006—2015

年)》，加快“北粮南运”主要物流通道建设，加强产销衔接和粮食物流资源整合，重点推进铁路散粮火车在东北区域及全国其他区域的运营，以及铁路与公路、水路的多式联运，实现跨省粮食主要物流通道的散储、散运、散装、散卸，优化和完善粮食物流供应链。

第一节 打通“北粮南运”主通道

重点建设东北地区一批大型粮食装车点，以及与其相衔接的华北、华东、中南、西南等地区一批大型粮食卸车点，并加强与公路集并的衔接，配套建设粮食中转仓储设施。完善东北地区粮食铁水联运物流系统，配套建设东南沿海港口和长江、珠江流域主要物流节点的粮食中转和接卸设施。开展东北地区糙米“入关”集装化（集装箱或集装袋）运输试点和成品粮储运技术示范。

第二节 完善黄淮海等主要通道

建设一批物流节点项目和中转仓储设施，完善黄淮海通道、长江流域通道和京津通道、华东通道、华南通道的中转和接卸发放设施，发展黄淮海地区的散粮汽车运输以及长江、珠江、大运河、淮河等流域的散粮船舶运输。提升西部地区粮食中转、发放设施能力。图1全国主要粮食物流通道示意图（略）。

第三节 建立粮食现代物流服务体系

加快建立社会化、专业化、信息化的粮食现代物流服务体系，积极发展第三方物流，优先整合和利用现有粮食物流资源。完善粮食供应链管理，建立全国粮食物流配送、交易和管理信息平台，实现粮食物流信息资源共享。支持粮食物流园区有序发展，加强糙米流通、散粮汽车和集装箱运输技术的开发研究，制订和完善相关建设和技术标准规范。

第五章 发展现代粮油加工体系

坚持走中国特色新型工业化道路，发展结构优化、布局合理、安全营养、绿色环保的现代粮油加工体系。保持粮油加工业总产值年均增长12%以上，进一步优化产品结构，引导粮油加工业集聚发展，形成一批具有较强竞争力的加工基地或产业集群。加大淘汰落后产能和节能减排力度，明显提高副产物综合利用率。

第一节 调整产业结构

有效利用粮油资源，提升加工技术水平和产品科技含量。按照安全、优质、营养、健康等要求，加大系列化、多元化粮油产品开发力度，提高优、新、特产品的比重，强化质量安全，加强品牌建设。

鼓励和引导大型企业兼并重组，推动上下游联合协作，培育知名品牌，提高核心竞争力。支持中小型粮油加工企业强化质量诚信体系建设，提高产品质量，增强市场竞争力。强化卫生、环保、安全、能耗等指标的约束作用，加大淘汰落后产能力度，压缩和疏导过剩产能。

第二节 优化区域布局

按照区域主体功能定位，遵循产区为主、兼顾销区和适当考虑重要粮油物流节点的原则，实现粮油加工业基地化、规模化、标准化、集约化。

在长江中下游、东北等稻谷主产区，发展稻谷综合加工基地。在华北、华东、西北等小麦主产区，形成优质专用小麦粉、全麦粉和副产物综合利用加工基地。积极开发玉米食品，严格控制玉米深加工企业的产能扩张和用粮增长。在东北、华北、中西部等杂粮及薯类主产区，建立一批加工基地，提高加工规模和技术水平，加快发展杂粮传统食品和方便食品。在江苏、湖北、湖南、河南等地形成一批粮油加工成套装备制造基地。图2稻谷加工业布局示意图（略）、图3小麦加工业布局示意图（略）。

充分发挥东北非转基因大豆优势，提升当地大豆油加工产业带建设水平，引导整合资源，提高生产效率；在长江中下游和西部油菜籽主产区，黄淮海花生主产区，黄河、长江流域和西部棉籽主产区，西部葵花籽主产区，结合淘汰落后产能，发展一批菜籽油、花生油、棉籽油、葵花籽油大型加工企业，鼓励建设一线多能、多油料品种加工项目；依托稻谷、玉米主产区大型粮油加工企业、加工园区和产业集聚区，大力发展米糠油、玉米油等特色油脂加工；在长江中游及淮河以南地区，大力发展油茶籽油等木本植物油加工，增强食用植物油供给能力。严格控制大豆压榨及浸出项目，合理控制沿长江地区菜籽油加工产能规模，推进企业兼并重组，促进资源向优势企业集聚。图4食用植物油加工业布局示意图（略）。

第三节 加快升级改造

加快利用新技术、新材料、新工艺、新装备改造粮油加工企业，提升粮油加工业整体技术水平，实施粮油加工园区建设、技术改造、食品安全检测能力建设、主食品工业化示范、应急加工供应等工程。

依托现有资源，整合、新建或改扩建一批科技含量高、综合利用全、带动能力强的粮油加工园区。加大粮油加工企业技术改造力度，加快产品升级换代和关键设备自主化，提高节能降耗水平。加强企业食品安全检测能力建设，健全并严格落实食品安全责任制度，建立质量可追溯体系。完善加工标准体系，大力倡导适度加工和健康消费，合理控制大米、小麦粉、食用植物油等产品加工精度。加快传统主食品工业化步伐。加大对大中城市及重点地区粮油应急加工、供应等设施建设和改造力度。

第六章　健全粮食市场体系

加快粮食市场体系建设，形成以粮食收购市场和零售市场为基础、批发市场为骨干、粮食期货交易稳步发展，统一开放、竞争有序的现代粮食市场体系。

第一节　规范收购市场

充分发挥国有粮食企业在粮食收购中的主渠道作用，鼓励各类具有资质的市场主体从事粮食收购活动，搞活粮食流通，构建规范高效的粮食收购服务体系。严格执行收购市场准入制度，规范各类主体的粮食收购行为，维护良好的粮食收购市场秩序。

第二节　完善零售市场

大力发展超市、便民连锁店为主要形式的城乡粮油供应网点，发挥集贸市场在粮食供应中的作用，建立满足居民日常粮食消费需求的零售供应网络。大中城市要确定一批用得上、实力强、效率高的粮食应急供应网点，确保粮食应急供应。鼓励和支持粮食连锁经营、电子商务等现代流通方式向农村延伸，创新经营理念，提高零售网络的服务水平和效率。规范粮食零售市场管理，健全粮食零售经营者诚信档案制度。以深入开展“放心粮油”进农村、进社区活动为重点，进一步扩大“放心粮油”覆盖范围。

第三节　健全批发市场

根据粮食宏观调控的需要，继续选择部分大型区域性粮食批发市场，组建国家粮食交易中心。以国家粮食交易中心为依托，加快健全全国统一粮食竞价交易系统，扩大交易系统的市场联网范围，完善统一交易规则。积极推进中央储备粮及其他政策性粮油进入国家粮食交易中心交易。抓紧制定《粮食批发市场管理办法》。

引导粮食批发市场积极组织开展跨区域的大宗粮食品种的交易，充分发挥其在粮食产销衔接中的作用。加快大中城市成品粮批发市场建设，着力推进特大城市的成品粮批发市场建设。在全国重点指导和扶持一批大中型成品粮批发市场。

全面提升粮食批发市场功能，提高服务水平，加快粮食批发市场基础设施改造升级，重点加强批发市场的信息系统和质量检验检测系统建设。健全市场管理制度，提高粮食批发市场管理水平和从业人员素质。鼓励具备资质的多种所有制粮食市场主体从事粮食市场经营活动。

专栏3　国家粮食交易中心

2004年国务院决定全面放开粮食收购市场后，为保护农民利益和种粮积极性，健全粮食市场体系，提高粮食流通效率，根据粮食省长负责制的要求，由省级人民政府申请，国家粮食局已陆续批准了23个省区市在粮食批发市场的基础上组建国家粮食交易中心，并联网形成全国统一的政策性粮食竞价交易平台，承担国家政策性粮食竞价交易任务。“十一五”期间，全国统一的竞价交易平台共交易了各类政策性粮食2.4亿t、食用植物油70.2万t。通过国家粮食交易中心公开交易国家政策性粮食，充分发挥了市场竞争机制，节约了粮食流通成本，提高了粮食宏观调控效率，对保证粮食市场供应、稳定粮食市场价格起到了重要作用。“十二五”时期，国家粮食局将根据省级人民政府申请，继续做好国家粮食交易中心的组建工作，更好地发挥政策性粮食竞价交易平台在宏观调控中的作用。

第四节　稳步发展粮食期货交易

逐步增加粮食期货交易品种，引导粮食企业和农民专业合作组织利用期货市场规避风险。增强现货市场与期货市场的联动性，加强对粮食期货交易的监督管理，规范粮食期货交易行为。

第七章　完善粮食标准与质量检验监测体系

完善粮油标准体系，加大标准化工作实施力度。建成以国家和地方粮食检验监测机构为骨干，以粮食企业为基础，覆盖各省（自治区、直辖市）、各地级市、粮食主产县、粮食购销企业、大型粮食加工企业的粮食检验监测体系。配备仪器设备，改善基础设施，提升粮食质量安全检验监测整体水平和粮食企业质量管理水平，促进粮食企业承担粮食质量安全主体责任，消除监测盲区，保障粮食质量安全。

第一节 健全粮油标准体系

加强粮油标准体系建设，进一步健全粮食收购标准、粮油产品标准、粮食储藏标准和粮油加工标准等。研究制定小麦、稻谷、玉米、大豆等产品质量、检验方法和技术规范新标准120项，对现有300项粮油标准进行复审修订。

专栏4 粮油标准制修（订）主要内容

粮食收购标准	粮食收购检验规程和仪器设备标准、粮食收购快速检测方法标准、粮食收购品质在线检测方法标准、粮食质量调查和安全监测预警技术规范以及粮食收购环节真菌毒素、农药残留等污染物的快速检验方法等。
粮油产品标准	产品及制成品标准、有害物质和非法添加物检测方法标准等。
粮油储藏标准	储油设施设备标准和使用规范、安全储粮技术规范、储粮药剂管理和使用技术规范、磷化氢熏蒸技术规程、储粮品质判定标准、粮油储藏技术规范及质量过程控制标准等。
粮油加工标准	粮油加工过程良好操作规范、粮油加工机械标准、粮油加工质量安全控制标准等。

第二节 提高检验能力

加强粮食检验监测体系建设，以粮食质量安全检验为重点，增强综合检验能力、仲裁检验能力、快速应对粮食质量安全突发事件的检验能力。通过国家和地方的共同努力，配置相应的粮食检验仪器设备、改善基础设施，着力提升国家粮食质量监测机构的粮食卫生指标检验水平和先进快速检验技术的研究应用水平、地方粮食检验监测机构的常规指标和主要卫生指标的检验水平、粮食企业的检验技术水平。

专栏5 粮食质量安全检验监测能力建设

国家粮食质量监测机构能力建设	粮食的农药残留、重金属、真菌毒素等主要有毒有害成分，以及粮食的特征成分、营养及活性物质、添加剂和转基因等成分的定性与定量分析；粮食质量安全快速检测技术的研究和应用。
地方粮食检验监测机构能力建设	粮食常规质量指标、储存品质指标、营养品质指标，以及粮食的农药残留、重金属、真菌毒素等主要有毒有害成分的定性或定量分析；粮食质量安全快速检验技术的研究和应用。
粮食购销企业和大型粮油加工企业检验能力建设	粮食购销企业具备粮油常规质量和储存品质指标等检验能力。大型粮油加工企业具备粮油及其产品相关指标的检验能力。

第三节 强化质量安全监测

建立国家和地方粮食质量安全例行监测制度，定期开展粮食质量安全监测、收获粮食质量调查和品质测报、粮食出入库检验及政策性粮食质量安全抽查检验。加强粮食质量安全追溯体系建设，建立污染区域粮食收购、储存、销售质量安全管理机制和追溯制度。建立粮食质量安全监测预警网络，确保收购环节粮食质量安全。

专栏6 粮食质量安全监测主要内容

收获环节质量调查	对当年收获粮食的质量状况进行抽样调查和检验。
收获环节卫生监测	对当年收获粮食农药残留、重金属、真菌毒素等主要有毒有害成分污染情况进行监测。
储存环节质量安全监测	对库存粮食的质量状况和储粮药剂残留、重金属、真菌毒素等主要有毒有害成分污染情况进行例行监测。
粮食品质测报	对当年收获的小麦、稻谷、玉米、大豆等主要粮食的品质状况进行检验评价。

第八章 加快国有粮食企业改革和发展

以建立现代企业制度为方向，以发挥主渠道作用为重点，进一步推进国有粮食企业战略性重组，健全国有资本有进有退、合理流动机制，加快转变发展方式，切实提高企业市场竞争力和影响力。

第一节 推进现代企业制度建设

进一步理顺和规范政府调控与企业经营的关系，完善粮食政策性业务由政府委托企业代理的市场化运作机制。加强粮食企业国有资产监管，理顺粮食基础设施的产权关系。完善企业法人治理结构，提高企业经营管理水平。充分利用资本市场，推进大型粮食企业兼并重组。

第二节 优化企业布局和结构

逐步培育以大型国有粮食企业为骨干、基层国有粮食企业为基础，优势互补的粮食市场主体，不断提高市场竞争力。积极培育50个左右国有或国有控股的地方大型粮食企业，增强区域粮食市场调控能力。

完善粮食购销网络和产业链条，以粮食主产县（市、区）为单位，以县级粮库为基础，每县保留、组建和培育1～2个国有或国有控股的粮食企业，以及必要的收购网点，作为国家掌握粮源、搞活购销的重要基础。加快国有粮食企业发展方式转变，形成以粮食产业化企业为龙头、农民专业合作组织为纽带、粮食生产基地为依托的粮食产业化经营服务体系。重点扶持150个以上粮食产业化龙头企业。

第九章　增强粮食科技创新能力

加大储藏、物流、加工、检测等关键技术和装备的研发力度，增强粮食科技创新能力。以高新技术为着力点，以节能环保技术为切入点，改造和提升传统产业，提高现代化水平。粮食行业国家科研经费投入明显增加。

第一节　提高研发能力

发展基于物联网技术的现代粮食流通体系，在重点区域开展粮食物流信息采集、追溯技术、公共物流信息平台的应用示范，实现粮食物流的信息资源共享。加大信息化手段在粮食宏观调控中的应用，利用专用传感器等技术，逐步实现对粮食库存信息的智能化监控。在粮食收购品质检测、储粮环境控制、库存品质监管、有害物质防控等方面，加大信息、生物等高新技术研发。开展生态环境温湿度与粮食品质关系研究，实现对粮食霉菌、害虫等的实时监测。

第二节　改造传统产业

加快节能减排技术应用，研发储藏、干燥等方面的绿色、节能、降耗新技术。推动生物技术应用，研究绿色储粮技术体系。利用现代生物技术，开发替代化学物的高效菌株、酶制剂。研制粮油食品卫生安全快速检测技术和仪器。

推动先进制造技术应用，开发装备智能控制和在线监测技术。开展绿色储粮、仓储信息化技术和装备的集成示范。开发全自动散粮成套接卸输送装备。采用新材料、新工艺，提高粮食加工装备设计和制造水平。

第三节　加强应用基础研究

开展粮食流通环节的生物技术与粮食质量安全基础性、公益性研究。加强生态储粮等关键技术和粮食品质特性及化学机理、物理特性与生态环境关系的规律研究，建立粮食品质特性基础数据库。制订粮食信息安全等新技术标准。

第四节　建设创新体系

强化国家、省、企业三级创新能力。发挥科研院所、大学、企业优势和技术特长，坚持产学研相结合，构建以企业为主体、市场为导向的技术创新体系。完善应用开发和成果转化及产业化的技术推广体系。充分利用现有资源，建设完善国家粮食科技创新平台，加强基础研究，积极培育新兴产业。加强粮食科技人才队伍建设，完善机制，引进高层次人才，培养复合型人才。发挥地方粮食科研院所在区域粮食产业发展中的支撑作用。

专栏7　粮食科技创新重点项目

粮食物流信息技术研发	基于物联网的粮食流通信息化关键技术与设备研究；粮食流通信息技术集成研究与示范；区域粮食应急平台技术研究与应用示范。
粮食检测监管信息技术及装备研发	粮食专用传感器的开发与应用示范；基于生物传感原理的检测新技术与新仪器产品研究开发；粮油质量信息在线实时快速检测技术研究；清仓查库新技术装备研究开发与集成示范；多功能粮情测控系统开发与应用示范；储备粮粮情检测新技术研究与应用示范。
粮食产业节能减排技术研发及应用示范	节能保质、节能烘干、绿色高效热源、智能低碳干燥技术与装备研发；地下绿色节能储粮仓型及成套技术与装备开发；湿热区域低温储粮技术装备的研究开发；粮食高效进出仓成套设备研发；应急成品粮库新仓型及关键技术研究。
粮油加工装备技术研发	低能耗、智能化的主食加工成套装备、关键技术集成、功能营养主食强化产品开发及产业化示范；绿色、高效、低耗的通用加工技术和装备研究开发；粮食加工关键技术和装备研发；食用植物油清洁生产、品质安全及高效利用技术与装备开发。
粮食质量安全技术及设备研发	粮食近红外检测关键技术及装备研究开发；粮油质量快速检测技术研究与装备开发；油料油品收储质量安全关键技术研究开发与示范；储粮质量安全检验与动态监测关键技术研究与示范；储粮生物防霉、脱毒与快速检测技术开发示范；粮油内毒素及抗营养因子检测和控制新技术研发。
粮食科学基础研究	重要储粮害虫种群分布、储粮害虫危害及生态调控机理研究；现代粮仓粮堆传热传质特性及变化规律研究；储粮害虫抗药性机制的分子生物学研究；仓房结构与粮食散体力学关系研究；粮食功能性成分的营养及安全评价体系研究；储粮生态体系作用变化规律与生态数据库研究。

第十章 加强监督检查

建立机构健全、权责明确、行为规范、监督有效、覆盖全面的粮食流通监督检查行政执法体系，巩固监督检查各项制度，使定期检查、专项检查、重点抽查和专案调查等方式得到有效落实，实现政策性粮食检查、粮油库存检查、社会粮食流通检查的常态化、制度化。

第一节 推进体系建设

强化监督检查工作体系，切实做到地方各级粮食行政管理部门监督检查机构、职能、人员、经费“四落实”，全面落实监督检查人员持证上岗制度。加强监督检查队伍建设，重点加强省级以下粮食监督检查行政执法队伍建设，提升执法队伍专业水平，提高依法行政的能力和水平。

健全粮食监督检查法规制度，完善监督检查行政执法程序和工作纪律，建立和完善层级监督制度，加强对地方粮食行政管理部门监督检查工作的指导，落实粮食流通监督检查行政执法责任制。进一步完善政策性粮油监管体系，加强政策性粮油的监督检查力量，对中央储备等政策性粮油的数量、质量和储存安全实施监管。推进粮食流通企业信用体系建设，规范企业经营行为。

建立粮食流通监督检查信息管理系统，包括检查对象基本情况、各级粮食监督检查机构与队伍情况，以及执法信息等内容，统一开发软件，建立信息平台，实现资源共享。配备必要的调查取证器材、车辆和设备等，保证执法需要。

第二节 加强库存检查

完善粮油库存检查办法，优化库存检查组织方式，强化检查工作制衡与约束机制。将例行检查、专项检查、不定期检查等方式进行有效结合，加强对不同性质企业和粮油库存的分类监管，增强监管工作的时效性和针对性。

第三节 强化市场监管

加强对粮食最低收购价、国家临时收储等政策执行情况的监督检查，强化对收购、竞价销售、出库、移库的监督检查。做好退耕还林、水库移民、应急供应、救灾等政策性粮食供应的监督检查，确保政策性粮食供应及时到位。

加强对粮食经营者从事粮食收购、储存、运输、销售等经营活动的监督检查，加强对收购资格、最低最高库存规定、粮食流通统计制度执行情况的监督检查。

实施粮食流通监督检查工作量化考核制度，加强对行政执法工作的层级监督，切实做到公正执法、文明执法。开展监督检查行政执法示范单位创建活动，规范和提升监督检查行政执法的行为和水平。

第十一章 保障措施

第一节 完善政策支持

改善和健全粮食调控机制，引导市场粮价保持在合理水平。完善粮食奖补政策，积极探索与粮食储备订单收购挂钩的补贴办法。健全完善粮食主产区的利益补偿机制，支持主产区发展粮食生产。

加强与铁路、交通等部门的协作，创新粮食物流机制，整合现有粮食物流资源，推进仓储、码头设施社会化和运输服务市场化。建立支持农户科学储粮的长效机制，争取将农户储粮装具及简易仪器设备等纳入农机具补贴范围。

积极发挥农业政策性银行对粮食收购的保障作用，完善粮食收购资金信贷管理办法，支持国有粮食企业开展粮食购销业务，掌握粮源。积极利用企业上市、发行债券和商业银行贷款等多种形式，拓宽企业融资渠道。

落实和完善国有粮食购销企业、粮油加工企业和产业化龙头企业的有关税收政策。研究出台相关政策措施，支持重点粮食产业化龙头企业发展。

争取政策支持，对国有粮食企业产业（物流）园区建设用地优先安排；国有粮食企业产权制度改革中依法取得的资产转让收入和按规定处理企业使用的划拨土地收入，优先留给企业用于缴纳社会保险费和安置职工；加强对国有粮食企业资产管理，对依法出售自有公房、建筑物的收入，优先用于国有粮食企业改革和发展。

第二节 加大投入力度

中央和地方各级政府要加大对符合条件的重要粮食仓储、物流、应急保障等流通基础设施、市场体系建设、加工业升级改造、科技创新、技术引进、质量安全检验监测体系建设等的投入，积极引导多渠道社会资金投向粮食流通领域，并建立稳定的长效机制，明显提升现代粮食流通产业科学发展能力。对粮食净流出省（自治区）和新疆、西藏以及青海、四川、云南、甘肃四省藏区等中央明确给予政策支持地区的粮食流通基础设施建设给予适当倾斜。

第三节 深化改革创新

深化国有粮食购销企业的改革，加快产权制度改革步伐，建立现代企业制度，发挥国有粮食企业主渠道作用。制定和完善促进国有粮食购销企业改革和发展的政策措施，采取多种形式，做好企业经营性挂账的消化处理工作。多渠道筹措资金，解决国有粮食企业富余职工分流安置的资金缺口。理顺国债、世行贷款和地方政府等投资粮食流通基础设施的产权关系。

完善地方各级粮食行政管理体系，落实粮食行政管理部门依法管理全社会粮食流通的职责，重点做好粮食行业管理和指导、市场准入、行政执法和监督检查、监测预警和应急供应、流通统计、新技术推广等工作。实行政企分开，切实转变粮食行政管理部门职能，落实基层粮食行政管理部门人员编制和工作经费。

第四节 严格市场准入

进一步完善粮食收购市场准入和退出制度，规范市场秩序。落实《产业结构调整指导目录》，强化安全、出品率、能耗、质量、环保、土地等指标的约束作用，制定和完善粮油加工行业准入条件和落后产能界定标准，鼓励发展低消耗、低污染的先进产能。按照《外商投资产业指导目录》，完善粮食收购、储存、物流、加工等领域的外商投资管理和并购安全审查机制，保障国家粮食安全。

第五节 强化科技支撑

强化粮食科技对现代粮食购销、仓储、物流、加工产业跨越发展的支撑作用，推进建立稳定的粮食行业科技创新资金支持机制，加强粮食科技国际合作交流，加快科技成果的转化和推广普及。实施知识产权质押等鼓励创新的金融政策，加强知识产权的创造、运用、保护和管理，完善科技成果评价奖励制度，加强科研诚信建设。

大力加强粮食行业行政管理人才、企业经营管理人才、专业技术人才、高技能人才队伍建设，创新人才培养开发机制，加大力度引进高层次人才。大力推进粮食从业人员职业教育，加强粮食行业职业技能培训和鉴定工作，培养造就一支数量充足、结构优化、素质优良、富有竞争优势的行业人才队伍。

第六节 引导爱粮节粮

按照建设资源节约型社会的要求，强化从收获、收购、储存、运输、加工和消费全过程的节粮措施，减少粮食浪费和损耗，提高粮食综合利用率，抑制不合理的粮食需求，保障国家粮食安全。广泛开展爱粮节粮等主题宣传活动，加强粮油食品营养健康知识的宣传、普及，增强公众爱粮节粮和健康消费意识，大力倡导适度加工和科学用粮，引导合理膳食，促进健康消费。

第七节 强化粮食安全责任

建立健全中央和地方保障粮食安全分级责任制，在国家宏观调控下，全面落实粮食省长负责制。强化地方保障区域粮食市场供应和稳定价格的责任，落实地方粮食储备规模，完善应急预案，健全应急机制，加强粮食应急加工、供应体系和网络建设，提高应急保障能力。加强粮食市场监管和监督检查，保证粮食质量安全，维护正常的粮食流通秩序。

第八节 加强规划实施组织领导

加强规划实施的组织领导和统筹协调，强化部门分工协作机制，发挥规划对粮食行业发展的指导性作用。国家发展改革委负责规划实施的综合协调，国家粮食局具体负责规划的组织实施，精心部署，认真贯彻落实中央各项政策，扎实推进各项规划工作，并根据需要编制一批专项规划，细化落实本规划提出的主要任务。

各省级粮食行政管理部门要在省级人民政府统一领导下，主动加强与省级发展改革等部门的沟通协调，提高认识，密切配合，切实落实责任，根据本规划总体要求和本地实际，编制本地区的粮食行业发展规划，明确发展目标，细化落实具体任务，制定促进本地区粮食行业发展政策措施，形成强有力的协作机制，抓好本规划贯彻落实，确保本规划目标任务的顺利完成。

造纸工业发展“十二五”规划

（国家发改委等　发改产业［2011］3101 号　2011 年 12 月 30 日）

造纸工业与国民经济发展和社会文明息息相关，纸及纸板消费水平是衡量一个国家现代化和文明程度的重要标志之一。《全国林纸一体化工程建设“十五”及2010年专项规划》实施以来，伴随废纸的大规模回收利用，造纸工业主要以废纸辅以木、竹以及芦苇、秸秆等可再生资源为原料，通过清洁生产，实现了资源—生产—消费—资源再生的良性循环，已成为国民经济中具有循环经济特征的重要基础原材料产业和新的经济增长点。造纸工业资金技术密集，规模效益显著，具有较大的市场容量和发展潜力，且产业关联度高，对林业、农业、环保、印刷、包装、化工、机械制造、自动控制、交通等相关产业发展具有明显的拉动作用。

我国纸及纸板的生产量和消费量均居世界第一位，随着世界经济格局的重大调整和我国经济社会转型的明显加速，我国造纸工业发展面临的资源、能源和环境的约束日益突显，亟须加快结构调整。为了实现传统造纸工业向可持续发展的现代造纸工业转变，指导“十二五”造纸工业健康发展，根据《中华人民共和国国民经济和社会发展第十二个五年规划纲要》，特制定《造纸工业发展“十二五”规划》。

一、“十一五”回顾

（一）主要成绩

1. *生产持续稳定增长，运营质量显著提高* 2010年，纸及纸板产量9 270万t，比2005年增长65.5%，年均增长10.6%；消费量9 173万t，比2005年增长54.7%，年均增长9.1%。造纸工业发展速度很快，规模以上企业纸及纸板工业总产值由2 622亿元增至5 850亿元，增长123.1%，年均增长17.4%；纸及纸板利税总额由225亿元增至500亿元，增长122.2%。全员实物劳动生产率由每人每年73.4t增至125.7t，增长71.3%。目前，我国纸及纸板人均消费量68千克，高于世界平均水平。

2. *林纸一体化取得成效，原料结构有所改善* 《全国林纸一体化工程建设“十五”及2010年专项规划》自2000年实施以来，林纸一体化发展已形成全社会共识，是我国造纸工业发展循环经济和落实科学发展观的成功实践。通过充分利用国内外两种资源，大力推进林纸一体化工程建设，加强国内废纸回收利用和关停落后草浆生产线，提高了国内木浆和废纸的供给能力，改善了原料结构。木浆用量由2005年的1 130万t增至2010年的1 859万t，占总用浆量的22.0%。其中，国产木浆用量由371万t提升至708万t，比重由7.1%提升至8.4%；废纸浆由2 810万t增至5 305万t，比重由54.0%提升至62.7%，其中国内废纸浆的比重由27.8%提升至38.0%；非木浆用量基本保持稳定，比重由24.3%降至15.3%。

3. *引进与创新相结合，技术装备水平提高* 我国造纸工业引进技术装备与国内自主创新并举，建成了一批技术起点高、装备先进、单机生产线规模大的项目。新增年产10万t及以上各类中高档纸机和纸板机140余台，新增先进产能3 400万t，一批优秀的骨干企业率先完成由传统造纸业向现代造纸业的转变，已步入世界先进行列。

国内制浆造纸装备制造企业通过自主创新和引进技术消化吸收再创新，开发了一些具有我国自主知识产权的高新技术和设备，如年产10万～15万t漂白硫酸盐木（竹）制浆和碱回收成套设备；年产15万～20万t废纸浆成套设备；年产10万t及以下的各类文化纸机和年产20万～30万t的纸和纸板机等。同时，建设了国家级重点造纸实验室和一批工程研究中心、国家级企业技术中心，对我国造纸工业结构调整和优化升级起到了引领、支撑和推动作用。

4. *产品结构有所优化，市场供需基本平衡* 通过加强科技研发，改善工艺技术与装备等一系列措施，使纸及纸板产品结构更加适应消费结构需求，由数量型向质量型转变，由少品种向多品种转变，增加了高档纸及纸板的供给能力，特别是新闻纸、涂布印刷纸、白卡纸、生活用纸等满足了国内市场需求，解决了高档纸及纸板长期短缺的供需矛盾。纸及纸板由2005年净进口330万t转变为2010年净出口97万t。高档产品产量由20%提高到37%，个别品种如新闻纸、铜版纸等产品质量已达到世界先进水平。

5. *产业布局趋于合理，总体格局基本形成* 随着造纸原料政策和区域政策的调整，造纸工业总体呈现由北向南推移。长江以北纸及纸板产量占全国总产量的比重由2005年的43.3%下降至2010年的37.4%；长江以南则由56.7%上升至62.6%。东、中、西部分布格局相对稳定，东部地区产量占全国总产量比例保持在70%以上；中部地区占20%左右；西部地区在10%以下。年产量超过100万t的造纸重点省（自治区、直辖市）由2005年的11个增至14个，产量占全国总产量的比重达到91.8%。

6. *企业重组力度加大，产业集中度提高* 多个有实力的企业在全国范围内进行跨地区兼并整合，促进了造纸企业向集团化和规模化方向发展，一批生产技术装备先进、产品信誉好、具有较强竞争力的现代化造纸企业集团脱颖而出，优化了造纸工业组织结构。“十一五”期间，纸及纸板年产量超过100万t的造纸企业产量由791万t增至2 674万t，占全国总产量的比重由14.1%提升至28.8%；行业前30位的企业产量占全国的比重由32.9%提升至42.3%。

7. *污染防治成效显著，资源消耗大幅降低* “十一五”期间，我国造纸工业加大环境治理力度，扎实推进节能减排，重点对草浆生产企业和较大污染源点和重点流域造纸企业进行了综合整治。关停了制浆造纸企业2 000多家，淘汰落后产能1 000余万t。2010年，造纸废水中主要污染物化学需氧量（COD）排放95.2万t，比2005年的159.6万t降低40.4%，排放强度由万元产值0.069t降至0.018t，降幅为73.9%。“十一五”期间，吨纸浆平均综合能耗（标准煤）由0.55t降至0.45t；吨纸及纸板平均综合能耗（标准煤）由0.83t降至0.68t；吨纸浆、纸及纸板平均取水量由103m^3降至85m^3；吨纸及纸板平均消耗原生纸浆由427千克降至340千克。已建成的先进产能的质量、消耗定额、污染物排放负荷达到国际先进水平。

8. *政策法规基本完善，发展环境不断优化* “十一五”期间，我国造纸工业发展环境建设明显加快，相关的法律、法规、政策、标准等日益完善，对建立现代造纸工业发展环境发挥了重要作用。《全国林纸一体化工程建设“十五”及2010年专项规划》、《造纸产业发展政策》、《产业结构调整指导目录（2005年）》、《外商投资产业指导目录（2007年修订）》、《轻工业调整和振兴规划》等规划和政策的相继出台，提高了造纸工业的准入条件，行业发展更加规范；《中国节能技术政策大纲》和《制浆造纸工业水污染物排放标准》（GB3544—2008）的实施，促使企业加大了节能改造和治理污染的力度。

（二）存在的主要问题

1. *原料供求矛盾突出* 由于国内原料林基地建设迟缓，供材有限，非木浆发展受到清洁生产新技术开发滞后的影响，加上国内废纸回收率偏低等因素的影响，造纸纤维原料自给率难以提高，供需矛盾日益加剧。2010年，进口木浆1 137万t，比2005年的759万t增长49.8%；进口废纸2 435万t，比2005年的1 703万t增长43%，我国造纸工业对进口纤维原料的依存度高达40%以上。

2. *自主创新能力不强* 我国造纸工业自主创新能力建设比较薄弱，产学研没有形成有机的整体，引进技术消化吸收再创新不足，在新工艺、新设备和新产品的开发上缺乏自主创新的产业化重大成果。大型蒸煮、筛选、漂白设备，高得率制浆设备，高速纸机流浆箱、靴式压榨、压光机、复卷机等关键设备基本依赖进口。

3. *节能减排任务艰巨* 我国造纸工业中技术装备比较落后的产能仍占35%左右，物耗、水耗、能耗高，是造纸行业的主要污染源，其COD排放量约占行业排放总量的47%，产品质量、物耗、污染负荷均与国际先进水平存在相当大的差距，难以达到《制浆造纸工业水污染物排放标准》（GB3544—2008）的要求，急需加大改造或淘汰的力度。

4. *企业规模仍然偏小* 我国造纸工业具有国际竞争力的大型企业集团和骨干企业数量少，其影响力、带动力有待提高，小企业、弱势企业多，行业规模效益水平低。规模以上造纸企业销售总额仅与世界前四强合计数相当，2010年规模以上造纸企业3 724家，其中大型企业33家仅占0.89%，中型企业388家占10.42%，小型企业3 303家占88.69%，造纸工业小而散的局面急需改观。

二、面临的形势

（一）世界造纸工业

“十二五”期间，全球范围内的产业结构和国际分工大调整继续进行，世界造纸工业发展格局发生深刻变化，产业结构调整和转移进一步加快，新兴经济体国家将发挥后发优势，实现跨越式发展，成为世界造纸工业的主要增长点。由于受到资源、环境、效益等方面的约束，造纸工业加快技术进步，朝着高效率、高质量、高效益、低消耗、低污染、低排放的现代化大工业方向持续发展，呈现出企业规模化、技术集成化、产品功能化、生产清洁化、资源节约化、环保低碳化、林纸一体化、管理信息化和产业全球化，以及绿色发展的突出特点。

1. *世界造纸工业发展重心继续向新兴经济体转移* 造纸工业发达国家和地区已进入平稳发展时期，发展中国家和地区在经济快速发展的拉动下，造纸工业增长迅速。中国、印度、巴西、俄罗斯等新兴经济体正成为世界造纸工业增长的主要力量，我国纸及纸板产量已居世界首位，但在结构调整、技术升级、减排降耗等方面还有较大的发展空间。世界制浆造纸跨国公司因之纷纷把目光转向我国以及巴西、印尼等发展中国家，未来造纸工业资源、市场和人才的竞争将更加激烈。

2. *造纸原料将是各国争夺的焦点* 国际造纸跨国公司经过多年发展，确立了林纸一体化的发展模式，随着造纸资源供应的日益紧张，其愈来愈重视造纸原料的保障。近年来，国际纸业跨国公司在巴西、智利、印尼等林木资源丰富的国家和地区采取多种形式控制林地资源、培育原料林基地和建设木浆厂。世界各国也越来越重视本国废纸资源的回收利用，世界废纸回收量由2005年的1.826亿t提高到2010年的2.234亿t；回收率由2005年的49.8%提高到2010

年的56.6%，发达国家普遍超过60%，韩国、德国超过80%，中国为43.8%，低于世界平均水平。

3. 绿色低碳之路引领世界造纸工业持续发展　世界造纸工业通过加大废纸利用、林纸一体化、采用节能减排技术，实现了原料—制浆造纸—原料再生的良性循环，走上绿色低碳发展之路。废纸的大规模资源化利用，极大地节约了森林资源；林纸一体化发展大幅提高了林地生产力，改善了当地生态环境，固碳效果显著，实现了造纸、林业、生态的协调发展；制浆造纸装备的大型化以及从植树到污染防治工艺技术的全面改进，使能耗、物耗和污染物排放降低到较低水平。造纸工业具有低碳、绿色、可循环发展的潜力，在全球经济发展中仍具有旺盛的生命力和发展前景。

4. 世界大型制浆造纸装备供应仍处于垄断局面　多年来，世界上少数几家主要制浆造纸装备供应商，依靠品牌优势、研发能力、精密制造以及强大的资金实力和市场拓展能力，基本垄断了大型制浆造纸装备供应，这一局面短期内难以改观。我国现已成为世界制浆造纸装备的主要市场，但大型制浆造纸装备主要依赖进口，导致投资成本提高，阻碍了众多中小型制浆造纸企业装备大型化步伐，我国制浆造纸装备自主化水平亟须提高。

（二）我国造纸工业

“十二五”时期是我国全面建设小康社会的关键时期，是深化改革开放、加快转变经济发展方式的攻坚时期，工业化、信息化、城镇化、市场化、国际化深入发展，建设资源节约型、环境友好型社会成为加快转变经济发展方式的重要着力点。我国造纸工业亟须转变发展方式，加快产业结构调整，走绿色可持续发展之路。

1. 造纸工业必须转变发展方式　“十二五”期间，我国仍将处于工业化和城镇化加速阶段，伴随人均国民收入稳步增长和消费结构的升级，我国造纸工业具有一定的发展空间；落后产能的淘汰，也为采用新技术、开发新产品、开拓新市场创造了条件。目前，我国造纸工业已由“数量主导型”步入调结构、上质量、上水平的“质量效益主导型”发展的新阶段。

2. 资源能源环境约束日益加剧　当前，我国造纸工业高速扩张的发展模式面临资源和环境的双重制约，实施可持续发展战略，建设资源节约型、环境友好型造纸工业势在必行。要按照《国民经济和社会发展第十二个五年规划纲要》的部署，严格控制造纸工业的总量水平，适当降低发展速度；积极推广节能、节水、降耗技术与装备，加强资源节约和管理；强化污染物减排和治理，加强环境保护；按照“减量化、再利用、资源化”的原则，大力发展循环经济。

3. 迫切需要加快产业结构调整　随着我国工业化、信息化、城镇化、市场化、国际化深入发展，经济结构转型加快，造纸工业产业结构不合理的问题日益突出，亟须通过优化原料结构，提高原料保障水平；优化产品结构，使产品向低碳、多功能、环保、质优的方向调整，提高有效供给水平；优化企业结构，提高集中度和竞争力；优化技术结构，增强自主创新能力，提升技术装备总体水平；优化产业布局，合理配置资源，全面推进造纸工业协调发展。

专栏1　我国造纸工业发展总量及对造纸原料需求

单位：万t（*万m^3）

	2010年			2015年（预计）		
纸及纸板消费量	9 173			11 470		
纸及纸板生产量	9 270			11 600		
年耗纸浆总量	8 461			10 457		
年耗纸浆总量中：	原料用量	纸浆产量	比例(%)	原料用量	纸浆产量	比例(%)
1. 木浆		1 859	22.0		2 541	24.3
其中：国产木浆	*2 820	708	8.4	*3 770	1 077	10.3
进口木浆		1 151	13.6		1 464	14.0
2. 废纸浆	6 631	5 305	62.7	8 365	6 692	64.0
其中：国内废纸浆	4 016	3 213	38.0	5 359	4 287	41.0
进口废纸浆	2 615	2 092	24.7	3 006	2 405	23.0
3. 非木浆	3 535	1 297	15.3	3 421	1 224	11.7
其中：苇（荻、芒秆）浆	390	156	1.8	390	156	1.5

（续）

年耗纸浆总量中：	2010年			2015年（预计）		
	原料用量	纸浆产量	比例（%）	原料用量	纸浆产量	比例（%）
竹浆	776	194	2.3	960	240	2.3
蔗渣浆	293	117	1.4	293	117	1.1
禾草浆	1 798	719	8.5	1 500	600	5.7
其他浆	278	111	1.3	278	111	1.1

三、指导思想、基本原则和发展目标

（一）指导思想

按照《国民经济和社会发展第十二个五年规划纲要》的要求，深入贯彻落实科学发展观，走新型工业化道路，加快转变发展方式。以结构调整为主线，以建设科技创新型、资源节约型、环境友好型现代造纸工业为目标，充分发挥造纸工业绿色、低碳、循环的特点，提升自主创新能力，节约资源，保护环境，提高增长的质量和效益，推动产业优化升级，增强国际竞争力，在造纸大国向现代造纸强国转变中迈出实质性步伐。

（二）基本原则

1. *立足国内市场需求，控制造纸总量规模* 要以满足国内需求为主，国际市场作为补充，合理控制总量，稳定国内市场供给。严格控制产能过剩纸种的重复建设，引导市场有序竞争。

2. *加快推进林纸发展，充分利用其他资源* 积极利用国内外两种资源，加快推进林纸一体化工程建设，提高木纤维比重，扩大国内废纸回收利用，科学合理利用非木纤维原料。

3. *增强自主创新能力，调整优化产业结构* 自主研发与引进消化吸收再创新相结合，提升工艺、装备自主化水平。鼓励企业兼并重组，淘汰落后产能，提高骨干企业的国际竞争力。着力优化产业布局、企业组织结构和产品结构，实现产业升级。

4. *大力发展循环经济，加强生态环境保护* 按照“减量化、再利用、资源化”的发展原则，提高资源利用率。推行清洁生产，严格控制主要污染物排放，注重“三废”的综合利用，把环境污染降低到最低程度。

5. *推行节约用纸理念，倡导绿色低碳消费* 加强舆论宣传和政策引导，改变盲目追求生产、消费高白度纸张的理念，鼓励生产使用再生纸、未漂白纸和低白度纸，引导全社会节约用纸，倡导纸张重复使用，遏制过度包装。

6. *坚持实施对外开放，充分利用国内外资源* 统筹国内外两种资源，积极实施“走出去”战略，鼓励和支持国内优势企业到境外兼并重组，建设原料林基地、纸浆和造纸项目，合理利用外资，实现内外资协调发展。

（三）发展目标

1. *生产消费平稳增长* 2015年，预计全国纸及纸板消费量11 470万t，比2010年年均增长4.6%；纸及纸板总产能为13 000万t左右，总产量达到11 600万t，年均增长4.6%。

2. *原料结构持续改善* 加快形成符合我国国情的以废纸纤维、木纤维为主，合理利用非木纤维的造纸原料结构。2015年木浆、非木浆、废纸浆比重由2010年22.0%、15.3%、62.7%调整为24.3%、11.7%、64.0%。国内废纸浆比重由38.0%提高到41.0%，国产木浆比重由8.4%提高到10.3%。

3. *产品结构不断优化* 满足市场有效需求，向低定量、功能化、高品质、多品种方向调整。全面推进纸及纸板各类产品向差异化、系列化、轻量化和环保化方向发展，逐步形成功能齐全，适应不同层次、多元化市场需求的纸产品结构。

4. *产业集中度不断提升*。到2015年，年产100万t以上大型综合性制浆造纸企业集团达到20余家，其中若干企业的销售额进入全球纸业排名100强。通过加大企业重组力度，完善产业组织形式，逐步形成大型企业为龙头，中小企业协调发展的产业组织结构。

5. *装备水平逐步提高* 加强自主创新能力建设，建设国家级企业技术中心10家以上。提升造纸工业生产工艺技术和装备总体研发水平，制浆造纸装备自主化比重由30%提高至50%，重点骨干造纸企业主体制浆造纸技术与装备达到国际先进水平，部分自主研发的制浆造纸装备接近国际先进水平。

6. *资源消耗不断降低* 到2015年末，吨纸浆、纸及纸板的平均取水量由2010年的85m^3降至70m^3，减少18%；吨纸浆平均综合能耗（标准煤）由2010年的0.45t降至0.37t，比2010年降低18%；吨纸及纸板平均综合能耗（标准煤）由2010年的0.68t降至0.53t，比2010年降低22%。

7. 污染排放明显下降　通过管理减排、工程减排、结构减排三项措施，2015年，主要污染物化学需氧量（COD）排放总量比2010年降低10%～12%，氨氮排放总量比2010年降低10%，实现增产减排。

8. 淘汰落后取得实效　“十二五”期间，全国淘汰落后造纸产能1 000万t以上。

专栏2　“十二五”造纸工业发展的主要指标

类别	指　　标	2010年	2015年（预计）	年均增长（%）	属性
规模总量	纸及纸板总产量（万t）	9 270	11 600	4.6	预期性
	纸及纸板消费总量（万t）	9 173	11 470	4.6	预期性
纤维原料	1. 木浆（%）	22.0	24.3	/	预期性
	其中：国产木浆（%）	8.4	10.3	/	
	进口木浆（%）	13.6	14.0	/	
	2. 废纸浆（%）	62.7	64.0	/	
	其中：国内废纸浆（%）	38.0	41.0	/	
	进口废纸浆（%）	24.7	23.0	/	
	3. 非木浆（%）	15.3	11.7	/	
资源消耗	吨纸及纸板平均综合能耗（吨标准煤）降低22%	0.68	0.53	−4.9	约束性
	吨纸浆平均综合能耗（吨标准煤）降低18%	0.45	0.37	−3.8	
	吨纸浆、纸及纸板平均取水量（m^3）降低18%	85	70	−3.8	
环境保护	水污染物　化学需氧量（COD）排放总量	2015年比2010年降低10%～12%			约束性
	水污染物　氨氮排放总量	2015年比2010年降低10%			约束性
淘汰落后产能	总量	1 000万t以上			约束性

四、主要任务

（一）改善原料结构，增加国内供给

1. 提高木纤维比重　从我国的实际情况出发，“十二五”期间，木浆比重将由22.0%提高至24.3%，木浆增量约为700万t，其中国产木浆比重由8.4%提高至10.3%，木浆增量约为400万t。所需木材纤维原料依靠国内外两种资源，国内主要采取开源、节流并重的方针，坚持严格保护天然林资源的原则，逐步实现造纸工业用材以原料林基地供应为主。一是继续加快推进林纸一体化工程建设，在不占用耕地、不影响粮食安全、不破坏天然林资源的前提下，加强原料林基地建设，大力推进林纸一体化，栽培优良树种，提高林地单产，提高企业可控制林业基地比重，提倡发展“公司＋基地＋合作组织”和适当发展“公司＋基地＋农户”等经营模式，提高基地供材能力。“十二五”期间，继续完成《全国林纸一体化工程建设“十五”及2010年专项规划》配套500万公顷林（竹）原料基地的目标；二是扩大利用林业间伐材、小径材、加工剩余物和木片；三是有条件的地区通过调整现有木材消费结构，减少农民自用材和烧材，增加工业用材比重，拓展造纸木材原料供应途径。在利用国外纤维资源方面，一是鼓励国内企业到境外进行林木资源开发或投资建设大型林纸一体化项目以及造纸原料林基地。二是鼓励企业从国外进口木材、木片，在国内适宜地区建设大型商品纸浆及木浆造纸项目。

2. 加大废纸回收和利用力度　“十二五”期间，废纸浆增量约为1 400万t。加快建立、健全国内废纸回收系统，制定和完善相关的法规、标准和管理办法，培育大型回收企业，探索国内废纸回收利用发展模式，规范废纸回收行为，提高国内废纸回收的质量和数量，提高国内废纸有效供给水平，将国内废纸回收率由43.8%提高至46.7%，同时仍要充分利用境外废纸资源，使我国造纸工业废纸利用率由71.5%提高至72.1%。

3. 科学合理利用非木纤维　科学合理利用非木资源，实施清洁生产新工艺，提高节能减排和综合利用水平，提高非木纤维制浆造纸质量，对缓解国内纤维资源供需矛盾和对进口木材纤维和废纸的依赖，优化造纸原料结构具有重要作用。要遵循因地制宜、合理利用的原则，充分利用竹子、芦苇和农业废弃物如秸秆、蔗渣等非木资源，加快现有企业非木浆资源的整合与调整，淘汰落后生产能力，上规模、上水平。“十二五”期间，非木浆总量保持在 1 200 万 t 以上。

（二）增强创新能力，提升技术水平

1. 重点研发低消耗、少污染、高质量、高效率制浆造纸技术　重点研发清洁高效的制浆技术、造纸纤维资源综合利用技术、废液综合利用适用技术；生产过程节能、节水、减排、清洁生产技术；废水、废气、固体废弃物减量化、资源化利用技术；高性能纸基功能性新材料、特种纸及纸板生产新技术；高效造纸化学品及应用技术；制浆造纸生物技术；制浆造纸关键设备及脱水器材的制造技术；全自动控制技术及产业信息化技术等。建立制浆造纸工艺技术创新联盟。

2. 研发具有自主知识产权的先进适用装备　跟踪研究国际前沿技术，加强重大技术装备研制，通过自主创新与引进消化吸收再创新相结合，着力加强产业技术和成套装备系统的集成和创新，加快行业关键、共性技术与装备的研发和产业化，努力解决制约我国造纸产业发展的技术瓶颈，提升造纸工业和装备制造业的整体技术、装备水平。

3. 加大技术创新能力建设　建立研究、开发、设计、制造集成平台，提高成套装备研发和集成能力。加强造纸工业科技基础能力和创新服务支撑体系建设，充分发挥国家工程（技术）研究中心、国家重点实验室、国家工程实验室、大型骨干制浆造纸企业和装备制造企业技术中心作用。建设信息网络，建立中型高速文化纸机自主化示范工程和制浆造纸装备创新联盟，完善产品技术标准，推进以企业为主体、市场为导向，产学研相结合的技术创新体系的形成。支持跨国造纸企业、装备制造企业在国内合资合作设立研发中心、培训中心等技术研发机构，联合开发新技术与新装备，提升我国造纸产业技术与装备研发水平。鼓励国内企业参与国外技术研发，接受技术转让。

4. 大力推进信息化和工业化融合　加大利用信息技术提升传统造纸业的力度。要坚持以信息化带动工业化，以工业化促进信息化的原则，进一步推进企业全面实施和提升生产装备智能化、生产过程自动化和企业管理信息化的水平。通过采用信息技术，系统整合企业内部的产品研发设计、生产管理、质量管理、财务管理、营销管理、物流配送、节能减排、项目管理及人力资源等环节的信息资源，最大限度降低各单元体的经营成本，提高管理效率。有条件的企业在此基础上，可加强企业内部资源全面管理（ERP）、供应链管理（SCM）、客户资源管理（CRM）及电子商务阶段的信息化建设，全面提升企业信息化管理水平。

5. 优化人力资源结构，建设高素质人才队伍　积极发挥高等院校、科研院所、企业在专业人才队伍培养方面的作用，共同承担行业人才培养的责任。一是以提高自主创新能力为核心，加大对高水平研发人才，高技能工程人才和高层次管理人才的培养。二是以适应现代化造纸生产为基本要求，加强中等教育和职工培训，培养基层一线高水平的操作技工。三是进一步优化人才知识结构，逐渐形成一支具有高素质的员工队伍。

专栏 3　“十二五”工艺技术与装备研发与应用

鼓　励	限制	淘汰
化学制浆采用深度脱木素、低能耗间歇蒸煮或连续蒸煮、氧脱木素、无元素氯漂白和全无氯漂白等技术与装备。 发展低能耗高得率制浆技术及装备。 发展废纸高效脱墨技术及装备。 发展秸秆未漂纸浆及其制品生产技术。 采用蒸煮用汽的废热回收；蒸发站二次蒸汽废热回收；提高白泥干度、减少白泥燃烧能耗；高效节能热泵；造纸机采用新型脱水器材、宽区压榨、全封闭式气罩、热回收等节能技术与装备。 采用湿法备料洗涤水循环、制浆逆流洗涤中浓封闭筛选系统、中高浓漂白、纸机白水回用、回收蒸发站污冷凝水分级及回用等节水技术与装备。 结晶蒸发、非工艺元素去除、黑液降粘处理技术及装备。碱炉、锅炉与自备电站采用热电联产提高能源利用率。 发展厌氧处理高浓废水、沼气资源化利用技术与装备。 开发应用污水深度处理技术及完善监测系统。 开发与应用造纸污泥干化、固废物处理及生物质资源化利用技术与装备。 制浆造纸工艺过程采用信息化和计算机全自动控制等技术。	新上项目采用元素氯漂白工艺。	容积 $40m^3$ 以下蒸球。 石灰法地池制浆工艺（宣纸除外）。 幅宽 1.76m 以下、车速 120m/min 以下文化纸机。 幅宽 2m 以下、车速 80m/min 以下纸板机。

专栏4 “十二五”制浆造纸装备自主化研发重点

1	年产10万～20万t非木纤维浆设备
2	年产10万～15万t高得率化机浆关键设备
3	年产20万～30万t废纸浆成套设备
4	年产10万～15万t废纸脱墨浆成套设备
5	无元素氯或全无氯纸浆漂白设备
6	车速1 000m/min以上高速卫生纸机
7	车速1 200m/min以上大中型文化纸机成套设备
8	流浆箱、靴压、压光机、涂布机、高速复卷机等关键设备
9	节水、节能环保设备及脱水器材

(三) 优化产业布局，合理配置资源

调整造纸产业布局应根据国家功能区规划的总体要求，遵循资源永续利用、保护生态环境的原则，统筹考虑不同区域资源环境承载能力、现有开发强度和发展潜力，满足环境保护和资源节约的要求，合理发展原料林基地，实现经济、环境和社会协调发展。重点环境保护区、重点生态功能区和严重缺水地区禁止新建扩建制浆造纸项目。

1. 长江中下游地区　包括上海、江苏、浙江、安徽、江西、湖北和湖南7个省（直辖市），纸及纸板产量占全国总产量的37%左右，是我国造纸第一大产区，该区域水资源相对丰富，但水污染、湖泊富养化问题比较突出。“十二五”期间，该区域造纸工业应高度重视防污与节水并重，实施主要污染物排放总量控制。宜充分利用湖南、湖北、江西、安徽南部地区适宜发展速生丰产林的条件，继续推进林纸一体化发展。长江三角洲具有区位优势和较发达的造纸工业基础，利用进口木浆和国内废纸，建设文化用纸、包装纸板及特种纸生产基地。该区域内局部地区布局过于密集、企业规模小，环境容量难以承载，要控制开发强度加强调整和整合，加快淘汰落后产能，提升产品质量和档次，促进产业优化升级。

2. 黄淮海地区　包括北京、天津、河北、山西、山东和河南6个省（直辖市）造纸产量占全国造纸产量为30%左右，是我国第二大产区。其中山东、河南、河北3省造纸产量占全国造纸总产量29%左右，企业布局较密集。该区域是草浆主要产区，水资源紧缺，环境容量小，优质纤维资源短缺，产业发展支撑条件受到限制，属产业结构调整重点区域。“十二五”期间，要加大区域内产业结构调整力度，实施控制增量与优化存量并重，通过淘汰落后获得增量，强化环境监管，严格控制造纸工业的用水总量和主要污染物排放总量。要调整原料结构和企业布局，加快淘汰落后产能，适度发展化学机械木浆，增加商品木浆和废纸的利用。积极研发和应用秸秆的清洁生产技术，调整草浆结构。以现有优势产区布局为基础，细化造纸工业分区，形成差异化、特色化的新格局。要以重点骨干企业（集团）为依托，整合区内资源，带动区域造纸产业升级。同时要突出实施“走出去”的发展战略，到区域外和国外选择投资发展的机遇，充分利用好两种资源和两个市场。该区域原则上不再布局新的制浆造纸企业。

3. 华南沿海地区　包括广东、广西、福建和海南4省（区）造纸产量占全国造纸总产量22%左右，是我国第三大产区。该区域总体上纤维资源和水资源丰富。“十二五”期间，该区域造纸工业应实施调整与治污并重和主要污染物排放总量控制。充分发挥区位优势，采取推进造纸原料林基地建设和利用境外木片等措施，发展林纸一体化基地。珠江三角洲地区要控制开发强度，应以商品浆和废纸造纸，进一步完善、健全包装纸板生产基地，同时调整产品结构，改变产品结构单一的状况。区域内局部地区企业布局过于密集且规模小，应加快现有企业整合，淘汰落后产能，防治污染，促进产业升级。广西地区还应充分利用当地丰富的蔗渣资源，积极发展蔗渣制浆造纸。

4. 东北地区　包括辽宁、吉林、黑龙江3个省造纸产量占全国造纸总产量的2%左右，是我国北方发展速生林基地的主要区域。该区域土地资源丰富，有一定纤维、水资源条件和造纸工业基础，该地区应充分利用振兴东北老工业基地相关政策，在自然条件和水资源条件较好的区域适当发展制浆造纸，以现有大型骨干制浆造纸企业为依托，加强业内优质资源整合和技术改造，加快淘汰落后产能。充分利用国外纤维资源，同时配套建设以现有中幼龄林改培为主的速生丰产原料林和芦苇基地。

5. 西南地区　包括重庆、四川、贵州、云南和西藏5个省（区），造纸产量占全国造纸总产量的6%左右。该区域多属高山与高原，水资源相对丰富，林竹资源开发潜力大，但开发有一定难度。四川、重庆地区要以竹资源开发为重点，合理规划布局，发展竹浆。贵州、云南可适当发展一定规模的木浆和竹浆，变资源优势为经济优势。

6. 西北地区　包括内蒙古、陕西、甘肃、青海、宁夏和新疆6个省（自治区）。造纸产量占全国造纸总产量的3%左右。该区域地处江河源头，大部分地区生态环境脆弱，区内纤维、水资源短缺，不宜发展造纸工业。该区域要通过骨干企业的兼并重组，淘汰落后产能，做到节能减排、清洁发展。

(四) 推进清洁生产，保护生态环境

1. 大力推进节能降耗，实现资源的高效利用

坚持“资源开发与节约并重，把节约放在首位”的原

则，在生产、流通和消费的各个领域大力节约各种资源，最大限度地对各环节产生的废弃物进行回收利用，实现以最少的资源消耗创造最大的经济效益。一是严格执行国家相关法律、法规和标准，新建、扩建及技术改造项目要采用节约资源、能源和土地的技术工艺与装备及相应的保障措施，实现生产过程中的减量化。二是增强全行业节约和保护水资源意识，严格执行《中华人民共和国水法》，全面推行总量控制和定额管理，大力开发和推广应用节水新技术、新工艺、新设备，加强水资源的合理开发和利用。推进制浆造纸企业在生产过程中使用串联用水系统和循环用水系统，提高水的重复利用率，减少新鲜水用量。到“十二五”末，单位产品平均取水量比2010年降低18%。三是推进制浆造纸企业采用先进成熟适用的回收利用技术，对生产过程中产生的废气（余压、余热）、废渣、废液进行综合利用处理，最大限度地实现资源化。四是鼓励发展高得率纸浆和废纸浆造纸，节约纤维资源。“十二五”末，吨纸及纸板消耗原生纸浆由2010年平均340千克降至324千克。五是在有条件的地区和企业实施造纸产业循环经济示范工程，促进综合利用、循环利用，发展循环经济。

2. 推广清洁生产技术，防治污染　推广应用先进、成熟、适用的制浆造纸环保新技术、新工艺、新设备。推进低能耗蒸煮、碱回收、封闭筛选、氧脱木素、无元素氯漂白、全无氯漂白、低白度纸浆及其纸产品生产、未漂白纸浆及其纸产品生产等技术的广泛应用。以水污染物防治为重点，兼顾废气、废渣处理，采用封闭循环用水、白水回收、中段废水多级生化处理、烟气高效净化、废渣资源化处理等技术，提高综合防治水平，减少“三废”的排放。现有企业通过技术改造，加快技术装备更新，降低单位产品资源消耗和污染物排放量，提高清洁生产水平。

3. 增强环境保护意识，严格监管　一是加大对国家《环境保护法》、《水土保持法》、《清洁生产促进法》、《水污染防治法》、《造纸产业发展政策》、《制浆造纸工业水污染物排放标准》（GB3544—2008）等法律、法规、标准与政策的宣传和执行力度，增强全行业的环保意识和社会责任感。二是推进政府为主导、企业为责任主体、社会监督协调的监督管理体系建设，加强监督管理，严格执行环境保护绩效考核制度，环境执法责任制度和责任追究制度，积极推行环境认证和环境标识制度，实行清洁生产审核，环境质量公告和企业环保信息公开制度，促进社会公众参与并监督企业环境保护措施的落实。三是严格造纸行业准入条件，落实项目建设环境影响评价及水土保持方案报告制度，严格执行“三同时”制度和目标责任制，从源头防止环境污染和生态破坏。

4. 加快淘汰落后产能，减排减污　着力加快解决重点流域和重点区域的造纸工业结构调整和污染问题。现有制浆造纸企业要进一步加大力度淘汰污染严重的落后工艺与设备，抓紧技术改造，淘汰年产5.1万t以下的化学木浆生产线、单条年产3.4万t非木浆生产线和单条年产1万t及以下废纸浆生产线，以及窄幅、低车速、高消耗、低水平造纸机。禁止采用石灰法地池制浆（宣纸除外）、限制新上项目采用元素氯漂白工艺（现有企业逐步淘汰），禁止进口国外落后的二手制浆造纸设备。完善“三废”治理设施，严格控制污染物排放。对经限期治理仍不能达标的企业或生产线要依法整顿或关停。“十二五”期间，继续实行产业退出机制，调整和明确淘汰标准，量化淘汰指标，加大淘汰力度。新增日处理污水能力300万t，淘汰纸及纸板落后产能1 000万t以上。

5. 加速推进二噁英类持久性有机污染物和氨氮的减排进程　根据《中华人民共和国履行关于持久性有机污染物的斯德哥尔摩公约国家实施计划》，推进我国造纸工业二噁英类持久性有机污染物减排进程。根据《制浆造纸工业水污染物排放标准》（GB3544—2008）新增加氨氮、总氮、总磷限值的要求，加强造纸工业氮、磷污染物的调研，摸清情况，采取措施，升级改造污水处理设施，强化脱氮除磷功能，推进氨氮等污染物减排。

（五）优化企业结构，推进兼并重组

1. 着力培育一批骨干企业　按照优势互补、自愿结合的原则，整合造纸资源，推进企业战略重组，在重点发展区域，以林地资源为核心要素，将相对集中的林地资源向重点企业倾斜，培育一批骨干企业做强做大，支持国内企业通过兼并、联合、重组整合和“走出去”等多种形式，形成若干跨地区、跨行业、跨所有制、跨国别的具有国际竞争力的综合性大型骨干制浆造纸企业和企业集团，提高骨干企业的战略管理、资源运营、资本运作、产品制造和营销服务能力，增强企业的核心竞争力。

2. 引导中小造纸企业向专、精、特、新方向发展　通过实施横向联合和企业退出机制，淘汰落后产能，关停不能达标排放的小企业，改变企业数量多、规模小、布局分散的局面。引导中小企业在细分市场上做到专业化，在产品质量上做到精细化，在产品品种上做到特色化，在产品开发上做到创新化。

3. 调整企业规模结构　切实贯彻适度经济规模的要求，发挥规模效益，除薄页纸、特种纸及纸板等特殊品种外，对新建、改扩建项目要突出起始规模。

努力提高产业集中度，到 2015 年形成纸及纸板年产 100 万 t 以上企业 20 余家，木浆年产 100 万 t 以上企业 3 家，排名行业前 30 名的企业纸及纸板产量占总产量的比重由目前的 42.3%提高至 45.0%以上。

专栏 5 “十二五”新建、扩建项目起始规模

新　建	扩　建	淘　汰
（一）纸浆		
1. 化学木浆 单条生产线 30 万 t/年及以上	单条生产线 10 万 t/年及以上	5.1 万 t/年以下生产线
2. 化学机械木浆 单条生产线 10 万 t/年及以上	单条生产线 5 万 t/年及以上	
3. 化学竹浆 单条生产线 10 万 t/年及以上	单条生产线 5 万 t/年及以上	单条 3.4 万 t/年以下生产线
4. 非木纤维制浆（秸秆、芦苇、蔗渣等） 单条生产线 10 万 t/年及以上	单条生产线 3.4 万 t/年及以上	单条 3.4 万 t/年以下生产线
5. 废纸浆 单条生产线 10 万 t/年及以上	单条生产线 5 万 t/年及以上	单条 1 万 t/年及以下生产线
（二）纸及纸板		
1. 新闻纸 限制新建、扩建	单条生产线 10 万 t/年及以上	5 万 t/年以下生产线
2. 文化用纸 单条生产线 10 万 t/年及以上 铜版纸限制新建、扩建	单条生产线 5 万 t/年及以上（含铜版纸）	幅宽 1.76m 及以下且车速 120m/min 以下文化纸生产线
3. 箱纸板、白纸板 单条生产线 30 万 t/年及以上	单条生产线 10 万 t/年及以上	幅宽 2m 及以下且车速 80m/min 以下箱纸板、白纸板生产线
4. 瓦楞原纸及其他纸板 单条生产线 10 万 t/年及以上	单条生产线 5 万 t/年及以上	幅宽 2m 及以下且车速 80m/min 以下瓦楞原纸生产线
5. 薄页纸、特种纸及纸板 起始规模不作规定	起始规模不作规定	

（六）调整产品结构，提高产品质量

1. *开发低定量、功能化纸及纸板新产品*　增加纸及纸板新品种，大力发展特种纸及纸板，形成造纸工业新的增长点。重点开发低定量含机械浆的未涂布和涂布印刷用纸，如精制新闻纸、超级压光纸、颜料纸、低定量涂布纸、薄膜涂布胶印纸、机械整饰纸等具有良好彩印性能的纸张；信息用纸，如喷墨打印纸、热敏纸、复印纸等纸品种；食品包装纸及纸板，如液体包装纸板、食品包装专用纸等纸品种；低克重、高强度瓦楞原纸及纸板，如应用于小型和重型商品保护及运输包装的低克重、高强度的瓦楞箱纸板；功能各异技术含量较高的特种纸及纸板，主要包括生活、建材、电气制品、工业过滤器、机械工业、农业、信息、光学、文化艺术、生化尖端技术等领域用纸；引导低碳消费的低白度或未漂白系列环保型纸产品等。

2. *加快低档产品的升级换代*　整合现有资源，对消耗高、质量差的低档包装纸及纸板、印刷书写纸和生活用纸等产品，实施有针对性的技术改造，淘汰落后产能，提升产品质量和档次，防止趋同化，开发特色产品。

3. *大力发展环保型纸产品*　加快制定低白度纸浆及其纸产品和未漂纸浆及其纸产品的《环境标志产品技术要求》标准。适时修订《环境标志产品技术要求—再生纸制品》标准的相关内容，引导绿色生产和绿色消费，鼓励造纸企业不断提高技术水平，扩大废纸利用，积极发展环保型纸产品。

（七）建立节约模式，倡导合理消费

按照建设节约型社会的要求，积极倡导纸及纸板产品的合理消费，培育“节约用纸、适度消费、循环利用、绿色低碳”的纸张消费观，改变目前过度追求高白度等指标的纸产品消费倾向，节约资源，减少污染。尽快修订造纸产品标准，将部分推荐标准升级为强制标准。鼓励发展符合节能减排和清洁生产要求的新产品，满足多元化的消费要求，倡导以绿色低碳的纸品包装替代部分化石原料制品包装，引导绿色消费。政府采购要根据实际用途，在满足基本需求的前提下，优先采购使用掺有一定比例废纸生产的纸产品，积极推进数字化办公，减少办公环节纸制品的消耗。新闻出版业要根据实际需要，加大力度整顿出版物、广告过滥问题，节约用纸。包装业要积极倡导节约型模式，鼓励适度包装，采取有效措施制止过度包装。

五、重点工程

（一）林纸一体化工程

序号	项目名称	实施内容及采用的关键技术	目　标	选项标准
1	化学木浆	化学木浆采用深度脱木素、无元素氯漂白、中高浓技术、配套碱回收系统及自备电厂和全自动控制系统	有合理的原料供应方案；吨浆取水量 30m³，能源自给率 90%以上，废水可吸附有机卤素（AOX）排放量吨浆 0.3kg 以下，提高热电联产能源自给率，新增化学木浆产能 430 万 t	新建漂白化学木浆生产单条生产线年产 30 万 t 及以上 现有企业化学木浆改造单条生产线年产 10 万 t 及以上
2	化学竹浆	采用深度脱木素、无元素氯漂白、中高浓技术、配套碱回收系统及自备电厂和全自动控制系统，淘汰传统蒸煮、元素氯漂白及低浓生产工艺技术，改造竹浆生产线	有合理的原料供应方案；吨浆废水化学需氧量（COD）排放量减少 40%，可吸附有机卤素（AOX）排放量减少 80%，吨浆节水 40t，热电联产提高能源自给率，新增竹浆产能 70 万 t	单条生产线年产 10 万 t 及以上
3	化学机械木浆	采用高得率制浆技术（高浓、挤压撕裂、浸渍、高效大型盘磨磨浆、过氧化氢漂白、自动化控制等）生产化学机械木浆	有合理的原料供应方案；纸浆得率 85%以上，吨浆取水量 18m³，节水 40%以上，新增化学机械木浆产能 200 万 t	单条生产线年产 10 万 t 及以上
4	重点造纸工业原料林（竹）基地	采用高产纸浆林新品种的选育技术、定向培育技术、病虫害防治技术	建设标准化、规模化、集约化经营的速生丰产原料林基地 420 万 hm²	林纸一体化项目配套林（竹）基地

（二）清洁生产和资源化利用工程

序号	项目名称	实施内容及采用的关键技术	目　标	选项标准
1	化学纸浆生产线技术改造	采用低能耗蒸煮、氧脱木素、无元素氯漂白等清洁生产技术，改造传统生产线	减少可吸附有机卤素（AOX）排放 80%，吨浆节水 30m³，改造产能 200 万 t 纸浆	木浆单条生产线年产 10 万 t 以上 竹浆单条生产线年产 5.1 万 t 及以上 非木浆年产 3.4 万 t 及以上
2	秸秆未漂纸浆及其制品综合利用	低能耗蒸煮、氧脱木素、废液资源化利用等技术	纸浆得率提高 5%，吨浆节水 30m³，污染物发生量降低 20%，改造、新增产能 200 万 t	新建单条生产线年产 10 万 t 及以上 改造单条生产线年产 3.4 万 t 及以上
3	碱回收技术改造	采用高浓黑液蒸发及燃烧技术，中压或次高压碱回收炉配套汽轮发电机组，新型绿液、白液过滤和白泥洗涤设备应用等技术改造现有碱回收系统	年产 5 万 t 碱法化学纸浆日回收 30t 碱，产生蒸汽 570t，碱炉产汽热电联产供电 300kW·h/t 浆。污染负荷减少 70%以上	年产 5 万 t 及以上化学制浆系统
4	碱回收白泥资源化利用技术改造	采用新型绿液、白液过滤和白泥洗涤设备应用等技术改造现有苛化系统，固废物白泥资源化综合利用	年产 5 万 t 碱法化学纸浆，日生产绝干碳酸钙 35t，消除固废污染负荷	年产 5 万 t 及以上化学制浆系统

（续）

序号	项目名称	实施内容及采用的关键技术	目　标	选项标准
5	厌氧处理和沼气资源化利用	厌氧技术处理高浓度造纸废水，沼气发电或其他资源化利用技术	1kg生化需氧量（BOD）产生约 $1m^3$ 沼气，$1m^3$ 沼气发电 1.8 kW·h左右，减少污染负荷 70%以上	废纸浆生产单线年产 10 万 t 及以上 化机浆生产单线年产 5 万 t 及以上 半化浆生产单线年产 5 万 t 及以上
6	热电联产	根据生产所需的蒸汽配备自备电站，以热定电，采用热电联产，提高能源利用率	6MW 及以上热电联产项目，单项节能折标煤约 1.5 万 t	1 500kW 及以上
7	污泥干化及固体废弃物综合利用	采用污泥脱水、干化技术、储运技术、焚烧技术等。采用专用多燃料焚烧炉，煤为辅助燃料，掺标煤重量比应小于 30%。生物质制气技术	当固废物的量低于 300t/d 时，可干化后采用掺烧的方式，掺烧煤废重量比一般大于 50%；固废物大于 300t/d 时，经充分干化后采用专用固废物焚烧炉，煤废重量比一般小于 30%；当焚烧炉蒸发量达到≥20t/h，采用余热发电系统	
8	污水处理场和在线监测系统改造	改进完善污水处理技术与流程，加强监测系统	废水处理达到 GB3544—2008 标准，部分中段废水综合利用	日处理废水量 1.5 万 m^3 及以上

（三）产品升级换代及装备自主化工程

序号	项目名称	实施内容及采用的关键技术	目　标	选项标准
1	低定量新闻纸技术改造	淘汰落后产能	改造低定量新闻纸 40 万 t	按“专栏 5‘十二五’新建、扩建项目起始规模”执行
2	低定量含机浆文化纸	采用施胶压榨或薄膜涂布，机内或机外压光等技术	新增与技改未涂布书写印刷纸 430 万 t，涂布纸 160 万 t	
3	高档生活用纸	宽幅、高速纸机、热风气罩等技术	新增与技改高档生活用纸项目 210 万 t	
4	低克重、高强度、包装纸板	宽压区压榨、膜转移施胶、压光机等	新增及技改包装用纸 80 万 t，白纸板 400 万 t，箱纸板 500 万 t，瓦楞原纸 460 万 t	
5	功能性特种纸及纸板	利用特种纸及纸板专有技术和装备	新增及技改特种纸和纸板 90 万 t	
6	装备自主化	建立开发设计制造集成平台，采用先进的零部件制造成套自主化制浆和造纸机械	年产 10 万 t 及以上化学机械木浆、非木浆及废纸脱墨浆成套生产线；中高速纸机成套设备	注册资本金 5 000 万元以上，有制浆造纸装备设计制造业绩的企业

六、政策措施

（一）加强政策扶持，推进林纸发展

在《全国林纸一体化工程建设“十五”及 2010 年专项规划》、《造纸产业发展政策》以及《中共中央国务院关于全面推进集体林权制度改革的意见》基础上，研究制定有效促进造纸原料林基地建设的扶持政策和实施细则，鼓励各种社会力量建设造纸原料林基地，继续推进林纸一体化持续发展。国家建立木材战略储备基地要对林纸一体化工程中的原料林基地加以统筹考虑。根据《中国资源综合利用技术政策大纲》及其他有关文件，对制浆造纸企业以三剩物、次小薪材、农作物秸秆、蔗渣为原料生产的产品，按照税收法律法规的相关规定给予税收优惠。

（二）鼓励自主研发，发展国产装备

支持大型、先进成套造纸装备以及关键零部件、系统等技术开发和产业化；将国内企业自主化已成熟的制浆造纸关键设备和成套装备列入《国家支持发展的重大技术装备和产品目录》，对列入目录的设备确需进口的关键零部件、系统、原材料等，免征进口关税和进口环节增值税，同时取消相应的整机进口税收优惠政策；将造纸成套装备研发设计和关键零部件、系统的设计制造技术列入《鼓励进口技术和产品目录》；鼓励造纸企业与装备制造企业联合攻关，研发使用自主创新的首台（套）重大技术装备。

（三）完善激励政策，推进节能减排

制定和实施造纸工业污染防治最佳可行技术导则，有效引导企业实施清洁生产、节能减排。完善激励政策，对环保先进企业实行鼓励或奖励政策，在排污指标分配，建设项目核准等方面给予倾斜。尽快研究制定淘汰落后产能的实施细则，建立科学合理的企业关、停、并、转的退出和补偿机制。制定造纸企业利用制浆黑液、高浓废水、污泥和废渣等废弃物生产生物质能源的鼓励政策。

（四）增加废纸回用，引导绿色消费

完善废纸回收利用增值税等优惠政策和相关标准，健全废纸分类回收利用体系。建立再生产品标识制度，制定鼓励政策。提高全社会节约用纸意识，引导理性、绿色低碳消费。各级政府应当优先采购使用以废纸或一定比例废纸为原料制造的纸产品，制定政策鼓励消费者购买废纸利用再生产品。

（五）制定修订标准，完善标准体系

强化造纸工业产品标准、测试方法标准、技术标准等各种标准的制定与修订工作，加快对新产品、新技术等标准的制定，加强节能、节水、节材等方面的标准化工作，适时修订和完善现有相关标准，如纸产品的白度标准、与食品直接接触的包装纸及纸板标准等。提高造纸工业标准的国际竞争力和有效性，促进我国造纸工业标准化工作提高到一个新的水平。

（六）完善外资政策，引导外资投向

加强对外商投资方向的引导，优化外商投资的产业及区域结构；鼓励主要利用境外资源的规模以上林纸一体化外资项目，鼓励造纸外商投资企业与内资企业、科研机构优势互补、共同研发、共享成果，扩大技术溢出效应；鼓励中外企业加强研发合作，支持符合条件的外资企业和内资企业、研究机构合作申请国家科技开发项目、创新能力建设项目等。依据相关法规和政策，加强外资并购管理，维护公平竞争的良好秩序。

（七）加大支持力度，促进境外投资

积极支持国内有条件的企业通过并购、参股、合资合作等多种方式，投资境外造纸原料、造纸生产、制浆造纸装备等产业，有效利用境外木竹资源，提升相关产业技术水平，努力开拓国外市场。鼓励国内银行通过出口信贷、项目融资、并购贷款等多种方式，加大对造纸领域境外投资的信贷支持力度。加强境外投资相关信息服务，出台海关、商检、人员出入境等方面便利化措施。

（八）加大投资力度，开拓融资渠道

在扩大造纸行业间接融资的同时，逐步提高直接融资的比重。进一步增加商业银行贷款规模，鼓励和引导金融机构重点支持经济实力强、市场潜力大的项目和企业。充分发挥和利用境内外资本市场的融资功能，支持符合条件的造纸企业在境内外发行股票并上市；鼓励已上市造纸企业充分利用增发股票、配售股票、发行可转换债券等再融资形式筹集资金；支持符合条件的造纸企业发行企业（公司）债券、中期票据、短期融资券；开拓产业（股权）投资基金、创业投资基金等融资方式。

（九）建立健全机制，应对贸易摩擦

完善产业安全数据库，积极引导和推动制浆造纸企业在木材原料林基地建设中，建立健全森林认证体系；建立健全政府、行业和企业“三位一体”的贸易摩擦应对机制和预警体系，提高协调解决国际贸易争端的应对能力，积极、妥善地处理国际贸易争端，依法维护公平市场竞争和造纸企业的合法权益。

（十）发挥中介作用，推进规划实施

各级造纸行业协会、学会和各类相关行业中介组织和机构要全力推进《造纸工业发展“十二五”规划》的实施和国家关于发展造纸工业各项政策措施的落实。要及时掌握和分析实施规划和落实各项政策中的新情况、新问题，动态反映企业和行业要求，提出切实可行的解决问题的意见和建议。

七、规划实施

国务院有关部门要结合《规划》任务与政策措施，加强沟通，密切配合，确保《规划》顺利实施，要适时开展《规划》的中期评估和后评价工作，及时提出评价意见。

制浆造纸重点地区要按照《规划》确定的目标、任务和政策措施，结合当地实际情况，制定本地区造纸产业发展规划并认真组织实施。《规划》实施过程中出现的新情况、新问题要及时报送国家发展改革委、工业和信息化部、国家林业局等有关部门。

食品工业"十二五"发展规划

(国家发改委等 发改产业[2011]3229号 2011年12月31日)

食品工业承担着为我国13亿人提供安全放心、营养健康食品的重任，是国民经济的支柱产业和保障民生的基础性产业。"十一五"时期，我国食品工业继续保持快速增长，2010年实现工业总产值6.1万亿元，占工业总产值比重的8.8%，有力带动了农业、流通服务业及相关制造业发展，对"扩内需、增就业、促增收、保稳定"发挥了重要的作用。

"十二五"时期是全面建设小康社会的关键时期，是深化改革、加快转变经济发展方式的攻坚时期。根据《中华人民共和国国民经济和社会发展第十二个五年规划纲要》的总体部署，为加快食品工业结构调整，促进产业转型升级，建设具有中国特色的现代食品工业体系，实现持续健康发展，特制定《食品工业"十二五"发展规划》(规划期为2011—2015年)，作为"十二五"时期全国食品工业发展的指导性文件。

一、"十一五"发展成就和存在问题

(一) 发展成就

"十一五"期间，食品工业坚持走新型工业化道路，积极应对国际金融危机冲击，实现了又好又快发展，全面完成了《全国食品工业"十一五"发展纲要》规定的各项指标。

1. 工业生产快速增长，支柱地位得到强化 2010年，全国食品工业规模以上企业达41 286家，比2005年增长73.2%，年均增长11.6%；实现工业总产值6.1万亿元，增长201.5%，年均增长24.7%，年均增幅比"十五"时期提高5.3个百分点；实现利税10 659.6亿元，增长214.0%，年均增长25.7%；从业人员696万人，比2005年增长53.9%，年均增长9.0%。食品工业总产值占工业总产值的比重由2005年的8.1%提高到2010年的8.8%，与农业总产值之比由2005年的0.52∶1提高到2010年的0.88∶1，食品工业在国民经济中的支柱产业地位进一步增强。

2. 产品结构不断优化，市场供应更加丰富 主要产品产量稳步增长，保证了13亿人口的食品供应(见专栏1)。产品结构向多元化、优质化、功能化方向发展，产品细分程度加深，深加工产品比例上升，新产品不断涌现，基本满足了国民对食品营养、健康、方便的需求。市场供应品种丰富多彩，规格档次齐全，形成了4大类、22个中类、57个小类共计数万种食品，满足了不同人群多层次的消费要求。

3. 产品质量总体稳定，食品安全水平提高 党中央、国务院高度重视食品安全工作，国务院成立了食品安全委员会及其办公室，加强了对食品安全的组织领导。在各地区、各有关部门和全社会的共同努力下，食品安全监管力度不断加大。尤其是2009年6月1日《中华人民共和国食品安全法》及其实施条例实施以来，食品安全各项工作取得了明显成效，全国食品安全形势总体稳定并保持向好趋势，产品质量稳步改善，产品总体合格率不断提高。目前，23大类3 800多种加工食品质量国家监督抽查批次抽样合格率由2005年的80.1%提高到2010年的94.6%，提高了14.5个百分点，出口食品合格率一直保持在99%以上。2010年，食品投诉案件34 789件，较2006年下降17.4%。截止2010年底，已完善了1 800余项国家标准、2 500余项行业标准和7 000余项地方标准及企业标准，公布新的食品安全国家标准176项，为保障食品安全奠定了良好基础。

4. 技术装备水平提升，科技支撑能力增强 我国食品工业加大投入，各行业技术装备水平都有不同程度的提升，科技支撑能力增强，对推进食品工业快速发展起到了积极作用。行业装备水平进步显著，通过引进技术和设备，谷物磨制、食用植物油、乳制品、肉类及肉制品、水产品、啤酒、葡萄酒、饮料、方便面、速冻食品等行业的大中型企业的装备水平基本与世界先进水平同步。在此期间，我国攻克了一批关键技术，在食品物性修饰、非热加工、高效分离、风味控制、大罐群无菌贮藏、可降解食品包装材料等关键技术研究上取得了重大突破。自主装备水平与国际差距有所缩小，研制开发了200m^{2}冷冻干燥、200t/天油菜籽冷榨、800MPa高压杀菌、60 000瓶/小时高速贴标和中小型螺杆挤压膨化等一批具有自主知识产权的食品加工关键装备。苹果浓缩汁、马铃薯淀粉和全粉、生猪自动化屠宰、中小型乳制品生产以

及饮料热灌装等成套技术与装备实现了从长期依赖进口到基本实现自主化并成套出口的跨越。

5. 骨干企业发展壮大，产业集中程度提高　食品工业规模化、集约化深入推进，通过兼并重组、淘汰落后，涌现了一批市场占有率高、带动能力强的骨干企业和企业集团。2010 年，产品销售收入超过百亿元的食品工业企业有 27 家，比 2005 年增加了 15 家，其中超过千亿元的企业 2 家，1 家企业进入了世界 500 强。产业集中度稳步提升，乳制品行业 10 强企业销售收入占全行业的 73.5%，制糖行业 10 强企业产量占全行业的 64.3%，啤酒行业年产 100 万千升以上的 15 家企业集团产量占全行业总产量的 89.6%；饮料行业 10 强企业产量占全行业的 53.9%。

6. 区域发展差距缩小，产业布局渐趋合理　在西部大开发、振兴东北等老工业基地、促进中部崛起等一系列区域发展战略指导下，食品工业布局渐趋合理，逐步向中西部地区转移，中西部地区农业资源优势正逐步转化为食品产业优势，东中西部食品工业产值的比值由 2005 年的 58.3∶23.1∶18.6，转变为 2010 年的 51.6∶29.3∶19.1。食品企业持续向主要原料产区、重点销区和重要交通物流节点集中，形成了黄淮海平原小麦加工产业带，东北和长江中下游大米加工产业带，东北和黄淮海玉米加工产业带，东北和长江中下游、东部沿海食用植物油加工产业带，冀鲁豫、川湘粤猪肉加工产业带，东北、西北、中原牛羊肉加工产业带，环渤海、西北黄土高原苹果加工产业带等（见专栏 1）。

专栏 1　“十一五”主要食品产量及平均增长速度

名　称	单位	2005 年	2010 年	累计增长（%）	年均增长（%）
大米	万 t	1 766.2	8 244.4	366.7	36.1
小麦粉	万 t	3 992.3	10 118.5	153.5	20.4
食用植物油	万 t	1 612.0	2 005.0	24.4	4.5
肉类	万 t	7 700.0	7 925.0	2.9	0.6
水产品	万 t	4 419.9	5 373.0	21.6	4.0
成品糖	万 t	912.4	1 102.9	20.9	3.9
乳制品	万 t	1 204.4	2 159.6	79.3	12.4
糕点	万 t	42.9	150.5	250.8	28.5
罐头	万 t	500.3	918.6	83.6	12.9
饮料酒	万 kL	3 565.8	5 673.6	59.1	9.7
其中白酒（折 65%，v/v）	万 kL	852.8	890.6	4.4	0.9
啤酒	万 kL	3 126.1	4 483.1	43.4	7.5
葡萄酒	万 kL	43.4	108.8	150.7	20.2
软饮料	万 t	3 380.4	9 983.8	195.3	24.2
精制茶	万 t	52.4	143	172.9	22.2

（二）存在问题

1. 食品安全保障体系不够完善　食品安全事件时有发生，消费者对食品安全仍较担心。目前，我国食品质量标准体系尚不完善，食品卫生标准、食品质量标准、农产品质量安全标准和农药残留标准等标准体系有待进一步整合，不同行业间制定的标准在技术内容上存在交叉矛盾。技术保障能力尚难以满足食品安全监管需要，检测技术相对落后，仪器设备配置不足，部分检验设备严重老化；基层检验机构和人员数量偏少，检测能力亟须加强；食品安全监管机制还不够健全，食品安全责任追溯制度尚不完善。一些企业主体责任不落实，自律意识不强，诚信缺失。

2. 自主创新能力仍较薄弱　我国食品科技研发投入不足，2010 年我国食品科技投入强度约为 0.4%，不仅低于发达国家 2%以上的水平，也低于新兴工业化国家 1.5%的水平。食品科技创新基础薄弱，产学研用结合不紧密，缺乏工程技术中心、工程实验室等创新平台，国家重点实验室建设有待加强，缺少具有自主知识产权和国际先进水平的重大成果，创新能力不强。食品装备问题突出：一是自主知识产权核心技术缺乏，产品竞争能力弱，大型无菌冷灌装、肉制品加工关键装备、柑橘汁加工关键装备、高效分离装备、大型乳品生产线、食品品质在线监测以及食品分析与检测装备等长期依赖进口。二是国产装备普遍存在能耗较高、可靠性和安全性不足、卫生保障性差、自动化程度低、关键零部件使用寿命短、成套性差等问题。三是标准化程度低、覆盖面小、标准类型不配套，标准覆盖率仅为 20%。

3. 食品产业链建设尚需加强　食品工业与上、下游产业链衔接不够紧密，食品产业链的有效衔接不足，原料保障、食品加工、产品营销存在一定程度的脱节。绝大多数食品加工企业缺乏配套的原料生产基地，原料生产与加工需求不适应，价格和质量不稳定。我国小麦产量居世界首位，但优质专用品种数量不足，每年仍需进口部分优质专用小麦；我国柑橘产量的 95%适宜鲜食，适合加工橙汁的柑橘品种和产量少，95%的橙汁依靠进口。多数食品加工企业缺乏必要的仓储和物流设施，原料供应保障程度低，资源浪费严重，抗风险能力弱。

4. 产业发展方式仍然较为粗放　以数量扩张为主的粗放型发展方式仍然未得到改变。不少企业特别是部分中小企业生产粗放，初级产品多，资源加工转化效率低，综合利用水平不高。部分企业工艺技术水平低，循环经济和清洁生产发展滞后，能耗物耗高，污染比较严重。我国玉米淀粉行业原料利用率仅为 95%，低于国际先进水平约 4 个百分点。我国干制食品吨产品耗电量是发达国家的2～3倍，甜菜糖吨耗水量是发达国家5～10倍，罐头食品吨耗水量为日本的3倍；发酵工业的废水排放量占全国总量的2.3%，是轻工业重点污染行业之一。

5. 企业组织结构亟须优化　企业组织结构不合理，兼并重组力度不够，大中型企业偏少，规模化、集约化水平低，“小、散、低”的格局没有得到根本改变，小、微型企业和小作坊仍然占全行业的93%。部分行业生产能力过快增长，导致产能严重过剩，稻谷、小麦、大豆油脂、肉类屠宰及加工、乳制品等企业产能利用率分别仅为44%、63%、42%、33%和50%左右。与此同时，落后产能仍然占有较大比重，日处理稻谷100t以下、小麦200t以下、大豆400t以下、生鲜乳100t以下规模不合理的小型企业产能在行业中的占比分别为25%、24%、15%和25%。

二、“十二五”面临的形势

“十二五”时期，我国食品工业发展仍处于战略机遇期，既存在继续保持快速发展的重大机遇，也面临加快转变发展方式、保证食品安全等重大挑战和压力。

（一）国际食品工业发展趋势

1. 食品质量安全受到空前关注，安全保障难度加大　食品安全问题作为一个全球性的基本公共卫生问题，已经受到世界各国和国际组织的普遍重视，对食品安全投入不断增加，发达国家基本都建立了较为完善的食品安全监管体制和科学的管理模式，发展中国家食品安全保障能力也正在加强。然而，全球食品安全形势仍然不容乐观，食品产业链的全球化增加了食品安全保障难度，工业发展和环境破坏导致食品的化学危害趋于严重。受经济发展水平的制约，发展中国家和不发达国家食品安全保障能力仍然较低，每年都有大量的食源性疾病发生，不发达国家甚至每年约有220万人死于食源性腹泻，发达国家每年仍约有1/3的人感染食源性疾病，食品安全事故时有发生。保障食品安全已经成为世界各国面临的共同难题。

2. 高新技术应用加速，食品工业不断涌现新业态　食品科学是高度综合的应用性学科，其他科学领域的重大科技成果都会直接或间接带动食品工业的技术创新。进入21世纪以来，信息技术、生物技术、纳米技术、新材料等高新技术发展迅速，与食品科技交叉融合，不断转化为食品生产新技术，如物联网技术、生物催化、生物转化等技术已开始应用于从食品原料生产、加工到消费的各个环节中。营养与健康技术、酶工程、发酵工程等高新技术的突破催生了传统食品工业化、新型保健与功能性食品产业、新资源食品产业等新业态的不断涌现。

3. 全球食品格局深度调整，国际竞争日趋白热化　全球已进入空前的密集创新和产业振兴时代，世界主要经济体特别是发达国家，均加快了经济转型升级步伐，全球食品格局也正发生广泛而深刻的变革，不断向多领域、全链条、深层次、低能耗、全利用、高效益、可持续方向发展，愈来愈深刻地影响我国食品工业。我国食品工业与全球食品工业从未像今天这样紧密关联。近年来，食品跨国集团空前活跃，发达国家和跨国公司大举抢滩登陆我国食品工业，在全球范围内通过资本整合，以专利、标准、技术和装备的垄断以及人才的争夺，将技术领先优势迅速转化为市场垄断优势，不断提升核心竞争能力，采用兼并、控股、参股等多种手段大举进入我国市场，使我国竞争力尚不够强的食品工业面临着严峻的国际竞争挑战。

（二）国内食品工业面临形势

1. 安全风险广泛存在，食品质量要求提高　食品质量安全已成为全社会高度关注的焦点。随着食品相关领域认知水平的提高，特别是检测技术和医学的发展，农药兽药残留、抗生素以及非法添加物等物质的危害性研究的深入，影响食品质量安全的风险因素不断被认知；同时新材料、新技术、新工艺的广泛应用使食品安全风险增大，使得越来越多与食品安全相关的问题时有发生，对食品安全风险分析与控制能力、检验检测技术和监管方式提出了新的要求。随着人们生活水平的提高和健康意识的增强，对食品安全与营养提出了更高要求，而食品工业在产品标准、技术设备、管理水平和行业自律等方面还有较大差距。

2. 各级政府高度重视，宏观环境继续改善　党中央、国务院一向高度重视食品工业发展和产品质量安全，并将食品安全上升到国家安全的高度，进一步完善了食品安全法律法规体系。目前，我国已基本形成了以《食品安全法》为核心的食品安全法律法规体系，通过了《刑法修正案（八）》，为加强食品安全监管、严厉打击违法犯罪提供了法律依据；发布了《产业结构调整指导目录（2011年本）》，提出了食品产业结构调整的指导方向，有利于推动食品工业持续健康发展。同时，国家努力推动区域经济协调发展，对中西部开发持续投入及支持东部地区率先发展的政策，给食品工业的初级农产品原料供给和消费提升提供了良好的发展契机，促进食品工业区域产业布局调整发生适应性变化。西部大开发、东北振兴、中部崛起及其他区域规划，都把食品加工业作为主导产业。很多省市也把食品工业作为地方支柱产业，并出台了相关支持政策，食品工业发展的宏观环境逐渐改善。

3. 消费需求刚性增长，市场空间持续扩大　随着人口增长、国民收入水平提高和城镇化深入推进，"十二五"时期，城乡居民对食品消费需求将继续保持较快增长的趋势。到 2015 年，我国人口将达到 13.75 亿，每年新增 700 万人左右；城镇化率将达到 51.5%，每年约有 1 000 万农村劳动力转为城镇居民；按"十二五"规划纲要提出的城乡居民收入与经济增长同步的目标测算，到 2015 年我国城镇和农村居民的恩格尔系数将从 2010 年的 35.7%和 41.1%分别下降到 32%和 37%左右。随着"十二五"时期我国进入中等收入阶段，城乡居民对食品的消费将从生存型消费加速向健康型、享受型消费转变，从"吃饱、吃好"向"吃得安全，吃得健康"转变，食品消费进一步多样化，继续推动食品消费总量持续增长。

4. 资源环境约束加剧，节能减排任务艰巨　我国经济社会发展面临日趋强化的资源和环境双重制约，以节能减排为重点，加快构建资源节约型、环境友好型的生产方式和消费模式，已成为我国今后一个时期的主要任务。我国食品工业部分行业单位产品的能耗、水耗和污染物排放仍然较高，必须积极应对全球气候变化，加强节能节水节地降耗，大力发展循环经济，提高资源利用率，强化污染物减排和治理。

三、指导思想、基本原则和发展目标

（一）指导思想

以邓小平理论和"三个代表"重要思想为指导，深入贯彻落实科学发展观，坚持走新型工业化道路，以满足人民群众不断增长的食品消费和营养健康需求为目标，调结构、转方式、提质量、保安全，着力提高创新能力，促进集聚集约发展，建设企业诚信体系，推动全产业链有效衔接，构建质量安全、绿色生态、供给充足的中国特色现代食品工业，实现持续健康发展。

（二）基本原则

安全卫生，营养健康　把"安全、优质、营养、健康、方便"作为发展方向，强化全产业链质量安全管理，提高食品质量，确保食品安全。倡导适度加工，改变片面追求"精、深"加工的生产模式，保护食品的有效营养成分，引导健康消费。

科技支撑，创新发展　加强自主创新能力建设，提高装备自主化水平，加快食品工业技术进步和改造，完善食品标准体系，培育知名品牌，促进食品工业发展由数量扩张向依靠科技进步、提升质量效益转变。

统筹兼顾，协调发展　妥善处理好扩大规模和提高质量效益，总量平衡与结构优化，初加工与深加工，原料生产、加工与消费，东部与中西部地区发展的关系。既要积极壮大骨干企业，又要扶持中小企业，促进食品工业协调健康发展。

综合利用，绿色发展　大力发展循环经济，提高资源综合利用水平。加强节能减排，降低单位产品的能耗、物耗，减少污染物排放，加大环境保护力度，推进清洁生产。

（三）发展目标

到 2015 年，食品工业集约化、规模化、质量安全水平进一步提高，区域布局进一步优化，形成自主创新能力强、保障安全和营养健康，具有较强国际竞争力的现代食品产业，提高食品产业对社会的贡献度，巩固食品产业在新时期扩大城乡居民消费、带动相关产业发展和促进社会和谐稳定中的支柱地位。

1. 食品安全和营养水平明显提升　完善食品工业标准体系，加强食品质量安全标准体系建设，制（修）订国家和行业标准 1 000 项；完善食品安全管理制度体系。规模以上食品生产企业普遍推行良好操作规范（GMP），食品生产企业 60%以上达到危害分析和关键控制点（HACCP）认证要求，企业普遍建立诚信管理体系（CMS）；食品质量抽检合格率达到 97%以上，人民群众对食品满意度显著提高。

2. 规模效益保持较快增长　在满足市场需求、转变方式、优化升级的基础上，保持行业平稳较快增长。到 2015 年，食品工业总产值达到 12.3 万亿元，增长 100%，年均增长 15%；利税达到 1.88 万亿元，增长 75%，年均增长 12%。食品工业总产值与农业总产值之比提高到 1.5∶1。

3. 自主创新能力明显增强　食品安全控制、新型节能环保等关键技术取得突破，掌握和开发一批具有独立自主知识产权的食品加工核心技术和先进装备。到 2015 年，食品科技研发经费占食品工业产值的比例提高到 0.8%，关键设备自主化率提高到 50%以上。

4. 企业组织结构不断优化　培育形成一批辐射带动力强、发展前景好、具有竞争力优势的大型食品企业和企业集团，提高重点行业的生产集中度，到 2015 年，销售收入达到百亿元以上的食品工业企业达到 50 家以上；中小食品企业发挥专、精、特、新的优势，逐步实现良性发展，继续淘汰一批工艺技术落后的企业，形成各类企业分工协作、共同发展的格局。

5. 区域结构布局更加合理　利用东部地区技术优势和中西部地区资源优势，形成东中西部食品工业协调发展的新格局。鼓励和支持食品加工企业向产业园区集聚。到2015年，中西部和东北地区食品工业产值占全国比重提高到60%左右，全国建成数百个具有一定规模和较强区域影响力的现代食品产业园区。

6. 资源利用和节能减排成效显著 到2015年，食品工业副产品综合利用率提高到80%以上；单位国内生产总值二氧化碳排放减少17%以上，能耗降低16%；主要污染物排放总量减少10%以上。

7. 产品结构取得明显改善 高科技、高附加值和深加工产品的比例稳步提高，巩固和壮大"老字号"食品品牌，努力扩大品牌食品的知名度和市场占有率，培育一批食品知名品牌（见专栏2）。

专栏2 "十二五"食品工业发展主要指标

指 标	2010年	2015年	年均增长（%）	属性
规模效益				
总产值（万亿元）	6.13	12.30	15	预期性
利税（万亿元）	1.07	1.88	12	
产业结构				
销售收入超百亿元的大型企业集团（个）	27	50	[23]	预期性
建设食品产业园区或产业集群（个）			[200]	
中西部和东北地区食品工业产值占全国的比重（%）	54.4	60	[5.6]	
知名品牌培育（个）			[300]	
科技进步				
科技研发经费占销售收入的比重（%）	0.4	0.8	[0.4]	预期性
关键设备自主化率（%）	40	50	[10]	
食品安全				
制修订标准（个）			[1 000]	预期性
规模以上食品企业通过HACCP认证比例（%）	50	60	[10]	
食品抽检合格率（%）	94.6	>97	[2.4]	
资源利用				
副产物综合利用率（%）	75	>80	[5]	约束性
单位国内生产总值能耗降低（%）			[16]	
单位工业增加值用水量降低（%）			[30]	
环境保护				
单位国内生产总值二氧化碳排放降低（%）			[17]	约束性
化学需氧量排放减少（%）			[10]	
氮氧化合物排放量减少（%）			[10]	

注：总产值和利税绝对数按2010年价格计算，增长速度按可比价计算；[ ]内为5年累计数。

四、主要任务

（一）强化食品质量安全

提高重点行业准入门槛 加快制定和完善粮食、油脂、肉类、饮料、水产品、果蔬加工等重点食品行业产业政策和行业准入条件，明确食品加工企业在原料基地、生产规程、产品标准、质量控制等方面的必备条件。

健全食品安全监管体制机制 按照《"十二五"期间国家食品安全监管体系规划（2011—2015）》要求，建立健全符合我国国情的食品安全监管体制机制，明晰食品安全监管部门职责，堵塞监管漏洞，形成监管合力，实现全程监管和无缝衔接。落实地方政府责任，加强部门间、地方间的协调联动，加大投入力度，优化整合资源，提高监管能力。

完善食品标准体系 加快制（修）订食品安全标准和相关标准，健全食品加工技术标准体系，重点制修订食品添加剂、方便食品、肉制品、乳制品、饮料等行业标准，完善食品安全标准、基础通用标准、重点产品标准和检测方法标准。加强对国际标准的参与程度及对相关国家标准的追踪研究。

加强检（监）测能力建设 逐步实现关键检测设备国产化，着力推进产品质量与食品安全监控中心和实验室的建设。督促企业增加原料检验、生产过程动态监测、产品出厂检测等先进检验设备配置，完善企业内部质量控制、监测系统和食品质量可追溯体系。加强监管部门的检验检测能力，严格食品检验机构资质认定，提升国家及省、市、县各级食品监测机构的检验设备水平，加强队伍能力建设。

健全食品召回及退市制度 建立和完善不符合食

品安全标准和超过保质期的食品主动召回、责令召回及退市制度，明确食品召回范围、召回级别、召回处置等具体规定，使食品召回及退市制度切实可行。健全食品质量安全申诉投诉处理制度，加强申诉投诉处理管理。

落实企业食品安全主体责任 完善企业内部质量控制、监测系统，重点加强农药残留、重金属、真菌毒素、微生物等项目检测，建立食品质量可追溯体系。健全食品质量安全投诉管理制度、不合格产品追溯制度、食品退市召回与应急处理制度。开展质量安全诚信对标达标活动，加快建立健全食品工业企业诚信管理体系，持续推进企业质量管理提升和食品安全措施改进；建立健全食品工业企业诚信信息公共服务平台，完善诚信激励和失信惩戒措施。健全食品安全监督机制，尊重消费者监督权利，保障监督渠道畅通，促进社会监督（见专栏3）。

专栏3 食品安全检（监）测能力建设重点

重点领域	主 要 内 容
共性关键技术研究	产业链安全动态数据库、流通领域主要食品监测数据库、标准数据库和风险数据库建设；监控系统和溯源系统建设；食品添加剂、农药残留、真菌毒素、致病微生物、重金属离子、非法添加物等快速、高通量检测技术研究开发。
食品加工企业主要设备及系统建设	（气相、液相）色谱仪、色—质联用仪、原子荧光光谱仪、原子吸收光谱仪、氨基酸分析仪、全自动定氮仪、蛋白质测定仪、纤维测定仪、脂肪测定仪、紫外光检测仪器谱仪、近红外光谱仪、生化仪器、样品前处理设备、实验室通用仪器（离心机、电子天平、显微镜、电泳仪等）、光谱类速测产品、生化类速测产品、工业质谱、工业pH计、流程参数（温度、压力、流量等）测量控制等仪器设备研制；食品企业检测中心、过程检测、诚信信息管理平台系统、对标达标等方面的建设。
关键检测设备国产化	（气相、液相）色谱仪、色—质联用仪、光谱仪（原子荧光、原子吸收、紫外、近红外等）、生化仪器、实验室通用仪器（离心机、电子天平、显微镜、电泳仪等）、样品前处理设备、光谱类、生化类速测产品、工业质谱、工业pH计、流程参数（温度、压力、流量等）测量控制仪表。

（二）推进产业结构调整

完善企业组织结构 支持骨干企业做强、中型企业做大、小型企业做精，规范小企业、小作坊经营，形成以大型骨干企业为龙头、中型企业为支撑、小（微）型企业为基础的共同发展新格局。坚持市场化运作，完善配套政策，消除制度障碍，引导和推动优势企业实施强强联合、跨地区兼并重组，提高产业集中度。

培育新兴食品产业 积极适应食品消费需求结构转型升级的新要求，培育新的食品经济增长点，加快推动传统主食品工业化，培育壮大方便食品、功能食品等产业，增强品牌企业实力，造就一批具有国际竞争力的新兴食品工业企业群体。

淘汰落后产能 建立健全产业退出机制，明确淘汰要求，量化淘汰指标和规模，分年度逐级分解落实到各地和具体企业。重点在粮食加工、肉类屠宰加工、发酵、酿酒、乳制品等产能严重过剩领域，依法淘汰一批技术装备落后、资源能源消耗高、环保不达标的落后产能。严格按照《产业结构调整指导目录（2011年）》要求，淘汰生产能力12 000瓶/时以下的玻璃瓶啤酒灌装生产线，150瓶/分钟以下（瓶容在250毫升及以下）的碳酸饮料生产线，日处理原料乳能力（两班）20t以下浓缩、喷雾干燥等设施，200千克/小时以下的手动及半自动液体乳灌装设备，3万t/年以下酒精生产线（废糖蜜制酒精除外），3万t/年以下味精生产装置，2万t/年及以下柠檬酸生产装置和年处理10万t以下、总干物收率97%以下的湿法玉米淀粉生产线等。

（三）增强自主创新能力

完善自主创新机制 探索多种形式的产学研用联合创新机制，建立以企业为应用主体、科研院所和大专院校为技术依托的创新战略联盟，逐步解决大企业技术和市场需求与大专院校和科研院所的技术研发脱节、中小企业缺乏科技支撑的问题，促进科技与产业的有机衔接。完善以企业投入为主体的多渠道、多元化投融资体系，增加食品科技领域的投入。建立基础理论研究、重大共性关键技术研发、产业化开发相融合的投资格局。

加快建设科技创新与服务平台 充分利用现有国家重点实验室，整合资源，提高基础研究能力；健全以国家工程实验室、国家工程（技术）研究中心为龙头、以国家农产品加工技术研发中心和分中心为基础的工程化研究和应用体系，提高工程化研究和成果转化能力。加强科技资源共享，国家级各类实验室全面向社会开放，提供科学技术研究、仪器设备使用、人才培养等服务。

大力培养创新型人才 营造有利环境，依托食品

领域的国家重大项目、重大工程和重点科研基地，培养领军人才，积极引进海外高素质创新创业人才，造就一批具有国际水平的食品科技创新团队。鼓励高等院校加强基础教育，强化实践能力，培养创新思维，夯实创新人才基础。

推进关键技术自主创新与产业化 以中国传统食品工业化自主创新为重点，加强食品原料质量控制、食品品质与营养、有害物迁移规律等基础研究，支持食品物性修饰技术等前沿技术研究，推进食品非热加工技术等关键技术研究，努力突破大宗食用农产品、特色传统食品加工等工业化、现代化重大关键技术（见专栏4）。

专栏4 “十二五”时期食品工业科技发展重点

重点领域	主要内容
基础研究	积极开展食品结构与功能的关系研究，加强食品品质形成及变化规律，食品营养与健康，有害物形成、迁移及控制，食用农产品产后生理生化机制等重大基础理论研究。
前沿技术研究	支持食品物性修饰技术、食品生物技术、非热杀菌技术、新型食品制造技术、食品质量与安全干预技术、现代冷链与物流技术等前沿技术研究。
共性关键技术研究	重点攻克适应工业化生产的信息技术、生物工程技术、新型分离技术、现代包装技术、计算机视觉技术、物联网技术、节能干燥技术、清洁生产技术等共性关键技术。
传统食品工业化关键技术研究	开展传统米面制品、杂粮、中餐菜肴、豆制品、肉制品、水产制品等风味保持技术、货架期延长技术、工艺流程标准化等研究和专用设备研发。
食品质量与安全关键技术研究	重点开展食品安全干预技术、食品真伪鉴别技术、食品追踪与溯源技术、食品加工质量标准、在线检测及相关设备研发，实现食品加工和质量检验检测标准化、智能化、方便化、快速化和系统化。

（四）提高装备研制水平

以提高食品装备制造能力、自主化水平，支撑食品工业发展方式转变和产业结构调整升级为目标，坚持自主开发与引进吸收相结合，提高集成创新和引进消化吸收再创新的能力。突破食品装备数字化设计与先进制造、智能控制与过程检测、节能减排、质量控制、监测与检测、安全卫生共性技术与标准等关键装备与配套技术，加快装备自主化进程，满足食品工业发展的需求。

在通用装备方面，选择一批具有良好技术与产业基础的企业，重点支持发展市场前景广阔、技术含量高、产业关联度大的关键与成套设备，建成一批国产化、智能化、成套化装备生产基地，形成具有国际竞争力的知名品牌。食品杀菌方面，重点开发大型智能化连续超高温瞬时灭菌、膜除菌、粉类胶体物料杀菌、微波杀菌等装备；食品节能干燥方面，重点开发热风高效节能干燥、太阳能干燥、热泵干燥以及真空微波组合新型干燥装备；食品高效分离与浓缩方面，重点开发大型高速碟片离心、卧螺离心、膜分离、芳香物质分离提纯、膜式错流过滤及高效蒸发浓缩等装备；食品冷冻冷藏方面，重点发展真空冷却、流态化速冻、双螺旋速冻、钢带速冻以及高效制冰等装备；包装装备方面，重点开发高速无菌灌装设备、高速吹瓶设备等。

在行业专用装备方面，重点发展粮食加工、油料加工、果蔬加工、乳制品加工、水产品加工、禽畜屠宰加工装备和饮料制造、食品包装及食品检测与控制等装备（见专栏5）。

专栏5 “十二五”时期食品工业主要行业专用装备自主化发展重点

重点行业	发展重点
粮食加工	营养早餐、杂粮主食、全谷物制品和薯类主食加工，传统主食品工业化生产装备以及大型化双螺杆挤压食品加工装备等。
油料加工	高压蒸汽炉、高温输送泵、低温脱溶装备、节能脱臭设备和大型油料加工装备，以及木本油料加工关键装备等。
畜禽屠宰加工	隧道式蒸汽烫毛机、连续自动去毛、多工位扒皮装备，家禽自动化掏膛和称量分级装备，全自动低压高频三点式致昏装备，畜禽胴体分级装备，畜禽肉冷却排酸、低温分割装备，畜禽胴体激光打码装备，病害畜禽及其产品无害化处理装备，大型真空斩拌、滚揉、全自动定量灌装装备等。
乳制品加工	大型机械化挤奶系统及牛奶预处理、长货架期酸奶包装、牛奶高速纸包装、大型低温制粉、大型牛奶加工成套（5 000～10 000包/小时）以及大型干酪生产关键装备等。
水产品加工	远洋捕捞船载超低温急冻冷藏、鱼类加工、贝类的净化与加工、海藻加工及综合利用、优质名贵水产品的保鲜保活运输装备等。

（续）

重点行业	发　展　重　点
果蔬加工	果蔬高速商品化处理、果蔬节能干燥、净菜加工、传统菜制品加工、果蔬预冷和冷链配送以及柑橘汁加工装备等。
饮料制造	高速砖型包装和高速自立袋灌装封口装备、超轻 PET 制瓶灌装一体化成套装备、20 000 瓶/小时以上的无菌或超洁净灌装生产线、饮料后包装生产线，大型节能糖化装备以及 75 000 瓶/小时高速贴标装备等。
方便食品	大宗传统食品加工专用装备和中餐菜肴的成套专用加工装备。
食品包装	高速连续真空（充气）包装、较高黏度食品物料快速灌装、高速模塑环保包装、纸塑料薄膜裹包、高速高精度称重填充、多层复合共挤膜生产和高阻隔、耐热、耐压性包装材料成型装备等。
其他	食品加工高效节能干燥，高效分离、高效杀菌和高效冷却装备，以及农产品品质检测与在线监控装备的产业化开发。

（五）加快企业技术进步

加快企业技术进步　鼓励和支持食品加工企业采用新技术、新工艺、新设备对现有生产设施、工艺装备进行技术改造，优化生产流程，淘汰落后工艺和装备，实现技术进步和产业结构升级。重点加强粮食、植物油、畜禽、糖料、果蔬、水产品和特色农产品等深加工及综合利用，推进专用装备和检测仪器设备自主化和公共服务平台、食品安全检（监）测能力建设等，提高企业技术装备水平和核心竞争力。支持小企业改善生产条件，提高技术水平，开发“专、特、新”产品。围绕产品研发、生产过程控制、市场营销等环节，加快推进企业信息化建设，推行先进质量管理，支撑产业转型升级。支持企业实施品牌战略建设，加快中华特色名优食品的技术进步和技术改造，大力振兴“中华老字号”。

推进节能减排　全面落实《节能法》、《循环经济促进法》、《清洁生产促进法》，重点在发酵、酿酒、制糖、淀粉、速冻食品、肉类屠宰加工等行业，实施节能减排技术改造，加快推广高效节能、清洁生产和综合利用的新工艺、新技术、新设备，提高食品工业副产品的开发利用水平，加大“三废”治理和废水循环利用力度，减少污染物排放。大力发展循环经济，实施循环经济示范工程，提高资源利用效率（见专栏6）。

专栏 6　“十二五”时期食品工业企业技术进步和技术改造重点

重点行业	发展重点（部分行业）
粮食加工	营养健康型大米、小麦粉及制品的开发生产；传统主食品、杂粮（豆）及中餐菜肴的工业化生产。
植物油加工	采用膨化、负压蒸发、热能自平衡利用、低消耗蒸汽真空系统等技术，油菜籽主产区日处理油菜籽 400t 及以上、吨料溶剂消耗 1.5kg 以下（其中西部地区日处理油菜籽 200t 以上、吨料溶剂消耗 2kg 以下）的菜籽油生产线；花生主产区日处理花生 200t 及以上吨料溶剂消耗 2kg 以下的花生油生产线；棉籽产区日处理棉籽 300t 及以上、吨料溶剂消耗 2kg 以下的棉籽油生产线；采用分散快速膨化，集中制油、精炼技术的米糠油生产线；玉米胚芽油生产线；油茶籽、核桃等木本油料和胡麻、芝麻、葵花籽等小品种油料加工生产线。
肉类加工	畜禽动物福利和宰前质量安全预警技术、冷却肉加工质量安全控制技术开发与应用，调理肉制品和发酵肉制品加工技术开发与应用，畜禽屠宰加工生产线和冷库改造。
饮料制造	热带果汁（浆）、蔬菜浆果汁（浆）、浓缩橙汁、小品种浓缩果蔬汁、谷物饮料、本草饮料、茶浓缩液、茶粉、植物蛋白饮料等高附加值植物饮料的开发生产与加工。
制糖工业	低碳低硫制糖新工艺、全自动连续煮糖技术、制糖生化助剂开发与应用、制糖生产过程的信息化、糖厂热能集中优化及控制；高附加值特种糖生产及糖品深加工。
发酵工业	新型菌种选育和改造技术、发酵工程优化技术、现代分离提取技术以及新型酶制剂的开发、非粮原料高效利用技术。
食品添加剂和配料工业	天然食品添加剂、天然香料、新型食品添加剂开发与生产新技术；薯类变性淀粉加工技术。
副产物综合利用	果渣、茶渣、粮油加工副产物（稻壳、米糠、麸皮、胚芽、饼粕等）、畜禽和水产品骨血及内脏、皮、鳞、鳍等副产物的综合开发与利用。

（六）促进产业集聚发展

加快发展食品产业集群 推广产业集群示范，在具有资源优势、物流和消费集中的地区，依托经济实力好、发展潜力大、带动能力强的食品骨干企业，增强配套功能，加强专业分工协作，整合品牌、市场、技术等资源，发展一批上规模、上水平的现代食品工业园区，培育形成以骨干企业为龙头、"专、精、特"中小企业为支撑，配套检验检测、人才培训、科技开发、产品设计、物流建设、融资平台等多项生产性服务业，推动食品工业集约化、规模化发展，形成功能完善、布局合理、资源节约、特色突出的现代食品产业集群。

促进全产业链的有效衔接 鼓励食品工业企业积极向上、下游产业延伸和相互协作，建立从原料生产到终端消费各环节在内的全产业链，促进各环节有效衔接，加快产业链间的集成融合，实现优势互补、信息共享、协调发展（见专栏7）。

专栏7 "十二五"时期食品加工园区（基地）建设重点

重点方向	发展重点
产业集聚发展	加大对食品加工园区（基地）和产业集群产业升级、节能减排等工作的指导和支持，大力支持一批信息、研发、检测、培训、物流等服务平台的建设。支持集群骨干企业的研发、技术进步和技术改造等，发挥在辐射带动、技术示范、信息扩散和销售网络中的龙头作用，全面带动和促进中小企业健康发展，培育形成一批具有特色、有竞争力的食品产业集群。

（七）大力推进两化融合

提升食品工业企业信息化水平 加快推进食品工业企业的信息化建设，引导企业运用信息化技术提升经营管理和质量控制水平，降低管理成本，丰富市场营销方式。

推进食品安全可追溯体系建设 支持食品企业与信息技术企业合作，开发应用可追溯信息技术，建立集信息、标识、数据共享、网络管理等功能于一体的食品可追溯信息系统。重点推进乳制品、肉类、酒类等行业食品可追溯体系建设。

推进物联网技术的示范应用 鼓励有条件的地区实施食品物联网应用示范工程，推进物联网技术在种植、养殖、收购、加工、储运、销售等各个环节的应用，逐步实现对食品生产、流通、消费全过程关键信息的采集、管理和监控。

完善食品生产企业的信息化服务体系 进一步发挥政府部门、行业组织、企业综合服务机构、信息化服务提供商等的积极作用，推动企业信息化和电子商务公共应用平台等综合性公共服务平台建设，逐步建立和完善"以服务网点为载体、以培训服务为重点、以公共信息服务为支撑"的食品工业企业信息化服务体系，为企业提供专业的信息化应用服务，促进食品工业企业的"两化"融合。建立健全食品工业监测分析与预警体系。

五、重点行业发展方向与布局

（一）粮食加工业

1. *发展方向和重点* 调整产业结构，大力发展粮食食品加工业，积极发展饲料加工业，严格控制发展非食品用途的粮食深加工，确保口粮、饲料供给安全。加快产品结构调整，实现产品系列化、多元化。发展国际粮食合作，鼓励国内企业"走出去"，在境外建立稻谷、玉米和大豆加工企业。

稻谷加工业 提高优质米、专用米、营养强化米、糙米、留胚米等产品比重，积极发展米制主食品、方便食品、休闲食品等产品；集中利用米糠资源生产米糠油、米糠蛋白、谷维素、糠蜡、肌醇等产品，有效利用碎米资源开发米粉、粉丝、淀粉糖、米制食品等食用类产品。

小麦加工业 提高蒸煮、焙烤、速冻等面制食品专用粉、营养强化粉、全麦粉等比重，加快推进传统面制主食品工业产业化。鼓励大型企业利用麦胚生产麦胚油、胚芽食品，利用麸皮生产膳食纤维、低聚糖等产品。

玉米加工业 提高饲料工业发展水平，积极开发玉米主食、休闲和方便食品，严格限制生物化工等非食品用途的玉米深加工产品，保证口粮和饲料用粮需求。

大豆加工业 充分利用我国非转基因大豆资源优势，重点发展大豆食品和豆粉类、发酵类、膨化类、蛋白类等新兴大豆蛋白制品。扩大功能性大豆蛋白在肉制品、面制品等领域的应用。着力研发大豆蛋白功能改性、大豆膳食纤维及多糖和新兴豆制品加工技术。

薯类和杂粮加工业 重点发展薯类淀粉和副产物的深加工。鼓励发展薯条、薯片及以淀粉、全粉为原料的各种方便食品、膨化食品，提高薯渣等副产物的综合利用水平。大力发展特色杂粮主食品加工，加快发展各种杂粮专用预混合粉和多谷物食品、速冻食品等主食品及方便食品。

2. *产业布局* 在东北、长江中下游稻谷主产区，长三角、珠三角、京津等大米主销区以及重要物流节点，大力发展稻谷加工产业园区，形成米糠、稻壳和碎米综合利用的循环经济模式，重组和建设一批日处理稻谷800t以上的大型骨干企业。

结合国家优质小麦生产基地建设和消费需求，在黄淮海、西北、长江中下游等地区建设强筋、中强筋、弱筋专用粉生产基地，重组和建设一批日处理小麦1 000t以上的骨干企业。

在玉米主产区和加工区，加大兼并重组、淘汰落后的力度，坚决遏制玉米深加工能力的盲目扩张，控制深加工玉米消费量在合理水平。培育一大批技术含量高、符合市场需求、具有较强竞争力的骨干企业。

支持东北大豆产区建设大豆食品加工基地，提高豆腐及各种传统豆制品工业化、标准化生产水平，深入开发新型高质量营养食品；支持黄淮海大豆产区发展大豆深加工，延长产业链；鼓励沿海地区加强对大豆加工副产物综合利用，建设一批优质饲用蛋白、脂肪酸、精制磷脂等生产基地。

在马铃薯、甘薯的主产区，发展一批年处理鲜马铃薯6万t以上的加工基地和年处理鲜甘薯4万t以上的加工基地；在木薯主产区，适度发展年处理鲜木薯20万～30万t的加工厂和木薯变性淀粉生产基地；在有条件的地区积极发展特色杂粮加工业。

3. 发展目标 到2015年，粮食加工业总产值达到3.9万亿元，年均增长12%；形成10个销售收入100亿元以上的大型粮食加工企业集团；日处理稻谷200t以上企业的产量比重提高到60%以上，日处理小麦400t以上企业的产量比重提高到65%以上，均比2010年提高15个百分点。

（二）食用植物油加工业

1. 发展方向和重点 稳定传统大豆油生产，着力增加以国产油料为原料的菜籽油、花生油、棉籽油、葵花籽油等油脂生产，大力推进以粮食加工副产物为原料的玉米油、米糠油生产，积极发展油茶籽油、核桃油、橄榄油等木本植物油生产，促进油脂品种多元化，提升食用植物油自给水平。提高油料规模化综合利用水平，开发提取蛋白产品。鼓励并支持国内有条件的企业“走出去”，合作开发棕榈、大豆、葵花籽等食用油资源，建立境外食用油生产加工基地，构建稳定的进口多品种油料和食用植物油源的保障体系。

2. 产业布局

大豆油脂加工 严格控制新建项目，引导工艺技术装备落后的大豆加工企业关停并转，降低设备闲置率，提高生产效率。充分发挥东北非转基因大豆优势，稳定当地大豆油脂加工产业集群，淘汰一批落后产能；沿海大豆加工区要进一步压缩产能，鼓励内资企业兼并、重组，积极培育大豆加工和饲料生产一体化的企业。

油菜籽加工 在长江中下游地区，依托现有骨干企业，形成一批日处理油菜籽400t及以上加工企业。西部内陆地区，依托现有骨干企业，形成一批日处理油菜籽200t及以上企业。鼓励建设一线多能的多油料品种加工项目，坚决淘汰落后产能。

花生油加工 在大力淘汰落后产能的基础上，努力在主产区培养形成一批日处理花生200t及以上企业。

油茶籽加工 加强优质高产原料基地建设，在湖南、广西、江西等主产区建设若干年加工油茶籽6万t以上项目。

其他油料加工 在核桃、油橄榄主产区建设若干年加工原料3万t以上项目；在棉花主产区形成一批日处理棉籽300t及以上项目；在内蒙古、黑龙江、新疆等葵花籽主产区建设若干年加工原料10万t以上项目，鼓励有条件的地区建设一线多能、多油料品种加工项目；依托主要稻谷加工区，建设若干年加工米糠3万t以上米糠油项目；依托玉米深加工企业或玉米加工集中区，建设若干年处理玉米胚芽6万t以上玉米油项目。

3. 发展目标 到2015年，食用植物油产量达到2 440万t，其中国产油料产油量提高到1 260万t；花生油、菜籽油、棉籽油、葵籽油、米糠油、油茶籽油等植物油产量比重明显提高。淘汰油料加工落后产能2 000万t左右，油料加工总产能控制在1.8亿t以内，其中大豆油脂加工能力控制在0.95亿t以内。

（三）肉类加工业

1. 发展方向与重点 进一步调整生产结构，稳步发展猪肉、牛羊肉和禽肉加工。优化肉类食品结构，提高冷鲜肉比重，扩大小包装分割肉的生产，加强肉、蛋制品的精深加工，实现“变大为小、变粗为精、变生为熟、变裸品为包装品、变废为宝、变害为利”，促进资源的综合利用。加强对名优传统肉类食品资源的挖掘，推动传统肉类禽蛋食品的工业化生产，提高产品质量，培育一批在国际市场上具有明显竞争优势的民族特色品牌。支持区域性骨干肉类食品企业整合产业供应链，实现规模化，扩大市场占有率。

2. 产业布局 结合大中城市屠宰企业的外移，利用原有屠宰厂的场地、设施，发展肉制品加工企业或物流企业。严格控制新增屠宰产能，原则上不再新建生猪、羊年屠宰量在20万头以下、牛年屠宰量在5万头以下、禽年屠宰量在2 000万只以下的企业，限制年生产加工量3 000t以下的西式肉制品加工企业。推动畜禽主产区集中发展大型屠宰和加工骨干企

业，主销区侧重发展肉制品加工、分割配送中心，减少活畜（禽）跨区域调运。

依托优势产区，重点建设华东、华北、西南和东北四大生猪屠宰加工基地；华北、东北两大肉牛屠宰加工基地；河南、内蒙古及河北北部、西北和西南四大肉羊屠宰加工基地；中部和东部禽肉屠宰加工基地。

禽蛋加工业。在粮食主产省区建设鸡蛋加工基地，在洞庭湖、鄱阳湖周边省区建设水禽蛋加工基地，在西南等地建立无公害、绿色放养禽蛋生产加工基地。

3. 发展目标　到2015年，肉类总产量达到8 500万t，肉类制品及副产品加工达到1 500万t，占肉类总产量的比重达到17%以上。全国手工和半机械化等落后生猪屠宰产能淘汰50%，其中大中城市和发达地区力争淘汰80%左右。大中城市和大中型肉类屠宰加工企业全面推行ISO9000和ISO22000等管理体系。形成10家100亿元以上的大企业集团，肉类行业前200强企业的生产和市场集中度达到80%，培育出2～3个在国际上具有一定竞争力和影响力的肉类食品企业。

（四）乳制品工业

1. 发展方向和重点　加快乳制品工业结构调整，积极引导企业通过跨地区兼并、重组，淘汰落后生产能力，培育技术先进、具有国际竞争力的大型企业集团，改变乳制品工业企业布局不合理、重复建设严重的局面，推动乳制品工业结构升级。

调整优化产品结构，逐步改变以液体乳为主的单一产品类型局面，鼓励发展适合不同消费者需求的特色乳制品和功能性产品，积极发展脱脂乳粉、乳清粉、干酪等市场需求量大的高品质乳制品，根据市场需求开发乳蛋白、乳糖等产品，延长乳制品加工产业链。

2. 产业布局　按照乳制品加工企业选址与奶源基地相衔接、企业规模与乳品生产能力相匹配、产业布局与需求市场相符合的原则，调整优化乳制品工业布局，发挥传统奶源地区的资源优势，加快淘汰规模小、技术落后的乳制品加工产能，推动形成特色鲜明、布局合理、协调发展的乳制品工业新格局。

大城市周边产区　原则上不再布局新的加工项目。支持乳制品加工科技的研究与产业升级，率先实现乳业现代化；鼓励新型乳制品的开发，主要发展巴氏杀菌乳、酸乳等低温产品，适当发展干酪、奶油、功能性乳制品。

东北、内蒙古产区　重点发展乳粉、干酪、奶油、超高温灭菌乳等，根据市场需要适当发展巴氏杀菌乳、酸乳等产品。严格控制建设同质化、低档次的加工项目，扶持建设有国际竞争力的大型项目。

华北产区　合理控制加工项目建设，重点发展乳粉、干酪、超高温灭菌乳、巴氏杀菌乳、酸乳等。

西北产区　合理控制加工项目建设。主要发展便于贮藏和运输的乳粉、干酪、奶油、干酪素等乳制品，适度发展超高温灭菌乳、酸乳、巴氏杀菌乳等产品，鼓励发展具有地方特色的乳制品。

南方产区　根据原料奶资源情况，合理布局乳制品加工企业。主要发展巴氏杀菌乳、干酪、酸乳，适当发展炼乳、超高温灭菌乳、乳粉等乳制品，鼓励开发水牛乳加工等具有地方特色的乳制品。

3. 发展目标　到2015年，原料乳产量达到5 000万t，增长33.4%；乳制品产量达到2 700万t，增长15%，其中干乳制品（乳粉、炼乳、奶油、干酪素、乳糖等）产量900万t，液体乳产量1 800万t。通过兼并、重组，培育形成一批年销售收入超过20亿元的骨干企业。乳制品加工能力闲置率控制在25%以内。

（五）水产品加工业

1. 发展方向与重点　加快产业优化升级。鼓励企业通过兼并、重组、联营等分工协作，推动水产加工企业向集团化发展，通过产学研联合等方式，促进企业科技创新能力提升；根据现有海洋渔业和水产养殖资源配置，利用区域优势建立水产加工园区，大力发展水产流通，打造产业品牌；开发和引进新工艺、新技术、新设备，提高加工保藏水平，逐渐完善水产品现代化物流体系；积极发展精深加工，生产营养、方便、即食、优质的水产加工品；挖掘海洋产品资源，加大水产品和加工副产物的开发利用力度，提高水产品附加值；实施水产加工产业结构调整和转型升级，引导水产加工企业重视节能环保，走可持续发展道路。

利用现代食品加工技术，发展精深加工水产品，加快开发包括冷冻或冷藏分割、冷冻调理、鱼糜制品、罐头等即食、小包装和各类新型水产功能食品，鼓励企业建立标准化物流中心，重点开发、推广水产品保活保鲜运输技术，实施渔船保鲜、冷冻、冷藏贮运改造工程，建立符合我国国情的现代化水产品物流体系。提高水生生物资源和生产性资料的利用率，发展低能耗、低排放、低污染的环境友好型水产加工业。

2. 产业布局　坚持因地制宜、发挥比较优势。加快培育一批水产食品加工龙头企业，着力建设黄渤海、东南沿海、长江流域三个水产品出口加工优势产业带，鼓励黄渤海地区在巩固来料加工及对虾、贝类、海藻加工优势基础上，积极向海洋功能食品领域延伸；鼓励东南沿海地区在巩固鳗鲡、对虾、贝类、大黄鱼、罗非鱼、海藻加工优势基础上，大力发展远洋水产品和近海捕捞水产品精深加工；鼓励长江流域在巩固河蟹、斑点、鳗鲡、小龙虾、海藻加工优势基础上，大力发展精深加工和副产品高值化利用。引导和扶持内陆省份开展淡水产品加工。形成全国沿海一条线、内陆局域成片、产业一条链的水产品加工产业格局。

3. *发展目标* 到2015年，水产品加工总产量达到6 000万t以上，水产品加工总产值达到3 800亿元以上，年均增长10%以上。水产品加工率提高到45%以上，冷冻调理食品和分割小包装食品的比例占水产冷冻加工品的比例达到30%以上。培育形成年产值超20亿元、具有明显区域带动作用的水产品加工大型企业20家、超10亿元的100家。

（六）果蔬加工业

1. *发展方向与重点*

大力发展果蔬汁和果蔬罐头 发展浓缩果蔬汁（浓缩苹果汁除外）、非浓缩还原（NFC）果蔬汁、复合果蔬汁、果蔬汁产品主剂等品种，积极发展柑橘、桃、菠萝、食用菌以及轻糖型罐头、混合罐头等产品，大力发展香菇、洋葱、大蒜、南瓜等脱水产品，扩大脱水马铃薯、甜玉米、洋葱、胡萝卜、豌豆等生产规模；稳步发展芋头、菠菜、毛豆、青刀豆等速冻蔬菜，增加速冻草莓、速冻荔枝、速冻杨梅等速冻水果的生产。

加快发展果蔬物流 重点推广应用果蔬贮运保鲜新技术，开发新型果蔬保鲜剂、保鲜材料，果蔬质量与安全快速检测技术，发展果蔬冷链储运系统，建立果蔬物流信息平台，大力发展果蔬物联网，提高果蔬物流水平。

2. *产业布局*

果蔬汁加工 在原料主产区发展浓缩果蔬汁（浆）等加工，主要消费区域发展果蔬汁终端产品，形成与消费需求相适应的产品结构。在新疆等西部地区发展番茄酱、浓缩葡萄汁，在河北、天津、安徽等地发展桃浆、浓缩梨汁，在重庆、湖北、四川等地发展浓缩柑橘汁与NFC柑橘汁，在海南、广西、云南等地发展热带果汁。

果蔬罐头加工 在浙江、福建、湖南、山东、安徽、新疆、河北等传统生产省份，集中发展柑橘罐头、桃罐头、食用菌罐头、番茄罐头等的生产，加强副产物的综合利用、开发高附加值产品。充分考虑原料基地和产品市场两大因素，对加工业进行合理布局。

脱水果蔬加工 重点在果蔬主产地及东南沿海地区发展脱水果蔬产业，建立脱水果蔬出口加工基地，同时向西部和东北地区发展，增强向南亚、中亚及俄罗斯等欧洲国家的出口能力，形成“优势品种、优势产区”的“双优”加工布局。

速冻果蔬 在果蔬主产地及东南沿海地区，发展速冻果蔬产业，建立速冻果蔬出口加工基地，同时向东北、新疆、云南等边疆省份发展，形成环形发展布局。

3. *发展目标* 到2015年，果蔬加工行业产值达到3 000亿元，果蔬汁产量达到300万t，果蔬罐头产量超过200万t。果蔬冷链运输量占商品果蔬总量的30%以上，水果平均加工转化率超过15%，其中苹果达到30%，蔬菜平均加工转化率达到5%以上。

（七）饮料工业

1. *发展方向与重点* 积极发展具有资源优势的饮料产品。鼓励发展低热量饮料、健康营养饮料、冷藏果汁饮料、活菌型含乳饮料；规范发展特殊用途饮料和桶装饮用水，支持矿泉水企业生产规模化；大力发展茶饮料、果汁及果汁饮料、咖啡饮料、蔬菜汁饮料、植物蛋白饮料和谷物饮料。

加强自主品牌建设，支持优势品牌企业跨地区兼并重组、技术改造和创新能力建设，推动产业整合，提高产业集中度，增强品牌企业实力；积极开拓国际市场，提高自主品牌的知名度和竞争力；完善认证和检测制度，提高国际社会对我国检测、认证结果的认可度，树立自主品牌国际形象。

加快原料基地建设，建立高集中度、高水平、高标准、高酸度的苹果原料生产基地，满足高酸浓缩苹果汁加工的需求，改良柑橘品种、建设宜汁加工柑橘原料基地。

2. *产业布局* 以水果、蔬菜及其他农产品为原料的饮料企业建立在原料产区，矿泉水企业建立在矿泉水矿区附近；茶粉、茶浓缩液主要布局在东南沿海和长江中下游地区；矿泉水产业主要布局在吉林、黑龙江、山东、四川、西藏、云南、福建、江西、广西、广东、海南。

3. *发展目标* 到2015年，饮料总产量达到1.6亿t，年均增长10%左右。产品结构更加合理，碳酸饮料、果蔬汁类饮料、包装饮用水、茶饮料、蛋白饮料、其他饮料产量的比例分别为14∶15∶39∶13∶15∶3。

（八）制糖工业

1. *发展方向和重点* 加快推进现代产业体系建设，以加强产业链各环节利益联系为核心，完善利益分配机制，促进行业协调发展，不断增强产业可持续发展能力。加强糖料生产规模化建设，加快糖料种植现代化步伐，依靠科技提高糖料单产和含糖量，推进农户种植合作化经营。加快产业结构调整步伐，稳步推进大集团战略，向规模化、集约化方向发展。普及推广新技术、新装备，推进清洁生产和节能减排，提高综合利用水平。加大行业标准制（修）订力度，提高产品质量，全面提升我国糖业的综合竞争力。加强政府对食糖市场的宏观调控，坚持“以国产食糖为主，适当进口食糖补充不足”的平衡原则，国产糖的自给率力争稳定在85%左右。

2. *产业布局* 通过加快甜菜优良品种选育、规模化种植、水利化和机械化推广的步伐，促进甜菜糖恢复性增长，保持甜菜糖与甘蔗糖的协调发展。

南方蔗糖区 以广西、云南、湛江、海南为重点，积极推进企业间的整合重组，鼓励企业采用大型、节能、高效的生产设备，加快节能减排、综合利用等技术的推广应用，构建资源节约、环境友好型制糖工业。

北方甜菜糖区 重点扶持新疆、黑龙江、内蒙古等甜菜糖主产区，加大甜菜优良品种的推广工作力度，提高单产水平和含糖量；发挥现有企业集团的引领作用，提高制糖工业的综合竞争力。

3. *发展目标* 到2015年，食糖产量1 600万t左右。日处理糖料能力达到121万t，其中：甘蔗日处理糖料能力105万t，甜菜日处理糖料能力16万t；甘蔗糖标准煤消耗低于5t/百吨原料，甜菜糖标准煤消耗低于6t/百吨原料，化学需氧量排放总量比2010年下降10%。

（九）方便食品制造业

1. *发展方向和重点* 加快推进方便食品制造业的快速发展，重点发展冷冻冷藏、常温方便米面制品等主食食品，推进传统米面食品、杂粮和中餐菜肴的工业化。推进冷冻米面行业扩大规模，继续提高速冻食品产量，拓宽冷冻食品加工范围，鼓励冷冻调理食品、冷冻点心和营养型冷冻产品等新产品的发展。改进现有的产品工艺，提高行业节能水平；支持冷冻食品相关原料、食品添加剂、包装材料和物流系统的发展，促进整个冷冻食品产业链的同步协调发展。

进一步发展常温方便主食产品，改变传统方便面高油脂和缺乏维生素、矿物质及纤维素等结构性营养问题，开发即食米饭、米粉、米线、馄饨、鲜湿面条等新产品和相关技术。提高产品质量，提升产品档次，改变常温方便食品产品同质化、低水平恶性竞争的局面。

加快方便食品新产品开发，向多品种、营养化、高品质方向发展，积极发展风味独特、营养健康的休闲食品，开发风味多样、营养强化的焙烤食品，满足市场细分需求。

2. *产业布局* 按照靠近原料产地、重点销区以及交通条件优越、具有良好物流配套条件的原则，以市场为导向，优化调整方便食品加工业布局，鼓励加工企业更多地向中西部地区布局。

大城市周边产业区，包括京津地区、长三角地区和珠三角地区，鼓励高附加值、高品质和功能化的方便主食以及中餐菜肴的发展，鼓励休闲食品的发展。中原地区，以河南为重点发展面粉原料为主的方便主食和杂粮食品。东北、长江中下游地区，发展以稻米为主的方便主食食品、三餐食品和休闲食品。华北、西北和西南地区，发展以杂粮为主的休闲食品、副食以及三餐食品。

3. *发展目标* 到2015年，方便食品制造业产值规模达到5 300亿元，年均增长30%，其中冷冻米面食品行业、方便面、其他常温方便主食、方便休闲食品等行业销售收入分别达到1 200亿元、1 000亿元、800亿元和1 000亿元。形成10个销售收入超过100亿元的大型方便食品加工企业集团。

（十）发酵工业

1. *发展方向与重点* 努力提高非粮原料比重，减少玉米等粮食原料的消耗量。积极发展高附加值新产品，加快开发拥有自主知识产权的食品行业专用酶制剂，适度发展发酵法生产小品种氨基酸（赖氨酸、谷氨酸除外）、新型酶制剂（糖化酶、淀粉酶除外）、多元醇、功能性发酵制品（功能性糖类、真菌多糖、功能性红曲、发酵法抗氧化和复合功能配料、活性肽、微生态制剂）等生产。推进高附加值氨基酸、有机酸、特种功能发酵制品、新型香精香料和多元醇等产品的产业化；推动食品配料及添加剂等产品生物制造工艺的改造升级，培育新型食品配料及添加剂、新型酶制剂、新型生物基材料等生物制造新产品。

继续抓好节能减排，研究生物转化途径及绿色制造工艺，改造高耗能、高耗水、污染大、效率低的落后工艺和设备，推广应用离心清液回收、糟液全糟处理等节能减排技术，大幅度减少污染物的产出和排放，降低能耗和水耗，推进清洁生产和循环发展。加快淘汰落后产能，重点限制5万t/年以下且采用等电离交提取工艺的味精生产线、2 000t/年以下的酵母加工项目和年加工玉米30万t以下、总干收率在98%以下玉米淀粉湿法生产线；重点淘汰3万t/年以下味精生产装置，2万t/年以下柠檬酸生产装置，年处理10万t以下、总干物收率97%以下的玉米淀粉湿法生产线和年产3万t以下酒精生产线。

2. *产业布局* 推动发酵产业由中东部和沿海地

区向东北、内蒙古及中西部资源优势明显、能源丰富的地区转移，建设与资源相匹配的发酵工业基地。加快对山东、内蒙古氨基酸，山东有机酸和淀粉糖，湖南、湖北酶制剂，湖北、广西酵母，浙江功能性生物制品等行业的兼并重组和技术提升改造。

3. *发展目标* 到2015年，发酵工业总产值达4 600亿元以上，年均增长率达15%以上；培育5家销售收入超过100亿元的发酵工业企业，10家以上销售收入超过50亿元的发酵工业企业；非粮原料所占比重由5%提高到15%左右；以功能糖、多元醇、酶制剂等为代表的高成长性、高附加值发酵制品比重由60%提高到70%以上，味精、柠檬酸等产品比重由24%下降到18%以下。

（十一）酿酒工业

1. *发展方向与重点* 优化酿酒产品结构，重视产品的差异化创新。针对不同区域、不同市场、不同消费群体的需求，精心研发品质高档、行销对路的品种，宣传科学知识，倡导健康饮酒。注重挖掘节粮生产潜力，推广资源综合利用，大力发展循环经济，推动酿酒产业优化升级。按照“控制总量、提高质量、治理污染、增加效益”的原则，在确保粮食安全的基础上，鼓励白酒行业通过改造升级，加快淘汰落后产能，优化产品结构，完善质量保障体系，提高产品质量安全水平；逐步增加高附加值啤酒产品比例，啤酒风味向多元化、多品种等个性化方向发展，鼓励中小型啤酒企业生产特色啤酒；注重葡萄酒原料基地建设，逐步实现产品品种多样化，促进高档、中档葡萄酒和佐餐酒同步发展；加快改良露酒产品，使其更贴近大众偏爱的消费口味；根据水果特性，生产半甜型、甜型等不同类型的果酒产品；扩大黄酒行业干型、半干型产品产量，适度发展甜型、半甜型产品，研发适宜北方地区的创新产品。

2. *产业布局* 依托原料禀赋、能源优势建设酿酒工业生产基地；培育优质酿酒原辅料产区，推动西部原料产区建设；继续推动酿酒企业进入资本市场，优化多种所有制并存的产业经济格局；支持企业通过收购、控股、并购、重组、强强联合，形成集团化、规模化的大型酿酒企业集团，提高产业集中度和企业竞争力。大力推动酿酒产业集群建设，积极建立酿酒生产园区，鼓励和规范酿酒产业特色区域的发展。

3. *发展目标* 到2015年，销售收入达到8 300亿元，年均增速达到10%以上；酒类产品产量年均增速控制在5%以内，非粮原料（葡萄及其他水果）酒类产品比重提高1倍以上。

（十二）食品添加剂和配料工业

1. *发展方向和重点* 加快产业整合，鼓励企业通过兼并重组等手段，提高产业集中度，改变食品添加剂和配料行业企业规模小、产业布局分散的局面，加快产业向规模化、集约化、效益化方向发展；通过产业技术创新战略联盟等形式，加强产学研结合，提高产业自主创新能力；加大产业技术改造力度，促进产业技术升级；加快发展功能性食品添加剂，鼓励和支持天然色素、植物提取物、天然防腐剂和抗氧化剂、功能性食品配料等行业的发展，继续发展优势出口产品。

重点利用生物工程技术提高酶制剂、生物发酵制品等行业的技术水平，利用膜分离、分子蒸馏、色谱分离等现代分离提取技术，提高提取物产品质量，利用高新技术提高化学合成产品的纯度。集成、使用现代化成套设备，提高企业自动化水平，推动产业整体技术进步；加快提高污染治理水平和综合利用能力，鼓励企业建设检验检测中心，提高产品的全程检测控制能力。

2. *产业布局* 继续发挥上海、广东、浙江、江苏、山东等沿海地区的技术优势，将食用香精、功能糖制造等优势产业做大做强，进一步突出特色，增强规模优势和品牌效应。利用东北、华北、西北等地区的原料及能源优势，发展黄原胶、变性淀粉、氨基酸、有机酸等产品，培育一批在国际上占主导地位的龙头企业。利用新疆、云南、河北、江西、安徽等特色原料优势，发展色素、甜菊糖等天然植物提取物产业。

3. *发展目标* 到2015年，食品添加剂制造业总产值达到1 100亿元，产品产量达到1 100万t，年均增长10%以上。形成10个具有知名品牌、产值达20亿～50亿元的大型企业（集团）。建设5个产品特色鲜明、规模效益突出的食品添加剂和食品配料产业基地。

（十三）营养与保健食品制造业

1. *发展方向与重点* 开展食物新资源、生物活性物质及其功能资源和功效成分的构效、量效关系以及生物利用度、代谢效应机理的研究与开发，提高食品与保健食品及其原材料生产质量和工艺水平，发挥和挖掘我国特色食品原料优势。大力发展天然、绿色、环保、安全有效的食品、保健食品和特殊膳食食品；以城乡居民日常消费为重点，开发适合不同人群的营养强化食品，孕妇、婴幼儿及儿童、老人、军队人员、运动员、临床病人特殊膳食食品，以及用于补充人体维生素、矿物质的营养素补充剂；结合传统养生保健理论，充分利用我国特有动植物资源和技术开发具有民族特色和新功能的保健食品。调整产业结构，改变企业规模小、技术水平低、产品同质化等状况。加强技术创新和成果转化，提高产业科技水平，提升企业核心竞争力。

2. 产业布局　在长三角、珠三角、环渤海等地区，重点研发和生产优质蛋白食品、膳食纤维食品、特殊膳食食品、营养配餐和新功能保健食品等；在中西部地区，重点培育和发展保健食品和营养强化食品，建设特殊膳食食品原材料基地，推动原料资源优势向产业优势转化。

3. 发展目标　到2015年，营养与保健食品产值达到1万亿元，年均增长20%；形成10家以上产品销售收入在100亿元以上的企业，百强企业的生产集中度超过50%。

六、政策措施

（一）严格市场准入

乳制品项目继续从严核准，玉米深加工项目继续实行核准制，大豆压榨及浸出项目从严控制。提高市场准入门槛，对大米加工、小麦粉加工、食用植物油加工、肉及肉制品加工、饮料、水产品、果蔬加工等关系国计民生的敏感行业制定严格的行业准入条件。

（二）发挥政府作用

继续发挥中央和地方财政对食品工业的引导和支持作用，支持关键技术创新与产业化、重点装备自主化、食品及饲料安全检（监）测能力建设、节能减排和资源综合利用、食品加工产业集群以及自主品牌建设等重点项目建设。完善农业结构调整资金、粮食风险基金、农业综合开发、中小企业发展专项资金等资金投向和项目选择协调机制，提高资金使用效率。中小企业发展专项资金等继续支持食品加工企业。

（三）推进节能减排

制定和实施重污染食品工业污染防治最佳可行技术导则，有效引导企业实施清洁生产、节能减排，发展循环经济。尽快研究制定淘汰落后产能的实施细则，明确淘汰标准，量化淘汰指标，加大重点食品行业淘汰落后产能力度，解决好职工安置、企业转产、债务化解等问题，促进社会和谐稳定。制定食品行业综合利用高浓度废水、污泥等废弃物的鼓励政策，积极支持利用“三废”（废液、废渣、废气）生产生物质能源及综合利用。

（四）强化安全监管

加大对食品安全监测能力建设的支持，健全食品质量安全监管体系，完善食品质量追溯制度，加强食品标准体系建设。按照食品安全监管和食品安全风险监测的需要，配备适用的检验检测设备，特别要加强基层相关部门检（监）测能力建设，支持食品安全检验设备自主化，推进我国检验设备产业化发展；配备与培训符合要求的检测专业人员，保障各监管部门及食品安全风险监测机构的检测设备维护和人员培训等经费。

（五）维护产业安全

严格按照《外商投资产业指导目录》和项目核准有关规定，加强对豆油、菜籽油、花生油、棉籽油、茶籽油、葵花籽油、棕榈油等食用油脂加工、玉米深加工等行业外资准入管理。做好外资并购境内重要农产品企业安全审查工作。依法运用反倾销、反补贴、保障措施等贸易救济措施保护国内食品产业安全。

（六）促进境外投资

支持有条件的企业通过绿地投资、并购、参股、交叉换股等多种方式，到境外投资建设原料生产基地、生产工厂、物流设施、购销网络、装备等产业。鼓励国内银行在风险可控的前提下，通过出口信贷、项目融资、并购贷款等多种方式，对境外投资给予信贷支持。加强境外投资相关信息服务，出台海关、商检、人员出入境等方面便利化措施。

（七）提高企业诚信

加强社会信用管理体系建设，加快推进食品工业企业诚信体系建设，引导和支持企业建立诚信制度、实施国家标准；发挥行业协会在诚信体系建设工作中的积极作用，组织企业参与诚信评价活动，做好行业质量诚信宣传，严格行业自律；积极支持企业诚信体系必备的基础设施建设，鼓励社会资源向诚信企业倾斜，在政府采购、招投标管理、公共服务、项目核准、技术改造、融资授信、社会宣传等环节参考使用企业诚信相关信息及评价结果，对诚信企业给予重点支持和优先安排。

（八）引导健康消费

倡导适度加工。加强食品安全、食品营养知识和健康消费模式的宣传、普及，加强中小学生食品营养科普教育，增强全社会健康消费意识，引导合理饮食，促进科学消费、健康消费。

七、规划实施

国务院有关部门要结合规划任务与政策措施，加强沟通，密切配合，确保规划顺利实施，要适时开展规划的中期评估和后评价工作，及时提出评价意见。

食品工业重点地区要按照规划确定的目标、任务和政策措施，结合当地实际情况，制定本地区食品工业发展规划并认真组织实施。规划实施过程中出现的新情况、新问题要及时报送国家发展改革委与工业和信息化部等有关部门。

第四部分

国内综合统计资料

国内综合统计资料
简 要 说 明

1. 本部分统计资料主要包括农林牧渔业主要产品产量、农产品加工机械拥有量及农产品加工行业固定资产投资情况、按国民经济行业分类统计有关农产品加工业现状、农产品加工业主要产品产量、农产品加工业主要产品出口创汇情况、农产品加工业部分行业与企业排序，以及我国西部地区综合统计等7部分统计数据。

2. 香港和澳门特别行政区的统计是构成国家统计总体的一部分，但根据中华人民共和国“香港特别行政区基本法”和“澳门特别行政区基本法”的有关原则，香港、澳门与内地是相对独立的统计区域。根据各自不同的统计制度和法律规定，独立进行统计工作。本部分中所涉及的统计数据均未包括香港、澳门特别行政区和台湾省。这三部分相关统计数据，另在本年鉴附录中列出。

3. 本部分统计资料数据，除已注明“资料来源”之外，其余均采用国家统计局公布的数据。

4. 本部分采用的统计数据，基本上以2010年数据为主，为了保持与上卷年鉴提供数据的连续性，有一部分统计数据是在上卷基础上，延续列出。

5. 本部分有关表中所示“规模以上非国有企业”是指年产品销售收入500万元以上的非国有企业。

6. 本部分有关表中所示工业产值、工业增加值、工业产品销售产值、利税总额等数据未单独标注者，均按当年价格计算（当年价格即为现行价格）。

7. 本部分统计资料数据所使用的计量单位，均采用国际统一标准计量单位。对有关行业未按国际统一标准计量单位提供的数据，编辑部均按国际统一标准计量单位进行了相应换算。

8. 本部分中同一类、同一行业统计数据，由于管理渠道、统计范围、数据采集方法、时间等略有不同，加之有些行业与相关管理部门交叉较多，因此数据也略有不同。但来自同一系统的数据基本上还是一致的。

9. 本部分统计资料中，依据国家统计局、农业部、国家林业局、中国食品工业协会、中国轻工业联合会、中国纺织工业协会等部门、行业提供的相关数据，开辟的“我国西部地区综合统计”专栏。由于时间短促，难免有误，请给予批评指正。

10. 本部分统计资料中符号使用说明：“空格”表示该项统计指标数据不详或无该项数据；“*”或“①”表示本表下有注解。

农林牧渔业主要产品产量统计

表1 我国主要农产品产量（2006—2010年） 单位：万t

年份	粮食						
	合计	谷物				豆类	薯类
		小计	稻谷	小麦	玉米		
2006	49 804	45 099	18 172	10 847	15 160	2 004	2 701
2007	50 160	46 632	18 603	10 930	15 230	1 720	2 808
2008	52 871	47 847	19 190	11 246	16 591	2 043	2 980
2009	53 082	48 156	19 510	11 512	16 397	1 930	2 996
2010	54 648	49 637	19 576	11 518	17 725	1 897	3 114

年份	棉花	油料				麻类	
		小计	花生	油菜籽	芝麻	小计	黄红麻
2006	753.3	2 640	1 289	1 097	66.2	89.1	8.7
2007	762.4	2 569	1 303	1 057	55.7	72.8	9.9
2008	749.2	2 953	1 429	1 210	58.6	62.5	8.4
2009	637.7	3 154	1 471	1 366	62.2	38.8	7.5
2010	596.1	3 230	1 564	1 308	58.7	31.7	6.9

年份	糖料			茶叶	烟叶	
	小计	甘蔗	甜菜		小计	烤烟
2006	10 460	9 709	751	102.8	245.6	226
2007	12 188	11 295	893	116.5	239.5	218
2008	13 419	12 415	1 004	125.8	283.8	262
2009	12 277	11 559	718	135.9	306.6	281
2010	12 009	11 079	930	147.5	300.4	273

年份	水果						蔬菜*
	合计	苹果	柑橘	梨	葡萄	香蕉	
2006	17 102	2 606	1 790	1 199	627	690	58 326
2007	18 136	2 786	2 058	1 290	670	780	56 452
2008	19 220	2 985	2 331	1 354	715	784	59 240
2009	20 396	3 168	2 521	1 426	794	883	61 824
2010	21 401	3 326	2 645	1 506	855	956	65 099

* 蔬菜产量含菜用瓜。

表 2 各地区主要农产品产量（2010 年）

单位：万 t

地区	一、粮食								
	总产	其中:夏收粮食	1. 谷物						
			总产	(1) 稻谷				(2) 小麦	
				总产	早稻	中稻	晚稻	总产	其中:春小麦
全国总计	**54 647.7**	**12 315.0**	**49 637.1**	**19 576.1**	**3 133.7**	**12 914.7**	**3 527.7**	**11 518.1**	**631.8**
北　京	115.7	28.4	113.2	0.2		0.2		28.4	
天　津	159.7	53.2	157.4	11.2		11.2		53.2	3.1
河　北	2 975.9	1 243.7	2 844.3	54.2		54.2		1 230.6	1.8
山　西	1 085.1	234.2	1 035.2	0.5		0.5		232.2	0.2
内蒙古	2 158.2		1 821.2	74.8		74.8		165.2	165.2
辽　宁	1 765.4	39.2	1 677.1	457.6		457.6		3.7	3.7
吉　林	2 842.5		2 654.1	568.5		568.5		1.2	1.2
黑龙江	5 012.8		3 284.8	1 843.9		1 843.9		92.5	92.5
上　海	118.4	23.0	116.3	90.3		90.3		19.3	
江　苏	3 235.1	11 05.3	3 110.4	1 807.9		1 807.9	0.8	1 008.1	
浙　江	770.7	59.1	699.0	648.2	63.4	486.1	98.6	24.7	
安　徽	3 080.5	1 211.7	2 911.2	1 383.4	140.3	1 105.2	137.9	1 206.7	
福　建	661.9	31.7	525.8	507.9	120.3	278.9	108.8	1.0	
江　西	1 954.7	7.4	1 869.7	1 858.3	705.5	259.0	893.8	2.1	
山　东	4 335.7	2 060.0	4 105.3	106.4		106.4		2 058.6	
河　南	5 437.1	3 090.7	5 207.1	471.2		471.2		3 082.2	
湖　北	2 315.8	420.6	2 174.1	1 557.8	199.6	1 102.8	255.4	343.1	
湖　南	2 847.5	58.9	2 689.2	2 506.0	764.5	851.5	890.0	9.9	
广　东	1 316.5	103.7	1 135.9	1 060.6	511.1		549.5	0.2	
广　西	1 412.3	16.7	1 332.5	1 121.3	531.5	80.4	509.4	0.6	
海　南	180.4	29.1	147.6	138.5	71.4		67.1		
重　庆	1 156.1	155.6	822.1	518.6		518.6		45.9	
四　川	3 222.9	558.9	2 656.9	1 512.1	0.7	1 511.0	0.4	427.7	2.3
贵　州	1 112.3	166.8	911.6	445.7		445.7		24.8	
云　南	1 531.0	127.7	1 278.0	616.6	25.3	575.2	16.0	46.0	0.6
西　藏	91.2		88.5	0.6		0.6		24.3	4.5
陕　西	1 164.9	449.3	1 042.1	81.0		81.0		403.8	
甘　肃	958.3	330.8	737.7	4.1		4.1		250.9	102.8
青　海	102.0		57.0					37.3	37.3
宁　夏	356.5	73.3	310.3	70.0		70.0		70.3	39.2
新　疆	1 170.7	636.0	1 121.9	59.0		59.0		623.5	177.2

（续）

地区	一、粮食						
	1. 谷物				2. 豆类		
	（3）玉米	（4）谷子	（5）高粱	（6）其他谷物	总产	（1）大豆	（2）杂豆
全国总计	**17 724.5**	**157.3**	**245.6**	**415.4**	**1 896.5**	**1 508.3**	**388.2**
北京	84.2	0.3	0.1		1.2	1.1	0.1
天津	92.7		0.2	0.1	1.9	1.9	
河北	1 508.7	39.3	4.6	6.9	33.5	27.7	5.8
山西	766.0	20.3	5.3	10.8	24.1	15.5	8.6
内蒙古	1 465.7	25.9	56.4	33.2	166.0	133.4	32.6
辽宁	1 150.5	24.7	35.2	5.4	37.0	34.1	2.9
吉林	2 004.0	10.2	66.8	3.3	112.9	86.6	26.3
黑龙江	2 324.4	4.1	17.8	2.1	601.9	585.0	16.9
上海	3.0			3.7	1.2	1.1	0.1
江苏	218.5			75.9	85.2	59.8	25.4
浙江	12.2			14.0	30.4	13.0	17.4
安徽	312.7		0.2	8.1	121.9	119.8	2.1
福建	15.2		0.6	1.0	18.7	14.4	4.3
江西	8.4		0.4	0.5	27.9	20.4	7.5
山东	1 932.1	5.4	1.6	1.4	44.1	38.6	5.5
河南	1 634.8	10.1	0.4	8.5	93.3	86.4	6.9
湖北	261.0		1.4	10.8	44.3	25.7	18.6
湖南	168.1		1.0	4.2	40.3	22.1	18.2
广东	72.1	0.1		2.8	18.3	14.7	3.6
广西	208.7	0.7	0.7	0.6	23.7	16.7	7.0
海南	9.1				2.2	0.8	1.4
重庆	251.6		4.0	2.0	41.9	18.1	23.8
四川	669.0		19.5	28.6	98.3	53.1	45.2
贵州	415.4	0.2	17.4	8.1	26.6	16.0	10.6
云南	613.0		0.3	2.1	79.5	27.1	52.4
西藏	2.8			60.9	2.4	0.1	2.3
陕西	532.2	12.2	3.0	9.8	45.0	39.7	5.3
甘肃	390.4	2.0	5.2	85.0	35.5	15.9	19.6
青海	10.7			8.9	8.5		8.5
宁夏	165.8	0.4		3.7	3.7	1.0	2.7
新疆	421.6	1.3	3.8	12.7	28.3	18.8	9.5

（续）

地区	一、粮食		二、油料						三、棉花
	3. 薯类*		总产	1. 花生	2. 油菜籽	3. 芝麻	4. 胡麻籽	5. 向日葵	总产
	总产	其中：马铃薯							
全国总计	**3 114.1**	**1 630.7**	**3 230.1**	**1 564.4**	**1 308.2**	**58.7**	**35.3**	**229.80**	**596.10**
北京	1.4		1.6	1.5				0.04	0.05
天津	0.5		0.6	0.5				0.10	6.27
河北	98.1	25.0	140.3	129.2	2.9	1.1	2.7	3.76	56.95
山西	25.9	21.2	17.6	2.1	0.6	0.4	5.5	5.70	6.93
内蒙古	171.0	167.3	128.1	2.9	22.4	0.2	2.9	99.21	0.11
辽宁	51.3	34.9	99.6	96.1	0.1	0.2		2.05	0.07
吉林	75.5	72.5	70.4	37.1		1.2		29.10	0.51
黑龙江	126.2	123.3	27.5	4.9	0.2	0.1		10.49	
上海	1.0		2.3	0.2	2.0				0.35
江苏	39.5		151.9	37.7	112.4	1.8		0.02	26.08
浙江	41.3	18.6	39.5	5.4	33.3	0.8			2.94
安徽	47.4	5.6	227.6	86.4	133.7	6.6			31.60
福建	117.4	26.5	26.6	25.0	1.5	0.2		0.01	0.01
江西	57.1		107.6	40.8	63.8	2.8		0.09	13.08
山东	189.3		342.2	339.0	2.7	0.1		0.01	72.41
河南	136.6		540.7	427.6	88.9	23.2		1.03	44.72
湖北	97.4	61.6	311.8	64.4	232.6	13.9		0.75	47.18
湖南	118.0	36.4	195.3	27.3	166.6	1.3			22.70
广东	162.3	21.8	88.2	87.1	0.8	0.2			
广西	56.2	9.3	45.8	43.5	1.5	0.6		0.25	0.21
海南	30.6		9.5	9.2		0.3			
重庆	292.1	112.1	44.4	9.1	34.2	0.7		0.43	0.01
四川	467.7	235.6	268.5	61.5	205.2	0.5		0.35	1.42
贵州	174.1	141.4	60.3	7.7	51.6			0.89	0.10
云南	173.6	152.9	34.2	7.0	25.9			0.83	0.04
西藏	0.4	0.4	5.9		5.8				
陕西	77.8	60.9	56.1	8.9	37.3	2.2	0.3	4.94	6.92
甘肃	185.2	185.2	64.1	0.2	33.2		15.2	11.90	7.56
青海	36.6	36.6	34.4		33.7		0.7		
宁夏	42.5	42.5	20.8				6.7	13.73	
新疆	20.5	19.2	66.6	1.7	15.1	0.2	1.3	44.12	247.90

* 薯类产量按 5∶1 折粮计算，下同。

（续）

地区	四、麻类					五、糖料		
	总产	1. 黄红麻	2. 苎麻	3. 大麻	4. 亚麻	总产	1. 甘蔗	2. 甜菜
全国总计	**31.70**	**6.90**	**18.90**	**1.09**	**4.46**	**12 008.5**	**11 078.90**	**929.60**
北京								
天津								
河北	0.07	0.06				48.9		48.90
山西	0.02			0.02		22.6		22.60
内蒙古	0.10			0.01	0.09	160.9		160.90
辽宁						4.9		4.90
吉林	0.02			0.01	0.01	7.7		7.70
黑龙江	2.17				2.17	175.0		175.00
上海						2.7	2.70	
江苏	0.20		0.20			10.3	10.17	0.13
浙江	0.04	0.03	0.01			74.3	74.29	
安徽	2.37	1.24	0.43	0.66		22.4	22.37	0.03
福建	0.04	0.03	0.01			61.6	61.55	
江西	1.02	0.11	0.91			59.1	59.10	
山东	0.02	0.01		0.01				
河南	3.88	3.84		0.02		26.1	26.10	
湖北	3.26	0.07	3.19			32.4	32.40	
湖南	6.42	0.08	6.33		0.01	76.6	76.60	
广东	0.05	0.05				1 300.1	1 300.10	
广西	1.22	1.08	0.14			7 119.6	7 119.60	
海南	0.10	0.10				385.4	385.40	
重庆	1.47	0.01	1.45			11.7	11.70	
四川	6.41	0.21	6.18			93.6	93.40	0.20
贵州	0.09		0.06	0.01	0.01	52.3	52.24	0.06
云南	0.56			0.06	0.26	1 750.97	1 150.92	0.05
西藏								
陕西	0.06		0.02	0.03		0.2	0.20	
甘肃	0.26			0.26		22.0		22.00
青海						0.04		0.04
宁夏						0.04		0.04
新疆	1.90				1.90	486.90		486.90

（续）

地区	六、烟叶		七、蔬菜、瓜类			
	总产	其中：烤烟	1. 蔬菜（含菜用瓜）	2. 瓜类		
				总产	（1）西瓜	（2）甜瓜
全国总计	**300.40**	**273.10**	**65 099.4**	**8 536.2**	**6 818.1**	**1 226.7**
北京			303.0	34.2	32.1	1.3
天津			419.3	28.8	24.0	3.4
河北	0.65	0.32	7 073.6	500.7	387.8	65.7
山西	1.20	0.76	909.1	66.4	54.2	6.0
内蒙古	1.51	1.22	1 350.9	240.9	176.4	57.9
辽宁	2.86	2.45	2 668.2	211.5	114.1	48.2
吉林	7.23	3.14	1 078.7	153.0	98.2	48.1
黑龙江	9.58	8.49	723.8	233.0	152.5	62.2
上海			398.1	57.8	46.1	9.4
江苏	0.05	0.01	4 234.0	501.5	391.8	59.4
浙江	0.32		1 788.8	318.8	273.3	21.2
安徽	2.98	2.91	2 137.4	569.6	479.2	43.6
福建	12.56	12.45	1 563.3	78.3	63.9	8.4
江西	3.76	3.62	1 115.3	171.3	151.6	10.8
山东	6.92	6.74	9 030.7	1 354.9	1 085.3	182.4
河南	28.75	28.74	6 624.3	1 598.0	1 389.2	185.8
湖北	12.38	7.83	3 131.5	341.1	297.6	41.7
湖南	22.22	21.26	3 122.9	327.5	290.3	34.5
广东	5.51	4.93	2 718.6	107.2	79.9	10.5
广西	2.68	2.03	2 129.4	252.6	231.0	21.0
海南			442.4	89.7	63.8	7.4
重庆	8.10	6.39	1 309.5	35.9	33.6	0.2
四川	24.53	19.42	3 408.3	123.4	108.4	1.7
贵州	39.11	37.02	1 202.0	53.9	48.4	2.5
云南	99.14	95.40	1 255.0	56.3	48.2	1.1
西藏			58.1	1.2	1.2	
陕西	6.77	6.73	1 384.0	238.0	190.0	41.4
甘肃	1.23	1.01	1 235.5	189.1	141.9	16.0
青海	0.07		141.6	2.4	2.2	
宁夏	0.24	0.24	407.4	163.9	150.4	12.4
新疆	0.02	0.02	1 734.4	435.0	211.4	222.6

表 3 我国玉米主产区生产情况（2009—2010 年） 单位：万 t

地 区	2009 年	2010 年	同比增长（%）
河 北	1 465.3	1 508.7	2.96
山 西	654.3	756.0	17.07
内蒙古	1 341.3	1 465.6	9.26
辽 宁	963.1	1 150.5	19.45
吉 林	1 810.0	2 004.0	10.71
黑龙江	1 920.2	2 324.4	21.04
山 东	1 921.5	1 932.0	0.54
河 南	1 634.0	1 634.7	持平
陕 西	526.1	532.2	1.15
其 他	4 161.7	4 406.9	5.89
总 计	16 397.5	17 725.0	8.09

表 4 各地区水果产量（2010 年） 单位：t

地 区	水 果	其中					
		苹 果	梨	柑 橘	桃	猕猴桃	葡 萄
全国总计	**128 652 317**	**33 263 290**	**15 057 084**	**26 452 447**	**10 456 018**	**1 069 794**	**8 548 946**
北 京	809 914	103 772	158 632		386 227	23	42 140
天 津	312 713	55 512	35 701		60 025		103 322
河 北	11 117 252	2 724 614	3 758 287		1 462 150	94	1 075 468
山 西	4 084 560	2 566 472	342 203		321 002	541	219 513
内蒙古	372 502	77 676	80 319				53 148
辽 宁	5 215 623	2 094 719	1 261 402		537 209	261	634 296
吉 林	650 780	153 521	141 429		1 773		152 573
黑龙江	466 371	117 019	37 648				56 732
上 海	441 619		38 437	201 573	101 418	411	90 814
江 苏	2 370 291	566 332	669 130	53 632	457 010	3 895	331 877
浙 江	3 824 949		379 297	1 907 828	355 911	12 701	425 866
安 徽	2 356 680	406 858	966 259	27 750	430 134	1 427	261 114
福 建	5 644 799	309	185 345	2 722 988	222 371	3 781	100 171
江 西	2 971 285		116 830	2 685 960	48 270	11 610	29 001
山 东	14 389 146	7 988 405	1 112 099		2 435 588	3 232	957 825
河 南	7 959 884	4 089 647	946 619	41 726	1 017 447	241 590	484 130
湖 北	4 371 323	9 627	480 523	3 010 384	607 487	10 638	131 213
湖 南	4 609 155		154 630	3 889 154	131 342	44 988	100 776
广 东	11 287 324		62 232	3 500 398	80 899		
广 西	8 417 741		222 572	3 132 057	168 003	2 191	232 009
海 南	2 853 557			48 477			
重 庆	2 025 541	5 287	294 381	1 390 243	80 660	5 140	43 261
四 川	5 995 657	429 339	873 351	2 929 399	416 361	83 834	216 500
贵 州	696 147	15 475	182 099	203 690	85 549	12 716	46 714
云 南	3 416 404	257 908	332 044	416 561	170 732	1 274	205 992
西 藏	9 484	5 124	1 228	524	1 364		377
陕 西	12 385 021	8 560 132	799 909	286 765	593 502	629 341	322 292
甘 肃	2 994 553	2 016 609	334 180	3 338	155 895	106	128 370
青 海	14 387	5 738	4 428		352		117
宁 夏	649 158	354 421	33 016		22 625		137 640
新 疆	5 938 497	658 728	1 052 854		104 713		1 965 695

（续）

地区	其中					
	红枣	柿子	香蕉	菠萝	荔枝	龙眼
全国总计	**4 468 335**	**2 875 565**	**9 560 522**	**1 076 042**	**1 773 945**	**1 312 119**
北京	9 513	49 433				
天津	33 037	8 392				
河北	1 031 025	446 393				
山西	421 140	95 516				
内蒙古						
辽宁	150 029					
吉林						
黑龙江						
上海	1 214	3 197				
江苏	9 683	52 318				
浙江		46 688				
安徽	21 592	130 093				
福建	31	141 094	882 087	39 348	147 281	241 138
江西		18 107				
山东	994 842	165 722				
河南	391 864	443 846				
湖北	29 093	50 499				
湖南	27 563	20 187				
广东		127 376	3 712 693	676 458	1 008 276	606 985
广西	20 144	606 982	1 864 851	27 636	465 806	405 490
海南			1 722 931	297 352	134 969	35 155
重庆	3 194	9 590	1 745		294	2 498
四川	12 708	44 222	34 326		5 515	12 983
贵州	1 371	13 565	6 068		201	387
云南	8 093	58 160	1 335 821	36 248	11 603	7 483
西藏						
陕西	500 320	320 383				
甘肃	117 407	23 803				
青海						
宁夏	57 152					
新疆	627 319					

表 5　各地区茶叶产量（2010 年）　　单位：t

地　区	茶　叶	其中						
		绿茶	青茶	红茶	黑茶	黄茶	白茶	其他茶叶
全国总计	**1 475 069**	**1 046 382**	**179 951**	**68 134**	**41 430**	**394**	**12 212**	**126 566**
北　京								
天　津								
河　北								
山　西	3							3
内蒙古								
辽　宁								
吉　林								
黑龙江								
上　海								
江　苏	14 861	12 272		2 348				241
浙　江	162 746	157 060		1 275	2 941			1 470
安　徽	83 276	76 984	59	4 127		201		1 905
福　建	272 616	102 438	147 789	13 473			6 109	2 607
江　西	29 808	22 867	998	4 167	46	5	56	1 669
山　东	11 924	11 924						
河　南	42 732	38 828		3 904				
湖　北	165 709	137 120		15 413				13 176
湖　南	117 678	60 714	3 805	16 554	24 899	17	1	11 688
广　东	53 319	23 419	23 239	1 076		8	5 577	
广　西	39 158	32 733	104	532	492			5 297
海　南	1 227	1 105		76				46
重　庆	25 237	18 766	352	2 817				3 302
四　川	169 276	134 621	3 334	1 510	13 048	162	202	16 399
贵　州	52 262	41 009	60	862	4	1	67	10 259
云　南	207 341	148 632	211					58 499
西　藏	8	2						6
陕　西	25 052	25 052						
甘　肃	836	836						
青　海								
宁　夏								
新　疆								

表 6　我国农垦系统主要农产品产量（2009—2010 年）

项　目	产　量（万 t）		
	2009 年	2010 年	同比增减（%）
一、粮食	2 773.10	2 953.30	6.50
夏收粮食	283.40	274.30	−3.21
1. 稻谷	1 354.30	1 514.10	11.80
其中：早稻	45.30	50.69	11.90
2. 小麦	382.20	335.91	−12.11
其中：春小麦	216.60	146.59	−12.32
3. 玉米	721.90	809.19	12.09
4. 谷子	0.35	0.89	154.29
5. 高粱	8.05	7.74	−3.85
6. 大豆	205.80	195.11	5.19
7. 薯类（折粮）	33.30	39.10	17.42
二、棉花	141.20	143.93	1.93
三、油料	81.10	80.34	−0.94
其中：花生	9.22	9.24	0.22
油菜籽	41.99	39.02	−7.07
向日葵	25.80	26.90	4.26
四、糖料	758.22	766.86	1.14
其中：甘蔗	543.30	510.32	6.07
甜菜	215.02	256.54	19.31
五、麻类	3.60	1.87	−48.06
六、烟叶	0.36	0.41	13.89
七、药材	1.49	1.84	23.49
八、蔬菜、瓜类	1 216.83	1 259.56	3.51
九、其他农作物			
十、水果	307.77	323.40	5.08
十一、茶叶	4.68	4.63	−1.07
十二、干胶	31.70	32.78	3.41
十三、剑麻（折纤维）	3.23	3.21	−0.62

表7　各地区农垦系统主要农产品产量（2010年）　单位：万t

地　区	粮　食	棉　花	油　料	糖　料	大　豆	干胶（t）
全国总计	**2 953.29**	**143.93**	**80.34**	**766.86**	**195.11**	**327 831**
北　京	0.43				0.01	
天　津	1.69	0.17			0.03	
河　北	41.58	3.25	0.26	0.34	0.31	
山　西	2.90	0.02	0.02	0.55	0.02	
内蒙古	160.54	0.06	26.31	1.85	17.97	
辽　宁	120.08		1.91	0.02	1.48	
吉　林	68.63		1.35	0.16	1.00	
黑龙江	1 817.98		2.23	53.36	162.21	
上　海	29.04	0.02	0.04		0.01	
江　苏	86.68	0.03	0.23	0.04	0.26	
浙　江	1.45	0.01	0.02		0.28	
安　徽	34.07	0.54	0.33		2.78	
福　建	6.95		0.42	3.11	0.17	
江　西	50.32	0.87	2.21	0.62	0.31	
山　东	4.44	0.64	0.04		0.27	
河　南	24.46	0.27	0.85		1.76	
湖　北	87.64	7.36	10.61	0.95	1.50	
湖　南	57.79	1.35	4.79	5.98	0.25	
广　东	5.59		0.79	194.33	0.06	13 383
广　西	1.10		0.31	227.75	0.05	335
海　南	14.01		0.61	31.94	0.04	185 507
重　庆						
四　川	0.76					
贵　州	0.63		0.07		0.01	
云　南	5.76		0.02	45.64		128 606
西　藏						
陕　西	7.25	0.09	0.14		0.18	
甘　肃	20.43	1.02	0.91			
青　海	2.39		1.44			
宁　夏	20.85		1.04	0.03	0.02	
新疆（兵团）	213.64	115.01	18.62	181.66	2.59	
新疆（农业）	22.16	7.20	1.12	6.90	0.32	
新疆（畜牧）	31.89	5.74	3.63	11.61	1.21	
热作两院	0.15					
广　州						
南　京						
昆　明						
哈尔滨						

表 8　我国农垦系统茶、桑、果、林生产情况（2009—2010 年）

指　标	单　位	2009 年	2010 年	同比增长（%）
一、年末实有茶园面积	khm^2	31.3	31.3	
茶叶总产量	万 t	4.7	4.6	−2.1
二、年末实有桑园面积	khm^2	1.9	1.5	−19.8
三、年末实有果园面积	khm^2	322.6	371.9	15.3
水果总产量	万 t	307.8	323.4	5.1
其中：苹果	万 t	40.6	40.6	
梨	万 t	48.8	53.6	9.9
柑橘	万 t	29.0	22.8	−21.3
四、年末实有橡胶园面积	khm^2	465.2	469.4	0.9
当年橡胶开割面积	khm^2	317.4	320.6	1.0
每公顷产干胶	kg	999.0	1 023.0	2.4
全年干胶总产量	万 t	31.7	32.8	3.5
五、当年造林面积	khm^2	95.3	88.2	−7.4
用材林	khm^2	18.7	19.0	2.0
经济林	khm^2	17.1	11.6	−32.5
防护林	khm^2	55.2	56.3	1.9
薪炭林	khm^2	0.5	0.3	−30.1
特种用材林	khm^2	1.8	1.0	−42.8

表 9　我国热带、亚热带作物产量（2010 年）

项　目	单位	总计	福建	广东	广西	海南	云南
一、橡胶总产量（干胶片）	t	327 831		13 383	335	185 507	128 606
二、咖啡豆总产量（干咖啡豆）	t	42 666				75	42 340
三、椰子（按果实计）	万个						
四、腰果总产量（干果）	t						
五、香料作物（按香料油计）	t						
其中：香茅草(按香料油计)	t						
六、剑麻（番麻）(按纤维计)	t						

表 10　我国棉花主产区生产情况（2009—2010 年）

地　区	面积（万 hm^2）			产量（万 t）		
	2009 年	2010 年	同比增长（%）	2009 年	2010 年	同比增长（%）
新　疆	140.93	146.06	3.64	352.4	247.9	−29.65
山　东	80.04	72.41	−9.53	92.1	72.4	−21.39
河　南	53.73	44.72	−16.77	51.7	44.7	−13.54
河　北	62.00	56.95	−8.15	60.5	57.0	−5.79
湖　北	46.01	47.18	2.54	48.1	47.2	−1.87
江　苏	25.23	26.08	3.37	25.5	26.1	2.35
安　徽	35.17	31.60	−10.15	34.6	31.6	−8.67
湖　南	15.26	22.70	48.75	21.2	22.7	7.08
主产区总计	458.37	447.70	−2.32	586.1	549.6	−6.23
全国总计	**495.18**	**484.87**	**−2.08**	**637.7**	**596.1**	**−6.52**
主产区占全国比重（%）	92.57	92.33	−0.26	91.91	92.2	0.32

表 11　各地区蔬菜产量增减情况（2009—2010 年）　单位：万 t

地　区	2009 年	2010 年	同比增长（%）
全国总计	**61 823.8**	**65 099.4**	**5.30**
北　京	317.1	303.0	−4.46
天　津	373.9	419.3	12.16
河　北	6 742.1	7 073.6	4.92
山　西	893.1	909.1	1.79
内蒙古	1 380.6	1 350.9	−2.15
辽　宁	2 604.4	2 568.2	2.45
吉　林	968.4	1 078.7	11.39
黑龙江	701.2	723.8	3.23
上　海	394.1	398.1	1.02
江　苏	3 837.8	4 234.0	10.32
浙　江	1 764.8	1 788.8	1.36
安　徽	2 028.1	2 137.4	5.39
福　建	1 521.5	1 563.3	2.75
江　西	1 088.6	1 115.3	2.45
山　东	8 937.2	9 030.7	1.05
河　南	6 370.4	6 624.3	3.99
湖　北	2 979.6	3 131.5	5.10
湖　南	2 844.2	3 112.9	9.80
广　东	2 567.2	2 718.6	5.90
广　西	2 063.1	2 129.4	3.22
海　南	410.0	442.4	7.90
重　庆	1 177.4	1 309.5	11.22
四　川	3 227.3	3 408.3	5.61
贵　州	1 079.5	1 202.0	11.36
云　南	1 238.2	1 255.0	1.36
西　藏	55.1	58.1	5.46
陕　西	1 257.6	1 384.0	10.05
甘　肃	1 145.4	1 235.5	7.87
青　海	118.9	141.6	19.15
宁　夏	354.0	407.4	15.09
新　疆	1 383.2	1 734.4	25.39

表 12　我国主要林产品产量（2006—2010 年）　单位：万 t

年　份	木材（万 m^3）	生　漆	油桐籽	油茶籽	松　脂	核　桃	橡　胶
2006	6 611.8	2.08	38.30	91.99	90.88	47.55	53.80
2007	6 976.6	1.29	36.13	93.91	96.56	62.99	58.84
2008	8 108.3	1.55	37.10	98.99	84.92	82.86	54.79
2009	7 068.3	2.05	36.73	116.93	104.66	97.94	61.89
2010	8 090.0	2.00	43.40	109.20	111.60	128.44	69.10

表 13 各地区主要林产品产量（2010 年） 单位：t

地 区	生漆	油桐籽	油茶籽	乌桕籽	五倍子	棕片	松脂	竹笋干	核桃	板栗	紫胶（原胶）
全国总计	**20 093**	**433 624**	**1 092 243**	**33 709**	**18 197**	**55 698**	**1 115 711**	**481 192**	**1 284 351**	**1 701 680**	**3 240**
北 京									11 279	28 399	
天 津									814	693	
河 北									74 392	174 640	
山 西									65 156	1 346	
内蒙古											
辽 宁									92 499	101 278	
吉 林									(8 339)	551	
（吉林集团）									859		
黑龙江									2 453		
（龙江集团）									(2 023)		
上 海											
江 苏								4 291	1	26 805	
浙 江		72	40 301			485	1 416	149 182		71 436	
安 徽	213	3 054	25 864	121	52	1 048	7 621	15 113	16 402	137 239	
福 建	147	23 244	94 815	532	141	14 847	87 758	86 387	36	63 471	102
江 西	822	12 663	179 697	343	245	3 960	71 982	8 659	91	24 261	
山 东									62 187	273 542	
河 南	2 034	120 701	20 823	11 631	3 986		2 550	113	55 407	206 517	
湖 北	7 823	16 919	71 054	9 401	1 892	1 949	37 813	9 347	92 286	276 687	
湖 南	2 484	38 701	390 455	902	3 285	7 819	36 946	31 873	5 484	72 469	49
广 东	188	6 050	82 417	527		2 536	181 141	30 291		10 616	360
广 西	29	72 536	143 749	118	109	2 958	495 750	24 477	929	73 059	6
海 南							3 519	735			
重 庆	1 085	14 650	3 505	5 638	2 223	637	407	19 049	7 881	6 917	
四 川	675	22 041	4 360	1 364	623	1 774	11 662	78 952	126 109	23 979	101
贵 州	1 614	63 815	20 368	2 468	2 216	4 365	8 215	11 779	15 356	19 316	18
云 南	1 031	22 029	7 774	83	122	9 718	168 065	9 718	353 301	53 601	2 604
西 藏									7 589		
陕 西	1 915	17 096	7 061	581	3 152	3 202	866	1 218	60 488	52 037	
甘 肃	33	53			151	400		8	36 288	2 821	
青 海									391		
宁 夏									49		
新 疆									189 144		

表14 我国主要牲畜饲养情况（2006—2010年） 单位：万头（只）

年份	合计	大牲畜年底存栏头数				
		牛	马	驴	骡	骆驼
2006	12 287	10 465	719	730	345	26.9
2007	12 309	10 595	703	689	299	24.2
2008	12 251	10 576	682	673	296	24.0
2009	12 357	10 726	679	648	279	24.8
2010	12 239	10 626	677	640	270	25.6

年份	肉猪出栏头数	牛出栏头数	猪年底存栏头数	羊年底存栏只数			羊出栏只数
				合计	山羊	绵羊	
2006	61 207	4 222	41 850	28 369	13 768	14 601	24 734
2007	56 508	4 360	43 990	28 565	14 337	14 228	25 571
2008	61 017	4 446	46 291	28 085	15 229	12 856	26 172
2009	64 527	4 602	46 983	28 453	15 800	12 653	26 588
2010	66 686	4 717	46 460	28 088	14 204	13 884	

表15 我国主要畜产品产量（2006—2010年）

年份	总产量（万t）	肉类产量（万t）				奶类产量（万t）		禽蛋产量（万t）
		猪牛羊肉				总产量	其中：牛奶	
		小计	猪肉	牛肉	羊肉			
2006	7 089.0	5 591.0	4 650.5	576.7	363.8	3 302.5	3 193.4	2 424.0
2007	6 865.7	5 283.8	4 287.8	613.4	382.6	3 633.4	3 525.2	2 529.0
2008	7 278.7	5 614.0	4 620.5	613.2	380.3	3 718.5	3 555.8	2 702.2
2009	7 649.9	5 915.5	4 890.5	635.5	389.5	3 734.6	3 520.9	2 740.6
2010	7 925.8	6 123.2	5 071.2	653.1	398.9	3 748.0	3 575.6	1 965.2

年份	蜂蜜（万t）	蚕茧（万t）		绵羊毛（万t）			山羊毛总产（t）	羊绒总产（t）
		总产	其中：桑蚕茧	总产	细羊毛	半细羊毛		
2006	33.3	88.2	82.0	38.9	13.2	11.6	40 512	16 395
2007	35.4	94.7	87.9	36.3	12.4	10.7	38 382	18 483
2008	40.0	90.9	83.1	36.8	12.4	10.5	44 406	17 184
2009	40.2	83.2	76.1	36.4	12.7	11.3	49 453	16 964
2010	18.3	87.3	68.9	38.7	12.3	11.5	42 714	18 519

表 16 各地区奶类产量（2009—2010 年）

单位：万 t

地区	2009 年		2010 年	
	奶类产量	其中：牛奶	奶类产量	其中：牛奶
全国总计	**3 732.6**	**3 518.8**	**3 748.0**	**3 575.6**
北京	67.4	67.4	64.1	64.1
天津	68.7	68.3	69.3	69.0
河北	461.0	451.5	449.1	439.8
山西	74.1	72.5	74.9	73.2
内蒙古	934.0	903.1	945.7	905.2
辽宁	115.6	110.0	126.7	121.2
吉林	44.5	44.5	44.6	43.5
黑龙江	534.7	528.7	558.8	552.5
上海	21.2	21.2	24.7	24.7
江苏	55.4	55.4	57.3	57.3
浙江	19.9	19.9	20.3	20.3
安徽	20.1	20.1	20.5	20.5
福建	15.6	15.2	15.7	15.4
江西	11.2	11.2	11.9	11.4
山东	258.1	236.3	271.6	253.1
河南	301.3	281.9	307.9	290.9
湖北	28.3	15.5	30.4	14.0
湖南	7.7	7.7	7.8	7.8
广东	14.4	14.0	14.5	14.2
广西	8.1	8.1	8.2	8.2
海南	0.4	0.2	0.2	0.2
重庆	7.9	7.9	8.0	8.0
四川	68.7	68.2	70.3	69.8
贵州	4.5	4.5	4.6	4.6
云南	105.9	48.4	54.1	50.4
西藏	28.7	23.0	29.4	23.3
陕西	185.8	149.2	177.6	137.5
甘肃	37.7	37.7	36.3	36.3
青海	25.3	25.3	26.3	26.2
宁夏	81.1	81.1	84.5	84.5
新疆	125.2	120.9	132.8	128.6

表 17 我国农垦系统主要畜产品产量（2009—2010 年）

单位：万 t

项目	2009 年	2010 年	同比增长（%）
1. 肉类总产量	223.4	256.4	14.8
其中：猪肉	136.9	148.9	8.8
牛肉	21.0	22.6	7.4
羊肉	14.7	18.9	28.8
2. 牛奶	344.7	366.1	6.2
3. 羊毛	2.5	2.7	7.9
4. 蜂蜜	0.7	0.9	28.6
5. 禽蛋	31.3	39.7	26.7

表 18 我国水产品产量（2006—2010 年）

单位：kt

年 份	总产量	1. 海水产品	其中 捕捞	其中 养殖	2. 内陆产品	其中 捕捞	其中 养殖
2006	45 836	25 096	12 455	12 642	20 739	2 204	18 536
2007	47 475	25 509	11 360	13 073	21 966	2 256	19 710
2008	48 956	25 983	11 496	13 403	22 973	2 248	20 725
2009	51 164	26 816	11 786	14 052	24 349	2 184	22 165
2010	53 730	27 975	12 036	14 823	25 755	2 289	23 465

表 19 各地区水产品产量（2010 年）

单位：kt

地 区	总产量	1. 海水产品	其中 捕捞	其中 养殖	2. 内陆产品	其中 捕捞	其中 养殖
全国总计	**53 730.0**	**27 975.3**	**12 036.0**	**14 823.0**	**25 754.7**	**2 289.4**	**23 465.3**
北 京	63.3	8.9	8.9		54.4	4.2	50.2
天 津	344.9	39.0	24.8	14.2	306.0	9.7	296.3
河 北	1 063.3	582.6	253.3	329.3	480.7	92.2	388.5
山 西	31.7				31.7	0.8	30.9
内蒙古	113.8				113.8	30.7	83.1
辽 宁	4 303.7	3 497.3	1 182.7	2 314.6	806.4	56.8	749.6
吉 林	166.0				166.0	19.8	146.2
黑龙江	399.7				399.7	46.9	352.8
上 海	289.7	121.5	121.5		168.2	5.7	162.5
江 苏	4 604.5	1 364.5	579.3	785.2	3 240.0	332.4	2 907.6
浙 江	4 779.5	3 812.3	2 986.6	825.7	967.2	92.2	875.0
安 徽	1 939.1				1 933.1	315.9	1 617.2
福 建	5 869.4	5 127.8	2 088.9	3 038.9	741.6	81.9	659.7
江 西	2 153.4				2 153.4	292.5	1 860.9
山 东	7 838.2	6 463.3	2 500.7	3 962.6	1 374.9	130.9	1 244.0
河 南	578.6				578.6	32.4	546.2
湖 北	3 531.0				3 531.0	263.7	3 267.3
湖 南	1 980.0				1 980.0	96.7	1 883.3
广 东	7 290.7	4 015.4	1 524.7	2 490.7	3 275.3	128.6	3 146.7
广 西	2 755.1	1 544.5	667.1	877.4	1 210.6	116.9	1 093.7
海 南	1 494.8	1 178.9	994.7	184.2	315.9	19.5	296.4
重 庆	224.2				224.2	10.9	213.3
四 川	1 050.6				1 050.6	58.0	992.6
贵 州	87.9				87.9	12.1	75.8
云 南	297.7				297.7	23.1	274.6
西 藏	0.5				0.5	0.4	0.1
陕 西	60.3				60.3	4.2	56.1
甘 肃	12.3				12.3		12.3
青 海	1.6				1.6		1.6
宁 夏	90.0				90.0	0.2	89.8
新 疆	101.1				101.1	10.2	90.9

表 20　我国沿海地区海洋捕捞水产品产量（按品种分）（2010 年） 单位：kt

地　区	海洋捕捞产量	按水产品种类分					
		1. 鱼类	带　鱼	鳀　鱼	蓝圆鲹	鲐　鱼	鲅　鱼
全国总计*	**12 036.0**	**8 225.1**	**1 186.8**	**598.1**	**562.9**	**492.0**	**476.2**
天　津	15.8	8.3		0.4		1.3	0.4
河　北	253.3	139.3	6.2	38.8		0.5	5.3
辽　宁	1 007.4	551.1	41.5	102.2		54.7	92.1
上　海	21.5	12.2	0.5				
江　苏	570.4	341.8	62.2	1.4		21.8	6.9
浙　江	2 821.0	1 952.6	529.6	54.3	106.7	175.7	76.0
福　建	1 908.5	1 448.9	164.6	66.0	228.4	128.1	48.9
山　东	2 350.9	1 544.6	79.6	292.9		77.8	184.2
广　东	1 429.6	1 017.1	132.1	29.6	119.1	28.6	26.4
广　西	662.9	389.8	31.3		68.2	13.6	2.2
海　南	994.7	849.4	139.0	12.6	40.5	9.9	33.9

地　区	按水产品种类分						
	鲳　鱼	小黄鱼	海　鳗	金线鱼	沙丁鱼	石斑鱼	金枪鱼
全国总计	**364.8**	**406.9**	**340.1**	**314.9**	**135.0**	**93.9**	**38.8**
天　津		3.1					
河　北	0.5	7.8					
辽　宁	6.6	149.2	0.9	0.3	1.7	7.8	0.1
上　海	0.4	0.2	0.4				
江　苏	40.8	30.9	8.9		1.8		0.2
浙　江	120.6	97.3	82.4	1.7	23.2	1.0	6.5
福　建	56.3	8.2	65.2	9.8	12.7	17.6	3.2
山　东	36.2	76.1	27.9	0.1	13.8	1.2	0.7
广　东	54.1	18.1	56.3	84.6	58.3	24.6	12.9
广　西	11.5		13.7	36.2	13.5	5.5	
海　南	37.8	15.9	84.2	182.3	10.1	36.2	15.2

注：海洋捕捞产量不含远洋。

（续）

地 区	按 水 产 品 和 类 分						
	2. 甲壳类	虾	毛 虾	对 虾	鹰爪虾	蟹	其中：梭子蟹
全国总计	**2 043.3**	**1 449.9**	**554.8**	**107.5**	**290.8**	**593.3**	**349.5**
天 津	2.8	1.9	0.1	0.1		0.9	0.5
河 北	58.3	42.5	11.8	1.3	1.7	15.8	8.5
辽 宁	196.5	143.6	45.7	3.0	8.6	52.9	23.9
上 海	9.0	3.4		0.1	1.2	5.7	2.5
江 苏	120.5	50.0	25.6	3.1	9.1	70.5	59.1
浙 江	695.2	569.9	220.8	16.5	161.9	125.3	70.1
福 建	289.4	162.5	56.4	17.9	36.7	126.9	74.1
山 东	299.6	256.5	116.5	4.1	41.6	43.1	28.3
广 东	221.5	142.0	46.1	42.5	18.9	79.4	45.8
广 西	110.2	61.8	26.8	15.7	6.7	48.3	27.1
海 南	40.3	15.9	5.0	3.3	4.2	24.4	9.5

地 区	按 水 产 品 种 类 分						
	3. 贝类	4. 藻类	5. 头足类	鱿 鱼	章 鱼	6. 其他类	海 蜇
全国总计	**622.1**	**24.6**	**658.3**	**365.4**	**125.8**	**432.5**	**216.1**
天 津	2.6		1.9			0.1	
河 北	16.9		12.1	0.7	5.9	26.8	20.5
辽 宁	120.1	0.2	52.1	34.8	7.2	87.4	28.4
上 海			0.1	0.1		0.2	0.1
江 苏	56.4	1.6	17.4	10.3	4.6	32.7	21.6
浙 江	14.8	2.1	134.8	76.4	31.7	21.6	1.7
福 建	49.9	1.1	99.3	53.7	14.2	19.8	11.6
山 东	209.7	2.4	154.4	93.8	31.6	140.2	55.6
广 东	65.9	4.9	77.3	30.8	19.3	42.9	24.3
广 西	59.4		44.1	21.6	6.0	59.5	51.3
海 南	26.5	12.4	64.7	43.3	5.1	1.4	0.9

表 21　我国沿海地区海水养殖水产品产量（按品种分）（2010 年）　单位：kt

地　区	海水养殖产量	1. 鱼类					
			鲈　鱼	鲆　鱼	大黄鱼	美国红鱼	石斑鱼
全国总计	**14 823.0**	**808.2**	**105.9**	**84.9**	**85.8**	**52.2**	**49.4**
天　津	14.2	2.9		0.7		0.1	0.2
河　北	329.3	12.4	0.2	3.9			
辽　宁	2 314.7	44.7	1.3	25.2			
上　海							
江　苏	785.2	46.9	0.5	2.5			
浙　江	825.7	34.2	10.2	0.1	3.1	7.8	0.1
福　建	3 038.9	170.3	14.5	2.5	71.7	10.7	11.2
山　东	3 962.6	119.7	24.5	49.4	0.2	3.3	0.1
广　东	2 490.7	308.1	43.5	0.7	10.8	25.1	23.6
广　西	877.4	27.7	8.7			3.3	2.4
海　南	184.2	41.1	2.5			2.1	11.8

地　区	1. 鱼类					2. 甲壳类	
	鲷　鱼	军曹鱼	狮　鱼	河　鲀	鲽　鱼		虾
全国总计*	**45.0**	**36.4**	**16.8**	**17.1**	**5.4**	**1 061.1**	**833.0**
天　津				0.1	0.1	11.3	11.2
河　北				3.2	0.2	20.6	19.2
辽　宁			2.1	5.3		27.6	26.7
上　海							
江　苏	0.1			0.2	2.2	80.8	53.2
浙　江	3.7		0.1		0.1	85.7	38.1
福　建	16.9	0.4	3.0	1.1	0.3	95.8	54.9
山　东	1.4			5.9	2.1	108.8	80.5
广　东	14.6	25.5	10.8	1.2	0.4	348.3	293.2
广　西	6.2	0.2				178.1	165.5
海　南	2.1	10.3	0.8	0.1		104.1	90.5

（续）

地　区	2. 甲壳类						
	虾				蟹	梭子蟹	青　蟹
	南美对白虾	斑节对虾	中国对虾	日本对虾			
全国总计	**608.3**	**56.6**	**45.3**	**54.8**	**228.1**	**91.1**	**115.8**
天　津	11.2				0.1	0.1	
河　北	10.9		4.6	3.1	1.4	1.2	0.1
辽　宁	10.8		12.3	3.1	0.9	0.9	
上　海							
江　苏	15.2	0.5	6.1	1.6	27.6	24.3	1.6
浙　江	23.3	1.1	2.8	3.3	47.7	21.4	24.1
福　建	36.1	4.9	3.4	7.9	40.8	15.1	23.5
山　东	35.9	1.7	8.1	30.8	28.3	25.7	
广　东	234.7	34.9	7.9	4.9	55.2	2.4	41.5
广　西	148.3	11.4		0.2	12.6		12.6
海　南	81.6	2.1			13.5	0.1	12.5

地　区	3. 贝类	牡　蛎	蛤	扇　贝	蛏	贻　贝	蚶
全国总计	**11 082.3**	**3 642.8**	**3 538.9**	**1 407.5**	**714.4**	**702.2**	**310.4**
天　津							
河　北	291.1	0.1	43.1	242.4	0.1	0.6	3.8
辽　宁	1 784.9	162.3	1 103.2	363.0	26.5	51.1	69.5
上　海							
江　苏	619.7	11.9	351.8		89.3	41.8	17.7
浙　江	661.4	112.9	57.1	2.1	228.5	83.3	110.8
福　建	2 171.5	1 456.1	288.8	8.7	193.7	69.9	37.5
山　东	3 097.4	566.9	1 189.0	714.4	150.4	332.1	10.2
广　东	1 766.3	931.9	289.0	74.7	24.9	114.4	56.1
广　西	669.3	399.2	207.7	1.9	1.0	8.9	4.2
海　南	20.6	1.3	9.3				0.7

（续）

地　区	3. 贝类			4. 藻类		
	螺	鲍	江　珧		海　带	裙带菜
全国总计	**207.8**	**56.5**	**30.9**	**1 541.3**	**883.6**	**109.1**
天　津						
河　北				0.3	0.3	
辽　宁		1.6		264.9	173.0	82.1
上　海						
江　苏	54.2	0.4		28.3	3.9	
浙　江	11.7			42.4	10.4	
福　建	2.4	41.3	17.4	598.2	452.1	1.0
山　东	16.3	7.9		528.1	240.9	25.8
广　东	87.3	4.8	13.5	61.1	3.0	0.4
广　西	34.1					
海　南	1.8	0.6		18.1		

地　区	4. 藻类		5. 其他				
	江　蓠	紫　菜		海　参	海胆（kg）	海水珍珠（kg）	海　蜇
全国总计	**114.7**	**107.2**	**330.1**	**130.3**	**6 169 408**	**13 781**	**59.6**
天　津							
河　北			4.9	2.1			2.3
辽　宁			192.6	59.8	2 691 356		43.0
上　海							
江　苏	0.7	21.9	9.4	0.2			1.5
浙　江	0.1	22.8	2.0	0.1			1.2
福　建	54.3	51.3	3.1	1.6			0.2
山　东	2.3	2.6	108.6	66.3	3 300 000		9.7
广　东	46.6	8.6	6.8	0.2	178 052	13 753	1.6
广　西			2.3			228	0.1
海　南	10.7		0.3			1 800	

表 22 各地区农垦系统水产品养殖面积与产量（2010 年） 单位：hm^2、t

地 区	水产养殖面积	水产品总产量	其中：养殖产量	对虾养殖面积	对虾产量
全国总计	**299 044**	**1 151 715**	**1 022 945**	**17 381**	**39 255**
北 京					
天 津	706	7 439	7439		
河 北	13 041	78 115	71 562	6 621	12 434
山 西	8	5	5		
内蒙古	4 240	4 155	1 637		
辽 宁	67 107	334 054	256 740	3 814	3 649
吉 林	927	1 551	1 545		
黑龙江	25 484	25 805	20 554		
上 海	3 410	25 686	25 686		
江 苏	5 066	45 518	44 380	578	2 588
浙 江	1 090	5 157	3 669	613	2 046
安 徽	1 039	4 777	4 328		
福 建	2 067	34 304	26 991	164	636
江 西	19 318	35 505	25 660		
山 东	4 535	5 512	2 770	3 060	505
河 南	504	5 348	5 161		
湖 北	44 075	333 727	333 727		
湖 南	50 316	76 594	63 799		
广 东	3 940	30 386	30 386	1 448	9 797
广 西	1 383	15 039	15 039	278	1 679
海 南	5 710	39 514	38 673	805	5 921
重 庆	26	156	156		
四 川	34	31	31		
贵 州	124	32	32		
云 南	1 631	5 690	5 690		
西 藏					
陕 西	33	42	42		
甘 肃	366	58	58		
青 海					
宁 夏	6 598	8 637	8 637		
新疆（兵团）	32 853	26 701	26 388		
新疆（农业）	3 218	1 782	1 782		
新疆（畜牧）	166	307	307		
热作两院	21	70	70		
广 州					
南 京					
昆 明	8	17			

表 23　我国按人口平均的主要农畜产品产量（2006—2010 年） 单位：kg/人

年　份	粮　食	棉　花	油　料	水　果	茶　叶	猪、牛、羊肉
2006	379	5.8	20.1	130.5	0.78	42.7
2007	381	5.8	19.5	137.6	0.88	40.1
2008	399	5.7	22.3	144.7	0.95	40.3
2009	398	4.8	23.2	153.2	1.01	44.3
2010	409	4.5	24.2	160.0	1.10	45.7
年　份	禽　蛋	牛　奶	水产品	糖　料	烤　烟	黄红麻
2006	22.4	24.4	34.9	79.8	1.89	0.07
2007	19.1	26.7	36.0	92.5	1.65	0.08
2008	20.3	26.8	37.0	101.1	1.98	0.06
2009	20.5	26.4	38.4	91.4	2.10	0.06
2010	20.6	26.7	40.2	89.8	2.04	0.05

表 24　我国城乡居民家庭人均食品消费量比较（2006—2010 年） 单位：kg/人

年　份	粮　食		蔬　菜		食用油(植物油)		猪牛羊肉		家　禽		水产品	
	农村	城市	农村	城市	农村	城市	农村	城市	农村	城市	农村	城市
2006	205.6	75.9	100.5	117.6	5.8	9.4	17.0	23.8	3.5	8.3	5.0	13.0
2007	199.5	77.6	98.9	117.8	5.1	9.6	14.9	22.1	3.9	9.7	5.4	14.2
2008	199.1		99.7	123.2	5.4	10.3	13.9	22.7	4.4	8.0	5.3	7.8
2009	189.3	81.3	98.4	120.5	5.4	9.8	15.3	24.2	4.3	10.5	5.3	7.9
2010	181.4	81.5	93.3	116.1	6.3	8.8	15.8	24.5	4.2	10.2	5.2	8.0

表 25　我国城镇和农村人口人均食品消费支出情况（2006—2010 年） 单位：元/人

项　目	2006	2007	2008	2009	2010
全国人均	**2 164.46**	**2 508.51**	**2 850.48**	**2 960.56**	**3 301.18**
城镇居民	3 111.92	3 628.03	4 259.81	4 478.54	4 804.71
农村居民	1 216.99	1 388.99	1 598.75	1 636.04	1 800.67
人均增长	126.18	344.05	341.97	110.08	340.62
城镇居民增长	197.53	516.11	631.78	218.73	326.17
农村居民增长	54.83	172.00	209.76	37.29	164.53

资料来源：表中数据来自 2011 年《中国统计年鉴》。

表 26　我国人口增长情况（2006—2010 年） 单位：万人

项　目	2006	2007	2008	2009	2010
人口数	131 448	132 129	132 802	133 474	133 972
增长人数	692	681	673	672	498
其中：城镇人口	57 706	59 379	60 667	62 186	66 558
农村人口	73 742	72 750	72 135	71 288	67 414

农产品加工机械拥有量及农产品加工行业固定资产投资情况

表 27 农业部系统农产品初加工机械年末拥有量（2010 年）

地 区	农产品初加工动力机械		初加工作业机械（万台）	畜牧养殖机械（万台）	渔业机械（万台）	林果机械（万台）
	万台	（万 kW）				
全国总计	**1 364.28**	**8 463.48**	**1 231.17**	**607.81**	**247.56**	**17.36**
北 京	0.85	7.18	0.86	1.08	1.43	0.41
天 津	2.41	9.17	0.72	0.59	4.84	0.01
河 北	97.90	875.02	48.76	11.72	3.90	0.17
山 西	21.40	173.48	14.91	6.77	0.09	0.16
内蒙古	10.20	89.65	6.64	22.36	0.14	0.18
辽 宁	17.54	124.12	15.32	19.04	4.94	0.49
吉 林	14.60	137.63	12.30	8.70	0.50	0.04
黑龙江	12.26	133.42	6.04	24.70	0.32	0.08
上 海	0.42	3.92	0.42	0.18	2.25	0.08
江 苏	25.61	235.00	22.74	9.39	27.54	0.49
浙 江	21.49	139.93	43.47	5.32	18.46	1.64
安 徽	44.72	331.67	47.73	6.91	5.05	1.96
福 建	58.63	199.76	61.12	3.30	13.94	1.21
江 西	57.27	585.26	42.66	6.78	7.42	1.14
山 东	99.50	862.57	48.19	17.41	11.23	0.79
河 南	80.24	582.75	50.82	21.88	2.54	0.17
湖 北	87.36	454.93	95.74	35.98	28.74	0.39
湖 南	120.68	666.43	120.03	23.68	10.53	0.97
广 东	27.16	224.73	22.83	9.76	73.10	1.29
广 西	82.28	454.81	80.92	33.00	5.49	0.48
海 南	2.15	23.87	2.12	0.55	6.06	0.03
重 庆	93.74	319.95	103.35	45.39	5.40	0.48
四 川	130.79	557.75	158.52	57.22	10.81	0.24
贵 州	108.54	464.48	108.30	40.52	0.07	0.40
云 南	71.57	393.68	72.22	128.03	1.17	0.04
西 藏	1.27	4.19	1.27	0.91		
陕 西	38.74	194.02	22.30	29.79	0.71	0.52
甘 肃	26.00	117.95	13.55	13.93	0.08	0.01
青 海	1.38	14.05	2.61	1.73		
宁 夏	2.47	26.23	1.85	13.23	0.51	1.98
新 疆	5.11	55.86	2.86	7.94	0.30	1.51

表 28　我国农产品加工行业固定资产投资情况（2010 年）　单位：亿元、%

行　业	投资额	新增固定资产	固定资产交付使用率（平均值）
合计	**16 422.0**	**11 331.8**	**66.9**
农副食品加工业	3 632.0	2 569.9	70.8
食品制造业	1 946.9	1 312.2	67.4
饮料制造业	1 354.1	904.7	66.8
烟草制品业	208.4	91.7	43.8
纺织业	2 235.0	1 595.7	71.4
纺织服装、鞋、帽制造业	1 409.2	1 006.8	71.4
皮革、毛皮、羽毛（绒）及其制品业	641.5	455.0	70.9
木材加工及木、竹、藤、棕、草制品业	1 303.4	999.1	76.7
家具制造业	838.8	605.1	72.1
造纸及纸制品业	1 346.2	830.5	61.7
印刷业和记录媒介的复制	691.8	517.3	74.8
橡胶制品业	814.7	444.2	54.5

表 29　我国农产品加工行业新增固定资产后主要产品新增生产能力（2009—2010 年）

产品名称	单　位	2009 年	2010 年
轮胎外胎	万条/年	3 519	6 697
轮胎内胎	万条/年	7 082	4 739
化学纤维	t/年	1 923 430	2 120 522
棉 纺 锭	锭	10 249 173	9 730 125
毛 纺 锭	锭	161 190	203 285
啤　酒	万 t/年	240	290
白　酒	万 t/年	182	175
其 他 酒	万 t/年	67	56
卷　烟	箱/年	1 315 007	1 083 600
机制纸浆	万 t/年	267	234

表 30　我国农产品加工行业 50 万元以上施工、投产项目数（2010 年）

行　业	施工项目（个）		全部建成投产项目（个）	项目建成投产率（%）
	总　计	其中：新开工		
合计	**53 709**	**40 758**	**35 621**	**64.5**
农副食品加工业	12 430	9 596	8 436	67.9
食品制造业	5 598	4 105	3 563	63.7
饮料制造业	4 012	2 957	2 563	63.9
烟草制品业	327	195	175	53.5
纺织业	7 090	5 111	4 550	64.2
纺织服装、鞋、帽制造业	5 369	4 091	3 473	64.7
皮革、毛皮、羽毛（绒）及其制品业	2 244	1 623	1 376	61.3
木材加工及木、竹、藤、棕草制品业	6 104	5 119	4 587	75.2
家具制造业	3 223	2 531	2 149	66.7
造纸及纸制品业	3 380	2 532	2 227	65.9
印刷业和记录媒介的复制	2 358	1 778	1 578	66.9
橡胶制品业	1 574	1 120	944	60.0

表 31　林业系统森工固定资产投资完成情况（2009—2010 年）　单位：万元

项　　目	2009 年	2010 年	同比增长（%）
一、森工固定资产投资完成额（按构成划分）	2 351 488	3 590 261	52.68
1. 基本建设	1 786 595	2 782 241	55.73
2. 更新改造	453 854	588 752	29.72
3. 其他投资	111 039	219 268	97.47
二、当年新增固定资产	1 209 179	2 118 058	75.16

表 32　林业系统各地区森工固定资产投资完成情况（2010 年）　单位：万元

地　区	合　计	基本建设	更新改造	其他投资
全国总计	**3 590 261**	**2 782 241**	**588 752**	**219 268**
北　京				
天　津				
河　北				
山　西				
内蒙古	161 643	111 954		49 689
辽　宁				
吉　林	229 316	194 721	22 063	12 532
黑龙江	610 396	610 196	200	
上　海				
江　苏	9 500	3 000	4 000	2 500
浙　江	250	250		
安　徽				
福　建	2 820	2 219	473	
江　西	1 296	296	1 000	128
山　东				
河　南				
湖　北	24 585	18 585	6 000	
湖　南				
广　东				
广　西	2 419 248	1 730 570	541 265	147 413
海　南				
重　庆				
四　川	14 697	14 577	120	
贵　州				
云　南	7 347	4 936	74	2 337
西　藏	700	700		
陕　西	1 105		1 105	
甘　肃				
青　海				
宁　夏				
新　疆	2 609	1 560		1 049
局直属单位	104 749	88 677	12 452	3 620

表 33　我国农垦系统固定资产投资完成情况（2009—2010 年）　单位：万元

项　目	2009 年	2010 年	同比增长（%）
固定资产投资总额	13 578 956	18 112 207	33.38
当年新增固定资产	11 079 135	13 916 743	25.61

表 34　我国水产行业固定资产投资情况（2009—2010 年）　单位：亿元

项　目	2009 年	2010 年	同比增长（%）
一、投资总额	129.9	202.9	56.20
二、本年新增固定资产	95.6	138.4	44.77
三、固定资产交付使用率（%）	73.6	68.2	−7.34

资料来源：表中数据来自 2011 年《中国统计年鉴》。

按国民经济行业分类统计农产品加工业现状

表 35　我国农产品加工业规模以上工业企业主要指标（2010 年）

行　业	单位数（个）	工业总产值（亿元）	资产总计（亿元）	主营业务收入（亿元）	利润总额（亿元）	从业人员年平均人数（万人）
合计	**141 347**	**141 722.10**	**90 207.70**	**139 400.30**	**10 477.58**	**2 666.62**
农副食品加工业	25 612	34 928.07	16 731.35	34 668.26	2 343.61	369.01
食品制造业	9 152	11 350.64	7 229.41	11 133.50	1 915.45	175.88
饮料制造业	6 371	9 152.62	7 852.83	9 165.70	991.33	130.02
烟草制品业	151	5 842.51	5 484.04	5 628.19	734.00	21.10
纺织业	33 385	28 507.92	18 789.99	28 110.07	1 697.91	647.32
纺织服装、鞋、帽制造业	18 547	12 331.24	7 026.08	11 988.61	851.91	447.00
皮革、毛皮、羽毛（绒）及其制品业	8 854	7 897.50	3 907.44	7 738.91	611.56	276.37
木材加工及竹、藤、棕、草制品业	11 366	7 393.18	3 541.83	7 166.00	515.27	142.29
家具制造业	5 934	4 414.81	2 639.07	4 304.76	281.57	111.73
造纸及纸制品业	10 270	10 434.06	9 655.29	10 201.82	727.08	157.91
印刷业和记录媒介的复制	6 850	3 562.91	3 216.39	3 468.31	309.20	85.06
橡胶制品业	4 856	5 906.67	4 133.98	5 826.19	398.80	102.93

表 36 我国农产品加工业规模以上工业企业主要经济效益指标(2010 年)

行业	总资产贡献率（%）	资产负债率（%）	流动资产周转次数（次/年）	工业成本费用利润率（%）	产品销售率（%）
平均值	**23.48**	**49.83**	**2.85**	**10.42**	**97.98**
农副食品加工业	20.85	54.52	3.90	7.23	98.00
食品制造业	21.33	50.98	3.09	10.04	97.35
饮料制造业	22.62	50.36	2.30	12.43	97.41
烟草制品业	76.98	24.05	1.52	33.04	100.07
纺织业	15.11	56.79	2.82	6.45	98.12
纺织服装、鞋、帽制造业	18.91	51.10	2.82	7.66	97.25
皮革、毛皮、羽毛（绒）及其制品业	23.29	50.87	3.16	8.59	97.81
木材加工及竹、藤、棕、草制品业	23.26	46.18	4.39	7.80	97.51
家具制造业	16.86	53.44	2.83	7.05	97.52
造纸及纸制品业	12.50	56.52	2.46	7.64	98.20
印刷业和记录媒介的复制	14.67	47.77	2.10	9.78	98.27
橡胶制品业	15.36	55.22	2.78	7.32	98.26

表 37 我国农产品加工业国有及国有控股工业企业主要指标（2010 年）

行业	单位数（个）	工业总产值（亿元）	资产总计（亿元）	主营业务收入（亿元）	利润总额（亿元）	从业人员年平均人数（万人）
合计	**3 024**	**13 247.50**	**14 236.21**	**13 504.82**	**1 340.80**	**157.36**
农副食品加工业	803	1 970.87	1 506.52	2 082.62	96.46	19.44
食品制造业	378	816.95	880..20	842.51	51.64	14.09
饮料制造业	331	1 468.57	2 135.62	1 625.64	280.17	23.34
烟草制品业	116	5 804.63	5 438.86	5 592.54	729.32	20.23
纺织业	366	687.32	966.51	736.62	26.42	28.33
纺织服装、鞋、帽制造业	176	167.00	170.96	186.94	8.76	8.64
皮革、毛皮、羽毛（绒）及其制品业	25	23.91	34.27	30.16	2.45	1.01
木材加工及竹、藤、棕、草制品业	156	171.11	185.28	162.66	8.93	5.99
家具制造业	34	112.43	72.36	124.33	10.64	1.17
造纸及纸制品业	180	827.21	1 544.88	847.83	46.38	11.25
印刷业和记录媒介的复制	525	439.76	600.87	442.80	52.86	12.14
橡胶制品业	114	757.74	699.88	830.17	26.77	11.73

表 38　我国农产品加工业国有及国有控股工业企业主要经济效益指标（2010 年）

行　　业	总资产贡献率（%）	资产负债率（%）	流动资产周转次数（次/年）	工业成本费用利润率（%）	产品销售率（%）
平均值	**17.13**	**55.72**	**1.90**	**10.04**	**99.44**
农副食品加工业	11.38	65.93	2.32	4.78	98.04
食品制造业	10.99	64.44	1.96	6.42	97.66
饮料制造业	23.55	42.48	1.37	21.94	100.41
烟草制品业	77.49	23.88	1.52	33.31	100.10
纺织业	6.28	63.21	1.64	3.67	100.59
纺织服装、鞋、帽制造业	8.75	63.82	1.57	4.85	98.18
皮革、毛皮、羽毛（绒）及其制品业	9.72	46.08	2.48	8.75	105.31
木材加工及竹、藤、棕、草制品业	9.35	65.06	1.92	5.55	97.28
家具制造业	19.80	64.22	2.74	9.20	99.81
造纸及纸制品业	7.16	60.60	1.43	5.58	98.60
印刷业和记录媒介的复制	13.12	39.22	1.57	13.21	98.98
橡胶制品业	7.96	69.67	2.26	3.27	98.37

表 39　我国农产品加工业外商投资和港澳台商投资工业企业主要指标（2010 年）

行　　业	单位数（个）	工业总产值（亿元）	资产总计（亿元）	主营业务收入（亿元）	利润总额（亿元）	从业人员年平均人数（万人）
合计	**24 456**	**36 835.60**	**28 749.97**	**36 481.08**	**2 714.30**	**829.26**
农副食品加工业	2 453	7 854.98	4 828.50	8 063.89	506.40	69.54
食品制造业	1 558	3 614.50	2 726.33	3 607.63	360.75	50.79
饮料制造业	842	2 877.84	2 635.42	2 913.98	259.40	33.94
烟草制品业	3	4.07	8.83	4.01	0.83	0.08
纺织业	5 663	6 072.84	4 983.98	5 906.43	365.40	163.44
纺织服装、鞋、帽制造业	5 906	4 626.20	2 017.13	4 462.81	340.80	200.58
皮革、毛皮、羽毛（绒）及其制品业	2 575	3 550.72	2 017.49	3 447.84	261.58	151.32
木材加工及竹、藤、棕、草制品业	930	872.29	628.28	848.42	50.09	17.63
家具制造业	1 359	1 442.27	1 082.09	1 413.43	90.02	44.85
造纸及纸制品业	1 492	3 181.75	4 389.87	3 115.46	261.01	39.22
印刷业和记录媒介的复制	744	828.33	908.31	802.80	90.65	21.41
橡胶制品业	931	1 909.81	1 623.74	1 894.38	127.37	36.46

表 40　我国农产品加工业外商投资和港澳台商投资工业企业主要经济效益指标（2010 年）

行　业	总资产贡献率（%）	资产负债率（%）	流动资产周转次数（次/年）	工业成本费用利润率（%）	产品销售率（%）
平均值	**14.82**	**48.80**	**2.12**	**9.74**	**98.18**
农副食品加工业	15.63	63.08	2.66	6.63	98.33
食品制造业	20.50	51.09	2.42	11.17	97.07
饮料制造业	17.98	52.58	2.42	9.85	99.65
烟草制品业	15.11	15.50	0.83	24.45	99.13
纺织业	11.43	51.47	2.09	6.55	96.78
纺织服装、鞋、帽制造业	17.47	48.90	2.41	8.20	97.18
皮革、毛皮、羽毛（绒）及其制品业	18.92	50.50	2.59	8.21	97.66
木材加工及竹、藤、棕、草制品业	13.38	49.85	2.36	6.21	97.49
家具制造业	12.33	53.81	2.06	6.78	97.66
造纸及纸制品业	9.23	54.84	1.66	9.00	98.73
印刷业和记录媒介的复制	13.73	41.92	1.56	12.63	98.85
橡胶制品业	12.08	52.04	2.43	7.17	99.57

表 41　我国农产品加工业私有工业企业主要指标（2010 年）

行　业	企业数（个）	工业总产值（亿元）	资产总计（亿元）	主营业务收入（亿元）	利润总额（亿元）	从业人员年平均人数（万人）
合计	**90 959**	**62 103.41**	**29 595.01**	**60 607.75**	**4 175.70**	**1 168.82**
农副食品加工业	17 114	16 282.78	6 074.22	15 946.45	1 102.83	181.58
食品制造业	5 188	4 070.72	2 092.88	3 971.73	329.75	70.49
饮料制造业	3 729	2 735.61	1 525.27	2 605.44	235.36	39.46
烟草制品业	8	4.77	9.32	4.54	0.57	0.06
纺织业	23 268	15 117.52	8 369.31	14 818.24	875.52	316.83
纺织服装、鞋、帽制造业	10 359	5 589.19	2 670.35	5 455.60	339.99	182.97
皮革、毛皮、羽毛（绒）及其制品业	5 273	3 181.58	1 316.80	3 112.26	245.42	90.42
木材加工及竹、藤、棕、草制品业	8 741	5 062.78	1 926.15	4 909.33	357.49	94.84
家具制造业	3 661	2 285.39	1 184.83	2 230.86	152.19	51.10
造纸及纸制品业	6 582	4 165.46	2 246.41	4 064.13	278.18	71.16
印刷业和记录媒介的复制	4 083	1 545.83	1 110.45	1 502.50	110.51	34.77
橡胶制品业	2 953	2 061.78	1 069.02	1 986.67	147.89	35.14

表 42 我国农产品加工业私有工业企业主要经济效益指标（2010 年）

行业	总资产贡献率（%）	资产负债率（%）	流动资产周转次数（次/年）	工业成本费用利润率（%）	产品销售率（%）
平均值	**21.90**	**49.90**	**3.73**	**8.46**	**96.31**
农副食品加工业	27.14	45.03	5.72	7.47	97.90
食品制造业	24.01	45.47	4.29	9.13	98.11
饮料制造业	26.75	48.71	3.71	10.17	96.36
烟草制品业	8.42	35.26	0.93	14.28	80.95
纺织业	17.74	59.38	3.28	6.34	98.10
纺织服装、鞋、帽制造业	20.98	51.78	3.56	6.71	97.65
皮革、毛皮、羽毛（绒）及其制品业	28.93	53.69	4.07	8.62	97.98
木材加工及竹、藤、棕、草制品业	29.34	43.17	5.78	7.93	97.56
家具制造业	20.93	51.42	3.56	7.43	97.78
造纸及纸制品业	20.20	55.28	3.68	7.39	97.74
印刷业和记录媒介的复制	16.21	56.32	2.69	8.01	98.11
橡胶制品业	22.16	53.23	3.49	8.08	97.24

表 43 我国农产品加工业大中型工业企业主要指标（2010 年）

行业	企业数（个）	工业总产值（亿元）	资产总计（亿元）	主营业务收入（亿元）	利润总额（亿元）	从业人员年平均人数（万人）
合计	**12 984**	**67 595.93**	**54 017.28**	**67 163.11**	**5 858.04**	**1 249.48**
农副食品加工业	1 842	13 856.08	8 353.50	13 998.97	1 013.02	161.27
食品制造业	1 068	6 144.11	4 290.30	6 097.71	637.90	90.80
饮料制造业	790	5 508.62	5 433.45	5 695.08	703.18	78.23
烟草制品业	98	5 705.14	5 417.43	5 588.63	728.28	20.06
纺织业	3 423	13 438.45	10 915.05	13 338.55	885.78	323.08
纺织服装、鞋、帽制造业	1 735	5 353.95	3 953.67	5 170.26	498.56	179.64
皮革、毛皮、羽毛（绒）及其制品业	1 146	4 229.37	2 420.44	4 146.89	376.13	157.40
木材加工及竹、藤、棕、草制品业	473	1 573.92	1 132.67	1 524.31	116.83	32.05
家具制造业	605	1 801.78	1 327.62	1 766.91	122.83	51.61
造纸及纸制品业	850	5 196.94	6 494.72	5 098.87	397.76	67.81
印刷业和记录媒介的复制	433	1 141.59	1 309.08	1 116.62	135.14	29.54
橡胶制品业	521	3 645.98	2 969.35	3 620.31	242.63	57.99

表 44 我国农产品加工业大中型工业企业主要经济效益指标（2010 年）

行业	总资产贡献率（%）	资产负债率（%）	流动资产周转次数（次/年）	工业成本费用利润率（%）	产品销售率（%）
平均值	**22.04**	**50.52**	**2.30**	**11.60**	**97.96**
农副食品加工业	18.09	58.68	3.02	7.65	98.00
食品制造业	22.20	52.18	2.80	11.61	96.96
饮料制造业	23.44	50.52	1.97	14.47	97.84
烟草制品业	77.76	23.93	1.52	33.33	100.08
纺织业	13.38	56.70	2.36	7.06	98.15
纺织服装、鞋、帽制造业	18.13	50.83	2.08	10.51	96.44
皮革、毛皮、羽毛（绒）及其制品业	22.21	49.91	2.63	9.94	97.72
木材加工及竹、藤、棕、草制品业	17.01	48.86	2.83	8.18	97.28
家具制造业	14.22	56.78	2.18	7.42	97.39
造纸及纸制品业	10.31	57.94	1.99	8.33	98.34
印刷业和记录媒介的复制	14.62	42.55	1.66	13.59	98.87
橡胶制品业	13.14	57.39	2.50	7.11	98.39

表 45 2010/2011 年度制糖期全国制糖行业主要经济技术指标

行业实现销售收入（亿元）	实现利税总额（亿元）	平均含糖（%）		平均单产（t/hm^2）		平均产糖率（%）	
		甘蔗糖	甜菜糖	甘蔗糖	甜菜糖	甘蔗糖	甜菜糖
784.45	172.81	13.78	14.65	55.5	39.0	11.99	11.14

资料来源：表中数据由中国糖业协会提供。

表 46 我国食品和包装机械经济运行情况（2006—2010 年）

年份	类别	年销售情况（亿元）		占食品工业比重（%）	占机械工业比重（%）
		销售收入	同比增长（%）		
2006	**总计**	**828.37**	**22.96**	**3.24**	**1.51**
	其中：食品机械	422.47	23.64		
	包装机械	405.90	22.26		
2007	**总计**	**987.15**	**19.17**	**3.02**	**1.33**
	其中：食品机械	503.45	19.17		
	包装机械	483.70	19.17		
2008	**总计**	**1 262.00**	**27.84**	**3.16**	**1.39**
	其中：食品机械	620.66	23.28		
	包装机械	641.34	32.59		
2009	**总计**	**1 484.00**	**17.59**	**2.99**	**1.38**
	其中：食品机械	756.80	21.93		
	包装机械	727.20	13.39		
2010	**总计**	**1 825.00**	**22.98**	**2.89**	**1.27**
	其中：食品机械	894.25	18.16		
	包装机械	930.75	27.99		

表 47　我国机械工业、食品工业、食品与包装机械行业经济增长情况（2006—2010 年）

单位：亿元

类　　别	2006 年	2007 年	2008	2009 年	2010 年	年均增长（%）
机械工业	54 717.80	74 000.00	90 700.00	107 404.47	143 846.81	
同比增长（%）	32.17	35.24	22.57	18.42	33.93	28.47
食品工业	25 540.00	32 666.00	40 320.00	49 696.78	63 100.00	
同比增长（%）	25.54	27.90	23.43	23.26	26.97	25.42
食品与包装机械	828.37	987.15	1 262.00	1 423.58	1 825.00	
同比增长（%）	22.96	19.17	27.84	12.80	28.20	22.19

注：表中数据为年销售收入。

表 48　林业系统农产品加工业总产值（2009—2010 年）

行　　业	工业总产值（万元）		
	2009 年	2010 年	同比增长（%）
总计	**84 675 292**	**115 613 617**	**36.54**
1. 非木质林产品加工制造业	6 781 363	9 123 246	34.53
2. 木材加工及竹、藤、棕、草制品业	39 292 789	49 944 331	27.11
锯材、木片加工业	7 135 579	7 817 800	9.56
人造板制造业	20 496 082	26 639 470	29.97
木制品制造业	8 887 931	11 767 815	32.40
竹、藤、棕、草制品制造业	2 773 197	3 719 246	34.11
3. 木、竹、藤家具制造业	14 814 538	16 354 583	10.40
4. 木、竹、苇浆造纸	16 636 054	29 187 530	75.45
5. 林产化学产品制造业	2 197 610	3 286 800	49.56
6. 木、竹、藤工艺品制造业	2 026 270	2 539 547	25.33
7. 其他	2 926 668	5 177 580	76.91

表 49　林业系统农产品加工业国有独立核算大中型工业企业主要经济效益指标（2010 年）

指　标　名　称	单　　位	2010 年
总资产贡献率	%	2.7
资本保值增值率	%	99.9
资产负债率	%	59.3
流动资产周转率	次/年	0.7
成本费用利润率	%	10.3
全员劳动生产率	元/人	14 877.0
产品销售率	%	88.3

表 50 林业系统各地区农产品加工业总产值（2010 年）

单位：万元

地 区	总 计	非木质林产品加工制造业	木材加工及竹、藤、棕、草制品业				
			合 计	锯材、木片加工业	人造板制造业	木制品制造业	竹、藤、棕、草制品制造业
全国总计	**115 613 617**	**9 123 246**	**49 944 331**	**7 817 800**	**26 639 470**	**11 767 815**	**3 719 246**
北 京	50 474		50 474		30 870	19 604	
天 津	10 144		10 144		6 089	4 055	
河 北	2 907 733	680 654	1 874 143	145 330	1 656 484	51 040	11 289
山 西	322 529	283 625	34 735	8 217	25 876	642	
内蒙古	449 233	7 211	342 492	261 541	65 285	15 498	168
辽 宁	2 898 044	287 651	1 637 188	459 671	524 605	652 912	
吉 林	4 200 781	1 584 528	1 810 847	289 624	686 395	832 868	1 960
黑龙江	2 395 120	8 157	1 409 804	639 058	348 987	417 450	4 309
上 海	3 020 056	9 466	649 739	36 996	210 873	390 499	11 367
江 苏	10 340 643	305 616	6 810 078	335 217	5 183 335	1 111 477	180 049
浙 江	9 777 847	1 258 637	4 923 415	529 414	1 244 677	2 239 806	909 518
安 徽	3 796 380	366 498	2 860 514	341 607	1 750 018	415 952	352 937
福 建	12 081 957	1 124 683	4 400 679	454 617	1 724 320	1 409 389	812 353
江 西	3 491 632	376 248	1 923 205	356 992	621 745	591 663	352 805
山 东	9 542 635	494 699	6 360 422	1 226 372	4 133 100	845 412	155 538
河 南	2 795 992	474 984	1 352 996	314 910	865 514	125 950	46 622
湖 北	2 855 224	327 636	1 065 004	86 690	579030	365 431	33 853
湖 南	4 594 590	329 922	2 043 310	541 026	757 354	395 341	349 589
广 东	23 764 765	85 214	3 715 693	419 412	2 263 797	788 356	244 128
广 西	7 770 503	309 661	3 707 607	681 621	2 194 485	746 815	84 686
海 南	1 001 137	196 098	188 122	60 750	56 233	514	625
重 庆	589 926	67 280	211 601	41 683	51 183	68 024	50 711
四 川	4 326 243	53 828	1 465 122	227 746	1 027 672	114 270	95 434
贵 州	470 506	26 041	327 237	94 806	196 188	25 453	10 790
云 南	1 174 017	147 486	500 977	182 268	266 059	50 407	2 243
西 藏	12 620		11 053	9 790	1 263		
陕 西	164 802	5 599	123 646	13 759	90 413	11 879	7 595
甘 肃	85 172	33 255	4 403	62	2 339	1 325	677
青 海							
宁 夏	210 445	133 018					
新 疆	323 429	146 151	28 884	7 573	18 122	3 189	
大兴安岭	189 038		170 801	51 048	47 159	72 594	

（续）

地区	木质、竹、藤家具制造业	木、竹、苇浆造纸及纸制品业	林产化学产品制造业	木、竹、藤工艺品制造业	其他
全国总计	**16 354 583**	**29 187 530**	**3 286 800**	**2 539 547**	**5 177 580**
北京					
天津					
河北	209 529	22 622	18 375	2 159	100 251
山西	507		648		3 014
内蒙古	651	120		1 270	97 489
辽宁	738 615	42 421	3 065	42 758	146 346
吉林	210 041	441 592	37 781	19 244	96 748
黑龙江	279 350	303 653	11 051	32 451	350 654
上海	231 788	2 123 474	4 508	1 078	7
江苏	681 130	1 765 114	9 465	64 099	705 141
浙江	1 896 453	294 046	149 556	1 254 025	1 715
安徽	284 031	44 277	24 564	102 371	114 125
福建	1 143 201	3 739 824	516 463	486 188	670 919
江西	496 593	261 984	257 958	73 042	102 602
山东	891 783	1 071 150	13 936	201 147	509 498
河南	322 533	442 362	11 796	43 000	148 321
湖北	385 904	795 044	29 166	27 838	224 632
湖南	607 221	1 172 397	150 980	73 945	217 415
广东	5 896 993	13 531 044	456 404	60 908	18 509
广西	356 154	1 474 186	1 199 502	11 032	712 361
海南	34 257	649 684	1 578	136	1 262
重庆	138 868	109 038	10 794	21 528	30 817
四川	1 476 307	713 715	18 132	15 306	583 833
贵州	42 336	42 467	9 656	3 437	19 332
云南	15 378	91 967	312 706	1 220	104 283
西藏	1 567				
陕西	5 629		108	1 300	28 520
甘肃	6 519			65	40 930
青海					
宁夏		55 349	21 616		462
新疆					
大兴安岭	1 245		16 992		148 394

表 51　全国饲料工业总产值和营业收入情况（2010 年）　　单位：万元

地　区	全国饲料工业总产值	全国饲料工业总营业收入	其中：饲料产品	
			总产值	营业收入
全国总计	**54 103 228**	**52 334 126**	**49 359 111**	**47 871 736**
北　京	2 162 311	2 211 012	2 153 248	2 198 184
天　津	607 283	543 638	594 778	532 264
河　北	3 157 455	3 016 776	2 982 580	2 848 312
山　西	605 587	591 438	597 532	583 481
内蒙古	614 729	581 900	581 641	551 190
辽　宁	3 024 299	2 712 619	2 896 760	2 588 862
吉　林	1 171 534	1 171 458	778 479	778 479
黑龙江	1 900 100	1 727 610	1 866 000	1 697 000
上　海	681 383	682 527	520 276	523 416
江　苏	2 754 228	2 635 004	2 199 641	2 097 404
浙　江	2 404 474	2 192 386	1 431 000	1 349 435
安　徽	969 182	916 742	894 972	843 546
福　建	1 679 671	1 428 234	1 528 678	1 278 831
江　西	1 709 606	1 690 290	1 705 000	1 686 000
山　东	6 862 959	6 813 554	6 172 248	6 150 956
河　南	3 159 883	3 180 308	3 100 547	3 126 206
湖　北	1 697 310	1 673 045	1 532 630	1 497 750
湖　南	2 890 211	2 819 587	2 797 268	2 736 854
广　东	6 099 223	6 013 612	5 928 274	5 829 690
广　西	2 090 477	2 049 913	2 001 928	1 963 048
海　南	460 706	442 277	457 367	439 072
重　庆	609 006	596 254	601 508	589 657
四　川	2 791 709	2 762 150	2 533 106	2 500 731
贵　州	306 171	306 044	238 321	238 272
云　南	1 373 065	1 285 294	1 005 852	1 012 881
西　藏				
陕　西	1 323 001	1 314 798	1 172 583	1 264 917
甘　肃	452 700	439 119	450 000	436 500
青　海	19 707	19 200	15 920	15 501
宁　夏	174 853	174 800	171 668	171 668
新　疆	350 405	342 539	349 305	341 628

资料来源：表中数据来自 2011 年《饲料广角》第 10 期。

（续）

地区	饲料添加剂		动物源性饲料		饲料机械	
	总产值	营业收入	总产值	营业收入	总产值	营业收入
全国总计	**3 652 941**	**3 427 477**	**745 605**	**686 154**	**345 570**	**348 760**
北京	7 073	10 160	1 990	2 668		
天津	8 486	7 476	3 803	3 697	215	200
河北	96 547	94 663	76 452	72 037	1 876	1 764
山西	57 10	5 631	1 824	1 816	521	510
内蒙古	29 806	28 087	3 282	2 623		
辽宁	39 512	39 480	83 884	80 178	4 144	4 099
吉林	392 250	192 250	805	729		
黑龙江	24 100	22 000	8 600	7 800	1 400	810
上海	129 149	127 152	25 300	25 300	6 658	6 658
江苏	252 490	230 608	17 394	16 474	284 703	290 518
浙江	886 430	781 212	84 812	59 423	2 231	2 316
安徽	73 852	72 824	358	372		
福建	96 037	96 037	54 955	53 329		
江西	4 578	4 264			28	26
山东	498 766	487 960	173 595	157 236	18 350	17 402
河南	24 930	20 828	34 406	33 275		
湖北	134 620	145 800	28 415	27 850	1 645	1 645
湖南	74 476	66 473	16 580	14 413	1 887	1 847
广东	116 352	129 909	36 842	36 690	17 755	17 323
广西	70 689	70 083	17 859	16 783		
海南	495	475	2 844	2 730		
重庆	4 784	4 485	2 714	2 112		
四川	215 628	218 916	40 577	40 381	2 398	2 122
贵州	65 682	65 658	2 167	2 114		
云南	357 643	262 614	9 570	9 799		
西藏						
陕西	35 204	34 988	13 454	13 373	1 760	1 520
甘肃	1 200	1 164	1 500	1 455		
青海	2 869	2 797	917	902		
宁夏	3 140	3 132	45			
新疆	441	314	660	597		

表 52 我国水产品加工业发展情况（2009—2010 年）

项 目	单 位	2009 年	2010 年	同比增长（%）
一、水产品加工企业	个	9 635.0	9 762.0	1.32
水产品加工能力	万 t/年	2 209.2	2 388.5	8.12
二、水产品冷库	座	7 548.0	7 970.0	5.59
冻结能力	万 t/d	49.9	49.1	−1.60
冷藏能力	万 t/次	360.4	408.2	13.26
制冰能力	万 t/d	21.3	24.7	15.96
三、水产品加工总量	万 t	1 477.3	1 633.2	10.55
其中：淡水加工产品	万 t	227.9	282.3	23.87
海水加工产品	万 t	1 249.4	1 350.9	8.12
（一）水产品冷冻	万 t	941.1	1 004.9	6.78
其中：冷冻加工品	万 t	451.4	451.9	0.11
（二）鱼糜制品及干腌制品	万 t	223.5	242.7	8.59
其中：鱼糜制品	万 t	84.8	96.2	13.44
干腌制品	万 t	138.7	146.5	5.62
藻类制品	万 t	90.5	94.6	4.53
（三）罐制品	万 t	22.1	24.3	9.95
（四）饲料	万 t			
其中：鱼粉	万 t	136.5	149.3	9.38
（五）鱼油制品	万 t	2.5	3.9	56.00
（六）其他水产加工品	万 t	61.2	113.6	85.62
其中：助剂和添加剂	万 t	7.1	8.0	12.68
珍珠	kg	700 363.0	544 346.0	−22.28
四、用于加工的水产品总量	万 t	1 822.2	1 778.3	−2.41
其中：淡水产品	万 t	393.6	427.3	6.02
海水产品	万 t	1 428.5	1 351.0	−5.43

表 53 我国水产品加工业加工能力、产量及产值（2007—2010 年）

年 份	加工企业数（个）	年加工能力（万 t）	水产品加工总产量		折合水产品原料（万 t）	总产值（亿元）	占水产品总产值比率（%）
			总产量（万 t）	同比增长（%）			
2007	9 796	2 124.0	1 337.8	0.40	1 676.9		
2008	9 971	2 197.5	1 367.8	2.24	1 637.4	1 971.0	37.88
2009	9 635	2 209.2	1 477.3	8.74	1 822.2	2 026.6	36.02
2010	9 762	2 388.5	1 633.2	10.55	1 778.3	2 358.6	36.72

表 54 我国沿海省、自治区、直辖市水产品加工业生产情况（2010 年）

单位：万 t

地 区	水产品加工企业		水产品加工品总量	其 中					
	企业数（个）	年加工能力		冷冻水产品	鱼糜及干腌制品	罐制品	鱼粉	鱼油制品	其他
全国总计	**9 762**	**2 388.5**	**1 633.2**	**1 004.9**	**242.7**	**24.30**	**149.30**	**3.90**	**113.60**
天 津	5	0.2	0.1	0.1					0.01
河 北	262	50.8	13.9	5.8	1.5	0.62	5.81		0.21
辽 宁	1 017	261.9	200.7	131.5	16.9	1.87	6.73	0.20	13.73
上 海	20	5.0	1.2	1.0					0.26
江 苏	983	119.5	106.9	52.3	4.8	0.96	46.45		0.84
浙 江	2 198	236.9	212.4	162.5	27.8	2.81	14.85	0.10	2.82
福 建	1 156	276.9	243.3	118.3	46.7	3.98	27.49	1.71	11.66
山 东	1 942	712.8	488.6	291.8	65.3	3.72	31.79	1.68	67.67
广 东	1 174	423.1	144.3	97.6	20.0	6.32	11.45	0.06	8.49
广 西	218	94.2	58.4	50.4	2.9	0.02	0.23	0.10	4.73
海 南	42	37.3	47.5	40.5	2.7		1.45		2.03
11 省份小计	9 017	2 218.6	1 517.3	951.7	188.6	20.30	146.25	3.85	112.45
占全国比率（%）	92.34	92.89	92.90	94.71	77.71	83.54	97.96	98.72	98.99

表 55 我国乡镇企业规模以上农产品加工企业基本情况（2010 年）

项 目	单 位	2010 年
企业个数	个	109 051
从业人员	万人	1 750
工业总产值	万元	755 787 447
工业增加值	万元	180 693 696
营业收入	万元	732 158 172
利税总额	万元	43 095 286
上交税金	万元	18 973 249

资料来源：表中数据由农业部农产品加工局提供。

表 56 轻工业系统农产品加工业分行业主要经济指标（2009 年）

单位：亿元

行 业	企业单位数（个）		工业总产值	主营业务收入	利税总额	流动资产年均余额	固定资产净值年均余额	出口交货值
	合 计	其中亏损						
轻工业总计	**126 102**	**15 554**	**107 610.7**	**105 004.9**	**10 635.3**	**37 425.4**	**22 112.9**	**16 681.1**
有关农产品加工行业小计	67 463	7 430	64 966.1	63 687.3	6 621.8	20 625.9	14 255.4	6 172.5
1. 农副食品加工业	24 550	1 974	27 961.0	27 624.7	2 201.3	6 809.1	4 592.7	1 705.7
2. 食品制造业	8 735	1 040	9 219.2	8 865.0	1 002.8	3 005.7	2 139.8	632.3
3. 饮料制造业	5 904	676	7 465.0	7 464.9	1 357.1	3 276.9	2 228.7	169.1
4. 制盐	200	18	267.7	264.5	41.9	178.6	151.4	5.8
5. 皮革、毛皮、羽毛制品业	8 520	1 028	6 425.6	6 241.3	619.3	2 017.8	823.3	1 956.8
6. 木、竹、藤、棕草制品业	1 942	209	725.3	702.9	65.9	172.9	119.6	168.2
7. 家具制造业	5 576	817	3 431.1	3 353.2	292.5	1 200.9	613.1	992.9
8. 造纸及纸制品业	9 937	1 396	8 264.4	8 001.9	803.7	3 343.2	3 318.7	450.8
9. 轻工专用设备制造业	2 099	272	1 206.8	1 168.9	137.3	620.8	268.7	90.9

表 57　轻工业系统食品工业分行业主要经济指标（2009 年）　　单位：亿元

行　业	企业单位数（个）		工业总产值	主营业务收入	利税总额	流动资产年均余额	固定资产净值年均余额	从业人员（万人）
	合　计	其中亏损						
食品工业合计*	**39 389**	**3 708**	**44 912.9**	**44 219.1**	**4 703.1**	**13 270.3**	**9 112.6**	**630.1**
一、农副食品加工业	24 550	1 974	27 961.0	27 624.7	2 201.3	6 809.1	4 592.7	337.7
谷物磨制	6 105	217	4 684.9	4 628.1	398.9	839.1	684.7	46.6
饲料加工	3 508	293	4 483.5	4 374.9	325.8	858.9	497.5	38.4
植物油加工	2 352	228	4 987.8	4 953.8	338.8	1 668.4	699.7	26.7
其中：食用植物油加工	2 215	214	4 909.6	4 878.1	332.8	1 649.0	690.1	25.5
制糖业	309	77	614.3	606.8	90.3	400.2	378.4	14.5
屠宰及肉类加工	3 865	365	5 809.9	5 872.7	430.5	1 101.1	946.2	84.2
水产品加工	2 435	283	2 750.2	2 673.7	200.8	831.6	438.1	48.5
蔬菜、水果及坚果加工	3 449	252	2 144.2	2 080.5	204.7	487.1	385.4	42.0
其他农副食品加工	2 527	259	2 486.1	2 434.3	211.3	622.7	563.0	36.6
二、食品制造业	8 735	1 040	9 212.2	8 865.0	1 102.8	3 005.7	2 139.8	162.7
焙烤食品制造业	1 493	181	1 011.9	982.7	123.1	272.1	240.5	26.2
糖果、巧克力及蜜饯制造业	816	54	675.6	684.1	123.6	230.3	172.6	14.4
方便食品制造业	1 290	130	1 590.2	1 481.1	174.4	424.5	326.4	30.8
液体乳及乳制品制造业	803	160	1 668.1	1 623.2	177.2	556.3	362.8	22.3
罐头制造业	924	132	703.5	670.2	68.5	285.3	165.8	17.7
调味品、发酵品制造业	1 226	136	1 311.4	1 254.3	167.3	463.2	361.6	20.1
其他食品制造业	2 183	247	2 258.5	2 169.5	268.7	774.0	510.1	31.3
三、饮料制造业	5 904	676	7 465.0	7 464.9	1 357.1	3 276.9	2 228.7	119.0
酒精制造业	192	51	452.3	423.6	44.9	154.2	177.6	4.6
酒的制造业	2 616	347	3 753.5	3 801.5	876.7	2 003.8	1 207.2	68.3
软饮料制造业	1 762	209	2 746.6	2 743.9	375.6	638.9	742.4	34.9
精制茶加工业	1 334	69	512.6	485.9	59.9	180.0	101.6	11.2
四、制盐业	200	18	267.7	264.5	41.9	178.6	151.4	10.7

*　食品工业合计数据中未包括烟草加工业统计数据，表中数据由中国轻工业信息中心提供。

表 58　我国食品工业总产值增长情况（2006—2010 年）　　单位：亿元

类　别	2006 年	2007 年	2008 年	2009 年	2010 年
总　计	**24 801.03**	**32 425.61**	**42 373.0**	**49 570.1**	**61 273.84**
农副食品加工业	12 973.49	17 496.08	23 917.0	27 961.0	34 928.07
食品制造业	4 714.25	6 070.96	7 717.0	9 219.2	11 350.64
饮料制造业	3 899.21	5 082.34	6 250.0	7 465.0	9 152.62
烟草加工业	3 214.08	3 776.23	4 489.0	4 924.9	5 842.51

表 59　我国焙烤食品糖制品行业主要产品产销情况（2009 年）

行　业	产量（万 t）		工业销售产值（亿元）		出口交货值（亿元）	
	2009 年	同比增长（%）	2009 年	同比增长（%）	2009 年	同比增长（%）
糖果巧克力	145.31	19.98	464.85	17.14	35.60	1.55
糕点面包	98.04	6.41	335.45	24.27	10.97	-5.73
饼干	343.07	18.59	650.06	19.61	15.22	-9.20
方便面及其他方便食品	673.78	11.53	799.16	15.98	12.19	0.16
米面制品			439.49	29.51	12.44	17.27
速冻食品			314.29	27.09	26.39	1.16
蜜饯			192.03	34.15	17.09	21.08
冷冻饮品	233.90	6.03	207.83	20.37	1.09	-19.13

资料来源：表中数据由中国焙烤食品糖制品工业协会提供。

表 60　我国饮料行业主要经济指标（2009—2010 年）

指　标	单　位	2009 年	2010 年	同比增长（%）
企业单位数	个	5 904.0	6 371.0	7.91
总产量	万 t	8 086.2	9 983.7	23.47
工业总产值	亿元	7 460.5	9 152.6	22.68
主营业务收入	亿元	7 464.9	9 165.7	22.78
利润总额	亿元	728.8	991.3	36.02
职工人数	万人	119.0	130.0	8.46
资产总计	亿元	6 589.7	7 852.8	19.17
负债合计	亿元	3 335.2	3 954.3	18.56

注：表中数据来自 2011 年《中国统计年鉴》，以上数据为规模以上工业企业的经济指标。

表 61　我国酒精工业主要经济指标（2009—2010 年）

指　标	单　位	2009 年	2010 年	同比增长（%）
企业单位数	个	201	198	-1.49
产品产量	万 kL	745.5	825.9	10.78
工业总产值	亿元	476.2	547.7	15.01
主营业务收入	亿元	460.9	517.0	12.17
利润总额	亿元	11.3	19.4	71.68
税金总额	亿元	16.9	29.0	71.60
出口总量	万 kL	10.8	15.6	44.44

资料来源：表中数据由中国酿酒协会酒精分会提供。

表 62 我国乳制品行业主要经济指标（2009—2010 年）

指 标	单 位	2009 年	2010 年	同比增长（%）
全年奶牛存栏	万头	1 218.5	1 260.0	3.41
全年奶类总产量	万 t	3 732.6	3 748.0	0.41
其中：牛奶产量	万 t	3 518.8	3 575.6	1.61
全国乳制品产量	万 t	1 935.1	2 160.0	11.62
其中：液态奶	万 t	1 641.6	1 846.0	12.45
干乳制品	万 t	293.5	314.0	6.98
乳制品工业总产值	亿元	1 667.7	1 949.5	16.9
主营业务收入	亿元	1 600.3	1 882.0	17.60
乳制品加工利润总额	亿元	104.5	177.0	69.38
城镇居民人均消费	kg	26.4	26.7	1.14
乳制品进口量	万 t	59.7	66.9	12.06
乳制品进口额	亿美元	10.3	17.7	71.84
乳制品出口量	万 t	3.7	3.1	−16.49
乳制品出口额	亿美元	0.6	0.4	−33.33

资料来源：表中数据由中国奶业协会、中国乳制品工业协会提供。

表 63 轻工业系统农产品加工机械重点企业主要经济指标（2009 年）

行 业	企业数（个）	工业总产值（亿元）	主营业务收入（亿元）	利润总额（亿元）	从业人员（万人）
轻工机械合计	**2 045**	**1 086.5**	**1 026.8**	**70.96**	**24.0**
农产品加工机械合计	**1 236**	**708.8**	**675.4**	**51.42**	**15.1**
食品及包装机械	429	242.3	231.9	19.06	5.4
农副食品加工机械	396	235.4	217.3	17.07	5.1
制浆造纸机械	293	175.5	173.2	12.02	3.4
制革制鞋机械	55	21.7	19.8	0.60	0.6
其他日用品加工机械	63	33.9	33.2	2.67	0.6

资料来源：表中数据由中国轻工业协会信息中心提供。

表 64 我国烟草工业主要经济指标（2009—2010 年）

指 标	单 位	2009 年	2010 年	同比增长（%）
企业数	个	158.0	151.0	−4.43
工业总产值	亿元	4 924.9	5 842.5	17.53
主营业务收入	亿元	4 870.9	5 628.2	15.55
利润总额	亿元	650.4	734.0	12.85
职工人数	万人	20.0	21.1	5.50
资产总计	亿元	4 940.1	5 484.0	11.01
负债合计	亿元	1 179.6	1 318.7	11.79

表 65 我国纺织工业主要经济指标（2009—2010 年）

指 标	单 位	2009 年	2010 年	同比增长（%）
企业数	个	32 412.0	33 384.0	2.99
工业总产值	亿元	22 971.4	28 507.9	24.10
主营业务收入	亿元	22 470.5	28 110.1	25.10
利润总额	亿元	1 091.2	1 697.9	55.60
职工人数	万人	617.0	647.3	4.91
资产总计	亿元	16 330.2	18 789.9	15.06
负债合计	亿元	9 299.9	10 670.3	14.74

表 66　我国纺织服装、鞋、帽制造业主要经济指标（2009—2010 年）

指　　标	单　位	2009 年	2010 年	同比增长（%）
企业数	个	18 265.0	18 547.0	1.54
工业总产值	亿元	10 444.8	12 331.2	18.06
主营业务收入	亿元	10 140.5	11 988.6	18.22
利润总额	亿元	611.2	851.9	39.38
职工人数	万人	449.3	447.0	−0.51
资产总计	亿元	5 946.1	7 026.1	17.99
负债合计	亿元	3 101.8	3 590.6	15.76

表 67　我国皮革工业经济运行情况（2009—2010 年）

指　　标	单　位	2009 年	2010 年	同比增长（%）
企业数	个	8 520.0	8 854.0	3.92
工业总产值	亿元	6 425.6	7 897.5	22.91
主营业务收入	亿元	6 241.4	7 738.9	23.99
利润总额	亿元	408.9	611.5	49.55
职工人数	万人	257.6	276.4	7.30
资产总计	亿元	3 295.9	3 907.4	18.55
负债合计	亿元	1 738.1	1 987.8	14.37

注：表 65 至表 67 中数据，出自 2011 年《中国统计年鉴》。

表 68　我国家具行业经济运行情况（2009—2010 年）

指　　标	单　位	2009 年	2010 年	同比增长（%）
家具总产值	亿元	3 388.7	4 487.7	32.43
家具销售产值	亿元	3 320.3	4 378.5	31.87
家具出口交货值	亿元	980.3	1 187.6	21.15

资料来源：表中数据由中国家具协会提供。

表 69　我国造纸工业主要经济指标（2009—2010 年）

指　　标	单　位	2009 年	2010 年	同比增长（%）
企业数	个	3 686	3 724	1.03
工业总产值	亿元	4 660	5 850	25.54
主营业务收入	亿元	4 504	5 630	25.00
利税总额	亿元	385	500	30.00
利润总额	亿元	221	327	48.03
资产总计	亿元	5 016	5 934	18.30
资产负债率	%	58.69	58.66	−0.03
从业人员平均人数	万人	71.10	73.73	3.70

注：表中数据为中国造纸协会提供的年销售收入 500 万元以上的造纸企业统计数据。

表 70 我国新闻出版产业基本情况（2008—2009 年）

类别		单位	2008 年	2009 年	同比增长（%）
总计	图书、期刊、报纸总印张	亿印张	2 649.3	2 701.1	1.95
	折合用纸量	万 t	613.0	625.0	1.95
	其中：书籍用纸量	万 t	71.0	73.4	3.38
	课本用纸量	万 t	60.6	59.4	−1.98
	期刊用纸量	万 t	37.1	39.1	5.39
	报纸用纸量	万 t	444.1	453.0	2.00
	图片用纸量	万 t	0.2	0.127	−36.50
图书	图书出版总量	种	275 668.0	301 719.0	9.45
	其中：新版图书	种	149 988.0	168 295.0	12.21
	重版重印图书	种		133 423.0	
	总印数	亿册（张）	69.4	70.4	1.44
	总印张	亿印张	560.7	565.5	0.86
	折合用纸量	万 t	131.9	132.9	0.76
	定价金额	亿元	791.4	848.0	7.15
期刊	期刊出版总数	种	9 549.0	9 851.0	3.16
	平均期印数	万册	16 767.0	16 457.0	−1.85
	总印数	亿册	31.1	31.5	1.29
	总印张	亿印张	158.0	166.2	5.19
	折合用纸量	万 t	37.1	39.1	5.39
	定价金额	亿元	187.4	202.4	8.00
报纸	出版种数	种	1 943.0	1 937.0	−0.31
	平均期印数	万份	21 154.8	20 837.2	−1.50
	总印数	亿份	442.9	439.1	−0.86
	总印张	亿印张	1 930.6	1 969.4	2.01
	折合用纸量	万 t	444.0	453.0	2.03
	定价金额	亿元	317.9	351.7	10.63
音像制品及电子出版物	出版种数	种	23 493.0	25 384.0	8.05
	出版数量	亿盒（张）	4.33	3.92	−9.47
	发行数量	亿盒（张）	4.10	3.84	−6.34
	发行金额	亿 元	18.44	19.99	8.41
出版物进出口	出口				
	图书、期刊、报纸	种次	947 204.0	900 344.0	−4.95
	出口数量	万册（份）	801.8	885.2	10.40
	出口金额	万美元	3 487.3	3 437.7	−1.42
	进口				
	图书、期刊、报纸	种次	703 787.0	811 265.0	15.27
	进口数量	万册（份）	3 452.5	2 794.5	−19.06
	进口金额	万美元	24 061.4	24 505.3	1.84

表 71　我国 121 个书刊印刷企业（含其他印刷）主要经济指标（2010 年）

指标		单位	2010
工业总产值		亿元	107.2
工业销售产值		亿元	107.3
工业增加值		亿元	39.0
主营业务收入		亿元	109.1
实现利税		亿元	10.1
实现利润		亿元	4.1
工业产品销售率		%	
利税总额		万元	
利润总额		万元	
人均创利税		元/人	17 868.0
人均工资		元/人	30 059.0
主要产品	照相排字	亿字	33.7
	书刊印刷	万令	2 768.0
	胶印印刷	万对开色令	13 837.0
	书刊装订	万令	2 800.0

资料来源：表中数据由中国印刷及设备器材工业协会书刊印刷专业委员会等单位提供。

表 72　我国 62 个印刷机械企业主要经济指标（2009—2010 年）

指标	单位	2009 年	2010 年	同比增长（%）
工业总产值	万元	562 223.0	673 209.0	19.74
工业销售产值	万元	582 720.0	682 896.0	17.19
工业增加值	万元	165 418.0	203 473.0	23.01
产品销售收入	万元	574 129.0	676 416.0	17.82
利润总额	万元	14 061.0	64 017.0	355.28
成本费用总额	万元	524 590.0	604 101.0	15.16
出口交货值	万元	60 837.6	59 255.0	−2.60
新产品产值	万元	305 000.0	371 274.0	21.73
经济效益综合指数	%	125.7	178.5	52.80
总资产贡献率	%	5.9	10.6	4.71
资产保值增值率	%	99.6	104.8	5.19
资产负债率	%	49.7	48.8	−0.95
流动资金年周转率（次）	次/年	1.0	1.1	0.10
成本费用利润率	%	2.7	10.6	7.92
全员劳动生产率	元/人	93 056.9	114 452.0	22.99
产品销售率	%	103.7	101.4	−2.21

资料来源：表中数据来自 2011 年《印刷工业》第 6 期。

表 73　我国橡胶工业主要经济指标（2009—2010 年）

指　　标	单　　位	2009 年	2010 年	同比增长（%）
企业数	个	337	378	12.17
工业总产值	亿元	2 089.3	2 561.5	22.60
工业增加值	亿元	186.2		
销售收入	亿元	2 022.4	2 534.1	25.30
实现利润	亿元	124.1	108.3	−12.73
实现利税	亿元	151.2	141.8	−6.20
出口交货值	亿元	501.9	675.0	34.50
橡胶总消耗量	万 t	588.0	645.0	9.69

资料来源：表中数据来自 2011 年《中国橡胶》第 5 期。

表 74　我国橡胶工业全部独立核算工业企业主要经济指标（2008—2009 年）

行　　业	企业数（个）		工业总产值（万元）	
	2008 年	2009 年	2008 年	2009 年
橡胶制品业	3 909	4 587	41 072 558	47 746 989
其中：1. 轮胎制造业	398	432	20 267 500	23 232 904
2. 力车胎制造业	90	101	780 028	791 101
3. 橡胶板管带制造业	818	958	4 845 962	6 055 869
4. 橡胶零件制造业	872	1 000	4 029 579	4 589 936
5. 再生橡胶制造业	209	232	1 376 011	1 531 209
6. 橡胶靴鞋制造业	622	724	4 186 435	4 705 964
7. 日用橡胶制品业	247	287	1 911 463	2 249 063
8. 其他橡胶制品业	598	778	3 438 691	4 226 502
9. 橡胶制品翻修业	55	75	236 890	364 443
其中：轮胎翻修业	55	75	236 890	364 443
橡胶工业专用设备制造业	177	201	1 235 469	1 309 887

行　　业	工业销售产值（万元）		出口交货值（万元）	
	2008 年	2009 年	2008 年	2009 年
橡胶制品业	40 259 244	46 904 225	9 154 982	9 129 296
其中：1. 轮胎制造业	19 979 342	22 965 634	5 207 447	5 253 409
2. 力车胎制造业	777 852	770 386	97 487	83 938
3. 橡胶板管带制造业	4 707 043	5 897 238	460 287	481 495
4. 橡胶零件制造业	3 905 405	4 409 483	794 400	615 374
5. 再生橡胶制造业	1 337 648	1 493 591	23 813	15 657
6. 橡胶靴鞋制造业	4 070 333	4 654 464	1 126 419	1 259 697
7. 日用橡胶制品业	1 879 375	2 232 180	789 418	852 021
8. 其他橡胶制品业	3 370 335	4 127 066	655 422	566 210
9. 橡胶制品翻修业	231 911	354 485	289	1 495
其中：轮胎翻修业	231 911	354 485	289	1 495
橡胶工业专用设备制造业	1 171 831	1 271 678	127 317	75 863

资料来源：表中数据来自 2009—2010 年《中国橡胶工业年鉴》。

表 75　我国中药行业经济效益情况（2010 年）

行　　业	工业总产值（亿元）	产品销售产值（亿元）	实现利润（亿元）	出口总额（亿美元）
全国医药工业合计	**11 235.00**	**10 666.00**	**1 109.41**	**397.33**
其中：中药工业	2 997.80	2 768.18	270.15	9.69
中成药工业	2 295.25	2 153.60	223.89	1.93
中药饮片工业	702.55	614.58	46.26	7.76
中药工业占我国医药工业比例（%）	26.68	25.95	24.35	2.44

表 76　我国农产品加工业能源消费总量和主要能源品种消费量（2009 年）

行　业	能源消费总量(万 t 标准煤)	煤炭消费量（万 t）	焦炭消费量（万 t）	原油消费量（万 t）	汽油消费量（万 t）	煤油消费量（万 t）	柴油消费量（万 t）	燃料油消费量（万 t）	天然气消费量（亿 m³）	电力消费量(亿 kW・h)
合计	**20 168.6**	**11 333.5**	**36.2**	**1.93**	**159.5**	**2.6**	**276.4**	**111.1**	**9.6**	**3 146.1**
农副食品加工业	2 795 .4	1 673.3	10.6	0.1	33.0	0.2	51.9	12.7	0.7	389.3
食品制造业	1 563.3	1 047.0	7.1		14.2	0.1	30.2	13.8	2.3	166.5
饮料制造业	1 191.4	814.7	0.9	0.2	10.4	0.3	15.7	11.1	1.4	117.0
烟草加工业	233.8	89.2			0.8		4.7	0.9	0.5	41.7
纺织业	6 251.0	2 433.3	4.1	0.2	26.3	0.4	44.1	23.9	1.4	1 147.5
纺织服装、鞋、帽制造业	713.1	219.3	1.4	0.3	17.2	0.3	33.6	6.6	0.2	132.5
皮革、毛皮、羽毛（绒）及其制品业	384.5	85.7	0.3	0.03	9.2	0.3	16.1	8.4	0.1	78.5
木材加工及竹、藤、棕草制品业	1 049.1	441.6	2.5	0.3	7.9	0.2	15.2	0.5	0.3	191.5
家具制造业	183.8	29.7	1.0		7.8	0.1	12.6	0.3	0.4	35.6
造纸及纸制品业	4 101.0	4 006.3	4.4	0.4	12.8	0.4	30.9	19.6	1.1	482.7
印刷业和记录媒介复制	357.5	39.5	0.6		8.8	0.2	13.7	1.4	0.5	83.0
橡胶制品业	1 344.7	453.9	3.35	0.4	11.1	0.1	7.7	11.9	0.7	280.3

农产品加工业主要产品产量

表 77　我国农产品加工业主要产品产量（2009—2010 年）

产品名称	单　位	2009 年	2010 年	同比增长（%）
纱	万 t	2 393.5	2 717.0	13. 52
布	亿 m	753.4	800.0	6.19
机制纸及纸板	万 t	8 956.1	9 832.6	9.79
成品糖	万 t	1 338.4	1 117.6	－16.50
卷烟	亿支	22 901.5	23 752.6	3.72

（续）

产品名称	单位	2008 年	2009 年	同比增长（%）
罐头	万 t	811.7	980.5	20.80
啤酒	万 kL	4 162.2	4 490.2	7.88
原盐	万 t	6 662.8	7 037.8	5.63
精制食用植物油	万 t	3 433.4	3 878.5	12.96
中成药	万 t	200.8	215.4	7.27
合成橡胶	万 t	274.9	319.5	16.22
橡胶轮胎外胎	万条	65 601.6	77 611.8	18.31

表 78 轻工业系统农产品加工业主要产品产量（2008—2009 年）

产品	单位	2008 年	2009 年	同比增长（%）
原盐	万 t	5 952.8	6 003.1	0.84
成品糖	万 t	1 449.5	1 321.2	−8.85
糖果	万 t	121.4	139.6	14.99
糕点	万 t	79.9	98.1	22.78
饼干	万 t	282.7	303.3	7.29
方便面	万 t	499.5	569.3	13.97
罐头	万 t	595.3	745.1	27.30
乳制品	万 t	1 810.6	1 924.1	6.27
其中：液体乳	万 t	1 525.2	1 738.6	13.99
味精	万 t	184.4	236.2	28.09
酱油	万 t	367.1	503.3	37.10
饮料酒	万 kL	4 882.3	5 066.5	3.77
其中：白酒（折 65°）	万 kL	569.3	678.9	19.25
啤酒	万 kL	4 103.1	4 151.8	1.19
黄酒	万 kL	80.9	106.3	31.40
葡萄酒	万 kL	69.8	86.7	24.21
软饮料	万 t	6 415.1	8 115.2	26.50
其中：碳酸饮料	万 t	1 107.4	1 297.8	17.19
果汁及果汁饮料	万 t	1 182.5	1 414.6	19.63
瓶(罐)装饮用水	万 t	2 475.6	3 216.7	29.94
冷冻饮品	万 t	205.5	238.4	16.01
轻革	亿 m^2	6.4	5.9	−7.81
皮鞋	亿双	33.2	35.5	6.93
皮革服装	万件	5 653.2	5 477.8	−3.10
毛皮服装	万件	385.3	250.1	−35.09
家具	亿件	5.2	6.1	17.31
其中：木制家具	万件	18 946.9	20 505.7	8.23
软体家具	万件	3 252.6	3 683.4	13.24
纸浆	万 t	2 058.5	1 934.5	−6.02
机制纸及纸板	万 t	8 390.9	8 965.1	6.84
其中：新闻纸	万 t	461.5	428.7	−7.11
纸制品	万 t	3 191.4	4 023.2	26.06

资料来源：表中数据由中国轻工业协会信息中心提供。

表 79　我国粮油工业主要产品产量（2009—2010 年）　单位：万 t

产　品	2009 年	2010 年	同比增长（%）
大米	5 723.8	7 294.8	27.45
其中：特等米	1 606.5	2 284.4	42.20
标准一等米	3 565.4	3 553.3	−0.34
标准二等米	370.6	964.0	160.12
糙米	76.0	86.2	13.42
小麦粉	5 532.7	7 528.6	36.07
其中：特制一等粉	2 465.0	3 351.7	35.97
特制二等粉	1 244.4	2 035.4	63.56
标准粉		1 225.5	
专用粉		580.8	
全麦粉		74.6	
食用植物油	2 288.0	3 154.4	37.87
按品种分：大豆油	1 405.6	1 160.2	−17.46
菜籽油	556.2	512.5	−7.86
花生油	144.8	130.5	−9.88
棕榈油	312.5	181.6	−41.89
棉籽油	83.1	76.8	−7.58
按等级分：一级油	1 250.8	1 353.6	8.22
二级油	83.7	90.1	7.65
三级油	171.5	187.5	9.33
四级油	564.4	642.5	13.84
其他	118.7		

表 80　我国淀粉产量及品种情况（2009—2010 年）　单位：万 t

品　种	2008 年	2009 年	同比增长（%）	占总淀粉（%）
合　计	**1 802.70**	**1 973.66**	**9.48**	**100.00**
玉米淀粉	1 725.52	1 920.04	10.23	96.37
木薯淀粉	47.43	35.58	−25.87	1.79
马铃薯淀粉	16.72	22.76	36.12	1.15
甘薯淀粉	9.00	8.50	−5.56	0.43
小麦淀粉	4.03	4.98	23.57	0.25

表 81 我国淀粉深加工品产量（2009—2010 年） 单位：万 t

主要品种	2009 年	2010 年	同比增长（%）	占深加工品（%）
合 计	**1 027.26**	**1 118.08**	**8.84**	**100.00**
变性淀粉	112.93	123.89	9.70	11.08
结晶葡萄糖	238.78	252.67	5.82	22.60
液体淀粉糖	588.88	655.95	11.39	58.67
糖 醇	86.67	85.57	−1.27	7.65

表 82 我国淀粉产量分布及生产规模情况（2010 年）

地 区	淀粉产量（万 t）	占淀粉总产量（%）	生产规模情况	
			年产 10 万吨以上企业数（个）	企业最大淀粉产量（万 t/年）
合 计	**1 973.66**	**100.00**	**38**	
山 东	910.20	46.11	15	225.67
吉 林	379.60	19.23	6	175.45
河 北	263.88	13.37	6	52.46
河 南	112.89	5.71	4	30.00
陕 西	85.59	4.33	2	70.00
广 西	27.73	1.40		
其他 16 个省份合计	193.77	9.85	5	81.94

注：其他 16 个省份为：山西、内蒙古、辽宁、黑龙江、江苏、浙江、湖北、四川、广东、海南、云南、甘肃、宁夏、青海、新疆、贵州。

表 83 我国玉米淀粉生产规模情况（2009—2010 年）

项 目	单位	2009 年	2010 年	同比增长（%）
年产 100 万 t 以上的企业	个	5	5	持平
年产 100 万 t 以上的企业总产量	万 t	718.54	731.38	1.78
占全国玉米淀粉总产量	%	41.64	38.45	−7.67
年产 40 万 t 以上的企业	个	8	8	持平
年产 40 万 t 以上的企业总产量	万 t	439.44	474.21	7.91
占全国玉米淀粉总产量	%	25.47	24.93	−2.13
年产 30 万 t 以上的企业	个	2		
年产 30 万 t 以上的企业总产量	万 t	66.10		
占全国玉米淀粉总产量	%	3.83		
年产 10 万 t 以上的企业	个	18		
年产 10 万 t 以上的企业总产量	万 t	312.82		
占全国玉米淀粉总产量	%	18.13		

表 84　我国部分淀粉深加工品生产规模情况（2009—2010 年）

类别	项　目	单位	2009 年	2010 年	同比增长（%）
变性淀粉	年产 5 万 t 以上的企业	个	8	8	持平
	年产 5 万 t 以上的企业总产量	万 t	67.74	80.32	18.57
	占全国总产量	%	59.98	64.83	8.08
	年产 3 万 t 以上的企业	个	3	5	66.66
	年产 3 万 t 以上的企业总产量	万 t	11.83	19.48	64.66
	占全国总产量	%	10.48	15.72	50.00
	年产 1 万 t 以上的企业	个	15	12	−20.00
	年产 1 万 t 以上的企业总产量	万 t	28.08	18.38	−34.55
	占全国总产量	%	24.86	14.83	−40.35
结晶葡萄糖	年产 20 万 t 以上的企业	个	3	3	持平
	年产 20 万 t 以上的企业总产量	万 t	140.23	135.21	−3.58
	占全国总产量	%	58.73	53.51	−8.89
	年产 10 万 t 以上的企业	个	5	5	持平
	年产 10 万 t 以上的企业总产量	万 t	66.57	58.86	−11.59
	占全国总产量	%	27.87	23.29	16.43
	年产 5 万 t 以上的企业	个	3	5	66.66
	年产 5 万 t 以上的企业总产量	万 t	21.15	35.57	68.17
	占全国总产量	%	8.86	14.07	58.80
	年产 2 万 t 以上的企业	个	3	2	−33.33
	年产 2 万 t 以上的企业总产量	万 t	10.82	7.38	−31.80
	占全国总产量	%	4.53	2.92	−35.55
液体葡萄糖	年产 50 万 t 以上的企业	个	2	2	持平
	年产 50 万 t 以上的企业总产量	万 t	240.30	268.11	11.57
	占全国总产量	%	40.81	40.87	0.14
	年产 10 万 t 以上的企业	个	12	11	−8.34
	年产 10 万 t 以上的企业总产量	万 t	244.46	268.38	9.78
	占全国总产量	%	41.51	40.91	−1.45
	年产 5 万 t 以上的企业	个	8	9	12.50
	年产 5 万 t 以上的企业总产量	万 t	53.21	63.52	19.37
	占全国总产量	%	9.04	9.68	7.07

表 85　我国食品添加剂主要产品产量（2009—2010 年）　单位：万 t

产　品　名　称	2009 年	2010 年	同比增长（%）
总　计	**671.5**	**712.0**	**6.03**
食用香精香料	11.0	12.1	10.00
食用着色剂	32.5	35.0	7.69
高倍甜味剂	18.0	12.0	−33.33
糖醇类甜味剂	117.0	115.0	−0.28
防腐抗氧保鲜剂	21.6	24.5	13.49
增稠乳化品质改良剂	50.6	62.0	22.53
其他种类	420.8	447.9	6.44
味精	249.7	256.4	2.67

资料来源：表中数据由中国食品添加剂和配料协会提供。

表 86　我国饮料行业主要产品产量（2009—2010 年）

产品名称	单位	2009 年	2010 年	同比增长（%）
软饮料总产量	万 t	8 086.2	9 983.7	23.47
其中：碳酸饮料	万 t	1 254.2	1 265.2	0.88
果汁及果汁饮料	万 t	1 447.6	1 762.2	21.73
瓶（罐）装饮用水	万 t	3 159.0	4 249.6	34.52
饮料酒总产量（不含果露酒）	万 kL	5 188.6	6 442.8	24.17
其中：白酒	万 kL	706.9	890.8	26.01
啤酒	万 kL	4 236.4	4 483.0	5.82
葡萄酒	万 kL	96.0	108.9	13.44
黄酒	万 kL	100.0	134.1	34.10

资料来源：表中数据来自 2011 年《饮料工业》第 4 期与中国酿酒工业协会。

表 87　我国牛奶与乳制品产量（2009—2010 年）

产品名称	单位	2009 年	2010 年	同比增长（%）
牛奶	万 t	3 518.0	3 575.6	1.64
乳制品	万 t	1 935.1	2 160.0	11.62
其中：液态奶	万 t	1 641.6	1 846.0	12.45
干乳制品	万 t	293.5	314.0	6.98
城镇居民人均消费	kg	25.4	26.7	1.14

表 88 我国饮料行业各地区主要产品产量（2010 年）

单位：t

地区	软饮料	碳酸饮料	果汁及果汁饮料	瓶（罐）装饮用水	其他饮料
全国总计	**99 836 647**	**12 652 426**	**17 621 708**	**42 496 092**	**27 066 391**
北京	3 323 259	726 383	528 807	1 000 136	1 067 933
天津	4 485 740	929 977	111 840	1 691 369	1 752 554
河北	2 028 937	26 175	587 037	578 844	836 881
山西	636 949	184 503	259 913	13 086	179 447
内蒙古	2 636 896	128 819	903 916	574 912	1 029 249
辽宁	3 815 396	540 095	201 305	1 095 118	1 978 878
吉林	5 046 774	553 662	296 742	3 727 102	469 268
黑龙江	1 724 595	305 438	716 886	535 618	166 653
上海	2 609 775	1 032 569	151 046	969 879	456 281
江苏	3 901 855	620 802	582 420	1 180 821	1 517 812
浙江	6 855 103	579 154	600 754	2 280 969	3 394 226
安徽	1 462 974	394 161	82 070	349 093	637 650
福建	3 869 623	462 355	312 486	1 223 712	1 871 070
江西	1 895 693	332 577	350 126	747 844	465 146
山东	5 385 617	558 241	874 960	2 984 825	940 591
河南	7 020 546	468 991	1 432 342	3 276 521	1 842 692
湖北	4 380 643	633 791	686 132	1 227 418	1 833 302
湖南	1 414 547	75 925	282 461	643 952	412 209
广东	17 685 239	2 450 383	3 011 823	8 085 406	4 137 627
广西	3 423 304	476 062	33 775	2 624 029	489 438
海南	421 301	77 175	73 780	248 991	21 355
重庆	3 499 660	386 349	1 986 076	828 936	298 299
四川	4 959 146	568 734	1 169 655	3 115 267	105 490
贵州	685 972		153 743	529 920	2 309
云南	1 861 004	78 468	123 977	1 513 996	144 563
西藏	84 059			84 059	
陕西	2 157 887	206 653	1 023 248	631 262	296 724
甘肃	1 384 270	15	695 138	298 991	390 126
青海	153 067		45 200	107 867	
宁夏	138 409		36 118		102 291
新疆	915 406	54 971	307 934	326 151	226 350

资料来源：表中数据来自 2011 年《饮料工业》第 4 期。

表 89 我国烟草工业主要产品产量（2009—2010 年）

年 份	烟叶（万 t）	烤烟（万 t）	卷烟（亿支）
2009	306.6	281.4	22 901.5
2010	300.4	273.0	23 752.7
同比增长（%）	−0.07	−2.99	3.72

资料来源：表中数据由农业部、国家烟草专卖局提供。

表 90 我国酒精工业产品产量（2009—2010 年）

单位：万 kL

年 份	2009 年	2010 年	同比增长（%）
产 量	745.5	825.9	10.78

资料来源：表中数据由中国酿酒工业协会提供。

表 91 我国酒精工业各地区产品产量（2009—2010 年）

单位：万 kL

地区	2009 年	2010 年	同比增长（%）
全国总计	**745.50**	**825.90**	**10.78**
天 津	2.44	0.63	−74.18
河 北	15.70	17.60	11.93
山 西	4.90	5.20	0.62
内 蒙 古	78.90	121.90	54.57
辽 宁	0.75	0.81	8.23
吉 林	154.60	148.70	−3.82
黑 龙 江	58.90	81.90	38.94
江 苏	89.60	95.00	5.98
浙 江	0.02	0.02	−17.56
安 徽	59.90	67.90	13.30
山 东	43.90	48.80	11.23
河 南	75.00	85.20	13.54
湖 北	5.30	7.10	34.38
湖 南	2.00	1.20	−40.51
广 东	14.60	12.70	−13.04
广 西	77.90	68.80	−11.66
海 南	0.37	0.21	−43.24
四 川	32.96	35.90	8.80
贵 州	0.19	0.03	−86.52
云 南	18.29	17.40	−4.88
陕 西	2.92	2.10	−28.10
甘 肃	1.28	1.50	18.36
宁 夏	1.17	0.21	−82.04
新 疆	3.24	5.14	41.30

资料来源：表中数据由中国酿酒工业协会酒精分会提供。

表 92 我国各地区味精产量（2009—2010 年） 单位：万 t

地 区	2009 年	2010 年	同比增长（%）
全国总计	**249.7**	**256.4**	**2.67**
天 津	0.2	0.2	13.84
河 北	19.8	18.4	−7.01
内蒙古	32.1	34.3	6.99
辽 宁	4.0	3.5	−12.58
黑龙江	5.5	7.0	26.67
上 海	7.5	7.7	2.02
江 苏	5.6	4.3	−23.33
浙 江	5.3	4.5	−14.61
福 建	6.9	7.2	5.08
江 西	0.6	0.6	3.44
山 东	81.8	84.9	3.81
河 南	34.9	25.9	−13.47
湖 北	2.9	3.8	28.18
湖 南	3.1	3.5	12.84
广 东	8.5	8.3	−2.03
广 西	0.1	0.1	37.00
重 庆	5.9	7.6	29.12
四 川	8.9	10.5	18.32
陕 西	0.2	1.3	766.67
宁 夏	18.2	20.4	6.04
新 疆	1.6	2.1	32.33

资料来源：表中数据由中国发酵工业协会提供。

表 93 我国各地区啤酒产量（2009—2010 年） 单位：万 kL

地　区	2009 年	2010 年	同比增长（%）
全国总计	**4 232.9**	**4 483.0**	**5.91**
北　京	161.2	164.6	2.10
天　津	32.2	31.9	0.90
河　北	125.4	134.4	7.14
山　西	26.9	33.2	23.46
内蒙古	102.4	113.0	10.40
辽　宁	244.1	247.9	1.56
吉　林	125.9	142.2	12.99
黑龙江	170.8	186.8	9.34
上　海	67.5	65.4	－3.12
江　苏	288.2	258.0	－10.48
浙　江	263.2	283.1	7.57
安　徽	150.0	154.1	2.70
福　建	190.3	188.8	－0.77
江　西	113.4	123.7	9.04
山　东	498.0	536.1	7.65
河　南	385.4	408.6	6.01
湖　北	177.4	186.7	5.27
湖　南	88.4	104.1	17.76
广　东	364.0	401.4	10.26
广　西	125.1	138.1	10.39
海　南	17.1	16.1	－5.85
重　庆	72.9	75.2	3.22
四　川	158.4	158.3	－0.01
贵　州	28.1	32.7	16.38
云　南	48.9	54.7	11.96
西　藏	11.5	13.3	15.21
陕　西	90.2	94.1	4.54
甘　肃	59.7	65.5	9.65
青　海	10.8	12.5	16.15
宁　夏	11.9	14.1	18.81
新　疆	38.3	44.1	15.00

资料来源：表中数据由中国酿酒工业协会啤酒分会提供。

表 94 我国罐头工业产值与产品产量（2009 年）

总产量（万 t）	同比增长（%）	总产值（亿元）	同比增长（%）
745.1	19.25	683.4	16.66

资料来源：表中数据由中国罐头工业协会提供。

表 95 我国各地区白酒产量（2009—2010 年） 单位：万 kL

地　区	2009 年	2010 年	同比增长（%）
全国总计	**702.50**	**890.80**	**26.81**
北　京	17.90	19.80	10.44
天　津	4.10	4.80	17.07
河　北	23.00	26.10	13.46
山　西	9.90	11.20	12.08
内蒙古	32.70	36.90	12.83
辽　宁	50.30	64.30	27.92
吉　林	34.50	46.20	33.84
黑龙江	11.60	16.50	42.36
上　海	0.76	0.78	2.19
江　苏	34.20	56.40	64.86
浙　江	1.21	2.40	0.98
安　徽	40.90	47.90	17.17
福　建	2.14	3.40	58.61
江　西	11.50	12.60	9.97
山　东	82.90	96.90	16.78
河　南	67.70	84.40	24.58
湖　北	41.40	42.70	3.18
湖　南	8.80	12.90	45.77
广　东	9.30	10.30	10.40
广　西	3.90	5.20	34.24
海　南	0.66	0.62	−5.78
重　庆	16.90	15.50	−8.75
四　川	156.20	229.80	47.12
贵　州	14.20	16.00	12.68
云　南	5.00	6.10	21.47
陕　西	7.30	8.30	13.63
甘　肃	3.10	3.50	11.51
青　海	1.06	1.20	13.23
宁　夏	2.28	2.10	−8.01
新　疆	5.29	5.70	7.74

表 96　我国各地区葡萄酒产量（2009—2010 年）　单位：万 kL

地　区	2009 年	2010 年	同比增长（%）
全国总计	**96.90**	**108.9**	**12.38**
北　京	1.25	1.02	－18.57
天　津	4.96	6.35	28.03
河　北	11.30	9.95	－11.94
山　西	0.05	0.06	19.21
内蒙古	0.35	0.65	23.96
辽　宁	2.75	2.68	－2.35
吉　林	21.90	20.83	－4.89
黑龙江	0.48	1.31	172.92
上　海	0.14	0.14	－2.75
江　苏	0.11	0.20	84.03
福　建		0.01	188.39
江　西		0.16	
山　东	35.82	37.54	4.79
河　南	10.33	15.03	45.46
湖　北	0.04	0.12	179.07
湖　南	1.56	2.29	46.76
广　西	0.11	0.19	75.36
重　庆	0.05	0.02	－64.51
四　川	0.05	0.09	105.40
贵　州	0.03	0.06	93.75
云　南	1.18	1.53	29.20
陕　西	1.32	1.51	14.66
甘　肃	1.37	1.68	22.77
宁　夏	0.42	2.19	421.42
新　疆	1.17	3.35	186.32

资料来源：表中数据由中国酿酒协会葡萄酒分会提供。

表 97　我国饲料工业产品产量（2007—2010 年）　　单位：万 t

年　份	饲料产量	其中：1. 配（混）合饲料	2. 浓缩饲料	3. 预混合饲料
2007	12 300	9 319	2 491	521
2008	13 667	10 590	2 531	546
2009	13 999	10 696	2 708	595
2010	15 600	12 600	2 450	595

资料来源：表中数据由全国饲料工作办公室提供。

表 98　我国饲料工业各地区产品产量（2010 年）　　单位：万 t

地区	总　产　量	配合饲料总产量	浓缩饲料总产量	预混合饲料总产量
全国总计	**15 600**	**12 600**	**2 450**	**595**
北　京	342	231	41	70
天　津	224	154	51	19
河　北	1 086	913	160	13
山　西	280	177	98	5
内蒙古	255	158	92	5
辽　宁	1 123	723	380	20
吉　林	424	269	147	8
黑龙江	657	328	303	26
上　海	149	114	14	21
江　苏	688	636	25	27
浙　江	478	452	5	21
安　徽	295	264	25	6
福　建	519	485	9	25
江　西	502	378	85	39
山　东	1 820	1 673	97	50
河　南	1 154	744	374	36
湖　北	496	436	47	13
湖　南	915	757	108	50
广　东	1 881	1 800	29	52
广　西	683	640	35	8
海　南	177	171	1	5
重　庆	173	134	33	6
四　川	742	609	104	29
贵　州	66	36	29	1
云　南	338	248	87	3
西　藏				
陕　西	383	178	189	16
甘　肃	130	75	55	
青　海	13	13		
宁　夏	72	60	10	2
新　疆	139	120	15	3

（续）

地 区	猪饲料	蛋禽饲料	肉禽饲料	水产饲料	反刍饲料	其他饲料
全国总计	**5 947**	**3 008**	**4 735**	**1 502**	**728**	**282.0**
北 京	97	36	129	12	63	4.7
天 津	64	40	42	33	21	25.0
河 北	219	639	109	41	68	11.0
山 西	107	96	59	1	16	0.4
内蒙古	46	38	33	2	124	12.3
辽 宁	287	420	315	42	36	23.4
吉 林	144	128	94	3	23	32.9
黑龙江	220	148	113	18	116	42.7
上 海	58	41	33	6	7	3.1
江 苏	116	106	232	219	6	8.7
浙 江	225	62	83	96	3	7.6
安 徽	67	45	171	9	1	2.2
福 建	238	57	147	76		1.8
江 西	314	53	52	35	44	4.0
山 东	365	157	1 171	37	37	5.3
河 南	528	240	294	58	28	6.3
湖 北	239	47	53	157		0.1
湖 南	608	56	129	118	1	2.6
广 东	696	150	701	320	1	12.6
广 西	317	50	280	35		0.2
海 南	68	15	62	31		0.4
重 庆	80	34	48	9	1	2.2
四 川	404	104	160	57	10	7.7
贵 州	42	6	15	1	1	0.5
云 南	150	51	95	39	1	2.2
西 藏						
陕 西	151	115	44	3	39	8.7
甘 肃	51	30	19	2	27	1.1
青 海	5				4	3.6
宁 夏	15	11	12	7	26	0.4
新 疆	25	33	42	11	26	1.5

资料来源：表中数据来自 2011 年《饲料广角》第 10 期。

表 99 2010/2011 年度制糖期糖料与食糖生产情况

地 区	糖料种植面积 (khm^2)	糖料入榨量 (万 t)	产糖量 (万 t)	开工工厂数 (个)
全国合计	**1 688.07**	**8 778.49**	**1 045.42**	**271**
甘蔗糖合计	**1 494.54**	**8 073.47**	**966.04**	**235**
广 东	138.00	854.56	87.20	29
其中：湛江	116.67	752.38	77.64	22
广 西	1 013.33	5 554.00	672.80	103
云 南	292.00	1 412.76	176.14	76
海 南	26.99	184.27	22.64	17
福 建	3.17	18.86	1.96	2
四 川				
其 他	7.71	49.02	5.30	8
甜菜糖合计	**193.53**	**705.02**	**79.38**	**36**
黑龙江	64.75	165.92	18.37	9
新 疆	78.23	380.23	42.60	14
内蒙古	31.07	97.08	11.10	5
其 他	19.48	61.79	7.31	8

资料来源：表中数据由中国糖业协会提供。

表 100 我国食用菌产量、产值、出口情况（2010 年）

地 区	产 量 (t)	产 值 (万元)	出口量 (t)	创 汇 (万美元)	主要品种产量（t）		
					香 菇	平 菇	双孢菇
全国总计	**22 612 520**	**13 531 253**	**491 200**	**175 200**	**4 276 530**	**5 599 438**	**2 206 616**
北 京	162 092	124 457	1 500	500	65 016	47 428	1 910
天 津	103 000				35 000	26 000	2 500
河 北	1 907 986	1 153 733	148 260	16 746	391 540	781 689	37 046
山 西	148 898	104 229			7 710	94 200	6 150
内蒙古							
辽 宁	1 070 256	613 115	125 090	10 504	461 630	259 839	23 404
吉 林	1 114 680	654 200	12 500	1 760	25 000	260 000	150
黑龙江	2 104 494	896 660	36 000	9 876	97 860	106 300	
上 海	90 015	88 705			4 700	5 855	16 807
江 苏	1 842 368	1 087 083	81 000	8 050	92 580	735 907	468 577
浙 江	1 060 000	950 000	50 000	15 000	450 000	110 000	40 000
安 徽							
福 建	2 036 000	1 026 700	255 400	53 000	391 735	44 201	336 444
江 西	695 000	252 500			96 350	193 900	134 090
山 东	2 498 412	1 594 298	111 823	14 077	210 044	1 268 178	258 466
河 南	2 423 670	1 400 860	92 150	14 972	545 836	750 212	236 691
湖 北	1 092 875	686 166	358 000	50 000	780 000	128 960	30 000
湖 南	722 000	455 000	15 000	3 200	155 600	139 620	51 100
广 东	732 205	701 080	232 080	27 980	23 500	189 980	7 490
广 西	822 395	515 412	1 890	216	93 704	93 589	446 946
海 南							

（续）

地　区	产　量（t）	产　值（万元）	出口量（t）	创　汇（万美元）	主要品种产量（t）		
					香　菇	平　菇	双孢菇
重　庆	58 058	24 384			8 426	20 633	9 185
四　川	1 190 700	589 800			78 000	205 000	86 000
贵　州	35 440	28 240			9 000	7 200	1 200
云　南	108 000	220 000					
西　藏							
陕　西	546 676	333 131			284 999	104 747	9 660
甘　肃							
青　海							
宁　夏							
新　疆	47 300	28 500			3 500	26 000	2 800

地　区	主　要　品　种　产　量　（t）						
	金针菇	草　菇	黑木耳	毛木耳	银　耳	滑　菇	猴头菇
全国总计	**1 848 481**	**330 835**	**2 895 899**	**1 258 482**	**314 291**	**582 095**	**127 033**
北　京	17 274	589	5 091				
天　津	15 000		1 000				
河　北	162 935	2 616	14 090	40 450	5 500	137 100	
山　西	5 100	380	15 210	1 100	8	50	80
内蒙古							
辽　宁	25 758	310	16 603		60	236 402	35
吉　林	20 000		761 500			10 000	150
黑龙江	77 600		1 524 190			186 700	91 760
上　海	26 361	6 158					
江　苏	370 138	26 191	2 456	31 625	1 132		
浙　江	158 000	4 000	90 000	5 000			2 000
安　徽							
福　建	51 143	24 997	8 596	247 797	289 506	10 457	22 516
江　西	52 100	7 000	26 800	29 500			220
山　东	351 614	28 891	77 250	19 117	7 563	1 240	2 296
河　南	87 003	56 929	195 578	337 531	3 412		
湖　北	27 400	120	27 450	3 000	60	40	20
湖　南	103 000	6 000	13 050	21 870	6 350		1 820
广　东	179 880	159 900		7 189		5 831	
广　西	18 854	6 606	20 557	29 907		45	
海　南							
重　庆	8 269		4 368	3 878			220
四　川	81 000		18 000	480 500	700		
贵　州	400		50	800			
云　南						30	
西　藏							
陕　西	1 652	148	74 060	118		76	45
甘　肃							
青　海							
宁　夏							
新　疆	8 000						

（续）

地　区	主　要　品　种　产　量　（t）						
	鸡腿菇	白灵菇	杏鲍菇	茶薪菇	小平菇	姬　菇	袖珍菇
全国总计	**357 893**	**323 713**	**425 552**	**406 694**	**82 223**	**537 150**	**212 304**
北　京	822	4 904	8 321	2 635			270
天　津		16 800	5 000	500		1 000	
河　北	26 490	47 647	33 034		5 100	177 841	1 583
山　西	1 230	148 898	104 229	60	6 200	700	50
内蒙古							
辽　宁	1 353	27	1 528			3 280	100
吉　林	600	100	120		50		
黑龙江	3 566		960		931		
上　海			4 692		4 500	4 000	9 397
江　苏	27 246		9 538	857		8 739	
浙　江	15 000	8 000	6 000	20 000	20 000	12 000	50 000
安　徽							
福　建	24 340		44 240	246 527			75 043
江　西	13 800		25 800	85 310	5 300		3 500
山　东	110 074	12 142	26 840	20 816	6 182	43 362	5 995
河　南	66 307	73 417	16 753	380			
湖　北	80	500	1 800	5 000		35 000	8 000
湖　南	5 210	2 500	35 200	8 660	29 800	70 220	22 160
广　东	27 590	1 631	45 791	9 530		2 917	8 041
广　西	10 121		781	3 864			28 065
海　南							
重　庆	2 750			330			
四　川	20 300					176 000	
贵　州	500	20	30	1 500	4 000	1 000	100
云　南							
西　藏							
陕　西	514	127	895	725	160	1 091	
甘　肃							
青　海							
宁　夏							
新　疆		7 000					

（续）

地　区	主　要　品　种　产　量　（t）									
	灰树花	竹荪	姬松茸	松茸	牛肝菌	羊肚菌	灵芝	天麻	茯苓	其他菇
全国总计	**10 778**	**52 530**	**28 711**	**3 736**	**12 942**	**111**	**91 222**	**102 286**	**69 005**	**516 303**
北　京	1 392						19			6 427
天　津							200			150
河　北	5 266						240			37 799
山　西			11		55	20	60	21	23	2 150
内蒙古										
辽　宁				2 500	1 500	50	25	25		35 915
吉　林			50	30	150		1 500	1 800		3 500
黑龙江			760				867			13 000
上　海										6 796
江　苏										11 531
浙　江							10 000	3 000	3 000	
安　徽										
福　建	200	40 940	20 133				1 135		1 435	154 619
江　西		1 100	200				5 150		280	14 600
山　东							16 516	80		31 746
河　南		107					6 197	27 113	5 023	11 320
湖　北		45	1 800		200		3 000	15 000	25 000	400
湖　南	3 800	605	4 400		90	25	9 200	5 520	26 200	
广　东			778				35 908		1 018	25 231
广　西		733	269				1 105		6 726	9 108
海　南										
重　庆										
四　川										45 200
贵　州		9 000	50		10	10	80	300	150	10
云　南				1 206	10 500					96 294
西　藏										
陕　西	100		260		437	6	20	49 427	200	17 134
甘　肃										
青　海										
宁　夏										3 193
新　疆										

资料来源：1. 表中数据由中国食用菌协会提供。

2. 本统计资料不包括内蒙古、海南、西藏、甘肃、青海、安徽等省、自治区的数据。

3. 表中出口创汇全国总计数据为海关总署统计，各地出口创汇数据为中国食用菌协会统计。

4. 表中产品数据均按鲜品统计，干品折鲜品比例按 1：10 计算。

表 101 我国农垦系统农产品加工业主要产品产量（2009—2010 年）

产　品	单 位	2009 年	2010 年	同比增长（%）
粮食商品量	万 t	2 416.5	2 605.2	7.81
粮食商品率	%	87.14	88.21	1.06
食用植物油	万 t	170.5	193.1	13.26
机制糖	万 t	178.8	205.8	15.08
乳制品	万 t	207.1	283.9	37.13
其中：液体奶	万 t	178.1	247.6	39.02
饮料酒	万 t	205.9	144.2	－30.08
其中：葡萄酒	万 t	7.2	7.5	4.16
纱	万 t	42.2	51.2	21.35
布	亿 m	6.5	6.48	－0.77
配（混）合饲料	万 t	417.8	483.1	15.63
机制纸及纸板	万 t	107.8	61.7	－42.72

表 102 农垦系统各地区农产品加工业主要产品产量（2010 年）

地　区	混配合饲料（t）	机制纸及纸板（t）	纱（万 t）	布（万 m）	机制糖（t）	饮料酒（t）	乳制品（t）	食用植物油（t）
全国合计	**4 831 329**	**617 200**	**51**	**64 760**	**2 057 949**	**1444 166**	**2 839 946**	**1 930 780**
北　京		7 297				9	213 196	
天　津		7 975				55 363	66 470	
河　北	125 810	164 126		6 813		4 227	403 628	15 270
山　西	8 400						764	
内蒙古	27 659	1 820				1 330	22 284	63 071
辽　宁	77 460	1 512				300 745	106 200	2 200
吉　林		6 800						
黑龙江	342 965	37 197			33 172	49 358	577 259	1 042 907
上　海	85 298				644 320	109 251	815 446	
江　苏	99 092		3					12 846
浙　江	248 884			34 084		60	6 500	
安　徽	63 022		1			4 675	14 723	3 087
福　建	7 109	67 395		95		3 246	4 145	1 045
江　西	28 080	55 392	3	1 923		42 104		6 193
山　东	4 030							
河　南	83 983	2 424	1	22		27 510	12 297	1 157
湖　北	805 949	26 182	15	12 636		363 838	90 128	451 957
湖　南	949 786	35 000	3	213	3 955	3 945	5 000	3 200
广　东	4 310	26 024			518 025	2 191	74 086	1 762
广　西	279 519	48 600			612 965	13 127	2 310	446
海　南					13 048	96		108
重　庆	414 732					7 050	185 079	
四　川							3 920	
贵　州	31 227						32 511	
云　南					60 108	91		
西　藏								

（续）

地　区	混配合饲料（t）	机制纸及纸板（t）	纱（万t）	布（万m）	机制糖（t）	饮料酒（t）	乳制品（t）	食用植物油（t）
陕　西	4 500						2 409	1 980
甘　肃	9 567					156 637		
青　海							13 400	
宁　夏	24 913					145 376	19 502	12
新疆（兵团）	1 055 861	127 026	23	8 973	172 356	149 712	96 244	307 262
新疆（农业）	14 020		2			4 020	518	10 250
新疆（畜牧）	32 053	2 430				205	45 559	6 027

表103　我国森林工业主要产品产量（2009—2010年）

主要产品	单位	2009年	2010年	同比增长（%）
锯材	万m^3	3 229.8	3 722.6	15.26
木片（实积）	万m^3	1 285.8	1 871.5	45.71
人造板	万m^3	11 546.7	15 360.8	33.03
胶合板	万m^3	4 451.2	7 139.7	60.40
纤维板	万m^3	3 488.6	4 354.5	24.82
刨花板	万m^3	1 431.0	1 264.2	－11.66
其他人造板	万m^3	2 175.9	2 602.4	19.60
胶合木	万m^3	325.9		
木地板	万m^2	37 753.2	47 917.2	26.92
卫生筷子	标准箱	10 409 774		
人造板表面装饰板	万m^2	25 327.1	29 534.9	16.61
热固性树脂装饰层压板	万m^2	1 640.0		
单板	万m^3	2 714.4	2 723.5	0.34
林产化学产品				
松香类产品	t	1 117 030	1 332 798	19.32
松节油类产品	t	157 506	158 403	0.57
樟脑	t	9 700	11 588	19.46
冰片	t	986	963	－2.33
栲胶类产品	t	11 000	10 925	－0.68
紫胶类产品	t	2 755	3 804	38.08
木材热解产品				
其中：木炭	t	316 612	399 660	26.23
活性炭	t	226 529	192 369	－15.08
软木制品				
其中：软木砖	t	8 200		
软木纸	t	45 747		

表104 各地区森林工业主要产品产量（2010年） 单位：万 m^3

地 区	锯材	木片（实积）	人造板					木地板（万 m^2）	人造板表面装饰板（万 m^2）
			合计	胶合板	纤维板	刨花板	其他人造板		
全国总计	**3 722.6**	**1 873.5**	**15 360.8**	**7 139.7**	**4 354.5**	**1 264.2**	**2 602.4**	**47 917.2**	**29 534.9**
北 京			22.1		22.1			163.4	
天 津			5.5	0.4		4.8	0.3	32.7	
河 北	190.6	19.3	1 190.8	389.9	299.1	233.7	268.2	41.8	943.1
山 西	1.5	0.1	72.0	9.2	14.2	26.0	22.7		120.4
内蒙古	400.3	12.5	82.9	25.0	14.3	26.2	17.4	8.8	
辽 宁	189.6	88.1	262.9	121.9	74.6	30.2	36.1	4 594.7	
吉 林	114.5	27.6	236.1	91.4	53.4	61.6	29.7	3 182.7	7 979.6
黑龙江	124.3	36.2	162.4	31.1	30.9	58.5	41.8	513.3	141.6
上 海	1.6	1.4	110.1	8.6	19.0		82.4	3 589.7	
江 苏	56.4	82.3	2 301.2	1 375.9	400.4	129.9	394.9	7 046.1	360.0
浙 江	299.3	48.9	507.3	155.9	109.9	15.4	226.1	8 014.4	18 631.3
安 徽	139.1	42.7	710.5	381.2	211.4	42.7	95.2	3 481.8	16.2
福 建	163.8	97.5	749.5	283.8	174.6	165.6	125.5	1 707.4	601.6
江 西	153.4	55.0	249.9	69.4	123.0	19.4	38.0	2 188.4	22.2
山 东	599.8	621.3	3 523.7	2 207.8	806.3	121.2	388.4	3 350.9	224.1
河 南	104.2	129.7	1 173.8	365.1	403.7	90.6	314.5	548.7	8.8
湖 北	66.0	18.9	289.5	43.7	177.4	14.1	54.3	2 795.8	3.3
湖 南	238.2	24.7	479.9	211.8	82.7	26.7	158.7	1 547.5	2.3
广 东	128.0	201.9	784.1	202.5	387.5	90.6	103.5	3 866.9	479.8
广 西	337.2	266.2	1 468.4	898.0	439.1	40.6	90.7	27.3	0.2
海 南	9.9	11.2	36.9	13.8	18.9	3.5	0.6	0.3	
重 庆	17.7	5.5	29.6	20.8	1.1	4.2	3.6	3.0	
四 川	136.9	20.1	583.4	157.1	310.9	52.2	63.2	837.0	0.5
贵 州	65.6	5.1	51.6	29.4	7.9	1.1	13.2	51.1	
云 南	144.3	24.8	162.5	43.1	95.9	4.9	18.6	292.4	
西 藏	9.5								
陕 西	0.8	5.4	58.1	0.6	57.2	0.3			
甘 肃			0.9	0.6	0.3				
青 海									
宁 夏									
新 疆	2.2		3.1	0.5	2.6				
大兴安岭	27.6	27.2	32.3	1.0	16.2	0.2	14.9	31.0	

(续)

地区	单板	松香类产品(t)	松节油类产品(t)	樟脑(t)	冰片(t)	栲胶类产品(t)	紫胶类产品(t)	木材热解产品(t)	
								木炭	活性炭
全国总计	**2 723.5**	**1 332 798**	**158 403**	**11 588**	**963**	**10 925**	**3 804**	**399 660**	**192 369**
北京									
天津									
河北	367.8					1 200			
山西									270
内蒙古	7.3					763			
辽宁	1.9	500						11 431	
吉林	27.6							3 680	
黑龙江	12.7							5 000	
上海									
江苏	1 084.8							540	
浙江	0.8	12 800	4 300					12 838	
安徽	23.0	3 692	1 088					33 370	5 001
福建	102.3	86 243	14 668	8 940			13	1 267	149 039
江西	12.7	66 045	32 729	561	2			70 309	19 677
山东	528.3	2						49 442	
河南	44.9	2 550				1 550		4 786	
湖北	17.9	13 871	3 261						
湖南	9.9	24 764	3 137	40	370	10	14	43 853	14 941
广东	24.8	129 081	10 247	1 997	391		517	6 930	1 111
广西	435.9	801 838	41 547			6 376		4 113	600
海南		4 242	9					11 699	
重庆		800						1 565	
四川	2.8	2 239	17 430	45	200		101	6 900	
贵州	0.6	4 593	725					37 242	280
云南	14.4	179 540	29 262	5		946	3 159	91 597	
西藏								209	
陕西						80			
甘肃									
青海									
宁夏									
新疆									
大兴安岭	3.2							2 889	1 450

表 105 我国水产品加工产品的主要种类与产量（2007—2010 年）

单位：万 t

年 份	冷冻制品	干制品	腌熏制品	鱼糜及其制品	动物蛋白饲料	罐制品	其他
2007	806.6	92.3	25.3	74.9	188.1	18.3	62.4
2008	850.9	111.6		81.9	148.0	22.0	62.4
2009	941.1	138.8		84.8	136.5	22.1	61.2
2010	1 004.9	146.5		96.2	149.3	24.3	113.6

表 106 纺织工业主要产品产量（规模以上企业）（2009—2010 年）

产品名称	单 位	2009 年	2010 年	同比增长（%）
纤维	万 t	2 673.9	3 089.7	15.55
纱	万 t	2 388.7	2 716.9	13.74
布	亿 m	548.8	655.5	19.45
服装	亿件	240.5	285.2	18.60
全行业加工总量	万 t			

资料来源：表中数据由国家工信部提供。

表 107 我国皮革行业主要产品产量（2009—2010 年）

主要产品	单位	2009 年	2010 年	同比增长（%）
轻革	亿 m^2	6.90	7.50	8.7
皮鞋	亿双	35.90	41.90	16.71
皮革服装	万件	5 612.00	6 237	11.14
毛皮服装	万件	468.50	312	−33.40
皮革皮包、袋	亿只	7.03	7.8	10.95

资料来源：表中数据由中国皮革工业协会提供。

表 108 我国家具工业主要产品产量（2009—2010 年）

单位：万件

产品名称	单位	2009 年	2010 年	同比增长（%）
总 计	**万件**	**60 294.9**	**77 032.8**	**27.76**
木质家具	万件	20 632.0	26 072.7	26.37
软体家具（含床垫沙发）	万件	4 049.1	4 730.9	16.84
金属家具	万件	32 287.9	42 381.2	31.26

资料来源：表中数据由中国家具工业协会提供。

表 109 我国家具工业分地区主要产品产量（2010 年）

单位：万件

地 区	家 具	地 区	家 具
全国总计	**77 032.8**	河 南	**2 669.6**
北 京	822.8	湖 北	243.3
天 津	676.2	湖 南	266.8
河 北	763.2	广 东	19 393.2
山 西	19.4	广 西	266.5
内蒙古	122.0	海 南	57.7
辽 宁	1 880.7	重 庆	700.7
吉 林	220.8	四 川	1 100.0
黑龙江	452.6	贵 州	25.3
上 海	6 267.8	云 南	23.9
江 苏	2 705.6	西 藏	
浙 江	18 742.7	陕 西	63.5
安 徽	200.2	甘 肃	5.4
福 建	10 700.8	青 海	0.32
江 西	1 085.6	宁 夏	2.3
山 东	7 418.4	新 疆	135.4

资料来源：表中数据由中国家具工业协会提供。

表 110 我国造纸工业纸浆消耗情况（2008—2010 年）

单位：万 t

品 种	2008 年		2009 年		2010 年		同比增长(%)
	消耗	所占比例（%）	消 耗	所占比例（%）	消 耗	所占比例（%）	
纸浆消耗量	**7 360**	**100.00**	**7 980**	**100.00**	**8 461**	**100.00**	**6.03**
1. 木浆	1 624	22.00	1 866	23.00	1 859	22.00	−0.38
其中：进口木浆	952	13.00	1 315	16.00	1 151	14.00	−12.47
国产木浆	672	9.00	551	7.00	708	8.00	28.49
2. 非木浆	1 297	18.00	1 175	15.00	1 297	15.00	10.38
3. 废纸浆	4 439	60.00	4 939	62.00	5 305	63.00	7.41
其中：国产废纸浆	2 503	34.00	2 739	34.00	3 213	38.00	17.31
进口废纸浆	1 936	26.00	2 200	28.00	2 092	25.00	−4.91

表 111 我国废纸回收利用情况（2005—2009 年）

年 份	废纸回收量（万 t）	废纸回收率（%）	废纸浆用量（万 t）	废纸浆利用率（%）	废纸进口量（万 t）
2005	1 809.0	31.50	2 810	54.0	1 703
2006	2 367.0	35.90	3 380	56.0	1 962
2007	2 765.0	37.90	2 212	59.3	2 256
2008	3 127.7	39.50	4 439	69.5	2 421
2009	3 424.0	40.00	4 997	71.5	2 750

资料来源：表中数据来自 2010 年《造纸信息》第 11 期。

表 112　我国各类造纸纤维原料所占比重（2009—2010 年）　单位：万 t

名　　称	木浆		草类纤维		废纸浆		总量	
	2009 年	2010 年	2009 年	2010 年	2009 年	2010 年	2009 年	2010 年
我国造纸纤维原料消耗量	1 866	1 859	1 175	1 297	4 939	5 305	7 980	8 461
造纸纤维原料中所占比重（%）	23	22	15	15	62	63	100.0	100.0

表 113　我国机制纸及纸板主要品种产量（2009—2010 年）　单位：万 t

品　种	2009 年	2010 年	同比增长（%）
纸及纸板合计	**8 640**	**9 270**	**7.29**
一、纸			
1. 新闻纸	480	430	−10.42
2. 未涂布印刷书写纸	1 510	1 620	7.28
3. 涂布印刷纸	590	640	8.47
4. 生活用纸	580	620	6.90
5. 包装用纸	575	600	4.35
二、纸板			
1. 白纸板	1 150	1 250	8.70
2. 箱纸板	1 730	1 880	8.67
3. 瓦楞原纸	1 715	1 870	9.04
三、特种纸及纸板	150	180	20.00
四、其他纸及纸板	160	180	12.50

表 114　我国纸和纸板消费结构情况（2008—2009 年）　单位：万 t

产品名称	2008 年					2009 年				
	生产量	进口量	出口量	消费量	比重（%）	生产量	进口量	出口量	消费量	比重（%）
机制纸及纸板	7 980	358	403	7 935	100.0	8 640	334	405	8 569	100.0
1. 新闻纸	460	2	36	426	5.4	480	2	21	461	5.4
2. 未涂布印刷书写纸	1 400	39	54	1 385	17.5	1 510	38	51	1 497	17.5
其中：书刊印刷纸										
书写纸										
3. 涂布纸	550	54	137	467	5.9	590	36	163	463	5.4
其中：铜版纸	460	38	97	401		500	31	132	399	
4. 生活用纸	550	5	52	503	6.3	580	5	56	529	6.2
5. 包装用纸	560	12	3	569	7.2	575	15	3	587	6.9
6. 白纸板	1 120	64	53	1 131	14.3	1 150	71	61	1 160	13.5
其中：涂布白纸板	1 070	64	53	1 081		1 100	71	61	1 110	13.0
7. 箱纸板	1 530	88	13	1 605	20.2	1 730	86	7	1 809	21.1
8. 瓦楞原纸	1 520	45	13	1 552	19.6	1 715	46	3	1 758	20.5
其中：高强度瓦楞原纸										
9. 特种纸和纸板	140	38	34	144	1.8	150	27	33	144	1.7
10. 其他纸和纸板	150	11	8	153	1.9	160	8	7	161	1.9

资料来源：表中数据来自 2010 年《中国造纸年鉴》。

表 115　我国造纸工业主要产品生产及消费情况（2009—2010 年）

单位：万 t

产品名称	生产量			消费量		
	2009 年	2010 年	同比（%）	2009 年	2010 年	同比（%）
总　量	**8 640**	**9 270**	**7.29**	**8 569**	**9 173**	**7.05**
1. 新闻纸	480	430	－10.42	461	423	－8.24
2. 未涂布印刷书写纸	1 510	1 620	7.28	1 497	1 590	6.21
3. 涂布印刷纸	590	640	8.47	463	549	18.57
其中：铜版纸	500	555	11.00	399	480	20.30
4. 生活用纸	580	620	6.90	529	567	7.18
5. 包装用纸	575	600	4.35	587	612	4.26
6. 白纸板	1 150	1 250	8.70	1 160	1 254	8.10
其中：涂布白纸板	1 100	1 200	9.09	1 110	1 204	8.47
7. 箱纸板	1 730	1 880	8.67	1 809	1 946	7.57
8. 瓦楞原纸	1 715	1 870	9.04	1 758	1 889	7.45
9. 特种纸及纸板	150	180	20.00	144	164	13.89
10. 其他纸及纸板	160	180	12.50	161	179	11.18

资料来源：表中数据由中国造纸协会提供。

表 116　我国纸和纸板生产、消费及进口量与人均消费量（2006—2010 年）

年　份	纸和纸板总产量（万 t）	纸和纸板总消费量（万 t）	纸和纸板进口量（万 t）	人均消费量（kg）
2006	6 500	6 600	441	50
2007	7 350	7 290	401	55
2008	7 980	7 935	359	60
2009	8 391	8 331	352	64
2010	9 270	9 173	331	69

表 117　我国 131 个重点书刊印刷（含其他印刷）企业主要产品产量（2008—2009 年）

年　份	照相排字（亿字）	书刊印刷（万令）	胶印印刷（万对开色令）	书刊装订（万令）
2008	49.4	2 135	10 253	2 503
2009	36.2	2 623	10 723	3 916
同比增长（%）	－26.72	22.86	4.58	56.45

资料来源：表中数据来自 2010 年《印刷工业》第 10 期。

表 118　我国纸和纸板人均消费量与美国的比较（2006—2010 年）

单位：kg/（人・年）

年　份	2006 年	2007 年	2008 年	2009 年	2010 年
我国人均消费量	50	55	60	64	69
美国人均消费量	301	288	266	234	

表 119 我国橡胶工业主要产品产量（2009—2010 年）

指　标	单　位	2009 年	2010 年	同比增长（%）
轮　胎	万条	38 000.0	30 500.0	−19.74
摩托车胎	万条	22 800.0	14 800	−35.09
自行车胎	万条	56 706.0	73 000	28.73
输送带	万 m^2	21 200.0	33 700	58.96
胶　鞋	万双	32 700.0	33 000	0.92
安全套	亿只	32.9	32.0	−2.74
助　剂	万 t	59.5	70.0	17.65
炭　黑	万 t	206.7	247.0	19.50
再生胶	万 t	55.9	64.0	14.49
钢丝帘线	万 t	91.6	120.4	31.44

注：表中数据为 45 个轮胎分会会员企业、22 个力车车胎分会会员企业、38 个胶管胶带分会会员企业、20 个胶鞋分会会员企业、42 个橡胶制品分会会员企业、27 个乳胶分会会员企业、39 个炭黑分会会员企业、44 个废橡胶综合利用分会会员企业以及 45 个橡胶助剂、骨架材料分会会员企业的统计数据。

资料来源：表中数据来自 2011 年《中国橡胶》第 5 期。

表 120 我国人均主要工农业产品产量（2006—2010 年）

产品名称	单　位	2006 年	2007 年	2008 年	2009 年	2010 年
粮　食	kg	379.89	380.61	399.13	398.70	408.66
棉　花	kg	5.75	5.78	5.66	4.80	4.46
油　料	kg	20.14	19.49	22.29	23.70	24.16
糖　料	kg	79.78	92.48	101.31	92.20	89.80
茶　叶	kg	0.78	0.88	0.95	1.02	1.10
水　果	kg	130.45	137.62	145.10	153.20	160.14
猪牛羊肉	kg	42.65	40.09	42.38	44.32	45.79
水产品	kg	34.96	36.02	36.96	38.50	40.20
布	m	45.66	51.24	53.60	55.60	59.80
机制纸及纸板	kg	52.35	59.13	63.34	64.73	73.50
纱	kg	13.29	15.69	16.03	17.93	20.31

农产品加工业主要产品出口创汇情况

表 121 我国海关出口农产品及加工品数量与金额（2009—2010 年） 单位：万美元

产品名称	单位	2009年		2010年	
		数量	金额	数量	金额
活猪	万头	169	33 008	172	338 534
活家禽	万只	696	2 608	696	2 610
牛肉	万 t	1	6 121	2	10 909
猪肉	万 t	9	26 272	11	33 201
冻鸡	万 t	7	13 627	10	20 828
水海产品	万 t	209	680 851	243	880 218
鲜蛋	百万个	1 111	7 889	1 298	8 789
谷物及谷物粉	万 t	132	71 620	120	66 066
稻谷和大米	万 t	79	52 506	62	41 868
玉米	万 t	13	3 171	13	3 335
蔬菜	万 t	636	499 576	655	798 093
鲜或冷藏蔬菜	万 t	424	218 760	421	377 180
橘、橙	t	985 127	50 640	814 322	52 098
苹果	t	1 171 805	71 213	1 122 953	83 163
松子仁	t	7 862	14 297	7 027	15 928
大豆	万 t	35	23 714	16	11 825
花生及花生仁	万 t	24	21 823	19	24 176
食用植物油（含棕榈油）	t	114 019	15 149	92 461	12 262
食糖	t	63 886	3 365	94 348	6 386
天然蜂蜜	t	71 831	12 570	101 138	18 251
茶叶	t	302 952	70 495	302 525	78 412
辣椒干	t	91 025	14 262	44 535	11 500
猪肉罐头	t	36 133	9 765	41 932	10 604
蘑菇罐头	t	285 791	36 014	329 621	46 185
啤酒	万 L	21 030	12 269	19 410	11 234
肠衣	t	69 219	78 798	74 961	82 930
填充用羽毛、羽绒	t	27 030	24 325	32 087	36 676
药材	t	199 552	48 488	226 056	63 177
烤烟	t	99 449	41 148	90 784	43 862

（续）

产品名称	单位	2009年		2010年	
		数量	金额	数量	金额
纸烟	万条	8 078	27 960	9 841	31 154
锯材	万 m^3	56	34 509	53	34 043
生丝	t	9 227	24 352	8 509	33 885
山羊绒	t	2 125	13 783	2 740	21 963
棉花	t	8 249	1 812	6 453	821
中式成药	t	13 367	16 596	13 910	19 621
烟花、爆竹	t	297 107	55 690	301 104	55 346
松香及树脂酸	t	193 505	18 202	249 802	48 675
新的充气橡胶轮胎	万条	30 214	768 493	36 962	1 038 816
纸及纸板（未切成形）	万 t	362	313 604	380	379 120
棉纱线	t	537 527	181 593	525 104	225 100
丝织物			77 572		99 883
棉机织物			850 718		1 138 650
亚麻及苎麻机织物	万 m	19 980	44 363	25 593	61 049
合成短纤及棉混纺机织物	万 m	237 282	182 384	250 072	230 696
地毯	万 m^2	45 725	149 126	56 690	195 635
塑料编织袋（周转袋除外）	万条	508 453	71 238	567 830	81 819
纺织机械及零件			121 151		175 657
家具及其零件			2 532 923		3 298 649
非针织或钩编织物制服装			4 265 440		4 916 935
针织或钩编织服装			4 806 802		5 969 974
皮鞋	万双	88 241	835 620	100 179	1 044 897
橡胶或塑料底布鞋（包括球鞋）	万双	142 355	412 858	179 274	563 721
足球、篮球、排球	万个	18 493	32 804	22 691	44 215
竹编结品	t	41 641	14 253	39 775	14 601
藤编结品	t	17 905	10 983	18 689	12 050
草编结品	t	38 350	16 682	35 675	16 783
柳编结品	t	93 775	40 014	88 320	41 918

表 122　我国农产品进出口状况（2009—2010 年）　　单位：亿美元

项目	2009年	2010年
农产品进出口额	922.8	1 219.6
农产品出口额	395.9	494.1
农产品进口额	526.9	725.5

资料来源：表中数据来自 2011 年《世界农业》第 3 期。

表 123 我国海关进口农产品及加工品数量与金额（2009—2010 年） 单位：万美元

产品名称	单位	2009年		2010年	
		数量	金额	数量	金额
谷物及谷物粉	万 t	315	89 807	571	152 726
小麦	万 t	90	21 117	123	31 584
稻谷和大米	万 t	36	21 558	39	27 136
大豆	万 t	4 255	1 878 728	5 480	2 508 123
食用植物油	万 t	816	589 519	687	602 672
食糖	万 t	106	37 840	177	90 578
天然橡胶（包括乳胶）	万 t	171	281 371	186	566 688
合成橡胶（包括乳胶）	万 t	147	300 042	157	426 976
原木	万 m^3	2 806	408 652	3 435	607 109
锯材	万 m^3	988	231 927	1 476	386 864
纸浆	万 t	1 368	584 370	1 137	881 779
羊毛及毛条	万 t	33	154 048	33	204 299
棉花	万 t	153	211 464	284	565 586
纺织用合成纤维	万 t	35	69 965	37	94 468
聚酯纤维	万 t	15	20 298	14	22 627
聚丙烯腈纤维	万 t	18	37 835	20	55 681
纸及纸板（未切成形）	万 t	331	314 578	331	369 641
制冷设备用压缩机	万台	1 184	84 156	1 339	166 683

表 124 我国蔬菜进出口情况（2010 年 1～6 月、2011 年 1～6 月）

进 口

品种类别	2010年1～6月		2011年1～6月		同比增长（%）	
	数量（万 t）	金额（万美元）	数量（万 t）	金额（万美元）	数量	金额
鲜冷冻蔬菜	1.77	1 283.6	1.24	1 109.5	−30.12	−13.56
加工蔬菜	5.04	4 603.4	5.62	6 333.0	39.12	37.57
干蔬菜	0.54	1 437.1	0.86	2 721.1	59.12	89.35
合计	**6.35**	**7 323.1**	**7.72**	**10 163.6**	**21.50**	**38.77**

出 口

品种类别	2010年1～6月		2011年1～6月		同比增长（%）	
	数量（万 t）	金额（万美元）	数量（万 t）	金额（万美元）	数量	金额
鲜冷冻蔬菜	215.01	17.0	259.6	25.5	20.74	50.33
加工蔬菜	136.44	14.5	153.8	17.6	12.71	21.58
干蔬菜	21.79	8.9	21.4	12.2	−1.74	36.41
合计	**373.24**	**40.4**	**434.8**	**55.3**	**16.49**	**36.93**

资料来源：表中数据来自 2011 年《世界农业》第 8 期。

表 125　我国畜产品进出口状况（2010 年）

产品名称	单位	出口		进口		出口同比（%）		进口同比（%）	
		数量	金额（万美元）	数量	金额（万美元）	数量	金额	数量	金额
活　猪	万头	16 880.1	33 854.1			4.02	2.56		
活家禽	万只	952.8	2 609.9	10.3	3 208.7	0.28	0.06	4.44	5.13
鲜冻牛肉	万 t	2.2	10 908.6	2.4	8 429.7	65.34	78.23	67.41	91.38
鲜冻猪肉	万 t	11.0	33 201.4	20.1	20 863.7	26.01	26.37	48.99	53.06
冻　鸡	万 t	10.4	20 827.5	51.6	91 879.2	47.45	52.84	−28.62	−2.98
鲜冻兔肉	万 t	1.0	3 983.8			−0.45	−3.95		
鲜　蛋	百万个	78.5	9 788.6	0.02	0.11	−92.94	24.09	−69.46	126.28
乳　品	万 t	3.4	4 394.2	74.5	196 952.4	−8.21	−22.76	24.84	91.59
天然蜂蜜	万 t	10.1	18 251.3	0.22	959.5	40.80	45.20	−9.55	80.25
猪　鬃	万 t	0.82	9 542.3	0.02	18.0	20.04	33.49	84.79	341.20
肠　衣	万 t	7.5	82 929.9	8.8	14 902.6	8.30	5.24	3.08	5.25
羽毛羽绒	万 t	3.2	36 676.2	0.82	3 600.7	18.71	47.74	50.92	48.78
皮　张	t	115.8	158.4	34 764.4	38 253.2	323.64	219.89	6.13	46.77
山羊绒	t	2 739.3	21 960.1	6 509.3	5 605.0	28.99	59.39	81.74	31.45
兔　毛	t	1.0	0.81				12.00		
羊　毛	万 t	1.8	6 905.7	31.8	196 292.3	70.19	80.53	3.27	33.91
猪肉罐头	万 t	4.2	10 603.9	0.04	105.2	16.05	8.60	255.73	162.78
饲料用鱼粉	万 t	0.2	236.2	103.8	166 388.2	−49.62	−30.47	−20.63	27.81
配合饲料	万 t	74.7	123 327.5	10.2	17 934.4	35.96	41.29	−20.29	−8.49

资料来源：表中数据来自 2011 年《中国畜牧业通讯》第 5 期。

表 126　我国羊毛和毛条进出口状况（2006—2010 年）

单位：万 t、亿美元

进出口状况		2006 年	2007 年	2008 年	2009 年	2010 年
羊毛	进口量	27.8	31.1	28.5	30.8	31.8
	进口额	12.6	17.9	17.0	14.7	19.6
	出口量	3.1	2.8	1.5	1.1	1.8
	出口额	0.7	0.8	0.5	0.4	0.7
毛条	进口量	2.2	2.1	2.0	1.9	1.5
	进口额	1.0	1.1	1.0	0.8	0.8
	出口量	4.2	4.0	3.2	3.3	4.7
	出口额	2.3	3.0	3.0	2.6	4.2

资料来源：表中数据来自 2011 年《世界农业》第 7 期。

表 127 我国主要粮食产品进出口情况（2010 年） 单位：万 t

主要粮食产品	进 口	出 口	顺 差
谷 物	570.8	124.3	−446.5
大 米	38.8	62.2	23.4
小 麦	123.0	27.7	−95.3
玉 米	157.3	12.7	−144.6
大 麦	236.7		
大 豆	5 479.0	16.4	−5 462.6

资料来源：表中数据由农业部提供。

表 128 我国饲料及相关产品进出口情况（2010 年） 单位：t

产品品种	进口量	同比增长（%）	出口量	同比增长（%）
动物饲料	102 072	−20.2	747 372	35.9
宠物饲料	6 394	247.7	102 490	21.6
制成的饲料添加剂	28 697	2.8	488 271	45.3
蛋氨酸	107 420	7.3	1 314	28.5
赖氨酸	7 662	−73.5	147 397	46.3
肉骨粉	129 991	51.7	51	
菜籽粕	294 140	84.9	1 668	46.4
棉籽粕	783		74 916	−10.0
鱼 粉	1 038 250	−20.6	2 016	−49.6
豆 粕	187 743	41.3	1 016 007	−9.5
玉 米	1 573 202	1 762.2	127 320	−1.7

资料来源：表中数据来自 2011 年《饲料广角》第 5 期。

表 129 我国油脂、油料进出口情况（2006—2010 年） 单位：万 t

年份	进口折油	大豆油	菜籽油	棕榈油	大豆	油菜籽	出口折油	净进口折油
2006	1 281	154	4	508	2 827	74	53	1 228
2007	1 510	282	38	548	3 080	83	36	1 475
2008	1 614	250	27	528	3 744	130	39	1 575
2009	2 057	239	133	644	4 255	329	21	2 036
2010	2 113	134	99	570	5 480	160	24	2 089

资料来源：表中数据来自 2011 年《中国油脂》第 6 期。

表 130 我国林产品进出口数量（2009—2010 年）

产品名称		贸易	单位	2009 年	2010 年
原木	针叶原木	出口	m^3	851	174
		进口		20 302 606	24 274 023
	阔叶原木	出口	m^3	11 885	28 208
		进口		7 756 655	10 073 466
	合计	出口	m^3	12 736	28 382
		进口		28 059 621	34 347 489
锯材		出口	m^3	561 106	539 433
		进口		9 935 167	14 812 175
单板		出口	m^3	114 327	158 158
		进口		72 327	109 517
特形材		出口	t	251 560	302 159
		进口		7 953	10 513
刨花板		出口	m^3	124 944	165 527
		进口		446 543	539 368
纤维板		出口	m^3	2 031 141	2 569 456
		进口		452 979	400 071
胶合板		出口	m^3	5 634 800	7 546 940
		进口		179 178	213 672
木制品		出口	t	1 563 994	1 858 712
		进口		39 734	43 652
家具		出口	件	247 470 421	298 327 198
		进口		3 298 999	4 361 353
木片		出口	t	7 247	5 342
		进口		2 766 012	4 631 704
木浆		出口	t	35 045	14 433
		进口		13 578 483	11 299 952
废纸		出口	t	220	621
		进口		27 501 707	24 352 214
纸和纸制品		出口	t	4 802 753	5 157 993
		进口		3 495 948	3 526 533
木炭		出口	t	54 922	63 398
		进口		156 678	175 518
松香		出口	t	193 291	249 801
		进口		2 927	3 589

（续）

产品名称		贸易	单位	2009年	2010年
水果	柑橘类	出口	t	1 113 022	933 089
		进口		91 652	105 275
	鲜苹果	出口	t	1 174 191	1 122 953
		进口		54 116	66 882
	鲜梨	出口	t	463 159	437 804
		进口		13	13
	鲜葡萄	出口	t	100 225	89 359
		进口		89 775	81 744
	山竹果	出口	t		1
		进口		91 719	90 918
	鲜榴莲	出口	t		4
		进口		196 147	172 205
	鲜龙眼	出口	t	945	1 177
		进口		256 037	291 336
坚果	核桃	出口	t	10 582	12 086
		进口		21 102	25 918
	板栗	出口	t	46 640	37 002
		进口		10 820	11 983
	松子仁	出口	t	7 862	7 027
		进口		935	503
	开心果	出口	t	2 469	3 382
		进口		21 545	52 781
干果	梅干及李干	出口	t	551	954
		进口		3 034	5 635
	龙眼干、肉	出口	t	232	283
		进口		133 616	62 036
	柿饼	出口	t	5 001	6 505
		进口			
	红枣	出口	t	8 668	7 686
		进口		5	51
	葡萄干	出口	t	41 345	39 850
		进口		11 743	13 855
果汁	柑橘类果汁	出口	t	20 220	22 563
		进口		65 108	71 364
	苹果汁	出口	t	799 505	788 409
		进口		467	464

表 131 我国林产品进出口金额（2009—2010 年）

单位：千美元

产品名称		贸易	2009 年	2010 年
总计		**出口**	**36 316 317**	**46 316 686**
		进口	**33 902 486**	**47 506 554**
原木	针叶原木	出口	274	51
		进口	2 234 430	3 240 796
	阔叶原木	出口	4 306	10 475
		进口	1 852 088	2 830 298
	合计	**出口**	**4 580**	**10 526**
		进口	**4 086 518**	**6 071 084**
锯材		出口	346 344	342 001
		进口	2 327 863	3 878 172
单板		出口	172 678	210 865
		进口	63 736	88 064
特形材		出口	371 345	433 189
		进口	15 547	19 708
刨花板		出口	32 712	41 387
		进口	88 913	114 283
纤维板		出口	884 401	1 114 253
		进口	119 570	124 654
胶合板		出口	2 523 949	3 402 140
		进口	89 042	116 042
木制品		出口	3 324 597	4 114 612
		进口	84 081	121 953
家具		出口	12 035 202	16 157 214
		进口	297 671	387 711
木片		出口	887	558
		进口	353 802	673 817
木浆		出口	22 351	11 344
		进口	6 795 615	8 774 104
废纸		出口	48	119
		进口	3 796 054	5 352 897
纸和纸制品		出口	6 129 326	7 554 688
		进口	3 879 784	4 610 590
木炭		出口	26 065	35 748
		进口	17 552	22 952
松香		出口	181 729	486 750
		进口	6 104	8 830

（续）

产品名称		贸易	2009年	2010年
水果	柑橘类	出口	592 697	615 797
		进口	72 224	106 072
	鲜苹果	出口	713 518	831 627
		进口	54 108	75 932
	鲜梨	出口	220 716	243 263
		进口	23	75
	鲜葡萄	出口	85 926	104 943
		进口	172 077	189 471
	山竹果	出口		1
		进口	144 383	147 018
	鲜榴莲	出口		1
		进口	124 373	149 562
	鲜龙眼	出口	857	711
		进口	157 334	193 182
坚果	核桃	出口	19 849	24 536
		进口	28 502	48 596
	板栗	出口	68 208	71 934
		进口	18 108	22 090
	松子仁	出口	142 974	159 277
		进口	7 875	5 619
	开心果	出口	5 622	7 334
		进口	77 461	203 136
干果	梅干及李干	出口	2 311	3 844
		进口	2 865	4 942
	龙眼干、肉	出口	1 249	1 742
		进口	88 737	64 630
	柿饼	出口	9 098	13 896
		进口		
	红枣	出口	17 399	17 447
		进口	20	90
	葡萄干	出口	65 311	69 960
		进口	18 340	23 010
果汁	柑橘类果汁	出口	14 218	16 064
		进口	106 311	109 036
	苹果汁	出口	655 526	747 088
		进口	718	606
其他		出口	7 640 042	9 459 801
		进口	6 718 656	9 727 522

表 132 轻工业系统农产品加工业主要出口产品情况（2009 年）

主要产品名称	单 位	出口产品		同比增长（%）	
		数 量	金 额	数 量	金 额
轻工业产品出口总额	**万美元**		**27 783 753**		**−10.15**
有关农产品加工业产品合计	**万美元**		**9 433 717**		**−20.05**
纸浆	万 t、万美元	8.7	9 096	20.26	−7.54
纸张	万 t、万美元	325.6	250 930	−0.01	−5.48
纸制品	万 t、万美元	184.8	339 499	−6.34	−2.30
香料香精	万 t、万美元	3.4	27 815	−1.91	2.86
制盐	万 t、万美元	122.9	6 457	27.15	6.61
糖	万 t、万美元	6.4	3 365	9.39	24.27
乳品	万 t、万美元	3.7	5 689	−69.51	−81.14
罐头	万 t、万美元	226.6	240 435	−10.37	−15.64
可可制品	万 t、万美元	4.1	12 954	−18.62	−35.30
调味品、发酵品	万 t、万美元	165.8	186 180	14.91	4.86
冷冻饮品	万 t、万美元	0.8	1 602	−7.44	−5.10
酒精及酒	万美元		38 555		−14.10
软饮料	万美元		89 917		−35.69
茶	万 t、万美元	30.3	70 499	2.02	3.33
其他食品、饮料	万 t、万美元	964.4	1 883 869	−5.26	−3.02
皮革及其制品	万美元		2 451 699		−13.49
毛皮及其制品	万美元		131 065		47.44
木制品及其他天然植物制品	万美元		299 399		−10.17
家具	万美元		2 595 804		−6.00
抽丝刺绣工艺品	万 t、万美元	15.1	134 510	−26.81	−30.24
地毯	万 m^2、万美元	45 735	149 350	5.92	−7.97
烟花爆竹	万 t、万美元	29.7	55 690	−5.33	12.51
天然植物编织工艺品	万 t、万美元	26.0	99 294	−30.02	−29.24
轻工机械	万美元		201 186		−18.40
羽绒制品	万美元		148 858		−5.78

表 133　轻工业系统农产品加工业主要进口产品情况（2009 年）

主要产品名称	单　位	进口产品		同比增长（%）	
		数　量	金　额	数　量	金　额
轻工业产品进口总额	**万美元**		**7 265 814**		**−9.19**
有关农产品加工业产品合计	**万美元**		**3 923 028**		**−12.14**
纸　浆	万 t、万美元	1 367.5	684 370	43.67	2.09
纸　张	万 t、万美元	302.7	235 567	−4.21	−8.18
纸制品	万 t、万美元	19.1	78 143	−10.55	−9.52
香料香精	万 t、万美元	2.2	37 665	−6.40	2.26
制　盐	万 t、万美元	145.8	6 842	−25.02	−14.42
糖	万 t、万美元	106.5	37 840	36.51	18.83
乳　品	万 t、万美元	59.7	102 799	70.28	19.30
罐　头	万 t、万美元	1.7	1 994	0.50	1.43
可可制品	万 t、万美元	5.1	20 798	2.72	20.81
调味品、发酵品	万 t、万美元	4.6	13 962	1.05	3.17
冷冻饮品	万 t、万美元	0.4	1 596	4.14	1.94
酒精及酒	万美元		105 249		−2.70
软饮料	万美元		19 803		11.93
茶	万 t、万美元	0.4	1 715	−23.00	−3.89
其他食品、饮料	万 t、万美元	2 388.1	1 698 093	30.09	−12.91
皮革及其制品	万美元		418 263		−16.74
毛皮及其制品	万美元		20 440		−13.17
木制品及其他天然植物制品	万美元		5 873		−13.65
家具	万美元		129 680		6.22
抽丝刺绣工艺品	万 t、万美元	0.4	10 528	−14.98	−15.58
地毯	万 m^2、万美元	1 013.8	10 226	−1.20	0.88
烟花爆竹	万 t、万美元	3.9	1.2		20.95
天然植物编织工艺品	万 t、万美元	0.1	199	−1.80	−3.45
轻工机械	万美元		279 428		−29.69
羽绒制品	万美元		1 954		40.80

资料来源：表 132、表 133 中数据由中国轻工业信息中心提供。

表 134　我国淀粉及部分深加工品进出口情况（2010 年）　单位：t

主　要　品　种	进口量	同比增长（%）	出口量	同比增长（%）
玉米淀粉	11 126	大幅度增长	366 435	26
本薯淀粉	734 585	－12	220	－53
马铃薯淀粉	142 471	307	5 844	－33
小麦淀粉	580	－53	10 795	－10
山梨醇	2 959	58	66 248	32
甘露糖醇	277	－45	6 225	40
肌醇	9.5	－9	3 323	26
葡萄糖及葡萄糖浆，果糖＜20%	946	－0.1	519 506	25
葡萄糖及葡萄糖浆，20%≤果糖≤50%，转化糖除外	17 656	445	11 581	－60
果糖及果糖浆，果糖＞50%，转化糖除外	2 394	－58	72 872	112
糊精及变性淀粉	210 374	31	201 733	－13
未列名淀粉	3 102	232	47 597	－22

表 135　我国食糖进出口与贸易方式情况（2008—2010）　单位：万 t

进　口

年　份	合　计	一般贸易	来料加工	进料加工	保税仓库进出境	其他
2008	77.99	61.91	1.97	8.89	3.67	
2009	106.45	83.02	0.17	9.93	12.77	
2010	176.61	163.91	0.87	10.89	0.04	0.07

出　口

年　份	合　计	一般贸易	来料加工	进料加工	边　贸	其他
2008	5.84	1.76	2.15	1.51		
2009	6.39	2.21	0.90	3.15		
2010	9.43	5.65	0.91	1.99		0.25

资料来源：表中数据由中国糖业协会提供。

表 136　我国乳制品进口情况（2010 年）　　单位：万 t、万美元

产品名称		进口		同比增长（%）	
		数量	金额	数量	金额
乳制品合计		**74.53**	**196 952**	**24.9**	**91.6**
液体乳		1.59	2 819	24.3	43.1
乳粉	合计	41.40	13 881	67.8	139.2
	脱脂乳粉	8.85	27 403	25.7	75.6
	全脂乳粉	32.47	110 431	85.7	163.4
	调味乳粉	0.08	976	−45.7	91.3
炼乳		0.33	739	83.2	80.5
酸乳		0.12	419	−19.4	−3.8
乳清粉		26.45	34 481	−8.4	21.3
奶油		2.34	9 141	−17.6	39.2
干酪		2.29	10 543	15.4	51.7
其他乳制品合计		13.59	88 245	−3.1	19.3
乳糖类		4.98	4 682	−15.9	40.3
零售包装婴幼儿乳粉		6.64	68 826	6.3	13.8
酪蛋白类		0.79	6 877	26.2	60.0
白蛋白类		1.19	7 861	−4.0	34.0

表 137　我国乳制品出口情况（2010 年）　　单位：万 t、万美元

产品名称		出口		同比增长（%）	
		数量	金额	数量	金额
乳制品合计		**3.38**	**4 394**	**−8.2**	**−22.6**
液体乳		2.25	1 600	12.3	19.9
乳粉	小计	0.30	943	−69.5	−69.4
	脱脂乳粉	0.02	69		
	全脂乳粉	0.06	198	−92.5	−92.3
	调味乳粉	0.22	675	28.9	28.7
炼乳		0.34	590	−6.7	−69.4
酸乳		0.12	114	41.3	7.9
乳清粉		0.05	80	41.0	136.3
奶油		0.30	972	48.5	94.1
干酪		0.02	95	71.2	98.3
其他乳制品合计		0.48	2 401	190.4	178.3
乳糖类		0.07	74	587.4	233.0
零售包装婴幼儿乳粉		0.02	99	20.0	13.3
酪蛋白类		0.39	2 217	187.5	203.5
白蛋白类			11	−29.7	−49.2

资料来源：表 136、表 137 数据由中国乳制品工业协会提供。

表 138 我国罐头产品主要类别及品种出口情况（2009 年）

单位：t、万美元

产品名称	出口量	出口额
肉类罐头合计	40 000	10 568
水产类罐头合计	95 100	44 148
蔬菜类罐头合计	1 631 200	174 454
番茄酱罐头（重量≤5kg）	242 100	28 358
番茄酱罐头（重量>5kg）	562 100	56 264
小白蘑菇罐头	229 200	24 624
芦笋罐头	66 500	10 105
甜玉米	27 100	2 779
竹笋罐头	130 700	12 731
清水马蹄罐头	50 700	4 497
蚕豆罐头	50 500	2 214
水果类罐头合计	725 900	63 929
果酱、果冻、果泥、果膏罐头	28 500	2 683
菠萝罐头	64 500	4 220
柑橘罐头	320 400	26 026
梨罐头	53 800	4 816
杏罐头	15 900	1 303
桃罐头	127 600	12 480
草莓罐头	20 200	2 006
什锦水果罐头	67 900	8 522
荔枝罐头	22 000	1 990
龙眼罐头	1 200	130
干果类罐头合计	16 400	5 248
狗猫饲料罐头	5 400	1 131

资料来源：表中数据由海关总署提供。

表 139 我国罐头产品出口情况（2008—2009 年）

年份	出口量（t）	同比增长（%）	出口金额（万美元）	同比增长（%）
2008	2 804 976	8.00	356 641	14.90
2009	2 514 100	−10.37	299 400	−16.21

资料来源：表中数据由中国罐头工业协会提供。

表 140 我国蜂蜜生产及出口情况（2007—2010 年）

年份	世界产量（万 t）	我国产量（万 t）	占世界比例（%）	出口量（万 t）	出口率（%）	出口创汇（万美元）
2007	135.4	35.35	26.10	6.44	18.10	9 438
2008	107.3	40.00	37.28	8.49	21.25	14 720
2009	149.6	36.70	24.53	7.19	19.59	12 600
2010	151.1	18.30	12.11	10.10	55.19	18 252

表 141 我国蜂产品出口情况（2009—2010 年）

主要产品	数量、金额、单价	2009 年	2010 年	同比增长（%）
金额总计	**金额（万美元）**	**16 151**	**21 719**	**34.48**
蜂 蜜	数量（t）	72 000	101 138	40.47
	金额（万美元）	12 600	18 251	44.85
	平均单价（美元/kg）	2	2	2.86
鲜王浆	数量（t）	541	600	11.00
	金额（万美元）	1 202	1 222	1.68
	平均单价（美元/kg）	22	20	−8.00
鲜蜂王浆冻干粉	数量（t）	249	218	−12.45
	金额（万美元）	1 546	1 349	−12.74
	平均单价（美元/kg）	62	62	持平
鲜蜂王浆制剂	数量（t）	644	692	7.45
	金额（万美元）	803	897	11.71
	平均单价（美元/kg）	12	12	持平

资料来源：表中数据来自 2011 年《中国蜂业》第 4 期。

表 142 我国水产品进出口贸易情况（2007—2010 年）

年 份	出口量（万 t）	出口额（亿美元）	进口量（万 t）	进口额（亿美元）
2007	306.4	97.4	346.4	47.2
2008	296.5	106.1	388.4	54.1
2009	294.2	107.0	373.7	52.6
2010	333.9	138.3	382.2	65.4

注：2010 年我国水产品进出口总量达 716.1 万 t，进出口总额达 203.4 亿美元，实现贸易顺差 72.9 亿美元，出口额继续位居大宗农产品首位，占全国农产品出口总额的 28.0%，比上年提高 1%。

表 143 我国食品和包装机械进出口情况（2006—2010 年） 单位：万美元

项 目	2006 年	2007 年	2008 年	2009 年	2010 年
进出口总额	**278 500**	**356 700**	**486 614**	**417 400**	**603 800**
食品机械进出口	76 300	115 300	156 685	141 500	191 900
食品机械进口	43 800	62 000	80 885	76 000	97 400
食品机械出口	32 500	53 300	75 800	65 500	94 500
包装机械进出口	202 200	241 400	329 929	275 900	411 900
包装机械进口	153 300	165 200	231 529	194 600	296 700
包装机械出口	48 900	76 200	98 400	81 300	115 200

资料来源：表中数据由中国食品和包装机械工业协会提供。

表 144　我国鞋类产品进出口情况（2009—2010 年）

进出口	单位	2009 年		2010 年	
		数量	金额	数量	金额
出口	亿双、亿美元	81.7	265.9	99.3	336.6
进口	万双、亿美元	2 885	6.4	3 286	8.5

资料来源：表中数据来自 2011 年《中国皮革》。

表 145　我国纺织品服装出口情况（2009—2010 年）

产品名称	单位	2009 年	2010 年	同比增长（%）
纺织品服装出口总额	**亿美元**	**1 671.1**	**2 065.3**	**23.59**
其中：纺织品	亿美元	599.9	770.5	28.44
服装	亿美元	1 071.1	1 294.8	20.88

资料来源：表中数据出自海关总署。

表 146　我国家具工业主要产品进出口情况（2010 年）　单位：万美元

主要产品	单位	进口			
		数量	同比增长（%）	金额	同比增长（%）
家具	**万美元**			**173 970.0**	**34.20**
木家具	万件	358.5	31.20	28 029.5	21.13
金属家具	万件	42.3	−1.49	4 529.6	53.35
塑料家具	万件	14.3	−61.92	627.8	−44.74
竹藤柳条及类似材料制家具	万件	1.3	108.33	57.9	109.78
其他材料制家具	万美元			14 825.2	6.21
坐具及其零件	万美元			116 195.8	43.47
牙科、理发椅及其零件	万美元			472.6	15.63
医用家具	万件	4.2	120.42	8 481.1	32.70
弹簧床垫	万个	3.1	−3.14	750.6	18.94
主要产品	单位	出口			
		数量	同比增长（%）	金额	同比增长（%）
家具	**万美元**			**3 372 387.5**	**29.95**
木家具	万件	20 359.8	20.25	1 955 721.1	39.14
金属家具	万件	25 251.3	18.29	417 770.9	33.44
塑料家具	万件	2 916.5	28.82	45 005.6	32.54
竹藤柳条及类似材料制家具	万件	192.6	24.74	4 500.8	17.18
其他材料制家具	万美元			298 422.6	11.86
坐具及其零件	万美元			1 494 283.4	28.02
牙科、理发椅及其零件	万美元			5 190.1	16.44
医用家具	万件	310.3	16.93	28 800.4	22.46
弹簧床垫	万个	550.3	−7.21	22 692.7	−4.02

资料来源：表中数据由中国家具工业协会提供。

表 147　我国皮革工业主要产品进出口情况（2010 年）

单位：万美元

主要产品	单位	出口 数量	同比增长（%）	金额	同比增长（%）
皮面皮鞋	万双	110 179	13.50	1 044 897	25.0
旅行用品及箱包	万美元			1 801 533	40.8
皮革服装	万件	1 842	－1.50	85 556	9.6
毛皮服装	万件	293	40.70	103 572	71.7
皮革手套	万双	61 760	18.00	93 237	37.2
足、篮、排球	万个	22 691	23.10	44 215	35.0
生皮	kt	4	11.40	369	8.7
成品及半成品革	kt	45	51.50	40 804	71.3
靴鞋零件及类似品	kt	326	9.50	196 903	36.3
制革、制鞋机械	万台	65	53.50	12 595	171.2
总　计	**万美元**			**3 423 681**	**35.5**

主要产品	单位	进口 数量	同比增长（%）	金额	同比增长（%）
生皮	kt	1 231	－3.80	203 271	41.1
成品及半成品	kt	951	16.60	389 674	29.1
靴鞋零件及类似品	kt	21	4.40	27 242	10.2
制革、制鞋机械	台	2 385	－49.10	4 288	42.1
制革机械零件	t	235	61.10	605	84.7
旅行用品及箱包	万美元			91 641	61.0
皮革服装	万件	207	63.00	6 180	66.1
皮面皮鞋	万双	1 560	18.80	57 308	32.8
皮革手套	万双	1 797	66.60	912	53.5
毛皮服装	万件	20	18.50	1 031	59.1
足球、篮球、排球	万个	1 485	23.40	506	7.5
总　计	**万美元**			**782 658**	**35.1**

表 148　我国纸浆、废纸、纸、纸板、纸制品进出口情况（2009—2010 年）

单位：万 t

产品名称	进口量			出口量		
	2009 年	2010 年	同比（%）	2009 年	2010 年	同比（%）
一、纸浆	1 367	1 137	－16.83	9	8	－6.90
二、废纸	2 750	2 435	－11.45			166.67
三、纸及纸板	334	336	0.60	405	433	6.91
1. 新闻纸	2	4	100.0	21	11	－47.62
2. 未涂布印刷书写纸	38	41	7.89	51	71	39.22
3. 涂布纸	36	45	25.00	163	136	－16.56
其中：铜版纸	31	38	22.58	132	113	－14.39
4. 包装用纸	15	17	13.33	3	5	66.67
5. 白纸板	71	77	8.45	61	73	19.67
其中：涂布白纸板	71	77	8.45	61	73	19.67
6. 箱纸板	86	80	－6.98	7	14	100.00
7. 生活用纸	5	8	60.00	56	61	8.93
8. 瓦楞原纸	46	24	－47.83	3	5	66.67
9. 特种纸及纸板	27	31	14.81	33	47	42.42
10. 其他纸及纸板	8	9	12.50	7	10	42.86
四、纸制品	16	18	12.50	195	228	16.92
总　计	**4 467**	**3 926**	**－12.11**	**609**	**669**	**9.93**

资料来源：表中数据来自 2011 年《造纸信息》第 6 期。

表 149　我国印刷机械进出口统计（2008—2009 年）　　单位：万美元

产品名称	出口			进口		
	2008 年	2009 年	同比增长（%）	2008 年	2009 年	同比增长（%）
合　计	**98 100**	**59 000**	**−39.86**	**173 000**	**142 100**	**−17.86**
印前机械	8 600	8 100	−5.81	7 500	9 200	22.67
印刷机械	43 200	33 000	−23.61	125 700	109 500	−12.89
印后机械	16 300	13 200	−19.02	17 200	16 100	−6.40
辅机、零件	29 900	4 700	−84.28	22 500	7 300	−67.55

资料来源：表中数据来自 2010 年《印刷工业》第 10 期。

表 150　我国机械工业产品进出口情况（2006—2010 年）　　单位：亿美元

项　目	2006 年	2007 年	2008 年	2009 年	2010 年
产品进出口总额	2 840	3 568	4 373	3 767	5 138
产品进口总额	1 416	1 631	1 948	1 958	2 553
产品出口总额	1 426	1 907	2 425	1 809	2 585

表 151　我国中药行业进出口情况（2009—2010 年）　　单位：亿美元、%

年　份	行　业	进出口		出口		进口	
		总　额	同比增长（%）	总　额	同比增长（%）	总　额	同比增长（%）
2009	全国医药合计	531.50	9.80	329.10	3.70	202.40	21.50
	中药合计	21.25	22.37	15.83	267.29	5.42	22.14
2010	全国医药合计	601.97	13.26	397.33	20.73	204.64	1.11
	中药合计	26.32	23.86	19.44	22.78	6.88	26.94

表 152　我国橡胶工业制品出口量与出口额（2008—2009 年）

产品名称	单　位	2008 年		2009 年	
		出口量	出口额	出口量	出口额
新充气橡胶轮胎	万条、万美元			2 956 932	768 561
其中：机动小客车用新充气轮胎	万条、万美元	10 980	314 035	1 113 836	319 915
客、货机动车辆新充气轮胎	万条、万美元	4 000	375 988	1 426 779	351 675
航空器用的新充气轮胎	万条、万美元	1	187	299	375
摩托车用的新充气轮胎	万条、万美元	1 385	8 706	34 703	8 172
自行车用的新充气轮胎	万条、万美元	9 981	17 108	62 054	14 514
其他新人字形等胎面充气轮胎	万条、万美元	469	3 213	11 977	2 470
未列名新充气轮胎	万条、万美元	882	22 362	80 951	21 170
橡胶内胎	万条、万美元			144 614	37 036
其中：客、货运机动车辆用橡胶内胎	万条、万美元	7 274	23 431	53 003	14 445
自行车用橡胶内胎	万条、万美元	21 265	14 593	34 350	11 947

（续）

产品名称	单位	2008年		2009年	
		出口量	出口额	出口量	出口额
航空器用橡胶内胎	万条、万美元	1	7	10	13
未列名橡胶内胎	万条、万美元	11 598	10 701	57 251	10 631
翻新轮胎	万条、万美元	32	725	4 093	618
汽车用旧轮胎	万条、万美元	4	86	1 433	214
实心或半实心轮胎、胎面及轮胎衬带	t、万美元	52 615	11 337	39 622	8 943
橡胶输送带、三角带、传动带	t、万美元	141 742	41 529	118 280	33 768
橡胶卫生医疗用品	t、万美元	14 325	7 146	8 590	5 273
外科手套及其他手套	万双、万美元	373 897	34 576	359 373	32 356
橡胶杂件	t、万美元	334 481	111 564	316 793	97 910
橡胶管	t、万美元	92 852	33 109	80 876	29 025
橡胶医疗用衣着用品	t、万美元	5 429	1 592	3 121	1 284
未硫化橡胶板、片、带及制品	t、万美元	29 897	6 521	17 989	4 534
硫化橡胶线、绳、板、片、带及型材	t、万美元	154 004	18 287	131 616	17 124
硬质橡胶及制品	t、万美元	14 026	3 799	12 412	2 825
再生胶等	t、万美元	45 921	3 673	47 791	3 497
胶鞋	万双、万美元				
其中：防水鞋靴	万双、万美元	6 639	33 315	8 312	34 558
滑雪鞋、防护鞋等	万双、万美元	424 748	1 062 180	183 859	1 105 372
运动鞋、网球鞋、篮球鞋等	万双、万美元	138 036	394 343	595 487	412 813

资料来源：表中数据来自2009—2010年《中国橡胶工业年鉴》。

表153 我国橡胶工业制品进口量与进口额（2008—2009年）

产品名称	单位	2008年		2009年	
		进口量	进口额	进口量	进口额
新的充气橡胶轮胎	万条、万美元			75 146	43 240
其中：机动小客车用新充气橡胶轮胎	万条、万美元	282	17 525	39 419	21 024
客、货机动车辆用新充气橡胶轮胎	万条、万美元	54	10 860	17 225	8 429
航空器用的新充气橡胶轮胎	万条、万美元	4	1 773	2 817	2 168
摩托车用的新充气橡胶轮胎	万条、万美元	4	46	26	13
自行车用的新充气橡胶轮胎	万条、万美元	231	806	1 264	892
其他新人字形等胎面充气轮胎	万条、万美元		10	97	52
未列名新充气橡胶轮胎	万条、万美元	96	571	1 828	861
橡胶内胎	万条、万美元				
其中：客、货运机动车辆用橡胶内胎	万条、万美元	10	148	138	56
航空器用橡胶内胎	万条、万美元		1		1
自行车用橡胶内胎	万条、万美元	103	72	63	54
未列名橡胶内胎	万条、万美元	65	27	96	44

（续）

产品名称	单位	2008年		2009年	
		进口量	进口额	进口量	进口额
翻新轮胎	万条、万美元	1	115	26	22
汽车用旧轮胎	万条、万美元	4	86	2 271	112
实心或半实心轮胎、胎面以及轮胎衬带	t、万美元	3 954	1 301	3 103	1 933
橡胶输送带、三角带、传动带	万 m、万美元	15 675	21 397	18 303	20 131
橡胶卫生医疗用品	t、万美元	2 193	2 751	2 512	3 481
外科手套及其他手套	万双、万美元	97 904	3 856	96 953	3 568
橡胶杂件	t、万美元	56 621	129 861	48 365	121 334
橡胶管	t、万美元	33 957	42 808	27 394	36 560
橡胶医疗用衣着用品	t、万美元	453	763	404	593
未硫化橡胶板、片、带及制品	t、万美元	559 038	155 525	1 224 550	193 062
硫化橡胶线、绳、板、片、带及型材	t、万美元	61 918	24 551	75 663	29 441
硬质橡胶及制品	t、万美元	763	1 686	776	2 060
再生胶等	t、万美元	20 532	2 455	13 824	1 231
胶鞋	万双、万美元				
其中：防水鞋靴	万双、万美元	15	151		164
滑雪鞋、防护鞋等	万双、万美元	900	9 042		8 369
运动鞋、网球鞋、篮球鞋等	万双、万美元	703	12 042	4 191	10 869

资料来源：表中数据出自2009—2010年版《中国橡胶工业年鉴》。

表154 我国胶鞋产品进出口情况（2009年） 单位：双、万美元

产品名称	进口		出口	
	数量	金额	数量	金额
装金属护头的塑料或橡胶制外底及鞋面的防水鞋靴	17 100	26.02	1 002 411	360.94
橡胶、塑料制底及面的中、短统防水靴	25 894	17.85	61 392 177	25 476.55
其他橡胶或塑料制外底及鞋面的防水靴	192 395	106.74	9 243 826	4 264.71
橡胶或塑料制外底及鞋面的滑雪靴	58 069	72.22	3 500 253	2 798.10
橡胶或塑料制外底及鞋面的其他运动鞋靴	452 635	1 026.50	87 879 944	86 869.22
鞋面条带栓塞在鞋底上的鞋	211 747	174.92	267 425 660	90 733.33
其他橡胶、塑料短统靴（过踝）	188 426	482.63	52 445 338	40 065.32
其他橡胶、塑料鞋靴（橡胶或塑料制外底及鞋面）	96 771	254.70	45 016 473	35 037.93
纺织材料制鞋面的运动鞋靴（橡胶或塑料制外底）	273 294	1 018.58	62 337 741	76 855.79
纺织材料制鞋面的其他鞋靴	3 917 459	9 850.48	533 149 359	335 957.28

资料来源：表中数据来自2009—2010年《中国橡胶工业年鉴》。

表 155 我国主要胶鞋企业出口创汇情况（2009—2010 年）

单位：万双、万美元

企业名称	出口创汇			出口胶鞋数量		
	2009 年	2010 年	同比（%）	2009 年	2010 年	同比（%）
荣光集团有限公司	4 253.0	3 916.0	−7.9	1 651.0	1 139.0	−31.00
青岛福客来鞋业有限公司	3 768.4	3 595.9	−4.6	1 310.0	1 250.0	−4.60
浙江大桥鞋业有限公司	983.9	1 312.1	33.3	460.5	500.1	8.60
安徽诺克罗斯有限公司	633.8	814.0	28.4	64.9	76.0	17.10
上海回力鞋业有限公司	639.4	683.0	6.8	149.9	144.4	−3.70
浙江安邦鞋业有限公司	582.5	675.0	15.9	189.8	196.9	3.70
常州友谊鞋业有限公司	780.0	643.0	−17.6	100.0	152.0	52.00
山东鲁泰鞋业有限公司	188.0	468.0	149.0	126.0	269.0	113.00

资料来源：表中数据来自 2011 年《中国橡胶》第 5 期。

表 156 我国天然橡胶、合成橡胶进口情况（2007—2010 年）

产品	2007 年		2008 年		2009 年		2010 年	
	数量（万 t）	金额（万美元）	数量（万 t）	金额（万美元）	数量（万 t）	金额（万美元）	数量（万 t）	金额（万美元）
天然橡胶	165.0	346 500	168.2	420 937	171.0	281 371.4	186.0	567 000
合成橡胶	150.0	263 500	120.2	334 000	147.2	300 041.5	156.5	427 000

农产品加工业部分行业与企业排序

表 157 轻工业系统农产品加工业分行业主要经济指标（2009 年）

序号	按工业总产值排序			序号	按工业销售产值排序		
	行业	工业总产值（亿元）	行业占轻工系统比重（%）		行业	工业销售产值（亿元）	行业占轻工系统比重（%）
	全国轻工行业合计	**107 610.7**	**100.00**		**全国轻工行业合计**	**104 830.9**	**100.00**
1	农副食品加工业	27 961.0	25.98	1	农副食品加工业	27 362.9	26.10
2	食品制造业	9 219.2	8.57	2	食品制造业	9 001.5	8.59
3	造纸及纸制品业	8 264.4	7.68	3	造纸及纸制品业	8 110.4	7.74
4	饮料制造业	7 465.0	6.94	4	饮料制造业	7 259.5	6.92
5	皮革、毛皮、羽毛（绒）及其制品业	6 425.6	5.97	5	皮革、毛皮、羽毛（绒）及其制品业	6 268.4	5.98
6	家具制造业	3 431.1	3.19	6	家具制造业	3 363.3	3.21
7	木竹藤棕草制品业	725.3	0.67	7	木竹藤棕草制品业	707.9	0.68
8	制盐	267.7	0.25	8	制盐	260.0	0.25

（续）

序号	按利税总额排序 行业	利税总额（亿元）	行业占轻工系统比重（%）	序号	按利润总额排序 行业	利润总额（亿元）	行业占轻工系统比重（%）
	全国轻工行业合计	**10 635.3**	**100.00**		**全国轻工行业合计**	**6 732.9**	**100.00**
1	农副食品加工业	2 201.3	20.70	1	农副食品加工业	1 501.2	22.30
2	饮料制造业	1 357.1	12.76	2	饮料制造业	728.8	10.82
3	食品制造业	1 102.8	10.37	3	食品制造业	716.8	10.65
4	造纸及纸制品业	803.7	7.56	4	造纸及纸制品业	504.7	7.50
5	皮革、毛皮、羽毛（绒）及其制品业	619.3	5.82	5	皮革、毛皮、羽毛（绒）及制品业	408.9	6.07
6	家具制造业	292.5	2.75	6	家具制造业	184.1	2.73
7	木竹藤棕草制品业	65.9	0.62	7	木竹藤棕草制品业	39.8	0.59
8	制盐	41.9	0.39	8	制盐	21.5	0.32

序号	按出口交货值排序 行业	出口交货值（亿元）	行业占轻工系统比重（%）	序号	按主营业务收入排序 行业	主营业务收入（亿元）	行业占轻工系统比重（%）
	全国轻工行业合计	**16 681.1**	**100.00**		**全国轻工行业合计**	**105 004.9**	**100.00**
1	皮革、毛皮、羽毛（绒）及制品业	1 956.8	11.73	1	农副食品加工业	27 624.7	26.31
2	农副食品加工业	1 705.7	10.23	2	食品制造业	5 865.0	8.44
3	家具制造业	992.9	5.95	3	造纸及纸制品业	8 001.9	7.62
4	食品制造业	632.3	3.79	4	饮料制造业	7 464.9	7.11
5	造纸及纸制品业	450.8	2.70	5	皮革、毛皮、羽毛（绒）及制品业	6 241.4	5.94
6	饮料制造业	169.1	1.01	6	家具制造业	3 353.3	3.19
7	木竹藤棕草制品业	168.2	1.01	7	木竹藤棕草制品业	702.9	0.67
8	制盐	5.8	0.04	8	制盐	264.5	0.25

序号	按资产总计排序 行业	资产总计（亿元）	行业占轻工系统比重（%）	序号	按全部从业人员平均人数排序 行业	从业人员（万人）	行业占轻工系统比重（%）
	全国轻工行业合计	**69 943.1**	**100.00**		**全国轻工行业合计**	**2 240.1**	**100.00**
1	农副食品加工业	13 344.9	19.08	1	农副食品加工业	337.7	15.07
2	造纸及纸制品业	8 084.4	11.56	2	皮革、毛皮、羽毛（绒）及制品业	257.6	11.50
3	饮料制造业	6 589.7	9.42	3	食品制造业	162.7	7.26
4	食品制造业	6 155.0	8.80	4	造纸及纸制品业	152.6	6.81
5	皮革、毛皮、羽毛（绒）及制品业	3 295.9	4.71	5	饮料制造业	119.0	5.31
6	家具制造业	2 126.6	3.04	6	家具制造业	98.6	4.40
7	制盐	428.3	0.61	7	木竹藤棕草制品业	23.7	1.06
8	木竹藤棕草制品业	344.9	0.49	8	制盐	10.7	0.48

资料来源：表中数据由中国轻工业信息中心提供。

表 158　轻工业系统农产品加工业分行业进出口总额（2009 年）

序号	按出口总额排序			序号	按进口总额排序		
	行　业	出口总额（亿美元）	行业占轻工系统比重（%）		行　业	进口总额（亿美元）	行业占轻工系统比重（%）
	全国轻工行业合计	**2 778.4**	**100.00**		**全国轻工行业合计**	**726.6**	**100.00**
1	食品饮料	267.3	9.62	1	食品、饮料	202.4	27.85
2	家具	259.6	9.34	2	纸浆、纸及纸制品	110.5	15.21
3	皮革、毛皮、羽毛（绒）及其制品业	258.3	9.30	3	皮革、毛皮、羽毛（绒）及其制品业	43.9	6.04
4	纸浆、纸及纸制品	66.2	2.38	4	轻工机械	27.9	3.85
5	木制品及其他天然植物制品	29.9	1.08	5	家具	12.9	1.78
6	轻工机械	20.1	0.72	6	制盐	0.7	0.09
7	制盐	0.7	0.02	7	木制品及其他天然植物制品	0.6	0.08

资料来源：表中数据由中国轻工业信息中心提供。

表 159　2010 年中国白酒十大品牌

序号	品　牌	生　产　企　业
1	五粮液	四川宜宾五粮液集团有限公司
2	茅　台	贵州茅台酒厂有限责任公司
3	水井坊	四川水井坊股份有限公司
4	稻花香	湖北稻花香酒业集团
5	小糊涂仙	广州珠江云峰酒业有限公司
6	剑南春	四川剑南春股份有限公司
7	伊力特	新疆伊力特实业股份有限公司
8	习　酒	贵州茅台酒厂（集团）习酒有限责任公司
9	杏花村	山西杏花村汾酒集团有限责任公司
10	古井贡	安徽古井贡集团有限责任公司

注：资料来源于中国酒类流通协会，表中排名不分先后。

表 160　2010 年度我国酿酒行业十强企业

序号	企 业 名 称
1	四川宜宾五粮液集团有限公司
2	贵州茅台酒厂有限责任公司
3	江苏洋河酒厂股份有限公司
4	青岛啤酒股份有限公司
5	烟台张裕集团有限公司
6	华润雪花啤酒（中国）有限公司
7	北京燕京啤酒集团公司
8	内蒙古河套酒业集团有限公司
9	劲牌有限公司
10	四川剑南春集团有限责任公司

资料来源：表中信息出自 2011 年《酿酒科技》第 6 期。

表 161　我国啤酒产量 20 万 kL 以上企业（2010 年）

序号	企业名称	产量（kL）	序号	企业名称	产量（kL）
1	华润雪花啤酒（中国）有限公司	9 334 291	14	三得利啤酒（中国）投资有限公司	443 097
2	青岛啤酒集团有限公司	6 401 497	15	蓝贝酒业集团有限公司	435 985
3	北京燕京啤酒集团有限公司	5 030 797	16	哈尔滨啤酒有限公司	428 876
4	河南金星啤酒集团有限公司	1 927 645	17	英博双鹿啤酒集团	417 657
5	重庆啤酒集团有限公司	1 776 025	18	百威啤酒（佛山）有限公司	282 301
6	英博雪津啤酒有限公司	1 242 682	19	浙江英博石梁啤酒有限公司	251 891
7	广州珠江啤酒集团有限公司	1 206 218	20	云南澜沧江啤酒企业集团有限公司	240 735
8	金威啤酒（中国）有限公司	922 667	21	南昌亚洲啤酒有限公司	239 761
9	湖北金龙泉啤酒集团公司	492 658	22	河南蓝牌集团商丘啤酒有限公司	224 000
10	山东新银麦啤酒有限公司	480 195	23	大连大雪啤酒股份有限公司	215 813
11	四平金士百啤酒股份有限公司	461 806	24	烟台啤酒青岛朝日有限公司	208 719
12	百威（武汉）集团啤酒有限公司	457 884	25	兰州黄河嘉酿啤酒有限公司	208 025
13	江苏大富豪啤酒有限公司	446 628			

注：全国 20 万 kL 以上啤酒企业总产量 33 777 853kL，占全国总产量 4 483.04 万 kL 的 75.35%（国家统计局数据）。

资料来源：表中数据来自 2011 年《饮料工业》第 2 期。

表 162　我国啤酒销售收入 3 亿元以上企业（2009 年）　　单位：万元

序号	企 业 名 称	销售收入	序号	企 业 名 称	销售收入
1	青岛啤酒集团有限公司	1 776 054	17	百威啤酒（佛山）有限公司	78 176
2	华润雪花啤酒（中国）有限公司	1 663 526	18	四平金士百啤酒有限公司	70 269
3	北京燕京啤酒集团有限公司	1 361 531	19	河南月山啤酒股份有限公司	53 905
4	河南金星啤酒集团有限公司	485 836	20	海南亚洲太平洋酿酒有限公司	53 381
5	百威（武汉）国际啤酒有限公司	377 318	21	云南澜沧江啤酒企业（集团）有限公司	51 705
6	重庆啤酒（集团）有限责任公司	348 064	22	上海亚太酿酒有限公司	51 332
7	广州市珠江啤酒集团有限公司	292 462	23	南昌亚洲啤酒有限公司	50 159
8	英博雪津啤酒有限公司	281 203	24	河南蓝牌集团商丘啤酒有限公司	47 896
9	河北蓝贝酒业集团有限公司	172 560	25	兰州黄河嘉酿啤酒有限公司	47 490
10	金威啤酒（中国）有限公司	153 157	26	河南维雪啤酒有限公司	45 039
11	三得利啤酒（中国）投资有限公司	131 819	27	浙江英博石梁啤酒有限公司	43 021
12	山东新银麦啤酒有限公司	109 048	28	大连大雪啤酒股份有限公司	36 111
13	江苏大富豪啤酒有限公司	100 008	29	河南奥克啤酒实业有限公司	34 120
14	英博双鹿啤酒集团有限公司	87 923	30	浙江英博浙东啤酒有限公司	30 621
15	哈尔滨啤酒集团有限公司	81 896	31	山东华狮啤酒有限公司	30 196
16	湖北金龙泉啤酒集团公司	78 346			

资料来源：表中数据来自 2010 年《啤酒科技》第 4 期。

表 163 我国葡萄酒产量前 10 位省、直辖市主要经济运行情况（2009 年）

地 区	产量总计（kL）	同比增长（%）	工业总产值（万元）	同比增长（%）	工业销售产值（万元）	同比增长（%）
山 东	342 563.7	16.76	1 280 966.1	18.30	1 277 503.3	22.62
吉 林	220 905.7	73.68	171 317.5	29.87	159 479.3	31.68
河 北	113 541.8	2.91	240 541.6	16.36	224 618.0	14.26
河 南	102 665.3	39.33	100 332.6	7.57	99 922.4	9.40
天 津	50 287.4	6.24	118 169.1	−2.00	125 650.3	−2.96
辽 宁	26 655.9	29.41	101 030.5	33.33	94 618.4	33.37
甘 肃	19 484.5	42.17	98 941.1	76.39	82 470.6	72.98
湖 南	15 596.0	41.50	9 431.5	85.22	9 431.5	87.43
陕 西	13 136.0	86.60	19 261.8	79.70	13 678.6	37.80
北 京	12 760.9	−21.29	29 782.0	12.71	25 637.6	14.60
合 计	917 597.1		2 169 778.3		2 113 010.0	
占行业比重（%）	95.6		93.3		94.8	

资料来源：表中数据由中国酿酒工业协会葡萄酒分会提供。

表 164 我国饮料工业 20 强企业（2009 年）

序 号	企 业 名 称
1	康师傅饮品控股有限公司
2	杭州娃哈哈集团有限公司
3	统一企业（中国）投资有限公司
4	农夫山泉股份有限公司
5	华润怡宝食品饮料（深圳）有限公司
6	四川蓝剑饮品集团有限公司
7	北京汇源饮料食品集团有限公司
8	厦门银鹭食品集团有限公司
9	杭州中萃食品有限公司
10	惠尔康集团有限公司
11	乐百氏（广东）食品饮料有限公司
12	深圳市景田食品饮料有限公司
13	深圳百事可乐饮料有限公司
14	深圳达能益力泉饮品有限公司
15	椰树集团有限公司
16	上海百事可乐饮料有限公司
17	广东健力宝集团有限公司
18	河北承德露露股份有限公司
19	红牛维他命饮料有限公司
20	国投中鲁果汁股份有限公司

注：1. 20 强企业按产量排序。

2. 20 强企业产量合计 3 519.23 万 t，占全国饮料总产量的 43.52%，其中康师傅和娃哈哈产量均超过 1 000 万 t，远高于其他企业。

资料来源：表中信息由中国饮料工业协会提供。

表 165 我国饮料行业按产量分地区前八位情况（2009 年）

名 次	地 区	产量（万 t）	占全国总产量（%）
1	广 东	1 532	18.94
2	浙 江	652	8.07
3	河 南	579	7.17
4	辽 宁	465	5.75
5	湖 北	453	5.60
6	山 东	429	5.30
7	四 川	358	4.42
8	吉 林	352	3.35

资料来源：表中数据由中国饮料工业协会提供。

表 166 我国碳酸饮料分地区产量前六位情况（2009 年）

名 次	地 区	产量（万 t）	占全国比重（%）
1	广 东	251.1	20.02
2	上 海	103.3	8.24
3	浙 江	89.1	7.10
4	天 津	75.4	6.01
5	辽 宁	73.5	5.86
6	江 苏	70.9	5.65

资料来源：表中数据由中国饮料工业协会提供。

表 167 我国乳制品生产企业销售收入居前列的企业（2010 年）

序 号	企 业 名 称	销售收入（万元）
1	内蒙古蒙牛乳业（集团）股份有限公司	3 026 542
2	内蒙古伊利实业集团股份有限公司	2 966 499
3	杭州娃哈哈集团有限公司	2 171 813
4	光明乳业股份有限公司	957 211
5	维维集团股份有限公司	872 160
6	多美滋婴幼儿食品有限公司	448 641
7	黑龙江飞鹤乳业有限公司	400 000
8	美赞臣营养食品（中国）有限公司	381 592
9	黑龙江完达山乳业股份有限公司	377 190
10	西安银桥生物科技有限责任公司	279 189
11	黑龙江摇篮乳业股份有限公司	260 791
12	北京三元食品股份有限公司	257 227
13	黑龙江乳业集团	246 740
14	新希望乳业控股有限公司	230 619
15	沈阳乳业有限责任公司	226 658
16	广东雅士利集团有限公司	226 063
17	圣元营养食品有限公司	221 225
18	哈尔滨太子乳品工业有限公司	201 768
19	北京双娃乳业有限公司	190 977
20	济南佳宝乳业有限公司	175 395

资料来源：表中数据由中国乳制品工业协会提供。

表 168 我国液体乳产量位居前列的企业（2010 年）

序号	企业名称	产量（万 t）
1	内蒙古蒙牛乳业（集团）股份有限公司	298.9
2	内蒙古伊利实业集团股份有限公司	219.9
3	光明乳业股份有限公司	77.8
4	维维集团股份有限公司	52.7
5	西安银桥生物科技有限责任公司	41.8
6	北京三元食品股份有限公司	34.4
7	沈阳乳业有限责任公司	33.5
8	新希望乳业控股有限公司	31.7
9	黑龙江省完达山乳业股份有限公司	31.6
10	济南佳宝乳业有限公司	25.9
11	黑龙江乳业集团	25.5
12	南京卫岗乳业有限公司	18.8
13	石家庄君乐宝乳业有限公司	18.1
14	山东亚奥特乳业有限公司	17.2
15	山东得益乳业有限公司	17.0
16	山西古城乳业集团有限公司	15.8
17	徐州绿健乳业有限责任公司	11.5

资料来源：表中数据由中国乳制品工业协会提供。

表 169 我国酒精产量 10 万 kL 以上酒精企业和产量 16 万 t 以上燃料乙醇企业（2009 年）

产量 10 万 kL 以上酒精企业

序号	企业名称	产量（万 kL）
1	中粮生化能源（肇东）有限公司	24.2
2	吉林省新天龙酒业有限公司	35.0
3	梅河口市阜康酒精有限责任公司	29.8
4	安徽安特集团有限公司	10.4
5	承德避暑山庄企业集团有限责任公司	10.1

产量 16 万 t 以上燃料乙醇企业

序号	企业名称	产量（万 t）
1	河南天冠企业集团有限公司	49.5
2	吉林燃料乙醇有限公司	46.0
3	安徽丰原生化股份有限公司	42.0
4	中粮生化能源（肇东）有限公司	19.4
5	广西中粮生物质能源有限公司	16.3

资料来源：表中数据由中国酿酒工业协会酒精分会提供。

表 170　2010 年中国蜂产品行业第三批信用等级评价结果

序　号	企　业　名　称	信用级别
1	南京市溧水县常力蜂业有限公司	AA
2	江山福赐德蜂业科技开发有限公司	AA
3	福建省神蜂科技开发有限公司	AA
4	宁波源彬蜂业发展有限公司	AA
5	江苏日高蜂产品有限公司	AA
6	广西梧州甜蜜家蜂业有限公司	AA
7	江苏江大源生物科技有限公司	A
8	内蒙古康圆蜂产品有限公司	A
9	武汉名盛生物科技有限公司	A
10	青海省花宝蜂业股份合作公司	A

资料来源：表中信息由中国蜂产品协会提供，排名不分先后。

表 171　2010/2011 年度我国纺织工业各行业“企业竞争力”排名前列企业

棉　纺　织　业			
序　号	企　业　名　称	序　号	企　业　名　称
1	山东魏桥创业集团有限公司	11	嵊州盛泰色织科技有限公司
2	鲁泰集团	12	许昌裕丰纺织有限公司
3	百隆东方有限公司	13	安徽华茂集团有限公司
4	广东溢达纺织有限公司	14	海宁八方布业有限公司
5	天虹纺织集团有限公司	15	华芳集团棉纺有限公司
6	华孚色纺股份有限公司	16	江苏联发纺织股份有限公司
7	德州华源生态科技有限公司	17	河南新野纺织集团股份有限公司
8	淄博银仕来纺织（集团）有限公司	18	三阳纺织有限公司
9	无锡市第一棉纺织厂	19	淄博兰雁集团有限责任公司
10	佛山市致兴纺织服装有限公司	20	石家庄常山纺织集团有限责任公司

（续）

印　染　业

序号	企 业 名 称	序号	企 业 名 称
1	盛虹集团有限公司	6	浙江航民股份有限公司
2	青岛凤凰印染有限公司	7	新天龙集团有限公司
3	浙江富润控股集团有限公司	8	江苏沙印集团有限公司
4	宜兴乐祺纺织集团有限公司	9	福建联邦三乐纺织贸易有限公司
5	浙江宝纺印染有限公司	10	大港纺织集团有限公司

毛纺织、毛针织

序号	企 业 名 称	序号	企 业 名 称
1	山东南山纺织服饰有限公司	6	浙江新奥纺织股份有限公司
2	内蒙古鄂尔多斯羊绒集团有限责任公司	7	天宇羊毛工业(张家港保税区)有限公司
3	江苏阳光集团有限公司	8	宁夏中银绒业国际集团有限公司
4	山东康平纳集团有限公司	9	山东如意科技集团有限公司
5	北京雪莲时尚纺织有限公司	10	江苏云蝠服饰股份有限公司

麻　纺

序号	企 业 名 称	序号	企 业 名 称
1	湖南华升企集团公司	6	新申集团有限公司
2	江西恩达家纺有限公司	7	诸城市德利源纺织有限公司
3	黑龙江兰西朝阳亚麻纺织工业有限公司	8	江苏华信亚麻纺织有限公司
4	金达集团控股有限公司	9	宜兴市舜昌亚麻纺织有限公司
5	浙江金鹰集团有限公司	10	湖北精华纺织集团有限公司

丝　绸

序号	企 业 名 称	序号	企 业 名 称
1	广东省丝绸纺织集团有限公司	6	达利丝绸（浙江）有限公司
2	达利（中国）有限公司	7	万事利集团有限公司
3	江苏新民纺织科技股份有限公司	8	金富春集团有限公司
4	浙江嘉欣丝绸股份有限公司	9	江苏泗娟集团有限公司
5	浙江巴贝领带有限公司	10	安徽京九丝绸有限责任公司

针　织　业

序号	企 业 名 称	序号	企 业 名 称
1	宁波申州针织有限公司	6	浙江袜业有限公司
2	江苏东渡纺织集团有限公司	7	常州旭荣针织印染有限公司
3	上海嘉麟杰纺织品股份有限公司	8	北京铜牛集团有限公司
4	青岛即发集团控股有限公司	9	江苏 AB 集团股份有限公司
5	泉州海天材料科技股份有限公司	10	福建凤竹纺织科技股份有限公司

（续）

服装业			
序号	企业名称	序号	企业名称
1	红豆集团有限公司	6	报喜鸟集团有限公司
2	新郎希努尔集团股份有限公司	7	安正时尚集团股份有限公司
3	波司登股份有限公司	8	福建诺奇股份有限公司
4	际华集团股份有限公司	9	浙江太子龙服饰股份有限公司
5	雅戈尔集团股份有限公司	10	浙江步森服饰股份有限公司

化纤业			
序号	企业名称	序号	企业名称
1	恒力集团有限公司桐昆集团股份有限公司	6	唐山三友兴达化纤股份有限公司
2	浙江荣盛控股集团有限公司	7	杭州邦联氨纶股份有限公司
3	浙江华峰氨纶股份有限公司	8	盛虹集团有限公司
4	浙江恒逸集团有限公司	9	广东新会美达锦纶股份有限公司
5	烟台氨纶集团有限公司	10	吉林化纤集团有限责任公司

资料来源：此排名由中国纺织工业协会等 12 个专业协会于 2011 年 9 月 22 日发布，表中排名按主营业务收入由高到低排序。

表 172 2010 年中国家具十大品牌生产企业

序 号	品 牌	生产企业
1	皇朝家私	香港皇朝家私集团
2	双 虎	成都市双虎实业有限公司
3	三叶家私	成都三叶家具有限公司
4	左右家私	左右家私有限公司
5	紫光艺缘	北京紫光艺缘家具有限公司
6	雅兰家具	深圳雅兰家具有限公司
7	宁基装饰	广州市宁基装饰实业股份有限公司
8	好 莱 客	广州市好莱客家具有限公司
9	松霖家私	徐州松霖家私有限公司
10	优派家私	广东优派家私有限公司

资料来源：表中信息由中国家具工业协会提供。

表 173　2010 年中国皮革行业十强企业

序　号	企　业　名　称
1	新百丽鞋业（深圳）有限公司
2	威海市金猴集团有限责任公司
3	奥康集团有限公司
4	安踏（中国）有限公司
5	康奈集团有限公司
6	河北东明集团
7	乔丹（中国）有限公司
8	河北华斯集团
9	新秀集团有限公司
10	天津应大集团

资料来源：表中信息由中国轻工业联合会提供。

表 174　我国纸及纸板产量 100 万 t 以上的省、自治区直辖市（2009—2010 年）

单位：万 t

地　　区	产　　量		
	2009 年	2010 年	同比增长（%）
山　东	1 430	1 510	5.59
广　东	1 316	1 435	9.04
浙　江	1 372	1 362	−0.73
江　苏	1 026	1 101	7.31
河　南	864	814	−5.79
福　建	313	391	24.92
河　北	367	371	1.09
湖　南	300	335	11.67
四　川	227	316	39.21
安　徽	205	201	−1.95
重　庆	174	191	9.77
广　西	139	167	20.14
湖　北	157	158	0.64
江　西	120	157	30.83
合　计	8 010	8 509	6.23

资料来源：表中数据来自 2011 年《造纸信息》第 6 期。

表 175 我国重点造纸企业产量排名前 30 名企业（2009—2010 年）

序号	企业名称	产量（万 t）		
		2009 年	2010 年	同比增长（%）
1	玖龙纸业（控股）有限公司	652.0	728.0	11.66
2	理文造纸有限公司	355.0	367.0	3.38
3	山东晨鸣纸业集团股份有限公司	299.3	327.4	9.16
4	中国纸业投资总公司	58.7	244.9	317.37
5	金东纸业（江苏）有限公司	228.9	231.0	0.91
6	山东太阳纸业股份有限公司	220.0	224.0	1.82
7	华泰集团有限公司	155.0	164.0	5.79
8	宁波中华纸业有限公司	147.8	148.7	0.63
9	中冶纸业集团有限公司	100.6	138.5	37.67
10	山东博汇纸业股份有限公司	79.5	100.1	26.03
11	安徽山鹰纸业股份有限公司	82.5	92.6	12.18
12	浙江景兴纸业股份有限公司	75.0	85.4	13.94
13	河南银鸽实业投资集团	72.8	84.0	15.30
14	芬欧汇川（常熟）纸业有限公司	80.1	81.0	1.21
15	山东泉林纸业有限责任公司	64.1	70.6	10.17
16	东莞建辉纸业有限公司	64.2	69.2	7.74
17	吉安纸容器有限公司	66.5	67.3	1.23
18	中国阳光纸业控股有限公司	54.9	64.7	17.89
19	金华盛纸业（苏州工业园区）有限公司	59.1	62.0	4.87
20	广州造纸集团有限公司	72.1	61.3	−15.02
21	新乡新亚纸业集团股份有限公司	51.3	58.2	13.45
22	浙江荣成纸业有限公司	28.8	58.1	101.74
23	山东贵和纸业集团有限公司	46.2	54.0	17.03
24	无锡荣城纸业有限公司	33.0	52.0	37.52
25	山东华金集团有限公司	47.5	50.8	6.88
26	福建优兰发集团实业有限公司	42.6	50.3	18.08
27	河北永新纸业有限公司	38.4	50.0	30.08
28	河南省龙源纸业有限公司	42.5	49.7	17.05
29	江苏长丰科技集团有限公司	30.4	44.1	44.93
30	上海中隆纸业有限公司	40.7	42.5	4.60

资料来源：表中数据来自 2011 年《造纸信息》第 6 期与 2011 年《中华纸业》第 11 期。

表 176　我国印刷机械企业实现销售收入前 10 名企业（2010 年）

序　号	企　业　名　称	销售收入（万元）
1	北人集团公司	104 064
2	上海高斯图文印刷系统（中国）有限公司	52 305
3	上海光华印刷机械有限公司	44 854
4	天津长荣印刷设备有限公司	39 805
5	辽宁大族冠华印刷科技股份有限公司	38 074
6	陕西北人印刷机械有限责任公司	30 491
7	江西中景集团有限公司	23 752
8	江苏昌昇集团股份有限公司	21 551
9	中山市松德包装机械股份有限公司	20 158
10	潍坊华光精工设备有限公司	18 196

资料来源：表中信息来自 2011 年《今日印刷》第 4 期。

表 177　我国印刷机械企业出口交货值前 10 名企业（2010 年）

序　号	企　业　名　称	出口交货值（万元）
1	上海高斯图文印刷系统（中国）有限公司	8 450
2	北人集团公司	6 266
3	上海亚华印刷机械有限公司	4 685
4	青岛瑞普电气有限责任公司	4 603
5	神力集团有限公司	3 575
6	浙江蓝宝机械有限公司	3 474
7	辽宁大族冠华印刷科技股份有限公司	2 575
8	天津长荣印刷设备有限公司	2 417
9	上海德拉根印刷机械有限公司	2 400
10	陕西北人印刷机械有限责任公司	2 248

资料来源：表中信息来自 2011 年《今日印刷》第 4 期。

表 178　我国橡胶工业协会会员企业按销售收入排序（2010 年）　　单位：万元

轮　胎　行　业			力　车　胎　行　业		
序号	企　业　名　称	销售收入	序号	企　业　名　称	销售收入
1	杭州中策橡胶有限公司	1 756 448	1	厦门正新橡胶工业有限公司	382 063
2	三角集团有限公司	1 531 523	2	杭州中策橡胶有限公司	220 600
3	佳通轮胎（中国）有限公司	1 496 665	3	江苏飞驰股份有限公司	88 494
4	山东玲珑橡胶有限公司	967 719	4	山东新东岳集团有限公司	78 826
5	中国正新橡胶公司	935 733	5	青岛喜盈门双驼轮胎有限公司	71 023
6	青岛双星轮胎工业有限公司	835 942	6	山东正兴轮胎有限公司	69 697
7	双钱集团股份有限公司	828 740	7	四川远星橡胶有限公司	65 326
8	风神轮胎股份有限公司	812 604	8	福建邵武市正兴武夷轮胎有限公司	58 778
9	固铂成山（山东）轮胎有限公司	711 358	9	重庆威星橡胶工业有限公司	51 413
10	光源轮胎股份有限公司	704 789	10	天津万达集团公司	34 821

（续）

胶鞋行业			炭黑行业		
序号	企业名称	销售收入	序号	企业名称	销售收入
1	际华 3537 工厂	75 171	1	江西黑猫炭黑股份有限公司	294 021
2	四川资阳市征峰胶鞋厂	61 118	2	河北龙星化工股份有限公司	140 544
3	际华 3517 工厂	46 374	3	山东华东橡胶材料有限公司	97 117
4	浙江荣光集团有限公司	40 808	4	台湾中橡公司	96 693
5	际华 3544 工厂	34 213	5	苏州宝化炭黑有限公司	95 635
6	上海回力鞋业有限公司	20 367	6	石家庄市新星化炭有限公司	75 188
7	际华 3539 工厂	19 875	7	青州市博奥炭黑有限责任公司	71 124
8	鹤壁飞鹤股份有限公司	17 398	8	河北大光明实业集团有限公司	62 015
9	浙江人本鞋业有限公司	14 185	9	大石桥市辽滨炭黑厂	57 173
10	浙江环球鞋业有限公司	14 173	10	杭州富春江化工有限公司	49 247

乳胶行业			橡胶制品行业		
序号	企业名称	销售收入	序号	企业名称	销售收入
1	北京华腾橡塑乳胶制品有限公司	22 541	1	安徽中鼎控股集团有限公司	474 209
2	桂林乳胶厂	21 834	2	际华 3517 厂橡胶制品有限公司	133 926
3	镇江苏惠乳胶制品有限公司	20 175	3	衡水橡胶股份有限公司	73 056
4	广州广橡有限公司双一乳胶厂	13 502	4	凯迪西北橡胶有限公司	64 878
5	北京瑞京乳胶制品有限公司	11 622	5	山东美晨汽车部件有限公司	56 706
6	青岛双蝶集团股份有限公司	11 262	6	贵航股份红阳密封件公司	53 932
7	安徽豪杰塑胶制品有限公司	10 921	7	中南橡胶集团有限责任公司	57 776
8	上海科邦医用乳胶有限公司	9 606	8	上海华问橡胶制品有限公司	43 797
9	江苏爱德福乳胶制品有限公司	9 532	9	自贡市富源车辆部件有限公司	37 844
10	苏州嘉乐威企业发展有限公司	9 020	10	铁岭华晨橡塑制品有限公司	27 897

资料来源：表中信息由中国橡胶工业协会提供。

表 179 我国中成药按出口金额排序前 10 名企业（2010 年）

序号	企业名称	序号	企业名称
1	漳州片仔癀药业股份有限公司	6	昆明制药集团股份有限公司
2	北京同仁堂股份有限公司	7	云南白药集团股份有限公司
3	浙江省医药保健品进出口有限责任公司	8	北京同仁堂科技发展股份有限公司
4	广州市医药进出口公司	9	天津天士力国际营销控股有限公司
5	天津中新药业集团股份有限公司	10	厦门虎标医药有限公司

我国西部地区综合统计

表 180 我国西部地区主要农产品产量（2009—2010 年） 单位：万 t

主要农产品	2009 年	2010 年	同比增长（%）
一、粮食作物	14 245.4	14 436.4	1.34
（一）谷物	11 926.6	12 179.5	2.12
稻谷	4 531.4	4 503.6	−0.61
小麦	2 192.1	2 120.3	−3.28
玉米	4 807.1	5 146.9	7.07
谷子	31.2	42.8	37.18
高粱	82.3	110.2	33.90
（二）豆类	605.1	559.4	−7.55
大豆	327.8	339.8	3.66
杂豆	277.4	219.6	−20.84
（三）薯类	1 731.6	1 697.5	−0.94
马铃薯	1 129.9	1 163.2	2.95
二、油料作物	825.7	829.3	0.12
花生	137.2	142.6	3.94
油菜籽	492.8	466.1	−5.42
芝麻	5.3	4.4	−16.98
胡麻籽	25.2	27.1	7.54
向日葵籽	154.3	176.7	14.52
三、棉花	272.5	264.3	−3.01
四、麻类	14.1	12.1	−14.18
黄红麻	1.2	1.3	8.33
五、糖料	9 989.5	9 698.4	−2.91
甘蔗	9 440.7	9 028.1	−4.37
甜菜	548.8	670.3	22.14
六、烟叶	180.8	183.4	1.44
烤烟	166.9	169.5	1.56
七、茶叶	46.0	51.9	12.83
八、水果	5 673.6	6 084.1	7.24

表 181　我国西部地区主要农产品单位面积产量（2009—2010 年）

单位：kg/hm²

主要农产品	2009 年	2010 年	同比增长（%）
一、粮食作物	4 258.0	4 271.6	2.73
（一）谷物	4 877.9	4 934.0	1.15
稻谷	6 513.7	6 555.2	0.64
小麦	3 481.6	3 434.2	−1.36
玉米	5 044.4	5 171.6	2.54
谷子	1 214.8	1 571.2	29.34
高粱	3 378.0	3 837.3	13.60
（二）豆类	1 754.6	1 627.4	−7.25
大豆	1 733.3	1 833.5	5.78
杂豆	1 780.4	1 386.3	−22.14
（三）薯类	3 083.9	2 991.7	−2.99
马铃薯	2 877.3	2 889.6	0.43
二、油料作物	1 895.5	1 866.3	−1.54
花生	2 261.5	2 295.6	1.51
油菜籽	1 813.8	1 677.3	−7.53
芝麻	1 019.3	1 083.8	6.33
胡麻籽	1 116.4	1 226.7	9.88
向日葵籽	2 300.6	2 581.2	12.20
三、棉花	1 760.2	1 671.9	−5.02
四、麻类	2 144.4	2 034.3	−5.13
黄红麻	1 855.1	2 311.3	24.59
五、糖料	66 716.4	63 877.6	−4.26
甘蔗	67 640.9	64 449.6	−4.72
甜菜	54 021.8	57 059.3	5.62
六、烟叶	2 141.8	2 180.1	1.79
烤烟	2 144.4	2 184.5	1.87

表 182　我国西部地区茶叶产量（2010 年）

单位：t

地　区	茶　叶 总产量	其　　中						
		绿菜	青茶	红茶	黑茶	黄茶	白茶	其他茶
全国总计	**1 475 069**	**1 042 386**	**179 951**	**68 134**	**41 430**	**394**	**12 212**	**126 566**
地区小计	**519 170**	**401 651**	**4 061**	**5 721**	**13 544**	**163**	**269**	**93 762**
占全国比重（%）	35.20	38.38	2.26	8.40	32.69	41.37	2.20	74.08
内蒙古								
广　西	39 158	32 733	104	532	492			5 297
重　庆	25 237	18 766	352	2 817				3 302
四　川	169 276	134 621	3 334	1 510	13 048	162	202	16 399
贵　州	52 262	41 009	60	862	4	1	67	10 259
云　南	207 341	148 632	211					58 499
西　藏	8	2						6
陕　西	25 052	25 052						
甘　肃	836	836						
青　海								
宁　夏								
新　疆								

表 183　我国西部地区水果产量（2009—2010 年）

单位：kt

品　　种	2009 年	2010 年	同比增长（%）
全国总计	**122 464.0**	**128 652.0**	**5.05**
地区小计	**39 156.0**	**37 489.3**	**−4.26**
占全国比重（%）	32.0	29.1	−8.85
苹　果	11 560.5	12 386.4	7.14
柑　橘	7 434.8	8 362.6	12.48
梨	3 678.1	4 210.4	14.47
香　蕉	6 363.7	3 242.8	−49.04
菠　萝	969.3	63.9	−93.41
荔　枝	1 075.6	483.4	−55.06
龙　眼	636.5	428.8	−32.63
桃	1 663.8	1 799.9	8.18
猕猴桃	578.8	734.6	26.92
葡　萄	3 098.5	3 352.1	8.18
红　枣	1 065.2	1 347.7	26.52
柿　子	1 024.9	1 076.7	5.05

表 184 我国西部地区主要林产品产量（2010 年）

产 品	单 位	全国产量	地区产量	占全国比重（%）
木 材	万 m^3	8 089.6	2 636.7	32.59
竹 材	万根	143 007.8	45 076.1	31.52
紫 胶	t	3 240.0	2 729.0	84.23
生 漆	t	20 093.0	6 382.0	31.76
油桐籽	t	433 624.0	212 220.0	48.94
乌桕籽	t	33 709.0	10 252.0	30.41
五倍子	t	18 197.0	8 596.0	47.24
棕 片	t	55 698.0	23 054.0	41.39
松 脂	t	1 115 711.0	684 965.0	61.39
竹笋干	t	481 192.0	145 201.0	30.18
核 桃	t	1 284 351.0	797 525.0	62.10
板 栗	t	1 701 680.0	231 730.0	13.62
油茶籽	t	1 092 243.0	186 817.0	17.10

表 185 我国西部地区主要畜产品产量（2009—2010 年）

产品名称	单 位	2009 年	2010 年	同比增长（%）	占全国比重（%）
一、肉类总产量	万 t	2 273.4	2 363.7	3.97	29.82
猪 肉	万 t	1 455.0	1 511.3	3.87	29.80
牛 肉	万 t	221.3	230.5	4.16	35.29
羊 肉	万 t	223.8	231.6	3.49	58.06
禽 肉	万 t	314.3	330.3	5.09	19.94
兔 肉	万 t	29.1	31.7	8.93	45.94
二、其他畜产品产量					
奶 类	万 t	1 558.1	1 557.8	1.26	42.10
牛 奶	万 t	1 477.3	1 482.6	0.36	41.46
蜂 蜜	万 t	8.4	9.2	9.52	22.94
禽 蛋	万 t	375.7	379.2	0.93	13.73
山羊毛	t	29 805.0	23 011.9	−22.79	53.87
羊 绒	t	11 525.0	12 882.4	11.78	69.56
绵羊毛	t	243 624.0	267 194.0	9.67	69.08
细羊毛	t	93 641.0	94 252.3	0.65	76.52
半细羊毛	t	49 753.0	49 345.7	0.82	42.93

表 186　我国西部地区水产品产量（2009—2010 年）

单位：kt

产品名称	2009 年	2010 年	同比增长（%）	占全国比重（%）
水产品总产量	**4 532.2**	**4 795.4**	**5.81**	**8.92**
按海水、内陆分				
海水产品产量	1 490.2	1 540.4	3.37	5.51
内陆水产品产量	3 042.0	3 255.0	7.00	12.64
按生产性质分				
捕捞产量	925.9	933.8	0.85	6.05
养殖产量	3 606.3	3 861.6	7.08	10.09

表 187　我国西部地区人均主要农产品、畜产品、水产品产量（2009—2010 年）

单位：kg/人

产品名称	2009 年	2010 年	同比增长（%）
一、主要农产品			
（一）粮　食	388.9	396.8	2.03
1. 谷　物	325.6	334.8	2.83
稻　谷	123.7	123.8	0.08
小　麦	59.9	58.3	−2.67
玉　米	131.2	141.5	7.85
谷　子	0.9	1.2	33.33
高　粱	2.2	3.0	36.36
2. 豆　类	16.5	15.4	−6.67
大　豆	8.9	9.3	4.49
杂　豆	7.6	6.0	−21.05
3. 薯　类	46.8	46.7	−0.21
马铃薯	30.8	32.0	3.90
（二）油　料	22.5	22.8	1.33
花　生	3.7	3.9	5.41
油菜籽	13.5	12.8	−5.19
芝　麻	0.1	0.1	
胡麻籽	0.7	0.7	
向日葵籽	4.2	4.9	16.67
（三）棉　花	7.4	7.3	−1.35
（四）麻　类	0.4	0.3	−25.00
黄红麻			
（五）糖　料	272.7	266.6	−2.24
甘　蔗	257.8	248.1	−3.76
甜　菜	15.0	18.4	22.67
（六）水　果	154.9	167.2	7.94
（七）烟　叶	4.9	5.0	2.04
烤　烟	4.6	4.7	2.17
二、畜产品			
（一）猪牛羊肉	51.9	54.2	4.43
猪　肉	39.7	41.5	4.53
牛　肉	6.0	6.3	5.00
羊　肉	6.1	6.4	4.92
（二）奶　类	44.0	43.4	−1.36
牛　奶	40.3	40.7	0.99
（三）禽　蛋	10.3	10.4	0.97
三、水产品	12.4	13.2	6.45
鱼　类	9.3	9.9	6.45
虾蟹类	0.8	0.9	12.50

表 188　我国西部地区农林牧渔业总产值、增加值及构成（2009—2010 年）

名　称	总　产　值		增　加　值	
	2009 年	2010 年	2009 年	2010 年
一、绝对数（亿元）				
合　计	**15 137.4**	**17 653.1**	**9 195.0**	**10 701.3**
1. 农业	8 178.9	10 020.6	5 397.9	6 529.2
2. 林业	627.0	722.5	423.4	505.8
3. 牧业	5 372.5	5 842.9	2 847.5	3 078.0
4. 渔业	452.1	512.5	295.9	335.1
二、构成（%）				
农林牧渔业合计	**100.0**	**100.0**	**100.0**	**100.0**
1. 农业	54.0	56.8	58.7	61.0
2. 林业	4.1	4.1	4.6	4.7
3. 牧业	35.5	33.1	31.0	28.8
4. 渔业	3.0	2.9	3.2	3.1
三、西部占全国的比重（%）				
农林牧渔业总产值合计	**25.1**	**25.5**	**26.1**	**26.4**
1. 农业	26.6	27.1	27.1	27.6
2. 林业	28.6	27.8	28.2	28.9
3. 牧业	27.6	28.1	33.1	30.7
4. 渔业	8.0	8.0	8.0	8.6

表 189　我国西部地区林业产业总产值（2010 年）

单位：万元

地　区	总　　计	第一产业	第二产业	第三产业
全国总计	**227 790 232**	**88 952 112**	**118 769 494**	**20 068 626**
地区小计	**6 487 991**	**24 955 878**	**16 021 045**	**5 511 068**
占全国比重（%）	20.41	28.06	13.49	27.46
内蒙古	2 022 097	1 145 325	556 491	320 281
广　西	12 765 494	4 456 981	7 835 773	472 740
重　庆	2 656 536	1 639 125	592 764	424 647
四　川	11 567 826	4 340 112	4 402 748	2 824 966
贵　州	2 955 417	1 732 419	585 813	637 185
云　南	5 747 968	4 245 984	1 235 434	266 550
西　藏	161 777	146 083	12 620	3 074
陕　西	2 612 553	2 233 078	172 977	206 498
甘　肃	1 620 078	1 391 454	92 546	136 078
青　海	74 904	72 530		2 374
宁　夏	712 258	445 957	210 445	55 856
新　疆	3 591 083	3 106 830	323 434	160 819

表 190　我国西部地区林业系统森林工业固定资产投资（2010 年）

单位：万元

地　区	总　　计	其中：基本建设	更新改造	其他投资	本年新增固定资产
全国总计	**3 590 261**	**2 782 241**	**588 752**	**219 268**	**29 118 058**
地区小计	**2 607 349**	**1 864 297**	**542 564**	**200 488**	**1 462 769**
占全国比重（%）	72.62	67.01	92.15	91.44	69.06
内蒙古	161 643	111 954		49 689	70 695
广　西	2 419 248	1 730 570	541 265	147 413	1 385 439
重　庆					
四　川	14 697	14 577	120		341
贵　州					
云　南	7 347	4 936	74	2 337	1 713
西　藏	700	700			700
陕　西	1 105		1 105		1 105
甘　肃					
青　海					
宁　夏					
新　疆	2 609	1 560		1 049	2 776

表 191　我国西部地区林业系统农产品加工业总产值（2010 年）

单位：万元

地　区	非木质林产品加工制造业	木材加工及竹、藤、棕、草制品业			
		合　计	锯材木片加工业	人造板制造业	木制品制造业
全国总计	**9 123 246**	**49 944 331**	**7 817 800**	**26 639 470**	**11 767 815**
地区小计	**939 530**	**15 576 896**	**1 520 849**	**3 913 009**	**1 036 860**
占全国比重（%）	10.30	31.19	19.45	14.69	8.81
内蒙古	7 211	449 233	261 541	65 285	15 498
广　西	309 661	7 770 503	681 621	2 194 485	746 815
重　庆	67 280	589 926	41 683	51 183	68 024
四　川	53 828	4 326 243	227 746	1 027 672	114 270
贵　州	36 041	470 576	94 806	196 188	25 453
云　南	147 486	1 174 017	182 268	266 059	50 407
西　藏		12 620	9 790	1 263	
陕　西	5 599	164 802	13 759	90 413	11 879
甘　肃	33 255	85 172	62	2 339	1 325
青　海					
宁　夏	133 018	210 445			
新　疆	146 151	323 429	7 573	18 122	3 189

地　区	木材加工及竹、藤、棕、草制品业					其　他
	竹、藤、棕、草制品业	木质、竹、藤家具制造业	木、竹、苇浆造纸及纸制品业	林产化学产品制造业	木、竹、藤工艺品制造业	
全国总计	**3 719 246**	**16 354 583**	**28 187 530**	**3 286 800**	**2 539 547**	**5 177 580**
地区小计	**252 304**	**2 043 409**	**2 486 832**	**1 572 514**	**55 158**	**1 766 421**
占全国比重（%）	6.78	12.49	8.52	47.84	2.17	34.12
内蒙古	168	651	120		1 270	97 489
广　西	84 686	356 154	1 474 186	1 199 502	11 032	712 361
重　庆	50 711	138 868	109 038	10 794	21 528	30 817
四　川	95 434	1 476 307	713 715	18 132	15 306	583 833
贵　州	10 790	42 336	42 467	9 656	3 437	19 332
云　南	2 243	15 378	91 967	312 706	1 220	104 283
西　藏		1 567				
陕　西	7 595	5 629		108	1 300	28 520
甘　肃	677	6 519			65	40 930
青　海						
宁　夏			55 349	21 616		462
新　疆						148 394

表 192　我国西部地区森林工业主要产品产量（2010 年）

地　　区	锯材（万 m^3）	木片（万实积 m^3）	胶合板（万 m^3）	纤维板（万 m^3）	刨花板（万 m^3）	木地板（万 m^2）	人造板表面装饰板（万 m^2）	单板（万 m^3）
全国总计	**3 722.6**	**1 873.5**	**7 139.7**	**4 354.5**	**1 264.2**	**47 917.2**	**29 534.9**	**2 723.5**
地区小计	**1 114.5**	**366.8**	**1 812.2**	**929.3**	**129.7**	**1 219.6**	**0.7**	**461.0**
占全国比重（%）	29.94	19.58	25.38	21.34	10.26	2.55		16.93
内蒙古	400.3	12.5	25.0	14.3	26.2	8.8		7.3
广　西	337.2	266.2	898.0	439.1	40.6	27.3	0.2	435.9
重　庆	17.7	5.5	29.6	1.1	4.2	3.0		
四　川	136.9	20.1	583.4	310.9	52.2	837.0	0.5	2.8
贵　州	65.6	5.1	51.6	7.9	1.1	51.1		0.6
云　南	144.3	24.8	162.5	95.9	4.9	292.4		14.4
西　藏	9.5							
陕　西	0.8	5.4	58.1	57.2	0.3			
甘　肃			0.9	0.3				
青　海								
宁　夏								
新　疆	2.2	27.2	3.1	2.6	0.2			

地　　区	松香类产品（t）	松节油类产品（t）	樟脑（t）	冰片（t）	栲胶类产品（t）	紫胶类产品（t）	木材热解产品（t）	
							木炭	活性炭
全国总计	**1 332 798**	**158 403**	**11 588**	**963**	**10 925**	**3 804**	**399 660**	**162 369**
地区小计	**989 010**	**88 964**	**50**	**200**	**8 165**	**3 260**	**141 626**	**880**
占全国比重（%）	74.21	56.16	0.43	20.77	74.74	85.70	35.44	0.46
内蒙古					763			
广　西	801 838	41 547			6 376		4 113	600
重　庆	800						1 565	
四　川	2 239	17 430	45	200		101	6 900	
贵　州	4 593	725					37 242	280
云　南	179 540	29 262	5		946	3 159	91 597	
西　藏							209	
陕　西					80			
甘　肃								
青　海								
宁　夏								
新　疆								

表 193 我国西部地区农垦系统主要农产品加工企业产品产量（2010 年）

地　区	配混合饲料（t）	机制纸及纸板（t）	纱（万 t）	布（万 m）	机制糖（t）	饮料酒（t）	乳制品（t）	食用植物油（t）
全国总计	**4 831 329**	**617 200**	**51**	**64 760**	**2 057 949**	**1 444 166**	**2 839 946**	**1 930 780**
地区小计	**1 894 051**	**179 876**	**25**	**8 973**	**845 429**	**477 549**	**423 736**	**389 049**
占全国比重（%）	39.20	29.14	49.02	13.86	41.08	33.07	14.92	20.15
内蒙古	27 659	1 820				1 330	22 284	63 072
广　西	279 519	48 600			612 965	13 127	2 310	446
重　庆	414 732						185 079	
四　川						7 050	3 920	
贵　州	31 227						32 511	
云　南					60 108	91		
西　藏								
陕　西	4 500						2 409	1 980
甘　肃	9 567					156 637		
青　海							13 400	
宁　夏	24 913					145 376	19 502	12
新疆（兵团）	1 055 861	127 026	23	8 973	172 356	149 712	96 244	307 262
新疆（农业）	14 020		2			4 020	518	10 250
新疆（畜牧）	32 053	2 430				205	45 559	6 027

表 194 我国西部地区轻工业系统农产品加工业产品产量（2009 年）

地　区	纸　浆（万 t）	机制纸、纸板（万 t）	纸制品（万 t）	原　盐（万 t）	机制糖（万 t）	糖　果（万 t）	方便面（万 t）
全国总计	**1 934.5**	**8 965.1**	**4 023.2**	**6 003.1**	**1 321.2**	**139.6**	**569.3**
地区小计	**262.2**	**864.8**	**586.2**	**1 499.0**	**1 111.2**	**5.5**	**67.2**
占全国比重（%）	13.04	9.65	14.57	24.97	84.11	3.94	11.80
内蒙古	16.0	46.7	33.6	211.9	15.4		3.1
广　西	83.9	168.8	45.1	3.5	824.1	0.1	4.1
重　庆	1.1	168.4	56.4	158.8		0.4	8.4
四　川	56.4	246.5	360.8	797.4	5.9	3.9	9.1
贵　州	26.4	10.3	8.6		1.0	0.1	2.3
云　南	19.1	39.4	20.1	87.8	223.2	0.8	2.4
西　藏			0.6				
陕　西		73.9	35.7	39.5		0.2	33.7
甘　肃	0.4	10.6	11.5	10.1	0.8		0.5
青　海				70.7			0.1
宁　夏	28.4	77.2	2.0				
新　疆	30.5	23.0	11.8	119.3	40.8		3.5

（续）

地　区	乳制品（万 t）	液体乳（万 t）	罐头（万 t）	味精（万 t）	冷冻饮品（万 t）	饮料酒（万 kL）	软饮料（万 kL）	饼干（万 t）
全国总计	**1 924.1**	**1 738.6**	**745.1**	**236.2**	**238.4**	**5 066.5**	**8 115.6**	**303.3**
地区小计	**651.6**	**591.7**	**178.8**	**64.3**	**71.3**	**996.6**	**1 589.2**	**26.7**
占全国比重（%）	33.87	34.03	23.99	27.22	29.91	19.67	19.58	8.80
内蒙古	379.6	348.9	0.1	32.1	44.5	135.5	166.7	0.4
广　西	8.6	7.9	40.8	0.1	2.8	107.7	192.1	0.5
重　庆	11.3	11.3	4.5	5.9	8.2	89.9	234.2	0.5
四　川	46.5	44.3	27.9	4.3	8.7	321.5	357.7	23.4
贵　州	4.1	4.1	1.1		3.1	41.4	54.1	
云　南	28.8	27.8	2.4	0.8		52.9	131.1	0.1
西　藏	0.6	0.4				11.3	6.6	
陕　西	114.9	101.0	1.6	0.2	0.7	99.9	219.8	1.8
甘　肃	10.6	9.7	9.0			65.5	144.8	
青　海	6.1	5.4				11.6	5.5	
宁　夏	13.6	9.5		19.3		15.9	3.2	
新　疆	26.9	21.4	91.1	1.6	3.3	43.5	73.4	

地　区	轻　革（万 m^2）	皮　鞋（万双）	皮革服装（万件）	毛皮服装（万件）	天然皮革、手提包、袋（万个）	家　具（万件）
全国总计	**59 481.6**	**354 616.8**	**5 477.8**	**250.1**	**67 668.5**	**60 819.0**
地区小计	**3 625.6**	**16 347.3**	**172.5**	**6.1**	**30.4**	**1 751.7**
占全国比重（%）	6.10	4.61	3.15	2.44	0.04	2.88
内蒙古				0.2		151.0
广　西	1 190.5	781.3				82.8
重　庆		3 005.0	7.8		30.0	454.2
四　川	2 139.2	12 468.4	162.3			834.1
贵　州						23.5
云　南						6.3
西　藏		2.4			0.4	
陕　西		77.2	0.1			50.2
甘　肃	145.2		1.7			5.3
青　海	6.1	4.2	0.6			
宁　夏				5.9		4.6
新　疆	144.6	8.8				139.7

资料来源：表中数据由中国轻工业信息中心提供。

其 他

表 195 我国农产品质量安全例行监测情况（2008—2009 年） 单位：%

监测产品种类	2008 年	2009 年	同比增减
	合格率	合格率	
蔬 菜	96.3	96.4	0.1
畜禽产品	98.7	99.5	0.8
水产品	95.7	97.2	1.5
水 果		98.0	
食用菌		95.2	
茶 叶		94.8	

资料来源：表中数据来自 2010 年《农产品质量与安全》第 1 期。

表 196 轻工业系统农产品加工行业十大质量品牌当选企业（2009 年）

产品类别	品 牌	生产企业名称
大 米	北大荒	黑龙江北大荒米业有限公司
	五 常	黑龙江五常市健洋有限公司
	金 健	湖南金健米业股份有限公司
	金 佳	江西金佳谷物有限公司
	梧 桐	黑龙江泰丰粮油食品有限公司
	御 泉	吉林德春米业集团有限责任公司
	玉 珠	江西樟树粮油公司
	东南香	蒲田市东南香米业发展有限公司
	盘 锦	盘锦良友米业有限责任公司
	国 宝	湖北国宝桥米有限公司
黄酒、保健酒	古越龙山	浙江古越龙山绍兴酒股份有限公司
	中国劲酒	中国劲酒有限公司
	沈永和	上海沈永和酒业有限公司
	积德泉	长春积德泉酿酒厂有限公司
	竹叶青酒	山西杏花村汾酒集团有限责任公司
	女儿红	浙江绍兴女儿红酿酒总公司
	小角楼	四川小角楼酒业有限公司
	龙虎酒	五粮液保健酒集团有限公司
	金枫黄酒	上海金枫酿酒公司
	即墨老酒	山东即墨黄酒厂有限公司

（续）

产品类别	品　牌	生产企业名称
白　酒	五粮液	四川五粮液集团有限公司
	茅　台	贵州茅台酒厂（集团）有限责任公司
	酒鬼酒	酒鬼酒股份有限公司
	汾　酒	山西杏花村汾酒集团有限责任公司
	沱　牌	四川沱牌集团有限公司
	将台酒业	四川将台酒业有限公司
	国窖 1573	泸州老窖股份有限责任公司
	水井坊	成都水井坊有限公司
	滨河九粮春	甘肃滨河集团有限公司
	大中华	河南省大中华酒业有限公司
啤　酒	青岛啤酒	青岛牌酒集团有限公司
	燕京啤酒	北京燕京啤酒集团公司
	雪花啤酒	华润雪花啤酒（中国）有限公司
	山城啤酒	重庆啤酒集团宜宾有限公司
	金星啤酒	金星啤酒集团有限公司
	金威啤酒	金威啤酒（中国）有限公司
	哈尔滨啤酒	哈尔滨啤酒集团有限公司
	珠江啤酒	广州市珠江啤酒集团有限公司
	百威啤酒	百威（武汉）国际啤酒有限公司
	惠泉啤酒	福建惠泉啤酒集团有限公司
红　酒	长城葡萄酒	中国长城葡萄酒有限公司
	张裕葡萄酒	烟台张裕葡萄酿酒有限公司
	王朝葡萄酒	天津王朝葡萄酿酒有限公司
	云南红	云南红酒业有限公司
	威龙葡萄酒	河北威龙葡萄酒业有限公司
	欧立嘉葡萄酒	欧立嘉酿酒有限公司
	新天葡萄酒	新天国际葡萄酒业股份有限公司
	莫高葡萄酒	甘肃莫高实业发展股份有限公司
	国风干红	甘肃国风干红葡萄酒有限公司
	蒙哈丁	北京雷拉斯酒业有限公司
方便米面制品	康师傅	天津顶益国际食品有限公司
	统一 100	统一企业集团
	今麦郎	今麦郎食品集团有限公司
	龙　丰	河北华龙集团

（续）

产品类别	品　牌	生产企业名称
方便米面制品	华　祥	陕西华祥食品（集团）有限公司
	味之家	安徽新锦丰集团公司
	天　方	郑州天方集团有限公司
	南街村	河南省南街村（集团）有限公司
	李氏三太子	河北中旺食品集团有限公司
	华　丰	武汉金鼎食品有限公司
饮　料	美汁源	青岛可口可乐有限公司
	汇源果汁	北京汇源饮料食品集团有限公司
	统一鲜橙多	郑州统一企业有限公司
	红牛饮料	海南红牛饮料有限公司
	可口可乐	可口可乐饮料有限公司
	百事可乐	广州百事可乐饮料有限公司
	达利园	福建达利园集团公司
	健力宝	广东健力宝集团有限公司
	佳得乐	北京佳得乐饮料有限公司
	巨人园	中山市巨人园食品饮料有限公司
饮用水	农夫山泉	农夫山泉股份有限公司
	娃哈哈	杭州娃哈哈集团有限公司
	乐百事	乐百事（广东）食品饮料有限公司
	怡　宝	怡宝食品饮料（深圳）有限公司
	椰　树	北京椰树食品饮料有限公司
	天源长寿村	广州市天源实业有限公司
	益　力	深圳达能益力泉饮品有限公司
	世明泉	黑龙江华远世明泉天然苏打水饮品有限公司
	宝鼎山泉	肇庆市鼎湖爱森山泉饮用水有限公司
	崂　山	青岛崂山矿泉水有限公司
食用油	金龙鱼	辽宁营口渤海油脂工业有限公司
	福临门	中粮粮油有限公司
	鲁　花	山东鲁花集团有限公司
	胡姬花	嘉里粮油（青岛）有限公司
	多　力	上海佳格食品有限公司
	海　狮	上海市油脂公司
	盛　洲	厦门中盛粮油集团有限公司
	刀　唛	深圳南顺油脂有限公司

（续）

产品类别	品　牌	生产企业名称
食用油	红蜻蜓	重庆红蜻蜓食用油有限公司
	鹰　唛	广东鹰唛食品有限公司
月　饼	荣　华	佛山市顺德区苏氏荣华食品有限公司
	金九饼业	广东金九饼业有限公司
	好利来月饼	好利来北京食品工业园
	杏花楼月饼	上海杏花楼企业股份有限公司
	安琪月饼	深圳安琪食品有限公司
	美心月饼	广州市浩骏美心食品有限公司
	金海港月饼	吴川市大海港城酒楼
	元祖月饼	上海元祖食品有限公司
	稻香村	北京稻香村食品集团稻香村月饼生产有限公司
	华美月饼	东莞华美食品有限公司
饼　干	达　能	上海达能饼干食品有限公司
	趣多多	趣多多、卡夫食品企业管理（上海）有限公司
	卡　夫	卡夫集团
	旺　旺	旺旺食品集团
	嘉士利	广东嘉士利食品有限公司
	百力滋	上海江崎格力高公司
	好吃点	福建达利食品集团有限公司
	徐福记	东莞徐福记食品有限公司
	嘉　顿	香港嘉顿公司
	康　元	北京市荣德诚贸易有限公司
速冻食品	思念速冻食品	郑州思念食品有限公司
	三全速冻食品	郑州三全食品股份有限公司
	龙凤速冻食品	浙江龙凤食品有限公司
	五　羊	广州冷冻食品有限公司
	安　井	福建安井食品股份有限公司
	科迪速冻食品	河南科迪速冻食品有限公司
	湾仔码头	美国通用磨坊食品公司
	六味斋	太原食品集团有限公司
	稻香村	北京稻香村食品有限责任公司
	雪波比	东莞雪波比冷冻食品有限公司
肉制品	双　汇	河南省漯河市双汇实业集团有限责任公司
	高　金	四川高金食品股份有限公司

（续）

产品类别	品 牌	生产企业名称
肉制品	科尔沁	内蒙古科尔沁牛业股份有限公司
	鹏中宝	江门市鹏中宝食品有限公司
	得利斯	得力斯集团
	千喜鹤	北京千喜鹤食品有限公司
	雨 润	江苏雨润食品产业集团有限公司
	美 好	四川成都新希望食品有限公司
	汇 通	河南汇通肉食品股份有限公司
	春 都	洛阳春都食品业股份有限公司
乳制品	伊 利	内蒙古伊利实业集团股份有限公司
	美赞臣	美赞臣（广州）有限公司
	旺 仔	湖南大旺食品有限公司
	天友乳业	重庆天友乳业股份有限公司
	惠 氏	上海惠氏营养品有限公司
	雅 培	雅培营养品（广州）生产厂有限公司
	多美滋	英特尔营养乳品有限公司
	贝因美	杭州贝因美集团有限公司
	雀 巢	黑龙江省双城雀巢有限公司
	三 元	北京三元食品股份有限公司
休闲食品	箭 牌	箭牌口香糖（广州）有限公司
	喜之郎	广东喜之郎集团有限公司
	傻子瓜子	芜湖市傻子瓜子有限总公司
	牛头牌	贵州永红食品有限公司
	蜡笔小新	蜡笔小新（福建）食品工业有限公司
	绝 味	湖南绝味食品股份有限公司
	雅 客	成都雅客食品有限公司
	可比克	福建达利食品集团有限公司
	绿盛牛肉干	杭州绿盛集团有限公司
	鸦士利	上海鸦士利食品有限公司
茶 业	八马茶业	厦门八马茶业有限公司
	恒 福	广州市恒福茶业有限公司
	天福茗茶	福建天福集团
	天 方	安徽天方茶叶集团有限公司
	大益茶业	云南昆明大益茶业集团

（续）

产品类别	品　牌	生产企业名称
茶　业	海湾茶业	云南安宁海湾茶业有限责任公司
	台饮百味佳	徐州百味佳食品有限公司
	通天香	广西通天香茶业有限公司
	闽　达	福建安溪南尧茶叶有限公司
	博　能	佛山博能茶叶有限公司
中成药	三金药业	桂林三金药业股份有限公司
	神奇药业	贵州神奇集团有限公司
	胡庆余堂	杭州胡庆余堂药业有限公司
	中一药业	广州中一药业有限公司
	敬修堂	广州敬修堂药业股份有限公司
	陈李济	广州药业股份有限公司
	太　极	四川太极集团有限公司
	同仁堂	北京同仁堂（集团）有限责任公司
	羚　锐	河南羚锐制药股份有限公司
	云南白药	云南白药集团股份有限公司
羽绒服	波司登	江苏波司登羽绒服装有限公司
	卡米来	福建卡米来服饰有限公司
	千仞岗	常熟市千仞岗制衣有限公司
	鸭宝宝	哈尔滨鸭宝宝羽绒服有限公司
	鸭　鸭	江西共青鸭鸭集团
	雪中飞	江苏雪中飞制衣有限公司
	雁　皇	浙江雁皇羽绒制品有限公司
	雪　驰	湖北普雅特尔雪驰服饰有限公司
	雅　鹿	江苏雅鹿实业股份有限公司
	艾莱依	浙江艾莱依羽绒制品有限公司
皮　鞋	森　达	江苏森达集团有限公司
	奥　康	浙江奥康鞋业股份有限公司
	百　丽	深圳百丽鞋业有限公司
	红蜻蜓	浙江红蜻蜓鞋业股份有限公司
	康　奈	康奈集团有限公司
	报喜鹤	浙江报喜鹤鞋业有限公司
	金　猴	威海市金猴集团有限责任公司
	依斯高	依斯高（中山）服装有限公司
	东泰鞋业	温州市瓯海东泰鞋业有限公司
	依百兰	成都依百兰鞋业有限责任公司

资料来源：表中信息由中国轻工业信息中心提供。

表 197 我国农产品加工创业基地第二批名单（2010 年）

序号	基地名称	所在地区	序号	基地名称	所在地区
1	北京安定镇农产品加工创业基地	北京	31	葫芦岛兴城花生农产品加工创业基地	辽宁
2	北京市沙河镇农产品加工创业基地	北京	32	本溪汇达农业发展集团创业基地	辽宁
3	北京市巨隆农产品加工创业基地	北京	33	朝阳市龙城农产品加工创业基地	辽宁
4	北京市孙各庄镇农产品加工创业基地	北京	34	辽宁旦新高技术产业园区创业基地	辽宁
5	北京市回龙观镇农产品加工创业基地	北京	35	本溪五女山经济技术开发北江生态园	辽宁
6	北京市密云农产品加工创业基地	北京	36	丹东凤成市农产品加工创业基地	辽宁
7	北京市玉雪农产品加工创业基地	北京	37	恒仁满族自治县冰葡萄加工创业基地	辽宁
8	北京市琉璃河镇农产品加工创业基地	北京	38	吉林省公主岭市农产品加工创业基地	吉林
9	北京市雁栖镇农产品加工创业基地	北京	39	吉林省珲春农产品加工创业基地	吉林
10	北京市滨河农产品加工创业基地	北京	40	吉林长岭三青山农产品加工创业基地	吉林
11	河北省平乡县农产品加工创业基地	河北	41	吉林省柳河山葡萄产业创业基地	吉林
12	河北省邯郸市农产品加工创业基地	河北	42	吉林东北袜业生产加工创业孵化基地	吉林
13	河北赞皇县太行果品加工创业基地	河北	43	白城市农产品加工创业基地	吉林
14	河北承德太平洋饮品加工创业基地	河北	44	吉林船营农产品加工创业基地	吉林
15	河北大名县农产品加工面业创业基地	河北	45	吉林省德惠市农产品加工创业基地	吉林
16	河北巨鹿县燕南农产品加工创业基地	河北	46	黑龙江省友谊县农产品加工创业基地	黑龙江
17	河北滦平县农牧产品加工创业基地	河北	47	黑龙江兴隆农产品加工创业基地	黑龙江
18	河北北戴河集发绿色蔬果加工基地	河北	48	集贤县农产品加工创业基地	黑龙江
19	河北深州市农产品加工园区创业基地	河北	49	富拉尔基区农产品加工创业基地	黑龙江
20	河北沧县金丝小枣加工基地	河北	50	金山现代农业园区农产品加工基地	上海
21	河北抚宁县骊骅农产品加工基地	河北	51	徐州经济开发区农产品加工创业基地	江苏
22	赤峰市元宝山区平庄农产品加工园区	内蒙古	52	武进绿色农产品加工创业基地	江苏
23	科左中旗宝龙山农产品加工创业基地	内蒙古	53	江苏宿豫农产品加工创业基地	江苏
24	乌兰察布市农牧业产业化示范园区	内蒙古	54	淮安市天参农产品加工创业基地	江苏
25	羊（驼）毛服装园区	内蒙古	55	泰兴市农产品加工园区	江苏
26	锡林郭勒乌珠穆沁肉业加工基地	内蒙古	56	海安紫菜加工创业基地	江苏
27	内蒙古呼伦贝尔岭东工业开发区	内蒙古	57	宜兴市阳羡茶产业基地	江苏
28	林西县农畜产品加工创业基地	内蒙古	58	扬州鹅产业创业基地	江苏
29	东乌旗畜产品加工科技示范园区	内蒙古	59	江苏盱眙龙虾加工创业基地	江苏
30	察右中旗山海畜禽养殖肉类加工基地	内蒙古	60	江苏兴化双蝶农副产品加工创业基地	江苏

（续）

序号	基地名称	所在地区	序号	基地名称	所在地区
61	江苏扬州邗江区农产品加工创业基地	江苏	95	寿光市化龙镇胡萝卜加工创业基地	山东
62	安徽肥东经济开发区食品工业园	安徽	96	山东调味品加工创业基地	山东
63	怀远县城西暨农副产品加工区	安徽	97	烟台京栎生态农业有限公司创业基地	山东
64	安徽太和经济开发区农产品加工基地	安徽	98	中国（地方）国际罐头城创业基地	山东
65	宜州区畜禽产品加工产业园	安徽	99	山东长清黄金峪农产品加工创业基地	山东
66	舒城县城关镇七星工业园	安徽	100	山东海洋市茶叶加工创业基地	山东
67	东至县东流农产品加工创业园	安徽	101	山东优质杞柳加工创业基地	山东
68	桐城市大关农产品加工创业园	安徽	102	山东沂南县肉鸭加工基地	山东
69	黄山市徽州区农产品加工创业基地	安徽	103	信阳毛尖名优茶机械化加工基地	河南
70	怀远县龙亢农场农产品加工创业基地	安徽	104	驻马店市遂平县食品工业集聚区	河南
71	舒城经济开发区农产品加工创业基地	安徽	105	商丘市台商工业园	河南
72	凤阳临淮关粮油食品工业创业基地	安徽	106	郑州市产业集聚区	河南
73	宿州市八张村棉花加工创业基地	安徽	107	河南漯河小麦深加工创业基地	河南
74	福建省晋江市前蔡村农产品加工业园	福建	108	济源市冬凌草薄皮核桃产业创业基地	河南
75	安溪县城工业园海西茶叶加工基地	福建	109	焦作市优质粮食加工创业基地	河南
76	明溪县农产品加工创业园区	福建	110	河南省中原棉花产业加工创业基地	河南
77	福建省福安市农产品加工创业基地	福建	111	周口市鹿邑县产业集聚区	河南
78	福建漳平水仙茶加工创业基地	福建	112	汝阳县农产品加工创业基地	河南
79	福建清流台湾农产品加工创业基地	福建	113	驻马店大程绿色农产品加工创业基地	河南
80	福塘米粉工业区	福建	114	湖北钟祥农产品加工创业园	湖北
81	南靖县食用菌加工创业基地	福建	115	当阳经济开发区农产品加工创业基地	湖北
82	萍乡市芦溪银河现代农业示范区	江西	116	湖北老河口市农产品加工创业基地园	湖北
83	万载县有机农产品示范基地	江西	117	宜昌三峡国际旅游茶城产业创业园	湖北
84	鹰潭市龙岗新区农产品加工创业基地	江西	118	湖北省芙山县怡莲丝绸纺织工业园	湖北
85	江西新建长江工业园农产品创业基地	江西	119	罗田县农产品加工基地	湖北
86	江西八达米业集团农产品加工创业基地	江西	120	湖北黄梅大胜关山农产品加工创业园	湖北
87	寻乌县百里果品加工长廊	江西	121	湖北口农产品加工基地	湖北
88	信丰县农产品加工创业基地	江西	122	祁阳县科技工业园	湖南
89	山东齐河县华店乡农产品加工创业基地	山东	123	长沙隆平科技园农产品加工创业基地	湖南
90	山东淄博市优质山楂加工创业基地	山东	124	湖南省靖州县工业园	湖南
91	枣庄市山亭区豆制品生产创业基地	山东	125	华容工业园	湖南
92	莱西市农产品加工创业基地	山东	126	湖南省石门县农产品加工基地	湖南
93	山东茌平县冯官屯农产品加工创业基地	山东	127	湖南安化小淹镇农产品加工创业基地	湖南
94	山东宁县阳葛石镇大枣加工创业基地	山东	128	湖南龙山县中药材加工创业基地	湖南

（续）

序号	基地名称	所在地区	序号	基地名称	所在地区
129	湖南龙颂农产品加工创业基地	湖南	173	独山县农产品加工创业基地	贵州
130	湖南省长沙圣毅园现代农庄	湖南	174	长顺县农产品加工创业基地	贵州
131	冷水江市新生态养殖创业基地	湖南	175	贵定县农产品加工创业基地	贵州
132	冷水江市葛根种植生态农业基地	湖南	176	黔西县农产品加工科技示范园	贵州
133	天龙稻米精深加工及综合利用加工基地	湖南	177	息烽县农产品加工基地	贵州
134	汕头市牛田洋现代农业生态示范区基地	广东	178	礼泉县食品工业园	陕西
135	从化市农产品加工创业基地	广东	179	平利县女娲茶饮产业加工创业基地	陕西
136	河源市现代农业科技示范园加工基地	广东	180	蒲城县食品工业园	陕西
137	平远县农产品加工创业基地	广东	181	大荔县农产品加工创业基地	陕西
138	中山市黄圃镇农产品加工创业基地	广东	182	武功县农产品加工创业园	陕西
139	新兴县农产品加工创业基地	广东	183	志丹县农副产品加工基地	陕西
140	广东河源紫金县农产品加工创业基地	广东	184	丹凤县农副产品加工创业基地	陕西
141	广东德庆县农产品(柑橘)加工创业基地	广东	185	陕西凤翔长虹农产品加工创业基地	陕西
142	狮岭皮革制品加工基地	广东	186	宝鸡市陈仓区周源农产品加工创业基地	陕西
143	阳西县农产品加工创业基地	广东	187	柞水县马家台乡金台农业产业基地	陕西
144	广西凤糖甘蔗加工创业基地	广西	188	武威黄羊工业园农产品加工创业基地	甘肃
145	广西贵港市竹福特色农产品加工基地	广西	189	甘肃玛曲县民族工业示范园区	甘肃
146	海南定安县塔山岭农产品加工示范基地	海南	190	甘肃嘉峪关高科技农业示范创业基地	甘肃
147	重庆市万州区分水农产品加工创业基地	重庆	191	甘肃省民乐生态工业园区	甘肃
148	重庆永川畜禽、粮食深加工基地	重庆	192	银川望远工业园	宁夏
149	重庆市涪陵区百胜农产品加工创业基地	重庆	193	银川西夏有机枸杞特色产业加工基地	宁夏
150	重庆市巴川农产品加工创业基地	重庆	194	银川金凤区农产品加工创业基地	宁夏
151	重庆板桥鱼鸭产品深加工基地	重庆	195	同心县羊绒工业园	宁夏
152	重庆江津现代农业园区农产品加工园	重庆	196	银川惠农区脱水菜创业基地	宁夏
153	重庆市食品工业基地	重庆	197	新疆昌吉呼图壁县奶业加工创业基地	新疆
154	荣昌县饲料兽药及畜产品加工创业基地	重庆	198	塔城市农产品加工业园区创业基地	新疆
155	重庆合川区农产品加工创业基地	重庆	199	哈密工业园区农副产品加工区	新疆
156	肉牛养殖加工基地	重庆	200	伊宁市巴彦岱镇农产品加工创业基地	新疆
157	潼南县农副产品加工园区	重庆	201	福海阿尔泰生态农副产品深加工基地	新疆
158	简阳市工业园区大地农产品产业园	四川	202	和田地区和墨洛地毯加工示范区	新疆
159	邻水县工业集中发展区农业科技园区	四川	203	新疆吉木萨尔县农副产品加工园区	新疆
160	广安市回乡创业园	四川	204	霍城清水河镇农产品加工创业基地	新疆
161	四川遂宁市安居区农产品加工创业基地	四川	205	瓦房店市炮台镇水果加工创业基地	大连
162	大英县工业集中发展区	四川	206	大连金州农业科技园加工创业基地	大连
163	四川安岳经济发展区	四川	207	瓦房店市太阳肉鸡加工创业基地	大连
164	成都蒲江县食品饮料工业园	四川	208	瓦房店复州城镇辣根加工创业基地	大连
165	云南文山三七药物产业园区	云南	209	瓦房店万家岭镇水果加工创业基地	大连
166	普洱工业园区农产品加工创业基地	云南	210	余姚泗门镇优质高效蔬菜加工基地	宁波
167	普宁宝峰农产品深加工产业园	云南	211	宁海县良种茶加工创业基地	宁波
168	楚雄市农产品加工创业基地	云南	212	火箭农场农产品加工创业基地	新疆兵团
169	云南江川农产品加工出口示范基地	云南	213	七十团工业园农产品加工创业基地	新疆兵团
170	宾州水果深加工产业化基地	云南	214	农四师62团农产品加工创业基地	新疆兵团
171	邢阳县富硒农产品加工创业基地	贵州	215	一四三团农产品加工创业基地	新疆兵团
172	六枝特区夜郎生态农产品加工创业基地	贵州	216	伊帕尔汗香料加工种植基地	新疆兵团

资料来源：表中信息由农业部提供。

表 198　我国粮油加工行业第二批获 AAA 级、AA 级、A 级信用等级企业（2010 年）

信用等级	企业名称	信用等级	企业名称
AAA	山东玉杰面粉有限公司	AA	河南红蜻蜓仁吉粮油食品有限公司
AAA	今麦郎食品有限公司	AA	绵阳市游仙粮油购销有限公司
AAA	南京沙塘庵粮油食品有限公司	AA	湖北龙池米业有限公司
AAA	河北金沙河面业有限责任公司	AA	上海垠海贸易有限公司
AAA	湖北瑞丰粮油食品有限责任公司	AA	重庆人和米业有限责任公司
AAA	林州市金泓面业有限公司	AA	湖北嘉嘉乐米业有限公司
AAA	江西省春丝食品有限公司	AA	湖北省宏发米业公司
AAA	四川仁吉粉业集团有限公司	AA	安徽友勇米业有限公司
AAA	安徽良夫面粉集团	AA	扬州市名佳面粉有限公司
AAA	江西金农米业集团有限公司	AA	安阳光华农产品加工有限公司
AAA	开封市天丰面业有限责任公司	AA	塔城市粮食收储公司储绿面粉厂
AAA	安徽省含山县油脂有限公司	AA	河北凯发面业集团有限公司
AAA	湖北巨源油业有限公司	AA	新疆盛康粮油有限公司
AAA	安徽省稼仙米业集团有限公司	AA	仪征方顺粮油工业有限公司
AAA	滨州泰裕麦业有限公司	AA	中粮面业（泰兴）有限公司
AAA	安徽安粮实业发展有限公司	AA	江苏红蜻蜓油脂有限责任公司
AAA	荆门市洪森实业有限公司	AA	安徽省恒进粮油工贸有限公司
AAA	河南方欣米业集团股份有限公司	AA	湖北宏凯工贸发展有限公司
AAA	安徽庆发粮油集团有限公司	A	上海海丰米业有限公司
AAA	四川射洪腾龙粉业有限责任公司	A	福建华仁油脂有限公司
AAA	湖北兴农粮食产业发展有限公司	A	湖北三杰粮油食品集团
AAA	河南兴泰科技实业有限公司	A	黑龙江省建三江农垦建三江米业有限公司
AAA	河南懿丰油脂有限公司	A	湖北豪丰米业有限公司
AAA	陕西八鱼渭南油脂工业有限公司	A	西安邦淇制油科技有限公司
AAA	丹阳市同乐面粉有限公司	A	山东惠民龙凤面粉有限公司
AAA	湖北禾丰粮油集团有限公司	A	江苏新海油脂有限公司
AAA	河南省大程粮油集团股份有限公司	A	新疆米全粮油购销有限公司
AAA	黄冈东坡粮油集团有限公司	A	重庆粮食集团巴南区粮食有限责任公司
AAA	明光市双喜粮油食品有限公司	A	新疆瑞隆农业发展有限公司油脂分公司
AAA	安徽省凤阳县盛源农业发展有限公司	A	扬州宝泰米业有限公司

注：表中信息由中国粮食行业协会提供。

表 199 2010 年度我国大米加工“50 强企业”

序号	企业名称	序号	企业名称
1	江西省粮油集团有限公司	26	湖南金健米业股份有限公司
2	湖北国宝桥米集团	27	合肥金润米业有限公司
3	福娃集团有限公司	28	绿都集团股份有限公司
4	吉林省德春米业集团有限责任公司	29	江苏双兔食品股份有限公司
5	辽宁五峰集团发展有限公司	30	福建天下农庄食品发展有限公司
6	江西万羊贡米集团	31	吉林丰盛米业有限公司
7	益海嘉里投资有限公司	32	南京沙塘庵粮油实业有限公司
8	江苏省农垦米业有限公司	33	鹤岗市三江平原米业集团有限公司
9	中粮集团有限公司	34	湖北洪森粮油集团
10	湖南银光粮油股份有限公司	35	黑龙江秦丰粮油食品有限公司
11	黑龙江省北大荒米业有限公司	36	湖南浩天米业有限公司
12	安徽家乐米业有限公司	37	湖南粮食集团有限责任公司
13	湖北禾丰米业有限公司	38	山东美晶米业有限公司
14	安徽省稼仙米业集团有限公司	39	东莞市太粮米业有限公司
15	洪湖市洪湖浪米业有限责任公司	40	安徽友勇米业有限公司
16	安徽槐祥工贸集团有限公司	41	安徽联河米业有限公司
17	莆田市东南香米业发展有限公司	42	安徽舒城青云精米加工有限责任公司
18	安徽阜阳市海泉粮油工业有限公司	43	重庆人和米业有限责任公司
19	吉林裕丰米业股份有限公司	44	上海垠海贸易有限公司
20	江西金农米业集团	45	庆安鑫利达米业有限公司
21	天津市金芦米业有限公司	46	泉州金穗米业有限公司
22	永州市七里香米业有限公司	47	固始县顺兴粮油有限责任公司
23	湖北省粮油集团有限责任公司	48	宜兴市粮油集团大米有限公司
24	河南方欣米业集团股份有限公司	49	口口香米业股份有限公司
25	安徽桐城青草香米业集团有限公司	50	四川省川粮米业股份有限公司

表200 2010年度我国小麦粉加工“50强企业”

序号	企 业 名 称	序号	企 业 名 称
1	五得利面粉集团有限公司	26	湖北三杰麦面集团
2	中粮集团有限公司	27	山东鲁王集团有限公司
3	益海嘉里投资有限公司	28	安徽金鸽面业集团有限公司
4	今麦郎食品有限公司	29	江苏淮安新丰面粉有限公司
5	南顺（香港）集团	30	陕西老牛面粉有限公司
6	北京古船食品有限公司	31	山东永乐食品有限公司
7	天津市利金粮油股份有限公司	32	武威红太阳面粉有限公司
8	山东半球面粉有限公司	33	安徽银海粮油食品集团有限公司
9	陕西陕富面业有限责任公司	34	宝鸡祥和面粉有限责任公司
10	河北金沙河面业有限责任公司	35	河南神人助粮油有限公司
11	江苏三零面粉有限公司	36	维维六朝松面粉产业有限公司
12	济南民天面粉有限责任公司	37	河南莲花面粉有限公司
13	江苏江南面粉集团	38	郑州金苑面业有限公司
14	山东利生面业（集团）有限公司	39	河南省大程面粉实业有限公司
15	滨州泰裕麦业有限公司	40	河北黑马粮油工业有限责任公司
16	江苏省银河面粉有限公司	41	凤阳县凤宝粮油食品有限公司
17	安徽皖王面粉集团有限公司	42	上海良友（集团）有限公司
18	发达面粉集团有限公司	43	山东望乡食品有限公司
19	安徽良夫面粉有限公司	44	潍坊风筝面粉有限责任公司
20	东莞市穗丰食品有限公司	45	菏泽华瑞食品有限责任公司
21	杭州恒天面粉集团	46	白象食品集团河南面业有限公司
22	德州巨嘴鸟工贸有限公司	47	广东白燕粮油实业有限公司
23	丹阳市同乐面粉有限公司	48	四川仁吉粉业集团有限公司
24	河北凯发面业集团有限公司	49	开封市天丰面业有限责任公司
25	新疆天山面粉集团有限责任公司	50	宁夏塞北雪面粉有限公司

表 201　2010 年度我国植物油加工"50 强企业"

序号	企业名称	序号	企业名称
1	益海嘉里投资有限公司	26	湖南盈成油脂工业有限公司
2	中粮集团有限公司	27	河南阳光油脂集团
3	九三粮油工业集团有限公司	28	湖北永康实业股份公司
4	中国中纺集团公司	29	安徽庆发粮油集团有限公司
5	三河汇福粮油集团有限公司	30	重庆红蜻蜓油脂有限责任公司
6	山东渤海实业股份有限公司	31	湖南金浩茶油股份有限公司
7	上海良友海狮油脂有限公司	32	湖北奥星粮油工业有限公司
8	山东鲁花集团有限公司	33	南通一德实业有限公司
9	广州东凌粮油股份有限公司	34	山东万得福实业集团有限公司
10	山东三星集团有限公司	35	湖北宏凯工贸发展有限公司
11	山东香驰粮油有限公司	36	西安邦其制油科技有限公司
12	襄樊万宝粮油有限公司	37	安徽大平工贸（集团）有限公司
13	山东面王食品有限公司	38	山东兴泉油脂有限公司
14	洪湖市洪湖浪米业有限责任公司	39	青岛长生集团股份有限公司
15	邦基正大（天津）粮油有限公司	40	山东高唐蓝山集团总公司
16	厦门中盛粮油集团有限公司	41	湖北洪森天利油脂生物科技有限公司
17	仪征方顺粮油工业有限公司	42	陕西八鱼渭南油脂工业有限公司
18	福建康宏股份有限公司	43	云南丰瑞油脂有限公司
19	江苏金太阳油脂有限责任公司	44	西安爱菊粮油工业集团
20	山东龙大植物油有限公司	45	南通家惠油脂发展有限公司
21	河南爱厨植物油有限公司	46	呼伦贝尔金骄生物质化工有限公司
22	大连日清制油有限公司	47	山西忠民集团有限公司
23	湖南巴陵油脂有限公司	48	黑龙江龙江福粮油有限公司
24	浙江新市油脂股份有限公司	49	大丰市佳丰油脂有限责任公司
25	天津龙威粮油工业有限公司	50	深圳市南顺油脂有限公司

资料来源：表 199、表 200、表 201 信息来自中国粮食行业协会［2011］3 号文"关于发布 2010 年度全国大米、小麦粉、食用植物油加工'50 强企业'评比结果的通知"。

表 202　我国轻工业系统列入国家 500 强的农产品加工企业（2010 年）

序号	500 强企业中名次	企 业 名 称	地 区	营业收入（万元）
		农副食品加工业		
1	26	益海嘉里投资有限公司	北京	8 438 921
2	62	新希望集团有限公司	四川	4 469 679
3	134	通威集团有限公司	四川	2 176 295
4	228	面王集团有限公司	山东	1 327 200
5	238	三河汇福粮油集团有限公司	北京	1 265 650
6	303	山东渤海实业股份有限公司	山东	1 023 509
7	305	九三粮油工业集团有限公司	黑龙江	1 020 994
8	320	大海粮油工业（防城港）有限公司	广西	977 535
9	333	广西农垦集团有限责任公司	广西	933 338
10	405	山东鲁花集团有限公司	山东	655 117
		乳 制 品 业		
1	119	内蒙古蒙牛乳业（集团）股份有限公司	内蒙古	2 118 375
2	132	内蒙古伊利实业集团股份有限公司	内蒙古	1 920 800
3	484	北京三元集团有限责任公司	北京	452 118
		食品制造业		
1	52	光明食品（集团）有限公司	上海	4 822 230
2	110	天津天狮集团有限公司	天津	2 654 306
3	187	上海良友（集团）有限公司	上海	1 598 065
4	194	中国盐业总公司	北京	1 547 111
5	334	广西南华糖业集团有限公司	广西	932 054
6	342	北京二商集团有限责任公司	北京	905 191
		乳 制 品 业		
1	127	内蒙古蒙牛乳业（集团）股份有限公司	内蒙古	2 379 661
2	135	内蒙古伊利实力集团股份有限公司	内蒙古	2 165 895
		饮料制造业		
1	93	杭州娃哈哈集团有限公司	浙江	3 283 157
2	281	维维集团股份有限公司	江苏	1 096 263
3	351	金麦郎食品有限公司	河北	847 228

（续）

序号	500强企业中名次	企业名称	地区	营业收入（万元）
酿酒工业				
1	102	四川省宜宾五粮液集团有限公司	四川	3 004 738
2	185	青岛啤酒股份有限公司	山东	1 602 344
3	260	北京燕京啤酒集团公司	北京	1 167 177
4	286	中国贵州茅台酒厂有限责任公司	贵州	1 077 393
5	382	泸州老窖集团有限责任公司	四川	709 633
肉食品加工业				
1	84	江苏雨润食品产业集团有限公司	江苏	3 700 293
2	89	河南省漯河市双汇实业集团有限责任公司	河南	3 505 891
3	132	临沂新程金锣肉制品有限公司	山东	2 229 815
4	362	诸城外贸有限责任公司	山东	801 366
5	426	唐人神集团股份有限公司	湖南	595 133
6	428	得力斯集团有限公司	山东	391 382
7	475	北京顺鑫农业股份有限公司	北京	517 552
8	498	四川高金食品股份有限公司	四川	486 600
烟草加工业				
1	53	红云红河烟草（集团）有限责任公司	云南	4 759 811
2	56	红塔烟草（集团）有限责任公司	云南	4 661 949
3	57	上海烟草（集团）公司	上海	4 634 237
4	61	湖南中烟工业有限责任公司	湖南	4 547 042
5	122	浙江中烟工业有限责任公司	浙江	2 455 890
6	130	湖北中烟工业有限责任公司	湖北	2 293 396
7	150	河南中烟工业公司	河南	2 031 909
8	182	山东中烟工业公司	山东	1 637 832
9	188	贵州中烟工业公司	贵州	1 590 517
10	341	广西中烟工业公司有限责任公司	广西	906 467
11	361	龙岩烟草工业有限责任公司	福建	807 709
12	377	江西中烟工业公司	江西	748 867
13	385	重庆烟草工业有限责任公司	重庆	705 021
14	411	厦门烟草工业有限责任公司	福建	642 775

（续）

序号	500强企业中名次	企业名称	地区	营业收入（万元）
		纺织、印染		
1	28	山东魏桥创业集团有限公司	山东	7 567 493
2	121	上海纺织控股（集团）公司	上海	2 492 471
3	128	江苏阳光集团有限公司	江苏	2 369 705
4	161	华芳集团有限公司	江苏	1 850 357
5	216	山东如意科技集团有限公司	山东	1 405 633
6	239	天津纺织集团（控股）有限公司	天津	1 265 639
7	310	澳洋集团有限公司	江苏	1 011 487
8	417	北京纺织控股有限责任公司	北京	622 523
9	439	浙江天圣控股集团有限公司	浙江	579 310
10	453	兴惠化纤集团有限公司	浙江	557 433
		造纸及纸制品业		
1	103	金东纸业（江苏）控股有限公司	江苏	2 972 641
2	192	山东晨鸣纸业集团股份有限公司	山东	1 552 959
3	219	华泰集团有限公司	山东	1 385 575
4	291	山东博汇集团有限公司	山东	1 062 501
5	409	湖南泰格林纸集团有限责任公司	湖南	647 507
6	415	宁波中华纸业有限公司	浙江	630 896
7	457	胜达集团有限公司	浙江	552 051
		橡胶制品业		
1	204	杭州橡胶（集团）公司	浙江	1 482 351
2	263	三角集团有限公司	江苏	1160 082
3	294	双星集团有限责任公司	山东	1 053 753
4	306	山东珍珑橡胶有限公司	山东	1 020 880
5	313	山东西水橡胶集团有限公司	山东	995 871
6	398	厦门正新橡胶工业有限公司	福建	768 574
7	440	风神轮胎股份有限公司	河南	609 732

资料来源：表中信息由中国轻工业信息中心提供。

5 第五部分

标准、专利

农产品加工业部分国家标准（2011 年）

标 准 号	标 准 名 称	代替标准
GB/T 17315—2011	玉米种子生产技术操作规程	GB/T 17315—1998
GB/T 17316—2011	水稻原种生产技术操作规程	GB/T 17316—1998
GB/T 17317—2011	小麦原种生产技术操作规程	GB/T 17317—1998
GB/T 17318—2011	大豆原种生产技术操作规程	GB/T 17318—1998
GB/T 17319—2011	高粱种子生产技术操作规程	GB/T 17319—1998
GB 19295—2011	速冻面米制品	
GB/T 26531—2011	地理标志产品　永春老醋	
GB/Z 26574—2011	蚕豆生产技术规范	
GB/Z 26585—2011	甜豌豆生产技术规范	
GB/T 26629—2011	粮食收获质量调查和品质测报技术规范	
GB/T 26630—2011	大米加工企业良好操作规范	
GB/T 26633—2011	工业用高粱	
GB/T 26760—2011	酱香型白酒	
GB/T 26761—2011	小曲固态法白酒	
GB/T 26762—2011	结晶果糖、固体果葡糖	
GB 27631—2011	发酵酒精和白酒工业水污染物排放标准	
GB/T 27868—2011	可生物降解淀粉树脂	
GB/T 27983—2011	饲料添加剂　富马酸亚铁	
GB/T 27984—2011	饲料添加剂　丁酸钠	
GB/T 27985—2011	饲料中单宁的测定　分光光度法	
GB/T 28064—2011	蚕豆染色病毒检疫鉴定方法	
GB/T 28070—2011	黑麦草腥黑粉菌检疫鉴定方法	
GB/T 28078—2011	水稻白叶枯病菌、水稻细菌性条斑病菌检疫鉴定方法	
GB/T 28079—2011	水稻稻粒黑粉病菌检疫鉴定方法	
GB/T 28080—2011	小麦印度腥黑穗病菌检疫鉴定方法	
GB/T 28093—2011	马铃薯银屑病菌检疫鉴定方法	
GB/T 28096—2011	木薯细菌性萎蔫病菌检疫鉴定方法	
GB/T 28099—2011	水稻细菌性条斑病菌的检疫鉴定方法	
GB/T 28103—2011	小麦线条花叶病毒检疫鉴定方法	
GB/T 8872—2011	粮油名词术语 制粉工业	GB/T 8872—1988
GB/T 26631—2011	粮油名词术语　理化特性和质量	
GB/T 26632—2011	粮油名词术语　粮油仓储设备与设施	
GB/T 5504—2011	粮油检验　小麦粉加工精度检验	GB/T 5504—1985
GB/T 5508—2011	粮油检验　粉类粮食含砂量测定	GB/T 5508—1985
GB/T 5510—2011	粮油检验　粮食、油料脂肪酸值测定	GB/T 5510—1985
GB/T 5516—2011	粮油检验　粮食运动粘度测定　毛细管粘度计法	GB/T 5516—1985

（续）

标 准 号	标 准 名 称	代替标准
GB/T 5520—2011	粮油检验 发芽试验	GB/T 5520—1985
GB/T 26625—2011	粮油检验 大豆异黄酮含量测定 高效液相色谱法	
GB/T 26627.1—2011	粮油检验 小麦谷蛋白溶胀指数测定 第1部分：常量法	
GB/T 26628.1—2011	粮油检验 储粮真菌标准图谱 第1部分：曲霉属	
GB/T 27628—2011	粮油检验 小麦粉粉色、麸星的测定	
GB/T 26879—2011	粮油储藏 平房仓隔热技术规范	
GB/T 26880—2011	粮油储藏 就仓干燥技术规范	
GB/T 26881—2011	粮油储藏 通风自动控制系统基本要求	
GB/T 26882.1—2011	粮油储藏 粮情测控系统 第1部分：通则	
GB/T 26882.2—2011	粮油储藏 粮情测控系统 第2部分：分机	
GB/T 26882.3—2011	粮油储藏 粮情测控系统 第3部分：软件	
GB/T 26882.4—2011	粮油储藏 粮情测控系统 第4部分：信息交换接口协议	
GB/T 26626—2011	动植物油脂 水分含量测定 卡尔费休法（无吡啶）	
GB/T 26634—2011	动植物油脂 脱色能力指数（DOBI）的测定	
GB/T 26550—2011	粮食干燥机同比热效率的测试与评价	
GB/T 26590—2011	粮油机械 重力谷糙分离机	
GB/T 26591—2011	粮油机械 糙米精选机	
GB/T 26883—2011	粮油机械 单螺旋榨油机	
GB/T 26884—2011	粮油机械 浸出器	
GB/T 26885—2011	粮油机械 螺旋清仓机	
GB/T 26886—2011	粮油机械 压力曲筛	
GB/T 26887—2011	粮油机械 蒸脱机	
GB/T 26888—2011	粮油机械 磁选器	
GB/T 26889—2011	粮油机械 淀粉气流干燥机	
GB/T 26890—2011	粮油机械 磨辊磨光拉丝机	
GB/T 26891—2011	粮油机械 双螺旋榨油机	
GB/T 26892—2011	粮油机械 玉米破糁脱胚机	
GB/T 26893—2011	粮油机械 圆筒初清筛	
GB/T 26894—2011	粮油机械 振动清理筛	
GB/T 26895—2011	粮油机械 重力分级去石机	
GB/T 26896—2011	粮油机械 砻碾组合米机	
GB/T 26897—2011	粮油机械 铁辊碾米机	
GB/T 26968—2011	饲料机械 产品型号编制方法	
GB/T 27626—2011	粮油机械 螺旋精选机	
GB/T 27627—2011	粮油机械 碟片精选机	
GB/T 8210—2011	柑橘鲜果检验方法	GB/T 8210—1987
GB/T 13207—2011	菠萝罐头	GB/T 13207—1991

（续）

标准号	标准名称	代替标准
GB 14963—2011	蜂蜜	
GB/T 18007—2011	咖啡及其制品　术语	GB/T 18007—1999
GB/T 26530—2011	地理标志产品　崂山绿茶	
GB/T 26532—2011	地理标志产品　慈溪杨梅	
GB/Z 26573—2011	菠菜生产技术规范	
GB/Z 26575—2011	草莓生产技术规范	
GB/Z 26576—2011	茶叶生产技术规范	
GB/Z 26577—2011	大葱生产技术规范	
GB/Z 26578—2011	大蒜生产技术规范	
GB/Z 26579—2011	冬枣生产技术规范	
GB/Z 26580—2011	柑橘生产技术规范	
GB/Z 26581—2011	黄瓜生产技术规范	
GB/Z 26582—2011	结球甘蓝生产技术规范	
GB/Z 26583—2011	辣椒生产技术规范	
GB/Z 26584—2011	生姜生产技术规范	
GB/Z 26586—2011	西兰花生产技术规范	
GB/Z 26587—2011	香菇生产技术规范	
GB/Z 26588—2011	小菘菜生产技术规范	
GB/Z 26589—2011	洋葱生产技术规范	
GB/T 26901—2011	李贮藏技术规程	
GB/T 26904—2011	桃贮藏技术规程	
GB/T 26905—2011	杏贮藏技术规程	
GB/T 26906—2011	樱桃质量等级	
GB/T 26908—2011	枣贮藏技术规程	
GB/T 27586—2011	山葡萄酒	
GB/T 27588—2011	露酒	
GB/T 27633—2011	琯溪蜜柚	
GB/T 27657—2011	树莓	
GB/T 27658—2011	蓝莓	
GB/T 27659—2011	无籽西瓜分等分级	
GB/T 28062—2011	柑橘黄龙病菌实时荧光 PCR 检测方法	
GB/T 28063—2011	菜豆荚斑驳病毒检疫鉴定方法	
GB/T 28067—2011	甘蔗黄叶病毒实时荧光 RT-PCR 检测方法	
GB/T 28068—2011	柑橘溃疡病菌实时荧光 PCR 检测方法	
GB/T 28071—2011	黄瓜绿斑驳花叶病毒检疫鉴定方法	
GB/T 28072—2011	梨黑斑病菌检疫鉴定方法	
GB/T 28073—2011	南芥菜花叶病毒检疫鉴定方法	

（续）

标准号	标准名称	代替标准
GB/T 28074—2011	苹果蠹蛾检疫鉴定方法	
GB/T 28075—2011	萨氏假单胞杆菌菜豆生致病型检疫鉴定方法	
GB/T 28089—2011	葱类黑粉病菌检疫鉴定方法	
GB/T 28090—2011	假苍耳检疫鉴定方法	
GB/T 28094—2011	芒果细菌性黑斑病菌检疫鉴定方法	
GB/T 28097—2011	苹果黑星病菌检疫鉴定方法	
GB/T 28107—2011	枣大球蚧检疫鉴定方法	
GB/T 5981—2011	挤奶设备　词汇	GB/T 5981—2005
GB/T 8186—2011	挤奶设备　结构与性能	GB/T 8186—2005
GB/T 8187—2011	挤奶设备　试验方法	GB/T 8187—2005
GB/T 26604—2011	肉制品分类	
GB/T 26613—2011	呼伦贝尔羊	
GB/T 26617—2011	皖西白鹅	
GB/T 26993—2011	奶粉定量充填包装机	
GB/T 27519—2011	畜禽屠宰加工设备通用要求	
GB/T 27534.1—2011	畜禽遗传资源调查技术规范　第1部分：总则	
GB/T 27534.2—2011	畜禽遗传资源调查技术规范　第2部分：猪	
GB/T 27534.3—2011	畜禽遗传资源调查技术规范　第3部分：牛	
GB/T 27534.4—2011	畜禽遗传资源调查技术规范　第4部分：绵羊	
GB/T 27534.5—2011	畜禽遗传资源调查技术规范　第5部分：山羊	
GB/T 27534.6—2011	畜禽遗传资源调查技术规范　第6部分：马（驴）	
GB/T 27534.7—2011	畜禽遗传资源调查技术规范　第7部分：骆驼	
GB/T 27534.8—2011	畜禽遗传资源调查技术规范　第8部分：家兔	
GB/T 27534.9—2011	畜禽遗传资源调查技术规范　第9部分：家禽	
GB/T 27622—2011	畜禽粪便贮存设施设计要求	
GB/T 27643—2011	牛胴体及鲜肉分割	
GB/T 26551—2011	畜牧机械　粗饲料切碎机	
GB/T 26552—2011	畜牧机械　粗饲料压块机	
GB/T 18109—2011	冻鱼	GB/T 18109—2000
GB/T 19162—2011	梭鱼	GB 19162—2003
GB/T 26544—2011	水产品航空运输包装通用要求	
GB/T 26619—2011	斑节对虾	
GB/T 26621—2011	日本对虾	
GB/T 26940—2011	牡蛎干	
GB/T 27520—2011	暗纹东方鲀	
GB/T 27624—2011	养殖红鳍东方鲀鲜、冻品加工操作规范	
GB/T 27636—2011	冻罗非鱼片加工技术规范	

（续）

标 准 号	标 准 名 称	代替标准
GB/T 27638—2011	活鱼运输技术规范	
GB/T 27988—2011	咸鱼加工技术规范	
GB 2760—2011	食品添加剂使用标准	
GB 2761—2011	食品中真菌毒素限量	
GB 8821—2011	食品添加剂 β-胡萝卜素	
GB 13481—2011	食品添加剂 山梨醇酐单硬脂酸酯（司盘 60）	
GB 13482—2011	食品添加剂 山梨醇酐单油酸酯（司盘 80）	
GB 25571—2011	食品添加剂 活性白土	
GB 26400—2011	食品添加剂 二十二碳六烯酸油脂（发酵法）	
GB 26401—2011	食品添加剂 花生四烯酸油脂（发酵法）	
GB 26402—2011	食品添加剂 碘酸钾	
GB 26403—2011	食品添加剂 特丁基对苯二酚	
GB 26404—2011	食品添加剂 赤藓糖醇	
GB 26405—2011	食品添加剂 叶黄素	
GB 26406—2011	食品添加剂 叶绿素铜钠盐	
GB 26687—2011	复配食品添加剂通则	
GB 26878—2011	食用盐碘含量	
GB 7718—2011	预包装食品标签通则	
GB 28050—2011	预包装食品营养标签通则	
GB 15269.2—2011	雪茄烟 第 2 部分：包装标识	
GB 15269.3—2011	雪茄烟 第 3 部分：产品包装、卷制及贮运技术要求	
GB 15269.4—2011	雪茄烟 第 4 部分：感官技术要求	
GB/T 28081—2011	烟草环斑病毒检疫鉴定方法	
GB/T 18002—2011	中密度纤维板生产线验收通则	GB/T 18002—1999
GB/T 26912—2011	竹木复合地板生产线验收通则	
GB/T 26913—2011	竹炭	
GB/T 26914—2011	棕榈藤名词术语	
GB/T 27649—2011	竹木复合层积地板	
GB/T 27651—2011	防腐木材的使用分类和要求	
GB/T 27652—2011	防腐木材化学分析前的预处理方法	
GB/T 27653—2011	防腐木材中季铵盐的分析方法 两相滴定法	
GB/T 27654—2011	木材防腐剂	
GB/T 27655—2011	木材防腐剂性能评估的野外埋地试验方法	
GB/T 27722—2011	木浆备料系统能量平衡及能量效率计算方法	
GB/T 27796—2011	建筑用秸秆植物板材	
GB/T 2677.2—2011	造纸原料水分的测定	GB/T 2677.2—1993
GB/T 26454—2011	造纸用单层成形网	

（续）

标 准 号	标 准 名 称	代替标准
GB/T 26455—2011	造纸用多层成形网	
GB/T 26456—2011	造纸用异形丝干燥网	
GB/T 26457—2011	造纸用圆丝干燥网	
GB/T 26459—2011	纸、纸板和纸浆　返黄值的测定	
GB/T 26460—2011	纸浆　零距抗张强度的测定（干法或湿法）	
GB/T 26461—2011	纸张凹版油墨	
GB/T 26462—2011	种子发芽纸	
GB/T 26464—2011	造纸无机颜料亮度（白度）的测定	
GB/T 27589—2011	纸餐盒	
GB/T 27590—2011	纸杯	
GB/T 27591—2011	纸碗	
GB/T 27600—2011	纸箱成型机	
GB/T 27741—2011	纸和纸板　可迁移性荧光增白剂的测定	
GB/T 28119—2011	食品包装用纸、纸板及纸制品　术语	
GB/T 28120—2011	面粉纸袋	
GB/T 26379—2011	纺织品　木浆复合水刺非织造布	
GB/T 26380—2011	纺织品　丝绸术语	
GB/T 4146.3—2011	纺织品　化学纤维　第3部分：检验术语	
GB/T 27754—2011	家用纺织品　毛巾中水萃取物限定	
GB/T 28188—2011	纺织品　马尾衬布回弹性的测定　环状挂重法	
GB/T 28189—2011	纺织品　多环芳烃的测定	
GB/T 28190—2011	纺织品　富马酸二甲酯的测定	
GB/T 26382—2011	精梳毛织品	
GB/T 26383—2011	抗电磁辐射精梳毛织品	
GB/T 28186—2011	纺织机械　染整机器　公称速度	
GB/T 28187—2011	纺织机械　染整机器　卷绕装置用方轴尺寸	
GB/T 8166—2011	缓冲包装设计	GB/T 8166—1987
GB 9684—2011	不锈钢制品	
GB/T 13484—2011	接触食物搪瓷制品	GB/T 13484—1992
GB/T 26959—2011	装箱机	
GB/T 26960—2011	半自动捆扎机	
GB/T 26994—2011	塑杯成型灌装封切机	
GB/T 26995—2011	塑料瓶冲洗灌装旋盖机通用技术条件	
GB 28009—2011	冷库安全规程	
GB/T 28117—2011	食品包装用多层共挤膜、袋	
GB/T 28118—2011	食品包装用塑料与铝箔复合膜、袋	

农产品加工业农业行业标准（2011年）

标 准 号	标 准 名 称	代替标准
NY/T 232—2011	天然橡胶初加工机械基础件	NY/T 232.1～232.3—94
NY/T 243—2011	剑麻纤维及制品回潮率的测定	NY/T 243—1995
NY/T 260—2011	剑麻加工机械制股机	NY/T 260—1994
NY/T 340—2011	天然橡胶初加工机械洗涤机	NY/T 340—1998
NY/T 459—2011	天然生胶子午线轮胎橡胶	NY/T 459—2001
NY/T 606—2011	小粒种咖啡初加工技术规范	NY/T 606—2002
NY/T 712—2011	剑麻布	NY/T 712—2003
NY/T 1982—2011	丝瓜等级规格	
NY/T 1983—2011	胡萝卜等级规格	
NY/T 1984—2011	叶用莴苣等级规格	
NY/T 1985—2011	菠菜等级规格	
NY/T 1986—2011	冷藏葡萄	
NY/T 1987—2011	鲜切蔬菜	
NY/T 1988—2011	叶脉干花	
NY/T 1990—2011	高芥酸油菜籽	
NY/T 1991—2011	油料作物与产品名词术语	
NY/T 1993—2011	农产品质量安全追溯操作规程　蔬菜	
NY/T 1994—2011	农产品质量安全追溯操作规程　小麦粉及面条	
NY/T 1995—2011	仁果类水果良好农业规范	
NY/T 1996—2011	双低油菜良好农业规范	
NY/T 1998—2011	水果套袋技术规程　鲜食葡萄	
NY/T 1999—2011	茶叶包装、运输和贮藏通则	
NY/T 2000—2011	水果气调库贮藏通则	
NY/T 2001—2011	菠萝贮藏技术规范	
NY/T 2002—2011	菜籽油中芥酸的测定	
NY/T 2003—2011	菜籽油氧化稳定性的测定　加速氧化试验	
NY/T 2004—2011	大豆及制品中磷脂组分和含量的测定高效液相色谱法	
NY/T 2005—2011	动植物油脂中反式脂肪酸含量的测定气相色谱法	
NY/T 2006—2011	谷物及其制品中β-葡聚糖含量的测定	
NY/T 2007—2011	谷类、豆类粗蛋白质含量的测定杜马斯燃烧法	
NY/T 2009—2011	水果硬度的测定	
NY/T 2010—2011	柑橘类水果及制品中总黄酮含量的测定	
NY/T 2011—2011	柑橘类水果及制品中柠碱含量的测定	
NY/T 2012—2011	水果及制品中游离酚酸含量的测定	
NY/T 2013—2011	柑橘类水果及制品中香精油含量的测定	
NY/T 2014—2011	柑橘类水果及制品中橙皮苷、柚皮苷含量的测定	

（续）

标准号	标准名称	代替标准
NY/T 2015—2011	柑橘果汁中离心果肉浆含量的测定	
NY/T 2016—2011	水果及其制品中果胶含量的测定分光光度法	
NY/T 2018—2011	鲍鱼菇生产技术规程	
NY/T 2020—2011	农作物优异种质资源评价规范　草莓	
NY/T 2021—2011	农作物优异种质资源评价规范　枇杷	
NY/T 2022—2011	农作物优异种质资源评价规范　龙眼	
NY/T 2023—2011	农作物优异种质资源评价规范　葡萄	
NY/T 2024—2011	农作物优异种质资源评价规范　柿	
NY/T 2025—2011	农作物优异种质资源评价规范　香蕉	
NY/T 2026—2011	农作物优异种质资源评价规范　桃	
NY/T 2027—2011	农作物优异种质资源评价规范　李	
NY/T 2028—2011	农作物优异种质资源评价规范　杏	
NY/T 2029—2011	农作物优异种质资源评价规范　苹果	
NY/T 2030—2011	农作物优异种质资源评价规范　柑橘	
NY/T 2032—2011	农作物优异种质资源评价规范　梨	
NY/T 2068—2011	蛋与蛋制品中ω-3多不饱和脂肪酸的测定　气相色谱法	
NY/T 2069—2011	牛乳中孕酮含量的测定　高效液相色谱-质谱法	
NY/T 2070—2011	牛初乳及其制品中免疫球蛋白IgG的测定　分光光度法	
NY/T 2072—2011	乌鳢配合饲料	
NY/T 2073—2011	调理肉制品加工技术规范	
NY/T 2076—2011	生猪屠宰加工场（厂）动物卫生条件	
NY 2091—2011	木薯淀粉初加工机械安全技术要求	
NY/T 2092—2011	天然橡胶初加工机械螺杆破碎机	
NY/T 2102—2011	茶叶抽样技术规范	NY/T 5344.5—2006
NY/T 2103—2011	蔬菜抽样技术规范	NY/T 5344.3—2006
NY/T 750—2011	绿色食品　热带、亚热带水果	NY/T 750—2003
NY/T 751—2011	绿色食品　食用植物油	NY/T 751—2007
NY/T 754—2011	绿色食品　蛋与蛋制品	NY/T 754—2003
NY/T 901—2011	绿色食品　香辛料及其制品	NY/T 901—2004
NY/T 1709—2011	绿色食品　藻类及其制品	NY/T 1709—2009
NY/T 2104—2011	绿色食品　配制酒	
NY/T 2105—2011	绿色食品　汤类罐头	
NY/T 2106—2011	绿色食品　谷物类罐头	
NY/T 2107—2011	绿色食品　食品馅料	
NY/T 2108—2011	绿色食品　熟粉及熟米制糕点	
NY/T 2109—2011	绿色食品　鱼类休闲食品	
NY/T 2110—2011	绿色食品　淀粉糖和糖浆	

（续）

标 准 号	标 准 名 称	代替标准
NY/T 2111—2011	绿色食品 调味油	
NY/T 2112—2011	绿色食品 渔业饲料及饲料添加剂使用准则	
SC/T 1108—2011	鳖类性状测定	
SC/T 2008—2011	半滑舌鳎	
SC/T 2040—2011	日本对虾 亲虾	
SC/T 2041—2011	日本对虾 苗种	
SC/T 3108—2011	鲜活青鱼、草鱼、鲢、鳙、鲤	SC/T 3108—1986
SC/T 3905—2011	鲟鱼籽酱	SC/T 3905—1989
SC/T 6001.1—2011	渔业机械基本术语 第1部分：捕捞机械	SC/T 6001.1—2001
SC/T 6001.2—2011	渔业机械基本术语 第2部分：养殖机械	SC/T 6001.2—2001
SC/T 6001.3—2011	渔业机械基本术语 第3部分：水产品加工机械	SC/T 6001.3—2001
SC/T 6001.4—2011	渔业机械基本术语 第4部分：绳网机械	SC/T 6001.4—2001
SC/T 6023—2011	投饲机	SC/T 6023—2002

农产品加工业林业行业标准（2011年）

标 准 号	标 准 名 称	代替标准
LY/T 1963—2011	澳洲坚果果仁	
LY/T 1964—2011	酸枣	
LY/T 1965—2011	鲜切花常见刺吸式害虫检测规程	
LY/T 1966—2011	杜鹃盆花生产技术规程	
LY/T 1967—2011	菊花切花生产技术规程	
LY/T 1968—2011	凤梨盆花产品质量等级	
LY/T 1969—2011	百合盆花生产技术规程	
LY/T 1503—2011	加工用原木 枕资	LY/T 1503—1999
LY/T 1184—2011	橡胶木锯材	LY/T 1184—1995
LY/T 1975—2011	木材和工程复合木材的持续负载和蠕变影响评定	
LY/T 1598—2011	石膏刨花板	LY/T 1598—2002
LY/T 1976—2011	楼梯用木质踏板	
LY/T 1977—2011	木质板材用热熔胶线	
LY/T 1978—2011	甲醛释放量抽吸法测定	
LY/T 1979—2011	刨花板生产节材和减排技术规范	
LY/T 1980—2011	挥发性有机化合物（VOC）及甲醛释放量检测箱	
LY/T 1981—2011	甲醛释放量气体分析法检测箱	
LY/T 1982—2011	人造板及其制品甲醛释放量检测用大气候室	
LY/T 1983—2011	铜箔、铝箔饰面人造板	
LY/T 1984—2011	重组木地板	

（续）

标准号	标准名称	代替标准
LY/T 1985—2011	防腐木材和人造板中五氯苯酚含量的测定方法	
LY/T 1986—2011	直接印刷木地板	
LY/T 1987—2011	木质踢脚线	
LY/T 1278—2011	电工层压木板	LY/T 1278—1998
LY/T 1601—2011	水基聚合物异氰酸酯木材胶黏剂	LY/T 1601—2002
LY/T 1283—2011	木材防腐剂对腐朽菌毒性试验室试验方法	LY/T 1283—1998
LY/T 1417—2011	航空用桦木胶合板	LY/T 1417—2001
LY/T 1599—2011	旋切单板	LY/T 1599—2002
LY/T 1614—2011	实木集成地板	LY/T 1614—2004
LY/T 1611—2011	地板基材用纤维板	LY/T 1611—2003
LY/T 1330—2011	抗静电木质活动地板	LY/T 1330—1999
LY/T 1346—2011	林业机械　便携式油锯　平衡和最大握持力矩的测定	LY/T 1346—1999
LY/T 1166—2011	林业机械　便携式油锯护手器　机械强度	LY/T 1166—1995
LY/T 1530—2011	刨花板生产综合能耗	LY/T 1530—1999
LY/T 1104—2011	转子式干燥机	LY/T 1104—1993 等
LY/T 1142—2011	立式浸渍干燥生产线	LY/T 1142—1993
LY/T 1994—2011	多轴竹条铣床	
LY/T 1995—2011	气固分离装置分类、规格与性能表示方法	
LY/T 1996—2011	竹筷生产线验收通则	
LY/T 1998—2011	原竹劈条机	
LY/T 1999—2011	锤式削片机	
LY/T 2000—2011	废旧木材破碎机	
LY/T 2002—2011	木材工业气力输送系统验收通则	
LY/T 2003—2011	滚筒式拌胶机	

农产品加工业内贸行业标准（2011 年）

标准号	标准名称	代替标准
SB/T 10232—2011	切肉机产品型号编制方法	
SB/T 10234—2011	大豆磨浆机产品型号编制方法	
SB/T 10237—2011	切菜机产品型号编制方法	
SB/T 10353—2011	生猪屠宰加工职业技能岗位标准、职业技能岗位要求	
SB/T 10359—2011	肉品品质检验人员岗位技能要求	
SB/T 10396—2011	生猪定点屠宰厂（场）资质等级要求	
SB/T 10580—2011	餐饮业现场管理规范	
SB/T 10581—2011	鲍燕肚参干货发制工艺	
SB/T 10583—2011	净菜加工和配送技术要求	

（续）

标准号	标准名称	代替标准
SB/T 10584—2011	皮革和毛皮市场管理技术规范	
SB/T 10600—2011	屠宰设备型号编制方法	
SB/T 10601—2011	牛剥皮机	
SB/T 10602—2011	牛步进式输送机	
SB/T 10603—2011	牛胴体劈半锯	
SB/T 10604—2011	牛击晕机	
SB/T 10605—2011	木材防腐企业分类与评价指标	
SB/T 10606—2011	木材保护实验室操作规范	
SB/T 10607—2011	箱式燃气食品烘炉	
SB/T 10608—2011	双动和面机	
SB/T 10609—2011	酥皮机	
SB/T 10610—2011	肉丸	
SB/T 10611—2011	扒鸡	
SB/T 10612—2011	黄豆复合调味酱	
SB/T 10613—2011	熟制开心果（仁）	
SB/T 10614—2011	熟制花生（仁）	
SB/T 10615—2011	熟制腰果	
SB/T 10616—2011	熟制山核桃（仁）	
SB/T 10617—2011	熟制杏仁	
SB/T 10621—2011	超市鲜活农产品供应商评价指标体系	
SB/T 10622—2011	超市现场加工食品经营规范	
SB/T 10629—2011	山羊绒制品原料分级技术要求	
SB/T 10630—2011	豆制品现场加工管理技术规范	
SB/T 10631—2011	马铃薯冷冻薯条	
SB/T 10632—2011	卤制豆腐干	
SB/T 10633—2011	豆浆类	
SB/T 10634—2011	淡水鱼胶原蛋白肽粉	
SB/T 10635—2011	速冻春卷	
SB/T 10637—2011	牛肉分级	
SB/T 10638—2011	鲜鸡蛋、鲜鸭蛋分级	
SB/T 10639—2011	蛋与蛋制品分类与代码	
SB/T 10640—2011	洁蛋流通技术规范	

农产品加工业机械行业标准（2011年）

标准号	标准名称	代替标准
JB/T 4389—2011	食品搅拌机	JB/T 4389—1999
JB/T 4412—2011	电动绞肉机	JB/T 4412—1999
JB/T 4413—2011	液压灌肠机	JB/T 4413—1999
JB/T 4414—2011	辊印式饼干成型机	JB/T 4414—1999
JB/T 4415—2011	隧道式饼干电烤炉	JB/T 4415—1999
JB/T 4416—2011	辊切式饼干成型机	JB/T 4416—1999
JB/T 7721—2011	复式粮食清选机	JB/T 7721—1995
JB/T 7730—2011	种子包衣机	JB/T 7730.1—1995

（续）

标 准 号	标 准 名 称	代替标准
JB/T 9018—2011	自动化立体仓库　设计规范	JB/T 9018—1999
JB/T 9097—2011	加压叶滤机	JB/T 9097—1999
JB/T 9790—2011	风筛式种子清选机　技术条件	JB/T 9790—2000
JB/T 9800—2011	装配式金属筒仓	JB/T 9800—1999
JB/T 10268—2011	批式循环谷物干燥机	JB/T 10268—2001
JB/T 11068—2011	肉类加工机械　油炸机	
JB/T 11069—2011	肉类加工机械　斩拌机	
JB/T 11070—2011	肉类加工机械　烟熏炉	
JB/T 11071—2011	肉类加工机械　打卡机	
JB/T 11072—2011	肉类加工机械　自动充填结扎机	
JB/T 11091—2011	搅拌罐式过滤机	
JB/T 11092—2011	固液分离用织造滤布　机械和物理性能测试方法	
JB/T 11093—2011	固液分离用织造滤布　过滤性能测试方法	
JB/T 11094—2011	固液分离用织造滤布　技术条件	
JB/T 11095—2011	离心萃取机　技术条件	
JB/T 11096—2011	转台真空过滤机	
JB/T 11097—2011	立式全自动隔膜压滤机	
JB/T 11098—2011	圆盘真空过滤机用陶瓷滤板	
JB/T 11099—2011	螺旋卸料离心机用差速器　摆线针轮差速器	
JB/T 11100—2011	螺旋卸料离心机用差速器　渐开线行星齿轮差速器	
JB/T 11176—2011	冷冻式干燥器控制器（柜）	
JB/T 11177—2011	吸附式干燥器控制器（柜）	
JB/T 11197—2011	自动制袋机	
JB/T 11198—2011	纸浆模塑蛋托自动生产线	
JB/T 11199—2011	自立袋充填旋盖包装机	
JB/T 11225—2011	烘烤机械　层式电烤炉	
JB/T 11226—2011	烘烤机械　层式燃气烤炉	
JB/T 11227—2011	滚揉机	
JB/T 11228—2011	烘烤机械　立式打蛋机	
JB/T 11229—2011	烘烤机械　立式和面机	
JB/T 11230—2011	真空搅拌机	
JB/T 11254—2011	立式颗粒饲料稳定器	
JB/T 11255—2011	饲料机械　平面回转分级筛	
JB/T 11270—2011	立体仓库组合式钢结构货架　技术条件	
JB/T 20016—2011	滚筒式包衣机	JB 20016—2004
JB/T 20039—2011	锤式粉碎机	JB 20039—2004
JB/T 20136—2011	超临界 CO_2 萃取装置	
JB/T 20138—2011	药用高纯度制氮机	
JB/T 20139—2011	药用离心分离机械　要求	
JB/T 20140—2011	电加热多效蒸馏水机	
JB/T 20141—2011	电加热纯蒸汽发生器	
JB/T 20142—2011	玻璃输液瓶洗灌塞封一体机	

农产品加工业轻工行业标准（2011 年）

标 准 号	标 准 名 称	代替标准
QB/T 1737—2011	胡桃钳	QB/T 1737—1993
QB/T 1348—2011	制革机械　削匀机与去肉机刀片	QB/T 1348—1991
QB/T 1490—2011	制鞋机械　片皮机圆刀	QB/T 1490—1992
QB/T 1590—2011	玻璃瓶冲瓶机	QB/T 1590—1992
QB/T 2010—2011	制革机械　振荡拉软机	QB/T 2010—1994
QB/T 2015—2011	制革机械　剖层机刀板	QB/T 2015—1994
QB/T 2016—2011	制革机械　剖层机带刀	QB/T 2016—1994
QB/T 2530—2011	木制柜	QB/T 2530—2001
QB/T 4170—2011	酒精蒸馏塔	QB/T 3673—1999
QB/T 4171—2011	行列式制瓶机	
QB/T 4172—2011	黄酒高温灌装旋盖机	
QB/T 4174—2011	制革机械　剖层机	QB/T 3919—1999
QB/T 4198—2011	皮革　物理和机械试验　撕裂力的测定：单边撕裂	
QB/T 4199—2011	皮革　防霉性能测试方法	
QB/T 4200—2011	皮革和毛皮　化学实验　戊二醛含量的测定	
QB/T 4201—2011	皮革化学品　树脂中甲醛含量的测定	
QB/T 4202—2011	制革用颜料膏　耐热稳定性测试方法	
QB/T 4203—2011	水貂毛皮	
QB/T 4204—2011	皮凉席	
QB/T 4210—2011	啤酒饮料机械烛式 PVPP 过滤系统	
QB/T 4211—2011	瓶装饮料全自动喷淋式冷却机	
QB/T 4212—2011	饮料机械　桶装水旋转式灌装封盖机	
QB/T 4213—2011	饮料机械　聚酯（PET）瓶装饮料无菌冷灌装生产线	
QB/T 4214—2011	棒糖扭结包装机	
QB/T 4221—2011	谷物类饮料	
QB/T 4222—2011	复合蛋白饮料	
QB/T 4224—2011	制酒饮料机械　码瓶（罐）垛机	
QB/T 4225—2011	制酒饮料机械　卸瓶（罐）垛机	
QB/T 4226—2011	制酒饮料机械　码箱垛机	
QB/T 4227—2011	制酒饮料机械　卸箱垛机	
QB/T 4257—2011	酿酒大曲通用分析方法	
QB/T 4258—2011	酿酒大曲术语	
QB/T 4259—2011	浓香大曲	
QB/T 4260—2011	水苏糖	
QB/T 4261—2011	食品添加剂　5′-肌苷酸二钠	
QB/T 4262—2011	荔枝酒	
QB/T 4272—2011	洗碗机洗涤泵技术要求	
QB/T 4275—2011	制革机械　旋转式绷平干燥机	
QB/T 4277—2011	瓶装饮料全自动喷淋式暖瓶机	
QB/T 4278—2011	调浆机	
QB/T 4279—2011	大米粉碎调浆一体机	
QB/T 4280—2011	麦芽增湿粉碎机	

农产品加工业化工行业标准（2011 年）

标准号	标准名称	代替标准
HG/T 2418—2011	饲料级　碘酸钙	HG 2418—1993
HG/T 2792—2011	饲料级　氧化锌	HG 2792—1996
HG/T 2944—2011	食品容器橡胶垫片	HG 2944—1984
HG/T 2945—2011	食品容器橡胶垫圈	HG 2945—1984
HG/T 2946—2011	橡胶奶头	HG 2946—1984
HG/T 3131—2011	空心桨叶式干燥（冷却）机	HG/T 3131—1998
HG/T 4260—2011	纺织染整助剂　氨基硅油总氨值的测定	
HG/T 4261—2011	纺织染整助剂　涤用匀染剂　高温分散性的测定	
HG/T 4262—2011	纺织染整助剂　涤用匀染剂　缓染性能的测定	
HG/T 4263—2011	纺织染整助剂　涤用匀染剂　移染性能的测定	
HG/T 4264—2011	纺织染整助剂　防水防油加工剂　防水性的测定（喷淋法）	
HG/T 4265—2011	纺织染整助剂　防水防油加工剂　防油性的测定	
HG/T 4266—2011	纺织染整助剂　含固量的测定	
HG/T 4267—2011	纺织染整助剂　离子性的测定	
HG/T 4268—2011	纺织染整助剂　棉用固色剂　固色效果的测定	
HG/T 4269—2011	人造皮革用离型纸　鲜映性测定方法	

农产品加工业出入境检验检疫行业标准（2011 年）

标准号	标准名称	代替标准
SN/T 1401—2011	芒果象检疫鉴定方法	SN/T 1401—2004 等
SN/T 2775—2011	商品化食品检测试剂盒评价方法	
SN/T 2805—2011	出口液态乳中三聚氰胺快速测定　拉曼光谱法	
SN/T 2811—2011	出口食品接触材料　高分子材料　橡胶制品中提取物的测定	
SN/T 2827—2011	出口食品接触材料　木质材料　二氧化硫的测定	
SN/T 2830—2011	出口食品接触材料　纸和纸板　水萃取物中干物质的测定	
SN/T 2840.1—2011	纺织原料洗净率试验方法　第 1 部分：含脂毛	
SN/T 2558.2—2011	进出口功能性纺织品检验方法　第 2 部分：负离子含量	
SN/T 2140.2—2011	纺织原料净毛量试验方法　第 2 部分：洗净绒	
SN/T 2843—2011	生丝含胶率的测定方法	
SN/T 2844—2011	纺织品丙烯酰胺检测方法	
SN/T 2846—2011	鹦鹉热检疫技术规范	
SN/T 2847—2011	水貂阿留申病检疫技术规范	
SN/T 2848—2011	进出境野生动物现场检疫监管规程	
SN/T 2849—2011	进出境牛传染性胸膜肺炎检疫规程	
SN/T 1171—2011	山羊关节炎-脑炎和绵羊梅迪-维斯纳病检疫技术规范	SN/T 1676—2005 等
SN/T 2852—2011	大蒜黑腐病菌检疫鉴定方法	
SN/T 0452.3—2009	进出口针织服装检验规程　第 3 部分：针织内衣	SN/T 0454—1995
SN/T 0452.2—2008	进出口针织服装检验规程　第 2 部分：针织外衣	SN/T 0452—1995

农产品加工业烟草行业标准（2011 年）

标 准 号	标 准 名 称	代替标准
YC/T 162—2011	烟草及烟草制品 氯的测定 连续流动法	YC/T 162—2002
YC/T 177—2011	卷烟企业标准体系的构成及指南	YC/T 177—2003
YC/T 199—2011	卷烟企业清洁生产评价准则	YC/T 199—2006
YC/T 206—2011	卷烟营销网络业务规范	YC/T 206—2006
YC/T 384.1—2011	烟草企业安全生产标准化规范 第 1 部分：基础管理规范	
YC/T 388—2011	卷烟工业企业生产执行系统（MES）功能与实施规范	
YC/T 389—2011	烟草行业信息系统安全等级保护与信息安全事件的定级准则	
YC/T 390—2011	烟草机械 产品工艺文件代码编制方法	
YC/T 391—2011	烟草机械 电气配置和技术文件代码编制方法	
YC/T 392—2011	烟草机械 机械配置和设计文件代码编制方法	
YC/T 393—2011	烟草机械 专用工艺装备图样及设计文件代码编制方法	
YC/T 395—2011	烟叶仓库 磷化氢熏蒸尾气净化技术规范	
YC/T 396—2011	烟草行业绿色工房评价标准	
YC/T 397—2011	烟草商业企业卷烟物流定额技术规范	
YC/T 398—2011	烟草商业企业卷烟物流配送中心现场管理规范	
YC/T 399—2011	烟草工业企业物流统计指标体系	
YC/T 401—2011	烟草商业企业省级公司卷烟物流管理信息系统功能规范	
YC/T 402—2011	烟草商业企业物流配送中心视频监控系统统一平台技术规范	
YC/T 403—2011	卷烟 主流烟气中氰化氢的测定 离子色谱法	
YC/T 404—2011	卷烟 主流烟气中汞的测定 冷原子吸收光谱法	
YC/T 406—2011	烟用添加剂中马兜铃酸 A 的测定 高效液相色谱法	
YC/T 407—2011	烟用添加剂中水杨酸的测定 高效液相色谱法	
YC/T 408—2011	烟用添加剂中正二愈疮酸的测定 高效液相色谱法	
YC/T 409—2011	卷烟纸中特殊纤维的鉴别 显微镜观察分析法	
YC/T 413—2011	烟用材料消耗限额	
YC/T 418—2011	烟草设备、中转器具用洗涤剂卫生标准	
YC/T 419—2011	烟用酒精	
YC/T 420—2011	烟用三乙酸甘油酯纯度的测定 气相色谱法	
YC/T 421—2011	烟用添加剂中邻氨基苯甲酸肉桂酯的测定 高效液相色谱法	
YC/T 422—2011	烟用添加剂中一氯乙酸的测定 离子色谱法	
YC/T 424—2011	烟用纸表面润湿性能的测定 接触角法	
YC/T 425—2011	烟用纸张尺寸的测定 非接触式光学法	

农产品加工业纺织行业标准（2011 年）

标 准 号	标 准 名 称	代替标准
FZ/T 01107—2011	纺织染整工业回用水水质	
FZ/T 01109—2011	环锭纺纯棉纱生产用电计算方法	
FZ/T 01110—2011	粘合衬粘合压烫后的渗胶试验方法	
FZ/T 01111—2011	粘合衬酵素洗后的外观及尺寸变化试验方法	
FZ/T 10003—2011	帆布织物试验方法	FZ/T 10003—1992
FZ/T 10014—2011	纺织上浆用聚丙烯酸类浆料试验方法 pH 值测定	
FZ/T 10016—2011	纺织上浆用聚丙烯酸类浆料试验方法 不挥发物含量测定	

（续）

标 准 号	标 准 名 称	代替标准
FZ/T 10017—2011	纺织上浆用聚丙烯酸类浆料试验方法　残留单体含量测定	
FZ/T 10018—2011	纺织上浆用聚丙烯酸类浆料试验方法　浆膜碱溶性测定	
FZ/T 10019—2011	纺织上浆用聚丙烯酸类浆料试验方法　浆膜吸水率测定	
FZ/T 10020—2011	纺织上浆用聚丙烯酸类浆料试验方法　粘度测定	
FZ/T 12005—2011	普梳涤与棉混纺本色纱线	FZ/T 12005—1998
FZ/T 12006—2011	精梳棉涤混纺本色纱线	FZ/T 12006—1998
FZ/T 12010—2011	棉氨纶包芯本色纱	FZ/T 12010—2001
FZ/T 12011—2011	棉氨纶包芯本色纱	FZ/T 12011—2001
FZ/T 12024—2011	靛蓝染色棉纱线	
FZ/T 12025—2011	毛经用低捻棉本色纱	
FZ/T 12026—2011	粘锦复合丝线	
FZ/T 13013—2011	精梳棉涤混纺本色布	FZ/T 13013—1998
FZ/T 14007—2011	棉涤混纺印染布	FZ/T 14007—1998
FZ/T 14020—2011	水洗服装用涂料染色面料	
FZ/T 14021—2011	防水、防油、易去污、免烫印染布	
FZ/T 24015—2011	精梳丝毛织品	
FZ/T 32008—2011	针织用亚麻纱	FZ/T 32008—2002
FZ/T 32013—2011	大麻棉混纺本色纱	
FZ/T 33013—2011	大麻棉混纺本色布	
FZ/T 34003—2011	亚麻床上用品	FZ/T 34003—2002
FZ/T 40006—2011	桑蚕捻线丝含油率试验方法	
FZ/T 42003—2011	筒装桑蚕绢丝	FZ/T 42003—1997
FZ/T 43005—2011	柞蚕绢丝	FZ/T 43005—1992
FZ/T 43006—2011	柞蚕绢丝织物	FZ/T 43006—1993
FZ/T 43007—2011	丝织被面	FZ/T 43007—1998
FZ/T 43011—2011	织锦丝织物	FZ/T 43011—1999
FZ/T 43013—2011	丝绒织物	FZ/T 43013—1999
FZ/T 43015—2011	桑蚕丝针织服装	FZ/T 43015—2001
FZ/T 43017—2011	桑蚕丝/氨纶弹力丝织物	FZ/T 43017—2003
FZ/T 43020—2011	色织大提花桑蚕丝织物	
FZ/T 43021—2011	柞蚕莨绸	
FZ/T 43022—2011	莨绸工艺饰品	
FZ/T 52014—2011	竹炭粘胶短纤维	
FZ/T 54036—2011	高延伸耐热锦纶/棉包芯纱	
FZ/T 60031—2011	服装用衬经蒸汽熨烫后尺寸变化试验方法	
FZ/T 63003—2011	棉工艺绣花绞线	FZ/T 63003—1993
FZ/T 63014—2011	粘胶纤维民用丝带	
FZ/T 64003—2011	喷胶棉絮片	FZ/T 64003—1993
FZ/T 64005—2011	卫生用薄型非织造布	FZ/T 64005—1996
FZ/T 64016—2011	针刺非织造纤维浸渍片材	
FZ/T 64017—2011	针刺压缩弹性非织造布	
FZ/T 64018—2011	纤网-纱线型缝编非织造布	

（续）

标准号	标准名称	代替标准
FZ/T 64019—2011	灯箱广告用经编双轴向基布	
FZ/T 64021—2011	彩色非织造粘合衬	
FZ/T 64022—2011	成衣免烫用机织粘合衬	
FZ/T 64023—2011	耐酵素洗非织造粘合衬	
FZ/T 64024—2011	水溶性机织粘合衬	
FZ/T 64025—2011	涂层面料用机织粘合衬	
FZ/T 64026—2011	针刺絮片衬	
FZ/T 71009—2011	精梳丝光棉纱线	
FZ/T 72011—2011	壳聚糖纤维混纺针织面料	
FZ/T 72012—2011	丝光棉针织面料	
FZ/T 72013—2011	服用经编间隔织物	
FZ/T 73041—2011	经编袜	
FZ/T 73042—2011	针织围巾、披肩	
FZ/T 81008—2011	茄克衫	FZ/T 81008—2004
FZ/T 90109—2011	纺织机械电气设备　电气图形文字符号	
FZ/T 92018—2011	平面钢领	FZ/T 92018—2001
FZ/T 92059—2011	扩幅装置	FZ/T 92059—1998
FZ/T 92079—2011	剥边器	
FZ/T 93035—2011	棉纺托锭粗纱机	FZ/T 93035—1995
FZ/T 93042—2011	自动缫丝机	FZ/T 93042—1996
FZ/T 93047—2011	针刺机	FZ/T 93047—1998
FZ/T 93060—2011	非织造布梳理机	FZ/T 93060—2003
FZ/T 93061—2011	非织造布交叉铺网机	FZ/T 93061—2003
FZ/T 93072—2011	棉花异纤分检机	
FZ/T 93073—2011	集聚纺纱装置	
FZ/T 93074—2011	熔喷法非织造布生产联合机	
FZ/T 93075—2011	非织造布热轧机	
FZ/T 93076—2011	环锭细纱机用导纱钩支承板	
FZ/T 93077—2011	环锭细纱机用导纱钩	
FZ/T 94025—2011	有边筒子络丝机	FZ/T 94025—1995
FZ/T 94043—2011	络筒机	FZ/T 94043—1996
FZ/T 94058—2011	喷气织机	
FZ/T 95013—2011	平网印花机	FZ/T 95013—1999
FZ/T 95015—2011	高温卷染机	
FZ/T 95016—2011	松式烘燥机	
FZ/T 96007—2011	帘子线纺丝机	FZ/T 96007—1992
FZ/T 97025—2011	横机数控系统	
FZ/T 98007—2011	电子单纱强力仪	
FZ/T 98008—2011	电子织物强力仪	
FZ/T 98009—2011	电子单纤维强力仪	
FZ/T 98010—2011	通风式纺织烘箱	
FZ/T 98011—2011	原棉回潮率测定仪	

农产品加工业发明专利（2010年）

［2010年农产品加工业（含加工制品、加工技术与设备）部分专利选摘］

申请或批准号	发 明 名 称	申请人	通 讯 地 址	发明人
201010011887.6	一种高效面包粉改良剂	刘全卫	（250014）山东省济南市历下区经十东路157号	刘全卫
201010011890.8	一种增白抗老化馒头改良剂	刘全卫	（250014）山东省济南市历下区经十东路157号	刘全卫
201010126452.6	蓝莓脱水粉末、其制造方法及含有此粉末的面粉	裴光泰	（225006）江苏省扬州市广陵区湾头镇沙湾北路999号	裴光泰
201010126456.4	不老莓脱水粉末、其制造方法及含有此粉末的面粉	裴光泰	（225006）江苏省扬州市广陵区湾头镇沙湾北路999号	裴光泰
201010170273.2	健胃消食面粉	胡 亮	（116000）辽宁省大连市金州新区（开发区）湾里东48栋1-1-2	胡 亮
201010182612.9	一种高筋度营养保健面粉	高用谋	（712100）陕西省西安市杨凌示范区康乐路中段15号	高用谋
201010189439.5	营养粮粉	李革田	（650000）云南省昆明市日新路118号蓝天小区北院老楼2单元501室	李革田
201010201259.4	一种丹贝营养饼干的生产方法	彭常安	（241000）安徽省芜湖市镜湖区康复路111号5幢2户	彭常安
201010206495.5	一种甘薯保健面包的制作方法	柴 华	（241006）安徽省芜湖市马塘区利民路471号9幢1单元201户	柴 华
201010206504.0	一种丹贝营养面包的加工方法	柴 华	（241006）安徽省芜湖市马塘区利民路471号9幢1单元201户	柴 华
201020226978.7	面粉冷却装置	任项杰	（315101）浙江省宁波市鄞州区邱隘镇方庄路5号	任项杰
201010238716.7	一种饺子粉及其制品	刘 勋	（102218）北京市昌平区天通苑西3区北门27号楼2505	刘 勋
201010271142.3	青稞自发粉	史定国	（650051）云南省昆明市东风东路建工大厦1215室	史定国
201010288038.5	一种全麦营养粉及其制备方法	陈增存	（277500）山东省滕州市振兴北路3巷11号	陈增存
201020132296.X	马铃薯贮藏库	康 勇	（730500）甘肃省定西市临洮县洮阳镇刘家巷41号	康 勇
201020137555.8	吸气式谷物炒锅	宋恩学	（110023）辽宁省沈阳市铁西区保工南街132-4号2-1-3	宋恩学
201020169505.8	谷物清选机的除尘装置	赵赞国	（156303）黑龙江省建三江管局大兴农场种子公司	赵赞国、李玉文
201020189346.8	淘米机	陈立德	（315040）浙江省宁波市高新区科莱尔节能设备有限公司	陈立德

（续）

申请或批准号	发 明 名 称	申请人	通 讯 地 址	发明人
201020193811.5	一种谷物筛选机	邓新平	(463323) 河南省汝南县三桥乡科汇自控设备厂	邓新平
201020204697.1	全自动调温控湿贮藏甘薯的节能保鲜库	徐公纯	(236509) 安徽省界首市五统甘薯专业合作社界首市大黄镇东	徐公纯、钮福祥等
201020224526.5	小型净谷机	廖庆龙	(537100) 广西壮族自治区贵港市港北区中里乡塘河村新兴屯 13 号	廖庆龙
201020226335.2	粮食清洗机	赵海青	(075000) 河北省张家口市桥东区商务街 22 号天地粮人鲜米坊	赵海青
201020268436.6	小型薯类清洗机	朱鹏程	(321061) 浙江省金华市婺城区琅琊镇金华市金穗食品有限公司	朱鹏程、何胜勇
201020283545.5	碾米机	熊才华	(213000) 江苏省常州市武进区郑陆镇常州隆球粮食机械有限公司	熊才华
201020285705.X	刷麸机	韩红权	(455000) 河南省安阳市北关区安阳市格睿机械有限公司	韩红权
201020516244.2	便携式局部环流熏蒸装置	徐向东；谢令德等	(430212) 湖北省武汉市江夏经济开发区大桥新区环岭路 18 号	徐向东、谢令德等
201020517380.3	粮食轻杂风选机	黄华静	(325802) 浙江省苍南县龙港镇东新街 298 号	黄华静、吴春闯
201020531477.X	红薯窖前高温灭菌装置	纪安民	(461705) 河南省许昌市襄城县双庙乡门楼李村	纪安民、张振臣等
201020546807.2	一种谷物磁选器	彭常安	(241000) 安徽省芜湖市九华中路天和苑小区 6 幢 1 单元 604 室	彭常安、汪永辉
201010137610.8	一种养生食用油及其制备方法	任长春	(476742) 河南省宁陵县逻岗镇黄老家村委	任长春
201010163757.4	复合强化药食两用食用油及其制造方法	陈阳清	(400000) 重庆市永川市内环南路 275 号	陈阳清
201010183305.2	一种小麦胚芽油低温压榨提取方法	张培祥	(274400) 山东省曹县曹城镇东关东街 12 号	张培祥
201010216134.9	强抗氧化食用油	刘道鸣；周小萍	(211006) 江苏省南京市江宁开发区湖滨路静月花园 3-605 室	刘道鸣、周小萍
201010233542.5	具有人体保健功能的五味子油	张守勤	(130022) 吉林省长春市人民大街 5988 号吉林大学南岭校区 15 栋东 1 门	窦建鹏、张劲松
201010243057.6	一种复合油保健食品	刘 立	(222000) 江苏省连云港市新浦区海昌南路 319 号兴业小区 A3-2-201	刘 立、陆博等
201010264832.6	一种保健植物油及其制备方法	王 勇	(256200) 山东省滨州市邹平县黛西办事处郭庄	王 勇、王晓珊
201010269377.9	调和胡麻籽油及应用	吴桂荣	(830011) 新疆维吾尔自治区乌鲁木齐市新医路 393 号	吴桂荣
201010534740.5	孕期专用调和油（类核桃油）	郑路生	(830011) 新疆维吾尔自治区乌鲁木齐市苏州路 638 号华雄大厦 13 楼 D 座	郑路生、余亮等

（续）

申请或批准号	发明名称	申请人	通讯地址	发明人
201020126268.7	离心型炼油机	尹顺华	(422000) 湖南省邵阳县金称市镇黄泥村8组8号	尹顺华
201020172457.8	米糠分离器	荣剑峰	(613100) 四川省井研县研城镇夏家桥街226号	荣剑峰
201020257595.6	瓜籽分离机	孙玉海	(157401) 黑龙江省牡丹江市宁安市江南乡东安村	孙玉海
201020270417.7	一种奶油枪	王承业	(321300) 浙江省永康市东城街道高镇村高鑫路22幢13号	王承业
201020522466.5	一种制油用分离罐	李根庭	(271500) 山东省东平县光大日月集团有限公司	李根庭、孙立刚
201020545458.2	多功能瓜籽分离机	张德刚	(157400) 黑龙江省牡丹江市宁安市江南乡	张德刚
201020004391.1	枣核脱肉机	王　合	(122000) 辽宁省朝阳市农机技术推广站(朝阳市中山大街四段6号)	王　合、从培来
201020110681.4	一种柚子分选装置	任　超	(350001) 福建省福州市鼓楼区通湖路129号航龙花园7座104	任　超
201020201061.1	一种新型去核机	程树林	(061027) 河北省沧州市沧县崔尔庄镇程庄子村120号	程树林
201020224041.6	一种板栗自动开口机	闫保柱	(710302) 陕西省西安市户县甘河镇神南村2组	闫保柱
201020227955.8	核桃双面侧切机	吴春贵	(135007) 吉林省通化市梅河口市海龙镇2校果仁厂	吴春贵
201020230999.6	水果去毛机	邵慈波	(221170) 江苏省徐州市丰县沙河镇工业园	邵慈波
201020258305.X	水果分选机	李守卫	(533600) 广西壮族自治区田阳县百育镇百育村百育屯19组	李守卫
201020270566.3	腰果脱壳机	税乙峰	(613100) 四川省井研县研城镇希望大道68号飞亚机械厂	税乙峰
201020274072.2	塑料水果箱的稳重加强型箱柱	郑佩军	(318020) 浙江省台州市黄岩区九峰路107弄2单元201室	郑佩军
201020293713.9	柚子削皮机	杨李益	(510640) 广东省广州市华南理工大学北区科技园2号楼213室	杨李益、李丙章
201020293811.2	一种水果去皮机	李贤姬	(116112) 辽宁省大连市金州区华家屯镇转角房	李贤姬
201020293813.1	一种新型的葡萄专用去籽机	李贤姬	(116112) 辽宁省大连市金州区华家屯镇转角房	李贤姬
201020296733.1	山核桃碎壳机	帅金定	(311331) 浙江省临安市岛石镇山川村阁川82号	帅金定
200920352585.8	鲜果烘烤机	宋玉鹏	(261521) 山东省高密市李家营镇向阳村241号	宋玉鹏

（续）

申请或批准号	发明名称	申请人	通讯地址	发明人
201020137856.0	卫生泡菜坛	陈 颖	（400020）重庆市江北区嘉陵1村106号8-7	陈 颖
201020195004.7	节水洗菜机	宋大伟	（150030）黑龙江省哈尔滨市香坊区东北农业大学467信箱	宋大伟
201020199817.3	滚筒清洗机	张继昇	（250022）山东省济南市槐荫区德兴街71号楼502号	张继昇
201020241926.7	一种新型的胡萝卜清洗分选机	林周印	（363215）福建省漳州市漳浦县杜浔镇路打村山上自然村95号	林周印
201020242934.3	马蹄削皮机	甘新荣	（546600）广西壮族自治区桂林市荔浦县荔城镇荔柳路147号	甘新荣
201020249223.9	大蒜切根机	董大义	（251505）山东省临邑县兴隆镇工业园南区临邑精细化工厂	董大义、梁国峰
201020273249.7	一种新型的紫菜颗粒定型机	刘建钦	（363200）福建省漳州市漳浦县绥安镇西辰岭北路82号	刘建钦
201020293810.8	一种果蔬真空预冷机	李贤姬	（116112）辽宁省大连市金州区华家屯镇转角房	李贤姬
201020296842.3	一种可伸缩菜篮	杜启丞	（271100）山东省莱芜市莱城区汶水大街29号莱芜一中	杜启丞
201020300844.5	一种辣椒烘炒机	李志林	（550001）贵州省贵阳市云岩区公园路8号都市明园10楼1002号	李志林
201020517084.3	新型刨丝器	胡朱英	（321307）浙江省永康市古山镇柏青中路17号	胡朱英
201020517089.6	轻便刨丝器	胡朱英	（321307）浙江省永康市古山镇柏青中路17号	胡朱英
201020261084.1	一种无损伤果蔬多级分选机	谢开云；屈冬玉等	（100000）北京市海淀区中关村南大街12号高层2楼304号	谢开云、屈冬玉等
201020506097.0	涡流循环式果蔬清洗机	李文明	（477150）河南省郸城县宁平镇白水行政村邢庄099号	李文明
201020003519.2	一种茶叶加工机械用调速装置	周 忠	（324100）浙江省江山市农垦场生活区2号	周 忠、郑冬生等
201020106536.9	一种乌龙茶初制自动化生产设备	林清娇	（362400）福建省泉州市安溪县凤城镇中山街166-702	林清娇
201020119664.7	茶叶筛选机	李 方	（354302）福建省武夷山市旗山科技工业园区	李 方
201020127016.6	一种小块茶片	陈国平	（518000）广东省深圳市福田区深南大道7060号财富广场A座22E室	陈国平
201020208942.6	一种立式快速压缩成型茶叶机	林蔚明	（362000）福建省厦门市湖里区兴隆路7号509室	林蔚明
201020208943.0	一种快速压缩成型茶叶机	林蔚明	（362000）福建省厦门市湖里区兴隆路7号509室	林蔚明

（续）

申请或批准号	发 明 名 称	申请人	通 讯 地 址	发明人
201020218619.7	一种茶叶挤压成形机	刘小辉	（362400）福建省泉州市安溪县龙涓乡黎山村横坑 80 号	刘小辉
201020220438.8	一种乌龙茶茶叶成型机	林清苗	（362411）福建省安溪县湖头镇前进路 2 号	林清苗
201020238741.0	带无级调速机构的杀青机	王朝华；王英胜等	（246600）安徽省岳西县经济开发区创业园 07 号	金时宏
201020238693.5	茶叶理条整形锅	王朝华；王英胜	（246600）安徽省岳西县经济开发区创业园 07 号	金时宏
201020243171.4	手工茶揉捻做形烘干专用设备	李宗生	（276800）山东省日照市东港区奎山街道刘家寨村兴安西街南五巷 5 号	李宗生
201020255856.0	一种球状茶叶	李永红	（415300）湖南省常德市石门县西溶路自来水家属区 2 栋 402	李永红
201020256922.6	新型茶叶揉捻机	丁德恩	（276800）山东省日照市日照北路日照市茶叶科学研究所院内	丁德恩、田林风
201020259909.6	一种旋转式红外线杀青烘干机	王明海	（225819）江苏省扬州市宝应县范水镇扬州市海创电器科技有限公司	王明海
201020263917.8	一种高效节能杀青机	郭承义	（625000）四川省雅安市雨城区草坝镇北街 30 号	郭承义
201020265724.6	茶叶烘干机	陈加友	（361000）福建省厦门市思明区湖滨北路 233 号 1405 室	陈加友、郭光侯等
201020265746.2	乌龙茶茶叶速包机	刘金进	（362400）福建省安溪县凤城镇新安路 48 号 9 幢 402 室	刘金进
201020267719.9	茶叶杀青机	帅希云	（625002）四川省雅安市雨城区张家山路 90 号 2 栋 4 单元 4 号	帅希云
201020270263.1	一种茶叶包揉装置	林清矫	（362400）福建省泉州市安溪县凤城镇中山街 166－702	林清矫
201020270441.0	高温热风杀青机	李登尧	（614200）四川省峨眉山市新坪乡万福村峨眉山市城北农机修理厂	李登尧
201020281869.5	一种茶叶烘、炒一体化装置	李灶松	（245332）安徽省宣城市绩溪县金沙镇金沙火车站对面	李灶松
201020287828.7	乌龙茶快速成型机	黄国珍	（362000）福建省泉州市安溪县参内乡大厝村大原路 50 号	黄国珍
201020296190.3	电动炒茶机自动输料装置	陈云强	（321400）浙江省缙云县五云镇陈弄口村 93 号	陈云强
201020296196.0	电动炒茶机自动下料称量装置	陈云强	（321400）浙江省缙云县五云镇陈弄口村 93 号	陈云强
201020300321.0	茶叶调温烘箱	严荣林	（313302）浙江省湖州市安吉县天荒坪镇大溪村横坑坞 21 号	严荣林
201020300908.1	一种茶叶醇化及提香设备	林清苗	（362411）福建省安溪县湖头镇前进路 2 号	林清苗

（续）

申请或批准号	发明名称	申请人	通讯地址	发明人
201020502463.5	一种气压式茶叶揉捻机	黄一峰	（665000）云南省普洱市北郊翠塔路一峰特种修理中心	黄一峰
201020508852.9	一种制茶机	陈予春	（322200）浙江省浦江县檀溪镇殿下村65号	陈予春
201020524815.7	一种茶叶液压成型机	张英溪	（362400）福建省泉州市安溪县大坪乡萍州村茂林10号	张英溪
201020536153.5	扁形茶连续自动炒制机	李明昌	（312473）浙江省嵊州市崇仁镇茶亭岗村市场25号	李明昌、钱知根
201020538628.4	节能炒茶机	高永海	（237321）安徽省六安市金安区张店镇太平桥村双塘组	高永海
201020554377.9	茶叶蒸汽杀青机	林和荣	（355500）福建省宁德市寿宁县南阳镇南阳村兴业路5号	林和荣
201020037704.3	动物肺管清洗机	曾　凯	（610016）四川省成都市青羊区12桥路30号2栋1单元7号	曾　凯
201020043233.7	安全快捷穿肉串装置	许冬林	（061500）河北省南皮县刘八里乡城南王庄	许冬林
201020109098.1	双筒连续推压式肉品送料装置	关德智	（529075）广东省江门市蓬江区杜阮镇双楼3村7号	关德智
201020109990.X	高效脱毛机	史忠信	（710300）陕西省西安市户县玉蝉乡陂头村	史忠信、史柯伟
201020126142.X	强力碎骨机	曹瑞涛；孟宪清	（065000）河北省廊坊市安次区晨光路通用宿舍楼3幢2单元401室	曹瑞涛、孟宪清
201020130800.2	一种火腿烙印装置	王伟强	（310021）浙江省杭州市江干区彭埠镇七堡大王庙路30号	王伟强
201020140538.X	多功能手工穿串机	邓天兰	（615600）四川省冕宁县城厢镇枧槽村1组15号	邓天兰
201020142756.7	一种新型骨肉切割机	邱奕龙	（430010）湖北省武汉市解放大道1863号	邱奕龙、范　翔
201020163548.5	花瓣式绞刀小型绞肉机	陆洪兵	（226200）江苏省启东市东海镇东海镇村1131号	陆洪兵
201020170710.6	禽类脖背分离装置	韩河祥	（261100）山东省潍坊市寒亭区寒亭街办北纸房村韩湖祥转	韩河祥
201020241437.1	一种电自动排骨切割机	王　健	（430074）湖北省武汉市洪山区鲁磨路388号	王　健、辛桂阳等
201020286102.1	一种节能高压炸鸡锅	刘　波	（117100）辽宁省本溪市本溪县小市镇铁路2号楼1-5-2	刘　波
201020289474.X	家禽无痛宰杀器	杨　喜	（618000）四川省德阳市绵远街106号3-7-2	杨　喜
201020296950.0	手动穿肉串机	孔祥涛	（157011）黑龙江省牡丹江市爱民区中牧集团林政稽查中队	孔祥涛

（续）

申请或批准号	发明名称	申请人	通讯地址	发明人
201020297229.3	一种绞肉机	黎泽荣	（528200）广东省佛山市南海区西樵山旅游度假区白西管理区大地村	黎泽荣
201020507219.8	穿肉器	赵璐	（322000）浙江省义乌市江东街道桥东二区45幢2单元501室	赵璐
201020513254.0	手摇立式灌肠器	诸葛纪军	（276034）山东省临沂市河东区临沂远大饮食机械有限公司	诸葛纪军
201020521462.5	一种电动切肉机	彭肖勇；马婷等	（621000）四川省绵阳市仙人路1段30号绵阳师范学院科协	彭肖勇、马婷等
201020529469.1	带拔毛器的刀	姚丽珍	（315316）浙江省慈溪市观海卫镇双湖村翁家岙	姚丽珍
201020126480.3	鱼饵	任文娟	（523400）广东省东莞市鸿福西路南城名苑西座15A	郑博元
201020150212.5	可调频滚筒式蛤类壳肉分离机	高洪武	（116400）辽宁省大连市庄河市庄河环路140号-3	高洪武
201020182499.X	一种鱼头剪刀	吴康	（321000）浙江省金华市金东区东孝街道戴店小区5幢2单元302室	吴康
201020124134.1	便捷型蛏子去壳刀	曹婷婷	（325000）浙江省温州市鹿城区藤桥镇南泰路17号	曹婷婷
201020140472.4	蛏子去壳器	曹婷婷	（325000）浙江省温州市鹿城区藤桥镇南泰路17号	曹婷婷
201020102909.5	去鱼鳞器	金振家	（250118）山东省济南市槐荫区吴家堡镇唐家庄西（济南槐荫中学）	金振家、王庆东等
201020160241.X	切鱼机	潘坤泉	（313018）浙江省湖州市南浔区菱湖镇河西墩路3号楼中单元104室	潘坤泉
201020176319.7	一种鱼类的冷冻装置	程利岳	（316012）浙江省舟山市定海白泉工业园区舟山市晨洲水产食品有限公司	程利岳
201020205449.9	麦螺螺尾割除装置	陈锦灼	（361000）福建省厦门市思明区龙山中路16号精卫学校	陈锦灼
201020233853.7	银鱼漂洗分拣装置	单峻峰	（214446）江苏省无锡市江阴市璜土镇滨江西路1159号	单峻峰、单志鹏等
201020107756.3	自动上浆破脑装置	姚建福	（466000）河南省周口市川汇区工会办公楼院内29号	姚建福
201020127363.9	高压豆浆机	戴鹏辉	（519000）广东省珠海市香洲区拱北港3路308号8栋201房	戴鹏辉
201020145360.8	家用自动制豆花机	周辉权	（514435）广东省梅州市五华县县城工业区工业2路	周辉权
201020148103.X	消毒豆浆机	王四发	（335425）江西省贵溪市柏里路13号中国15冶4生活区2栋204室	王四发
201020155020.3	带馅豆腐	王玉恒	（150046）黑龙江省五常市龙凤山乡乐园村汪家店屯	王玉恒

（续）

申请或批准号	发明名称	申请人	通讯地址	发明人
201020189659.3	一种豆浆研磨装置	李云壮	（266000）山东省青岛市李沧区玉清宫路62号1单元202户	李云壮
201020195091.6	超薄干豆腐机	张世权	（121000）辽宁省锦州市凌河区凌安里10号楼2号	张世权
201020198033.9	一种磨浆分离机	杨　峰	（473200）河南省方城县二朗庙固得威薯业	杨　峰
201020208575.X	多功能速冷豆浆机	张国勋	（518104）广东省深圳宝安区沙井和一西部创业园E栋四楼	张国勋
201020209721.0	一种豆浆机	胡秋雷	（528300）广东省佛山市顺德区大良新辉路12号	胡秋雷、刘水华等
201020211781.6	一种电机使用寿命长的豆浆机	顾永洪	（528425）广东省中山市东凤镇同乐工业园中山美斯特电器有限公司	顾永洪
201020225112.4	用于豆制品生产的豆腐脑下脑系统	李明道	（466000）河南省周口市作坊街34号	李明道
201020226305.1	一种含多边形导流器的豆浆机	励土峰	（315725）浙江省象山县新桥镇东溪村4组75号	励土峰
201020233004.1	一种豆浆机的搅拌装置	袁居常	（635118）四川省大竹县周家镇文化街23号	袁居常
201020246429.6	一种能够加工豆腐脑的豆浆机	林修鹏	（266041）山东省青岛市李沧区永年路12号3号楼2单元702	林英迪、林修鹏
201020271699.2	一种豆浆机	顾永洪	（528425）广东省中山市东凤镇同乐工业园中山美斯特电器有限公司	顾永洪
201020200503.0	一种硬质冰淇淋机	王　文	（100076）北京市大兴区金星乡黄亦路小白楼1号	王　文
201020203937.6	一种液态饮品中微量成分的添加装置	宋卫东；何　梅	（100009）北京东城区东内北小街24号楼3单元1402室	宋卫东、王智等
201020230251.6	一种清洗消毒机	夏志兴；潘　刚	（262500）山东省青州市云门山办事处草场街18号	夏志兴、潘　刚
201020239750.1	一种饮料瓶及长接管	邹江进	（331725）江西省南昌市进贤县李渡镇红桥村委石桥村43号	邹江进
201020259646.9	一种饮料瓶清洗消毒一体机	温中亚	（222500）江苏省连云港市灌南县花园乡夏庄村小伙伴饮料厂	温中亚
201020263492.0	一种矿泉水桶	杨　娟	（610000）四川省成都市金牛区育仁南路37号4栋1单元8楼1号	杨　娟
201020278634.0	多项传动蜂皇浆干粉混合机	袁文明	（311502）浙江省杭州市桐庐县横村镇陈东村杭州兴源保健品有限公司	袁文明
201020279039.9	蜂皇浆过滤机	袁文明	（311502）浙江省桐庐县横村镇陈东村杭州兴源保健品有限公司	袁文明
201020502115.8	威化夹心雪糕	秦　武	（061000）河北省沧州市沧州盛天禧食品有限公司	秦　武

（续）

申请或批准号	发 明 名 称	申请人	通 讯 地 址	发明人
201020505262.0	一种饼干夹心雪糕	杨其田	（110164）辽宁省沈阳市沈北新区辉山经济开发区辉山大街131号	杨其田
201020514274.X	一种带冷藏及冷冻功能的饮水设备	余泽嗣	（315322）浙江省慈溪市新浦工业开发区宁波帅风电器制造有限公司	余泽嗣
201020521310.5	一种饮料盒的托架	朱成国	（322000）浙江省义乌市江东街道前成小区48栋1单元301	朱成国
201020533454.2	饮料瓶罐的联装结构	金 璇	（325000）浙江省温州市鹿城区水心芙蓉17幢101室	金 璇
201020539814.X	一种饮用水桶专用清洗设备	潘洪海	（264006）山东省烟台市开发区凤台小区12号楼3单元12号	潘洪海
201020542906.3	小型饮水制冰机	马富根	（315000）浙江省余姚市临山镇湖堤工业东区余姚市恒洋电器有限公司	马富根
201010017929.7	一种速冻肉馅馒头及其生产方法	黄卫宁	（214122）江苏省无锡市蠡湖大道1800号江南大学食品学院	黄卫宁、邹奇波等
201010017937.1	一种预发酵速冻馒头及其生产方法	黄卫宁	（214122）江苏省无锡市蠡湖大道1800号江南大学食品学院	黄卫宁、邹奇波等
201010107921.X	一种野菜挂面及其制备方法	张 睿	（110161）辽宁省沈阳市东陵区东陵路120号	张 睿
201010122062.1	杂面方便面	申跃辉	（474650）河南省南召县云阳镇红阳机械厂1区43栋19号	申跃辉
201010134876.7	参杞五谷养生馒头	孙雪超	（136100）吉林省公主岭市西大街1890号银行家属楼四单元702	孙雪超
201010146300.2	一种关玉竹挂面及其制备方法	宁 伟；赵 鑫等	（110161）辽宁省沈阳市东陵区东陵路120号	宁 伟、赵鑫等
201010146313.X	一种蒲公英挂面及其制备方法	宁 伟；赵鑫等	（110161）辽宁省沈阳市东陵区东陵路120号	宁 伟、赵鑫等
201010159756.2	一种蘑菇面条的制作方法	李 洁	（067000）河北省承德市冯营子大学园区承德民族师专	李 洁
201010185216.1	一种蛋糕及其制造方法	刘福石	（050031）河北省石家庄市旧沧石路21号A座三单元101	刘福石
201010196126.2	一种面包、蛋糕用小米粉的制备方法	闫晓伟	（047300）山西省长治市城区长兴小区11号楼6单元701户	闫晓伟
201010205056.2	长生景天面条及其制作方法	周长广	（252000）山东省聊城市经济开发区北城街道办事处周集村	周长广
201010206493.6	一种黑米骨泥高钙营养饼干	余 芳	（241006）安徽省芜湖市镜湖区康复路111号5幢2户	余 芳
201010238308.1	一种玫瑰茄包	王仕尧	（650034）云南省昆明市永昌小区南区30幢2单元502室	王仕尧
201010270323.4	红参八宝面	贺全安	（405400）重庆市开县汉丰镇帅乡路336号附1号	贺全安

（续）

申请或批准号	发明名称	申请人	通讯地址	发明人
201010270321.5	红参养颜面	贺全安	(405400) 重庆市开县汉丰镇帅乡路336号附1号	贺全安
201010283802.X	一种大米面包	沈哲明	(426100) 湖南省祁阳县湖南湘妹食品公司研发中心	沈哲明
201010500701.3	一种糙米面包及其制作方法	马 涛	(110179) 辽宁省沈阳市道义经济开发区正义路23号	马 涛
201010534948.7	粒状食用粮综合利用方法及生产装置	张天娇	(114001) 辽宁省鞍山市铁东区前进路5栋3单元6层30号	张天娇
201020015586.6	食品用馅饼卷制机	王亚楠	(272075) 山东省济宁市任城区李营镇任城新区	王亚楠
201020026178.0	一种食物处理机用搅拌刀具	罗晓峰	(528300) 广东省佛山市顺德区大良街道东康路富豪大厦A座320号	罗晓峰
201020039397.2	内含丸子的热狗面包、蛋糕	郑汉安	(430070) 湖北省武汉市武昌区中北路229-3-903号	郑汉安
201020102021.1	喜庆蛋糕等分垫纸	潘永勤	(102218) 北京市昌平区龙泽苑西区1栋3单元301室	潘永勤
201020102422.7	一种食品低温真空油炸脱水机	滕连治	(061106) 河北省黄骅市滕庄子乡孔店村518号	滕连治
201020129560.4	腊食品熏烤箱	余戈平	(408000) 重庆市涪陵区实验路6号3幢6楼2号	余戈平
201020134132.0	饼干夹心机的馅料出料装置	刘 翔	(519000) 广东省珠海市香洲兴柠街57号9栋1单元201房	刘 翔
201020145334.5	一种夹心食品及夹心食品的制造装置	徐 超	(430080) 湖北省武汉市青山区20街137门1503室	徐 超、罗 青
201020175912.X	生态文化面制品	赵仁礼	(610000) 四川省成都市温江区万春镇报恩村14组	赵仁礼
201020194947.8	食用罐包	刘爱民	(271129) 山东省莱芜市钢城区艾山办事处高峪村	刘爱民
201020222244.1	食物粉碎机	周炳康	(213101) 江苏省常州市武进区横林镇常州市开源工具制造有限公司内	周炳康
201020226189.3	一种食品切割装置	罗广坚	(528000) 广东省佛山市高明区明城镇九路10号	罗广坚、罗杰峰
201020228655.1	一种油条炸箱	谭 湘	(314000) 浙江省嘉兴市南湖区吉水路运南社区文运里45幢505室	谭 湘
201020229374.8	一种食品加工机	顾永洪	(528425) 广东省中山市东凤镇同乐工业园中山美斯特电器有限公司	顾永洪
201020230016.9	一种冷面加工机的喂料装置	屈东明	(161005) 黑龙江省齐齐哈尔市龙沙区怡军小区3号楼202	屈东明
201020231000.X	罐头食品高温杀菌消毒装置	邵慈波	(221170) 江苏省徐州市丰县沙河镇工业园	邵慈波

（续）

申请或批准号	发明名称	申请人	通讯地址	发明人
201020232108.0	真空低温油炸锅	沈上平	（325000）浙江省温州市龙湾区沙城镇永强大道2591号	沈上平
201020240877.5	一种油炸设备	朴太浩	（266000）山东省青岛市崂山区深圳路178号30号楼2单元702户	朴太浩
201020248029.9	油炸食品翻动机	方福德	（430035）湖北省武汉市硚口区古田二路汇丰企业总部四栋A座二楼	方福德
201020255000.3	三维立体艺术干果糕点数控点粘机	卢利亚；刘军安等	（410003）湖南省长沙市湖南省社会科学院职工宿舍18栋402室	卢利亚、刘军安等
201020267227.X	一种集成式多功能米饭车	许海龙	（312000）浙江省绍兴市越城区城南解放南路1246号1幢703室	许海龙
201020277273.8	一种多用粉皮机	王风宜；朱建欣	（250000）山东省济南市历下区雅居园四区4号楼1单元101号	夏元新、薛玉燕
201020277340.6	一种全自动包子机	王风宜；朱建欣	（250000）山东省济南市历下区雅居园四区4号楼1单元101号	夏元新、薛玉燕
201020282583.9	家用多功能食品加工机	刘金国	（050600）河北省石家庄市行唐县城寨乡侯家庄村吉北路25号	刘金国
201020302386.9	一种月饼成型机	杨钦淦	（510445）广东省广州市白云区龙归镇南岭村龙岗路9号旭众公司	杨钦淦
201020523948.2	立式高速擀面皮机	张新怀	（721004）陕西省宝鸡市陈仓路36号面皮技术培训中心	张新怀
201020524255.5	汤圆	许素密；陈声民	（325700）浙江省洞头县北岙镇上街125弄6号	许素密、陈声民
201020527082.2	面条制煮一体机	陶惠山	（100076）北京市大兴区西红门金大路16号北京银谷机电有限公司	陶惠山
201020528490.X	一种筋糯豆糕	丰明财；魏云志	（114203）辽宁省鞍山市海城市王石镇振兴路甲56号	魏云志、丰明财
201020534890.1	家庭小型压面机	金少军	（102202）北京市昌平区南口镇66325部队干休所	金少军
201020556193.6	自动包子皮机	孙　军	（246131）安徽省安庆市怀宁县月山镇大桥村桥东组18号	孙　军
201020117311.3	一种葡萄汁发酵罐用均布器	王承丰	（265701）山东省龙口市海丰环境科技工程有限公司	王承丰、李春宇
201020146272.X	红酒酿造器	金初莫	（100015）北京市朝阳区酒仙桥路4号宏源公寓A座205室	金初莫
201020175134.4	一种白酒蒸馏风冷器	马彰勤	（030600）山西省晋中市榆次区郭家堡西苑小区16号楼3单元4层东户	马彰勤
201020207109.X	传统工艺小曲酒自动化酿酒生产线	章　锋	（434020）湖北省荆州市荆州区曲江路179号	章　锋
201020215258.0	新型发酵罐	程玉文	（265608）山东省烟台市蓬莱市刘家沟镇烟台香格里拉水境酒庄有限公司	程玉文、刘拉玉

（续）

申请或批准号	发明名称	申请人	通讯地址	发明人
201020224004.5	一种生料与熟料两用的酿酒设备	张琪梅	（650200）云南省昆明市官渡区双凤路邦盛商城 8-5-302	李炫
201020225975.1	葡萄酒发酵罐	梁进忠	（264006）山东省烟台市经济技术开发区珠江路 28 号	梁进忠
201020247317.2	食用菌液体菌种生物发酵罐	徐寿海	（222000）江苏省连云港市开发区长江路 19 号	徐寿海
201020260615.5	射流内循环发酵罐	刘建明	（350800）福建省福州市闽清县梅城镇梅溪路 596 号	刘建明
201020262387.5	养生中药酒发酵稀土紫砂蒸馏罐	曾凯	（610016）四川省成都市青羊区十二桥路 30 号 2 栋 1 单元 7 号	夏关荣
201020262491.4	酿酒蒸馏装置	叶界平	（323000）浙江省丽水市莲都区南山工业区南园 5 路 1 号	叶界平
201020274876.2	塔式固体发酵装置	顾建洪	（226000）江苏省南通市跃龙南路 188 号南通宏通生物科技有限公司	顾建洪
201020295359.3	啤酒激冷器	高振安	（024000）内蒙古自治区赤峰市昭乌达路北段燕京啤酒赤峰有限责任公司	高振安、李刚
201020301968.5	发酵罐用呼吸装置	罗建峰	（623104）四川省阿坝州理县薛城镇上孟乡塔斯村塔斯酒庄有限公司	罗建峰、唐渝成
201020531622.4	淀粉发酵制备正丁醇节能醪液蒸馏装置	张超	（276700）山东省临沂市临沭县兴大西街 99 号	张超、张立省
201020539228.5	一种自酿葡萄酒器	叶蜜妮	（510970）广东省广州市从化温泉镇中山大学南方学院博学路 H3	叶蜜妮
201020120067.6	环保烧烤炉	陈晓冉	（251720）山东省滨州市惠民县石庙镇后陈村 16 号	陈晓冉
201020131960.9	一种烧饼炉	毕自强	（451150）河南省新郑市新建路东关街 168 号	毕自强
201020142529.4	一种烧烤装置	周新民	（266000）山东省青岛市李沧区九水东路 248 号	周新民
201020161119.4	一种用于面食加工的鏊板	尹相善	（276800）山东省日照市东港区奎山街道夹仓 4 村	尹相善
201020164739.3	一种环保烘烤炉	孙国秀	（710065）陕西省西安市沣惠南路 38 号水晶岛公寓 306	孙国秀
201020170534.6	环保、方便、节能的蜂窝煤式火烧饼烤箱	刘克哲	（071600）河北省安新县安新镇北联街 052 号	刘克哲
201020172660.5	一种多功能烤串烤肉机	谭庆健	（113006）辽宁省抚顺市顺城区新华大街 4 号信用联社	谭庆健
201020178747.3	食品转动烤炉	王吉山	（261041）山东省潍坊市奎文区新华甲巷南胡东村 15 号楼 4 单元 501	王吉山
201020187066.3	地瓜烘烤炉	宋凤英	（250400）山东省济南市平阴县府前街 35 号张泉林转	宋凤英

（续）

申请或批准号	发 明 名 称	申请人	通 讯 地 址	发明人
201020222773.1	一种新型烧烤设备	于国强	(265100) 山东省烟台市海阳市海园路72号2号楼4单元102号	于国强
201020257500.0	仿手工自动煎饼机	卢永通	(276515) 山东省日照市莒县小店镇卢家孟宴村	卢永通
201020514178.5	生产圆形煎饼的煎饼机	杜纪高	(276300) 山东省沂南县振兴路中段沂南县木器厂	杜纪高
201020104698.9	蔗渣和烟道气旋风分离器	王 旗	(730050) 甘肃省兰州市七里河区兰工坪180号335	王 旗
201020192864.5	淀粉原料生产结晶果糖的成套设备	李卫军	(655000) 云南省曲靖市麒麟区文昌街58号内离休楼302号	李卫军
201020248631.2	一种棒棒糖	刘家增	(201801) 上海市嘉定区马陆镇樊家树樊宝路35弄36号	刘家增
201020233176.9	一种鲜花形状的巧克力	潘先财	(350321) 福建省福清市东瀚镇莲峰村西兜66-1号	潘先财
201020243761.7	一种巧克力浇注机	陈志宁	(362000) 福建省晋江市罗山苏前杏圃中路12号	陈志宁
201020243753.2	一种奶糖熬煮装置	陈志宁	(362000) 福建省晋江市罗山苏前杏圃中路12号	陈志宁
201020266837.8	方糖类产品快速制造生产线	杜志坚	(014040) 内蒙古自治区包头市东河区内蒙古正北食品有限公司	杜志坚
201020293230.9	一种巧克力喷泉机	庄玉宙	(510000) 广东省广州市天河区燕岭路200号金建苑工业楼402室	庄玉宙
201020522243.9	果冻夹心糖	姚丽珍	(315316) 浙江省慈溪市观海卫镇双湖村翁家岙	姚丽珍
201020530752.6	琥珀夹心糖	姚丽珍	(315316) 浙江省慈溪市观海卫镇双湖村翁家岙	姚丽珍
201020541029.8	巧克力融化炉	施军达	(315420) 浙江省余姚市陆埠工业园区浙江亿达控股集团有限公司	施军达、张华平
201020106321.7	一种生产籽瓜饲料专用设备	白学宗	(730400) 甘肃省白银市景泰县寺滩乡永泰村302号	白学宗、王 宏
201020110487.6	饲料液体添加设备	姚象超	(430015) 湖北省武汉市江岸区协昌一里6号4楼4号	姚象超
201020135177.X	单螺杆低温湿法膨化机	武 勇；张福平	(213022) 江苏省常州市新北区兰翔新村41栋乙单元301	武 勇
201020135202.4	膨化机的膨化装置	武 勇；张福平	(213022) 江苏省常州市新北区兰翔新村41栋乙单元301	武 勇
201020218482.5	一种狗饼干	李永芝	(408500) 重庆市武隆县赵家乡香房村虚楼组	李永芝
201020241471.9	方便干燥的新型草捆	倪重辉	(116000) 辽宁省大连市甘井子区大连企仁包装设备开发有限公司	倪重辉

（续）

申请或批准号	发 明 名 称	申请人	通 讯 地 址	发明人
201020272794.4	餐厨泔水处理机	彭 鹏	（050011）河北省石家庄市裕华路金鹏小区 8-1-202 室	彭 鹏
201020110307.4	太阳能真空烘干装置	苏有刚	（271100）山东省莱芜市高新区凤凰路北首 001 号莱芜职业技术学院	苏有刚、孟宪超
201020122583.2	粮油节能烘干机	杨庆询	（236057）安徽省阜阳市中央储备粮阜阳直属库（颍东区阜胡路 17 号）	杨庆询
201020174879.9	节能旋式空压烘干装置	戴文育	（362331）福建省南安市洪濑镇谯琉村尾厝 11 号	戴文育
201020209337.0	一种内风道顺逆流粮食干燥机	崔士勇	（150038）黑龙江省哈尔滨市香坊区公滨路 45-9 号	崔士勇
201020216133.X	一种传送带式粮食干燥机	李武波；李钦明	（510665）广东省广州市天河区中山大道西 491 号棠利大厦东 2 楼 801 室	李钦明
201020243747.7	一种高效烘干装置	陈金章	（362000）福建省泉州市丰泽区云鹿路 82 号千亿山庄珠华苑 1-4A	陈金章
201020253758.3	一种粮食烘干机	郭法耀	（524200）广东省雷州市龙门镇火炬农场五队宿舍 082 号	郭法耀
201020271684.6	隧道式烘干机的一体化传动装置	余兴辉	（528400）广东省中山市大涌镇叠石村大港桥街南五巷 10 号	余兴辉
201020280817.6	圆盘式物料烘干机	胡馨予	（315103）浙江省宁波市鄞州区菜场路金庭家园 8 幢 25 号 101 室	胡馨予
201020290667.7	粮食烘干的转换装置	张明久	（154002）黑龙江省佳木斯市前进区顺和社区 8 组 75 号	张明久
201020293497.8	多功能烘干设备	孙合会	（450003）河南省郑州市高新技术开发区瑞达路 91 号院 3 号楼 12 号	孙合会、王安琪
201020505676.3	多功能烘干机	王宁州	（750021）宁夏回族自治区银川市西夏区广昌北路 2 民院 2-4-202	王宁州、王纬州
201020521073.2	一种热泵干燥机	严正兴	（310004）浙江省杭州市江干区濮家新村 50 幢 3 单元 301 室	严正兴
201020532020.0	三层链带式干燥机	陈 龙	（214500）江苏省靖江市马桥镇正西村五瑞桥 20 号	陈 龙
201020538315.9	脱水、干燥一体机	罗天韵	（116025）辽宁省大连市高新园区信达街 57 号	罗天韵
201020540981.6	粮食烘干塔用沸腾炉	刘维艳	（152000）黑龙江省绥化市北林区春雷街 6 委 22 组 89 号	刘维艳
201020178611.2	树枝粉碎机	吴少华	（321300）浙江省永康市城西新区蓝天路 599 号飞鹰集团有限公司	吴少华
201020284707.7	自动吸料、集粉多功能粉碎机	李宏贵	（537600）广西壮族自治区博白县博白镇杉木塘南街道 8 号	李宏贵
201020100167.2	多功能离心机	韩仁良	（317600）浙江省台州市玉环县龙溪乡花岩浦村灵溪北路 59 号	韩仁良

（续）

申请或批准号	发 明 名 称	申请人	通 讯 地 址	发明人
201020120892.6	碟式分离机	肖 海	（210012）江苏省南京市雨花台区望江矶2号1栋605室	肖 海
201020154980.8	旋风分离器	夏旭明	（261100）山东省潍坊市寒亭区白云路19号潍坊聚利达化工有限公司	夏旭明
201020195222.0	旋流分级机	吴耀明	（215212）江苏省昆山市张浦镇同舟路225号	吴耀明
201020257699.7	离心除尘器	董 达；许柏椿	（201103）上海市闵行区吴中路511弄90号101室	董 达、许柏椿
201020298949.1	旋风除尘器	冯和平	（300457）天津市经济技术开发区加孚园大厦13号楼（A座）702室	李精诚、冯喜君
201020531632.8	固液沉降分离器	吕瑞新	（276000）山东省临沂市北城新区三和四街与沂蒙2路交汇处	吕瑞新

第六部分

大 事 记

1 月

11～12 日 “全国工商系统食品安全监管暨消费者权益保护工作会议”在北京召开。这次会议的主要任务是：认真贯彻党的十七届五中全会、中央经济工作会议精神以及全国工商行政管理工作会议的部署，回顾总结 2010 年工作，交流各地一年来取得的成绩和经验，安排部署 2011 年任务。国家工商总局副局长王东峰在总结 2010 年流通环节食品安全监管、消费者权益保护工作时指出：一年来，各地工商部门在当地党委、政府的领导下，深入落实科学发展观，认真贯彻党中央、国务院有关食品安全监管一系列工作部署和要求，充分发挥职能作用，流通环节食品安全监管和消费者权益保护工作取得了显著成绩，有效地保障了市场消费安全，为巩固应对国际金融危机冲击成果、服务经济平稳较快发展和加快转变经济发展方式发挥了重要作用。在部署 2011 年工作时王东峰指出，工商部门既肩负着保障流通环节食品安全和保护消费者合法权益与推动改善民生的职能，更承担着服务科学发展和维护社会稳定的重要任务。要深入贯彻党的十七届五中全会精神，积极服务推进转变经济发展方式和保障流通环节食品安全。2011 年流通环节食品安全监管和消费者权益保护工作的总体要求是：认真贯彻党的十七大和十七届五中全会精神，以邓小平理论和“三个代表”重要思想为指导，全面落实科学发展观，认真贯彻全国工商行政管理工作会议的部署，按照“五个更加”的要求，以保障流通环节食品安全和有效保护消费者合法权益为目标，坚持标本兼治、重在治本的原则，深入开展专项整治执法行动，强化日常规范监管，推进完善经营者自律体系，健全和落实食品安全监管和消费维权各项制度，积极构建长效监管机制，切实维护食品市场秩序和保护消费者合法权益，切实为服务科学发展和推进加快转变经济发展方式及促进社会和谐稳定作出新贡献。主要开展了以下工作：一是进一步深入开展消费教育和消费引导工作，切实推进转变经济发展方式；二是进一步深化流通环节食品安全专项整治工作，切实保障食品市场消费安全；三是进一步加大食品市场日常规范监管力度，切实维护食品市场秩序；四是进一步加大监督食品经营者落实法定责任和义务工作力度，切实提升食品经营者自律水平；五是进一步加大长效机制建设力度和创新监管手段，切实提升流通环节食品安全监管现代化水平；六是进一步加强流通领域商品质量监管和服务领域消费维权，切实严厉打击销售假冒伪劣商品违法行为；七是进一步加大 12315 行政执法体系“四个平台”建设力度，切实提高行政执法效能和公共服务水平。北京、吉林、上海、山东、广东、贵州、甘肃、天津等 8 个省市工商局的有关负责人作了大会经验交流。总局各司局和有关直属单位的主要负责同志，各省区市工商局分管局长和职能处室的处长参加了会议。

16 日 “农产品加工工作座谈会”在杭州萧山召开，农业部农产品加工局副局长欧阳海洪出席会议并讲话，来自全国 19 个省、自治区、直辖市农口主管农产品加工工作的处室负责人参加会议，就农产品加工业“十二五”规划、农产品产地初加工惠民工程、监测分析与预警、技术对接与推广等议题展开座谈。欧阳海洪在讲话中要求，这次会议既要做到有针对性地务虚，又要做到有操作性的务实，为今后开创新的工作局面打下好的基础。他强调，一要理清思路，凝聚共识，努力把握好工作的规律和切入点；二要突出重点，协同行动，努力实现全系统工作的整体效果；三要开好头，起好步，共同把今年的工作做好。最后他要求各地农产品加工业主管部门要加强联系，加强配合，加强交流，发挥好部门的优势、地方的优势，进一步促进农产品加工业又好又快发展。各地代表在座谈中介绍了本地主要经验和典型做法，对“十二五”规划提出了修改建议，对即将启动实施的农产品产地初加工惠民工程等工作达成了共识，并表示一定积极配合做好监测分析预警和技术推广等项工作。农产品加工处处长杨泽钊主持了会议。

24 日 全国食品安全整顿工作办公室（以下简称整顿办）召开第五次全体会议，整顿办主任、卫生部部部长陈竺，国务院食品安全委员会办公室主任、国务院副秘书长张勇，整顿办副主任、农业部副部长陈晓华，卫生部副部长陈啸宏，工商总局副局长王东峰，质检总局副局长蒲长城以及整顿办全体成员参加会议。会议由陈啸宏主持，张勇作重要讲话，陈竺总结了 2010 年食品安全整顿工作进展并部署下一步工作。张勇肯定了 2010 年食品安全整顿工作取得的成效，要求总结整顿工作经验，针对食品安全突出问题深入开展食品安全整治，进一步强化地方政府责任，各地、各有关部门要狠抓工作和任务落实，抓住“十二五”规划制定契机，加强食品安全监管长效机制和能力建设，提高食品安全应急管理工作水平。陈竺指出，2010 年以来，各地、各有关部门认真贯彻落实国务院办公厅 2010 年食品安全整顿工作安排，深入开展食用农产品、食品生产、流通、餐饮服务、畜禽屠宰、保健食品和打击违法添加非食用物质等专项整顿工作，取得了阶段性成效，基本完成了年度整顿目标和任务。当前，全国食品安全形势总体保持平稳，部分食品安全突出问题也得到有效整治，特别是问题乳粉查处工作取得了较大突破，一批典型案件得到查处，一批违法犯罪分子得到惩处，食品安全法规标准、监测评估、检验检测体系得到进一步加强，监督管理、行业发展和企业诚信等长效机制建设不断健全完善。陈竺要求，整顿办及其成员单位要继续推进各项整顿工作。一是针对食品安全突出问题划出重点整治领域，积极开展专项整治工作；二是继续强化长效机制建设，加快食品安全法配套法规建设进程和食品安全基础标准的清理整合，加强食品安全监管体系能力和食品企业诚信体系建设；三是加大整顿工作宣传力度，切实落实《食品安全法》及其实施条例和《食品安全信息公布管理办法》有关规定，科学、准确、客观公布食品安全信息。中宣部、发展改革委、工业和信息化部、公安部、监察部、农业部、商务部、卫生部、海关总署、工商总局、质检总局、法制办、新闻办、食品药品监管局等整顿办成员单位及国务院食品安全办相关负责同志参加了会议。

2 月

18 日 中共中央政治局常委、国务院副总理、国务院食品安全委员会主任李克强主持召开了“国务院食品安全委员会第三次全体会议”并讲话。他强调，要认真贯彻落实党中央、国务院的决策部署，把加强食品安全作为保障和改善民生的重要内容，全面执行食品安全法，彻查严处重大食品安全事故，坚持集中治理和日常监管并重，突出重点，常抓不懈，打好攻坚战、持久战，切实保障人民群众身体健康和生命安全。中共中央政治局委员、国务院副总理、国务院食品安全委员会副主任回良玉出席会议并指出，要进一步增强责任感，采取更有力的措施加强食品安全工作。中共中央政治局委员、国务院副总理、国务院食品安全委员会副主任王岐山出席会议并指出，要加快食品安全保障体系建设，不断提高监管能力。会议听取了国务院食品安全办负责人以及卫生部、农业部、工商总局、质检总局等有关部门负责人的汇报和发言。研究了 2011 年食品安全重点工作和任务分工。会议认为，过去一年，在各地区、各有关部门的共同努力和广大人民群众的大力支持下，我国食品安全工作力度不断加大，食品安全形势总体保持平稳。但当前食品安全基础薄弱，工作难度加大，形势仍然十分严峻。必须增强紧迫感，毫不松懈地继续抓好食品安全工作，促进食品安全形势稳定好转。会议强调，民以食为天，食以安为先，食品安全关系人民群众健康和生命安全，关系经济发展和社会和谐。做好 2011 年食品安全工作，要针对消费者最为关心的重点问题，持续开展食品安全专项整治，一抓到底，决不手软，切实解决损害群众健康的突出矛盾；落实企业食品安全第一责任人的责任，增强安全意识和守法意识；强化政府监管，在各个环节上严把安全关口，加大监管投入，增加重点产品抽查力度和检查批次，依法严惩违法违规的食品生产经营者。加快建立健全食品安全风险监测评估体系，完善应对突发事件的预案，提高应急处置和快速反应能力，完善有关法律法规和标准，从体制机制上解决影响食品安全的深层次问题。国务院食品安全委员会各成员单位和有关部门负责人参加会议。

22 日 “全国保健食品化妆品监督管理工作会议”在海口召开。会议的主要任务是：深入学习贯彻 2011 年全国食品药品监督管理工作会议精神，总结 2010 年保健食品化妆品监管工作，研究“十二五”期间保健食品化妆品监管工作总体思路，部署 2011 年保健食品化妆品监管工作。中纪委驻国家食品药品监督管理局纪检组组长李东海、国家食品药品监督管理局副局长边振甲出席会议并讲话。会议认为，2010 年全国保健食品化妆品监管工作取得明显成效，在改革中实现了监管工作快速发展，安全形势总体稳定的目标。保健食品化妆品法规建设有效推进，审评审批更加规范，标准体系框架基本形成，生产经营监管力度不断加大，技术支撑能力稳步提升，应急能力不断增强，信息化建设步伐加快，宣传培训成效显著，对外交流合作逐步深入，重点问题前瞻性研究工作取得较大进展，重大活动安全保障圆满成功。各项工作取得了新成效，积累了新经验，为全国保健食品化妆品监管工作的深入开展奠定了坚实基础。会议提出了“十二五”时期保健食品化妆品监管工作的总体目标：监管体系基本建立，法规规章较为完备，队伍素质全面提高，审评审批和日常监管机制逐步完善，标准体系和检验检测体系基本形成，技术支撑和风险控制能力显著提升，信息化管理体系和企业信用体系基本建立，生产经营秩序明显好转，保健食品化妆品安全保障工作步入科学监管的轨道。会议明确了未来 5 年要努力完成十个方面的主要任务：一是建立科学高效的监管组织机构和责任体系；二是建立健全的法律法规体系；三是完善审评审批制度；四是建立健全日常监管机制；五是建立科学的标准体系；六是构建完整的技术支撑体系；七是建立风险管理与控制体系；八是建立及时准确全面的监管信息体系；九是建立和完善市场监督和企业信用体系；十是加强宣传教育和培训。会议要求，2011 年要重点抓好五个方面工作：一是要继续制定和完善有关法规、规章、规范性文件，加大原料技术要求、检测方法和标准规范制修订力度，完善法规和标准体系，夯实监管基础；二是要以落实责任、提高效率为重点推进审评审批制度改革，严格市场准入；三是要通过加强日常监管、推动企业内部质量管理、深入开展专项检查，大力强化生产经营监管，净化市场秩序；四是要通过落实检验检测体系建设规划、开展安全风险监测，加强技术监督和风险管理，提升监管效能；五是进一步加大培训力度，推进信息化建设，提高监管水平。全国各省（自治区、直辖市）、计划单列市、副省级省会城市、新疆生产建设兵团食品药品监管局的有关负责人和国家局有关司局、直属单位的负责人及有关新闻媒体参加了会议。

23～24 日 “中国乳制品工业协会第六次行业协会联席会”在广西南宁市召开，来自全国 13 个乳业重点省区的乳业、奶业协会的负责人和 8 个省、自治区、直辖市的轻工处、工信厅委、轻纺工业局及食品处的有关负责人出席了联席会。工业和信息化部消费品工业司副司长高延敏出席了会议并讲话，协会常务副理事长牟静君主持会议。会上，理事长宋昆冈作了题为《抓好行业升级改造 保证产品质量安全》的工作报告。他在报告中分析了 2010 年中国乳制品行业的整体形势和质量安全状况、行业存在的一些问题和 2011 年行业发展趋势；总结了协会 2010 年协会完成的各项工作，指出当前乳品行业面临的最大困难是信誉危机。他突出强调了全行业要抓好行业升级改造、保证产品质量安全，做好乳制品行业诚信体系建设、审核清理和重新核发生产许可证工作。提出 2011 年的工作重点就是抓好行业升级改造，用优质的产品重振行业信誉，要大力正面宣传乳制品的质量，协会将组织行业大力开展公益宣传活动。高延敏在会上强调，为促进乳制品工业健康发展，工业和信息化部作为食品工业行业管理部门，将进一步加强和规范乳制品行业管理，抓好行业规划、产业政策和行业标准，推动乳制品工业结构调整和发展方式转变，加快推进乳品质量安全长效机制的建立。2011 年将会同有关部门、行业协会重点做好四个方面工作：一是组织《食品工业“十二五”发展规划纲要》编写和发布实施工作；二是严格贯彻执行《乳制品工业产业政策》；三是大力推进乳制品工业企业诚信体系建设；四是配合做好食品安全整顿和案件查处工作。相信通过全行业坚定信心、通力合作，就一定能够迎来我国乳业的再次腾飞，并取得更大的辉煌。参会代表一致表示，要积极配合相关部门做好审核清理和重新核发生产许可证的工作，注重产品质量安全，并且要加强行业整体宣传，配合中国乳制品工业协会开展宣传工作，提升乳制品行业的形象，提升消费者信心，促进乳业健康有序发展。

3 月

3 日 农业部农产品加工局在福建省福州市组织召开了“2011 年优势农产品加工重大技术推广项目启动会”，来自 10 个省、自治区的项目承担单位负责人参加了会议。农业部农产品加工局欧阳海洪副局长、福建省农业厅党组书记檀云坤出席会议并讲话。欧阳海洪副局长在讲话中对如何抓好农产品加工工作和农产品加工重大技术推广项目提出了具体要求。他指出，各级农产品加工行政主管部门要以科技为抓手和切入点开展工作，做好技术示范推广、研发体系建设、信息发布、监测预警、标准宣贯等方面的工作；要以农户（农民合作组织）、农产品加工中小企业和领军企业为服务对象，做好农产品产地初加工、技术对接、国际标准跟踪等工作；要以农为本，综合运用行政、经济、法规手段推进农产品加工业发展。他还指出，要充分做好技术对接的前期准备工作，将工作节点提前；要注重以点带面，将技术对接活动与多种形式的地方活动结合，创新工作模式；要及时归纳总结，将技术对接中的常见问题总结汇编；要加强宣传推广，扩大项目的影响力。启动会上，对各项目承担单位的工作任务进行了详细布置，并就项目管理相关要求进行了说明，经过各单位交流讨论，圆满落实了 2011 年技术推广的实施方案。

17～18 日 “2011 年国家食品安全风险监测工作会议”在京召开。会议全面贯彻国务院食品安全委员会第三次全会和 2011 年全国卫生工作会议精神，总结了 2010 年国家食品安全风险监测工作，分析了存在的问题，部署了 2011 年食品安全风险监测重点工作。卫生部副部长陈啸宏出席会议并作重要讲话。陈啸宏表示，2010 年是《食品安全法》颁布实施后，第一次在全国范围内全面、系统地开展国家食品安全风险监测工作，在各级政府的高度重视和各有关部门的大力支持下，圆满完成了 2010 年国家食品安全风险监测任务。食品安全风险监测网络在全国范围内已初步建立，监测结果显示，我国食品安全形势总体稳定并维持向好趋势。陈啸宏强调，2010 年食品安全风险监测工作的总体要求是：一是加强组织领导。要将食品安全风险监测工作列入政府及相关部门重要工作日程，落实领导责任，保障工作经费和条件。二是加强部门间的协调配合。各部门积极承担监测任务，加强部门间信息沟通，使风险监测在食品安全监管中发挥实际作用。三是抓好技术环节，保证工作质量。

监测技术机构要规范样品采集与检验工作，加强培训和质量控制，确保监测数据的代表性、真实性与准确性。四是及时通报食品安全隐患。各级行政部门和监测技术机构要做好食品安全风险监测结果的上报与通报工作。五是不断加强能力建设，着力提高工作水平。中央和地方要加大投入，调动各方面资源，配备仪器设备和人员，加强监测能力建设。六是加强督导检查。2010 年卫生部将加强对各地食品安全风险监测工作的督导、评估和考核，及时发现问题、总结经验，保证如期完成监测任务。会议由卫生部食品安全综合协调与卫生监督局局长苏志主持。参加会议的有全国 31 个省、自治区、直辖市及新疆生产建设兵团卫生厅局主管厅局长、食品安全综合协调（监督、法监）处处长、疾病预防控制中心负责人；卫生部有关司局、卫生监督中心、统计信息中心、中国疾病预防控制中心负责人；国家食品安全标准审评委员会、食品安全风险评估专家委员会相关专家；工业和信息化部、农业部、商务部、工商总局、质检总局、食品药品监管局等国务院有关部门负责人；有关食品行业协会负责人共计 170 余人。

21～22 日 “全国绿色食品工作座谈会”在重庆市召开。会议的主要任务是贯彻落实全国农业工作会议和全国农产品质量安全监管工作会议精神，总结 2010 年和“十一五”绿色食品有机食品工作，谋划“十二五”工作，安排部署 2011 年重点任务。中国绿色食品发展中心主任王运浩作重要讲话。王运浩总结了 2010 年和“十一五”绿色食品有机食品的工作。2010 年全国新认证绿色食品企业 2 526 个，产品 6 437个，分别比 2009 年同期增长 6.4%和 3.9%。全国有效使用绿色食品标志的企业总数为 6 391 个，产品总数为 16 748 个，分别比 2009 年同期增长 5.1%和 4.4%。新认证有机食品企业 372 个，比 2009 年增长 7.9%。全国有效使用有机产品标志企业 1 202 个，产品 5 598 个，分别比 2009 年增长 19.8% 和 13%。全国有 340 个单位创建了 479 个绿色食品原料标准化生产基地，种植面积 666.67 万 hm^2，带动农户 1 686 万个，对接龙头企业 1 256 个，每年直接增加农民收入在 8.4 亿元以上。全面加大了证后监管工作力度，绿色食品、有机食品产品抽检合格率达到 98.9%以上。王运浩分析了绿色食品有机食品面临的形势和任务时指出，“十二五”是绿色食品有机食品发展重要机遇期。主要目标任务是实现“三个提升”：一是提升产业发展规模和质量。稳步推进产品发展和基地建设，不断扩大总量规模。力争“十二五”末，绿色食品企业总数达到 7 500 个，产品 20 000个，有机食品企业 2 000 个，产品总数 11 000 个。企业结构、产品结构和区域结构进一步优化，发展质量明显提升。二是提升品牌的公信力和竞争力。强化证后监管，不断提高产品质量，力争产品质量抽检合格率保持在 98%以上。加快市场流通体系建设，促进优质优价市场机制的形成，提高品牌价值。三是提升在“三农”工作中的地位和作用。进一步深化与“三农”工作联系，发挥在推进农业标准化生产中引领作用，在促进农业增效农民增收中的带动作用。最后，王运浩对做好 2011 年绿色食品有机食品工作提出具体要求：一是进一步提高产品认证规范化水平；二是进一步提高基地建设和管理的水平；三是进一步加大证后监管力度；四是进一步加大宣传与市场建设步伐；五是进一步夯实事业发展的基础；六是进一步加强体系队伍建设。

4 月

12～13 日 为贯彻落实中央农村工作会议、全国农业工作会议和全国农产品质量安全监管工作会议精神，总结 2010 年和“十一五”农垦农产品质量追溯项目建设工作情况，分析追溯工作面临的新形势和存在的问题，研究部署“十二五”及 2011 年工作，农业部农垦局在京召开“农垦农产品质量追溯工作会议”。据农业部农垦局局长李伟国介绍，2010 年农垦农产品质量追溯新增项目建设单位 28 个，共有 31 个省、自治区、直辖市的 100 个企业开展了农垦农产品质量追溯项目建设工作。首次组织 159 个企业开展了以农产品生产信息网上填报为重点的创建活动，目前农垦可追溯农产品种类已扩展到大米、面粉、蔬菜、水果、茶叶、畜肉、禽肉等 7 大类；种植业产品可追溯规模达 20 多万 hm^2，较 2009 年增加 3 倍；养殖业产品追溯规模达 1 500 多万头（只），较 2009 年增长 2 倍。一年来，农垦农产品质量追溯项目单位共接待参观学习人数达 2.1 万多人次，带动周边加入农垦农产品质量追溯系统的农户数达 11 万户。会议指出，“十一五”农垦农产品质量追溯取得的成效和经验，为“十二五”全面推进追溯工作奠定了坚实的基础。一是开放实用的信息系统已经建成；二是较为完整的制度体系已经形成；三是协调统一的工作机制已经建立；四是质量安全保障能力明显提升；五是示范带动作用逐步增强。会议提出，“十二五”农垦农产品质量追溯工作的主要目标任务：一是质量追溯系统建设水平全面提升。优化现有追溯系统，全面提高系统的稳定性、实用性和可操作性，努力建成与国际接轨并适应我国国情的追溯信息体系。完善追溯标准体系和制度体系，努力形成良好技术和工作保障机制。加强人才队伍建设，努力构建一支懂技术、会管理的专业化人才队伍。二是可追溯规模进一步扩大。到2015年，建成300个高标准全程可追溯企业和500个创建单位，形成一批在国内外市场具有一定竞争力的农产品质量追溯企业群体，可追溯农产品市场占有率明显提升。三是示范带动作用明显增强。不断创新完善“窗口”示范、技术和服务输出、场县（乡）共建、产业整合等示范带动的方式和途径，由点到面地带动一批地方农产品生产企业和农民专业合作组织建立农产品质量追溯系统，为推动我国农产品质量追溯制度建设发挥应有的示范带动作用。四是农垦农产品质量安全监管水平全面提高。充分利用追溯体系建设成果，进一步创新和加强农垦农产品质量安全监管工作，强化质量安全责任落实，加强生产档案管理，提高农业标准化生产水平，建立完善保障农产品质量安全自我约束机制；加强网络动态监管，及时把质量安全隐患消除在萌芽状态，进一步提高农垦农产品质量安全监管水平。来自全国农垦、热作、地方主管部门领导和相关部门的负责同志，农业部部属8个质检中心领导及专家，50个项目建设单位负责同志、技术骨干和129个创建单位负责人参加了会议；农业部有关部门负责人出席会议。农业部农垦局副局长胡建锋主持会议。

21日 “全国绿色食品监管工作座谈会”在河南郑州召开。来自全国42个地方绿色食品工作机构和15个绿色食品监测机构的代表参加了座谈会，中国绿色食品发展中心副主任韩沛新和相关处室负责人出席会议，河南省农业厅副厅长于国干致辞，韩沛新作了重要讲话，河南、天津、黑龙江、上海、江苏、浙江等6个省、直辖市代表进行了大会交流发言。韩沛新在讲话中对“十一五”期间特别是2010年长沙会议以来绿色食品监管工作进行了回顾总结，充分肯定了监管工作所取得的成效。分析了当前绿色食品监管工作面临的形势，对下一步做好监管工作提出了五点要求：一是提高责任意识，明确监管职责；二是健全制度，真抓实干；三是从源头入手，做好企业服务；四是完善考核奖惩激励机制；五是加强人员队伍与能力建设。特别强调指出“尽职才能免责”，各地绿色食品工作机构要将监管工作放在更加突出的位置，抓紧抓好。会议期间，各位代表围绕进一步加强绿色食品监管工作，展开了广泛深入的讨论，并提出了许多建设性的意见和建议。根据大家讨论意见，中心对2011年绿色食品监管工作做了进一步部署，会议取得了圆满成功。

21日 中共中央政治局常委、国务院副总理、国务院食品安全委员会主任李克强出席“全国严厉打击非法添加和滥用食品添加剂专项工作电视电话会议”并讲话。他强调，要按照党中央、国务院的要求，以坚决的态度、过硬的举措、更大的力度，持续深入整治食品非法添加行为，切实解决影响食品安全的突出问题。中共中央政治局委员、国务院副总理、国务院食品安全委员会副主任回良玉主持会议。中共中央政治局委员、国务院副总理、国务院食品安全委员会副主任王岐山，国务委员孟建柱出席会议。会议联线省、市、县三级。国务院食品安全委员会办公室主要负责人，北京市、浙江省和湖南省长沙市、陕西省扶风县政府主要负责人在会上作了发言。李克强说，食品问题无小事，保障安全是大事。这直接关系群众身体健康和生命安全，关系经济社会发展大局。近期发生并查处的一些食品安全突出事件，都与食品生产经营中滥用或非法使用添加物有关，群众对此高度关注。遇乱则治、知难而进，要把整治食品非法添加作为保障食品安全的重要切入点，追踪溯源，加强全过程管理，严查食品制作和加工源头，严管食品添加剂使用，严禁非法添加物，严把食品生产、流通、消费各道关口，促进食品安全形势稳定好转。李克强强调，食品非法添加危害性大，一旦发生问题，社会影响面广，容易引起连锁反应，必须高度重视。要以《食品安全法》为准绳，重典治乱，加大惩处力度，切实改变违法成本低的问题，让不法分子付出高昂代价，真正起到震慑作用。一旦发现非法添加，要快查快处，第一时间查封问题产品，责令停产停业，并给予严厉经济处罚。对故意添加的，一律吊销证照、罚没设备，企业负责人不得再从事相关食品行业。对涉案政府工作人员，情节严重的，要依法依纪开除公职。对涉嫌犯罪的，要及时移送司法机关，并依据新出台的《刑法修正案》，从重从快予以严惩。

5 月

6日 农业部召开“瘦肉精”等违法添加物监管工作督导检查汇报会，听取督导工作情况汇报，研究部署下一步“瘦肉精”等违法添加物专项整治工作。从督导情况看，各地各部门正积极行动，采取有力措施，扎实推进“瘦肉精”专项整治工作。一是加强养殖场户指导教育。各地广泛张贴宣传教育材料，告知养殖场户严禁使用“瘦肉精”，切实提高养殖者的质量安全意识。二是强化生猪经纪人监管。河北、山东研究健全生猪经纪人备案程序，严防贩运环节饲喂“瘦肉精”等违法添加物。三是“瘦肉精”检测与产地检疫同步实施。湖南省在产地检疫的同时开展“瘦肉精”检测，对检测发现的不合格生猪和猪肉产品，一律不签发动物检疫合格证明，禁止上市销售。四是强化市场准入。江苏省对苏南五市开展“内检外堵”监管督导工作，健全制度，要求大型超市销售的猪肉，由供货商提供无“瘦肉精”保证书。五是强化“瘦肉精”案件查处。各地根据线索，加大摸排力度，查处了一批“瘦肉精”违法案件。湖南省在全省设立20个“瘦肉精”案件专门侦办机构，加强了行政执法和刑事司法的衔接。六是加大抽检力度。广州市对进入市场生猪的抽检率由10%调整为15%～20%，东莞市对待宰生猪严格实施“天天检、车车检、批批检”。七是强化社会监督。河北、山东公开举报电话，发动广大群众投诉举报。在督导检查中也发现不少问题，当前“瘦肉精”等违法添加物监管工作面临的形势仍不容乐观。一是存在地区间工作开展不平衡、“上热下冷”等现象。二是畜牧养殖规模小、组织化程度低，“瘦肉精”监管链条长，监管难度大。三是监管能力薄弱，缺钱、缺人、缺机构、缺手段、缺必要的法律规定等现象仍然存在。必须下更大决心，花更大力气，采取综合措施加强监管。会议要求，各相关部门要进一步加强协调配合，按照《“瘦肉精”专项整治方案》的任务分工严格抓好落实工作，严打非法生产、销售和使用“瘦肉精”的违法犯罪行为，同时加快制定相关管理办法，探索建立长效监管机制，从根本上解决“瘦肉精”问题，保障畜牧业健康发展，确保人民群众消费安全。会议还对建立“瘦肉精”监管部际协调机制进行了专题研究。国务院食品安全办、工信部、公安部、商务部、农业部、卫生部、国家工商总局、国家质检总局、国家食品药品监管局有关负责同志参加了会议。

10日　“餐饮服务食品安全调查与评价工作报告会”在广西壮族自治区桂林市召开。会议通报了2010年餐饮服务食品安全调查与评价结果，听取了有关省（自治区、直辖市）食品药品监管局的工作汇报，并对2011年餐饮服务食品安全调查与评价工作的开展进行了研讨。会议指出，餐饮服务作为从农田到餐桌食品安全全链条保障的最后一道环节，监管责任重大。各级食品药品监管部门要科学认识和把握餐饮服务食品安全监管形势，全面加强餐饮服务食品安全行政监管和技术监督。餐饮服务食品安全调查与评价是基于食品安全风险管理理论，采用随机抽样技术，利用风险评估方法，对餐饮服务食品安全隐患进行甄别、过滤、分析和判断，并对餐饮服务食品安全状况进行综合研判的过程。餐饮服务食品安全风险具有聚集性、广泛性和显现性等特点，为提高餐饮服务食品安全监管的科学性和有效性，必须认真组织开展餐饮服务食品安全调查与评价工作，及早发现餐饮服务食品安全隐患，评价食品安全风险，为采取科学、有效的监管措施提供参考和依据。会议结合2010年工作情况及存在的问题，就2011年餐饮服务食品安全调查与评价工作的组织实施进行了研讨。会议要求，各任务承担省局和检验机构必须高度重视，充分认识开展餐饮服务食品安全调查与评价工作的重要性，以科学严谨、高度负责的态度，认真组织实施，保证调查与评价结果的代表性、客观性和准确性；必须科学组织，结合本地区餐饮服务食品安全危害的特征，科学制定实施方案，强化各环节质量控制，加强对调查数据的报送、评估和分析，及时上报相关材料；必须科学运用，在科学分析相关问题的基础上，采取有针对性监管措施，切实解决问题，保障餐饮服务食品安全。

19～20日　由卫生部主办的“食品安全风险交流国际研讨会”在北京召开。研讨会邀请了欧盟食品安全局、德国、法国、泰国以及中国香港等地区的专家，围绕“政府在风险交流中的作用”、“风险交流以科学为基础”、“与媒体及企业交流形成良性循环”、“消费者保护，风险交流的最终目的”等主题展开演讲和讨论。卫生部副部长陈啸宏出席开幕式并致辞。陈啸宏指出，风险交流是将科学的食品安全信息在政府、学术界、食品行业、媒体和消费者之间进行沟通和互动。只有及时、准确、透明地沟通食品安全信息，才能使公众真正了解并认识食品安全的真实情况，从而增强对食品安全的信心并理性参与。陈啸宏表示，卫生部高度重视食品安全风险交流工作。一是在制订食品安全标准和相关政策过程中广泛征求社会各方的意见，这是食品安全风险交流的一个重要方面，这不仅提高了政府食品安全监管工作的透明度，同时，也广泛地吸纳了全社会的建议，由此形成了全社会共同参与食品安全监管的局面。二是针对社会关注的食品安全事件和相关问题，卫生部将依法及时发布信息，为公众解疑释惑。陈啸宏还表示，卫生部将继续加强食品安全风险交流能力建设，完善风险交流工作机制。一方面要搭建更有效的食品安全风险交流平台，探索更加有效的交流形式；另一方面要努力培养一批有专业素质和沟通技巧的风险交流专业人员。此外，还将加大与国际同行的交流与合作，充分借鉴和分享国际先进经验，提高我国的食品安全风险交流水平。本次研讨会由中国疾病预防控制中心和德国国际合作机构协办。世界卫生组织、联合国粮农组织以及欧盟使团的驻华代表应邀出席了研讨会。全国31个省、自治区、直辖市和新疆生产建设兵团卫生厅局、疾病预防控制中心的代表以及国务院有关部委、国务院食品安全办、国家食品安全风险评估专家委员会、食品安全国家标准审评委员会、中国消费者协会等单位的代表和专家共计150余人参加了研讨会。

6 月

9日 农业部召开专题会议，研究谋划农产品市场流通工作。会议强调，完善物流业健康发展的政策措施，必将有力促进农产品物流业快速发展，对稳定粮棉等大宗农产品和菜篮子产品生产、保障农产品消费安全、促进农民增收以及农产品保供稳价等具有重要意义。农业部要求全国农业系统要坚决贯彻、认真落实，全力推进农产品物流业健康发展。一要组织农业系统学习贯彻会议精神。近期在厦门召开全国农业市场与经济信息工作会议，分析研究农产品市场流通面临的新情况新问题，理清工作思路，部署“十二五”期间农产品市场流通工作。二要加强农产品市场体系建设。整合资源，协调力量，重点推进主产区建设农产品专业批发市场、主销区建设农产品综合物流园区，以及与储藏保鲜需要相适应的农产品冷链系统。同时，把发展农产品现代物流业与构建农产品质量安全追溯体系相结合，同步谋划、同步推进，研究建立有效的质量安全追溯体系和监管长效机制。三要大力推进新一轮“菜篮子”工程。协调督促各部门、各地区认真落实国务院决策部署，加大力度组织实施新一轮“菜篮子”工程，特别是加强“菜篮子”产品物流体系建设，提高快速集散、市场调剂、冷藏保鲜和应急保供能力，并将“菜篮子”产品生产发展、市场供应和价格平稳工作纳入市长负责制考核范围，督促各大城市完善“菜篮子”产品物流体系。四要积极推进农产品市场流通信息化建设。在推进农业信息化建设中利用现代信息技术改造农产品流通体系，创新农产品和农业生产资料交易方式，提高农产品营销管理水平，充分发挥信息流对生产决策和商流、物流的引导作用，促进产销协调发展和农产品高效有序流通。

20日 农业部在京召开“全国农产品加工技术研发体系建设工作座谈会”，认真贯彻落实科学发展观，总结“十一五”研发体系建设成就经验，研究部署“十二五”时期以及近期重点工作。农业部副部长高鸿宾出席会议并作重要讲话。他强调，要充分认识加快农产品加工技术研发体系建设的重要性和紧迫性，牢牢把握“十二五”时期重“用”重“为”的建设主题，进一步凝练目标，突出重点，整合资源，加快转型，努力开拓体系建设新局面，全面推动新时期农产品加工业创新发展。高鸿宾强调，研发体系建设，关键在于效应的发挥，问题的解决。要牢牢把握“十二五”时期农产品加工技术研发体系重“用”重“为”的建设主题，研究如何突破现有产、学、研各自为政的格局，使体系成为资源整合的大平台；研究如何解决信息不对称的问题，使体系成为信息共享的大平台；研究如何平衡各方利益、引导各方参与，使体系成为联合攻关的大平台；研究如何引导分中心发挥好专业作用，使体系成为专业化发展的大平台；研究如何完善研发体系技术创新和成果转化的机制，使体系成为技术创新与应用的大平台。会上，农业部农产品加工局局长张天佐系统总结了“十一五”期间研发体系建设工作取得的成效，并重点就学习贯彻高鸿宾副部长重要讲话精神，对“十二五”以及今明两年研发体系建设任务和工作举措作了安排部署。会议明确，今明两年研发体系建设的重点任务主要有5项：一是开展农产品加工产业技术需求调研，摸清技术现状和技术需求情况，经汇总、分析后，形成产业及重点行业年度报告。二是开展农产品加工重大关键技术筛选，并与技术需求调研的结果进行比对，根据技术成熟度、现实生产需要等，编制筛选研究报告。三是遴选成熟适用技术、工艺和设施设备，开展农产品加工成熟适用技术推广。四是研究确定农产品加工各领域子行业细化方案和领军企业认定标准，遴选农产品加工各领域领军企业，编制《农产品加工子行业领军企业目录》。五是开展农产品加工行业重大科技项目储备，争取立项并组织实施。为推动工作落实，张天佐代表农业部农产品加工局与国家农产品加工技术研发中心签订了目标任务书。会议还为新认定的60个专业分中心举行了授牌仪式。

21日 “全国食用植物油库存联合抽查工作动员会议”在北京召开。国家粮食局党组书记、局长聂振邦作动员讲话，党组成员、副局长任正晓主持会议。参加联合抽查工作的全体检查人员参加了会议。国家发展改革委、财政部、中国农业发展银行及中储粮总公司相关部门的负责同志出席了会议。聂振邦强调，联合抽查是整个油脂库存检查工作的重要阶段，对于摸清全国油脂库存家底，夯实宏观调控物质基础，推动粮油库存管理上水平，实现粮油市场保供稳价和油脂行业科学发展，都具有十分重要的意义。第一，联合抽查是检验评估各地油脂库存普查工作质量的重要环节。要通过抽查，分析验证被抽查省份检查工作的质量和效果，进一步对全国油脂库存检查结果的准确性作出科学判断和客观评价，真正做到心中有数，为国家交一本明白账、放心账。第二，联合抽查是推动油脂承储企业提高管理水平的重要途径。要通过检查，全面了解储油企业库存管理真实状况，认真总结各地科学保管、规范经营的好做法、好经验，及时发现存在的漏洞和薄弱环节，为建立和完善油脂库存管理制度、国家标准、技术规范提供借鉴，同时督促引导油脂企业健全内部管理制度，提高管理人员业务素质，促进企业提升管理水平。第三，联合抽查是推动油脂库存监管常态化、规范化的重要抓手。要通过抽查，一方面及时发现和纠正违反国家有关油脂库存管理法规政策的行为，另一方面将国家油脂库存监管的方法、标准和规范带到地方、带到承储企业，变成基层企业维护国家油脂安全、承担社会责任、强化内部管理的自觉行动，从而推动油脂库存监管的规范化、制度化、常态化，加快构建食用植物油库存监管长效机制，促进油脂产业健康发展，保障油脂供给安全。联合抽查动员会议结束后，国家粮食局组织技术咨询组的相关专业司处级人员就油脂库存检查方案、程序及需要注意的重点问题进行了讲解。各联合抽查工作组召开碰头会议，对检查人员职责分工和工作程序进行了具体安排。当天，全国食用植物油库存联合抽查 8 个工作组共 232 人，统一从北京出发，分赴上海、江苏、安徽、山东、湖北、广东、四川、陕西等 8 个重点省份，对这些省份油脂库存情况进行随机抽查。

7 月

5 日 “全国食品药品监管工作座谈会”在南京召开。国家食品药品监管局党组书记、局长邵明立在座谈会上作重要讲话。邵明立认为，当前以及今后一个时期，人民群众快速增长的食品药品需求和相对滞后的安全保障水平之间的矛盾仍将是食品药品监管工作面临的主要矛盾。持续不断地强化食品药品监管，加快提升监管的科学化水平，是大势所趋、民心所向。同时，监管工作的经济环境和社会环境也在发生深刻变化。在改革开放的强劲推动下，生产供应链日趋复杂，市场开发性显著增强，医药经济结构调整加快，全国统一的食品药品大市场、大流通格局已经基本形成，食品药品监管部门迫切需要转变监管思路，大力发挥政策引导作用，主动适应并服务于经济社会发展，推动食品药品市场秩序持续好转和产业健康发展。邵明立强调，食品药品监管工作要把加强和创新社会管理的重点放在创新监管机制、落实监管责任、提升监管效能上，努力推动形成与各级政府、相关企业、社会组织、公众以及媒体良性互动的局面，使更多社会力量汇聚到确保食品药品安全这一共同目标上来。重点要抓好以下几项工作：一是完善责任落实机制，推动形成食品药品安全综合施治的工作格局，促使地方政府、监管部门、企业更好地履职尽责，形成规范高效、运转有序的工作合力，形成综合施治、共保安全的良好局面；二是健全群众利益维护机制，加强食品药品安全矛盾源头治理，及时排查解决人民群众反映的各种食品药品安全问题，增强人民群众对监管工作的信任感；三是完善社会参与机制，加强食品药品安全保障资源的综合运用，加强与高等院校、研究机构、行业协会、企事业单位以及社会组织的合作，凝聚各方力量，共同维护食品药品安全和市场秩序；四是完善科技保障机制，发挥科学技术在食品药品监管工作的支撑作用，建立适应监管需要、符合国情、顺应监管国际化趋势的技术支撑体系；五是健全政策引导机制，夯实食品药品安全的产业基础，实施更加严格的监管措施和导向明确的鼓励创新政策，在促进产业经济增长方式转变和食品药品安全长治久安上做更多努力。国家局党组成员、副局长吴浈、李继平，国家局党组成员、中央纪委驻局纪检组组长于贤成出席座谈会。各省、自治区、直辖市及新疆生产建设兵团、计划单列市和副省级省会城市食品药品监管部门的代表，总后卫生部药监局代表，国家食品药品监管局机关各司局及直属单位代表参加会议。

25 日 “加强食品生产企业质量安全检测能力建设座谈会”在京召开。工业和信息化部党组成员、总工程师朱宏任出席会议并讲话。朱宏任就加强食品生产企业质量安全检测能力建设讲了三点意见：一是食品安全是保障社会稳定、经济发展的头等大事。党中央、国务院高度重视食品安全工作，专门成立了国务院食品安全委员会，各相关职能部门开展了一系列工作并取得了积极成效。但食品安全形势依然严峻。大家要进一步提高认识，齐心协力，共同做好食品安全工作。二是提高食品生产企业质量安全检测能力是切实保障食品安全的必然要求。针对目前食品企业质量安全检测能力较为薄弱的现状，各相关部门和企业要不断完善检测标准体系，加大对国产检测设备研发与应用的支持力度，加强对食品生产企业检测人员培训，切实提高食品生产企业质量安全检测能力。三是提高食品生产企业质量安全检测能力是当前刻不容缓的任务。政府层面，要做好总体规划，注重体制机制建设，充分发挥市场作用，部门间要相互配合，统筹安排，做到工作重心下移，将加强食品生产企业质量安全检测能力建设工作落到实处；行业组织和科研院所方面，在发挥技术支撑作用的同时，要在政策、标准制定上向政府提供更多更好的建议；企业方面，要提高质量安全主体责任意识，通过加大设备和技术投入，提高质量安全检测能力；加强诚信体系建设，保障食品质量安全，促进行业健康发展。座谈会上，中国工程院金国藩院士发言中希望加强部门间合作，共同构建食品安全保障体系，并建议设立食品生产企业质量安全检测能力建设专项，加快建设食品行业质量安全检测技术示范中心，为中小食品企业提供服务平台；中国科学院陆婉珍院士建议政府要加大资金等支持力度，食品行业质量安全检测技术示范中心要采用市场化运作方式。消费品工业司高伏副巡视员、中国仪器仪表学会分析仪器分会蒋士强研究员、中国食品发酵工业研究院院长蔡木易教授、江南大学姚卫蓉教授、浙江大学周建光教授分别就我国食品行业检测能力基本情况、我国食品安全检测仪器行业发展情况、我国食品质量安全检测技术进展情况、国内外食品质量安全检测发展趋势、食品生产企业质量安全检测示范中心建设构想作了介绍。会议由消费品工业司司长王黎明主持，国务院食品安全委员会办公室、发展改革委、科技部、质检总局等部门有关同志，有关行业协会负责人，部分省市工业和信息化主管部门及食品企业和分析仪器企业代表参加了会议。

29日 “2011年全国肉类蔬菜流通追溯体系建设试点工作会议”在北京召开，会上还举行了第二批试点城市签约仪式和全国肉类蔬菜流通追溯体系中央平台开通仪式。商务部副部长姜增伟出席会议并讲话，商务部部长助理房爱卿代表商务部与第二批试点城市代表签署肉类蔬菜流通追溯体系建设协议。姜增伟表示，从2010年开始，商务部、财政部按照“总体设计、分步实施”的方针，分两批支持20个城市开展肉类蔬菜流通追溯体系建设试点，取得了积极进展。各试点城市政府高度重视试点工作，列入了政府为民办实事项目，落实了必要的配套支持政策，确定了合理的试点目标和任务。首批试点城市共确定了170多个屠宰企业、100多个大型批发市场、3 000多个标准化菜市场、1 400多个大中型连锁超市、4 400多个团体消费单位开展试点，覆盖15万多批发、零售经营户，受益人口将超过4 000万人。姜增伟提出，“十二五”期间全面推进肉类蔬菜流通追溯体系建设，要深入贯彻落实科学发展观，以信息技术为手段，以法律法规标准为依据，以发展现代流通方式为基础，实现索证索票、购销台账的电子化，切实提高肉菜质量安全保障能力，加快流通现代化进程和发展方式转变。争取到“十二五”末，初步建成覆盖全国的肉类蔬菜流通追溯网络，并逐步扩大到水果、水产品等其他农产品。姜增伟要求各试点城市始终将肉类蔬菜流通追溯体系作为民生工程全力推进，加强部门协作，强化考核管理，狠抓关键环节，创造性落实好各项试点任务。一是要高标准建好用好追溯管理平台；二是要因地制宜探索适用的追溯技术；三是要标本兼治建立健全法规标准；四是要多管齐下深入推进产销衔接；五是要政企联手大力完善流通基础设施；六是要搞好宣传并特别注重实效。财政部、农业部、卫生部、国家工商总局、国家质检总局、国家食品药品监管总局及国务院食品安全委员会办公室等有关部门代表，各省、自治区、直辖市商务部门负责同志参加会议。

8月

1日 农业部农产品加工局在辽宁大连召开“农产品加工业监测分析与预警工作座谈会”。此次会议旨在谋划当前乃至“十二五”期间农产品加工业监测分析与预警工作，明确监测点的工作内容和工作方法，落实今后工作任务。农业部农产品加工局副局长欧阳海洪出席会议并作重要讲话。他强调，推进农产品加工业监测分析与预警工作是保障产业安全的重要手段，是促进产业健康发展的重要举措，是解决“三农”问题的重要途径，是提升农业行政管理水平的重要抓手。今后监测分析与预警工作要紧抓服务政府，服务“三农”这个中心；创新工作运行机制，完善工作组织体系；夯实信息采集基础，深入开展分析研判；提高监测预警水平，增强应急反应能力；开辟信息发布窗口，引导行业健康发展。欧阳海洪对此项工作提出了殷切的希望，他希望农产品加工业监测分析与预警工作要做到“三监测”与“三反映”，即监测主要产区、主要产品和主要数据，反映热点、焦点和难点；通过大家的共同努力，稳步推进农产品加工业监测分析与预警工作，为政府宏观决策提供依据，引导企业持续健康发展。农业部农产品加工局调研员姜倩重点对今后农产品加工业监测分析与预警建设任务和工作举措作了安排部署。她提出，要以服务农产品加工业发展为宗旨，以监测分析行业运行情况、及时反映行业发展过程中热点问题、突发事件和趋势性预警为重点，用3到5年的时间，通过行业运行情况监测分析、重点品种监测分析、重点地区监测分析三个平台建设，逐步形成运行高效、反应迅速、并具有为产业发展服务能力、公益性的农产品加工业监测分析与预警体系。此次会议明确了农产品加工业监测分析与预警工作主要任务：一是行业运行情况监测分析；二是重点品种监测分析；三是重点地区监测分析。与会代表就《农产品加工业监测点工作规范（试行）》的各项内容展开了研讨与交流，纷纷表示有信心完成此项意义重大的开创性工作，努力把体系建成全面、准确、及时反映农产品加工业发展情况、为政府宏观决策和企业发展服务的信息平台。

8～9日 国家食品药品监督管理局在太原市召

开“全国部分省市餐饮服务食品安全监督管理工作座谈会”。副局长边振甲出席会议并作重要讲话。关于推动餐饮安全责任落实，边振甲要求，一是要加强培训考核。各地要根据国家局有关规定，抓紧遴选培训师资、确定培训机构、明确考核方式，进一步加大对餐饮服务单位从业人员尤其是管理人员的培训力度，提高餐饮服务从业人员的风险意识、责任意识、诚信意识和法治意识。要持续加强监管人员尤其是一线监管人员的培训考核。二是要强化能力评价。各地要加大对地方餐饮服务食品安全监管能力的评价考核，要充分利用评价结果，促进地方政府加大对餐饮服务食品安全的投入力度。三是要推广示范典型。各地要加快推进餐饮服务食品安全示范工程建设，逐步形成点线面相结合的示范群体，充分发挥示范单位的引领带动辐射作用。目前，国家局已起草了国家级餐饮服务食品安全示范县考核办法，将组织开展首批国家级示范县遴选。四是要深化动态管理。《餐饮服务食品安全操作规范》、《餐饮服务食品安全信用信息管理办法》、《餐饮服务食品安全量化分级管理规范》将陆续出台，各地要进一步研究建立促进餐饮单位强化食品安全动态管理的有效手段和措施。关于深化餐饮安全专项整治工作，边振甲强调，餐饮服务食品安全专项整治要有力度、有声势、有效果，决不能走过场，要做到监管到位，不留死角、不留空白，尤其对“潜规则”，必须揭露、查处，绝不手软。一是加大监督检查力度。坚决做到任务未落实不放过，问题未查清不放过，隐患未消除不放过，责任未追究不放过，整改未到位不放过。二是加大监督抽检力度。要围绕突出问题和薄弱环节，进一步加大监督抽验力度，主动发现问题，及时解决问题，将安全隐患排除在萌芽状态。三是加大案件移送力度。凡是在餐饮服务环节添加非食用物质的，一律移送司法机关处理。属故意添加的，一律吊销餐饮服务许可证。要形成打击违法犯罪的高压态势。四是加大建章立制力度。在监管和整治中形成的好经验、好做法，要及时总结提炼，尽快上升为规章制度，巩固和扩大整治成果。关于加强餐饮安全社会监督，边振甲要求，地方各级食品药品监管部门要充分利用各种资源，积极聘请社会监督员加强餐饮服务食品安全监督。同时各地要积极支持新闻媒体参与食品安全监督，并密切关注舆论情况，及时应对、妥善处理涉及餐饮服务环节的食品安全事件。各级监管部门要拓宽社会监督渠道，完善社会监督机制，进一步做好投诉举报核实处理工作，依法保护公众的社会监督权利。国务院食品安全办相关司局负责人参加了会议。部分省、自治区、直辖市和计划单列市及副省级省会城市食品药品监督管理部门分管餐饮服务食品安全监管工作的局领导和处长，以及北京市卫生局分管餐饮服务食品安全监管工作的局领导和处长，国家局机关有关司局人员，中国食品药品检定研究院、高级研修学院的负责同志参加了会议。

19～21日 “中国乳制品工业协会第十七次年会暨第十一次乳品技术精品展示会”在成都市隆重召开。来自全国乳制品行业的企业家、专家、技术人员、管理人员、地方行业协会以及同乳制品行业密切相关行业的代表近3 000人出席了会议。会议围绕“用科学发展观统领乳品行业的发展，转变发展模式，提升发展质量，保障产品质量安全，扩大乳制品消费，引导行业走上持续、健康、稳定的发展之路”为主题，总结了一年来，行业在国务院及政府有关部门的领导和大力支持下，在行业全体员工的共同努力下，行业的整顿改革、升级改造、奶源基地建设、乳制品生产与消费、产品质量安全、行业发展环境等方面所取得的成就；分析了行业形势和目前所面临的挑战以及存在的困难；提出了今后行业发展的重点仍是围绕着保障产品质量安全，规范行业发展秩序，优化行业发展环境，提升企业经营管理水平，提振市场信心。大会开幕式由协会副理事长兼秘书长刘美菊主持，常务副理事长牟静君致开幕词，四川省人民政府副省长李成云代表四川省人民政府向大会表示热烈的祝贺，全国政协经济委员会副主任、四川新希望集团董事长刘永好代表东道主在大会上致欢迎辞。工业和信息化部党组成员、总工程师朱宏任出席了开幕式并作了重要讲话。朱宏任在报告中指出，乳品产业是重要的民生产业，在服务三农，改善民生等方面发挥着重要的作用，为我国经济建设和社会发展做出了较大贡献。乳制品行业要把提高质量作为核心任务，重点做好以下五个方面的工作。第一，坚持科学发展，加快转变发展方式。第二，规范行业管理，严格落实产业政策。第三，注重质量品种，促进内需扩大消费。第四，推进诚信建设，保障产品质量安全。第五，发挥协会作用，做好行业自律工作，鼓励行业协会采取有效措施，进一步完善行规行约。中国乳制品工业协会理事长宋昆冈作题为《整改后的中国乳制品工业》主题报告。报告分析了2011年度我国乳制品行业生产、消费、市场销售情况，指出了行业存在的问题和原因，提出了下年度行业工作的重点。报告中指出，清理整顿工作是我国乳制品行业一次脱胎换骨的改造，是一次历史的大变革。但乳制品行业仍然面临着一些突出的矛盾，要用科学发展观引领行业发展，转变发展模式，提升发展理念，保障产品质量安全，扩大乳制品消费，引导行业走上持续健康稳定的发展之路。会上，同期举办了“五场专业论坛”、举办了“第十一次乳品技术精品展示会”、召开了“第四届会员代表大会第四次全体会议”。

9 月

6～8日 “2011年全国农产品加工业投资贸易洽谈会”在河南省驻马店市举行，全国政协副主席陈宗兴、河南省省长郭庚茂、农业部副部长高鸿宾、国家粮食局副局长吴子丹出席了开幕式。高鸿宾在开幕式上指出，十几年来，在全国乡镇企业和农产品加工业系统的共同努力下，在社会各方面的大力支持下，全国农产品加工业投资贸易洽谈会越办越好，规模越来越大，特色越来越突出，已成为全国农产品加工业合作、交流的重要平台。实践证明，这一政府搭台、企业唱戏，优势互补、共促发展的举措，不仅为参会者带来了实实在在的发展效益，而且对全面实施国家区域经济发展战略，形成东、中、西部优势互补、良性互动的区域协调发展机制发挥了积极的作用。此次洽谈会吸引了全国30个省（自治区、直辖市）120多个代表团、5 600多个参会企业、10 000多名客商以及美国、法国、西班牙、匈牙利、俄罗斯、德国、日本、韩国、新加坡、泰国、马来西亚以及中国台湾、香港、澳门等14个国家和地区的44个农产品加工企业参会参展。此间共签约265个高质量的合作项目，总投资689亿元；中国农业大学、华中农业大学、南京农业大学、西北农林科技大学、中国农科院等30所国内高校、科研院所发布了302项最新科研成果，签约技术合作项目70个。经过专家组认真评审，从13个省（自治区、直辖市）266个企业的508个参评产品中，评出金奖25个，优质奖98个，其中金奖产品中粮食制品6个，油类制品3个，畜禽及水产品1个，果蔬制品4个，饮品3个，调味品2个，休闲及保健食品2个，茶产品2个，蜂产品2个。据了解，以“开放、合作、创新、发展”为主题，以推动农业现代化和农产品加工业快速发展为目标的“2011年全国农产品加工业投资贸易洽谈会”由农业部和河南省人民政府主办，农业部农产品加工局、河南省农业厅和驻马店市人民政府承办，旨在全方位开展农产品加工业投资洽谈、农产品加工贸易和技术合作与交流，培育农产品优势产业和龙头企业，促进农产品市场和流通体系建设，大力发展现代农业，加快转变农业发展方式，推动区域经济又好又快发展。

19日 工业和信息化部在北京举行“国家食品工业企业诚信信息公共服务平台开通仪式”。工业和信息化部党组书记、部长苗圩和国务院食品安全办公室副主任刘佩智共同启动并开通国家食品工业企业诚信信息公共服务平台。受苗圩部长委托，部党组成员、总工程师朱宏任代表工业和信息化部作了讲话，对国家食品工业企业诚信信息公共服务平台的正式开通运行表示热烈祝贺；向为平台建设付出了辛勤汗水的部门联席会议成员单位、地方工信部门、相关协会和企业，表示衷心的感谢。朱宏任指出，工业和信息化部作为食品工业行业管理部门，始终高度重视食品工业发展和食品质量安全，坚持把食品工业企业诚信体系建设作为食品工业坚持科学发展、加快转变发展方式的重要举措。2009年以来，根据国务院和国务院食品安全委员会的工作部署，工业和信息化部会同有关部门从构建食品安全长效机制，落实企业主体责任，健全企业诚信制度，防范风险关口前移出发，大力推进食品工业企业诚信体系建设，强化企业食品安全主体责任。诚信信息平台是食品企业诚信体系建设的重要内容，是信息征集、披露与查询的重要载体。国家食品工业企业诚信信息公共服务平台的正式开通，是我国食品工业企业诚信体系建设的一件大事，也是我国食品工业企业诚信体系建设的重要阶段性成果。下一步，做好食品工业企业诚信信息公共服务平台管理和建设工作，一是要加强诚信信息交换与共享工作。建立健全诚信信息的协调共享机制，加强部门间信息交换与共享，共同推进诚信建设和诚信公共服务平台的建设。二是要充分做好信息服务与管理工作。研究制定《食品工业企业诚信信息征集与披露管理办法》，指导好诚信信息平台的建设和发展，促进平台与成员单位、地方及企业互联互通、资源共享。三是要积极做好地方诚信信息服务工作。各地工信部门要牵头做好本地诚信工作，建立本地诚信信息平台，加强本地诚信信息的收集、处理、交换、共享与服务等工作。四是要努力提高平台的支撑服务水平。要以平台正式开通为契机，健全工作机制，加大人财物支持力度，努力完善平台功能，充分发挥信息网络技术优势，加强技术支撑服务能力，全力保障平台安全、实时、顺畅地运行。开通仪式上，消费品工业司司长王黎明介绍了食品工业企业诚信体系建设工作开展情况，部软件与集成电路促进中心主任邱善勤介绍了食品工业企业诚信信息公共服务平台功能及相关情况，黑龙江省工业和信息化委员会副巡视员林克介绍了黑龙江省食品企业诚信建设工作开展情况。食品工业企业诚信体系建设工作部门联席会议成员单位及国务院食品安全委员会办公室有关负责同志，部分省市工业和信息化主管部门相关负责人及试点企业主要负责人，相关行业协会负责人，部内相关司局和部软件与集成电路促进中心同志，部分新闻媒体记者近150人参加了仪式活动。

22～23日 国家食品药品监督管理局在山东烟台召开了“全国保健食品生产经营监管工作现场会”。各省（自治区、直辖市）食品药品监督管理局、计划单列市局保健食品处负责人，国家局有关司局、直属单位参加了会议。会议主要目的是继续深入贯彻落实2011年全国食品药品监督管理工作会议、全国食品药品监督管理工作座谈会以及全国保健食品化妆品监督管理工作会议精神，加强保健食品生产经营监管工作指导，总结交流经验，不断提高保健食品生产经营监管水平。会议指出，今年以来，全国食品药品监管系统保健食品监管工作稳步推进，成效显著。一方面突出重点，狠抓生产经营监督，确保产品质量安全。重点加强原料监管、日常监督检查、安全风险监测、应急管理、专项整治和生产企业质量授权人试点。另一方面统筹兼顾，全面推进，认真抓好法规制修订、产品许可和技术支撑体系建设。重点加快推进法规、技术要求制修订工作，规范产品许可管理，加强技术支撑体系、专家队伍和检验检测能力建设。当前，我国保健食品安全保障水平逐步提高，安全状况稳中向好的趋势已经呈现。但保健食品监管总体严峻的状况并没有根本改变，各种违法违规行为屡有发生，质量安全事件时有曝光，特别是减肥、辅助降血糖等功能保健食品违法添加药品行为还比较严重。当前主要存在三个方面的问题：一是法律法规不够健全，监管职责不够清晰；二是监管措施尚不完善，违法违规行为打击力度有待加强；三是监管体系尚未建立健全，监管基础比较薄弱。会议强调，为切实做好保健食品生产经营监管工作，将重点做好五方面工作：一是加强生产许可，严把准入关；二是扎实开展日常监督检查，坚决消除安全隐患；三是建立健全保健食品安全监管制度；四是不断提升突发事件的应急处理能力；五是认真做好重点工作的督查。

10 月

8日 国务院总理温家宝主持召开国务院常务会议，部署加强鲜活农产品流通体系建设。会议指出，经过多年努力，我国鲜活农产品流通体系建设有了很大发展，但总体上依然薄弱。随着城镇化进程加快，一些大中城市近郊菜地和零售网点不断减少，流通环节和成本增加、“卖难买贵”等问题突出。要以加强产销衔接为重点，加快建设高效、畅通、安全、有序的鲜活农产品流通体系。会议明确了近期的重点任务：一是着力提高农产品流通的组织化程度和现代化水平。推动流通企业强强联合，扶持培育一批大型鲜活农产品流通企业、运输企业和农民专业合作社。加强产地预冷、预选分级、加工配送、冷藏冷冻、冷链运输、包装仓储、检验检测和电子结算等设施建设。二是推进产销衔接，减少流通环节，降低流通成本。鼓励大型连锁超市与农业生产基地直接对接，鼓励大型流通企业、学校等与农民专业合作社、龙头企业建立长期稳定的产销关系，鼓励农业生产基地、专业合作社在社区菜市场直销直供，鼓励有序设立周末直销菜市场、早晚市等临时摊点。三是健全覆盖生产、流通、消费的农产品信息网络，完善储备调运制度。城市政府要合理安排动态库存，保障应急供应，防止价格大起大落。四是加强质量安全追溯体系建设，落实索证索票和购销台账制度。建立鲜活农产品经常性检测制度，实行标准、程序、结果三公开。五是制定实施全国和地方农产品市场发展指导文件，促进合理布局，有效解决批发市场重复建设与零售网点不足并存等问题。会议强调，鲜活农产品流通体系建设具有重要的公益性，要在充分发挥市场机制作用的同时，加大政策扶持力度。要增加财政投入，通过投资入股、产权回购回租、公建配套等方式，改造和新建一批公益性批发市场、农贸市场和菜市场；在主产区、集散地和主销区升级改造一批带动力强、辐射面广的大型批发市场和加工配送中心；引导社会资金投资农产品流通领域。对鲜活农产品市场要减免租金、摊位费、管理费等费用。落实和完善“绿色通道”，依法查处违规收费行为。进一步强化“菜篮子”市长负责制，切实提高大中城市鲜活农产品自给率。

13日 国家食品安全风险评估中心在北京举办成立仪式。卫生部部长陈竺出席仪式并讲话。卫生部党组书记张茅，国务院副秘书长、食品安全办主任张勇，食品安全办副主任、评估中心副理事长刘佩智，中央编办副主任张崇和，工业和信息化部总工程师朱宏任，国家工商总局副局长王东峰，国家食品药品监管局副局长边振甲、国家粮食局副局长任正晓出席仪式。卫生部副部长、评估中心理事长陈啸宏主持仪式。陈竺在讲话中指出，党中央、国务院高度重视食品安全工作，卫生部会同有关部门，认真贯彻落实党中央、国务院部署，各项工作取得了较大进展。自2010年起全面实施了国家食品安全风险监测计划，初步建立了覆盖全国的食品安全风险监测体系，成立了国家食品安全风险评估专家委员会和食品安全国家标准审评委员会，制定实施了风险监测评估相关制度，完成了一系列应急和常规风险评估任务。这些工作在科学评价食品安全形势、妥善处置食品安全事件，以及发布预警信息、制定清理标准、公众宣传等方面发挥了重要作用。陈竺强调，成立国家食品安全风险评估中心是实现食品安全“预防为主、科学管理”的重要举措，也是当前国务院事业单位改革跨出的关键一步。评估中心要按照中央编办《国家食品安全风险评估中心组建方案》和章程的规定，求真务实，开拓创新，切实发挥好食品安全核心技术支撑作用。一是全面履行职责，不断提高工作水平。要认真做好风险评估数据信息收集、处理和分析等工作，积极参与国家食品安全风险监测计划制定、监测过程质量控制、信息分析等监测相关技术工作。主动研究分析食品安全风险趋势和规律，全面开展食品安全风险交流。深入开展食品安全风险监测、评估和预警相关科学研究和培训工作。二是加强机构建设，不断提升工作能力。要注重评估中心内部科学管理，提高协调配合能力，注重人才队伍和基础设施的建设。抓住“十二五”规划契机，在充分整合利用现有资源的基础上，加大投入力度，不断改善工作环境和技术条件。三是勇于进取，大胆创新。要充分调动和发挥专家的作用，积极参与食品安全科学决策，努力提高政府食品安全科学管理水平。加强国际交流合作，充分吸收、借鉴国内外先进科学技术和管理经验，不断提高中国食品安全风险评估在国际上的影响力。陈竺、张茅、张勇、张崇和共同为国家食品安全风险评估中心揭牌。刘佩智为评估中心主任刘金峰颁发了聘书。国务院食品安全委员会各成员部门有关负责同志，评估中心理事会全体理事，以及评估中心筹建工作组的同志参加仪式。

16日 工业和信息化部在江苏省无锡市召开了“食品工业企业诚信体系建设试点工作交流暨培训会”。部党组成员、总工程师朱宏任到会并讲话。朱宏任指出，要进一步提高认识，增强使命感、责任感和紧迫感，一是以确保食品生产安全为使命，无限荣光。食品安全关系着广大人民群众身体健康和生命安全，关系着经济健康发展和社会和谐稳定。做好食品安全工作，是深入贯彻落实科学发展观、维护人民根本利益的必然要求，是保障群众健康安全、维护社会和谐稳定的现实需要。二是以培育完善诚信体系为责任，任重道远。食品企业诚信建设工作取得了较好进展和成效，但与食品安全形势的需求，与党中央、国务院的部署和要求，与广大人民群众的期望还有很大距离。作为良心产业、道德产业的食品产业大力贯彻实施食品安全法及其实施条例，做到“安全为基、诚信为本”不能有丝毫松懈。三是以加快诚信推动食品安全质量提升为号令，刻不容缓。把增强企业诚信意识、加强企业诚信体系建设，作为强化企业质量安全主体责任的重要内容；把落实科学发展观、加快转变发展方式、全面提高企业管理水平作为实现食品工业可持续发展的重要任务；把保安全、保民生、促和谐，作为实施扩大内需、促进消费战略的重要措施。以高度负责的态度，积极的行动，有力的措施，大力推进企业诚信建设，加快构建食品质量安全长效机制。朱宏任要求各地工业和信息化主管部门要狠抓责任落实，全面推进食品企业诚信建设工作。在推动工作中更加注重遵循事物的客观规律，建立和完善相关工作机制，促进企业诚信建设取得实效，一是要充分发挥部门协调工作机制作用，二是要落实工作责任制，三是要建立诚信信息管理共享机制，四是要建立企业信用奖惩保障机制，五是要建立诚信宣传教育机制，六是要形成全社会关注支持诚信建设的良好氛围。国务院食品安全委员会办公室及食品工业企业诚信体系建设部门联席会议成员单位农业部、商务部、卫生部、工商总局、国家认监委、中国轻工业联合会、中国食品工业协会有关同志，部内相关司局和部软件与集成电路促进中心同志，各省、自治区、直辖市、计划单列市、新疆生产建设兵团工业和信息化主管部门相关负责人及部分企业主要负责人，相关行业协会负责人，部分新闻媒体记者近260人参加了会议。

11 月

12～13日 “第九届中国食品安全年会”在北京隆重举行。本届年会以“确保食品安全，构建和谐社会”为主题，由国务院食品安全委员会办公室和国家发改委共同支持，农业部、海关总署、国家工商总局、国家质检总局、国家食品药品监督管理局、中国食品工业协会共同主办，中国食品安全报社独家承办。会议级别高端，阵容强劲，规模宏大，受到了社会的广泛关注与强烈反响。新华社、人民日报社、中央电视台、中央人民广播电台等数十家媒体对本届年会进行了报道。12日上午，全国人大常委会副委员长司马义·铁力瓦尔地宣布大会开幕，全国政协副主席阿不来提·阿不都热西提出席会议。全国人大财经委员会主任委员、中国食品工业协会会长石秀诗致开幕词，十届全国人大常委会副委员长、中国食品安全年会组委会名誉主任顾秀莲作重要指示。国务院食品安全委员会办公室副主任刘佩智、农业部副部长陈晓华、国家工商总局副局长王东峰、国家质检总局副局长蒲长城、国家食品药品监督管理局副局长边振甲等部委局领导发表重要讲话。石秀诗在致词中说，随着人民生活的不断改善，广大人民群众对食品安全的要求越来越高，对做好食品安全工作寄予厚望。近年来，在党中央、国务院的高度重视和各有关方面的共同努力下，食品安全工作力度不断加大，食品安全形势总体稳定，但食品安全的基础仍然薄弱，食品安全问题时有发生，人民群众对此反映强烈。要认真学习和贯彻有关领导同志的讲话精神，大力宣传并落实《食品安全法》及其实施条例等法律法规，进一步提高食品安全监管水平，强化食品企业是食品安全第一责任人的定位，增强消费者食品安全意识和预防应对风险的能力，为推动我国食品工业持续快速健康发展、进一步提高食品安全水平作出更大的贡献。顾秀莲指出，确保食品安全是发展食品工业的重中之重，总体来说，食品安全整体形势还是稳定的，但目前依然存在不少问题，提高全民食品安全意识迫在眉睫，要做好《食品安全法》的宣传、普及和贯彻落实工作，把食品安全宣传、普及活动开展得井井有条、有声有色，真正实现提高全民食品安全综合素质，真正营造出“人人关心食品安全，人人构建和谐社会”的良好社会氛围。开幕式上还宣读了《2011 食品安全（北京）宣言》。来自全国的食品企业代表庄严宣誓：始终坚持科学发展，忠诚履行社会责任；坚决遵守政策法规，严格执行安全标准；积极配合政府执法，主动接受社会监督；建立健全诚信体系，执著追求高端品质；模范践行职业道德，自觉固守行业自律；矢志确保食品安全，努力构建和谐社会。参加本届年会论坛的食品企业代表和精英们也围绕企业的发展状况、在保障食品质量安全方面所做的工作及加强食品安全工作的体会等话题相互交流，深入探讨。

15 日 农业部农产品加工局在新疆和田举办“农产品加工技术培训班”，来自阿克苏、和田、喀什、克孜勒苏、巴音郭楞等地州的 120 多位农业种植大户、专业合作组织和加工企业代表参加了培训和现场观摩活动。新疆地域辽阔、资源丰富、大工业区少、环境污染轻，发展特色农业具有得天独厚的自然优势。近年来，在自治区各级党委、政府的正确领导和科学规划下，通过各族人民的辛勤劳动，新疆农产品尤其是瓜菜、果品等优质农产品的生产规模不断扩大，已逐步发展成为我国重要的特色农产品生产基地。但是另一方面，目前新疆本地的农产品加工能力尚不足产量的 20%，贮藏保鲜能力只有 10%左右，大部分瓜菜、果品仍然以“原”字号产品形式进入市场，很难适应特色农业和林果业快速发展的需要。而且现有的初加工水平较低，一些需要制干才能上市销售的农产品（如大枣、核桃、辣椒、枸杞等）主要采取自然晾晒方式处理，干燥时间长，工作量大，晒干后的成品无论在外观、洁净程度，还是色泽、口感等方面，都无法与设施烘干的产品相比。这在很大程度上影响了当地农业和林果产业的健康发展，尤其是广大农民的经济利益难以得到有效保障。为了解决这方面的问题，2011 年农业部扶持和田地区的种植大户和专业合作组织建造了 14 座烘干房，并举办这次农产品烘干设施和技术示范推广培训班，旨在通过专家讲授技术要领和现场观摩烘干设施等形式，普及新型节能的烘干技术，以此带动南疆乃至全自治区农产品产地初加工水平的提升。

29～30 日 国家食品药品监管局和商务部在广东省东莞市联合召开“全国餐饮服务食品安全示范工程建设现场交流会”。会议总结了一年来餐饮服务食品安全百千万示范工程建设情况，交流了示范工程建设经验，国家食品药品监督管理局食品安全监管司主要负责人和商务部服务贸易和商贸服务业司负责人在会上分别对示范工程建设下一步工作提出了要求，强调要积极稳妥，有力有序推动示范工程建设。全国各省、自治区、直辖市食品药品监管局和商务主管部门，北京市、福建省卫生厅（局）有关人员参加了会议。此外，会议还特别邀请了广东省东莞市、江西省萍乡市、广西壮族自治区宜州市、黑龙江省宾县人民政府市、县分管领导出席会议。总体看来，示范工程建设取得了阶段性成效，得到了社会各界的关注与好评，示范工程的引领带动辐射效应正在初步显现并逐步扩大，主要表现在：一是餐饮安全保障水平显著提升。通过示范工程建设，许多餐饮单位在硬件和软件建设方面都有了很大的改善，餐饮单位的责任意识、风险意识、自律意识、形象意识等都有了进一步的提高，管理能力和管理水平有了进一步的提升，取得了社会、经济效益双丰收。二是餐饮安全管理制度逐步健全。创建示范工程的有关地方和部门普遍高度重视制度建设，用制度规范创建活动，用制度规范企业经营行为，努力形成依法治理的良好局面。三是餐饮安全工作机制逐步完善。示范工程建设充分调动了地方政府、餐饮单位、监管部门等多方面的积极性和创造性，达到了政府满意、监管部门满意、企业满意、消费者满意的良好效果。通过示范工程建设，地方政府对餐饮安全监管工作的支持力度越来越大，餐饮单位依法规范经营的自觉性越来越高，消费者对餐饮消费环境的改善越来越满意。四是餐饮单位社会形象有效提升。餐饮服务环节向消费者所提供的不仅仅是食品，更重要的是文化。示范工程建设的开展，推动了餐饮单位素质提升和文化养成，参与示范创建的餐饮单位正在逐步成为一个地区亮丽的风景线。据不完全统计，目前各地已遴选出省级示范县 117 个、示范街 182 条、示范店 1 116 家，市级示范县 92 个、示范街 241 条、示范店 2 165 个，区县级示范街 197 条、示范店 2 298 个。

12 月

2 日 “食品安全国家标准审评委员会第六次主任会议”在京召开。会议审议了 94 项食品安全国家标准，并研究了加强食品安全国家标准审评委员会委员管理文件和食品安全国家标准规划（2011—2015 年）（征求意见稿）。食品安全国家标准审评委员会主任委员、卫生部部长陈竺，常务副主任委员、卫生部副部长陈啸宏，副主任委员、农业部副部长陈晓华出席会议并讲话。副主任委员、技术总师陈君石院士，副主任委员、中国疾控中心主任王宇，副主任委员陈宗懋院士、庞国芳院士出席会议。陈竺在讲话中指出，委员会本着对群众健康高度负责的态度开展标准审查工作，体现了保护食品安全、维护公众健康的强烈责任感和科学严谨的工作作风。他说，食品安全国家标准关系到老百姓健康权益，关系到产业、行业发展，社会广泛关注，是国家加强食品安全的重要措施，责任十分重大。做好标准制定工作，要以保障群众身体健康为宗旨，强调以风险评估为依据，保障食品安全标准的科学性，同时还要把握好政策，与食品安全监管部门和产业部门沟通协调，确保标准有效实施。他还强调，要进一步加强和改进食品安全标准制修订工作，不断完善标准工作程序，加强标准宣传贯彻工作。要按照公开透明的原则，加快食品安全国家标准制修订，进一步完善我国食品安全标准体系，为保障人民群众食品安全和身体健康作出更大贡献。陈啸宏对委员会 2011 年开展的食品安全标准审查、食品安全标准工作咨询、加强国际合作和标准宣传贯彻解读工作取得的成绩充分肯定，并对 2012 年食品安全标准重点工作进行部署。一是制定公布食品安全标准规划；二是进一步完善食品安全标准管理制度和程序；三是加快食品安全标准清理和制修订工作；四是确保食品安全标准工作的公开透明，加强宣传解读；五是开展食品安全国家标准的相关研究。他要求，委员会要严格遵守《食品安全法》和《食品安全国家标准管理办法》，推动食品安全标准审查工作更加科学规范，不断提高食品安全标准工作的科学性和实用性，完善食品安全标准体系，为保护人民食品安全权益提供坚实保障。陈晓华对食品安全标准的制定、宣传贯彻和舆情应对工作提出了具体要求，特别强调要深入细致做好农药残留、兽药残留食品安全标准制修订工作。

6 日 农业部农产品加工局和国际合作司在京共同举办了“2011 年中欧农产品加工技术交流研讨会”。农业部农产品加工局局长张天佐在讲话时说，中国政府高度重视农产品加工业的发展，把农产品加工作为国民经济的基础性、战略性支柱产业之一，当成促进农业结构战略性调整和建设现代农业的重要内容，以及促进农民就业增收和满足城乡居民生活需求的重要措施。近十年来，在我国居民食物消费水平和消费结构快速变化的拉动和政府的引导推动下，我国农产品加工业总量持续增长，带动作用明显增强，结构不断优化，产业加速集聚，创新步伐加快，专用原料基地日益扩大。预计今后几年我国农产品加工业总体可以保持年均 13%以上的增长速度，农产品加工业的发展对延长农业产业链、提高附加值、增加农民就业和收入以及带动县域经济发展将发挥更重要的作用。他还说，当前全球范围内农产品加工业发展迅速，呈现了明显的趋势性特征。一是农产品加工跨国企业的全球重组十分活跃，通过独资、合资、并购等方式，实现企业发展规模化、全球化；二是加工企业积极采用新技术、新工艺、新材料，技术装备水平和加工转化精深程度大幅度提高，农产品加工技术逐步实现高新化；三是随着全球化石类能源资源供需矛盾日益突出，各国生物能源开发热情高涨，促进了农产品加工业在能源领域发展的超常化；四是为提高加工效益，实现低碳减排，大力推进资源的高效精深加工和副产物有效开发，发展方式逐步实现可持续化；五是为提高质量安全水平，农产品加工企业积极建立健全产品标准体系和全程质量控制体系，实行农产品产前、产中、产后各环节严格的标准化管理，质量控制推行标准化。国际农产品加工业发展的这些趋势特征，也必将辐射带动我国农产品加工业的发展。张天佐提出，当前和今后一段时期，发展我国农产品加工业要坚持产地初加工与精深加工相结合，坚持培育领军企业与扶持中小企业相结合，坚持自主创新与引进消化吸收相结合，坚持市场运作与政府引导相结合，大力发展推进农产品加工业发展。特别要突出四项措施：一是大力推进农产品产地初加工，通过财政以奖代补的方式，推广一批投资小、见效快、易操作、适合农户和合作组织使用的技术和设施，大幅度降低农产品产后损失率；二是大力推进传统主食工业化，通过实施“餐桌子”工程，加强主食工业化技术研究和装备开发，推动传统主食生产逐步由家庭自制向社会化供应转变，提高工业化加工食品占食品消费量比例，以满足全民健康、食物营养与安全、方便快捷的需要；三是大力推进副产物的综合利用，通过加强农产品资源综合利用的研究，开展农产品深加工和综合利用关键技术和装备攻关，大力发展农产品精深加工，延长加工产业链，“吃干榨尽”各种可利用资源；

四是大力推进我国农产品加工装备制造业升级，通过加强农产品加工机械装备的研究，广泛应用新材料、新技术、新工艺，推进加工设备的集成化、智能化、信息化，切实提高我国的加工装备水平，满足我国农产品加工业快速发展的需要。

29日 “全国乡镇企业与农产品加工业工作会议”在北京召开，农业部副部长高鸿宾出席会议并作重要讲话。高鸿宾指出，2011年农村二、三产业实现平稳健康发展，有力支撑了农民就业增收大局。他强调，2012年，全系统广大干部职工面对发展变化的新形式，一定要继续创新发展思路，细化目标任务，拓展重点领域，狠抓工作落实，为推动农村二、三产业发展、促进农民就业增收作出新的更大贡献。2011年是“十二五”的开局之年，农村二、三产业面对银根紧缩、用工紧张、成本大幅上升，市场需求不足等挑战，加快技术进步，优化产业结构，实现了持续健康发展。2011年，预计全年规模以上企业产值突破14亿元，增速超过25%，从业人员达1 800多万人。加工业与农业产值比提高到1.8∶1，食品工业占农产品加工业比重从上年底的44%提高到46.1%。累计约520万农民利用在外学到的技术、积累的经验和资金，回到农村创业，平均每个创业者带动3.8人就业。农民创办的企业“离土不脱农”，积极转化农村资源，拓展产业空间，成为县域经济发展中靓丽的风景。会议分析指出，2012年世界经济增速回落、复苏乏力，我国经济发展中不平衡、不协调、不可持续的矛盾和问题仍很突出，经济运行又出现了一些新情况新问题。在这样的形势下，做好农村的二、三产业工作对于维护我国农业农村经济大局、保持国民经济平衡较快发展和社会和谐稳定具有特殊重要意义。要紧紧围绕“两个千方百计，两个努力确保”的中心目标，在促进农民就地就近转移上找出路，在提高农产品附加值上下功夫，在拓展农业功能上做文章，坚持以“转型提升”为核心，推进乡镇企业质量效益稳步增长；坚持以“优化布局、创新发展”为核心，做大做强农产品加工业；坚持以“引导、规范、服务”为核心，突出打造休闲农业新亮点。会议提出，2012年全国农产品加工业要力争保持发展速度、效益同步增长。吸纳从业人员继续增加，产业聚集度和发展水平较大提高。会议认为，做好明年的工作，责任重大，使命光荣，要求各级主管部门进一步加强调查研究，继续开拓创新，突出工作重点，强化体系和队伍建设，加强协作配合，努力把各项重点工作提升到一个新的水平。

第七部分 附录

附录简要说明

1. 本部分统计资料数据主要包括：香港、澳门特别行政区和台湾省相关统计数据；世界和部分国家主要农产品收获面积、单产和总产量，禽畜产品产量；主要国家农业与农产品加工业生产指数；农产品加工业主要经济指标；世界主要国家农、林、畜、禽产品进出口情况；按营业额排序的世界最强500个企业中农产品加工业企业。

2. 本部分统计资料数据主要来源于国家统计局、农业部、2010年联合国粮农组织数据库、2010年联合国工发组织出版的《国际工业统计年鉴》、2011年版《国际统计年鉴》、世界银行统计数据。未注明“资料来源”的数据，均采用国家统计局公布的数据。

3. 本部分统计资料中符号使用说明：“空格”表示该项统计指标数据不详或无该项数据；“*”、“①”、“△”表示本表下面有注解。

表 1 部分国家（地区）农业生产指数（2009 年）

（1999—2001 年=100）

单位：%

国家或地区	农 业	食 品
世界总计	**121**	**121**
埃 及	135	137
南 非	119	120
加拿大	111	112
美 国	110	112
巴 西	146	146
中 国①	131	130
印 度	121	119
日 本	95	95
韩 国	100	100
法 国	97	97
德 国	103	103
意大利	94	94
俄罗斯	122	122
英 国	98	98
澳大利亚	92	97

资料来源：表中数据来自 2011 年《国际统计年鉴》。

表 2 我国台湾省农业生产指数（2007—2009 年）

（2006 年=100）

年 份	总指数	种植业	林 业	畜牧业	渔 业
2007	97.5	93.5	68.5	97.6	105.1
2008	92.7	93.0	63.4	93.2	91.4
2009	91.0	93.9	64.4	92.9	83.2

表 3 部分国家（地区）主要粮食作物总产量（2010 年）

单位：kt

国家或地区	小麦	稻谷	玉米	谷子	高粱
世界总计	**681 916**	**678 688**	**817111**	**32 035**	**62 099**
埃 及	8 523	7 500	6 800		880
南 非			12 050		
加拿大	26 515		9 561		
美 国	60 314	9 972	333 011	224	9 728
巴 西		12 605	51 232		1 840
中 国	114 950	197 257	163 118	1 501	2 303
印 度	80 680	131 274	17 300	8 590	7 240
日 本		10 593			
韩 国					
法 国	38 325		15 300		
德 国	25 190				
意大利			7 878		
俄罗斯	61 740			265	
英 国	14 379				
澳大利亚	21 656				2 692

资料来源：表中数据来自 2011 年《世界农业》第 10 期。

表 4　世界小麦供应状况（2009—2011 年）　单位：百万 t、%

项　目	2009 年	2010 年	2011 年
年产量	684.7	652.6	671.0
贸易量	129.8	123.0	125.0
消费量	658.6	670.3	677.0
食用消费	463.3	468.1	472.0
饲用消费	121.0	125.3	127.5
其他消费	74.3	76.9	77.5
库存量	206.9	187.8	181.3
人均消费量（kg/a）			
世界平均	67.8	67.7	67.5
低收入缺粮国	54.4	54.0	53.9
库存消费比	30.9	27.7	26.8
主要出口国库存消费比	21.8	18.9	17.9

资料来源：表中数据来自 2011 年《农业展望》第 8 期。

表 5　世界食糖供需状况（2007—2011 年）　单位：万 t、%

项　目	2007 年	2008 年	2009 年	2010 年	2011 年
年产量	16 420	16 309	14 393	15 346	16 095
年消费量	15 255	15 220	15 372	15 486	15 932
年出口量	5 144	5 154	4 888	5 181	5 260
年进口量	4 350	4 549	4 729	5 141	5 183
库存消费比	22.6	25.8	18.2	16.9	18.1

资料来源：表中数据来自 2011 年《农业展望》第 7 期。

表 6　世界植物油生产、消费及进出口情况（2010—2011 年）　单位：万 t

植物油品种	产　量		进　口		出　口		消　费	
	2009/2010	2010/2011	2009/2010	2010/2011	2009/2010	2010/2011	2009/2010	2010/2011
椰子油	362	367	221	202	219	189	383	387
棉籽油	466	497	7	6	11	14	467	488
橄榄油	291	294	55	61	67	63	301	306
棕榈油	4 482	4 791	3 458	3 669	3 499	3 737	4 470	4 816
棕榈仁油	539	566	239	257	296	317	493	513
花生油	467	491	18	16	18	16	484	487
菜籽油	2 232	2 265	291	284	269	276	2 220	2 339
大豆油	3 876	4 188	868	921	905	952	3 830	4 181
葵花籽油	1 163	1 121	383	361	462	433	1 124	1 096
世界合计	**13 877**	**14 581**	**5 539**	**5 776**	**5 744**	**5 998**	**13 772**	**14 612**

资料来源：表中数据来自 2011 年《中国油脂》第 6 期。

表 7 部分国家（地区）主要油料作物总产量（2010 年） 单位：kt

国家或地区	大 豆	油菜籽	花 生	芝 麻
世界总计	**222 269**	**61 631**	**38 201**	**3 603**
埃 及	26		209	37
南 非	516	40	85	
加拿大	3 504	11 825		
美 国	91 417	669	2 335	
巴 西	56 961	180	297	16
中 国	14 500	13 500	14 341	586
印 度	10 217	7 201	7 338	666
日 本	230			
韩 国	139			18
法 国	110	5 584		
德 国		6 307		
意大利	468	50		
俄罗斯	944	667		
英 国		1 951		
澳大利亚	80	1 910		

资料来源：表中数据来自 2011 年《国际统计年鉴》。

表 8 世界主要国家马铃薯生产情况（2009 年）

收获面积（万 hm^2）		总产量（万 t）		单产（kg/hm^2）	
前 10 位国家	面 积	前 10 位国家	产 量	前 10 位国家	单 产
中 国	475.3	中 国	6 905.9	美 国	46 273.4
俄罗斯	218.2	印 度	3 439.1	荷 兰	46 269.3
印 度	182.8	俄罗斯	3 113.4	瑞 士	46 098.9
乌克兰	141.2	乌克兰	1 963.6	比利时	44 727.2
波 兰	48.9	美 国	1 955.9	德 国	44 055.7
美 国	42.3	德 国	1 161.8	法 国	43 790.9
白俄罗斯	38.3	波 兰	970.3	新西兰	42 989.9
秘 鲁	28.2	荷 兰	718.1	丹 麦	42 682.9
德 国	26.4	法 国	716.4	英 国	41 438.7
罗马尼亚	26.0	白俄罗斯	712.5	澳大利亚	36 174.6
世界总计	**1 832.6**	**世界总计**	**32 955.7**	**世界总计**	**17 982.7**

资料来源：表中数据来自 2011 年《世界农业》第 8 期。

表 9 世界马铃薯进出口贸易情况（2009 年） 单位：百万美元、%

国 家	出口额	所占比重	国 家	进口额	所占比重
荷 兰	2 485.5	24.06	美 国	1 037.2	10.33
比利时	1 543.0	14.94	法 国	767.8	7.64
美 国	1 181.3	11.44	英 国	726.5	7.23
加拿大	1 104.9	10.70	德 国	691.9	6.89
德 国	990.4	9.59	荷 兰	582.0	5.80
法 国	802.5	7.77	意大利	531.1	5.29
英 国	317.2	3.07	西班牙	508.9	5.07
波 兰	184.9	1.79	日 本	449.0	4.47
中 国	153.5	1.49	比利时	446.8	4.45
西班牙	145.6	1.41	加拿大	284.5	2.83
世界总计	**10 328.9**		**世界总计**	**10 043.4**	

资料来源：表中数据来自 2011 年《世界农业》第 8 期。

表 10 亚洲主要国家社会经济与农业发展概况（2008 年）

国家 \ 指标			国内生产总值/国民收入			营养状况		农产品贸易	
			GDP 总值（亿美元）	人均国民收入（美元）	农业 GDP 所占比重（%）	人均膳食能量供给（×4.18kJ/d）	营养不足发生率（%）	进口额（亿美元）	出口额（亿美元）
东南亚	1	柬埔寨	104	640	34.6	2 245	22	5.7	0.7
	2	印度尼西亚	5 107	1 880	14.4	2 535	13	86.3	176.8
	3	老 挝	55	760	34.7	2 227	23	2.0	0.4
	4	马来西亚	2 218	7 250	10.2	2 908	<5	89.3	176.7
	5	缅 甸				2 438	16	6.9	4.7
	6	菲律宾	1 669	1 890	14.9	2 518	15	56.2	30.8
	7	泰 国	2 724	3 670	11.6	2 529	16	52.7	179.0
	8	东帝汶	5	2 460		2 016	31	0.3	
	9	越 南	906	890	22.1	2 769	11	45.5	56.4
南亚和西亚	10	阿富汗	106	370	36.1	1 992		8.8	1.6
	11	孟加拉国	796	520	19	2 250	27	39.5	3.4
	12	不 丹	13	1 900	18.7			0.1	0.1
	13	印 度	11 582	1 040	17.5	2 301	21	77.7	167.5
	14	伊 朗	2 861		10.2	3 042	<5	42.0	12.4
	15	马尔代夫	13	3 640	60.2	2 676	7	1.8	
	16	尼泊尔	126	400	33.7	2 346	16	3.5	1.5
	17	巴基斯坦	1 645	950	20.4	2 251	26	37.2	20.3
	18	斯里兰卡	406	1 780	13.4	2 392	19	16.0	12.0
中亚	19	哈萨克斯坦	1 334	6 160	5.7	3 359	<5	22.7	21.5
	20	乌兹别克斯坦	279	910	21.4	2 525	11	4.8	14.0
东亚	21	中 国	45 610	3 084	12.1	2 974	10	592.4	321.6
	22	朝 鲜				2 146	33	6.1	0.1
	23	蒙 古	53	1 670	21.1	2 254	26	2.5	2.3
	24	韩 国	9 291	21 503	2.5	3 074	<5	149.0	25.9
	25	日 本	49 108	38 130	1.4	2 806	<5	460.4	22.7

资料来源：表中数据来自 2011 年《世界农业》第 8 期。

表 11 亚洲主要谷物生产国和谷物净进出口国（2008 年） 单位：万 t

2009 年谷物生产国排名		谷物产量	2008 年净进口国排名		净进口量	2008 年净出口国排名		净出口量
1	中 国	41 799	1	日 本	2 516	1	泰 国	957
2	印 度	20 306	2	韩 国	1 216	2	哈萨克斯坦	802
3	印度尼西亚	6 058	3	伊 朗	1 062	3	印 度	648
4	巴基斯坦	3 494	4	印度尼西亚	564	4	越 南	325
5	孟加拉国	3 180	5	中 国	508	5	巴基斯坦	135
6	越 南	3 033	6	菲律宾	497	6	柬埔寨	29
7	泰 国	2 850	7	马来西亚	434	7	老 挝	10
8	缅 甸	2 179	8	孟加拉国	228	8	缅 甸	6
9	哈萨克斯坦	2 068	9	阿富汗	203			
10	伊 朗	2 009	10	乌兹别克斯坦	131			

资料来源：表中数据来自 2011 年《世界农业》第 8 期。

表 12 亚洲主要稻米生产国和稻米净进出口国（2008 年） 单位：万 t

2009 年稻米生产国排名		稻米产量	2008 年稻米净进口国排名		净进口量	2008 年稻米净出口国排名		净出口量
1	中 国	19 726	1	菲律宾	251	1	泰 国	1 020
2	印 度	13 127	2	伊 朗	114	2	越 南	473
3	印度尼西亚	6 440	3	马来西亚	112	3	巴基斯坦	281
4	孟加拉国	4 508	4	孟加拉国	83	4	印 度	248
5	越 南	3 890	5	日 本	56	5	中 国	65
6	泰 国	3 146	6	韩 国	31	6	哈萨克斯坦	0.6
7	菲律宾	1 627	7	印度尼西亚	29			
8	日 本	1 059	8	阿富汗	11			
9	巴基斯坦	1 033	9	斯里兰卡	8			
10	柬埔寨	759	10	朝 鲜	7			

资料来源：表中数据来自 2011 年《世界农业》第 8 期。

表 13 亚洲小麦主要生产国和小麦净进出口国（2008 年） 单位：万 t

2009 年小麦生产国排名		小麦产量	2008 年小麦净进口国排名		净进口量	2008 年小麦净出口国排名		净出口量
1	中　国	11 495	1	日　本	552	1	哈萨克斯坦	742
2	印　度	8 086	2	印度尼西亚	516	2	印　度	1.4
3	巴基斯坦	2 403	3	伊　朗	510	3	尼泊尔	0.1
4	哈萨克斯坦	1 705	4	韩　国	275			
5	伊　朗	1 348	5	菲律宾	231			
6	乌兹别克斯坦	664	6	阿富汗	190			
7	阿富汗	506	7	巴基斯坦	115			
8	尼泊尔	134	8	孟加拉国	134			
9	孟加拉国	100	9	乌兹别克斯坦	127			
10	日　本	67	10	马来西亚	111			

资料来源：表中数据来自 2011 年《世界农业》第 8 期。

表 14 亚洲玉米主要生产国和玉米净进出口国（2008 年） 单位：万 t

2009 年玉米生产国排名		小麦产量	2008 年玉米净进口国排名		净进口量	2008 年玉米净出口国排名		净出口量
1	中　国	16 312	1	日　本	1 646	1	蒙　古	529
2	印度尼西亚	1 763	2	韩　国	902	2	印　度	353
3	印　度	1 730	3	伊　朗	297	3	柬埔寨	31
4	菲律宾	703	4	马来西亚	210	4	泰　国	24
5	泰　国	462	5	越　南	66	5	中　国	20
6	越　南	438	6	朝　鲜	22	6	缅　甸	15
7	巴基斯坦	349	7	印度尼西亚	18	7	老　挝	13
8	尼泊尔	193	8	孟加拉国	11			
9	伊　朗	164	9	菲律宾	10			
10	柬埔寨	92	10	斯里兰卡	8			

资料来源：表中数据来自 2011 年《世界农业》第 8 期。

表 15 中国对亚洲主要国家稻谷种子出口情况（2009 年） 单位：万美元

主要出口国家	出　口　额	占亚洲比例（%）
越　南	1 841.1	37.8
印度尼西亚	1 057.0	21.7
孟加拉国	787.8	16.2
巴基斯坦	729.8	15.0
菲律宾	418.7	8.6
对亚洲国家出口总额	4 867.9	100.0

资料来源：表中数据来自 2010 年《中国海关统计年鉴》。

表 16 世界主要国家（地区）大豆贸易情况（2006—2010 年） 单位：万 t

国家或地区	2006 年	2007 年	2008 年	2009 年	2010 年
进 口					
中 国	2 872.6	3 781.6	4 109.8	5 033.8	5 700.0
欧盟 27 国	1 529.1	1 512.3	1 321.3	1 260.9	1 400.0
墨西哥	384.4	358.4	332.7	345.0	360.0
日 本	409.4	401.4	339.6	340.2	345.0
中国台湾	243.6	214.8	221.6	246.9	250.0
泰 国	153.2	175.3	151.0	166.0	183.0
印度尼西亚	130.9	114.7	139.3	157.5	177.5
埃 及	132.8	106.1	157.5	162.3	175.0
韩 国	123.1	123.2	116.7	119.7	126.0
俄罗斯	3.4	44.2	83.7	103.7	123.0
其 他	924.1	980.9	744.3	803.5	761.4
世界总计	**6 906.6**	**7 812.9**	**7 717.5**	**8 739.5**	**9 600.9**
出 口					
美 国	3 038.6	3 153.8	3 481.7	4 085.2	4 327.3
巴 西	2 348.5	2 536.4	2 998.7	2 857.8	3 140.0
阿根廷	956.0	1 383.9	559.0	1 308.8	1 250.0
巴拉圭	390.7	458.5	223.4	535.0	513.5
加拿大	168.3	175.3	201.7	224.7	262.5
其 他	184.0	169.5	220.6	266.8	306.4
世界总计	**7 086.1**	**7 877.4**	**7 685.1**	**9 278.3**	**9 799.7**

资料来源：表中数据来自 2011 年《中国油脂》第 6 期。

表 17 俄罗斯主要农产品生产情况（2009—2010 年） 单位：万 t

品 种	2009 年	2010 年	同比增长（%）
谷物总产量	8 343.3	6 100	−37.9
小 麦	5 519.5	4 150	−33.0
大 麦	1 278.2	830	−54.0
燕 麦	533.3	320	−40.0
玉 米	397.4	310	−22.0
马铃薯	3 110.0	2 110	−32.0
甜 菜	2 480.0	2 220	−10.5
蔬菜和蘑菇	4 400.0	3 300	−25.0
番茄和黄瓜	1 340.0	1 210	−9.0

资料来源：表中数据来自 2011 年《世界农业》第 4 期。

表 18 部分国家（地区）籽棉、麻类收获面积、单产、总产量（2010 年）

国家或地区	籽棉			麻类		
	收获面积（khm^2）	单产（kg/hm^2）	总产量（kt）	收获面积（khm^2）	单产（kg/hm^2）	总产量（kt）
世界总计	**30 431**	**2 001**	**60 892**	**1 479**	**2 198**	**3 251**
埃及	121	2 479	300	1	1 127	2
南非	12	2 000	23	1	675	1
孟加拉国	13	2 923	38	419	2 217	929
美国	3 112	2 034	6 330			
巴西	808	3 625	3 983	2	5 872	10
中国	4 849	1 229	5 961	1 345	2 393	318
印度	10 310	1 184	12 207	920	2 237	2 058
缅甸	300	660	198	5	704	4
巴基斯坦	3 106	2 041	6 338	2	717	1
土库曼斯坦	607	1 099	667			
土耳其	420	4 108	1 725			
哈萨克斯坦	138	1 959	270			
乌兹别克斯坦	1 317	2 597	3 420	2	10 000	20
伊朗	105	2 407	254			
澳大利亚	182	4 405	802			

表 19 部分国家（地区）烟叶、茶叶收获面积、单产、总产量（2010 年）

国家或地区	烟叶			茶叶		
	收获面积（khm^2）	单产（kg/hm^2）	总产量（kt）	收获面积（khm^2）	单产（kg/hm^2）	总产量（kt）
世界总计	**3 876**	**1 856**	**7 193**	**3 015**	**1 310**	**3 950**
印度尼西亚	232	781	181	107	1 495	160
南非	13	1 890	25	2	1 880	4
加拿大	16	2 802	46			
巴西	442	1 951	863	2.6	1 848	5
中国	1 345	2 234	3 004	1 426	1 034	1 475
印度	390	1 590	620	470	1 702	800
日本	16	2 316	37	47	1 818	86
韩国	13	3 182	42	2	1 910	4
法国	7	2 360	18			
德国						
意大利	31	3 875	119			
土耳其	139	610	85	76	2 618	199
伊朗	8	1 104	9	22	1 818	40
巴基斯坦	50	2 114	105			
美国	143	2 606	373			

表 20 部分国家（地区）甘蔗、甜菜收获面积、单产、总产量（2010 年）

国家或地区	甘蔗			甜菜		
	收获面积（khm^2）	单产（kg/hm^2）	总产量（kt）	收获面积（khm^2）	单产（kg/hm^2）	总产量（kt）
世界总计	**23 778**	**69 866**	**1 661 250**	**4 274**	**53 148**	**227 158**
埃及	140	121 429	17 000	115	44 639	5 134
南非	314	65 287	20 500			
加拿大				11	60 339	658
美国	354	77 634	27 460	465	57 611	26 779
巴西	8 514	78 854	671 400			
中国	1686	65 700	110 789	219	42 498	9 296
印度	4 420	64 486	285 030			
日本	23	65 870	1 520	65	56 574	3 649
韩国						
法国				374	93761	35 067
德国				384	67 568	25 919
意大利				61	54 583	3308
俄罗斯				770	32 319	24 892
英国				119	70 000	8 330
澳大利亚	391	80 393	31 460			

资料来源：表中数据来自 2011 年《国际统计年鉴》。

表 21 世界葡萄酒主产国前 10 位的国家（2010 年）

单位：万 kL

国家或地区	产量（万 kL）	占世界葡萄酒产量的比例（%）
法国	570	21.92
意大利	530	20.38
西班牙	430	16.54
美国	200	7.69
阿根廷	150	5.77
澳大利亚	140	5.38
中国	120	4.62
德国	100	3.85
南非	90	3.46
葡萄牙	70	2.69

注：2010 年全球葡萄酒产量为 2 600 万 kL。

表 22　中国葡萄酒进口量前 5 位的国家分布情况（2009 年）

规　格	国　家	进口量（kL）
2L 以下包装的	法　国	40 561
	澳大利亚	18 621
	智　利	6 812
	意大利	6 297
	美　国	6 233
2L 以上包装的	智　利	42 764
	澳大利亚	19 322
	美　国	3 681
	西班牙	3 652
	法　国	3 286

资料来源：表中数据来自中国酿酒工业协会葡萄酒分会。

表 23　世界主要葡萄酒消费国的消费量（2008—2009 年）　单位：亿 L

国家或地区	消费量	
	2008 年	2009 年
总　计	**242.90**	**236.50**
法　国	31.75	29.90
美　国	27.25	27.20
意大利	26.00	24.50
德　国	20.00	19.70
英　国	13.48	13.66
阿根廷	10.67	12.54
西班牙	12.79	11.51
中　国		8.63
葡萄牙	4.80	
澳大利亚	4.91	6.40

资料来源：表中数据由驻法国大使馆商赞处提供。

表 24　我国台湾省主要农产品产量（2007—2009 年）　单位：万 t

年　份	稻　谷	槟　榔	菠　萝	芒　果	甘　蔗	茶　叶	花　生	香　蕉
2007	136.3	13.4	47.7	21.5	72.1	1.8	5.2	24.2
2008	145.7	14.4	45.2	17.7	70.7	1.7	5.5	20.7
2009	157.8	14.3	43.5	14.0	61.3	1.7	5.7	17.3

表 25 世界主要国家林产品产量、贸易量和消费量（2008 年）

国家或地区	工业原木（km³）				锯材（km³）			
	产量	进口量	出口量	消费量	产量	进口量	出口量	消费量
世界总计	**1 541 971**	**119 856**	**117 050**	**1 544 777**	**400 246**	**106 305**	**116 040**	**390 570**
南　　非	19 867	60	273	19 654	2 056	488	55	2 488
日　　本	17 709	6 766	49	24 426	10 884	6 522	43	17 363
韩　　国	2 702	4 896		7 598	4 366	564	8	4 922
印　　度	23 192	1 768	14	24 946	14 789	48	40	14 797
法　　国	28 366	2 346	3 505	27 207	9 690	3 992	1 077	12 606
德　　国	46 806	5 758	7 040	45 524	23 060	6 303	12 928	16 435
意 大 利	2 994	3 478	33	6 438	1 384	6 733	243	7 874
俄 罗 斯	136 700	286	36 784	100 202	21 618	23	15 258	6 383
加 拿 大	132 232	4 608	2 839	134 001	41 548	1 754	24 219	19 083
美　　国	336 895	1 430	10 200	328 125	72 869	22 136	3 703	91 303
澳大利亚	27 083	2	1 065	26 020	5 064	575	377	5 262
巴　　西	115 390	34	121	115 303	24 987	103	2 102	22 988

国家或地区	人造板（km³）				纸浆（kt）	
	产量	进口量	出口量	消费量	产量	进口量
世界总计	**268 788**	**73 257**	**78 342**	**263 702**	**193 146**	**45 087**
南　　非	973	130	42	1 061	1 939	85
日　　本	4 609	4 656	42	9 223	10 706	1 916
韩　　国	3 689	1 825	37	5 478	536	2 482
印　　度	2 592	126	65	2 653	4 048	432
法　　国	6 168	2 271	3 065	5 373	2 220	1 972
德　　国	14 674	5 284	8 783	11 175	2 909	4 887
意 大 利	5 136	2 570	997	6 709	664	3 210
俄 罗 斯	10 665	1 594	2 220	10 039	7 003	80
加 拿 大	12 220	3 689	6 153	9 756	20 405	337
英　　国	35 576	9 195	2 498	42 274	52 244	5 601
澳大利亚	1 662	545	427	1 780	1 195	348
巴　　西	8 611	163	2 757	6 017	12 697	330

国家或地区	纸浆（kt）		纸张和纸板（kt）			
	出口量	消费量	产量	进口量	出口量	消费量
世界总计	**47 032**	**191 201**	**389 237**	**114 797**	**115 319**	**188 715**
南　　非	195	1 828	3 033	544	974	2 604
日　　本	176	12 447	28 360	1 544	1 624	28 280
韩　　国		3 018	10 642	804	2 675	8 771
印　　度	21	4 459	7 600	1 734	373	8 961
法　　国	624	3 568	9 420	6 144	4 932	10 632
德　　国	1 002	6 794	22 842	11 139	13 254	20 727
意 大 利	45	3 828	9 467	5 048	3 389	11 125
俄 罗 斯	1 875	5 208	7 700	1 478	2 634	6 544
加 拿 大	9 343	11 399	15 789	2 914	12 289	6 414
英　　国	6 826	51 017	80 178	1 3411	11 707	81 882
澳大利亚	10	1 533	2 541	1 490	684	3 347
巴　　西	7 057	5 971	8 977	1 268	2 592	7 654

资料来源：表中数据来自 2010 年《中国林业统计年鉴》。

表 26 部分国家（地区）肉类产量（2009—2010 年） 单位：kt

国家或地区	2009 年	2010 年	同比增长（%）
世界总计	**279 953**	**281 559**	**0.57**
埃及	1 431	1 525	6.57
南非	2 110	2 222	5.31
加拿大	4 494	4 477	−0.38
美国	43 172	41 616	−3.60
巴西	22 832	22 465	−1.61
中国	74 539	78 214	4.93
印度	6 796	4 401	−35.24
日本	3 145	3 232	2.77
韩国	1 852	1 852	
法国	5 471	5 537	1.21
德国	7 687	7 904	2.82
意大利	4 134	4 134	
俄罗斯	6 136	6 570	7.07
英国	3 367	3 534	4.96
澳大利亚	4 284	4 053	−5.39

资料来源：表中数据来自 2011 年《国际统计年鉴》。

表 27 部分国家（地区）猪肉产量（2006—2010 年） 单位：kt

国家或地区	2006 年	2007 年	2008 年	2009 年	2010 年
世界总计	**96 075**	**94 585**	**98 528**	**100 236**	**101 883**
中国	46 505	42 878	46 205	48 500	50 300
欧盟 27 国	21 791	22 858	22 596	22 000	21 900
美国	9 559	9 962	10 599	10 446	10 185
巴西	2 830	2 990	3 015	3 123	3 249
俄罗斯	1 805	1 910	2 060	2 205	2 290
越南	1 713	1 832	1 850	1 850	1 850
加拿大	1 748	1 746	1 786	1 790	1 660
日本	1 247	1 250	1 249	1 285	1 270
菲律宾	1 215	1 250	1 225	1 225	1 225
墨西哥	1 158	1 152	1 161	1 150	1 175
韩国	1 000	1 043	1 056	1 016	1 009
其他	5 504	5 714	5 726	5 646	5 770

资料来源：表中数据来自 2011 年《中国畜牧杂志》第 10 期。

表 28 部分国家（地区）猪肉消费量（2006—2010 年） 单位：kt

国家或地区	2006 年	2007 年	2008 年	2009 年	2010 年
世界总计	**95 842**	**94 434**	**98 357**	**100 022**	**101 867**
中　国	46 051	42 726	46 412	48 300	50 300
欧盟 27 国	20 632	21 507	21 025	20 800	20 750
美　国	8 643	8 965	8 806	8 925	8 557
俄罗斯	2 639	2 803	3 112	2 954	3 039
巴　西	2 191	2 260	2 390	2 478	2 549
日　本	2 452	2 473	2 487	2 494	2 487
越　南	1 731	1 855	1 880	1 894	1 889
墨西哥	1 538	1 523	1 605	1 664	1 700
韩　国	1 420	1 502	1 519	1 415	1 430
菲律宾	1 239	1 275	1 270	1 267	1 268
中国台湾	928	926	945	958	963
其　他	6 378	6 619	6 906	6 873	6 935

表 29 部分国家（地区）猪肉进口量（2006—2010 年） 单位：kt

国家或地区	2006 年	2007 年	2008 年	2009 年	2010 年
世界总计	**4 921**	**5 087**	**5 915**	**5 323**	**5 412**
日　本	1 154	1 210	1 267	1 210	1 210
俄罗斯	835	894	1 053	750	750
墨西哥	446	451	535	600	620
韩　国	410	447	430	375	400
美　国	449	439	377	373	390
中国香港	277	302	346	345	348
乌克兰	62	82	238	240	200
加拿大	145	171	194	170	200
澳大利亚	109	141	152	170	175
中　国	90	198	430	150	120
新加坡	98	97	91	99	102
其　他	846	655	802	841	897

表 30 部分国家（地区）猪肉出口量（2006—2010 年） 单位：kt

国家或地区	2006 年	2007 年	2008 年	2009 年	2010 年
世界总计	**5 224**	**5 162**	**6 147**	**5 465**	**5 608**
美国	1 359	1 425	2 117	1 887	2 018
欧盟27国	1 284	1 286	1 726	1 250	1 200
加拿大	1 081	1 033	1 129	1 130	1 100
巴西	639	730	625	645	700
中国	544	350	223	230	240
智利	130	148	142	142	150
墨西哥	66	80	91	86	95
澳大利亚	60	54	48	45	48
韩国	14	13	11	20	25
越南	20	19	11	10	11
克罗地亚	2	2	3	5	6
其他	25	22	21	15	15

表 31 部分国家（地区）猪、牛、羊、禽肉产量（2010 年） 单位：kt

国家或地区	猪肉	牛肉	羊肉	禽肉
世界总计	**106 069**	**65 146**	**13 048**	**91 308**
埃及	2	608	61	729
南非	313	777	131	981
加拿大	1 941	1 288	16	1 212
美国	10 442	11 891	94	18 953
巴西	2 924	9 024	109	1 204
中国	49 879	6 425	3 867	16 438
印度	481	2 313	319	727
日本	1 310	517		1 395
韩国	1 056	246	2	542
法国	2 004	1 467	90	1 720
德国	5 277	1 193	21	1 316
意大利	1 588	1 057	41	1 154
俄罗斯	2 170	1 741	183	2 360
英国	720	850	303	1 652
澳大利亚	324	2 148	675	880

资料来源：表中数据来自 2011 年《国际统计年鉴》。

表 32 世界主要贸易国肉类生产、消费及贸易情况（2006—2010 年）

单位：万 t

产品类别	2006 年	2007 年	2008 年	2009 年	2010 年
产量					
牛肉	5 773	5 856	5 852	5 743	5 676
猪肉	9 572	9 426	9 804	10 047	10 151
禽肉	6 946	7 359	7 690	7 703	7 943
总计	**22 291**	**22 641**	**23 347**	**23 494**	**23 770**
消费量					
牛肉	5 697	5 807	5 790	5 674	5 644
猪肉	9 545	9 409	9 815	10 034	10 113
禽肉	6 925	7 326	7 595	7 625	7 817
总计	**22 167**	**22 542**	**23 200**	**23 333**	**23 573**
进口量					
牛肉	682	716	590	670	688
猪肉	489	507	620	551	565
禽肉	685	756	827	799	795
总计	**1 856**	**1 979**	**2 136**	**2 020**	**2 047**
出口量					
牛肉	750	757	749	732	725
猪肉	523	516	615	564	605
禽肉	711	796	907	898	921
总计	**1 984**	**2 069**	**2 271**	**2 194**	**2 251**
美国出口					
牛肉	52	65	86	88	104
猪肉	136	143	212	186	203
禽肉	261	293	346	334	318
总计	**449**	**500**	**644**	**607**	**625**
美国份额					
牛肉	6.9	8.6	11.4	12.0	14.3
猪肉	26.0	27.6	34.4	32.9	33.5
禽肉	36.7	36.8	38.2	37.1	34.5
总计	**22.6**	**24.2**	**28.3**	**27.7**	**27.7**

资料来源：表中数据来自 2011 年《中国畜牧》第 2 期。

表 33 世界主要肉兔生产国家和地区兔肉产量（2006—2010 年）

单位：万 t

国家或地区	2006 年	2007 年	2008 年	2009 年	2010 年
世界总计	**160.0**	**185.0**	**160.0**	**164.0**	**170.0**
亚　　洲	64.5	70.2	75.7	79.7	85.0
欧　　洲	48.1	48.4	47.8	48.7	48.7
南 美 洲	37.4	56.6	26.2	26.2	26.9
非　　洲	9.4	9.4	9.4	9.5	9.5
中　　国	54.5	60.4	66.0	70.0	75.0

资料来源：表中数据来自 2011 年《中国畜牧》第 4 期。

表 34 部分国家（地区）肉鸡产品生产量及分布（2008—2010 年）

单位：万 t

国家或地区	2008 年		2009 年		2010 年	
	产量	比重（%）	产量	比重（%）	产量	比重（%）
世界总计	**7 156.9**	**100.00**	**7 200.4**	**100.00**	**7 440.6**	**100.00**
美国	1 656.1	23.14	1 593.5	22.13	1 634.8	21.97
中国	1 184.0	16.54	1 210.0	16.80	1 255.0	16.87
巴西	1 103.3	15.42	1 102.3	15.31	1 142.0	15.35
欧盟 27 国	859.4	12.01	875.6	12.16	892.0	11.99
墨西哥	285.3	3.99	278.1	3.86	280.9	3.78
印度	249.0	3.48	255.0	3.54	265.0	3.56
俄罗斯	155.0	2.17	179.0	2.49	200.0	2.69
阿根廷	143.0	2.00	150.0	2.08	165.0	2.22
伊朗	145.0	2.03	152.5	2.12	160.0	2.15
泰国	117.0	1.63	120.0	1.67	128.0	1.72
南非	124.0	1.73	125.0	1.74	129.0	1.73
其他	1 135.8	15.87	1 159.4	16.10	1 188.9	15.98

注：肉鸡产品中不包括鸡爪。

资料来源：表中数据来自 2011 年《中国畜牧》第 10 期。

表 35 部分国家（地区）鸡肉产品消费量（2008—2010 年）

单位：万 t

国家或地区	2008 年		2009 年		2010 年	
	消费量	比重（%）	消费量	比重（%）	消费量	比重（%）
世界总计	**7 085.7**	**100.00**	**7 132.8**	**100.00**	**7 332.2**	**100.00**
美国	1 342.8	18.95	1 294.0	18.14	1 342.6	18.31
中国	1 195.4	16.87	1 221.0	17.12	1 249.6	17.04
欧盟 27 国	856.4	12.09	869.2	12.19	876.0	11.95
巴西	779.2	11.00	780.2	10.94	807.1	11.01
墨西哥	328.1	4.63	326.4	4.58	332.4	4.53
俄罗斯	269.5	3.80	271.8	3.81	246.6	3.36
印度	248.9	3.51	254.9	3.57	264.9	3.61
日本	192.6	2.72	197.8	2.77	202.0	2.75
伊朗	146.0	2.06	153.6	2.15	163.0	2.22
南非	142.8	2.02	144.3	2.02	149.6	2.04
阿根廷	127.0	1.79	132.7	1.86	140.5	1.92
其他	1 457.0	20.56	1 486.9	20.85	1 557.9	21.25

资料来源：表中数据来自 2011 年《中国畜牧》第 10 期。

表36 部分国家（地区）肉鸡产品进口量（2008—2010年）

单位：万t

国家或地区	2008年		2009年		2010年	
	进口量	比重（%）	进口量	比重（%）	进口量	比重（%）
世界总计	**778.9**	**100.00**	**762.4**	**100.00**	**760.2**	**100.00**
日 本	73.7	9.46	64.5	8.46	74.5	9.80
欧盟27国	71.2	9.14	71.9	9.43	68.0	8.95
沙特阿拉伯	51.0	6.55	60.4	7.92	63.0	8.29
俄罗斯	115.9	14.88	91.3	11.98	47.5	6.25
墨西哥	43.3	5.56	49.2	6.45	52.5	6.91
伊拉克	21.1	2.71	36.8	4.83	33.0	4.34
中国香港	23.6	3.03	25.3	3.32	28.0	3.68
阿联酋	28.9	3.71	29.7	3.90	30.5	4.01
中 国	39.9	5.12	40.1	5.26	32.6	4.29
委内瑞拉	35.2	4.52	18.1	2.37	27.5	3.62
美 国	3.6	0.46	3.9	0.51	3.8	0.50
其 他	271.5	34.86	271.2	35.57	299.3	39.37

资料来源：表中数据来自2011年《中国畜牧》第10期。

表37 部分国家（地区）肉鸡产品出口量（2008—2010年）

单位：万t

国家或地区	2008年		2009年		2010年	
	出口量	比重（%）	出口量	比重（%）	出口量	比重（%）
世界总计	**841.3**	**100.00**	**844.3**	**100.00**	**866.6**	**100.00**
巴 西	324.2	38.54	322.2	38.16	335.0	38.66
美 国	315.7	37.53	309.3	36.63	293.5	33.87
欧盟27国	74.2	8.82	78.3	9.27	84.0	9.69
泰 国	38.3	4.55	37.9	4.49	41.0	4.73
中 国	28.5	3.39	29.1	3.45	38.0	4.38
阿根廷	16.4	1.95	17.8	2.11	25.0	2.88
加拿大	15.2	1.81	14.7	1.74	15.0	1.73
智 利	6.3	0.75	8.7	1.03	7.0	0.81
科威特	7.0	0.83	7.0	0.83	7.0	0.81
澳大利亚	2.7	0.32	3.0	0.36	3.0	0.35
阿联酋	3.0	0.36	3.0	0.36	3.0	0.35
其 他	9.8	1.16	13.3	1.58	15.1	1.74

资料来源：表中数据来自2011年《中国畜牧》第10期。

表 38 部分国家（地区）肉鸡产品年人均消费量（2008—2010 年）

单位：kg/人

国家或地区	2008 年	2009 年	2010 年
阿根廷	31.4	32.4	34.0
澳大利亚	34.7	35.0	35.3
巴西	39.7	39.3	40.1
加拿大	30.0	29.5	29.6
智利	28.3	28.9	32.0
中国	9.0	9.1	9.3
哥伦比亚	24.0	24.1	24.1
欧盟 27 国	17.4	17.7	17.8
中国香港	36.2	37.3	40.9
印度	2.2	2.2	2.3
印度尼西亚	3.6	3.7	3.8
伊朗	22.2	23.1	24.3
日本	15.1	15.6	15.9
韩国	12.7	14.0	15.0
科威特	65.8	75.0	66.3
马来西亚	38.6	37.7	37.4
墨西哥	29.8	29.3	29.6
菲律宾	7.6	7.9	8.2
俄罗斯	19.2	19.4	17.7
沙特阿拉伯	37.6	40.6	40.9
南非	29.3	29.4	30.5
中国台湾	25.7	25.2	28.0
泰国	11.9	12.3	12.8
乌克兰	17.7	17.1	17.5
阿联酋	63.8	63.1	62.5
美国	44.2	42.1	43.3
委内瑞拉	36.6	29.9	31.4
越南	6.2	6.0	6.3
也门	9.0	10.2	9.8

资料来源：表中数据来自 2011 年《中国畜牧》第 10 期。

表 39 美国、巴西、欧盟、中国鸡肉生产、出口、消费比较（2009 年）

国家或地区	肉鸡出栏量（亿只）	肉鸡产量（万 t）	鸡肉出口量（万 t）	人均消费量（kg/a）
中国	79.8	1 144.5	29.1	9.1
美国	86.6	1 633.4	309.3	42.2
巴西	47.8	993.9	322.2	39.3
欧盟	63.0	966.9	78.3	17.5
世界总计	**715.6**	**7 959.6**	**845.0**	**11.3**

资料来源：表中数据来自 2011 年《中国畜牧》第 10 期。

表 40 俄罗斯主要畜牧业产品生产情况（2009—2010 年） 单位：万 t

品　　种	2009 年产量	2010 年产量	同比增长（%）
牲畜和家禽产品	995.3	1 050.0	5.5
禽肉	239.9	277.1	15.5
牛奶	3 258.4	3 190.0	−2.1
鸡蛋（亿个）	412.0	431.0	4.6

资料来源：表中数据来自 2011 年《世界农业》第 4 期。

表 41 部分国家（地区）鱼类产品产量（2008 年） 单位：万 t

国家或地区	鱼类产品产量	其　中	
		海　域	内陆水域
世界总计			
埃　及	103.4	11.3	92.1
南　非	63.4	63.2	0.2
加拿大	60.5	56.5	4.0
美　国	339.6	340.8	28.8
巴　西	91.5	46.8	44.7
中　国	2 942.2	943.7	1 998.5
印　度	719.4	274.5	421.7
日　本	362.3	356.3	6.0
韩　国	144.5	142.4	2.1
法　国	41.8	37.4	4.4
德　国	24.8	18.9	5.9
意大利	21.2	16.8	4.4
俄罗斯	336.3	303.8	32.5
英　国	59.0	57.7	1.3
秘　鲁	677.7	671.6	6.0

资料来源：表中数据来自 2011 年《国际统计年鉴》。

表 42 部分国家（地区）牛奶产量（2009—2010 年） 单位：kt

国家或地区	2009 年	2010 年	同比增减（%）
世界总计	**400 826**	**580 482**	**44.82**
埃　及		3 200	
南　非		3 091	
加拿大	8 250	8 213	−0.45
美　国	85 366	85 860	0.58
巴　西	11 030	27 579	150.04
中　国	35 209	36 116	2.58
印　度	30 335	45 140	48.81
日　本	134 300	7 910	−94.11
韩　国	32 830	2 200	−93.30
法　国	10 350	23 341	125.52
德　国	38 630	28 656	−25.82
意大利	45 140	12 000	−73.42
俄罗斯	8 010	32 326	303.57
英　国	16 400	13 237	−18.74
澳大利亚	9 785	9 388	−4.06

资料来源：表中数据来自 2011 年《国际统计年鉴》。

表 43 世界牛奶主产国、主要出口国和进口国（地区）情况（2009 年）

单位：万 t

序号	主产国	牛奶产量	出口国	出口量	进口国（或地区）	进口量
1	印度	12 382	新西兰	1 669	意大利	555
2	美国	8 076	德国	554	中国	542
3	巴基斯坦	3 961	荷兰	518	西班牙	336
4	德国	3 019	澳大利亚	363	英国	304
5	中国	3 133	丹麦	280	希腊	295
6	俄罗斯	2 892	白俄罗斯	278	孟加拉国	270
7	巴西	2 737	法国	275	阿尔及利亚	261
8	法国	2 418	爱尔兰	261	墨西哥	258
9	新西兰	1 854	波兰	233	日本	213
10	英国	1 322	阿根廷	205	伊朗	190
11	荷兰	1 241	美国	140	印度尼西亚	165
12	波兰	1 194	奥地利	100	叙利亚	157
13	乌克兰	1 151	乌拉圭	99	罗马尼亚	156
14	土耳其	1 119	立陶宛	80	菲律宾	133
15	意大利	1 092	芬兰	67	委内瑞拉	126
16	墨西哥	1 059	捷克	57	马来西亚	88
17	澳大利亚	983	乌克兰	56	韩国	84
18	阿根廷	954			中国台湾	84
19	伊朗	860			尼日利亚	78
20	加拿大	837			越南	73

资料来源：表中数据来自 2011 年《中国乳业》第 109 期。

表 44 世界乳品工业排名前 20 强企业（2010 年）

单位：万 t、%

排序	企业名称	国别	收奶量	市场份额
1	恒天然 Fonterra	新西兰	2 050	3.0
2	美国奶农 Dairy Farmers of Am.	美国	1 710	2.5
3	雀巢 Nestk	瑞士	1 490	2.2
4	迪安食品 Dean Foods	美国	1 180	1.7
5	菲斯朗 Royal Frieslandcampina	荷兰	1 030	1.5
6	拉克塔利斯 Lactalis	法国	1 020	1.5
7	阿拉乳品公司 Ay/a Foods	丹麦/瑞典	870	1.3
8	达能 Danone	法国	800	1.2
9	加州奶农 California Dairies	美国	770	1.1
10	卡夫食品 Krafe Food	美国	750	1.1
11	德北奶农 Nordmilch Humana	德国	670	1.0
12	杉普图公司 Saputo	加拿大/美国	620	0.9
13	大湖	美国	580	0.9
14	索迪雅爱特索	法国	420	0.6
15	蒙牛	中国	380	0.6
16	帕玛拉特 Parmalat	意大利	370	0.6
17	伊利	中国	370	0.5
18	阿沐 Amui	印度	340	0.5
19	美西北奶协	美国	330	0.5
20	施雷伯食品	美国	330	0.5

资料来源：表中信息来自 2011 年《中国乳业》第 116 期。

表 45 部分国家（地区）乳饮料、酸奶和其他发酵乳产量（2006—2008 年）

单位：kt

国家或地区	2006 年	2007 年	2008 年
欧盟27国	10 052	10 251	10 142
瑞士	234	236	251
乌克兰	523	534	530
美国	1 498	1 577	1 633
加拿大	244	252	274
阿根廷	474	576	583
智利	172	177	192
墨西哥	569	636	631
以色列	164	167	170
中国	2 115	2 450	2 593
日本	2 726	2 779	2 656
韩国	504	435	455

资料来源：表 45 至表 56 中数据来自 2010 年《中国奶业年鉴》。

表 46 部分国家（地区）奶油产量（2006—2008 年）

单位：kt

国家或地区	2006 年	2007 年	2008 年
欧盟27国	2 053	2 035	2 075
瑞士	37	37	46
白俄罗斯	88	86	101
俄罗斯	230	245	258
乌克兰	104	99	85
澳大利亚	133	128	153
新西兰	420	390	400
加拿大	79	82	86
美国	657	695	749
阿根廷	47	47	51
巴西	78	82	84
中国	25	30	37
印度		108	114
日本	81	75	72

表 47　部分国家（地区）干酪产量（2006—2008 年）　　单位：kt

国家或地区	2006 年	2007 年	2008 年
欧盟27国	8 156	8 222	8 276
挪　　威	83	84	85
瑞　　士	173	176	179
俄 罗 斯	405	434	429
乌 克 兰	319	346	352
加 拿 大	387	404	396
墨 西 哥	143	146	150
美　　国	4 673	4 755	4 793
阿 根 廷	467	487	491
巴　　西	528	580	630
中　　国	13	18	15
日　　本	125	125	118
以 色 列	113	115	119
澳大利亚	364	359	348
新 西 兰	308	314	345

表 48　部分国家（地区）炼乳产量（2006—2008 年）　　单位：kt

国家或地区	2006 年	2007 年	2008 年
欧盟25国	1 120	1 080	1 080
俄 罗 斯	199	197	
白俄罗斯	88	88	
乌 克 兰	97	108	112
加 拿 大	48	44	41
美　　国	230	234	260
阿 根 廷	7	8	7
智　　利	44	45	42
秘　　鲁	279	281	
中　　国	120	150	173
日　　本	42	45	44
新 加 坡	252	253	
泰　　国	82	82	
南　　非	43	43	

表 49 部分国家（地区）全脂和半脱脂奶粉产量（2006—2008 年） 单位：kt

国家或地区	2006 年	2007 年	2008 年
欧盟25国	779	764	838
瑞士	19	21	22
白俄罗斯	35	36	
俄罗斯	76	75	84
乌克兰	25	30	30
美国	14	14	23
墨西哥	184	202	191
阿根廷	260	185	225
巴西	465	526	580
澳大利亚	135	142	138
新西兰	653	651	710
中国	1 100	1 300	1 200
印度	172	167	170
日本	14	14	14
南非			

表 50 部分国家（地区）脱脂奶粉产量（2006—2008 年） 单位：kt

国家或地区	2006 年	2007 年	2008 年
欧盟27国	1 015	986	972
瑞士	24	22	28
白俄罗斯	55	55	
俄罗斯	123	132	131
乌克兰	81	95	65
加拿大	72	75	85
美国	689	685	861
阿根廷	23	11	14
巴西	117	128	140
澳大利亚	209	177	221
新西兰	304	265	290
印度	151	162	180
日本	181	173	158

表 51　世界乳制品主要生产国家（地区）出口情况（2006—2008 年）　单位：kt

主要出口国家（地区）	2006 年	2007 年	2008 年
全脂奶粉			
世界合计	**1 700**	**1 580**	**1 680**
欧盟	434	364	491
美国	10	12	29
阿根廷	215	115	101
巴西	17	42	82
澳大利亚	143	125	163
新西兰	645	680	607
中国	15	58	62
新加坡	30	42	62
脱脂奶粉			
世界合计	**1 150**	**1 100**	**1 250**
欧盟*	88	201	177
加拿大	13	14	10
美国	292	266	403
澳大利亚	173	127	178
新西兰	316	281	248
白俄罗斯	54	60	61
乌克兰	64	58	44
印度	36	32	43
黄油			
世界合计	**840**	**800**	**750**
欧盟	243	211	150
美国	11	40	89
澳大利亚	64	70	59
新西兰	391	364	330
其他国家	118	119	122
干酪			
世界合计	**1 480**	**1 530**	**1 400**
欧盟	582	594	555
瑞士	56	59	61
乌克兰	49	61	77
白俄罗斯	83	92	102
澳大利亚	212	202	132
新西兰	309	309	247
美国	71	100	131

表 52 世界乳制品主要进口国家（地区）进口量（2006—2008 年） 单位：kt

主要进口国家（地区）	2006 年	2007 年	2008 年
全脂奶粉			
世界合计	**1 700**	**1 580**	**1 680**
俄罗斯	82	25	28
阿尔及利亚	182	160	170
委内瑞拉	44	47	50
中国	67	58	46
印度尼西亚	27	27	84
沙特阿拉伯	75	70	62
新加坡	60	61	73
马来西亚	59	64	50
菲律宾	40	42	45
脱脂奶粉			
世界合计	**1 150**	**1 100**	**1 250**
俄罗斯	5	42	63
中国	62	41	55
印度尼西亚	86	91	77
日本	32	35	32
菲律宾	95	98	80
沙特阿拉伯	53	42	35
新加坡	60	62	54
墨西哥	111	121	152
阿尔及利亚	68	91	105
黄油			
世界合计	**840**	**800**	**750**
欧盟	82	92	65
俄罗斯	112	129	140
埃及	40	26	33
摩洛哥	36	20	30
墨西哥	49	42	29
伊朗	26	40	50
干酪			
世界合计	**1 480**	**1 530**	**1 400**
欧盟	105	94	84
俄罗斯	218	330	350
美国	206	198	165
墨西哥	78	86	68
日本	207	225	187
韩国	45	49	47
沙特阿拉伯	103	98	70
澳大利亚	60	64	70

表 53 部分国家（地区）液体乳消费量（2006—2008 年）

国家或地区	消费总量（kt）			人均消费量（kg）		
	2006 年	2007 年	2008 年	2006 年	2007 年	2008 年
丹　麦	759	754		139.7	138.0	
德　国	7 829	7 791	7 730	94.4	95.0	94.0
法　国	5 670	5 721	5 567	89.4	89.7	86.8
爱尔兰	568	557	578	134.0	128.4	130.7
意大利	3 868	3 764	3 833	65.7	63.4	64.1
荷　兰	2 020	2 020	1 964	123.6	123.3	119.4
西班牙	5 104	5 060	5 005	114.2	112.0	108.6
英　国	6 352	6 405		104.8	105.1	
欧　盟	42 993	44 300	44 200	93.1	89.5	89.3
挪　威	537	543	551	116.7	118.0	116.2
瑞　士	610	612	617	81.1	79.0	79.9
加拿大	3 027	3 051	3 068	92.8	92.5	92.1
墨西哥						
美　国	25 010	24 987	25 011	83.8	83.0	82.6
阿根廷	1 724	1 729	1 762	44.2	43.9	43.9
巴　西						
澳大利亚	2 435	2 271	2 312	116.8	107.2	107.2
新西兰						
中　国						
日　本	4 574	4 464		35.8	34.9	
韩　国	2 181	2 177	2 152	45.2	44.9	44.3
南　非	1 630	1 680		37.9	39.1	

表 54 部分国家（地区）乳饮料、酸奶和发酵乳制品消费量（2006—2008 年）

国家或地区	消费总量（kt）			人均消费量（kg）		
	2006 年	2007 年	2008 年	2006 年	2007 年	2008 年
丹　麦	272	263		50.0	48.2	
德　国	2 514	2 532	2 510	29.8	30.8	30.5
法　国	2 037	2 058	1 915	31.6	31.0	29.9
荷　兰	706			45.0		
西班牙	1 300			29.1		
欧　盟	9 750	10 200	10 050	21.1	20.6	20.3
挪　威	109	117	121	23.7	25.4	25.5
瑞　士	234			31.4		
加拿大	243	251	273	7.5	7.6	8.2
墨西哥	568			5.3		
阿根廷	467	507	510	12.0	12.9	12.8
伊　朗	2 882	3 348	3 480	40.9	46.8	47.3

表 55 部分国家（地区）奶油消费量（2006—2008 年）

国家或地区	消费总量（kt）			人均消费量（kg）		
	2006 年	2007 年	2008 年	2006 年	2007 年	2008 年
丹 麦	9	10	11	1.6	1.7	2.0
德 国	538	523	515	6.5	6.4	6.2
法 国	499	504	502	7.9	7.9	7.8
爱尔兰	11	11		2.7	2.6	
荷 兰	54	56	54	3.3	3.3	3.3
意大利	170	157	154	2.9	2.6	2.6
英 国	226	195		3.7	3.2	
欧 盟	1 940	1 959	1 938	4.2	4.0	3.9
挪 威	20	18	19	4.3	4.0	4.0
瑞 士	42	44	45	5.6	5.7	5.7
俄罗斯	394	374	399	2.7	2.6	2.8
加拿大	86	91	90	2.6	2.8	2.7
美 国	645	687	772	2.2	2.3	2.5
阿根廷	29	28	29	0.7	0.7	0.7
澳大利亚	81	87	89	3.9	4.1	4.1
日 本	90	92		0.7	0.7	
西班牙	22	23	25	0.5	0.5	0.5

表 56 部分国家（地区）干酪消费量（2006—2008 年）

国家或地区	消费总量（kt）			人均消费量（kg）		
	2006 年	2007 年	2008 年	2006 年	2007 年	2008 年
芬 兰	102	104		19.1	19.1	
法 国	1 501	1 524	1 574	23.7	23.9	24.6
德 国	1 813	1 824	1 815	22.0	22.2	22.1
爱尔兰	28	31	27	6.7	7.1	6.1
意大利	1 280	1 249	1 280	21.7	21.0	21.4
荷 兰	289	295	285	17.7	18.0	17.3
西班牙	320	334	345	7.2	7.3	7.5
瑞 典	166	166		18.5	18.4	
英 国	734	744		12.1	12.2	
欧 盟	8 490	8 723	8 814	18.3	17.7	17.9
挪 威	70	71		15.2	15.4	
瑞 士	165	172	177	22.1	22.2	22.7
俄罗斯	705	764	779	4.9	5.4	5.5
加拿大	398	417	410	12.2	12.6	12.3
美 国	4 461	4 565	4 575	15.3	15.1	15.0
阿根廷	415	442	457	10.7	11.2	11.5
墨西哥	229	233	238	2.2	2.2	2.2
澳大利亚	249	250	254	11.9	11.8	11.8
日 本	254	263		2.0	2.1	
韩 国	72	74	72	1.5	1.5	1.5

表 57 部分国家（地区）蛋类产品产量（2010 年）

单位：万 t

国家或地区	蛋类产量		其中：鸡蛋产量	
	产量	占世界比重（%）	产量	占世界比重（%）
世界总计	**6 740.8**	**100.00**	**6 242.6**	**100.00**
中国	2 789.9	41.39	2 387.1	38.24
美国	533.9	7.92	533.9	8.55
日本	250.5	3.72	250.5	4.01
墨西哥	233.7	3.47	233.7	3.74
俄罗斯	221.0	3.28	219.5	3.52
印度	306.0	4.54	306.0	4.90
巴西	193.9	2.88	184.5	2.96
印度尼西亚	130.6	1.94	105.9	1.70
法国	91.8	1.36	91.8	1.47
德国	69.8	1.04	69.8	1.12
意大利	72.4	1.07	72.4	1.16
荷兰	62.7	0.93	62.7	1.00
土耳其	86.5	1.28	86.5	1.39
乌克兰	92.5	1.37	91.1	1.46
英国	61.4	0.91	60.0	0.96
泰国	87.2	1.29	56.2	0.90
伊朗	77.5	1.15	77.5	1.24

资料来源：表中数据来自 2011 年《国际统计年鉴》。

表 58 部分国家（地区）蜂蜜产量（2009—2010 年）

单位：t

国家或地区	2009 年	2010 年	同比增减（%）
世界总计	**1 496 000**	**1 511000**	**1.00**
中国	402 000	401 000	−0.25
印度	52 000	65 000	25.00
美国	73 000	65 000	−10.96
阿根廷	81 000	81 000	
墨西哥	55 000	55 000	
土耳其	81 000	82 000	1.23
乌克兰	75 000	74 000	−1.33
澳大利亚	18 000	18 000	
巴西	35 000	38 000	8.57
法国	16 000	16 000	
德国	16 000	18 000	12.50
俄罗斯	57 000	54 000	−5.26
西班牙	31 000	30 000	−3.23
加拿大	28 000	29 000	3.57
伊朗	36 000	36 000	
韩国	27 000	26 000	−3.70

资料来源：表中数据来自 2011 年《国际统计年鉴》。

表 59　部分国家（地区）羊毛产量（2009—2010 年）

单位：kt

国家或地区	2009 年	2010 年	同比增减（%）
世界总计	**2 191.0**	**2 080.0**	**−5.07**
埃及	7.6	8.0	5.26
南非	45.0	45.0	
加拿大		2.0	
美国	17.5	14.0	−20.00
巴西	11.0	12.0	9.09
中国	395.0	368.0	−6.84
印度	46.4	46.0	−0.86
日本			
韩国			
法国	22.0	22.0	
德国	15.0	15.0	
意大利	9.2	9.0	−2.17
俄罗斯	53.5	55.0	1.87
英国	62.0	62.0	
澳大利亚	465.0	371.0	−20.22

资料来源：表中数据来自 2011 年《国际统计年鉴》。

表 60　我国农业主要产品产量居世界位次（1949—2009 年）

项目	1949 年	2007 年	2008 年	2009 年
谷物		1	1	1
肉类	3	1	1	1
棉花	4	1	1	1
大豆	2	4	4	4
花生	2	1	1	1
油菜籽	2	1	2	1
甘蔗		3	3	3
茶叶	3	1	1	1
水果*		1	1	1

* 不包括瓜类。

资料来源：表中数据来自 2011 年《国际统计年鉴》。

表 61　巴西主要农产品在世界市场中的地位（2008 年）

农产品名称	出口在世界排名	产量世界排名	占世界出口市场份额
牛肉	1	2	23.8
禽肉	1	3	38.6
猪肉	4	4	10.2
大豆	2	2	37.4
豆油	2	4	20.4
豆泊	2	4	24.1
玉米	3	4	8.9
糖	1	1	42.0
乙醇	1	2	50.0
橙汁	1	1	85.0
烟草	1	2	27.2
棉花	2	4	9.2

资料来源：表中数据来自 2011 年《世界农业》第 12 期。

表 62 我国大陆与台湾省果蔬产品及农产品贸易情况（2005—2009 年）

单位：亿美元

年 份	果蔬产品				农产品			
	出口	进口	差额	贸易总额	出口	进口	差额	贸易总额
2005	0.67	0.06	0.61	0.73	3.47	1.30	2.17	4.76
2006	0.75	0.07	0.68	0.81	3.97	1.35	2.62	5.32
2007	0.96	0.08	0.89	1.04	5.87	1.63	4.24	7.51
2008	1.07	0.09	0.99	1.16	7.10	1.67	5.43	8.77
2009	1.07	0.18	0.89	1.25	7.79	1.75	6.04	9.54

资料来源：表中数据来自 2011 年《台湾农业探索》第 3 期。

表 63 我国进出口欧盟、韩国的主要农产品情况（2010 年）

单位：亿美元、%

中国进出口欧盟的主要农产品					
出口产品	出口额	所占比重	进口产品	进口额	所占比重
水产品	20.9	30.2	畜产品	18.6	37.7
蔬 菜	12.0	17.4	饮品类	13.5	27.3
畜产品	8.2	11.9	水产品	2.5	5.0
水 果	5.2	7.5	棉麻丝	2.4	4.8
坚 果	2.9	4.2	粮食制品	1.3	2.6
小 计	49.2	71.2	小 计	38.3	77.4
中国进出口韩国的主要农产品					
出口产品	出口额	所占比重	进口产品	进口额	所占比重
水产品	13.3	37.8	水产品	1.6	38.5
蔬 菜	7.1	20.2	糖料及糖	1.1	25.4
油 子	1.8	5.2	饮品类	0.3	7.5
谷 物	1.5	4.3	坚 果	0.2	3.8
粮食制品	1.4	3.8	粮食制品	0.1	3.5
小 计	25.1	71.3	小 计	3.3	78.7

资料来源：表中数据来自 2011 年《世界农业》第 12 期。

表 64 世界饲料加工业 30 强企业（2009 年） 单位：万 t

排 名	企 业 名 称	国 别	产 量
1	正大（卜蜂）集团 Charoen Pokphand (CpGroup)	泰 国	2 210
2	嘉吉/农标 Cargill/Agribrands	美 国	1 710
3	新希望 New Hope Group	中 国	1 300
4	蓝雷普瑞纳 Land O' lakes Purina	美 国	1 160
5	巴西食品 Brasil Foods	巴 西	1 020
6	泰森食品 Tyson Foods	美 国	1 010
7	泰高 Nutreco	荷 兰	900
8	全农 Zen-Nohco-Operative	日 本	740
9	东方新希望 East Hope Group	中 国	610
10	英国联合营养集团 ABAgri	英 国	470
11	唐人神 Hunan Tangrenshan Group	中 国	430
12	Ucaab Ucaab Co-Operatives	法 国	400
13	DLG DLG	丹 麦	370
14	广东温氏 Guang dong Wen's Group	中 国	370
15	普乐维美 Provimi	荷 兰	360
16	斯密斯菲尔德 Smithfield Foods	美 国	360
17	格伦山德 Glon Sanders	法 国	337
18	ADM ADMAlliance Nutrition/AHSN	美 国	320
19	Bachoco Bachoco	墨西哥	310
20	Frangosul	巴 西	300
21	Invivo NSA	法 国	300
22	De Heus	荷 兰	291
23	大成 Dachan/East AsiA Group	中 国	290
24	Agravis Raiffeisen	德 国	270
25	塞黑维兰堡贝朗 Cehave Land Bonw Belang	荷 兰	270
26	维罗尼斯 Veronesi	意大利	268
27	普渡农场 perdue Farms	美 国	260
28	Dentsche Tiernahrung Cremer	德 国	240
29	金吉斯 Gold Kisi	美 国	240
30	J D荷斯维尔 JD HeisKell	美 国	240

资料来源：表中数据来自 2010 年《中国畜牧》第 2 期。

表 65 欧盟各国不同品种配合饲料生产情况（2009—2010 年）

单位：万 t、%

国家或地区＼品种	牛饲料			猪饲料			禽饲料		
	2009 年	2010 年	同比	2009 年	2010 年	同比	2009 年	2010 年	同比
德　国	584.2	603.5	3.3	891.3	927.6	4.1	522.7	553.4	5.9
法　国	492.7	511.0	3.7	591.5	577.1	−2.4	847.0	862.6	1.8
意大利	364.0	347.0	−4.7	318.7	323.0	1.3	545.2	580.0	6.4
荷　兰	336.4	333.2	−1.0	593.6	575.0	−3.1	362.3	350.0	−3.4
比利时	109.7	118.2	7.7	358.0	366.6	2.4	132.6	140.8	6.2
英　国	479.9	499.6	4.1	149.7	161.4	7.8	623.0	659.0	5.8
爱尔兰	213.1	227.0	6.5	63.3	58.0	−8.4	48.6	46.6	−4.1
丹　麦	99.7	90.5	−9.2	286.7	288.8	0.7	55.0	53.5	−2.7
西班牙	670.0	656.6	−2.0	898.5	860.0	−4.3	473.4	470.0	−0.7
葡萄牙	80.5	75.0	−6.8	95.5	92.0	−3.7	138.0	142.0	2.9
奥地利	39.3	44.0	12.0	23.2	26.0	12.1	44.6	47.0	5.4
瑞　典	91.5	91.6	0.1	37.7	38.5	2.1	53.4	54.5	2.1
芬　兰	89.0	61.6	−4.4	34.0	34.2	0.6	28.5	29.1	2.1
塞浦路斯	11.1	11.0	−0.9	1.3	1.3		6.2	6.4	3.2
捷　克	50.2	46.9	−6.6	92.9	93.5	0.6	103.9	99.3	−4.4
爱沙尼亚	4.0	4.0		14.0	14.0		4.8	4.8	
匈牙利	53.0	50.5	−4.7	158.0	149.0	−5.7	175.5	168.0	−4.3
拉脱维亚	3.8	4.0	5.3	11.1	11.0	−0.9	15.9	16.0	0.6
立陶宛	3.2	3.3	3.1	7.1	7.0	−1.4	24.5	26.5	8.2
波　兰	65.2	67.2	3.1	147.7	154.6	4.7	480.7	510.2	6.1
斯洛伐克	20.6	19.6	−4.9	21.4	22.4	4.7	22.3	23.1	3.6
斯洛文尼亚	9.5	9.5		11.0	11.0		26.0	26.0	
保加利亚	7.6	9.3	22.4	23.4	23.4		54.1	55.3	2.2
罗马尼亚	13.0	15.5	19.2	140.0	150.0	7.1	153.0	165.0	7.8
欧盟27国	3 861.2	3 899.6	1.0	4 969.6	4 065.4	−0.1	4 941.2	5 089.1	3.0

（续）

国家或地区 \ 品种	代乳品			其他饲料		
	2009 年	2010 年	同比	2009 年	2010 年	同比
德　　国	14.5	14.5		74.8	75.9	1.5
法　　国	38.9	38.5	−1.0	153.5	155.21.1	
意 大 利	15.5	16.0	3.2	142.6	152.0	6.6
荷　　兰	71.9	71.0	−1.3	46.6	46.0	−1.3
比 利 时	4.4	4.2	−4.5	13.8	14.8	7.2
英　　国		0.1		130.1	142.7	9.7
爱 尔 兰	0.6	0.6		40.0	42.4	6.0
丹　　麦				17.4	20.6	18.4
西 班 牙				68.3	66.0	−3.4
葡 萄 牙				27.0	27.8	3.0
奥 地 利				23.5	22.5	−4.3
瑞　　典	0.1	0.1		14.0	14.9	6.4
芬　　兰				6.0	10.1	68.3
塞蒲路斯	0.1	0.1		10.9	10.8	−0.9
捷　　克	0.4	0.4		36.6	35.6	−2.7
爱沙尼亚				0.2	0.2	
匈 牙 利				20.5	19.5	−4.9
拉脱维亚				1.7	1.7	
立 陶 宛	0.3	0.2	−33.3	1.3	1.1	−15.4
波　　兰				31.9	32.0	0.3
斯洛伐克				1.2	1.0	−16.7
斯洛文尼亚				1.2	1.2	
保加利亚				2.3	2.4	4.3
罗马尼亚				1.2	1.2	
欧盟27国	146.7	145.7	−0.7	866.6	897.6	3.6

资料来源：表中数据来自 2011 年《中国畜牧》第 12 期。

表 66 世界主要农畜产品最大生产国（2010 年）

农畜产品	第一位国家	产量（kt）	第二位国家	产量（kt）	第三位国家	产量（kt）
谷 物	中 国	496 371	美 国	419 810	印 度	248 810
小 麦	中 国	115 181	印 度	80 680	美 国	60 310
稻 谷	中 国	195 761	印 度	133 700	印度尼西亚	64 400
玉 米	美 国	333 010	中 国	177 245	巴 西	51 230
谷 子	印 度	8 590				
高 粱	美 国	9 728				
马铃薯						
甘 薯						
木 薯						
大 豆	美 国	91 420	巴 西	57 350	阿根廷	30 990
甘 蔗	巴 西	671 400	印 度	285 030	中 国	110 789
甜 菜	法 国	35 067	美 国	26 779	德 国	25 919
油菜籽	中 国	13 082	加拿大	11 825	印 度	7 201
棉 花	印 度	12 207	巴基斯坦	6 338	美 国	6 330
茶 叶	中 国	1475	印 度	800	肯尼亚	314
水 果	中 国	214 014	印 度	70 400	巴 西	36 470
花 生	中 国	15 644	印 度	5 510	尼日利亚	2 969
肉 类	中 国	79 258	美 国	41 643	巴 西	22 827
蛋 类	中 国	27 627	美 国	5 333	印 度	2 579
牛 奶	印 度	108 000	美 国	85 860	中 国	35 756
鱼 类	中 国	29 422	印 度	7 194	秘 鲁	6 438
蜂 蜜	中 国	401	土耳其	82	阿根廷	81

表 67 香港特别行政区工业生产指数（2007—2010 年） （2008 年=100）

工 业 组 别	2007 年	2008 年	2009 年	2010 年
所有制造行业	107.2	100.0	91.7	95.0
其中：食品、饮品及烟草制品业	97.5	100.0	99.1	105.3
纺织制品业	112.5	100.0	77.8	71.3
成衣	128.2	100.0	70.2	61.6
纸制品及印刷业	100.2	100.0	92.0	93.3

表 68 香港特别行政区食品、饮品、烟草制品业与纸制品、印刷业基本情况（2009 年）

行 业	企业数（个）	就业人数（人）	销售及其他收益（百万港元）	盈余总额（百万港元）	增加值（百万港元）
食品、饮品及烟草制品业	782	27 432	28 719	3 486	7 472
纸制品、印刷业及记录媒体复制	3 032	29 840	16 407	1 541	5 071

资料来源：表中数据由中国轻工业协会信息中心提供。

表 69 澳门特别行政区食品及饮食业与出版印刷业基本情况（2009 年）

单位：万澳元

行 业	企业数（个）	员工人数（人）	工业产值	增加值	固定资本总额
食品及饮食业	234	3 151	69 643.0	27 470.7	3 643.6
出版及印刷业	126	1 377	62 640.1	19 734.3	2 286.2

资料来源：表中数据由中国轻工业协会信息中心提供。

表 70 我国台湾省农产品加工业主要产品产量（2006—2010 年）

年 份	食 品（万 t）	饮 料（万 L）	饲 料（万 t）	各种成衣（万打）	纸 板（万 t）	合成纤维（万 t）
2006	43.9	34 478.9	518.3	1 039.9	335.1	246.4
2007	45.4	30 286.9	510.9	920.6	340.6	238.8
2008	43.8	28 402.4	516.5	744.5	291.0	193.7
2009	46.8	31 055.4	523.0	606.0	277.5	200.1
2010	47.0	29 709.9	526.1	660.6	285.0	215.2

表 71 我国台湾省食品工业产值与规模变化情况（2005—2009 年）

年 份	食品工业产值（亿元新台币）	食品工业产值占台 GDP 比率（%）	食品企业家数（个）
2005	4 713	4.44	5 962
2006	4 705	3.95	5 877
2007	5 040	3.99	5 933
2008	5 559	4.50	5 923
2009	5 569	4.45	5 922

资料来源：表中数据来自 2010 年《台湾农业探索》第 4 期。

表 72 我国台湾省出口与进口商品分类（2007—2010 年）

单位：亿美元

年 份	出 口				进 口			
	出口额	农产品	农产加工品	工业产品	进口额	资本设备	原材料	消费品
2007	2 466.8	4.1	18.7	2 444.0	2 192.5	355.7	1 677.6	159.3
2008	2 556.3	5.4	21.7	2 529.2	2 404.5	326.9	1 908.5	169.1
2009	2 036.7	5.0	18.5	2 013.3	1 743.7	257.2	1 325.0	161.5
2010	2 746.0	7.5	21.7	2 716.8	2 512.4	417.8	1 895.6	199.0

表 73 我国海峡两岸农产品的贸易情况（2003—2007 年）

单位：亿美元

年份	祖国大陆贸易总额		祖国大陆对台湾出口额		祖国大陆自台湾进口额		祖国大陆贸易顺差
	贸易额	两岸农产品贸易总额	贸易额	农产品贸易额	贸易额	农产品贸易额	
2003	583.6	3.74	90.0	2.71	493.6	1.03	0.68
2004	733.2	4.21	135.5	3.05	647.8	1.16	1.89
2005	912.3	5.08	165.5	3.61	746.8	1.47	2.14
2006	1 078.4	5.69	207.4	4.17	871.1	1.52	2.65
2007	1 244.8	7.99	234.6	6.12	1 010.2	1.87	4.25

资料来源：表中数据来自 2011 年《台湾农业探索》第 2 期。

表 74　我国台湾省对大陆农产品进出口情况（2005—2009 年）单位：万美元

进出口＼年份	2005 年	2006 年	2007 年	2008 年	2009 年
出口额	36 106	43 016	43 074	43 647	36 405
进口额	56 753	56 283	71 181	71 780	54 946
总　计	**92 859**	**99 299**	**114 255**	**115 426**	**91 351**

资料来源：表中数据来自 2011 年《台湾农业探索》第 2 期。

表 75　世界主要国家（地区）棉花产量（2009—2010 年）　单位：万 t

年份	全　球	中　国	美　国	印　度	巴基斯坦	巴　西	乌兹别克斯坦	中国占（%）
2009	2 210	680.0	270.0	510.0	210.0	120.0	95.0	30.77
2010	2520	650.0	400.0	570.0	190.0	180.0	100.0	25.79

资料来源：表中数据来自 2011 年《纺织导报》第 1 期。

表 76　世界和中国纺织纤维产量（2007—2009 年）　单位：万 t

年份	世界纤维产量				中国纤维产量			
	总计	天然纤维	化学纤维		总计	天然纤维	化学纤维	
			小计	其中：合成纤维			小计	其中：合成纤维
2007	7 622.9	2 834.6	4 788.3	4 450.1	3 248.4	851.2	2 397.2	2 239.2
2008	7 095.0	2 538.8	4 556.2	4 311.7	3 273.1	842.6	2 430.5	2 267.8
2009	6 993.0	2 367.5	4 625.5	4 364.1	3 279.9	724.9	2 555.0	2 414.9

资料来源：表 76 至表 85 中数据来自《2010/2011 年中国纺织工业发展报告》。

表 77　世界主要国家（地区）化纤产量（2007—2009 年）　单位：万 t

年份	全球	中国	美国	西欧	中国台湾	韩国	日本	印度	中国占（%）
2007	4 788.5	2 397.2	365.9	445.3	268.9	162.6	162.5	291.7	50.1
2008	4 556.2	2 430.5	309.9	322.5	221.1	148.4	148.4	308.2	53.3
2009	4 625.5	2 555.0	258.2	290.2	217.9	142.8	142.8	342.7	55.2

表 78　世界主要国家（地区）合成纤维产量（2007—2009 年）　单位：万 t

年份	全球	中国	美国	西欧	中国台湾	韩国	日本	印度	中国占（%）
2007	4 450.1	2 239.2	360.9	392.3	255.3	160.8	108.0	256.1	50.3
2008	4 311.7	2 267.8	307.6	355.0	210.5	147.6	94.7	278.1	52.6
2009	4 364.1	2 414.9	256.5	312.4	206.4	142.3	72.3	310.0	55.3

表 79 世界棉花供求情况（2009/2010—2010/2011 年度） 单位：万 t

年 度	总产量	进口量	出口量	消费量	期末库存
2009/2010	2 190		770	2 450	940
2010/2011	2 520		800	2 490	980

表 80 世界主要国家棉花耗用量（2006—2010 年） 单位：万 t

国 家	耗用量	2006 年	2007 年	2008 年	2009 年	2010 年
全 球	耗用量	2 621.5	2 603.5	2 616.1	2 580.0	2 530.0
	占总（%）	100.0	100.0	100.0	100.0	100.0
中 国	耗用量	1 049.8	1 089.8	899.8	1 010.1	1 002.3
	占总（%）	40.0	41.3	39.0	41.0	40.7
美 国	耗用量	106.7	100.2	78.4	75.4	73.8
	占总（%）	4.1	3.8	3.4	3.1	3.0
印 度	耗用量	398.9	401.0	382.6	422.1	456.0
	占总（%）	15.2	15.2	16.6	17.2	18.5
巴基斯坦	耗用量	257.4	257.4	245.2	230.7	220.0
	占总（%）	9.8	9.8	10.6	9.4	8.9
土耳其	耗用量	150.0	135.0	114.0	130.0	125.0
	占总（%）	5.9	5.1	4.9	5.3	5.1
日 本	耗用量	13.0	12.5	10.3	7.5	6.4
	占总（%）	0.5	0.5	0.4	0.3	0.3
巴 西	耗用量	86.0	99.6	93.7	100.2	104.1
	占总（%）	3.3	3.8	4.1	4.1	4.2

表 81 中国纺织品、成衣出口额占全球出口份额（2007—2009 年）

单位：亿美元

年份	纺织品出口			成衣出口		
	全球	中国	中国占（%）	全球	中国	中国占（%）
2007	2 403.6	559.6	23.3	3 458.3	1 152.3	33.3
2008	2 533.6	653.6	25.8	3 649.1	1 204.0	33.4
2009	2 110.5	598.2	28.3	3 156.2	1 072.6	40.0

表 82 世界纺织品、成衣出口国（地区）前 10 强（2009 年）

单位：亿美元

排序	国家或地区	合 计	纺织品	成衣	占世界（%）
	世界总计	**5 266.7**	**2 110.5**	**3 156.2**	**100.0**
1	中 国	1 670.8	598.2	1 072.6	31.7
2	欧盟 27 国	404.9	188.1	216.8	7.6
3	中国香港	328.1	99.8	228.3	6.2
4	印 度	205.6	91.1	114.5	3.9
5	土耳其	192.9	99.8	228.3	3.6
6	美 国	141.2	99.3	41.9	2.6
7	孟加拉国	118.0	10.7	107.3	2.2
8	韩 国	105.6	91.6	14.0	2.0
9	越 南	104.5	18.2	86.3	1.9
10	巴基斯坦	98.7	65.1	33.6	1.8

表 83 世界纺织品、成衣进口国（地区）前 10 强（2009 年）

单位：亿美元

排序	国家或地区	合计	纺织品	成衣	占世界（%）
	世界总计	**5 531.0**	**2 234.4**	**3 296.6**	**100.0**
1	欧盟 27 国	1 076.3	226.3	850.0	19.5
2	美 国	912.7	192.1	720.6	16.5
3	日 本	322.6	67.5	255.1	5.8
4	中国香港	254.7	99.6	155.1	4.6
5	中 国	167.8	149.4	18.4	3.0
6	加拿大	111.3	35.7	75.6	2.0
7	俄罗斯	107.8	35.3	72.5	1.9
8	瑞 士	70.6	18.2	52.4	1.3
9	韩 国	69.2	35.4	33.8	1.3
10	土耳其	68.7	47.2	21.5	1.2

表 84 进口纺织品、成衣前 5 名供应国（地区）（2009 年）

美国进口纺织品、成衣前 5 名供应国（地区）

序号	纺织品进口			成衣进口		
	国家（地区）	金额	占总（%）	国家（地区）	金额	占总（%）
	总 额	192.1	100.0	总 额	548.6	100.0
1	中 国	68.0	35.4	中 国	282.0	39.1
2	印度尼西亚	20.7	10.7	越 南	53.3	7.4
3	欧盟 27 国	20.2	10.5	印度尼西亚	41.5	5.8
4	巴基斯坦	14.3	7.5	墨西哥	35.8	5.0
5	墨西哥	13.7	7.1	孟加拉	35.8	5.0
以上合计		**137.0**	**71.3**	**以上合计**	**448.5**	**62.2**

欧盟（27 国）进口纺织品、成衣前 5 名供应国（地区）

序号	纺织品进口			成衣进口		
	国家（地区）	金额	占总（%）	国家（地区）	金额	占总（%）
	总 额	660.4	100.0	总 额	1 601.1	100.0
1	欧盟 27 国	434.1	65.7	欧盟 27 国	751.2	46.9
2	中 国	70.2	10.6	中 国	380.6	23.8
3	土耳其	39.6	6.0	土耳其	99.7	6.2
4	印 度	24.8	3.8	孟加拉	71.5	4.5
5	巴基斯坦	18.7	2.8	印 度	63.2	3.9
以上合计		**587.4**	**89.0**	**以上合计**	**1 366.0**	**85.3**

日本进口纺织品、成衣前 5 名供应国（地区）

序号	纺织品进口			成衣进口		
	国家（地区）	金额	占总（%）	国家（地区）	金额	占总（%）
	总 额	67.5	100.0	总 额	255.1	100.0
1	中 国	42.5	62.9	中 国	211.5	82.9
2	欧盟 27 国	5.2	7.7	欧盟 27 国	12.4	4.9
3	印度尼西亚	3.2	4.7	越 南	10.5	4.1
4	韩 国	3.1	4.5	泰 国	3.3	1.3
5	中国台湾	2.8	4.1	韩 国	2.3	0.9
以上合计		**56.7**	**84.0**	**以上合计**	**240**	**94.1**

加拿大进口纺织品、成衣前 5 名供应国（地区）

序号	纺织品进口			成衣进口		
	国家（地区）	金额	占总（%）	国家（地区）	金额	占总（%）
	总 额	36.7	100.0	总 额	77.7	100.0
1	美 国	18.3	50.0	中 国	41.2	53.0
2	中 国	7.1	19.4	孟加拉	6.3	8.1
3	欧盟 27 国	3.4	9.2	美 国	4.6	5.9
4	印 度	1.6	4.2	欧盟 27 国	3.3	4.2
5	墨西哥	0.9	2.3	印 度	3.2	4.1
以上合计		**31.2**	**85.1**	**以上合计**	**58.5**	**75.3**

表 85 2009 年中国纺织、成衣四大进口市场中所占份额

单位：亿美元、%

国别（地区）	总进口额			从中国进口额			中国占（%）
	总 计	纺织品	成 衣	总 计	纺织品	成 衣	
美 国	740.7	192.1	548.6	350.0	68.0	282.0	47.2
欧盟 27 国	1076.3	226.3	850.0	418.7	380.6	38.1	38.9
日 本	322.6	67.5	255.1	254.0	42.5	211.5	78.7
加拿大	114.4	36.7	77.7	48.3	7.1	41.2	42.2

表 86 世界 20 大纸与纸板生产公司（2009 年）

单位：kt

名 次	生产公司	所在国别（地区）	产 量
1	Internationalpaper	美 国	12 286
2	StoraEnso	芬 兰	9 229
3	UPM	芬 兰	9 021
4	Svenska Cellulosa Aktiebolaget（SCA）	瑞 典	8 841
5	Ojipaper	日 本	6 973
6	NipponpaperIndustries	日 本	6 886
7	Sappi	南 非	6 800
8	玖龙纸业	中国香港	6 520
9	Smurfit Kappa Group	爱尔兰	6 300
10	Smurfit Stone Container	美 国	5 691
11	Abitibi Bowater	加拿大	5 501
12	Domtar	加拿大	3 978
13	Norske Skoginduserier	挪 威	3 894
14	Mondi	英国/南非	3 662
15	理文纸业	中国香港	3 550
16	Temple InLand	美 国	3 543
17	山东晨鸣纸业有限公司	中 国	3 040
18	CaScades	加拿大	2 850
19	Siam Cemeht	泰 国	2 550
20	Daio PaPer	日 本	2 445

资料来源：表中信息来自 2010 年《造纸信息》第 11 期。

表 87 世界与中国纸浆、纸及纸板生产与消费情况（2008—2009 年）

单位：万 t

项目		2008 年	2009 年	同比增长（%）
世界	纸浆总产量	19 240		
	纸浆总消费量	19 302		
	纸和纸板总产量	39 090		
	纸和纸板总消费量	39 133		
	纸和纸板人均年消费量（kg）	57.8		
中国	纸浆总产量	6 415	6 674	4.04
	纸浆总消费量	7 360	7 980	8.42
	纸和纸板总产量	7 980	8 640	8.27
	纸和纸板总消费量	7 935	8 569	7.99
	纸和纸板人均年消费量（kg）	60	64	6.67

资料来源：表中数据来自 2010 年《中国造纸年鉴》。

表 88 我国台湾省主要纸品产销量情况（2010 年）

单位：万 t

主要产品	产量	同比（%）	销售量	同比（%）	内销量	同比（%）	外销量	同比（%）
1. 纸张总计	121.87	0.5	1 21.85	−3.5	90.79	−2.7	31.06	−5.8
印刷书写纸	66.78	−2.2	65.91	−9.7	43.72	−7.4	22.19	−8.6
其中：铜版纸	26.11	−7.7	26.35	−10.6	12.98	−1.4	13.37	−18.0
道林纸	32.64	8.5	31.43	−5.2	24.30	−6.3	7.14	−0.9
模造纸	5.55	−19.2	5.71	−20.2	4.14	−18.2	1.59	−25.0
家庭用纸	199.09	3.0	199.69	0.2	148.15	9.4	51.54	−19.4
2. 纸板总计	285.04	2.7	286.29	0.1	197.10	8.7	89.18	−14.8
其中：纸箱用纸板	19.79	4.3	20.02	4.8	18.67	2.1	1.35	66.8
牛皮纸板	106.40	4.4	106.32	1.7	76.16	7.9	30.16	−11.2
瓦楞原纸板	84.62	0.0	85.35	−2.6	66.06	11.3	19.29	−31.8
白纸板	60.38	0.9	60.53	−1.2	26.03	8.1	34.50	−7.3
纸与纸板总计	**406.91**	**2.0**	**408.14**	**−1.0**	**287.90**	**4.8**	**120.24**	**−12.6**

资料来源：表中数据来自 2010 年《中华纸业》第 4 期。

表 89 世界纸和纸板产量排名前 10 位的国家（2009 年）

排 序	国 家	产量（万 t）	同比增长（%）
1	中 国	8 639.0	8.3
2	美 国	7 161.0	−10.4
3	日 本	2 628.0	−10.4
4	德 国	2 090.4	−8.4
5	加拿大	1 287.0	−19.0
6	瑞 典	1 093.0	−6.4
7	芬 兰	1 060.0	−19.2
8	韩 国	1 039.7	−1.2
9	巴 西	937.5	−0.5
10	印度尼西亚	936.2	1.1

资料来源：表中数据来自 2011 年《中华纸业》第 3 期。

表 90 世界纸浆产量排名前 10 位的国家（2009 年）

排 序	国 家	产量（万 t）	同比增长（%）
1	美 国	4 830.0	−6.0
2	中 国	2 081.5	−3.0
3	加拿大	1 708.0	−16.0
4	巴 西	1 373.5	7.3
5	瑞 典	1 146.0	−5.0
6	芬 兰	900.0	−23.0
7	日 本	850.5	−20.3
8	俄罗斯	723.5	−2.7
9	印度尼西亚	597.0	−4.5
10	智 利	500.0	0.5

资料来源：表中数据来自 2011 年《中华纸业》第 3 期。

表 91 世界纸浆主要净进口和净出口前 5 位的国家（2009 年） 单位：万 t

纸浆主要净进口国			纸浆主要净出口国		
排 序	国 家	净进口量	排 序	国 家	净出口量
1	中 国	1 385.3	1	加拿大	808.5
2	德 国	370.0	2	巴 西	787.0
3	意大利	305.7	3	智 利	430.0
4	韩 国	226.7	4	瑞 典	301.0
5	日 本	139.8	5	俄罗斯	155.9

资料来源：表中数据来自 2010 年《造纸信息》第 10 期。

表 92 世界纸和纸板消费量与人均消费量前 5 位的国家（2009 年）

纸和纸板消费量（万 t）			纸和纸板人均消费量（kg/人）		
排 序	国 家	消费量	排 序	国 家	人均消费量
1	中 国	8 569	1	比利时	344.1
2	美 国	7 173	2	芬 兰	339.1
3	日 本	2 730	3	美 国	263.3
4	德 国	2 816	4	奥地利	255.3
5	英 国	1 035	5	德 国	248.9

资料来源：表中数据来自 2010 年《造纸信息》第 10 期。

表 93 世界部分国家废纸回收量及进出口量（2009 年） 单位：万 t、%

国 家	回收量	回收率	利用率	出口量	进口量	废纸用量
美 国	4 561	63.6	36.2	1903	33	2 593
日 本	2 166	79.3	63.9	491	4.4	1 679
德 国	1 539	84.8	70.7	347	286	1 478
英 国	815	78.7	88.6	445	10	380
法 国	697	73.1	60.0	275	78	500
意大利	620	62.8	56.2	186	41	475
中 国	3 424	40.0	71.5		2 750	6 174

资料来源：表中数据来自 2010 年《造纸信息》第 10 期。

表 94 世界部分国家或地区纸和纸板净出口量和净进口量（2009 年）

单位：万 t

纸和纸板净出口量			纸和纸板净进口量		
排 序	国家或地区	净出口量	排 序	国家或地区	净进口量
1	芬 兰	912	1	英 国	606
2	瑞 典	903	2	墨西哥	200
3	加拿大	645	3	土耳其	198
4	印度尼西亚	360	4	比利时	149
5	德 国	275	5	意大利	143
6	奥地利	270	6	印 度	118
7	韩 国	206	7	中国香港	105
8	俄罗斯	150	8		

资料来源：表中数据来自 2010 年《造纸信息》第 10 期。

表 95　世界十二大印刷产业国的营业额（2008—2009 年）　单位：亿美元

国　家	2008 年	2009 年	同比增长（%）
美　国	1 950	1 862	−4.5
日　本	998	1 010	1.2
中　国	571	592	3.7
德　国	420	374	−10.9
英　国	323	271	−15.9
法　国	258	235	−9.0
意大利	251	228	−9.2
加拿大	208	182	−12.2
印　度	162	159	−2.1
巴　西	149	150	0.8
西班牙	148	135	−9.0
墨西哥	135	119	−11.6

资料来源：表中数据来自 2010 年《今日印刷》第 9 期。

表 96　世界主要国家天然橡胶产量（2008—2010 年）　单位：万 t

国家或地区	2008 年	2009 年	2010 年
泰　国	309.0	308.6	307.2
印度尼西亚	275.1	253.5	284.3
马来西亚	107.2	85.6	96.4
印　度	88.1	81.7	84.6
中　国	56.0	63.0	64.7
越　南	66.0	72.4	75.0
科特迪瓦	19.4	20.6	23.0
斯里兰卡	12.9	13.3	14.8
利比里亚	8.1	7.7	
巴　西	12.3	10.4	
其　他	6.1	6.3	
世界合计	10 031.0	9 602.0	

注：表中其他栏内主要含有象牙海岸（22.7 万 t）、菲律宾（9.8 万 t）、喀麦隆（5.3 万 t）、柬埔寨（4.5 万 t）。

资料来源：表中数据来自 2011 年《中国橡胶》第 6 期。

表 97 世界主要国家（地区）合成橡胶产量（2008—2010 年） 单位：kt

国家或地区	2008 年	2009 年	2010 年
世界总计	**12 784**	**12 168**	**14 207**
加拿大	96	74	150
美　国	2 314	1 962	2 943
巴　西	392	385	461
中　国	2 325	2 856	2 123
中国台湾	552	555	538
印　度	99	102	113
日　本	1 651	1 264	1 557
韩　国	970	1 149	1 180
法　国	645	514	698
德　国	791	655	637
意大利	220	200	368
俄罗斯	1 139	1 032	1 640
英　国	268	171	310
墨西哥	198	160	260
比利时	94	104	130

资料来源：表中数据来自 2011 年《中国橡胶》第 13 期。

表 98 我国台湾省橡胶工业产值情况（2006—2008 年）

单位：亿元新台币

年 份	轮　　胎	其他橡胶制品	总 产 值	增长率（%）
2006	393.8	259.4	794.2	3.12
2007	434.7	261.1	855.4	7.71
2008	413.3	270.9	857.7	0.26

资料来源：表中数据来自 2009—2010 年《中国橡胶工业年鉴》。

表 99 世界橡胶机械生产厂商前 10 名排序（2010 年） 单位：百万美元

排序	企 业 名 称	国　　别	销售收入	增长率（%）
1	神户制钢	日　本	352.0	34.79
2	H-F公司	德　国	290.0	0.09
3	飞　迈	荷　兰	272.0	33.31
4	青岛软控	中　国	228.0	35.18
5	益阳橡机	中　国	109.0	0.93
6	贝尔斯托夫	德　国	109.0	60.27
7	三菱重工	日　本	107.0	−1.66
8	中田工程	日　本	104.0	12.44
9	拉森特博洛	印　度	98.0	31.12
10	桂林橡机	中　国	90.0	2.62

资料来源：表中数据来自 2010 年《中国橡胶》第 10 期。

表 100　世界各区域市场橡胶机械销售收入情况（2008—2010 年）

单位：万美元

国家或地区	2008 年	2009 年	2010 年		
			销售收入	占世界份额（%）	增长率（%）
世界总计	**311 394**	**295 200**	**332 300**	**100.00**	**12.6**
西　欧	45 410	43 300	45 400	14.00	5.0
中　欧	40 980	32 100	32 700	10.00	2.0
中东及非洲	7 680	5 200	5 300	2.00	1.0
北美洲	33 480	32 000	32 100	10.00	1.0
南美洲	15 370	15 200	15 300	5.00	1.0
东南亚	46 640	52 200	68 600	21.00	31.0
印　度	27 560	29 700	32 000	10.00	7.0
中　国	73 880	73 500	89 400	27.00	22.0
日　本	18 670	10 000	9 300	3.00	−7.0
澳大利亚	1 730	1 800	2 000	1.00	9.0

资料来源：表中数据来自 2011 年《中国橡胶》第 10 期。

表 101　部分国家（地区）农产品进出口额情况（2009 年）

单位：亿美元

国家或地区	进口额	出口额
世界总计	**14 046.4**	**13 401.3**
埃　及	196.4	32.5
南　非	53.6	70.4
加拿大	302.5	541.3
美　国	1 159.1	1 399.7
巴　西	96.9	614.0
中　国	868.1	422.5
印　度	120.6	217.7
日　本	807.7	83.7
法　国	654.6	759.6
德　国	1 062.9	869.8
意大利	649.8	410.7
俄罗斯	342.8	238.8
英　国	671.0	113.3
澳大利亚	104.3	251.3

资料来源：表中数据来自 2011 年《国际统计年鉴》。

表 102 按营业额排序的世界最强 500 个企业中相关农产品加工企业（2010 年度）

企 业 名 称	国家或地区	营业额位次	营业额（百万美元）
一、食品业			
雀巢	瑞 士	44	99 114
CVSCarermark	美 国	45	98 729
麦德龙	德 国	57	91 152
特易购	英 国	58	90 234
克罗格	美 国	70	76 733
阿彻丹尼尔斯米德兰公司	美 国	88	69 207
沃尔格林	美 国	106	63 335
永旺	日 本	127	54 092
邦基	美 国	172	41 926
西夫韦	美 国	176	44 104
Super Valu	美 国	178	40 597
卡夫食品	美 国	179	40 386
皇家阿藿德	荷 兰	184	38 814
Wesfarmers	澳大利亚	192	37 466
西斯科	美 国	194	36 853
沃尔沃斯	澳大利亚	198	36 523
森宝利（桑斯博里）	英 国	236	31 828
艾德卡	德 国	261	29 976
联合博姿	瑞 士	262	29 848
乔治威斯顿	加拿大	285	28 009
德尔海兹集团	比利时	291	27 732
泰森食品	美 国	297	27 165
中粮集团	中 国	312	26 098
CHS	美 国	317	25 730
来德爱	美 国	319	25 669
Publix Supermarkees	美 国	339	24 515
威廉莫里斯超市	英 国	344	24 263
丰益国际	新加坡	353	23 885
MIGROS	瑞 士	374	22 976
麦当劳	美 国	378	22 745
达能集团	德 国	422	20 824
COOP 集团	瑞 士	493	17 238
JBS	巴 西	496	17 161

（续）

企业名称	国家或地区	营业额位次	营业额（百万美元）
二、饮食服务			
金巴斯集团	英国	424	20 747
索迪斯	法国	437	19 818
三、饮料业			
百事公司	美国	171	43 232
百威英博	比利时	196	36 758
可口可乐公司	美国	245	30 990
可口可乐企业	美国	404	21 645
麒麟公司	日本	429	20 503
喜力公司	荷兰	430	20 491
四、服装业			
克里斯叮迪奥	法国	338	24 665
耐克	美国	453	19 176
五、造纸、纸制品、印刷出版业			
国际纸业	美国	362	23 366
金柏利公司	美国	455	19 115
大日本印刷	日本	500	17 053
六、橡胶和塑料制品业			
布里奇斯通	日本	289	27 750
米其林	法国	426	20 581
七、烟草业			
菲里浦曼里斯	美国	331	25 035
帝国烟草	英国	377	22 760
英美烟草	英国	387	22 157
日本烟草	日本	416	21 335
八、肥皂与化妆品业			
宝洁	美国	66	79 697
欧莱雅	法国	342	24 286
九、综合			
沃尔玛公司	美国	1	408 214
家乐福	法国	22	121 452
联合利华	英国/荷兰	121	55 352
欧尚	法国	122	55 141

资料来源：表中数据来自2011年《国际统计年鉴》。

图书在版编目（CIP）数据

中国农产品加工业年鉴．2011/科学技术部农村科技司等编．—北京：中国农业出版社，2012.5
ISBN 978-7-109-16766-7

Ⅰ.①中… Ⅱ.①科… Ⅲ.①农产品加工—加工工业—中国—2011—年鉴 Ⅳ.①F326.5-54

中国版本图书馆 CIP 数据核字（2012）第 089893 号

中国农业出版社出版
（北京市朝阳区农展馆北路 2 号）
（邮政编码 100125）
责任编辑 孟令洋

中国农业出版社印刷厂印刷 新华书店北京发行所发行
2012 年 5 月第 1 版 2012 年 5 月北京第 1 次印刷

开本：787mm×1092mm 1/16 印张：32.5
字数：1 100 千字
定价：240.00 元